JN447857

제 2 판

ADMINISTRATIVE LAW

행정법총론

行政法總論

장교식

pnc
publishing and culture
피앤씨미디어

제2판 머 리 말

행정법이 행정법규범을 바탕으로 하는 이론체계라고 한다면, 행정법규범의 변화에 따라 행정법론도 변화하기 마련이다. 2021년 행정기본법이 제정·시행되면서 단행법전이 없던 행정법에도 행정법에 관한 기본적인 사항을 담은 행정기본법은 행정법 영역에 많은 변화를 수반하였다. 그동안 단행법전이 없어 체계적인 행정법에 대한 강의가 어려웠지만, 행정기본법이 제정됨에 따라 행정의 법원칙과 행정작용에 관한 처분, 인허가의제, 공법상 계약, 과징금, 행정상 강제 및 그 밖의 행정작용에 관한 사항이 명문화 되어 많은 부분이 해소되었다.

이후, 2022년 행정절차법이 개정되면서 행정기본법 제정시 논의가 있었던 확약, 위반사실의 공표, 행정계획에 대한 사항을 포함시켜 행정작용에 관한 강학상의 행위형식을 대부분 명문화하기에 이르렀다, 이후 많은 행정법령이 개정되기도 하였으며 소멸하기도 하였다. 이에 따라 새로운 법원의 판결과 헌법재판소의 결정례로 많이 나왔다.

이번 개정판은 지난 초판에서 미처 다루지 못한 사항을 보완하고 오류가 있는 부분에 대하여 수정하였다. 아울러 중요한 판례를 추가하고 새로운 법원의 판례와 헌법재판소의 결정례도 가능한 한 반영하고자 하였다.

개정판을 내면서 초판의 행정법총론을 강의하면서 부족한 내용이나 판례를 추가하면서도 여전히 미진한 부분이 없는지 우려스럽다. 판을 더해가면서 보완해 나갈 생각이다.

이번 개정판을 내면서도 여러 분들의 도움을 받았다. 특히, 2판의 출판을 위해 원고의 수정과 최근 판례를 정리해준 정웅채 변호사와 교정을 도맡아 수고해준 차앤권 법률사무소 장현정 과장에게도 감사의 마음을 전한다. 아울러 어려운 출판여건에도 불구하고 1년도 되지 않은 개정판을 마다하지 않고 수락해준 피앤씨미디어 박노일 대표와 이상민 편집이사에게도 감사드린다.

2025년 1월

연구실 501호에서

저자

차 례

제1편 행정법통론

제1장 행정이란 무엇인가?

제2장 행정법이란 무엇인가?

제3장 행정법의 법원

제4장 행정상 법률관계

제 5 장 행정법관계와 사인

제 2 편 행정작용법

제 1 장 행정입법

제 2 장 행정계획

제 3 장 행정행위

제 6 장 사실행위

제 7 장 기타 행정작용

제 3 편 행정절차와 정보

제 1 장 행정절차법

제 2 장 정보공개

제 4 편 행정의 실효성 확보

제 1 장 실효성 확보수단

제 5 편 행정구제법

제 1 장 행정구제 총설

제 2 장 행정상 손해전보

제 3 장 행정쟁송

제 1 편
행정법통론

제1장

행정이란 무엇인가?

Ⅰ. 행정의 정의

1. 행정관념의 성립

행정법은 행정을 규율하는 국내 공법으로, 이를 대별하면 행정조직과 행정작용 및 행정구제에 관한 법이다. 따라서 행정이 무엇인가를 밝히는 것은 행정법을 이해하는 기초가 된다. 행정은 역사적으로 성립·발전된 관념으로, 민주주의와 권력분립을 기초로 하는 근대입헌국가의 탄생과 함께 형성되었다.

보 충

행정법의 역사적배경: 근대 입헌주의

입헌주의란 국민의 기본권을 보장하고 국가권력의 분립을 규정한 헌법에 의거하여 통치할 것을 요구하는 정치원리로, 근대시민국가를 배경으로 개인의 자유와 권리를 최대한 보장하고 입법, 사법, 행정의 권력분립에 의하여 국가권력의 남용을 억제하는 사상이다.

2. 행정의 의미

(1) 형식적 의미의 행정

① 형식적 의미의 행정이란, 행정의 관념을 국가작용의 형식적·제도적인 입장에서 파

악하려는 견해로서, 행정의 의미를 국가기관의 권한을 기준으로 정립하여, 실정법상 행정권한을 부여받은 국가기관이 수행하는 모든 작용을 의미한다.

② 그러므로 여기에는 실질적 입법(행정입법)이나 실질적 사법(행정심판의 재결)에 속하는 작용도 포함된다. 따라서 형식적 의미의 행정과 실질적 의미의 행정은 일치하지 않는 경우도 있다.

(2) 실질적 의미의 행정

실질적 의미의 행정은 행정의 개념을 국가작용의 성질상의 차이를 기준으로 이론적 입장에서 입법·사법과 구별하려는 경우이다.

1) 학 설

① 공제설

국가작용 중에서 실질적인 입법과 사법을 제외한 모든 국가작용을 행정이라고 정의하는 견해이다. 이러한 견해는 군주의 권력 중 입법권과 사법권이 분리되고 나머지가 군주의 직접지배로 남게 된 권력분립제도의 연혁에 부합되고, 복잡·다양한 행정의 내용을 모두 포함할 수 있다는 장점은 있으나, 행정의 내용을 적극적으로 밝히지 못하는 단점이 있다.

② 목적설

독일의 오토 마이어(O. Mayer)에 의하여 대표되는 행정은 국가목적의 실현작용으로 사법이 법의 실현을 목적으로 하는 작용이라면 행정은 공익, 국민의 이익보호 등을 목적으로 하는 작용으로 보아, 주로 행정과 사법의 차이를 구별하는 견해로 목적실현설이라고도 한다.

③ 결과실현설

독일의 포르스토호프(E. Forsthoff)에 의하여 대표되는 설로 공익목적의 실현뿐만 아니라 그 공익의 실현 결과를 기준으로 정의하는 결과실현설(양태설)이 이에 속한다. 일본의 다나카(田中二郎)는 “행정은 법 아래서 법의 기속을 받으면서 일체의 국가목적을 현실적·구체적으로 실현하기 위하여 통일적으로 수행되는 계속적 형성활동”이라 정의하여 결과실현설의 입장에 서 있다.

④ 기관양태설

입법, 행정, 사법 각 작용간 성질상의 차이가 없다고 보며, 이들의 구별은 그 작용을 담당하는 기관의 양태차이를 기준으로 해야 한다는 견해이다.

켈젠(H. Kelsen)과 메르클(A. Merkl) 등은 국가기관의 성질에 착안하여 “직무상 상호 독립적이고 대등한 관계에 있는 기관이 행하는 법집행”은 사법이고, “직권행사에 관하여 상급감독기관의 지시를 받는 상하관계에 있는 기관이 행하는 법집행”은 행정이라고 한다.

⑤ 법단계설

국가작용을 헌법의 직접적 집행인 입법과 헌법의 간접적 집행으로 입법보다 한단계 낮은 집행으로 나누고, 집행을 다시 사법과 행정으로 나누는 견해이다.

보 충

종래에는 소극설(공제설), 적극석(목적설, 결과실현설)을 긍정설로, 기관양태설과 법단계설을 부정설로 구분하는 입장이었으나, 최근에는 행정의 다양성 측면에서 행정의 개념을 혼합하여 정의하는 추세이다(개념징표설).

⑥ 검토

오늘날 복잡·다양한 행정을 정확하게 정의하는 것은 불가능하다. "행정은 기술될 수 있으나 정의될 수 없다"는 포르스트호프(E. Forsthoff)의 말이 이를 잘 나타내 준다. 따라서 행정을 정의하는 대신에 행정이 갖는 특징(개념징표)을 살펴보는 것이 행정을 이해하는 데 도움이 될 것이다. 이런 입장에 서서 행정을 개념징표를 통해 접근하는 개념징표설이 존재 한다.

2) 실질적 의미의 행정과 입법, 사법의 구별

① 실질적 의미의 입법: 일반적·추상적 성문의 규범을 정립함을 목적으로 하는 국가작용이다(실질적 의미의 행정의 구별은 법규범을 개별적·직접적·구체적으로 집행하여 국가목적을 실현하는 작용이라는 점에서 구별된다).

② 실질적 의미의 사법: 당사자 간의 구체적인 법률상 분쟁을 전제로 법의 적용을 통해 분쟁을 해결하는 국가작용이다(실질적 의미의 사법이 법질서유지를 목적으로 하는 법집행으로 수동적 소극적 작용이라면, 실질적 의미의 행정은 공익실현을 목적으로 하는 법집행으로 적극적 능동적 작용이다).

③ 실질적 의미의 행정: 공익실현목적의 작용, 계속적 미래지향적 사회형성작용, 적극적 능동적 활동, 다양한 형식에 의한 활동 등의 특징을 갖는다.

형식적 의미의 행정		실질적 의미의 행정의 예
행정	행정	건축허가, 조세부과처분, 운전면허 처분, 행정의 대집행, 대통령의 대법원장·대법관 등 임명(헌법 제104조)
	사법	행정심판의 재결, 재임용등에 대한 소청심사위원회의 재결
	입법	대통령령, 총리령, 부령 등 법규명령의 제정, 개정(행정입법)
사법	행정	대법원의 소속 공무원 임명, 일반법관의 임명, 등기사무
	사법	법원의 재판
	입법	대법원 규칙의 제정(헌법 제108조)
입법	행정	국회사무총장의 소속직원임명
	입법	국회의(형식적 의미의)법률 제정(헌법 제40조)

Ⅱ. 행정의 분류

1. 주체에 의한 분류

행정은 주체를 기준으로 하여 국가행정(국가가 직접 자기의 행정기관에 의하여 행하는 행정), 자치행정(지방자치단체가 행하는 행정), 위임행정(국가 또는 자치단체로부터 위임을 받아 행하는 행정)으로 나뉜다. 예) 대한민국, 강원도, 진해군, 한국도로공사 등.

2. 대상에 의한 분류

행정은 대상을 기준으로 하여 경찰행정, 사회행정, 경제행정, 교육행정, 문화행정, 국토개발행정, 환경행정 등으로 나뉜다.

3. 목적에 의한 분류

행정은 목적을 기준으로 하여 질서행정(국민의 생명·안전을 확보하거나 복리를 증진하기 위하여 사인의 활동을 제한·조정함을 목적으로 하는 행정), 급부행정(국민의 복리를 적극적으로 향상·증진함을 목적으로 하는 행정), 유도행정(경제나 환경등을 일정한 방향으로 유도함을 목적으로 하는 행정, 오늘날 사회적 중요성이 증가하고 있다.), 계획행정, 공과행정(국가나 지방자치단체가 필요로 하는 재원을 마련·관리함을 목적으로 하는 행정), 조달행정(국가나 지방자치단체가 필요로 하는 인적·물적 수단을 취득·관리함을 목적으로 하는 행정) 등으로 나뉜다.

4. 법 형식에 의한 분류

행정은 그 법 형식을 기준으로 하여 공법형식의 행정과 사법형식의 행정으로 나뉜다. 전자는 고권행정으로서 공권력을 발동하여 일방적으로 명령하고 강제하는 권력행정과 공권력적 수단에 의하는 것은 아니나 공익과 밀접한 관련이 있는 관리행정을 포함한다. 후자는 국가 등 행정주체가 사법의 형식을 사용하여 행정목적을 추구하는 행정으로 국고행정을 말한다.

5. 법적 효과에 의한 분류

행정은 법적 효과를 기준으로 이익 행정과 불이익 행정으로 나뉜다. 이익 행정은 수익행정, 불이익 행정은 부담(침익)행정이라고도 불린다.

6. 법적 구속 정도에 의한 분류

행정은 법적 구속의 정도를 기준으로 하여 기속행정(법규에 기속되어 행정청에게 행위의 선택의 여지가 없는 행정)과 재량행정(법규에 의하여 구체적으로 기속되지 아니하고 행정청의 독자적 판단권에 따라 행하는 행정)으로 나뉜다.

Ⅲ. 행정과 통치행위

1. 통치행위의 의의

통치행위란 고도의 정치성을 가진 국가기관의 행위로서, 법적 구속을 받지 아니하며 그에 대한 법적판단이 가능함에도 불구하고 재판통제에서 제외되는 행위를 말한다.

2. 외국의 통치행위

(1) 미국

미국에서는 전쟁, 국가의 승인, 조약의 해석 등의 문제를 정치문제라는 이름으로 통치행위를 인정하여 오고 있다. 권력분립주의가 인정 근거이다.

(2) 영국

영국은 위헌법률심사제도가 없는 국가이나, 통치행위개념을 인정하여 '국왕은 제소되지 아니한다'는 원칙하에 국가의 승인, 선전포고, 강화, 조약체결 등과 의회해산, 수상임명, 정부해산, 은사권의 행사 등은 사법심사에서 제외되고 있다. 이는 국사행위 또는 대권행위라는 이름하에 이론과 판례에 의해 승인되고 있다.

(3) 프랑스

프랑스는 통치행위론의 탄생지로서 행정법원인 국참사원의 판례를 통해 통치행위를 인정하게 되었고, 통치행위의 인정근거는 법정책적 견지에서 사법적 자제에서 구한다.

(4) 독일

독일은 제2차 세계대전까지 열기주의를 택한 관계로 통치행위의 문제가 없었다. 제2차 세계대전 후 행정소송에 개괄주의를 택하면서 재판으로부터 자유로운 고권행위의 문제가 제기되고 통치행위의 관념을 인정하려는 방향이 다수의 견해 및 판례의 태도이다.

(5) 일본

일본 역시 제2차 세계대전 전까지는 행정소송 사항과 관련하여 열기주의를 채택하여 고도의 정치적인 사항은 소송의 대상으로 하지 않았기에 통치행위 관념이 문제되지 않았다. 그러나 제2차 세계대전 후 개괄주의를 택하여 통치행위를 인정하는 것이 학설 및 판례의 입장이다.

3. 통치행위의 인정여부와 근거

(1) 학설(법치행정원리 VS 고도의 정치성 존중)

1) 긍정설(고도의 정치성 존중 우선)

① 권력분립설(내재적 한계설)

의의: 헌법상 기본원리인 법치국가원리도 다른 기본원리와 기본권의 자연권성 등에 따라 내재적 한계가 있다는 데에서 통치행위에 대한 사법심사를 부정하는 근거를 구한다.

비판: 결과적으로 사법부의 기능을 축소하게 되어 국민의 권리구제가 미흡해진다는 비판이 있다.

② 재량행위설

의의: 통치행위는 국가최고기관의 정치적 재량에 의해 결정되는 것으로서 그 권한의 행사에 있어서는 타당성의 문제만 발생할 뿐 위법성의 문제는 발생하지 않으므로 사법심사의 대상에서 제외된다는 견해이다.

비판: 통치행위의 문제는 사법심사의 대상의 문제인데 이를 사법심사의 범위의 문제인 재량문제로 파악한 것은 잘못이고, 오늘날 재량행위도 일탈·남용의 경우에는 재판대상이 되는 것이므로 재량행위로 통치행위를 정당화하는 것은 타당하지 못하다.

③ 사법자제설

의의: 고도의 정치성을 띤 국가행위도 그것이 법적 문제가 있는 한 사법심사의 대상이 되지만 사법권의 독립을 유지해야 할 필요성 또는 보다 큰 이익을 위하여 작은 이익을 희생해야 할 필요성에서 법원이 재판권의 행사를 자제하는 데에 통치행위의 근거를 구하는 견해이다.

비판: 사법의 과도한 자제는 결코 기본권의 수호자인 법원이 취해야 할 바람직한 태도가 아니라는 비판이 있다.

④ 독자성설

의의: 통치행위는 국가지도적인 최상위의 행위로서 본래적으로 사법권의 판단에 적합한 사항이 아닌 독자적인 정치행위라는 입장이다.

비판: 독자적인 정치행위라는 의미와 사법심사의 배제가 언제나 결합될 수 있는 것은 아니라는 비판이 가해진다.

2) 부정설(법치행정원리 우선)

헌법이 법치주의를 택하고 있고 사법심사에서 개괄주의를 택하고 있는 이상, 권리를 침해하는 모든 국가작용은 사법심사의 대상이 되므로 통치행위도 사법심사가 가능하다는 입장이다.

3) 제한적 긍정설(정책설)

실질적 법치주의의 확립을 위해 통치행위를 원칙적으로 부정하되, 예외적으로 정책적 관점에서 국가의 존립에 극도의 혼란을 초래할 수 있는 정치적 사안들의 경우에만 긍정하자는 견해이다.

(2) 판례

1) 대법원

대법원은 내재적 한계설의 입장에서 원칙적으로 긍정하는 입장이다.

판 례

(판례1) 남북정상회담의 개최와 송금행위

남북정상회담의 개최는 고도의 정치적 성격을 지니고 있는 행위라 할 것이므로 특별한 사정이 없는 한 그 당부를 심판하는 것은 사법권의 내재적·본질적 한계를 넘어서는 것이 되어 적절하지 못하지만, 남북정상회담의 개최과정에서 재정경제부장관에게 신고하지 아니하거나 통일부장관의 협력사업 승인을 얻지 아니한 채 북한측에 사업권의 대가 명목으로 송금한 행위자체는 헌법상 법치국가의 원리와 법 앞에 평등원칙 등에 비추어 볼 때 사법심사의 대상이 된다(대판 2004. 3. 26, 2003도7878).

(판례2) 대통령의 계엄선포행위

그 행위는 고도의 정치적 군사적 성격을 지니고 있는 행위라고 할 것이어서, 그 선포의 당부당을 판단할 권한과 같은 것은 헌법상 계엄의 해제요구권이 있는 국회만이 가지고 있다고 할 것이고, 그 선포가 당연무효의 경우라면 모르되, 사법기관인 법원이 계엄선포 요건의 구비여부나 선포의 당부당을 심사하는 것은 사법권의 내재적인 본질적 한계를 넘어서는 것으로 적절치 못하다(대판 1979. 12. 7, 79초70).

(판례3) 대통령의 비상계엄선포나 확대행위

고도의 정치적 성격을 지니고 있는 행위라 할 것이므로 특별한 사정이 없는 이상, 당부당을 판단할 권한이 사법부에는 없다고 할 것이나, 비상계엄의 선포나 확대가 국헌문란의 목적을 달성하기 위하여 행하여진 경우에는 법원은 그 자체가 범죄행위에 해당하는지의 여부에 관하여 심사할 수 있다(대판 1997. 4. 17, 96도3376).

(판례4) 대통령의 특별사면행위

대통령의 사면권은 고도의 정치적 결단에 의하여 발동하는 행위이고 그 결단을 존중하여야 할 필요성이 있는 행위라는 의미에서 이른바 통치행위에 속한다고 할 수 있고, 이러한 대통령 사면권은 사법심사의 대상이 되지 않는다(헌재결 2000. 6. 1, 97헌바74).

2) 헌법재판소

헌법재판소는 사법자제설을 취하면서도, 국민의 기본권 침해와 직접 관련되는지 여부에 따라 헌법재판소의 심판대상이 된다고 본다(제한적 긍정설).

판 례

(판례1) 대통령의 금융실명제에 대한 긴급재정경제명령

대통령의 금융실명제에 대한 긴급재정경제명령에 대한 헌법소원사건에서 "비록 고도의 정치적 결단에 의하여 행해지는 국가작용이라도 국민의 기본권침해와 직접 관련되는 경우에는 당연히 헌법재판소의 심판대상이 된다"(헌재결 1996. 2. 29, 93헌마186).

(판례2) 이라크 파병결정

이라크 파병결정은 그 성격상 국방 및 외교에 관련된 고도의 정치적 결단을 요하는 문제로서 대통령과 국회의 판단은 존중되어야 하고 헌법재판소가 사법적 기준만으로 이를 심판하는 것은 자제되어야 한다(헌재결 2004. 4. 29, 2003헌마814).

(판례3) 신행정수도의 건설을 위한 특별조치법 위헌확인사건

통치행위도 헌법소원의 대상이 된다(헌재결 2004. 10. 21, 2004헌마554·566(병합)).

(판례4) 2007 전시증원연습

대통령이 한미연합 군사훈련의 일종인 2007년 전시증원연습을 하기로 한 결정은 통치행위에 해당하지 않는다(헌재결 2009. 5. 28, 2007헌마369).

(판례5) 개성공단 전면중단 조치와 법치주의

2016. 1. 6. 북한이 4차 핵실험을 단행하고 같은 해 2. 7. 장거리 미사일을 발사하자, 피청구인 대통령은 2. 8. 경 피청구인 통일부장관에게 개성공단 철수 대책 마련을 지시하고, 2. 10. 국가안전보장회의 상임위원회의 협의를 거쳐 개성공단의 운영을 즉시 전면중단하기로 결정한 사안에서, 이 사건 중단조치가 북한의 핵무기 개발로 인한 위기에 대처하기 위한 조치로서 국가안보와 관련된 대통령의 의사 결정을 포함하고 그러한 의사 결정이 고도의 정치적 결단을 요하는 문제이기는 하나, 그 의사 결정에 따른 조치 결과 투자기업인 청구인들의 영업의 자유 등 기본권에 제한이 발생하였다. 그리고 국민의 기본권 제한과 직접 관련된 공권력의 행사는 고도의 정치적 고려가 필요한 대통령의 행위라도 헌법과 법률에 따라 정책을 결정하고 집행하도록 함으로써 국민의 기본권이 침해되지 않도록 견제하는 것이 국민의 기본권 보장을 사명으로 하는 헌법재판소 본연의 임무이므로, 그 한도에서 헌법소원심판의 대상이 될 수 있다(헌재결 2022. 1. 27, 2016헌마364).

보 충

대법원은 대체적으로 통치행위를 긍정하여 사법심사를 자제하는 편이나, 헌법재판소는 고도의 정치성, 사회질서에 미치는 영향, 공익실현과 국민의 기본권침해 등을 종합적으로 검토하여 구체적 사안에 따라 사법적 자제를 하기도 하고, 공익에 비해 기본권침해가 중대하여 보호필요성이 큰 경우에는 사법심사대상으로 보기도 한다.

[판례비교]

통치행위	대법원 판례(判例)	헌법재판소 결정례
인정	① 대통령의 계엄선포행위 ② 군사시설보호구역의 설정·변경 또는 해제 ③ 대통령의 특별사면행위 ④ 남북정상회담개최	① 정부와 국회의 이라크에 국군파병결정 ② 대통령의 특별사면행위
부정	① 남북정상회담에 따른 대북송금행위(多) ② 대통령의 2007년 전시증원연습결정 ③ 비상계엄선포행위가 국헌문란의 목적을 달성하기 위하여 행하여진 경우	신행정수도의 건설을 위한 특별조치법 위헌사건

(3) 검토

법치국가 하에서 법 이론적으로 사법심사의 대상이 되지 않는 국가작용은 인정할 수 없지만, 고도의 정치적 분쟁이 강조되는 현대사회에서 독립성이 보장되어야 하는 사법부가 정치문제에 말려들지 않기 위하여 통치행위에 대하여는 사법심사를 자제한다고 보는 사법자제설이 타당하다.

보 충

통치행위의 범위

국가마다, 시대에 따라 다양하다. 대체로 헌법에 명문의 규정이 있는 국회의원의 징계·제명처분을 제외하고, 대통령의 외교에 관한 행위, 군사에 관한 행위, 긴급재정경제처분·명령권의 행사, 계엄선포, 사면권행사, 영전의 수여, 국무총리·국무위원의 임면, 법률안거부권의 행사, 중요정책의 국민투표부의권 등을 통치행위로 본다.

4. 통치행위의 법적한계와 효과

(1) 통치행위의 법적 한계

모든 정치적 문제가 통치행위라는 이름으로 사법심사에서 배제되는 것은 방지되어야 한다. 즉 정치적 문제에는 진정한 의미의 정치적 분쟁과 정치적 법률분쟁이 있는데, 진정한 의미의 정치적 분쟁은 법원의 위헌심사에서 제외될 것이지만 정치적 법률분쟁은 법원의 심사대상이 되어야 한다.

판 례

(판례) 법률의 위헌여부가 헌법재판소의 대상으로 된 경우, 당해 법률이 정치적인 문제를 포함한다는 이유만으로 사법심사의 대상에서 제외되지 않는다(헌재결 2004. 10. 21, 2004헌마554·556(병합)).

(2) 효과

1) 손실보상의 인정여부

통치행위를 적법한 공권력행사로 인정할 수 있는지, 일반적으로 보상규정이 결여된 통치행위에 대해 손실보상청구가 가능한지 문제된다.

2) 학설

① 통치행위로 인하여 국민에게 특별한 희생이 가하여진 경우에는 헌법 제23조 제3항을 직접적용하여 평등의 원칙에 비추어 손실보상이 주어져야 한다는 견해와 ② 통치행위는 위법심사뿐만 아니라 적법심사도 배제된다는 점에서 부정하는 견해가 대립한다.

3) 판례

대법원은 외교관계에 관한 비엔나협약 사건에서 손실보상을 부정한 바 있다.

판 례

(판례) 외교관계에 관한 비엔나협약이 공관 내의 재산에 대한 강제집행을 직접적으로 금하고 있다고 하더라도, 협약규정 자체가 직접적으로 외국대사관과 어떠한 법률행위를 강제하는 등으로 국민의 재산권을 침해하는 것이 아니고, 그 협약규정의 적용에 의하여 손해가 발생하였다고 하여 그것이 국가의 공권력행사로 말미암은 것이라고 볼 수 없고, 손해가 집달관의 강제집행 거부를 직접적인 원인으로 하여 발생한 것이라 볼 수 없으므로 손실보상의 대상이 되지 아니하고, 이로써 불법행위가 되는 것은 아니다(대판 1997. 4. 25, 96다16940).

(3) 국가배상청구 여부

국가배상청구권의 성립요건으로서 법령위반의 심사가 가능한지가 문제된다.

1) 학설

① 국가배상책임부정설(위법성일원설): 통치행위는 위법성심사가 배제되므로 국가배상청구소송에서도 위법성 심사가 부정되어 국가배상책임을 인정할 수 없다는 견해이다.

② 국가배상책임긍정설(위법성이원설): 국가배상에서의 위법성과 통치행위에서 배제되는 위법성은 그 차원을 달리하므로 국가배상책임을 인정할 수 있다는 견해이다.

2) 검토

통치행위는 "누구에게나 일견하여 헌법이나 법률에 위반되는 것으로서 명백하게 인정될 수 있는 등 특별한 사정이 있는 경우(대판 1997. 4. 17, 96도3376 - 5.18내란사건)" 또는 국민의 기본권침해와 직접 관련되는 경우(헌재결 1996. 2. 29, 93헌마186)라면 국가배상청구가 이론적으로 가능하다고 보이나, 고도의 정치적 문제라는 점과 그에 따른 공무원의 행위의 위법성요건을 충족하기 어려워 손해배상을 제기하기가 곤란하다. 결국 통치행위에 대하여는 제한적인 범위에서 국가배상의 대상이 된다.

판 례

(판례) 대법원은 통치행위로 볼 수 있는 국회의 외교관계에 관한 비엔나협약체결로 인해 손해가 발생한 경우, "집달관이 협약의 관계규정을 내세워 강제집행을 거부하였다고 하여 이로써 불법행위가 되는 것은 아니다"라고 하여 국가배상책임을 부정한 바 있다(대판 1997. 4. 25, 96다16940).

(4) 헌법재판과 행정소송

통치행위가 국민의 기본권침해와 직접 관련되는 경우, 그러한 행위가 법적 구속을 벗어나면 헌법소원이나 행정소송의 대상이 된다.

판 례

(판례) 긴급재정경제명령은 국가긴급권의 일종으로서 고도의 정치적 결단에 의하여 발동되는 행위이고 그 결단을 존중하여야 할 필요성이 있는 행위라는 의미에서 이른바 통치행위에 속한다고 할 수 있으나, 통치행위를 포함하여 모든 국가작용은 국민의 기본권적 가치를 실현하기 위한 수단이라는 한계를 반드시 지켜야 하는 것이고, 헌법재판소는 헌법의 수호와 국민의 기본권보장을 사명으로 하는 국가기관이므로 비록 고도의 정치적 결단에 의하여 행하여지는 국가작용이라 할지라도 그것이 국민의 기본권 침해와 직접 관련되는 경우에는 당연히 헌법재판소의 심판대상이 된다(헌재결 1996. 2. 29, 93헌마186).

제 2 장

행정법이란 무엇인가?

Ⅰ. 행정에 관한 법

행정법이란 행정에 고유한 공법으로서 내용적으로 행정주체의 조직과 작용 그리고 행정구제에 관한 공법을 말한다. 헌법, 민법, 형법과는 달리 행정법은 단행법률이 존재하지 않고 조직·작용·구제에 관한 다수의 법령 형태로 존재한다. 이러한 다수 법령을 총괄하여 일반적으로 행정법이라 한다(예: 행정기본법, 행정절차법, 행정심판법, 행정소송법, 토지보상법, 국가배상법 등).

Ⅱ. 공법으로서의 행정법

1. 공법과 사법의 구별의의

대륙법계를 취하는 우리나라는 공법과 사법을 구별하는 공·사법이원주의를 취하고 있는바, 행정작용에 있어서는 법형식 선택의 자유가 인정되어 공법 규정이 특별한 규정을 두지 않는 한, 일반적으로 행정은 공법형식으로도 사법형식으로도 활동할 수 있는 선택권을 가진다. 따라서 구체적인 경우에 특정 행정작용이 공법영역에 속하는지, 아니면 사법영역에 속하는지를 판단할 필요가 있다.

2. 공법과 사법의 구별실익

공법관계와 사법관계는 재판관할, 재판에서의 적용법규, 강제집행, 손해배상청구 요건, 기본원리 등의 차이가 있다.

[공법관계 vs 사법관계]

	공법관계	사법관계
기본원리	공공복리	사적자유의 원칙
재판관할	행정법원	일반법원
적용법규	행정소송법, 국회법 등 공법	민법, 상법 등 사법
강제집행	행정대집행법상의 대집행	민사집행법상의 강제집행
손해배상청구의 적용법, 요건	국가배상법상의 요건	민법상의 요건(민법 제390조, 제750조)

(1) 공법과 사법의 구별기준

1) 학설

① 이익설

법이 실현하고자 하는 이익을 기준으로 공익을 실현하는 법이 공법이고, 사익을 실현하는 법이 사법이라고 한다. 이에 대하여는 사법도 공익의 실현을 목적으로 한다는 점, 공익과 사익의 명확한 구별이 어렵다는 비판이 따른다.

② 복종설

법률관계가 상하관계를 규율하는 법이 공법이고, 대등관계를 규율하는 법이 사법이라고 한다. 권력설 또는 종속설이라고도 한다. 그러나 사법도 상하관계를 규율하는 경우(친권관계)가 있고, 공법도 대등관계를 규율하는 경우(공법상 계약)가 있다는 비판이 따른다.

③ 주체설

법률관계의 주체를 기준으로 적어도 일방당사자가 국가 기타 행정주체인 경우는 공법관계이고 그 당사자가 모두 사인인 경우는 사법관계라고 보는 구주체설과, 공권력의 담당자인 국가 등의 행정주체에 대해서만 권리·권한을 부여하거나 의무를 부과하는 법은 공법이고, 모든 권리주체에게 권리를 부여하고 의무를 부과하는 법을 사법으로 보는 신주체설이 존재한다.

④ 개별결정설

이는 실정법이 공법관계임을 명시하고 있을 때에는 문제가 없지만, 실정법이 명시하고 있지 않을 때에는 공법과 사법을 구별하는 제도적 의의 및 당해 행정법규가 규율하는 취지 등에 따라 개별적·구체적으로 판단하려는 입장이다.

(2) 검토

상기의 구별기준에 대한 이론들은 그 자체로서 완결적인 것이 아니고 상호보완적인 성격을 지닌다. 따라서 어떠한 법률관계가 공법관계인지 사법관계인지는 당해 법률관계가 공익에 봉사하는지, 법률관계의 일방이 행정주체인지의 여부, 그리고 이러한 관계를 근거지우는 법이 행정주체에게만 권리·의무를 근거지우는지의 여부 등을 종합적으로 고찰하여 결정할 것이다. 판례의 입장은 명백한 것은 아니나 대체로 종합적으로 판단하는 입장이다.

판 례

공법관계로 본 판례

(판례1) 국유재산변상금부과처분취소

국유재산의 관리청이 그 무단점유자에 대하여 하는 변상금부과처분은 순전히 사경제 주체로서 행하는 사법상의 법률행위라 할 수 없고 이는 관리청이 공권력을 가진 우월적 지위에서 행한 것으로서 행정소송의 대상이 되는 행정처분이라고 보아야 한다(대판 1988. 2. 23, 87누1046, 1047).

(판례2) 국가나 지방자체단체에 근무하는 청원경찰의 근무관계

국가나 지방자치단체에 근무하는 청원경찰은 국가공무원법이나 지방공무원법상의 공무원은 아니지만, 다른 청원경찰과는 달리 그 임용권자가 행정기관의 장이고, 국가나 지방자치단체로부터 보수를 받는 등 그 외 임용자격, 직무, 복무의무 내용 등을 종합하여 볼 때, 그 근무관계를 사법상의 고용계약관계로 보기는 어려우므로 그에 대한 징계처분의 시정을 구하는 소는 행정소송의 대상이지 민사소송의 대상이 아니다(대판 1993. 7. 13, 92다4756).

(판례3) 서울특별시무용단원의 위촉

서울특별시립무용단원의 공연 등 활동은 지방문화 및 예술을 진흥시키고자 하는 서울특별시의 공공적 업무수행의 일환으로 이루어진다고 해석될 뿐 아니라, 단원으로 위촉되기 위하여는 일정한 능력요건과 자격요건을 요하고, 계속적인 재위촉이 사실상 보장되는 등을 살펴볼 때, 서울특별시립무용단 단원의 위촉은 공법상의 계약이라고 할 것이고, 따라서 그 단원의 해촉에 대하여는 공법상의 당사자소송으로 그 무효확인을 청구할 수 있다(대판 1995. 12. 22, 95누4636).

(판례4) 농지개량조합과 그 직원의 징계처분의 취소

농지개량조합과 그 직원의 관계는 사법상의 근로관계가 아닌, 특별권력관계이고, 그 조합의 직원에 대한 징계처분의 취소를 구하는 소송은 행정소송사항에 해당한다(대판 1995. 6. 9, 94누10870).

(판례5) 도시재개발조합과 조합원간의 법률관계

도시재개발법에 의한 재개발조합은 조합원에 대한 법률관계에서 적어도 특수한 존립목적을 부여받은 특수한 행정주체로서 국가의 감독하에 그 존립 목적인 특정한 공공사무를 행하고 있다고 볼 수 있는 범위 내에서는 공법상의 권리의무 관계에 서 있는 것이므로 분양신청 후에 정하여진 관리처분계획의 내용에 관하여 다툼이 있는 경우에는 그 관리처분계획은 토지 등의 소유자에게 구체적이고 결정적인 영향을 미치는 것으로서 조합이 행한 처분에 해당하므로 항고소송의 방법으로 그 무효확인이나 취소를 구할 수 있다(대판 2002. 12. 10, 2001두6333).

(판례6) 공유재산의 사용·수익에 대한 허가

공유재산의 관리청이 행정재산의 사용·수익에 대한 허가는 순전히 사경제주체로서 행하는 사법상의 행위가 아니라 관리청이 공권력을 가진 우월적 지위에서 행하는 행정처분으로서 특정인에게 행정재산을 사용할 수 있는 권리를 설정하여 주는 강학상 특허에 해당한다(대판 1998. 2. 27, 97누1105).

판 례

사법관계로 본 판례

(판례1) 국유잡종재산(현재 일반재산) 대부행위

국유잡종재산에 관한 관리 처분의 권한을 위임받은 기관이 국유잡종재산을 대부하는 행위는 국가가 사경제 주체로서 상대방과 대등한 위치에서 행하는 사법상의 계약이고, 행정청이 공권력의 주체로서 상대방의 의사 여하에 불구하고 일방적으로 행하는 행정처분이라고 볼 수 없다(대판 2000. 2. 11, 99다61675). → 행정재산 중 공유재산과 비교

(판례2) 국가를 당사자로 하는 계약에 관한 법률 관련 사건

지방재정법에 의하여 준용되는 국가계약법에 따라 지방자치단체가 당사자가 되는 이른바 공공계약은 사경제의 주체로서 상대방과 대등한 위치에서 체결하는 사법상의 계약으로서 그 본질적인 내용은 사인간의 계약과 다를 바가 없으므로, 그에 관한 법령에 특별한 정함이 있는 경우를 제외하고는 사적자치와 계약자유의 원칙 등 사법의 원리가 그대로 적용된다(대판 2006. 6. 29, 2005다41603).

(판례3) 예산회계법 또는 지방재정법에 따라 보건소가 행한 의약품구매입찰에서 낙찰취소 사건

예산회계법 또는 지방재정법에 따라 지방자치단체가 당사자가 되어 체결하는 계약은 사법상의 계약일 뿐, 공권력을 행사하는 것이거나 공권력 작용과 일체성을 가진 것은 아니라고 할 것이므로 이에 관한 분쟁은 행정소송의 대상이 될 수 없다(대판 1996. 12. 20, 96누14708).

(판례4) 서울특별시지하철공사의 임원과 직원의 근무관계

서울특별시지하철공사의 임원과 직원의 근무관계의 성질은 지방공기업법의 모든 규정을 살펴보아도 공법상의 특별권력관계라고는 볼 수 없고 사법관계에 속하며, 위 사장은 행정청에 해당되지 않으므로 공권력 발동주체로서 위 징계처분을 행한 것으로 볼 수 없고, 따라서 이에 대한 불복절차는 민사소송에 의할 것이지 행정소송에 의할 수는 없다(대판 1989. 9. 12, 89누2103).

(판례5) 과오납금에 대한 부당이득반환청구의 법적성질

개발부담금 부과처분이 취소된 이상 그 후의 부당이득으로서의 과오납금 반환에 관한 법률관계는 단순한 민사 관계에 불과한 것이고, 행정소송 절차에 따라야 하는 관계로 볼 수 없다(대판 1995. 12. 22, 94다51253).

Ⅲ. 행정법의 특수성

1. 형식상의 특수성

(1) 행정법의 성문성

행정법은 행정작용의 공공성으로 획일성·강행성을 갖기 때문에 그 내용을 명확히 하여 장래의 예측을 가능하게 하고, 법률생활의 안정을 도모하기 위하여 원칙적으로 문자로 작성된 성문의 형식을 취함이 원칙이다.

(2) 형식의 다양성

행정법이 성문법주의를 취하지만, 단일한 법전으로 존재하는 것은 아니고, 다종·다양한 행정을 규율하기 위하여 헌법·법률·명령·조례·규칙 등 다양한 형식으로 존재한다.

2. 내용상의 특수성

(1) 행정의 법률적합성

사법관계에서는 사적자치가 주요한 법원리 가운데 하나이지만, 공법관계에서는 공공복리를 기본원리로 법치행정의 원칙에 따라 행정은 엄격한 법적 기속을 받는다. 행정법 관계 중에서도 권력관계에 있어 특히 더 요구된다.

(2) 공익우선성

행정법은 행정목적을 효율적으로 달성하기 위하여 개인의 이익보다는 공공의 이익에 더 가치를 두며, 공익과 사익의 조화를 도모하여 전체로서 공익목적을 실현한다.

3. 성질상의 특수성

(1) 재량성

행정은 행정목적을 실현하려는 성격이 강하기 때문에 행정청에 광범위한 재량권을 인정하는 경우가 많다.

(2) 획일·강행성

행정법은 다수인을 상대로 하여 공공의 견지에서 개개인의 의사를 묻지 않고 획일적·강제적으로 규율함을 원칙으로 한다.

(3) 기술성·수단성

행정법은 공익을 달성하거나 공익과 사익, 사익 상호간의 합리적 조정을 위한 절차, 수단, 기술에 관한 규정이 많다.

Ⅳ. 행정법의 기본 원리

1. 행정법의 대전제

(1) 민주주의 원리

① 「헌법」은 제1조 제2항에서 "대한민국의 주권은 국민에게 있고, 모든 권력은 국민으로부터 나온다"고 선언하고, 국민주권주의 민주주의를 실현하기 위해서 모든 국가권력의 행사를 국민의 기본권보장에 일치시키고 있다.

- 기본권보장수단: 사전적 행정구제인 행정절차와 사후적 행정구제인 행정쟁송과 행정상 손해전보제도, 행정분야에서 민주주의는 행정공개·행정절차·주민소송절차·행정구제절차의 민주화에 의하여 전개되고 있다.

② 「헌법」 제10조 후문에는 "국가는 개인이 가지는 불가침의 기본적 인권을 확인하고 이를 보장할 의무를 진다."라고 국가의 기본권보장의무에 대하여 규정하고 있다.

- 국가의 기본권 보호의무의 이행은 입법자의 입법을 통해 구체화 되는 바, 헌법재판소는 권력분립의 관점에서 소위 과소보호금지원칙을, 즉 국가가 국민의 법익보호를 위해 적절하고 효율적인 최소한의 보호조치를 취했는가를 기준으로 심사한다.

예) 직업공무원제(헌법 제7조), 기본권의 보장(헌법 제10조, 제37조 제2항), 대표제(헌법 제41조 제1항, 제67조 제1항, 제118조), 임기제(헌법 제42조, 제70조)와 행정조직법정주의(헌법 제96조), 지방자치제(헌법 제117조, 제118조).

(2) 권력분립 원리

「헌법」 제40조는 "입법권은 국회에 속한다", 제66조 제4항은 "행정권은 대통령을 수반으로 하는 정부에 속한다", 제101조 제1항은 "사법권은 법관으로 구성된 법원에 속한다"고 하여 권력분립원리를 명문화하고 있다. 이러한 권력분립원리는 행정법에 있어서 행정재량, 행정입법의 한계, 사법심사의 한계 등에서 문제된다.

(3) 사회복지국가 원리

우리 헌법은 사회복지국가원리를 명시적으로 규정하고 있지는 않지만, 사회적 기본권에 관한 제규정(제34조), 경제에 관한 규정을 통하여 사회복지국가 원리가 기본원리의 하나임을 명백히 하고 있다.

사회복지국가는 모든 국민의 복리의 실현을 위하여 사회적 보호·사회적 배려·사회적 평화를 위한 제 정책을 적극적으로 행할 것을 그 임무와 책임으로 하는 국가이기 때문에 사회복지국가에서는 필연적으로 행정의 중요성이 크다. 결국 사회복지국가는 행정의 전개에 의하여 구체화된다.

(4) 법치주의 원리

1) 의의

법치국가원리란 국민의 자유와 권리를 제한하거나 국민에게 새로운 의무를 부과하려 할 때에는 국민의 대표기관인 의회가 제정한 법률로써 하게 하고, 입법뿐 아니라 행정과 사법도 법률에 의거하게 함으로써 법률은 자유·평등·정의의 실현을 그 내용으로 한다. 즉 근거뿐 아니라 법률의 목적과 내용 또한 정당성을 가질 것을 요구한다.

2) 역사적 형성

가. 영국에서의 법의 지배의 원리

영국의 경우 13세기 말 판례법을 중심으로 하는 보통법의 발전(법의 지배)에서, 명예혁명이후 의회권한의 강화가 두드러지며 보통법의 우위에 대신하는 의회제정법의 우위라는 사상이 대두 관철되었다. 19세기 말에 다이시(A, V. Dicey)에 따르면, 영국헌법은 정규법의 우위, 법 앞의 평등, 판결의 결과로 형성되는 영국헌법의 특수성으로 법의 지배의 의미를 정리하였다.

나. 미국에서의 적법절차의 원리

미국은 영국과는 달리 국가기관들의 분립과 상호견제를 취하는 철저한 권력분립체계를 도입하였고, 이러한 권력분립체계는 법원에 의한 사법권의 우위로 전개되었다. 적법절차의 원리(due process of law)는 국가권력의 자의적 행사를 절차적 측면에서 규제한다는 초기입장에서 실체적인 내용에 관한 것으로 확대 적용되었다.

다. 독일에서의 법치국가론

독일의 법치국가사상은 19세기 초에 개인의 자유와 재산보호를 중심으로 하나, 영국 미국과 달리 민주주의와 법치주의의 결합이 결여된 형태로 나타났고, 형식적, 즉 법치국가 원리는 곧 합법성의 원칙과 동일시되는 경향을 보이게 되었다.

3) 형식적 법치주의와 실질적 법치주의

가. 형식적 법치주의

① 개념

대륙법계국가 특히 독일에서 19세기 후반에 성립된 이념으로 '법률에 의한 지배' 를 내용으로 법률의 목적이나 내용은 문제되는 것이 아니므로 행정의 합법성이 곧 행정의 정당성의 근거를 갖게 하여, 형식화된 법치국가에서는 일단 법의 형식을 갖추기만 하면 그 내용의 선악과 상관없이 법으로서의 효력을 갖게 된다는 점에서 법률이 국민의 기본권보장을 위한 장치가 아니라 억압·독재를 위한 수단으로 악용되었다(변질된 법치주의).

② 특징

권력분립의 원리, 행정의 법률적합성, 형식적 인권보장, 법률의 유보, 법률의 우위의 원칙, 행정기관의 광범위한 권한 등이 그 주요한 특징이다.

나. 실질적 법치주의

① 개념

통치의 '합법성'을 특징으로 하는 형식적 법치주의에 대한 반성으로 제기된 실질적 법치주의는 통치의 '정당성'을 특징으로 하는 원리이다. 그러나 실질적 법치주의라고 해서 형식적 법치주의를 전면 부인한 것은 아니다. 예컨대, 권력분립의 원칙, 행정의 법률적합성, 사법적 권리보호 등 법이라는 형식의 통치는 오늘날에도 법치주의 실현을 위해 필수적인 것으로 계속 인정되고 있다. 다만 실질적 법치주의는 단순한 법률의 우위가 아니라 헌법의 우위에 따라 행정의 근거뿐만 아니라 그 목적과 내용도 기본권보장에 정당하기를 요구한다.

② 특징

법령의 헌법재판소 또는 대법원에 의한 위헌법률심사제도, 법적안정성의 보장과 신뢰보호, 법률유보영역의 확대, 기본권의 확대, 행정재량통제의 강화, 행정에 대한 절차적 통제, 행정재판기관의 독립적 사법기관화를 통해 담보되고 있다.

(5) 법치주의의 내용 – 법치행정원리

법치행정원리란 행정은 법률에 바탕하여 법률에 따라 행하여져야 한다는 뜻이다. 행정기본법은 제8조에서 "행정작용은 법률에 위반되어서는 아니 되며, 국민의 권리를 제한하거나 의무를 부과하는 경우와 그 밖에 국민생활에 중요한 영향을 미치는 경우에는 법률에 근거하여야 한다"고 규정하여 법치행정원칙의 내용인 법률우위원칙과 법률유보원칙을 명문화 하였다.

1) 법률의 법규창조력

① 의의

법률의 법규창조력이란 법규를 창조하는 힘은 국회에서 제정하는 형식적 의미의 법률만이 갖는다는 원칙이다.

② 의미의 변화

오늘날에는 국회가 제정한 법률 외에도 행정입법, 긴급명령(헌법 제76조)처럼 행정권이 발하는 경우도 존재한다.

2) 법률우위원칙

법률의 우위란 모든 행정권 행사의 한계로서, 행정은 근거된 법률의 범위 내에서 그 규정에 위배되어서는 안 된다는 위반금지의 의무로, 그 법률의 내용은 헌법에 합치되는 것이어야 한다. 법치행정의 소극적 요건에 해당한다.

3) 법률유보원칙

가. 의의

법률유보원칙은 일정한 행정권의 발동에는 법령의 근거가 있어야 하며 법률의 근거가 없는 경우에는 행정개입의 필요가 있더라도 행정권이 발동될 수 없다는 것을 의미한다.[1] 법치행정의 적극적 요건에 해당한다.

판 례

(판례1) 구 여객자동차운수사업법(2007. 7. 13. 법률 제8511호로 개정되기 전의 것) 제76조 제1항 제15호, 같은 법 시행령 제29조에는 관할관청은 개인택시운송사업자의 운전면허가 취소된 때에 그의 개인택시운송사업면허를 취소할 수 있도록 규정되어 있을 뿐 그에게 운전면허 취소사유가 있다는 사유만으로 개인택시운송사업면허를 취소할 수 있도록 하는 규정은 없으므로, 관할관청으로서는 비록 개인택시운송사업자에게 운전면허 취소사유가 있다 하더라도 그로 인하여 운전면허 취소처분이 이루어지지 않은 이상 개인택시운송사업면허를 취소할 수는 없다(대판 2008. 5. 15, 2007두26001).

(판례2) 대통령은 법률에서 구체적으로 범위를 정하여 위임받은 사항과 법률을 집행하기 위하여 필요한 사항에 관하여만 대통령령을 발할 수 있으므로, 법률의 시행령은 모법인 법률에 의하여 위임받은 사항이나 법률이 규정한 범위 내에서 법률을 현실적으로 집행하는 데 필요한 세부적인 사항만을 규정할 수 있을 뿐, 법률에 의한 위임이 없는 한 법률이 규정한 개인의 권리·의무에 관한 내용을 변경·보충하거나 법률에 규정되지 아니한 새로운 내용을 규정할 수는 없다(대판 2020. 9. 3, 2016두32992).

(판례3) 국민의 기본권은 헌법 제37조 제2항에 의하여 국가안전보장, 질서유지 또는 공공복리를 위하여 필요한 경우에 한하여 이를 제한할 수 있으나, 그 제한은 원칙적으로 법률로써만 가능하다. 이러한 법률유보원칙은 '법률에 의한' 규율만을 뜻하는 것이 아니라 '법률에 근거한' 규율을 요청하는 것이다(헌재결 2022. 3. 31, 2021헌마1230).

나. 적용범위

법률우위원칙은 모든 행정영역에서 적용되지만, 법률유보원칙의 적용범위에 관해서는 견해의 대립이 있다.

A. 학설

① 침해유보설

∘ 의의: 국민의 자유·재산을 침해하는 행정작용은 법률의 근거가 있어야 한다는 견해

---

1) 여기서 법령이란 행정 외부적으로 국민의 권리 의무 제한 등의 영향을 미칠 수 있는 작용법 상 법령으로 형식적의미의 법률 뿐 아니라, 법률의 위임에 따른 법규명령도 포함한다(불문법원으로서의 관습법, 행정내부 사무처리지침인 행정규칙 등은 이에 해당하지 않는다).

이다.

∘ 비판: 급부행정이 중요한 행정영역이 되고있는 오늘날 급부행정영역을 법률의 유보로부터 제외시킨다는 것은 적합하지 않다는 지적이 가해진다.

② 권력행정유보설

∘ 의의: 행정작용이 불이익 행정인가 이익 행정인가를 불문하고 행정권의 일방적 의사에 의하여 국민 등의 권리·의무를 결정하게 되는 모든 권력적 행정작용은 근거규범을 필요로 한다는 견해이다.

∘ 비판: 모든 권력적 행정작용을 할 때마다 근거법규를 요구하는 것은 신속하고 원활한 행정집행이나 업무수행의 지연이라는 지장을 줄 수 있다.

③ 급부행정유보설

∘ 의의: 국민의 자유·재산에 대한 침해행정뿐만 아니라 급부행정에도 원칙상 법률의 근거가 있어야 한다는 견해이다. 근거를 사회복지국가적 이념과 법 앞의 평등원칙에서 구한다. 침해유보설이 행정에 대한 자유를 중시하는 견해라면, 급부행정유보설은 행정을 통한 자유를 중요시 한다.

∘ 비판: 급부행정은 국민에게 이익을 주는 행정으로, 법의 근거가 없다는 이유로 급부행정을 할 수 없다면 오히려 국민에게 불이익하다는 점에서 비판이 가해진다.

④ 전부유보설

∘ 의의: 행정작용 모두가 근거규범을 필요로 한다는 견해이다. 논거는 행정작용의 민주적 정당성을 확보하기 위하여는 행정작용이 국민의 의사표현인 법률에 근거하여 행해져야 한다는 데 있다.

∘ 비판: 현실적으로 모든 행정권 행사에 법의 근거를 두기란 어렵고, 행정문제의 신속한 해결이 어렵다.

⑤ 중요사항유보설

∘ 의의: 행정작용 중 국민 등에게 영향을 미치는 중요하고 본질적인 사항은 반드시 근거규범을 필요로 한다는 견해로서 독일 연방헌법재판소의 판결을 통하여 형성된 이론이다. 본질적이고 중요사항은 국회가 스스로 직접 결정하여야 한다는 점에서 의회유보와 연결된다.

∘ 비판: 본질적 사항과 비본질적 사항의 구별이 불명확하다는 지적이 있다.

비 교

1. 법률유보

행정권의 모든 발동에는 법률의 근거가 있어야 하며, 수권 없이는 행정권의 발동을 할 수 없다는 의미이다.

2. 의회유보

일반적인 법률유보의 개념을 그 대상의 위임금지·제한을 통해 국회의 입법권한을 강화한 개념이다. 유보의 행위는 법률 이외에도 의결·동의·승인 등의 형식도 존재한다.

예) 대통령의 조약체결에 대한 승인권, 긴급명령에 대한 사후승인권, 예산안의결권 등

판 례

(판례) 오늘날의 법률유보원칙은 단순히 행정작용이 법률에 근거를 두기만 하면 충분한 것이 아니라, 국가공동체와 그 구성원에게 기본적이고도 중요한 의미를 갖는 영역, 특히 국민의 기본권 실현에 관련된 영역에 있어서는 행정에 맡길 것이 아니고 국민의 대표자인 입법자 스스로 그 본질적 사항에 대하여 결정하여야 한다는 요구, 즉 의회유보원칙까지 내포하는 것으로 이해되고 있다. 여기서 어떠한 사안이 국회가 형식적 법률로 스스로 규정하여야 하는 본질적 사항에 해당되는지는, 구체적 사례에서 관련된 이익 내지 가치의 중요성, 규제 또는 침해의 정도와 방법 등을 고려하여 개별적으로 결정하여야 하지만, 규율대상이 국민의 기본권과 관련한 중요성을 가질수록 그리고 그에 관한 공개적 토론의 필요성 또는 상충하는 이익 사이의 조정 필요성이 클수록, 그것이 국회의 법률에 의하여 직접 규율될 필요성은 더 증대된다. 따라서 국민의 권리·의무에 관한 기본적이고 본질적인 사항은 국회가 정하여야 하고, 헌법상 보장된 국민의 자유나 권리를 제한할 때에는 적어도 그 제한의 본질적인 사항에 관하여 국회가 법률로써 스스로 규율하여야 한다(대판 2020. 9. 3, 2016두32992).

3. 행정유보

행정권이 입법에 의한 제한 없이 스스로 규율할 수 있는 행정의 고유영역, 즉 법률로부터 자유로운 행정영역으로, 일정한 사항에 대해서는 전적으로 행정권에 의한 입법만을 인정하는 배타적 행정유보와 행정권이 독자적으로 행정입법 할 수 있으나, 의회도 본질적 권한에 따라 법률로 규율할 수 있는 것을 의미한다. 법률유보 내지는 의회유보와 대립되는 행정유보는 행정권이 법률의 수권을 요하지 아니하고 스스로 활동할 수 있는 행정의 고유한 영역을 말하며, 이는 법률의 위임 없이도 행정기관이 명령을 제정할 수 있는가의 문제이다.

예) 통치행위, 특별권력관계 행위, 행정의 조직권, 행정의 규범정립권, 자치행정유보, 재량행위 등

B. 검토

① 종래의 통설은 침해유보설이나 오늘날의 다수설은 중요사항유보설로 기울고 있다. 우리 헌법재판소의 입장도 중요사항유보설의 입장이다.

② 급부행정작용시 법률유보원칙이 적용되는지 여부

예) 지식경제부장관의 중소기업에 대한 자금지원시, 법적근거를 요하는지 여부

예산상의 근거만 있으면 족하다는 견해와 오늘날 급부행정에서의 국민의 기본권침해

가 침해행정의 경우보다 더 심각하다는 점을 이유로 원칙적으로 법적근거를 요한다는 견해가 대립한다.

판 례

본질적 사항에 해당하는 판례

(판례1) 고급주택, 고급오락장이 무엇을 의미하는지는 취득세 중과세 요건의 본질적이고 중요한 사항임에도 불구하고 그 기준과 범위를 구체적으로 확정하지 않고 최저기준도 없이 대통령령으로 위임한 것은 헌법상의 조세법률주의와 포괄위임입법금지원칙에 위배된다(헌재결 1998. 7. 16, 96헌바52, 97헌바40).

(판례2) 텔레비전방송 수신료는 대다수 국민의 재산권 보장의 측면이나 한국방송공사에게 보장된 방송자유의 측면에서 국민의 기본권실현에 관련된 영역에 속하고, 수신료금액의 결정은 납부의무자의 범위 등과 함께 수신료에 관한 본질적인 중요한 사항이므로 국회가 스스로 행하여야 하는 사항에 속하는 것임에도 불구하고 국회의 결정이나 관여를 배제한 채 한국방송공사로 하여금 수신료금액을 결정해서 문화관광부장관의 승인을 얻도록 한 것은 법률유보원칙에 위반된다고 판시하였다(헌재결 1999. 5. 27, 98헌바70).

판 례

본질적 사항에 해당하지 않는 사례

(판례1) 첫째, 수신료의 금액은 한국방송공사의 이사회에서 심의의결한 후, 위원회를 거쳐 국회의 승인을 얻도록 규정하여 법률유보문제를 해결하였다. 또한 수신료납부 의무자의 범위와 징수절차와 관련하여 가산금 상한 및 추징금의 금액 체납시 국세체납처분의 규정을 준용하고 있다. 한편, 수신료 징수업무를 한국방송공사가 직접 수행할지 제3자에게 위탁할지 여부는 국민의 기본권제한에 관한 본질적인 사항이 아니라 할 것이므로 법률유보 원칙에 위배되지 않는다(헌재결 2008. 2. 28, 2006헌바70).

(판례2) 법률유보원칙은 자치적인 사항에 대하여도 적용되어야 한다. 즉, 자치적인 사항이라고 하더라도 그것이 국민의 권리 의무에 관련되는 사항일 경우에는, 적어도 국민의 권리와 의무의 형성에 관한 사항을 비롯하여 국가의 통치조직과 작용에 관한 기본적이고 본질적인 사항은 반드시 국회가 정하여야 한다는 법률유보(의회유보)의 원칙을 지켜야 할 것이다(헌재결 2021. 5. 27, 2019헌바332).

(6) 법치행정원칙의 한계

1) 행정입법의 증대

행정의 전문화, 복잡화 및 사회의 급격한 변화는 의회의 입법능력의 한계를 드러내고 있다. 그리하여 행정입법이 날로 증대하고 있고, 명령에 대한 위임에 있어서도 어느 정도 포괄적인 위임이 행하여지고 있는 경우도 적지 않다.

2) 특별권력관계론

전통적 특별권력관계는 법치행정원리가 전적으로 배제되는 영역으로 보았다. 오늘날에는 특별권력관계에도 법치행정원리가 침투되고 있다.

3) 재량행위론

행정의 대상은 매우 다양하기 때문에 구체적 타당성을 확보하기 위하여 행정권에게 재량권을 주어야 할 필요가 있는 경우가 있고, 이 경우에 재량권을 가진 행정기관은 재량권의 범위 내에서 선택의 자유를 갖게 된다. 그리고 일정한 경우에 행정이 매우 전문적이고 복잡하기 때문에 행정권에게 판단의 여지를 인정하는 것이 타당한 경우가 있다. 이처럼 행정권에게 재량권이 인정되거나 판단의 여지가 인정된 경우에 법치행정의 원칙이 어느 정도 완화되게 된다.

4) 신뢰보호원칙

법치행정원리를 관철하는 것이 경우에 따라서는 사인의 이익을 실질적으로 보호한다는 관점에서 바람직하지 아니할 때가 있다. 즉 행정행위가 취소원인인 위법이 있으면 취소되어야 마땅하지만 취소하는 것이 상대방의 보다 큰 이익을 침해하게 될 경우에는 취소할 수 없게 된다. 법치행정원리가 신뢰보호원칙 등에 의하여 후퇴하게 되는 셈이다.

5) 공법상 계약과 행정지도

공법상 계약과 행정지도는 상대방인 국민의 동의 등 자발적 의사가 있을 때 효력을 발생하게 되므로, 법률유보의 원칙이 적용하는지에 대하여 행정지도의 한계 등과 관련하여 문제된다.

제 3 장

행정법의 법원

Ⅰ. 법원의 의의

법원이란 법의 연원, 법의 존재형식, 법의 인식근거 등 여러 가지 의미로 사용되나, 행정법의 법원이라 할 때에는 행정에 관한 실정법의 존재형식, 또는 인식근거라는 의미이다. 행정법은 국민의 권리와 의무에 관한 것을 주된 규율의 대상으로 하기에 성문법주의를 원칙으로 한다. 그러나 행정법의 규율대상이 광범위하고 복잡하며 전문적·기술적 사항이 많아 이를 모두 규정할 수 없기에 불문법원과 행정법의 일반원칙이 생겨난다.

Ⅱ. 성문법원

1. 헌법

헌법은 기본법으로서 국가통치권의 조직과 작용의 기본원칙을 정하고 있으므로 그 중의 국가행정권의 조직과 작용을 정한 규정들은 행정법의 법원중에서 가장 기본적인 것이 된다.[1)]

1) 헌법과 행정법의 관계 ① "헌법은 변하여도 행정법은 변하지 않는다"(O. Mayer, 1924). 이는 헌법의 정치성이 강하여 시대적 상황에 따라 변하는 반면에 행정법은 수단성·기술성이 강하여 정치적 변화에 민감하지 않고 어느 정도 중립성을 갖는다는 것을 강조한 것이다. ② "행정법은 헌법을 구체화 하는 것이다"(F. Werner). 헌법은 국가의 통치권 전반에 걸친 근본조직과 작용을 규율하는 법으로서 그 특성상 추상적인 성격을 갖는데 반하여, 행정법은 이러한 헌법의 정신과 이념을 구체적으로 실현하는 기능을 수행한다는 것이다.

판 례

(판례) 우리나라는 성문헌법을 가진 나라로서 기본적으로 우리 헌법전이 헌법의 법원이 된다. 그러나 성문헌법이라고 하여도 그 속에 모든 헌법사항을 빠짐없이 완전히 규율하는 것은 불가능하고 또한 헌법은 국가의 기본법으로서 간결성과 함축성을 추구하기 때문에 형식적 헌법전에는 기재되지 아니한 사항이라도 이를 불문헌법 내지 관습헌법으로 인정할 소지가 있다. 특히 헌법제정 당시 자명하거나 전제된 사항 및 보편적 헌법원리와 같은 것은 반드시 명문의 규정을 두지 아니하는 경우도 있다. 그렇다고 해서 헌법사항에 관하여 형성되는 관행 내지 관례가 전부 관습헌법이 되는 것은 아니고 강제력이 있는 헌법규범으로서 인정되려면 엄격한 요건들이 충족되어야만 하며, 이러한 요건이 충족된 관습만이 관습헌법으로서 성문의 헌법과 동일한 법적 효력을 가진다(헌재결 2004. 10. 21, 2004헌마554).

2. 법률

법률은 형식적 의미의 법률, 즉 국회가 제정하는 법률을 의미한다. 법률은 헌법이념에 적합하여야 하고, 명령이나 지치법규보다 상위의 효력을 갖는다.

3. 행정입법

행정권에 의하여 정립되는 행정입법은 법규명령과 행정규칙이 있다.

(1) 법규명령

법규명령이란 국가행정권에 의하여 정립되는 법규로 국민의 권리·의무에 영향을 미치는 사항에 대한 규정이다. 오늘날 행정의 내용이 복잡다기해짐에 따라 법률은 입법사항의 대강을 규정하고 세부적인 사항은 명령에 위임하는 경향이 많아지고 있으므로 명령은 실질상 중요한 법원이 되고 있다.

예) 긴급재정·경제명령과 긴급명령은 법률과 같은 효력을 갖는 법률대위 법규명령이며, 대통령령·총리령·부령·중앙선거관리위원회 규칙은 법률종속 법규명령이다.

(2) 행정규칙

행정규칙이란 행정조직 내부 또는 특별권력관계를 규율하기 위하여 행정권이 정립하는 일반적·추상적 규율로서 행정조직 내부에서만 효력을 가질 뿐이고 일반국민을 구속하는 힘인 법규성이 없는 명령을 말한다. 행정명령이라고도 한다. 법규성이 없는 행정규칙은 법원성이 부인되는 것이 논리적으로 일관성이 있다. 그러나 대외적 구속력을 부인해 왔던 행정규칙이 행정법의 법원인가에 대하여는 학설상 다툼이 있다.

4. 자치입법

자치입법이란 지방자치단체가 자치입법권에 의하여 법령의 범위 안에서 제정하는 자치에 관한 규정을 말한다. 자치입법에는 지방의회가 제정하는 조례와 지방자치단체의 집행기관이 제정하는 규칙이 있다.

5. 조약 및 국제법규

조약이란 그 명칭 여하를 불문하고 국가 간의 문서에 의한 합의를 말하며, 국제법규란 우리나라가 체약국이 아닌 조약으로서 국제사회에서 일반적으로 그 규범성이 승인된 것과 국제관습법을 말한다. 우리 헌법 제6조 제1항은 "헌법에 의하여 체결·공포된 조약과 일반적으로 승인된 국제법규는 국내법과 같은 효력을 가진다."고 규정하고 있으므로 조약과 일반적으로 승인된 국제법규 중에서 국내 행정에 관한 사항을 정하고 있는 것은 행정법의 법원이 된다.

판 례

(판례) 대법원은 초·중·고등학교 급식에 있어서 국산 농산물의 이용을 강제하는 전라북도 의회의 학교급식에 관한 조례안이 WTO규범의 일부를 구성하는 '1994년 관세 및 무역에 관한 일반협정'(General Agreement on Tariffs and Trade 1994)에 위반된다는 이유로 해당조례의 무효선언을 하였다(대판 2005. 9. 9, 2004추10).

Ⅲ. 불문법원

1. 관습법

(1) 의의

관습법이란 국민의 전부 또는 일부사이에 같은 사실이 다년간 계속하여 관행으로 반복됨으로써 일반국민의 법적 확신을 얻어 성립하는 법규범을 말한다.

(2) 성립요건

행정법의 법원으로서 관습법이 성립하기 위하여는 ① 같은 사실이 다년간 계속하여 관행으로 반복될 것과, ② 일반국민이 법적 확신을 얻을 것이 필요하다. 이외에 국가의 승인에 대하여는 필요하지 않다는 견해가 판례 및 다수설이다. 헌법재판소도 국가의 승인은 필요 없다고 본다.

판 례

(판례) 지방자치단체가 관할하는 공유수면의 행정구역 경계에 관하여는 법률로 규정하지 않고 있어서, 공유수면에 대한 행정구역을 구분하는 법률상의 경계는 존재하지 않지만, 지방자치단체 등의 행정기관이 수산업법상의 어업허가 내지 어업면허, 어업단속행위, 공유수면관리법상의 공유수면에 대한 점용 내지 사용허가 등 개별법률들에 의한 행정권한을 행사함에 있어서 국립지리원이 간행한 지형도상의 해상경계선을 행정구역 경계선으로 인정해 온 행정관행이 존재하고, 이러한 행정관행이 오랜기간 동안 존재하여 왔고, 지형도상 해상경계선이 해상에서의 행정구역 경계선이라는 점에 대한 지방자치단체들과 일반 국민들의 법적 확신이 존재한다고 할 것이므로 국립지리원이 간행한 지형도상의 해상경계선은 행정관습법상 해상경계선으로 인정될 뿐만 아니라 행정판례법상으로도 인정되고 있기 때문에, 불문법상의 해상경계가 된다(헌재결 2004. 9. 23, 2000헌라2).

(3) 종류

1) 행정선례법

행정선례법은 행정청이 취급한 선례가 오랫동안 반복됨으로써 형성되는 행정관습법이다. 행정절차법 제4조 제2항은 일반행정에 있어서의 행정선례법의 존재를, 국세기본법 제18조 제3항은 조세행정에 있어서의 행정선례법의 존재를 명문으로 인정하고 있다.

2) 민중적 관습법

민중적 관습법은 민중 사이에 행정법관계에 관한 다년간의 관행에 의해 성립된 것을 말하며, 주로 공물의 사용관계에 관하여 존재한다. 예로는 입어권(마을어업의 어장에서 수산동식물을 포획·채취할 수 있는 권리), 용수권(관습상의 물에 대한 사용권) 등이 있다.

판 례

(판례) 농지소유자들이 수 백년 전부터 공유하천에 보를 설치하여 그 연안의 논에 관개를 하여 왔고 원고도 그 논 중 일부를 경작하면서 위 보로부터 인수를 하여 왔다면, 공유하천으로부터 용수를 함에 있어서 하천법에 의하여 하천관리청으로부터 허가를 얻어야 한다고 하더라도 그 허가를 필요로 하는 법규 시행 이전부터 원고가 이 보에 의하여 용수할 수 있는 권리를 관습에 의하여 취득하였음이 뚜렷하므로 원고는 하천법에 의한 법규에 불구하고 그 기득권이 있는 것이다(대판 1972. 3. 31, 72다78).

3) 판례법

행정사건에 관한 법원의 판결례는 구체적 사건을 해결함에 있어 성문법규의 결함을 보충하는 역할을 한다. 영·미에서는 판례구속성이 확립되어 있기 때문에 판례가 그 자체로서 행정법의 법원이 되나, 대륙법계에서는 그와 같은 법적 효력도 없고 판례도 변경된다는 점에서 그 구속력은 사실적으로만 존재한다고 본다. 그러나 법원이 거듭된 판결을 통해 실정법을 해석·보충하는 법리 또는 법원칙을 발견·정립함으로써 실제적인 법창조 기능을 하게 된다는 점에서 판례법의 법원성을 완전히 부인하기는 어렵다.

보 충

헌법재판소의 위헌결정은 법원으로서의 성격을 갖는다. 위헌으로 결정된 법률 또는 법률조항은 그 판결이 있는 날로부터 효력을 상실하고, 위헌결정은 법원 기타 국가기관이나 지방자치단체를 기속한다(헌법재판소법 제47조).

Ⅳ. 행정법의 일반원칙

1. 의의

행정법의 일반원칙이란 행정법의 불문법원으로서 행정상의 법률관계를 구속하는 법의 일반원칙을 말한다. 종래 조리로 보아 온 것을 법의 일반원칙 또는 행정법의 일반원칙으로 보는 경향이 있다.

2. 평등의 원칙

(1) 의의

1) 평등원칙이란 행정기관이 행정활동을 함에 있어서 합리적인 이유가 없는 한 국민을 공평하게 처우하여야 한다는 원칙을 말한다(행정기본법 제9조).

2) 평등의 원칙은 같은 것을 같게, 다른 것을 다르게 취급하는 것을 뜻한다.

3) 오늘날 평등의 원칙은 절대적 평등이 아닌, 합리적 사유가 있는 한 차별적인 조치가 가능한 상대적 평등을 의미하고, 상대적 평등은 자의의 금지원칙으로 표현되기도 한다.

4) 평등의 원칙은 헌법 제11조에서 명문으로 "① 모든 국민은 법 앞에 평등하다. 누구든지 성별·종교 또는 사회적 신분에 의하여 정치적·경제적·사회적·문화적 생활의 모든 영역에서 차별을 받지 아니한다."고 규정하고 있다.

판 례

(판례1) 평등권의 침해여부에 대한 심사는 그 심사기준에 따라 자의금지 원칙에 의한 심사와 비례의 원칙에 의한 심사로 크게 나누어 볼 수 있다(헌재결 2006. 2. 23, 2004헌마675·981·1022(병합)).

(판례2) 헌법 제11조 제1항에 근거를 둔 평등원칙은 본질적으로 같은 것을 다르게, 다른 것을 같게 취급함을 금지하는 것으로서, 법령을 적용할 때뿐만 아니라 입법을 할 때에도 불합리한 차별을 하여서는 안된다는 것을 뜻한다(대판 2007. 10. 29, 2005두14417).

(판례3) 평등원칙은 입법자에게 본질적으로 같은 것을 자의적으로 다르게, 본질적으로 다른 것을 자의적으로 같게 취급하는 것을 금하고 있다. 그러므로 비교 대상을 이루는 두 개의 사실관계 사이에 서로 상이한 취급을 정당화할 수 있을 정도의 차이가 없음에도 불구하고 두 사실관계를 서로 다르게 취급한다면, 입법자는 이로써 평등권을 침해한 것으로 볼 수 있다. 그러나 서로 비교될 수 있는 두 사실관계가 모든 관점에서 완전히 동일한 것이 아니라 단지 일정 요소에 있어서만 동일한 경우에 비교되는 두 사실관계를 법적으로 동일한 것으로 볼 것인지 아니면 다른 것으로 볼 것인지를 판단하기 위하여 어떠한 요소가 결정적인 기준이 되는가가 문제된다. 두 개의 사실관계가 본질적으로 동일한가의 판단은 일반적으로 당해 법률조항의 의미와 목적에 달려 있다(헌재결 2021. 7. 15, 2020헌바1).

(2) 기능

평등원칙은 비법규인 행정규칙을 법규 내지 준법규로 전환시키는 전환규범의 기능을 수행한다. 또한 평등원칙은 합리적 사유없이 다른 수단을 선택하지 못하게 함으로써 재량행위의 통제법리로도 기능한다.

(3) 효력

평등원칙은 헌법적 효력을 갖는다. 평등원칙에 반하는 행정권의 행사는 위법하고 평등원칙에 반하는 법률은 위헌이다.

(4) 한계

평등의 원칙은 법치행정의 유지를 위해 위법한 행정작용에서는 적용되지 않는다.

판 례

(판례) 당직근무대기 중 심심풀이로 돈을 걸지 않고 점수 따기 화투놀이를 한 사실이 징계사유에 해당한다 할지라도 징계처분으로 파면을 택한 것은 함께 화투놀이를 한 3명을 견책에 처하기로 한 사실을 고려하면 공평의 원칙상 그 재량의 범위를 벗어난 위법한 것이다(대판 1972. 12. 26, 72누194).

3. 행정의 자기구속의 원칙

(1) 개념

1) 의의

행정의 자기구속의 원칙이란 행정기관이 행정결정을 함에 있어 ① 동종의 사안에서 이전에 ② 제3자에게 행한 결정과 동일한 결정을 상대방에게 행하도록 ③ 스스로 구속되는 것을 말한다. 자기구속의 원칙은 행정의 법률에의 구속등과 같은 행정의 타자구속과 구별된다.

2) 기능

◦ 순기능: 재량행위와 판단여지 영역에 있어 행정기관의 자의방지, 국민의 권리구제를 가능하게 한다.

◦ 역기능: 행정규칙의 사실적 구속력을 인정하게 될 수 있는 여지가 있고, 당해 원칙이 지나치게 확장될 경우 행정의 탄력적 운용을 저해하여 행정재량의 본지를 무력하게 할 수 있다는 점에서 문제이다.

(2) 인정여부 및 근거

1) 학설

① 인정긍정설: 자기구속원칙의 인정근거에 대해 신뢰보호원칙설, 신의성실원칙설, 평등원칙설이 대립하였으나, 현재에는 평등의 원칙에 근거하는 원칙으로 인정된다.

② 인정부정설: 재량권 행사의 통제법리로서 특별히 자기구속의 법리를 인정할 필요 없이 직접 평등의 원칙을 적용하면 된다는 견해이다.

2) 판례

① 헌법재판소는 행정의 자기구속의 법리를 인정할 뿐만 아니라 그 논거로 신뢰보호원칙과 평등원칙을 제시한다.

판 례

(판례) 행정규칙이 법령의 규정에 의하여 행정관청에 법령의 구체적 내용을 보충할 권한을 부여한 경우, 또는 재량권행사의 준칙인 규칙이 그 정한 바에 따라 되풀이 시행되어 행정관행이 이룩되게 되면, 평등의 원칙이나 신뢰보호의 원칙에 따라 행정기관은 그 상대방에 대한 관계에서 그 규칙에 따라야 할 자기구속을 당하게 되고, 그러한 경우에는 대외적인 구속력을 가지게 된다 할 것이다(헌재결 1990. 9. 3, 90헌마13).

② 대법원은 명시적인 근거를 밝히지 않고는 있으나 자기구속의 법리를 일반적인 재량권행사의 한계로 인정하고 있다. 다만 최근에는 자기구속의 원칙이라는 용어를 사용하면서 재량권의 일탈남용여부를 판단한 바 있다.

판 례

(판례) 피고가 평등의 원칙이나 또는 신뢰보호의 원칙 또는 자기구속의 원칙 등에 위배하고 재량권을 일탈 남용하여 자의적으로 이사건 승인처분을 하였다고 볼 수 없다(대판 2009. 6. 25, 2008두13132).

(3) 적용요건

1) 재량 및 판단여지 영역과 같은 법적 문제일 것

이 법리는 원칙적으로 재량이 인정되는 영역에서만 적용될 수 있다. 특히 재량준칙(내부사무처리지침 행정조직 등 재량행위의 기준을 정한 행정규칙)에서 중요한 의미를 갖는다.

2) 동종사안

처분의 상대방에 대한 상황과 행정선례가 동일한 사안이어야 한다. 동일한 상황 하에서 동일한 법적용이 문제되는 경우이다.

3) 선례가 존재할 것

가. 학설

① 선례불필요설(1회선례충분설)

재량준칙이 존재하는 경우에는 재량준칙 자체만으로 미리 정해진 행정관행이 성립되는 것으로 보고 자기구속의 법리를 인정할 수 있다고 한다.

② 선례필요설(다수설)

자기구속원칙은 선례가 되풀이되어 관행이 성립한 경우에 한하여 인정된다고 본다.

나. 검토

재량준칙이 존재하는 경우에는 1회의 처분으로 예기된 관행이 현실화 된다고 볼 수 있기에 1회 선례충분설이 타당하고 오늘날 유력한 견해이다. 물론, 재량준칙이 존재하지 않는 경우에 자기구속의 법리가 적용되기 위하여는 선례로서 행정관행이 존재하여야 한다.

판 례

(판례) 판례는 재량준칙이 공표된 것만으로는 자기구속의 법리가 적용될 수 없고, 재량준칙에 따른 행정관행이 성립한 경우 자기구속의 법리가 적용될 수 있다고 본다(대판 2009. 12. 24, 2009두7967).

(4) 적용영역

1) 행정의 자기구속과 행정규칙

자기구속의 법리는 행정규칙의 하나인 재량준칙에서 중요한 의의를 갖는다. 행정의 자기구속의 법리는 본래 법규성이 없는 재량준칙을 구속력 있는 규범으로 전환시키는 전환규범으로서의 역할을 수행한다.

2) 행정의 자기구속과 행정재량

이 법리는 법적합성의 원칙상 기속영역에서는 인정할 수 없고 재량이 인정되는 영역에서만 적용된다. 행정의 자기구속은 행정재량을 축소시키는 기능을 행한다.

(5) 적용한계

① 중대한 사정변경이 존재하지 않을 것

선행하는 행정관행을 번복할 정도의 특수한 사정이 있는 경우, 자기구속의 법리가 적용되지 않을 수 있다. 즉, 다른 결정을 하는 것이 종래의 동종사안에서 행한 결정의 계속에 의한 법적 안정성 보다 중요하고, 신뢰보호의 원칙에 반하지 아니하는 경우에는 종래와 다른 행정결정도 적법하다.

② 불법한 선례가 아닐 것

종래 반복된 관행이 존재하더라도 그 선례가 위법한 관행이었던 경우 자기구속의 원리가 적용되지 아니한다.

판 례

(판례1) 평등원칙은 본질적으로 같은 것을 자의적으로 다르게 취급하는 것을 금지하는 것이고, 위법한 행정처분이 수차례에 걸쳐 반복적으로 행하여졌다 하더라도 그러한 처분이 위법한 것인 때에는 행정청에 대하여 자기구속력을 갖게 된다고 할 수 없다. 날짜가 기재되지 아니한 동의서들을 효력이 없는 것으로 간주한 선례가 있다 하더라도 피고가 참가인 추진위원회에 대하여 승인심사를 할 때에도 그러한 기준을 따라야 할 의무가 없는 점 등에 비추어, 피고가 평등의 원칙이나 신뢰보호의 원칙 또는 자기구속의 원칙 등에 위배하고 재량권을 일탈·남용하여 자의적으로 이 사건 승인처분을 하였다고 볼 수 없다(대판 2009. 6. 25, 2008두13132).

(판례2) 동법시행규칙 제53조에 따른 별표 15의 행정처분기준은 행정기관 내부의 사무처리준칙을 규정한 것에 불과하기는 하지만 규칙 제53조 단서의 식품 등의 수급정책 및 국민보건에 중대한 영향을 미치는 특별한 사유가 없는 한, 행정청은 당해 위반사항에 대하여 위 처분기준에 따라 행정처분을 함이 보통이라 할 것이므로, 행정청이 이러한 처분기준을 따르지 아니하고 특정한 개인에게 위 처분기준을 과도하게 초과하는 처분을 한 경우에는 재량권의 한계를 일탈하였다 볼만한 여지가 충분하다(대판 1993. 6. 29, 93누5635).

(6) 원칙위반의 효과

행정의 자기구속의 원칙에 반하는 처분 등은 위헌·위법이다. 따라서 항고소송의 대상이 되며, 경우에 따라서는 손해배상책임을 발생시킨다.

4. 비례의 원칙

(1) 의의

행정법상의 비례원칙이란 행정작용에 있어 목적실현을 위한 수단과 당해 목적 사이에는 합리적인 균형관계가 유지되어야 한다는 원칙을 말한다. 과잉금지원칙이라고도 한다.

행정기본법은 비례의 원칙의 내용인 적합성, 필요성, 상당성의 원칙을 명문화하였다(동법 제10조).

(2) 전개

비례원칙은 19세기 후반 독일에서 경찰권의 한계를 긋는 경찰법상의 일반원칙으로 성립하였다. 그 후 경찰법뿐만 아니라 규제행정일반, 급부행정에도 적용되고 헌법상의 법원칙으로서 위헌법률심사의 기준으로 그 영역을 확대하고 있다.

(3) 근거

헌법상 법치국가원칙 및 제37조 제2항, 행정기본법 제10조와 개별법으로는 행정규제기본법 제5조가 명문화하고 있다.[1)]

(4) 내용

1) 적합성원칙

행정목적과 선택된 수단 간에 합리적인 관련성이 존재하여야 한다. 즉 선택된 수단이 목적달성을 위하여 적합한 것이어야 한다. 행정기본법 제10조 제1호는 "행정목적을 달성하는 데 유효하고 적절할 것"을 규정하고 있다.

판 례

(판례1) 동성동본금혼을 규정한 민법 제809조 제1항은(현재 삭제됨) 그 입법목적이 이제는 혼인에 관한 국민의 자유와 권리를 제한할 "사회질서"나 공공복리에 해당할수 없다는 점에서 헌법 제37조 제2항에 위반된다 할 것이다(헌재결 1997. 7. 16, 95헌가6).

(판례2) 재외국민의 선거권 행사에 대한 전면적인 부정에 대해서는 어떠한 정당한 목적도 찾기 어렵다(헌재결 2007. 6. 28, 2004헌마644).

2) 필요성원칙(최소침해원칙)

목적달성을 위하여 선택 가능한 여러 수단 중에서도 관계자에게 가장 적은 부담을 주는 수단을 선택하여야 한다. 최소침해의 원칙이라고도 한다. 행정기본법 제10조 제2호는 행정작용은 "행정목적을 달성하는 데 필요한 최소한도에 그칠 것"을 규정하고 있다.

---

1) 경찰관직무집행법 제1조(목적) ② 이법에 규정된 경찰관의 직권은 그 직무수행에 필요한 최소한도에서 행사되어야 하며 남용되어서는 아니 된다.

판 례

(판례1) 경찰관은 범인의 체포 또는 도주의 방지, 타인 또는 경찰관의 생명·신체에 대한 방호, 공무집행에 대한 항거의 억제를 위하여 필요한 때에는 최소한의 범위 안에서 가스총을 사용할 수 있으나, 가스총은 통상의 용법대로 사용하는 경우 사람의 생명 또는 신체에 위해를 가할 수 있는 이른바 위해성 장비로서 그 탄환은 고무마개로 막혀 있어 사람에게 근접하여 발사하는 경우에는 고무마개가 가스와 함께 발사되어 인체에 위해를 가할 가능성이 있으므로, 이를 사용하는 경찰관으로서는 인체에 대한 위해를 방지하기 위하여 상대방과 근접한 거리에서 상대방의 얼굴을 향하여 이를 발사하지 않는 등 가스총 사용 시 요구되는 최소한의 안전수칙을 준수함으로써 장비사용으로 인한 사고 발생을 미리 막아야 할 주의의무가 있다(대판 2003. 3. 14, 2002다57218).

(판례2) 기부금품의 모집목적을 제한하는 것은 기본권행사의 '방법'이 아니라 '여부'에 관한 규제에 해당한다. 그러나 규율의 형태에 있어 여부자체를 제한하기 보다는 그 방법을 규제함으로써 충분히 입법목적을 달성할 수 있다고 보여지므로 당해 규정은 입법목적을 달성하기에 필요한 수단의 범위를 훨씬 넘어 국민의 기본권을 과도하게 침해하는 위헌적인 규정이라 아니할 수 없다(헌재결 1998. 5. 28, 96헌가5).

3) 상당성원칙(협의의 비례의 원칙)

목적달성을 위하여 필요한 수단이라 하더라도 그 수단의 사용이 그것보다 더 큰 불이익을 초래하여서는 아니 된다. 협의의 비례원칙이라고도 한다. 행정기본법 제10조 제3호는 "행정작용으로 인한 국민의 이익 침해가 그 행정작용이 의도하는 공익보다 크지 아니할 것"을 규정하고 있다.

판 례

(판례) 행정청이 면허처분의 재량권을 갖는 경우에도 그 재량권은 면허취소처분의 공익목적 뿐만 아니라 공익침해의 정도와 그 취소처분으로 인하여 개인이 입게 될 불이익을 비교교량하여 ……비례의 원칙에 ……어긋나지 않게 행사되어야 할 한계를 지니고 있고 이 한계를 벗어난 처분은 위법하다고 볼 수밖에 없다(대판 1985. 11. 12, 85누303).

(5) 적용영역

비례원칙은 행정청의 재량권의 한계를 설정해주는 ① 재량통제의 기준이 되며, ② 행정행위의 부관의 한계(예: 주택건설사업계획승인과 함께 요구된 기부채납이 위법한지의 문제) ③ 행정행위의 취소권·철회권의 제한(예: 음주운전시, 면허 3개월 정지가 균형상 적당한지 문제), ④ 행정지도의 한계, 행정조사의 한계, ⑤ 사정판결의 요부, ⑥ 공무원의 징계원리의 한계 등에 적용된다.

(6) 위반의 효과

비례원칙은 헌법적 원칙이므로, 이에 위반되는 국가작용은 위헌·위법한 것이 된다.

판 례

비례원칙 위반으로 본 판례

(판례1) 자동차를 이용한 범죄행위

자동차를 이용하여 범죄행위를 하기만 하여도 그 범죄의 경중에 상관없이 비난정도가 미약한 경우까지도 운전면허를 취소하도록 한 규정은 최소침해성의 원칙에 위반된다 할 것이다(헌재결 2005. 11. 24, 2004헌가28).

(판례2) 변호사의 근무한 지방법원 구역내의 개업신고 사건

법조경력이 15년이 되지 아니한 변호사가 개업신고 전 2년 이내의 근무지가 속하는 지방법원의 관할구역 안에서 3년간 개업하는 것을 금지하는 것은 직업선택의 자유를 제한함에 있어 비례원칙에 벗어난 것이다(헌재결 1989. 11. 20, 89헌가102).

(판례3) 종업원의 유사휘발유 판매 사건

하자승계시, 비례원칙이 문제된 사건주유소 영업 양도인이 등유가 섞인 유사휘발유를 판매했다는 이유로 그 영업을 양도받은 양수인에게 행한 6월의 석유판매영업정지처분은 석유사업법에 의하여 실현하고자 하는 공익목적보다 원고가 입게 될 손실이 훨씬 커 재량권을 일탈한 것으로 위법하다(대판 1992. 2. 25, 91누13106).

(판례4) 청소년유해매체물로 결정된 만화 대여사건

청소년유해매체물로 결정·고시된 만화인 사실을 모르고 있던 도서대여업자가 청소년에게 그 만화를 대여한 것을 사유로 도서대여업자에게 금 700만원의 과징금이 부과된 경우, 그 과징금부과처분은 재량권의 일탈남용으로서 위법하다(대판 2001. 7. 27, 99두9490).

(판례5) 과잉금지원칙에 반한다고 판단한 사례

전라북도전주교육지원청교육장이 갑 주식회사가 운영하는 독서실에 대한 현장점검을 실시하여 열람실의 남녀별 좌석 구분 배열이 준수되지 않고 배치도상 남성 좌석으로 지정된 곳을 여성이 이용하거나 여성 좌석으로 지정된 곳을 남성이 이용하여 남녀 이용자가 뒤섞여 있는 것을 적발하고, 학원의 설립·운영 및 과외교습에 관한 법률 제8조, 독서실의 운영자에게 열람실의 남녀 좌석을 구분하여 배열하도록 하고 위반 시 교습정지처분을 할 수 있도록 규정한 '전라북도 학원의 설립·운영 및 과외교습에 관한 조례' 제3조의3 제2호, 제11조 제1호 등에 따라 10일간 교습정지를 명하는 처분을 한 사안에서, 위 조례 조항은 과잉금지의 원칙에 반하여 독서실 운영자의 직업수행의 자유와 독서실 이용자의 일반적 행동자유권 내지 자기결정권을 침해하는 것으로 헌법에 위반된다(대판 2022. 1. 27, 2019두59851).

판 례

비례원칙 위반이 아니라고 본 판례

(판례1) 음주측정 요구를 거부한 운전자에 대해 면허를 취소한 사건

음주운전의 방지는 오늘날 자동차가 대중적인 교통수단이고 그에 따라 대량으로 자동차운전면허가 발급되고 있는 상황이나 음주운전으로 인한 교통사고의 증가 및 결과의 참혹성 등에 비추어 볼 때, 음주운전으로 인한 교통사고를 방지할 공익상의 필요는 매우 중대하므로, 음주운전 내지 그 제재를 위한 음주측정 요구의 거부 등을 이유로 한 자동차운전면허의 취소는 적법하다(대판 1995. 9. 26, 95누6069).

(판례2) 15년 공무원의 뇌물수수 사건

15년간 공무원으로 재직하면서 다른 징계 받은 바 없었고, 장관급 표창을 받은 점과 가정형편을 모두 감안한다 하더라도, 원고가 그 직무와 관련하여 부탁을 받거나 스스로 사례를 요구하여 위의 금원을 수수한 경우라면 해임의 징계처분을 한 조치는 징계권의 범위를 일탈한 것이라 할 수 없다(대판 1996. 5. 10, 96누2903).

5. 신뢰보호의 원칙

(1) 의의

신뢰보호의 원칙이란 행정기관의 어떤 결정(명시적·묵시적 언동을 포함)의 정당성 또는 존속성에 대한 국민의 보호가치 있는 신뢰는 보호해 주어야 한다는 원칙을 말한다. 80년대에 들어서면서 계획행정과 조세행정영역에서 거론되기 시작하여 급부행정 등 수익적 행정행위에 관한 법규가 제정되면서 이 원칙이 중요시되었으며, 현재 수익적 행정행위의 취소·철회에 한하지 않고 행정의 전 영역에 걸쳐 문제되고 있다.

(2) 근거

1) 법적 근거

행정기본법 제12조 제1항은 신뢰보호원칙을 명문화하여 "행정청은 공익 또는 제3자의 이익을 현저히 해할 우려가 있는 경우를 제외하고는 행정에 대한 국민의 정당하고 합리적인 신뢰를 보호하여야 한다"고 규정하고 있다. 개별법으로 국세기본법 제18조 제3항과 행정절차법 제4조 제2항 등이 있다.[1)]

2) 이론적 근거

신뢰보호원칙의 논리적 근거로는 신의칙설, 법적 안정성설, 기본권설, 독자성설 등이 언급되나 법적 안정성은 헌법상의 원리인 법치국가원리의 구성부분인바, 신뢰보호는 헌법원리의 일환이라는 견해로서 다수설과 판례의 입장이다.

판 례

(판례) 헌법재판소는 신뢰보호원칙을 헌법상 법치국가원리의 파생원칙으로 보았다(헌재결 1997. 7. 16, 97헌마38).

---

1) 행정절차법 제4조(신의성실 및 신뢰보호) ② 행정청은 법령등의 해석 또는 행정청의 관행이 일반적으로 국민들에게 받아들여졌을 때에는 공익 또는 제3자의 정당한 이익을 현저히 해칠 우려가 있는 경우를 제외하고는 새로운 해석 또는 관행에 따라 소급하여 불리하게 처리하여서는 아니 된다.

(3) 적용요건

1) 선행조치 – 판례는 '공적견해표명'

선행조치에는 법령·행정규칙·행정행위·행정계획·행정지도 등 법률행위, 사실행위를 불문하고, 묵시적 명시적 표시 의사표시도 포함한다(묵시적 언동, 다시 말하면 비과세의 사실상태가 장기간에 걸쳐 계속되는 경우도 포함한다). 공적 견해표명은 구체적 확정적 견해표명일 것을 요하고, 추상적 견해표명은 이에 해당하지 않는다.

판 례

긍정한 판례

(판례1) 취득세 등이 면제되는 구 지방세법의 기술진흥단체인지 여부에 관한 질의에 대하여 건설교통부장관과 내무부장관이 비과세의견으로 회신한 경우, 공적인 견해표명에 해당한다(대판 2008. 6. 12, 2008두1115).

(판례2) 위헌인 법률에 대한 신뢰 – 헌법재판소법은 위헌법률이 결정례에 의하여 당연무효인 것이 아니라 위헌결정으로 장래 효력을 상실하도록 되어 있어, 헌법재판소에 의한 위헌확인 시 까지는 유효한 신뢰의 근거로 작용할 수 있다. 다만 합헌적인 법률에 기초한 신뢰이익과 동일한 정도의 보호 즉 헌법에서 유래하는 국가의 보호의무 까지는 요청할 수 없다. 그러므로 국립사범대학 졸업자의 교원우선임용 조항에 대한 헌재의 위헌결정 이후 국립사범대학 졸업자 중 교원미임용자에 대해 특례를 부여하는 특별법 제정이 일반 사범대학에 재학 중이거나 졸업한 자들의 평등권을 침해하는 위헌이라고 할 수 없다(헌재결 2006. 3. 30, 2005헌마598).

(판례3) 과세관청의 공적 견해표명이 있었는지의 여부를 판단하는데 있어 반드시 행정조직상의 형식적인 권한분쟁에 구애될 것은 아니고 담당자의 조직상의 지위와 임무, 당해 언동을 하게 된 구체적인 경위 및 그에 대한 납세자의 신뢰가능성에 비추어 실질에 의하여 판단하여야 한다(대판 1996. 1. 23, 95누13746).

(판례4) 대통령이 피해자들인 국민에 대하여 향후 입법조치 등을 통하여 그 피해를 보상해 주겠다고 약속한 것으로서, 거기에 채무의 승인이나 시효이익의 포기와 같은 사법상의 효과는 없더라도, 그 상대방은 약속이 이행될 것에 대한 강한 신뢰를 가지게 되고, 이러한 신뢰는 단순한 사실상의 기대를 넘어 법적으로 보호받아야 할 이익이라고 보아야 하므로, 국가가 그 약속을 어기고 후속조치를 취하지 아니함으로써 위담화 및 피해신고 공고에 따라 피해신고를 마친 피해자의 신뢰를 깨뜨린 경우, 그 신뢰의 상실에 따르는 손해를 배상할 의무가 있고, 이러한 손해에는 정신적 손해도 포함된다(대판 2001. 7. 10, 98다38364).

(판례5) 4년동안 면허세를 부과할 수 있다는 사정을 알면서도 수출확대라는 공익상 필요에서 한 건도 부과한 일이 없었다면 과세관청이 비과세라는 선행조치를 한 것으로 볼 수 있다(대판 1980. 6. 10, 80누6).

(판례6) 토지거래계약의 허가과정에서 이 사건 토지형질변경이 가능하다는 피고 측의 견해표명은 행정청의 단순한 정보제공 내지는 일반적인 법률상담 차원에서 이루어진 것이라고 보이기 보다는, 이사건 토지거래계약의 허가와 같이 그 이용목적이 관계법령상 허용되는 것인지를 개별적 구체적으로 검토하여 그것이 가능할 경우에만 거래계약허가를 하여 주도록 하는 것이고, 토지거래허가신청과정에서 그 허가담당공무원으로부터 이용목적대로 토지를 이용하겠다는 각서까지 제출할 것을 요구받아 이를 제출한 원고로서는 피고 측의 위와 같은 견해표명에 대하여 더 고도의 신뢰를 갖게 되었다고 할 것이다(대판 1997. 9. 12, 96누18380).

판 례

부정한 판례

(판례1) 부가가치세법상의 사업자등록증 교부는 이와 같은 등록사실을 증명하는 증서의 교부행위에 불과한 것으로 과세관청이 납세의무자에게 면세사업자등록증을 교부하고 수년간 면세사업자로서 한 부가가치세 예정신고를 받은 행위만으로 과세관청이 부가가치세를 과세하지 아니함을 시사하는 공적인 견해를 표명한 것이라 할 수 없다(대판 2002. 9. 4, 2001두9370).

(판례2) 그 의사표시가 납세자의 추상적인 질의에 대한 일반론적인 견해표명에 불과한 경우에는 위 원칙을 부정하여야 한다(대판 1993. 7. 27, 90누10384).

(판례3) 개발이익환수에 관한 법률에 정한 개발사업을 시행하기 전에 행정청이 토지지상에 예식장 등을 건축하는 것이 관계법령상 가능한지 여부를 질의하는 민원예비심사에 대하여 관련 부서 의견으로 '저촉사항 없음' 이라고 기재하였다 하더라도, 이후의 개발부담금부과처분에 관하여 개인에 대해 신뢰의 대상이 되는 공적인 견해표명을 한 것이라고는 보기 어렵다(대판 2006. 6. 9, 2004두46).

(판례4) 헌법재판소의 위헌결정은 신뢰의 대상이 되는 공적인 견해를 표명한 것이라 할 수 없으므로 그 결정에 관련한 개인의 행위에 대하여는 신뢰보호의 원칙이 적용되지 아니한다(대판 2003. 6. 27, 2002두6965).

(판례5) 도시계획구역 안에서의 폐기물처리시설의 결정기준 및 설치기준 등을 규정하고 있는 도시계획법 제2조 제1항 제1호(나)목, 제16조, [도시계획시설기준에 관한 규칙] 제126조 내지 제128조 및 폐기물관리 법령은 도시계획구역안에서의 토지형질변경의 허가기준을 규정하고 있는 도시계획법 제4조 제1항, 도시계획법 시행령 제5조의2 및 [토지의 형질변경 등 행위허가기준 등에 관한 규칙] 제4조 제1항과 각기 규정대상 및 입법취지를 달리하고 있으므로, 일반적으로 폐기물처리업 사업계획에 대한 적정통보에 당해 토지에 대한 형질변경허가신청을 허가하는 취지의 공적 견해표명이 있는 것으로는 볼 수 없다고 할 것이고, 더구나 토지의 지목변경 등을 조건으로 그 토지상의 폐기물처리업 사업계획에 대한 적정통보를 한 경우에는 위 조건부적정통보에 토지에 대한 형질변경허가의 공적 견해표명이 포함되어 있었다고 볼 수 없다(대판 1998. 9. 25, 98두6494).

(판례6) 폐기물처리업 사업계획에 대하여 적정통보를 한 것만으로 그 사업부지 토지에 대한 국토이용계획변경신청을 승인하여 주겠다는 취지의 공적인 견해표명을 한 것으로 볼 수 없다(대판 2005. 4. 28, 2004두8828).

(판례7) 갑 주식회사가 교육환경보호구역에 해당하는 사업부지에 콘도미니엄을 신축하기 위하여 교육환경평가승인신청을 한 데 대하여, 관할 교육지원청 교육장이 갑 회사에 '관광진흥법 제3조 제1항 제2호(나)목에 따른 휴양 콘도미니엄업이 교육환경 보호에 관한 법률에 따른 금지행위 및 시설로 규정되어 있지는 않으나 성매매 등에 대한 우려를 제기하는 민원에 대한 구체적인 예방대책을 제시하시기 바람'이라고 기재된 보완요청서를 보낸 후 교육감으로부터 '콘도미니엄업에 관하여 교육환경보호구역에서 금지되는 행위 및 시설에 관한 교육환경 보호에 관한 법률(이하 '교육환경법'이라 한다) 제9조 제27호를 적용하라'는 취지의 행정지침을 통보받고 갑 회사에 교육환경평가승인신청을 반려하는 처분을 한 사안에서, 교육장이 보완요청서에서 '휴양 콘도미니엄업이 교육환경법 제9조 제27호에 따른 금지행위 및 시설로 규정되어 있지 않다'는 의견을 밝힌 바 있으나, 이는 교육장이 최종적으로 교육환경평가를 승인해 주겠다는 취지의 공적 견해를 표명한 것이라고 볼 수 없고 오히려 수차례에 걸쳐 갑 회사에 보낸 보완요청서에 의하면 현 상태로

는 교육환경평가승인이 어렵다는 취지의 견해를 밝힌 것에 해당하는 점, 갑 회사는 사업 준비 단계에서 휴양 콘도미니엄업을 계획하고 교육장의 보완요청에 따른 추가 검토를 진행한 정도에 불과하여 위 처분으로 침해받는 갑의 이익이 그다지 크다고 보기 어려운 반면 교육환경보호구역에서 휴양 콘도미니엄이 신축될 경우 학생들의 학습권과 교육환경에 미치는 부정적 영향이 매우 큰 점 등에 비추어, 위 처분은 신뢰의 대상이 되는 교육장의 공적 견해표명이 있었다고 보기 어렵고, 교육장의 교육환경평가승인이 공익 또는 제3자의 정당한 이익을 현저히 해할 우려가 있는 경우에 해당하므로 신뢰보호원칙에 반하지 않는다(대판 2020. 4. 29, 2019두52799).

2) 보호가치 있는 신뢰일 것

위의 선행조치의 정당성 또는 존속성에 대한, 관계인의 신뢰가 보호가치 있는 것이어야 한다. 즉 관계인의 귀책사유(고의·과실)가 없을 것을 의미한다.

① 상대방, 그의 수임인 등 관계자 모두를 기준

판 례

(판례) 건축주로부터 건축설계를 위임받은 건축사가 건축한계선의 제한이 있음을 간과한 채 잘못된 건축설계를 하고 이에따라 신축허가를 받은 경우, 귀책사유의 유무는 상대방(건축주)와 그로부터 위임받은 수임인(건축사) 등 관계자 모두를 기준으로 판단하여야 한다(대판 2002. 11. 8, 2001두1512).

② 부정행위를 알았거나 알 수 있는 경우, 예측가능한 사정변경인지, 국가의 유인된 신뢰인지 여부

판 례

(판례1) 공유수면 매립지를 양도함에 있어 양도소득세를 전액 감면하던 것을 50% 감면으로 법률개정한 경우, 조세우대조치는 잠정적인 것으로 장래의 개정이 쉽사리 예측가능하다고 할 것이므로, 이 사건은 신뢰보호의 원칙에 위배되지 않는다(헌재결 1995. 3. 23, 93헌바18).

(판례2) 충전소설치예정지로부터 100m안에 건물주의 동의를 모두 얻지 아니하였음에도 불구하고 이를 갖춘 양 허가신청하여 허가를 받아낸 것이므로, 그 처분에 의한 이익이 위법하게 취득되었음을 알아 취소가능성도 능히 예상하고 있었다고 보아야 할 것이므로 신뢰보호원칙이 적용되지 않는다(대판 1992. 5. 8, 91누13274).

(판례3) 귀책사유라 함은 행정청의 견해표명의 하자가 상대방 등 관계자의 사실은폐나 기타 사위의 방법에 의한 신청행위 등 부정행위에 기인한 것이거나 그러한 부정행위가 없다고 하더라도 하자가 있음을 알았거나 중대한 과실로 알지 못한 경우 등을 의미한다고 해석함이 상당하다(대판 2002. 11. 8, 2001두1512).

(판례4) 개인의 신뢰이익에 대한 보호가치는 법령에 따른 개인의 행위가 국가에 의하여 일정방향으로 유인된 신뢰의 행사인지 아니면 단지 법률이 부여한 기회를 활용한 것으로서 원칙적으로 사적위험부담의 범위에 속하는 것인지 여부에 따라 달라진다. 만일 법률에 따른 개인의 행위가 단지 법률이 반사적으로 부여하는 기회의 활용을 넘어서 국가에 의하여 일정 방향으로 유도된 것이라면 특별히 보호가치가 있는 신뢰이익이 인

정될 수 있고, 원칙적으로 개인의 신뢰보호가 국가의 법률개정이익에 우선된다고 볼 여지가 있다. 이 사건은 국가가 입법을 통해 개인의 행위를 일정 방향으로 유도하였다고 볼 수도 없고, 따라서 단지 법률이 부여한 기회를 활용한 것으로서 신뢰보호 원칙에 위배되지 않는다(헌재결 2002. 11. 28, 2002헌바45).

3) 상대방의 처리가 있을 것

상대방인 국민이 행정기관의 선행조치에 대한 신뢰에 의거하여 투자계획을 세운다든지 영업 준비를 하는 등 어떠한 조치를 하여야 한다.

4) 인과관계

당사자의 신뢰와 처리행위사이에 인과관계가 있어야 한다. 즉 상대방이 행정청의 선행조치의 정당성·계속성을 믿음으로 말미암아 일정한 조치를 한 경우이어야 한다.

5) 선행조치에 반하는 후행조치가 있을 것

행정기관이 상대방의 신뢰에 반하는 행정권의 행사를 하였고, 이로 인한 상대방의 권익침해가 있어야 한다.

판 례

(판례) 일반적으로 행정상의 법률관계에 있어서 행정청의 행위에 대하여 신뢰보호의 원칙이 적용되기 위하여는 첫째, 행정청이 개인에 대하여 신뢰의 대상이 되는 공적인 견해표명을 하여야 하고, 둘째, 행정청의 견해표명이 정당하다고 신뢰한 데 대하여 그 개인에게 귀책사유가 없어야 하고, 셋째, 그 개인이 그 견해표명을 신뢰하고 이에 따라 어떠한 행위를 하여야 하며, 넷째, 행정청이 그 견해표명에 반하는 처분을 함으로써 그 견해표명을 신뢰한 개인의 이익이 침해되는 결과가 초래되어야 한다(대판 1992. 5. 26, 91누10091).

(4) 적용한계(판례 – 소극적 요건)

신뢰보호원칙(주관적 사인의 신뢰이익)이 행정의 법률적합성의 원칙(객관적 공익)과 충돌하는 경우에 양원칙의 관계를 어떻게 파악할 것이냐의 문제이다.

1) 학설

① 법률적합성우위설

헌법상의 법치국가원칙을 중시하여 행정의 법률적합성원칙이 신뢰보호원칙보다 우위에 있다는 견해이다.

② 이익형량설

신뢰보호를 어느 범위에서 인정할 것이냐는 구체적 사정 아래에서 적법상태의 실현이라는 공익과 조치의 정당성·존속성에 대한 신뢰보호 등 관계자의 모든 이익을 형량하여 결정하여야 한다는 견해로 통설이다.

판 례

(판례1) 신뢰보호원칙이 합법성의 원칙을 희생하여서라도 납세자의 신뢰를 보호함이 정의에 부합하는 것으로 인정하는 경우에는 적용된다는 입장이며(대법원 1992. 4. 28. 선고 91누9848 판결), 행정처분이 신뢰보호원칙의 요건을 충족하는 경우라고 하더라도 행정청이 앞서 표명한 공적인 견해에 반하는 행정처분을 함으로써 달성하려는 공익이 행정청의 공적 견해 표명을 신뢰한 개인이 그 행정처분으로 인하여 입게되는 이익의 침해를 정당화 할 수 있을 정도로 강한 경우에는 신뢰보호원칙을 들어 그 행정처분이 위법하다고 할 수 없다(대판 1998. 11. 13, 98두7343).

(판례2) 한려해상국립공원지구 인근의 자연녹지지역에서의 토석채취허가가 법적으로 가능할 것이라는 행정청의 언동을 신뢰한 개인이 많은 비용과 노력을 투자하였다가 불허가처분으로 상당한 불이익을 입게 된 경우, 불허가처분에 의하여 행정청이 달성하려는 주변의 환경 풍치 미관 등의 공익이 그로인하여 개인이 입게 되는 불이익을 정당화할 만큼 강한 경우에 해당한다고 볼 것이다라고 하여 관련법상 환경이익 등의 공익보전을 위해 갑에 대한 위 불허가처분은 위법하지 않다고 판시하였다(대판 1998. 11. 13, 98두7343).

(5) 적용영역

1) 행정입법의 변경

행위시법주의에 따라 법적 통용력에 대한 신뢰보호의 견지에서 법규명령·행정규칙의 소급적 변경이 금지된다. 소급효금지 원칙은 진정소급효와 부진정소급효로 분류됨에 있어, 진정소급효의 경우 원칙 부정, 예외로 인정하는 경우, 부진정소급효의 경우 원칙 소급긍정, 그 예외로 소급하는 것이 신뢰보호원칙에 위배되는지 살펴본다.

판 례

(판례) 대학이 성적불량을 이유로 학생에 대하여 징계처분을 하는 경우에 있어서 수강신청이 있는 후 징계요건을 완화하는 학칙개정이 이루어지고 이어 당해 시험이 실시되어 그 개정학칙에 따라 징계처분을 한 경우라면 이는 이른바 부진정소급효에 관한 것으로 구학칙의 존속에 대한 학생의 신뢰보호가 대학당국의 학칙개정의 목적달성보다 더 중요하다고 인정되는 특별한 사정이 없는 한 위법하다고 할 수 없다(대판 1989. 7. 11, 87누1123).

2) 수익적 행정행위의 취소권·철회권의 제한

신뢰보호원칙이 수익적 행정행위의 취소권과 철회권의 제한사유가 되어 행정행위에 취소사유 또는 철회사유가 있다는 이유만으로 취소 또는 철회가 가능한 것은 아니다.

3) 확약

행정청이 사인에 대하여 자기구속의 의도로서 장래에 있어서 일정한 행위 또는 불행위를 약속하는 일방적 의사표시인 확약이 행정청에 대하여 자기구속적 효력을 발생하는 근거를 판례는 신뢰보호원칙에서 찾는다.

4) 행정계획의 변경

행정계획의 변경 등으로 인한 권리구제문제와 관련하여 계획존속청구권이 일반적으로 인정되지 아니하나 계획존속에 대한 당사자의 신뢰보호가 계획변경의 공적 이해관계보다 우월한 경우에 예외적으로 문제가 된다.

5) 처분사유의 추가·변경

행정처분취소소송에 있어서 당초의 처분사유와 기본적 사실관계에 동일성이 없는 별개의 처분사유를 추가하거나 변경할 수 없는 근거로 행정처분의 상대방인 국민에 대한 신뢰보호를 든다(대판 1987. 7. 21, 85누694).

6) 실권의 법리

가. 의의

실권의 법리란 "행정청이 권한 행사의 기회가 있음에도 불구하고 장기간 권한을 행사하지 아니하여 국민이 그 권한이 행사되지 아니할 것으로 믿을 만한 정당한 사유가 있는 경우에는 그 권한을 행사해서는 아니 된다"(행정기본법 제12조 제2항). 실권의 법리는 행정의 적정한 제재권한 행사를 담보하고 행정의 부작위상태에 대한 상대방의 신뢰이익을 보호하는 기능을 담당한다. 그러나 "공익 또는 제3자의 이익을 현저히 해칠 우려가 있는 경우"에는 실권의 법리가 인정되지 아니한다(제12조 제2항 단서).

나. 요건

① 행정청이 권한행사를 할 수 있었을 것

② 비교적 장기간에 걸쳐 위법상태를 방치하였을 것

- 독일과 같은 명문의 조항(1년)은 없으나 판례는 행정제재를 할 수 있는 날로부터 3년여가 지났다면 관계인의 신뢰이익을 우선해 행정청의 철회권 행사는 제한된다고 본 바 있다.

③ 국민이 그 권한이 행사되지 아니할 것으로 믿을 만한 정당한 사유가 있을 것

- 정당한 사유는 상대방의 신뢰의 보호가치, 행정기관의 귀책사유를 주된 기준으로 판단한다.

다. 효과

실권은 행정법관계의 소멸사유이고, 행정권의 취소권과 철회권의 제한사유가 된다.

당해 행정처분은 법적한계를 유월한 내용의 처분으로서 위법취소사유가 된다.

판 례

(판례) 실권 또는 실효의 법리는 법의 일반원리인 신의성실의 원칙에 바탕을 둔 파생원칙인 것이므로 공법

관계 가운데 관리관계는 물론이고 권력관계에도 적용되어야 함을 배제할 수는 없다하겠으나 그것은 본래 권리행사의 기회가 있음에도 불구하고 권리자가 장기간에 걸쳐 그의 권리를 행사하지 아니하였기 때문에 의무자인 상대방은 이미 그의 권리를 행사하지 아니할 것으로 믿을 만한 정당한 사유가 있게 되거나 행사하지 아니할 것으로 추인케 할 경우에 새삼스럽게 그 권리를 행사하는 것이 신의성실의 원칙에 반하는 결과가 될 때 그 권리행사를 허용하지 않는 것을 의미한다(대판 1988. 4. 27, 87누915).

(6) 위반효과

신뢰보호원칙은 실정법적 효력을 가지는 원칙이기 때문에 행정처분이 이에 위반하는 경우에는 원칙적으로 취소사유가 될 것이나 무효가 되는 경우도 인정될 수 있을 것이다.

판 례

(판례) 어떠한 행정처분이 신뢰보호의 적용요건을 충족할 때에는 공익 또는 제3자의 정당한 이익을 현저히 해할 우려가 있는 경우가 아닌 한, 신뢰보호의 원칙에 반하는 행위로서 위법하게 된다(대판 1998. 5. 8, 98두40).

6. 부당결부금지원칙

(1) 의의

부당결부금지원칙이란 "행정청은 행정작용을 할 때 상대방에게 해당 행정작용과 실질적인 관련이 없는 의무를 부과해서는 아니 된다"는 원칙을 말한다(행정기본법 제13조). 즉, 행정작용과 사인이 부담하는 반대급부는 부당한 내적인 관련을 가져서는 아니되고 또한 부당하게 상호 결부되어서도 아니된다는 원칙을 말한다.

판 례

(판례) 사업자에게 주택사업계획승인을 하면서 그 주택사업과는 아무런 관련이 없는 토지를 기부채납하게 하는 부관을 주택사업계획 승인에 붙인 경우, 그 부관은 부당결부금지 원칙에 위반하여 위법하다(대판 1997. 3. 11, 96다49650).

(2) 근거

부당결부금지원칙의 근거에 관하여는 견해가 나뉜다. 제1설은 법치국가원리와 과잉금지원칙에서 도출된다는 견해이다. 제2설은 권한법정주의와 권한남용금지원칙에서 나오는 법률적 효력을 갖는 법원칙이라는 견해이다. 제3설은 사물의 본질적 법칙이라는 의미로서의 조리에서 도출된다는 견해이다. 행정기본법은 "행정청은 행정작용을 할 때 상대방에게 해당 행정작용과 실질적인 관련이 없는 의무를 부과해서는 아니 된다"고 명문화 하였다(법 제13조).

(3) 적용요건

부당결부금지원칙이 적용되기 위해서는 ① 행정청의 행정작용이 있어야 하고, ② 그 행정작용은 상대방에 부과하는 반대급부와 결부되어야 하고, ③ 그 행정작용과 사인의 급부가 부당한 내적관련[1]을 가져야 한다.

(4) 적용영역

부당결부금지원칙이 구체적으로 문제되는 경우의 예로는 ① 공법상 계약을 체결하면서 행정청이 계약당사자에게 반대급부의 의무를 지우는 경우에는 그 반대급부는 행정청의 계약상의 급부와 실질적 관련성을 갖고 있어야 한다. ② 행정청이 행정행위를 행하면서 상대방에게 불이익한 의무를 과하는 부관을 붙이는 경우에는 근거법령 및 당해 행정행위의 목적 실현과 실질적 관련성이 있어야 한다.[2] ③ 행정법상의 의무자가 의무를 이행하지 않음으로써 행정청이 그 의무이행을 확보하기 위하여 제재적, 강제적 수단을 사용하는 경우에는 행정법상의 의무와 제재적, 강제적 수단 간에 사물적 관련성이 있어야 한다.

판 례

(판례1) 주택사업과 관련없는 토지 기부채납

주택사업계획을 승인하면서 입주민이 주로 이용하는 진입도로의 개설 또는 확장, 공원부지, 학교부지의 조성과 함께 그의 기부 또는 학교용지부담금의 지급을 개발사업자에게 의무지우는 것은 당해 토지 또는 시설이 대규모주택사업으로 필요하게 된 것이고, 당해 공공시설은 당해 주택사업계획의 승인에 따라 건설된 주택에 입주한 자가 주로 이용하는 시설이므로 주된 이용자가 이들 시설을 부담하는 것이 타당하다. 그러나 주택사업과 아무런 관련이 없는 토지를 기부채납하라는 부관은 부당결부금지의 원칙에 반하여 위법하다(대판 1997. 3. 11, 96다49650).

(판례2) 오토바이와 제1종 대형면허사건

원고가 운전한 오토바이는 이륜자동차로서 제2종 소형면허를 가진 사람만이 운전할 수 있는 것이고, 이륜자동차의 운전을 제1종 대형면허와는 아무런 관련이 없는 것이므로 오토바이를 음주운전 하였음을 이유로 이륜자동차 이외의 다른 차종을 운전할 수 있는 제1종 대형면허를 취소한 피고의 이 사건 처분은 부당결부로서 위법하다(대판 1992. 9. 22, 91누8289).

---

1) 여기서 부당한 내적관련을 갖는가의 여부에 대한 판단기준으로 인과관계에 있어서의 관련성(원인적 관련성)과 목적에 있어서 관련성(목적적 관련성)을 볼 수 있다. 원인적 관련성이란 행정작용과 사인의 급부사이에는 직접적인 인과관계가 있을 때 정당한 내적관계가 존재함을 의미하고, 목적적 관련성이란 행정작용과 사인의 급부사이에서 사인의 급부가 행정작용과 특정한 목적을 같이할 때 정당한 내적관계가 존재함을 의미한다. 원인적 관련성은 행정기관이 상대방의 열악한 지위를 악용하는지의 여부와 관련하여, 목적적 관련성은 행정기관이 법령상의 권한과 목적을 초과하는 반대급부를 요구하는지의 여부와 관련하여 실질적으로 의미를 갖는다(류지태).

2) 부당결부금지의 원칙이란 행정주체가 행정작용을 함에 있어서 상대방에게 이와 실질적인 관련이 없는 의무를 부과하거나 그 이행을 강제하여서는 아니 된다는 원칙을 말한다(대판 2009. 2. 12, 2005다65500).

(판례3) 12인승 승합차 음주운전 사건

12인승 승합차를 음주운전하여 제1종 대형면허가 취소될 경우, 제1종 보통면허는 취소되나, 특수면허까지 함께 취소되지는 않는다(대판 1998. 3. 24, 98두1031).

(판례4) 트레일러 음주운전 사건

제1종 특수·대형·보통면허를 가진 자가 제1종 특수면허만으로 운전할 수 있는 차량(트레일러)을 운전하다 운전면허취소사유가 발생한 경우, 제1종 대형·보통면허는 취소할 수 없다(대판 1995. 11. 16, 95누8850).

(판례5) 운전면허정지기간 중 제1종 대형면허 취소로 제1종 보통면허까지 취소한 사건

제1종 대형면허로 운전할 수 있는 차량을 운전면허정지기간 중에 운전으로 면허의 취소에는 당연히 제1종 보통면허소지자가 운전할 수 있는 차량의 운전까지 금지하는 취지가 포함된 것으로 이들 차량의 운전면허는 서로 관련된 것이라고 할 것이므로, 제1종 보통면허까지 취소할 수 있다(대판 2005. 3. 11, 2004두12452).

(판례6) 개인택시운송사업종사자가 개인택시를 음주운전한 사건

도로교통법 시행규칙에 제1종 특수면허로 운전할 수 있는 차량의 한 종류로 규정된 제2종 보통면허로 운전할 수 있는 차량이라함은 같은 별표에 제2종 보통면허로 운전 할 수 있는 차량으로 규정된 '승용자동차, 승차정원 9인이하 승합자동차, 적재중량 4톤이하 화물자동차, 원동기장치자전거'등을 의미하는 것일 뿐 비사업용 자동차를 의미하는 것은 아니라 할 것이고, 특수면허가 제1종 운전면허의 하나인 이상 특수면허 소지자는 승용자동차로서 자동차운수사업법 같은 법 시행령 [사업용 자동차구조 등의 기준에 관한 규칙] 등에 규정된 사업용 자동차인 택시를 운전할 수 있다. 따라서 택시의 운전은 제1종 보통면허 및 특수면허 모두로 운전한 것이 되므로 택시의 음주운전을 이유로 제1종 보통면허 및 제1종 특수면허 모두를 취소할 수 있다(대판 1996. 6. 28, 96누4992).

(판례7) 제1종 보통면허로 운전할 수 있는 승합차를 음주운전한 제1종 대형면허까지 취소한사건

제1종 보통운전면허와 제1종 대형운전면허의 소지자가 제1종 보통운전면허로 운전할 수 있는 승합차를 음주운전 하다가 적발되어 두 종류의 운전면허를 모두 취소당한 사안에서 그 취소처분으로 생업에 막대한 지장을 초래하게 되어 가족의 생계조차도 어려워질 수 있다는 당사자의 불이익보다는 교통법규의 준수 또는 주취운전으로 인한 사고의 예방이라는 공익목적의 실현 필요성이 더욱 크고, 당해 처분중 제1종 대형운전면허의 취소가 재량권을 일탈한 것으로 본다면 상대방은 그 운전면허로 다시 승용 및 승합자동차를 운전할 수 있게되어 주취운전에도 불구하고 아무런 불이익을 받지 않게 되어 현저히 형평을 잃은 결과가 초래된다는 이유로 이와 달리 제1종 대형운전면허 부분에 대한 운전면허취소처분이 재량권의 한계를 넘는 위법한 처분이라고 본 원심판결을 파기한다(대판 1997. 3. 11, 96누15176).

(5) 원칙위반의 효과

부당결부금지의 원칙을 위반한 부관부 행정행위는 무효 또는 취소할 수 있는 행위로서 항고소송의 대상이 된다. 공법상 계약에 부가된 사인의 급부가 위법한 경우, 그 공법상 계약은 무효로 보는 것이 일반적 견해이다. 부당결부금지의 원칙은 헌법적 효력을 가지므로, 부당결부금지의 원칙에 반하는 실효성확보수단을 규정하는 법률은 위헌의 문제를 가져온다. 부당결부금지의 원칙에 반하는 행정행위는 당연히 위법한 것이 된다.

7. 신의성실의 원칙

(1) 개념

1) 의의

신의성실의 원칙은 모든 사람은 공동체의 일원으로서 상대방의 신뢰를 헛되이 되지 않도록 성의있게 행동하여야 한다는 원칙이다. 신의성실의 원칙은 모든 법의 일반원칙으로 행정법의 일반원칙이기도 하다.

2) 근거

- 행정절차법 제4조(신의성실 및 신뢰보호) ① 행정청은 직무를 수행할 때 신의에 따라 성실히 하여야 한다.

- 국세기본법 제15조(신의성실) 납세자가 그 의무를 이행할 때에는 신의에 따라 성실하게 하여야 한다. 세무공무원이 직무를 수행할 때에도 또한 같다.

(2) 적용

신의성실의 원칙에 반하는 처분이 위법한 처분인가 하는 것은 구체적인 사안에서의 신의성실의 원칙의 보호가치와 적법성의 원칙의 보호가치를 비교형량하여 판단하여야 한다.

판 례

(판례) 신의성실의 원칙에 위배된다는 이유로 그 권리의 행사를 부정하기 위하여는 상대방에게 신의를 주었다거나 객관적으로 보아 상대방이 그러한 신의를 가짐이 정당한 상태에 이르러야 하고, 이와 같은 상대방의 신의에 반하여 권리를 행사하는 것이 정의 관념에 비추어 용인될 수 없는 정도의 상태에 이르러야 하고, 일반 행정법률관계에서 관청의 행위에 대하여 신의칙이 적용되기 위해서는 합법성의 원칙을 희생하여서라도 처분의 상대방의 신뢰를 보호함이 정의의 관념에 부합하는 것으로 인정되는 특별한 사정이 있는 경우에 한하여 예외적으로 적용된다(대판 2004. 7. 22, 2002두11233).

V. 행정법의 효력

1. 의의

행정법의 효력이란 행정법이 시간적·장소적·인적으로 어느 범위에서 관계자를 구속하는 힘을 갖느냐의 문제이다.

2. 행정법의 시간적 효력

(1) 효력발생시기

1) 행정법령은 시행일로부터 그 효력을 발생하는 것이 원칙이다. 시행일에 관하여 특별한 규정이 없는 경우에는 법령은 공포한 날로부터 20일을 경과함으로써 효력을 발생한다.

법령 등 공포에 관한 법률 제13조(시행일) 대통령령, 총리령 및 부령은 특별한 규정이 없으면 공포한 날부터 20일이 경과함으로써 효력을 발생한다.

2) 공포는 관보에 게재함으로써 하나, 국회의장이 법률을 공포하는 경우에는 서울특별시에서 발행되는 둘 이상의 일간신문에 게재함으로써 한다.

법령 등 공포에 관한 법률 제11조(공포 및 공고의 절차) ① 헌법개정·법률·조약·대통령령·총리령 및 부령의 공포와 헌법개정안·예산 및 예산 외 국고부담계약의 공고는 관보에 게재함으로써 한다.
② 「국회법」 제98조 제3항 전단에 따라 하는 국회의장의 법률 공포는 서울특별시에서 발행되는 둘 이상의 일간신문에 게재함으로써 한다.

3) 법령의 공포일은 그 법령을 게재한 관보 또는 신문이 발행한 날로 한다.

공포일의 의미에 관하여는 관보일자시설, 발송절차완료시설, 최초구독가능시설이 대립하나, 최초구독가능시설(국민이 구독가능한 상태)이 통설이고 판례이다.

법령 등 공포에 관한 법률 제12조(공포일·공고일) 제11조의 법령 등의 공포일 또는 공고일은 해당 법령 등을 게재한 관보 또는 신문이 발행된 날로 한다. – "발행된 날인 관보게재일은 최초구독가능시를 의미한다."

판 례

(판례) 구 광업법시행령 제3조에 이른바 관보게재일이라 함은 관보에 인쇄된 발행일자를 뜻하는 것이 아니고 관보가 전국의 각 관보보급소에 발송·배포되어 이를 일반인이 열람 또는 구독할 수 있는 상태에 놓이게 된 최초의 시기 즉 최초구독가능시를 뜻한다(대판 1969. 11. 25, 69누129).

3. 소급적용금지

(1) 의의

소급적용금지라 함은 법령은 원칙적으로 그 효력이 생긴 때부터 그 후에 발생한 사실에 대해서만 적용된다는 것을 뜻하는 것으로 행정법령은 특별한 규정이 없는 한 효력발생 이전에 이미 종결된 사항에 대하여 소급하여 적용하는 것이 금지된다는 원칙이다. 이 원칙은 법치국가의 본질인 법적 안정성을 바탕으로 개인의 신뢰를 보호하기 위한 것이다.

우리 헌법은 형벌불소급을 규정하고 있을 뿐만 아니라 소급입법에 의한 참정권의 제한과 재산권의 박탈도 금지하고 있다(헌법 제13조).

(2) 종류

1) 진정소급효

가. 개념

진정소급효란 법규의 시행일 이전에 이미 종결된 사실에 대해 법령이 소급하여 효력을 미치는 것을 의미한다.

나. 원칙적 금지

진정소급효는 이를 인정하는 경우 기존 사실에 대한 법적 안정성 또는 신뢰보호에 중대한 장애를 가져오므로 소급효를 인정하지 않는 것이 원칙이다. 행정기본법 제14조는 "새로운 법령등은 법령등에 특별한 규정이 있는 경우를 제외하고는 그 법령등의 효력 발생 전에 완성되거나 종결된 사실관계 또는 법률관계에 대해서는 적용되지 아니한다"고 규정하고 있다.

다. 예외적 허용

진정소급입법이 허용되는 예외적인 경우로는 ① 일반적으로 국민이 소급입법을 예상할 수 있었다거나, ② 법적 상태가 불확실하고 혼란스러웠거나 하여 보호할 만한 신뢰의 이익이 적은 경우와 ③ 소급입법에 의한 당사자의 손실이 없거나 아주 경미한 경우, ④ 그리고 신뢰보호의 요청에 우선하는 심히 중대한 공익상의 사유가 소급입법을 정당화 하는 경우 등을 들 수 있다.

판 례

(판례1) 소급입법은 새로운 입법으로 이미 종료된 사실관계 또는 법률관계에 작용케 하는 진정소급입법과 현재 진행중인 사실관계 또는 법률관계에 작용케 하는 부진정소급입법으로 나눌 수 있는바, 부진정소급입법은 원칙적으로 허용되지만 소급효를 요구하는 공익상의 사유와 신뢰보호의 요청 사이의 교량과정에서 신뢰보호의 관점이 입법자의 형성권에 제한을 가하게 되는데 반하여, 기존의 법에 의하여 형성되어 이미 굳어진 개인의 법적 지위를 사후입법을 통하여 박탈하는 것 등을 내용으로 하는 진정소급입법은 개인의 신뢰보호와 법적 안정성을 내용으로 하는 법치국가원리에 의하여 특단의 사정이 없는 한 헌법적으로 허용되지 아니하는 것이 원칙이고, 다만 일반적으로 국민이 소급입법을 예상할 수 있었거나 법적 상태가 불확실하고 혼란스러워 보호할 만한 신뢰이익이 적은 경우와 소급입법에 의한 당사자의 손실이 없거나 아주 경미한 경우 그리고 신뢰보호의 요청에 우선하는 심히 중대한 공익상의 사유가 소급입법을 정당화하는 경우 등에는 예외적으로 진정소급입법이 허용된다(헌재결 1999. 7. 22, 97헌바76).

(판례2) 구 '친일반민족행위자 재산의 국가귀속에 관한 특별법'(2011. 5. 19. 법률 제10646호로 개정되기 전의 것) 제3조 제1항 본문(이하 '귀속조항'이라 한다)은 진정소급입법에 해당하지만 진정소급입법이라 하더라도 예외적으로 국민이 소급입법을 예상할 수 있었거나 신뢰보호의 요청에 우선하는 심히 중대한 공익상의 사유가 소급입법을 정당화하는 경우 등에는 허용될 수 있다 할 것인데, 친일재산의 소급적 박탈은 일반적으로 소급입법을 예상할 수 있었던 예외적인 사안이고, 진정소급입법을 통해 침해되는 법적 신뢰는 심각하다고 볼 수 없는 데 반해 이를 통해 달성되는 공익적 중대성은 압도적이라고 할 수 있으므로 진정소급입법이 허용되는 경우에 해당한다. 따라서 귀속조항이 진정소급입법이라는 이유만으로 헌법 제13조 제2항에 위배된다고 할 수 없다(대판 2012. 2. 23, 2010두17557).

2) 부진정소급효

가. 개념

부진정소급효란 법규의 시행일 이전에 시행되었으나 아직 완성되지 않고 현재 계속 중인 법률관계 또는 사실관계에 새로운 법령의 효력을 미치게 하는 것을 뜻한다.

나. 원칙적 허용

부진정소급효의 경우, 아직 완료되지 않은 사항에 대한 법적용이고, 관계인의 법적지위를 침해하는 것이 아니므로 원칙적으로 허용된다.

다. 예외적 제한

예외적으로 공익을 능가하는 관계인의 구법령에 대한 신뢰이익을 더 보호해 주어야 할 필요가 큰 경우에는 신법령의 적용이 제한될 수 있다는 것이 판례의 태도이다(부진정소급효의 제한법리로서 신뢰보호의 원칙이 주로 적용된다).

판 례

(판례1) 개발이익환수 사건

개발이익환수에관한법률은 당시 개발이 진행 중인 사업에 대하여 장차 개발이 완료되면 개발부담금을 부과하려는 것이므로, 이는 아직 완성되지 아니하여 진행과정에 있는 사실관계 또는 법률관계를 규율대상으로 하는 이른바 부진정소급입법에 해당하는 것이어서 원칙적으로 헌법상 허용되는 것이다. 사업시행자가 국가 또는 지방자치단체로부터 인가 등을 받아 개발사업을 시행한 결과 개발사업 대상토지의 지가가 상승하여 정상지가 상승분과 투입된 비용을 초과하는 개발이익이 생긴 경우, 그 일부는 불로소득적인 이익이므로 그 보호가치가 그다지 크지 않은 반면, 인구에 비하여 국토가 좁은 상황에서 토지에 대한 투기를 방지하고 토지의 효율적인 이용을 촉진함을 목적으로 하는 개발부담금제도의 공익적 가치는 매우 중요하므로 신뢰보호원칙에 위배되는 것이 아니다(헌재결 2001. 2. 22, 98헌바19).

(판례2) 변리사 불합격처분취소

변리사 등 전문자격사의 인원을 확대하기 위한 일환으로 변리사 제1, 2차 시험을 종전의 '상대평가제'에서 '절대평가제'로 전환하는 내용의 개정 전 구 변리사법 시행령을 다시 '절대평가제'에서 '상대평가제'로 환원하는 내용의 개정된 변리사법 시행령의 입법예고와 개정·공포 및 그에 따른 시험공고 등에 관한 일련의 사실관계에 비추어 보면, 합리적이고 정당한 신뢰에 기하여 절대평가제가 요구하는 합격기준에 맞추어 시험준비를 한 수험생들은 제1차 시험 실시를 불과 2개월밖에 남겨놓지 않은 시점에서 개정 시행령의 즉시 시행으로 합격기준이 변경됨으로 인하여 시험준비에 막대한 차질을 입게 되어 위 신뢰가 크게 손상되었고, 그 반면 개정 시행령에 의하여 상대평가제를 도입함으로써 거둘 수 있는 공익적 목적은 개정 시행령을 즉시 시행하여 바로 임박해 있는 2002년의 변리사 제1차 시험에 적용하면서까지 이를 실현하여야 할 합리적인 이유가 있다고 보기 어려우므로, 결국 개정 시행령의 즉시 시행으로 인한 수험생들의 신뢰이익 침해는 개정 시행령의 즉시 시행에 의하여 달성하려는 공익적 목적을 고려하더라도 정당화될 수 없을 정도로 과도하다. 따라서 개정 시행령 부칙 중 제4조 제1항을 즉시 2002년의 변리사 제1차 시험에 대하여 시행하도록 그 시행시기를 정한 부분은 헌법에 위반되어 무효이다(대판 2006. 11. 16, 2003두12899).

(판례3) 주택재개발사업시행인가처분취소

개정된 도시 및 주거환경정비법 제28조 제4항 본문은 사업시행인가 신청과 관련하여 토지 등 소유자들로 하여금 사업시행자의 정관이 정하는 바에 따라 그 동의권을 행사하도록 한 것일 뿐 그 동의권 자체를 박탈하고 있는 것은 아니고, 위 규정이 시행됨으로 인하여 사업시행인가 신청시의 동의요건과 관련된 토지 등 소유자의 기존의 지위가 불안정하게 되었다고 하더라도 그것이 위 소유자의 재산권에 대한 직접적이거나 중대한 침해라고 보기 어려운 점에서 구 도시 및 주거환경정비법 제28조 제4항의 존속에 대한 신뢰보호의 필요성이 개정된 도시 및 주거환경정비법 제28조 제4항 본문을 통하여 달성하려고 하는 공익보다 크다고 보기는 어렵다고 할 것이고, 따라서 개정된 도시 및 주거환경정비법 제28조 제4항 본문이 부진정 소급입법에서의 신뢰보호의 원칙을 위반하였다고 할 수 없다(대판 2007. 10. 12, 2006두14476).

(3) 효력의 소멸

1) 한시법의 경우

한시법이란 명문으로 유효기간 또는 적용시한을 정해두고 있는 법령을 말한다. 이러한 한시법은 유효기간 또는 적용시한이 경과함으로써 자동적으로 효력을 상실한다.

2) 비한시법의 경우

법원(法源)간에 충돌이 있는 경우에 법원의 단계질서상 일반적으로 상위법우선의 원칙·신법 우선의 원칙·특별법우선의 원칙에 따라 처리된다.

판 례

(판례) 개발제한구역의 지정 및 관리에 관한 특별조치법 제11조 제3항 및 같은 법 시행규칙 관련 조항의 신설로 허가나 신고 없이 개발제한구역 내 공작물 설치행위를 할 수 있도록 법령이 개정된 경우, 그 법령의 시행 전에 이미 범하여진 위법한 설치행위에 대한 가벌성이 소멸하지 않는다(대판 2007. 9. 6, 2007도4197).

4. 행정법의 장소적 효력

(1) 원칙

행정법령은 당해 행정법령을 제정한 기관의 권한이 미치는 지역 내에서 효력을 가지는 것이 원칙이다. 즉, 국가법령은 대한민국의 영토 전역에 걸쳐 효력을 가지며, 자치입법은 지방자치단체의 구역내에서만 효력을 가진다.

(2) 예외

① 국가법령이 일부 지역에만 적용되는 경우가 있다(제주국제자유도시특별법).

② 국제법상 치외법권이 인정되는 시설(대사관·영사관)에는 국내법령의 효력이 미치지 않는다.

③ 행정법령이 그 제정기관의 권한이 미치는 지역을 넘어 적용되는 경우가 있다(공해상에 있는 자국의 선박·지방자치단체가 구역 외에 공공시설을 설치한 경우).

5. 행정법의 인적 효력

(1) 원칙

행정법령은 원칙적으로 속지주의에 의하여 그 법령이 적용되는 지역 내에 있는 모든 자연인, 법인, 내국인, 외국인에게 적용된다.

(2) 예외

① 국제법상 치외법권을 가지는 국가원수나 외교관은 국내법령이 적용되지 않는다.

② 국내에 주둔하는 미합중국군대 구성원에 대하여는 한미행정협정에 의해 국내법령의 적용이 제한된다.

③ 외국인에 대하여 상호주의가 적용되는 경우가 있고, 특칙을 두어 제한하는 경우가 있다.

④ 국내법령이 일부의 인에게만 적용되는 경우가 있다(5·18민주유공자예우에 관한 법률).

⑤ 국외의 자국인에게 대하여 국내법령이 적용되는 경우가 있다(질서위반행위규제법 제4조 제2항).

Ⅵ. 행정법의 해석

법해석의 목표는 어디까지나 법적 안정성을 저해하지 않는 범위 내에서 구체적 타당성을 찾는 데 두어야 한다. 그러기 위해서는 가능한 한 법률에 사용된 문언의 통상적인 의미에 충실하게 해석하는 것을 우선으로 하여야 하고, 다만 문언의 통상적 의미를 벗어나지 아니하는 범위 내에서는 법률의 입법 취지와 목적, 제·개정 연혁, 법질서 전체와의 조화, 다른 법령과의 관계 등을 고려하는 체계적·논리적 해석방법을 추가적으로 활용할 수 있다(대판 2017. 12. 22, 2014다223025). 따라서 행정법의 해석은 문언해석 내지 문리해석을 기본으로 하면서도 행정법의 입법목적에 합치하도록 하는 목적론적 해석을 하도록 노력하여야 하며, 또한 체계적·논리적 해석을 하여야 한다.

침익적 행정처분의 근거가 되는 행정법규는 엄격하게 해석·적용하여야 하고 행정처분의 상대방에게 불리한 방향으로 지나치게 확장해석하거나 유추해석해서는 안 된다. 그러나 문언의 통상적인 의미를 벗어나지 않는 한 그 입법 취지와 목적 등을 고려한 목적론적 해석은 허용된다.

판 례

(판례1) 입법취지와 문언의 통상적의미를 종합하여 해석

공무원의 모든 업무상 배임행위가 이 사건 조항에 따른 공금의 유용에 해당하는 것은 아니므로, 그 행위가 이 사건 조항에서 정한 퇴직급여 등의 감액사유에 해당하는지 여부를 판단할 때에는 징계의 원인이 된 비위사실의 내용, 이 사건 조항의 입법 취지와 문언의 통상적 의미 등을 종합하여 원고의 행위가 공금의 유용에 해당하는지를 판단하여야 한다. 일반적으로 '공금 유용'의 사전적 의미는 '국가나 공공 단체의 운영을 위하여 마련한 자금을 개인이 사사로이 돌려쓰는 것'을 말한다. 이 사건 조항은 금품 및 향응 수수, 공금의 횡령·유용으로 징계 해임된 공무원에 대하여 퇴직급여 등을 감액함으로써 공직사회의 부패를 방지하려는 목적으로 도입되었는데, 이러한 목적을 고려하여 공금 유용을 해석하여야 한다(대판 2018. 11. 29, 2018두48601).

(판례2) 침익적 행정처분 근거 규정 엄격해석의 원칙

침익적 행정처분의 근거가 되는 행정법규는 엄격하게 해석·적용하여야 하고 행정처분의 상대방에게 불리한 방향으로 지나치게 확장해석하거나 유추해석해서는 아니 되나, 이는 단순히 행정실무상의 필요나 입법정책적 필요만을 이유로 문언의 가능한 범위를 벗어나 처분상대방에게 불리한 방향으로 확장해석하거나 유추해석해서는 아니 된다는 것이지, 처분상대방에게 불리한 내용의 법령해석이 일체 허용되지 않는다는 취지가 아니며, 문언의 가능한 범위 내라면 체계적 해석과 목적론적 해석이 허용됨은 당연하다(대판 2023. 6. 29, 2023두30994).

(판례3) 계약조건 위반을 이유로 한 침익적 처분의 명시의무

공기업·준정부기관이 입찰을 거쳐 계약을 체결한 상대방에 대해 위 규정들에 따라 계약조건 위반을 이유로 입찰참가자격제한처분을 하기 위해서는 입찰공고와 계약서에 미리 계약조건과 그 계약조건을 위반할 경우 입찰참가자격 제한을 받을 수 있다는 사실을 모두 명시해야 한다. 계약상대방이 입찰공고와 계약서에 기재되어 있는 계약조건을 위반한 경우에도 공기업·준정부기관이 입찰공고와 계약서에 미리 계약조건을 위반할 경우 입찰참가자격이 제한될 수 있음을 명시해 두지 않았다면, 위 규정들을 근거로 입찰참가자격제한처분을 할 수 없다(대판 2021. 11. 11, 2021두43491).

(판례4) 징계처분 근거법령의 엄격해석의 원칙

초·중등교육법 및 그 근간이 되는 교육기본법에 따르면, 학교교육은 학생의 창의력 계발 및 인성 함양을 포함한 전인적 교육을 중시하여 이루어지고, 그 과정에서 학생의 기본적 인권이 존중되고 보호되어야 하며, 교원은 학생 개개인의 적성을 계발할 수 있도록 노력하여야 하고(교육기본법 제9조, 제12조, 제14조), 이러한 학교교육을 위하여 필요한 경우에는 법령과 학칙으로 정하는 바에 따라 학생을 징계할 수 있되, 그 징계는 학생의 인격이 존중되는 교육적인 방법으로 하여야 한다[구 초·중등교육법(2021. 3. 23. 법률 제17954호로 개정되기 전의 것) 제18조 제1항 및 같은 법 시행령 제31조 제2항]. 그렇다면 의무교육대상자인 초등학교·중학교 학생의 신분적 특성과 학교교육의 목적에 비추어 교육의 담당자인 교원의 학교교육에 관한 폭넓은 재량권을 존중하더라도, 법령상 명문의 규정이 없는 징계처분의 효력을 긍정함에 있어서는 그 처분 내용의 자발적 수용성, 교육적·인격적 측면의 유익성, 헌법적 가치와의 정합성 등을 종합하여 엄격히 해석하여야 할 필요가 있다(대판 2022. 12. 1, 2022두39185).

(판례5) 조세나 부과금 등의 부담금에 관한 법률의 해석 기준

조세나 부과금 등의 부담금에 관한 법률의 해석에 관하여, 그 부과요건이거나 감면요건을 막론하고 특별한 사정이 없는 한 법문대로 해석하여야 하고 합리적 이유 없이 확장해석하거나 유추해석하는 것은 허용되지 않는다. 특히 감면요건 규정 중 명백히 특혜규정이라고 볼 수 있는 것은 엄격하게 해석하는 것이 공평원칙에도 부합한다.

부과금 등의 부담금에 관한 농업협동조합법의 개정 경과, 농업협동조합법 제8조의 문언 해석, 농업협동조합법 제161조의4 제2항의 문언과 그 입법 취지, 농협경제지주회사와 농협금융지주회사와의 형평 등을 종합적으로 고려하면, 농협경제지주회사의 자회사인 주식회사 농협하나로유통은 농업협동조합법 제8조에 따른 부과금 면제 대상에 해당하지 않고, 농업협동조합법 제161조의4 제2항에 따라 특정 사업을 수행하여 농업협동조합중앙회로 보게 되는 경우에도 마찬가지라고 보는 것이 타당하다(대판 2022. 12. 29, 2022다218585).

제 4 장

행정상 법률관계

<table>
<tr><td>행정조직법 관계
행정주체 상호 간의 관계
(내부적 관계)</td><td colspan="3">정부조직법과 지방자치법</td></tr>
<tr><td rowspan="5">행정작용법 관계
행정주체와 국민 간의 관계
(외부적 관계)</td><td rowspan="2">공법관계</td><td colspan="2">권력관계(고권행정관계)</td></tr>
<tr><td colspan="2">비권력관계(단순고권행정관계)</td></tr>
<tr><td rowspan="3">사법관계</td><td rowspan="2">협의의 국고관계</td><td>조달행정관계(고객으로서의 국가)</td></tr>
<tr><td>영리경제적 작용관계
(기업 및 주주로서의 국가)</td></tr>
<tr><td>행정사법관계</td><td>특수한 사인으로서의 국가</td></tr>
</table>

Ⅰ. 행정상 법률관계의 의의

법률에 의하여 규율되는 사회생활관계를 법률관계라 하며, 법률관계는 법주체간의 권리·의무관계로 나타난다. 따라서 행정상 법률관계란 행정과 관련된 당사자 간의 권리·의무관계를 의미한다.

Ⅱ. 행정상 법률관계의 종류

1. 의의

행정상 법률관계는 크게 행정조직법적 관계와 행정작용법적 관계로 나뉘며, 이 중 협의의 행정상 법률관계란 행정작용법적 관계를 말한다.

2. 행정조직법적 관계

(1) 행정조직 내부관계

상·하급청간의 관계, 대등관청 상호간의 관계, 기관위임사무에 관한 국가기관의 장과 지방자치단체 장의 관계가 이에 해당한다. 이에 대한 분쟁해결은 기관소송에 의하며, 법률에 특별한 규정이 없는 한 제소하지 못한다(행정소송법 제45조).

(2) 행정주체 상호간의 관계

국가와 지방자치단체 간의 관계(감독관계), 지방자치단체 상호간의 권리·의무관계(사무의 위탁)가 이에 해당한다.

3. 행정작용법적 관계

(1) 권력관계

① 권력관계는 행정주체가 사인에 대하여 법률관계를 일방적으로 형성·변경·소멸시키거나 명령·강제하는 행정법관계이다. 이는 행정상 법률관계의 중심적 법률관계로 행정행위론을 바탕으로 하는 법률관계이다.

② 특징

권력관계는 공정력과 같은 우월한 효력이 인정되며, 그에 관한 쟁송은 항고쟁송의 방법에 의하게 된다.

(2) 관리관계

① 행정주체가 공권력의 주체로서가 아니라 사업 또는 재산의 관리주체로서 국민과 맺는 법률관계를 관리관계라 한다. 예컨대 공물의 관리, 공기업의 경영 등이 이에 해당한다.

② 관리관계는 법령이 공익적 목적을 감안하여 특별한 규정을 두고 있거나 관계법규 전체의 해석을 통해 사법관계와는 구별하여 취급할 필요가 있는 경우에는 공법관계의 범주에 들어가며 그에 관한 쟁송은 당사자쟁송의 방법에 의한다.

판 례

(판례) 수도법에 의하여 지방자치단체인 수도사업자가 수돗물의 공급을 받는 자에 대하여 하는 수도료의 부과징수와 이에 따른 수도료의 납부관계는 공법상의 권리의무관계라 할 것이므로 이에 관한 소송은 행정소송절차에 의하여야 한다(대판 1977. 2. 22, 76다2517).

(3) 사법관계

1) 국고관계

국고관계란 행정주체가 사인과 같은 대등한 지위에서 사법상의 행위를 함에 있어 사인과 맺는 관계를 말한다. 그 예로는 행정물품의 구매계약, 교량의 건설도급계약, 국유재산의 매각 등을 들 수 있다. 이러한 국고관계는 전적으로 사법에 의하여 규율된다는 것이 통설의 입장이다.

판 례

(판례) 행정청이 국유임야를 대부·매각하는 행위는 사법상 계약(국고계약)이고, 이는 대부료 산정방법이 법정되어 있고 대부료를 체납할 경우 국세징수의 예에 의하여 강제징수하도록 규정되어 있다고 하더라도 위 규정들은 국유재산 관리상의 공정과 편의를 꾀하기 위한 규정들에 불과하여 위 규정들로 인하여 일반재산인 국유림 대부행위의 본질이 사법상의 법률행위에서 공법상의 행위로 변화되는 것은 아니라 할 것이므로 이 대부계약에 의한 대부료부과조치 역시 사법상의 채무이행을 구하는 것이지 행정처분이라고는 할 수 없다(대판 1993. 12. 7, 91누11612).

2) 행정사법관계

행정사법관계는 행정주체가 사법의 형식을 사용하여 직접적으로 행정목적을 추구하는 경우에 약간의 공법상의 제약이 과하여지는 법률관계를 말한다. 행정사법관계를 규율하는 법을 행정사법(行政私法)이라 한다. 사법형식에 의해 행해질 수 있는 대표적인 영역은 급부행정(철도사업, 시영버스사업, 우편사업)과 자금지원행정(보조금의 지급, 융자)이다. 행정사법관계는 사법형식에 의해 규율되는 법률관계이므로 기본적으로 사법관계이며, 그에 관한 분쟁은 특별한 규정이 없는 한 민사소송에 의한다.

Ⅲ. 행정법 관계의 당사자

1. 행정주체

(1) 행정주체의 의의

1) 행정주체란 자기의 이름과 책임으로 행정을 행할 권리와 의무를 가진 행정법관계의 일방의 당사자로서 권리의무의 귀속주체를 의미한다. 공무수탁사인, 국가, 지방자치단체, 사단법인, 재단법인, 영조물법인이 그에 해당한다.

2) 행정기관과의 구별

행정주체는 행정주체의 행정활동을 하기 위하여 그 의사를 결정, 표시하고 또는 그 의사를 집행하는 행정기관과 구별된다. 행정기관 중에서 행정주체의 의사를 결정하여 외부에 표시할 수 있는 권한이 있는 행정기관을 행정청이라 한다.[1)]

예) 행정주체 - 대한민국, 시흥시 행정기관 - 경기도지사, 화천군수

(2) 행정주체의 종류

1) 국가

국가는 시원적으로 행정권을 가진 행정주체이다. 국가의 행정활동은 국가의 행정기관에 의하여 행하여지며, 행정기관의 행위의 법적 효과는 국가에 귀속된다.

2) 공공단체

가. 지방자치단체

① 지방자치단체는 국가의 영토의 일부인 일정한 지역과 그 지역안에 살고 있는 주민을 구성요소로 하여 그 지역 내에서 일정 범위의 통치권을 행하는 공공단체이다.

② 구별

지방자치단체는 다른 공공단체와 달리 일정한 지역과 주민을 갖는다는 점에서 구별된다.

나. 공공조합

공공조합은 특정한 행정목적을 위하여 설립되고 일정한 자격을 가진 조합원에 의하여 구성된 공법상의 사단법인이다. 예로는 농지개량조합, 재개발조합, 재건축조합, 상공회의소, 의료보험조합 등이 해당된다.

판 례

(판례) 갑이 선고유예 판결의 확정으로 변호사등록이 취소되었다가 선고유예기간이 경과한 후 대한변호사협회에 변호사 등록신청을 하였는데, 협회장 을이 등록심사위원회에 갑에 대한 변호사등록 거부 안건을 회부하여 소정의 심사과정을 거쳐 대한변호사협회가 갑의 변호사등록을 마쳤고, 이에 갑이 대한변호사협회 및 협회장 을을 상대로 변호사 등록거부사유가 없음에도 위법하게 등록심사위원회에 회부되어 변호사 등록이 2개월간 지연되었음을 이유로 손해배상을 구한 사안에서, 대한변호사협회는 등록신청인이 변호사법 제8조 제1항 각호에서 정한 등록거부사유에 해당하는 경우에만 변호사등록을 거부할 수 있고, 그 외 다른 사유를 내세워 변호사등록을 거부하거나 지연하는 것은 허용될 수 없는데, 갑의 선고유예 판결에 따른

---

1) 행정절차법 제2조(정의) "행정청"이라 함은 행정에 관한 의사를 결정하여 표시하는 국가 또는 지방자치단체의 기관 그 밖에 법령 또는 자치법규(이하 "법령등"이라 한다)에 따라 행정권한을 가지고 있거나 위임 또는 위탁받은 공공단체 또는 그 기관 또는 사인을 말한다.

결격사유 이외에 변호사법이 규정한 다른 등록거부사유가 있는지 여부를 짧은 시간 안에 명백하게 확인할 수 있었음에도 그러한 확인절차를 거치지 않은 채 단순한 의심만으로 변호사등록 거부 안건을 등록심사위원회에 회부하고, 여죄 유무를 추궁한다며 등록심사기간을 지연시킨 것에 관하여 협회장 을 및 등록심사위원회 위원들의 과실이 인정되므로, 대한변호사협회는 이들이 속한 행정주체의 지위에서 배상책임을 부담하여야 하고, 갑에게 변호사등록이 위법하게 지연됨으로 인하여 얻지 못한 수입 상당액의 손해를 배상할 의무가 있는 반면, 을은 대한변호사협회의 장으로서 국가로부터 위탁받은 공행정사무인 '변호사등록에 관한 사무'를 수행하는 범위 내에서 국가배상법 제2조에서 정한 공무원에 해당하므로 경과실 공무원의 면책 법리에 따라 갑에 대한 배상책임을 부담하지 않는다(대판 2021. 1. 28, 2019다260197).

다. 영조물법인

영조물법인은 특정한 행정목적을 위하여 설립된 인적·물적 시설의 종합체로서 공법상의 법인격이 부여된 것이다. 예로는 한국은행, 한국방송공사, 한국도로공사 등의 각종 공사, 국립대학병원 등이 있다.

다만, 영조물이지만 국립대학·국립도서관 중 별개의 법률에 따라 법인격을 취득한 경우가 있다(국립대학법인 서울대학교 설립·운영에 관한 법률, 국립대학법인 인천대학교 설립·운영에 관한 법률).

판 례

(판례) 서울대학교는 국가가 설립·경영하는 학교임은 공지의 사실이고, 학교는 법인도 아니고 대표자 있는 법인격 없는 사단 또는 재단도 아닌 교육시설의 명칭에 불과하여 민사소송에 있어 당사자 능력을 인정할 수 없다(대판 2001. 6. 29, 2001다21991). → 2011년 법의 제정으로 법인격을 가짐

라. 공법상 재단

공법상 재단이란 행정주체가 출연한 재산을 관리하기 위하여 설립된 재단법인인 공공단체이다. 예로는 한국연구재단, 한국정신문화연구원 등이 있다. 공법상 재단은 운영자 내지 직원 및 수혜자는 존재하나 구성원은 없다.

3) 공무수탁사인

가. 의의

① 공무수탁사인은 국가 또는 지방자치단체로부터 법령에 의하여 공권력의 행사를 수탁받은 사인으로서 자신의 이름으로 그 범위내에서 행정권한을 행사할 수 있는 행정주체의 지위에 서는 사인을 말한다.

② 공무수탁사인은 사인의 지식재원을 활용하고 행정사무의 적정한 분산이 이루어진다는 점에 순기능이 있으나, 행정의 책임성 약화 등의 역기능이 있다.

③ 예로는 별정우체국법에 의한 별정우체국장의 체신업무, 토지보상법상 사인의 사업시행자로서 토지수용, 공증인의 공증사무 등을 들 수 있다.

나. 구별개념

① 공의무부담사인과의 구별

공의무부담사인은 행정권한을 갖지 못하고 공의무만을 부담하는 사인이라는 점에서 공무수탁사인과 구별된다. 예로 전시 석유비축의무 기업을 들 수 있다.

② 행정보조자와의 구별

행정보조자는 행정사무를 처리하는 사인이나, 행정사무를 독립적으로 처리하지 못하고(자신의 이름으로 사무처리 못함), 단순한 사인의 지위에 서는 사인이라는 점에서 공무수탁사인과 구별된다. 예로는 대집행의 실행을 맡은 수탁사인인 철거반을 들 수 있다.

③ 소득세원천징수의무자의 행정주체성 문제

소득세원천징수의무자에 대하여는 Ⓐ 행정주체성을 긍정하는 입장과 Ⓑ 단순한 행정보조자에 불과하다는 부정설 및 Ⓒ 공의무부담사인이라는 입장이 대립한다.

판례는 "원천징수의무자가 비록 과세관청과 같은 행정청이더라도 그의 원천징수행위는 법령에서 규정된 징수 및 납부의무를 이행하기 위한 것에 불과한 것이지, 공권력의 행사로서의 행정처분을 한 경우에 해당되지 아니한다"(대판 1990. 3. 23, 89누4789)고 판시하였다.

다. 법적 근거

① 일반적 법적근거

공무수탁사인제도는 공권의 행사가 이전되는 제도이므로 법적 근거가 필요하다. 공무수행의 민간위탁에 관한 근거법령으로는 정부조직법 제6조 제3항, 지방자치법 제117조 제3항, 행정권한의 위임 및 위탁에 관한 규정 등을 들 수 있다.

정부조직법 제6조 제3항

행정기관은 법령으로 정하는 바에 따라 그 소관사무 중 조사·검사·검정·관리 업무 등 국민의 권리·의무와 직접 관계되지 아니하는 사무를 지방자치단체가 아닌 법인·단체 또는 그 기관이나 개인에게 위탁할 수 있다.

지방자치법 제117조 제3항

지방자치단체의 장은 조례나 규칙으로 정하는 바에 따라 그 권한에 속하는 사무 중 조사·검사·검정·관리업무 등 주민의 권리·의무와 직접 관련되지 아니하는 사무를 법인·단체 또는 그 기관이나 개인에게 위탁할 수 있다.

② 개별적 근거

정부조직법 제6조 제3항 및 지방자치법 제117조 제3항에 따라 국민의 권리·의무와 관계없는 경우에는 이러한 일반적 법적근거에 따라 공무수탁사인에게 위탁할 수 있으나, 국민의 권리·의무와 관계된 때에는 개별적 법적 근거가 있어야 한다.

예) 토지보상법상의 사업시행자(토지보상법 제19조 [사업시행자의 토지 등의 수용 또는 사용]), 선원법상의 선장(선원법 제6조 [선장의 지휘명령권]) 등.

라. 위탁의 형식

공무수탁사인은 법률, 계약, 행정행위 등 다양한 방식에 의해 공무를 수탁 받을 수 있다. 공무위탁계약은 국가적 공권을 부여하므로 그 법적 성질은 공법상 계약이다. 공무를 위탁하는 행정행위는 통상 공무수행권을 사인에게 부여하므로 특허로 보아야 한다.

마. 공무수탁사인의 권리와 의무

공무수탁사인은 공적인 임무를 수행할 권리를 가진다. 즉 자신의 권한범위 내에서 행정행위를 발할 수 있고, 수수료를 징수할 수 있고, 강제징수권이나 재산권을 수용할 수 있는 특권이 부여된다. 반면에 공무수탁사인은 사업수행의무를 부담하므로 사업수행을 임의로 중단할 수 없고, 공무수행에 있어 법의 일반원칙을 준수하여야 한다.

바. 권리구제

① 행정쟁송

공무수탁사인은 행정소송법 제2조 제2항의 행정청이다. 따라서 공무수탁사인의 임무수행과 관련하여 위법한 행정처분으로 권리를 침해당한 사인은 공무수탁사인을 대상으로 항고쟁송을 제기할 수 있다. 또한 공법상 계약형식으로 이루어진 경우에는 공무수탁사인을 피고로 당사자소송을 제기할 수 있다.

② 손해배상

Ⓐ 국개배상법 개정전의 논의

공무수탁사인은 국가배상법상의 공무원이므로 공무수탁사인의 공무수행으로 인해 손해를 가한 경우 국가배상책임을 지는 것으로 보아야 한다는 견해와 공무수탁사인은 국가배상법상의 공무원도 아니며 국가배상법상 책임주체도 아니기에 공무수탁사인이 민법상 손해배상책임을 진다는 설이 대립하였다.

Ⓑ 개정 국가배상법의 태도

그러나 개정된 국가배상법은 공무를 위탁받은 사인도 공무원임을 명시적으로 규정하고 있으므로 공무수탁사인의 위법한 직무집행의 경우에도 국가나 지방자치단체를 상대로 국가배상청구를 해야 함을 명문화하여 입법적으로 이를 해결하였다.[1]

③ 손실보상

공무수탁사인의 적법한 공권력의 행사로 인해 특별한 손해를 받은 자는 공무수탁사인에 대하여 손실보상을 청구할 수 있다.

사. 공무수탁사인의 지위종료

공무수탁사인의 공적 지위는 사망·기간경과 등 일정한 사실이 발생 또는 공무수탁사인에 대한 공권부여의 근거인 법률이나 행정행위의 폐지 등으로 종료한다.

2. 행정객체

행정의 상대방을 행정객체라 한다. 행정객체는 공공단체와 사인이다. 국가가 행정주체인 경우에는 행정객체는 공공단체와 사인이며, 공공단체와 사인이 행정주체인 경우에는 주로 사인이 행정객체이다.

Ⅳ. 행정법관계의 내용

1. 공권의 의의와 내용

공권이란 공법관계에 있어서 직접 자기를 위하여 일정한 이익을 주장할 수 있는 법률상의 힘을 말한다. 공권은 권리주체에 따라 행정주체가 갖는 국가적 공권과 사인이 갖는 개인적 공권으로 나뉜다.[1)]

2. 국가적 공권

(1) 국가적 공권의 의의

국가적 공권이라 함은 행정주체가 우월한 의사의 주체로서 행정객체에 대하여 가지는 권리를 말한다.

---

1) 국가배상법(개정 2009. 10. 21) 제2조 ① 국가나 지방자치단체는 공무원 또는 공무를 위탁받은 사인이 직무를 집행하면서 고의 또는 과실로 법령을 위반하여 타인에게 손해를 입히거나, 자동차손해배상 보장법에 따라 손해배상의 책임이 있을 때에는 이 법에 따라 그 손해를 배상하여야 한다.

1) <권리, 권능, 권한>

1. 권리: 권리의 본질에 대하여는 법에 의해 부여된 의사의 힘으로 보는 의사설, 법에 의해 보호되는 이익이라고 보는 이익설 등도 있으나, 일정한 이익을 누릴 수 있도록 법이 인정하는 힘이라고 보는 권리법력설이 지배적 견해이다.

2. 권능: 권리의 내용을 이루는 개개의 법률상의 힘을 말한다. 소유권은 권리이지만 그 내용인 사용권, 수익권, 처분권은 권능이다.

3. 권한: 타인을 위하여 그 자에 대하여 일정한 법률효과를 발생케 하는 법률상의 자격을 의미한다. 예로써 대리인의 대리권, 법인이사의 대표권 등을 의미한다.

(2) 국가적 공권의 종류

국가적 공권은 ① 목적을 기준으로 조직권·경찰권·통제권·형벌권·공용부담특권·재정권·군정권, ② 내용을 기준으로 하명권·강제권·형성권·공물관리권·특허처분권·공법상의 물권으로 구분된다.

(3) 국가적 공권의 특성

국가적 공권은 법률이 정하는 바에 따라 ① 권리의 내용을 스스로 결정하고(자율성), ② 자력으로 그 내용을 실현할 수 있으며(자력집행성), ③ 그 침해에 대해 제재를 과할 수 있는(행정벌의 과벌성) 특성이 인정된다.

3. 개인적 공권

(1) 개인적 공권의 의의

개인적 공권은 사인이 행정주체에 대하여 가지는 공법상의 권리로 개인이 공법상 자기의 고유한 이익을 추구하기 위해 행정주체에 대하여 일정한 행위를 요구할 수 있도록 개인에게 주어진 법적인 힘을 말한다. 자유권·수익권·참정권과 같은 헌법상의 권리가 주종을 이룬다. 최근에는 개인적 공권의 확대화 경향에 따라 무하자재량행사청구권과 행정개입청구권과 같은 새로운 개인적 공권이 논의되고 있다.

(2) 개인적 공권의 성립요건

1) 연혁

종래 독일의 뷜러(O. Bűhler)는 개인적 공권의 성립요소로 ① 강행법규에 의한 행정권에 대한 의무의 부과(강행법규성), ② 법규의 사익보호성, ③ 청구권능부여성, 이 세 가지 요소를 들었다. 그러나 오늘날에는 헌법상 재판을 받을 권리가 보장되고 실정법(행정소송법)상 개괄적으로 권리구제제도가 보장되고 있으므로 공권의 성립요소 중 청구권능의 부여는 별도의 성립요소로 보지 않는다.

2) 요건

가. 강행규정성

근거행정법규에 의해 행정주체에게 일정한 행위를 하여야 할 의무가 부과되고 있어야 한다. 재량행위시, 종래에는 공권의 성립인정에 소극적 입장이었으나, 오늘날 공권의 확대화 경향에 따라 재량행위에도 재량이 0으로 수축되는 경우 등 일정한 경우 공권의 성립을 인정하는 것이 일반적인 견해이다.

나. 사익보호성

① 의의

근거행정법규의 보호목적이 공익실현 뿐만 아니라 사익보호도 그 목적으로 하고 있어야 한다는 것을 의미한다.

② 판단기준 및 범위(독일의 보호규범이론)

Ⓐ 판단기준(보호규범론)

보호규범론에 따라 당해 행정작용의 근거되는 관련 법령이 공익뿐 아니라 상대방이 주장하는 사익도 보호하는지 여부로 판단되어야 한다.

Ⓑ 근거법령의 범위(학설)

ⓐ 처분의 직접근거법령의 규정의 목적과 취지에 한정된다는 견해 ⓑ 관련 실체법령 또는 절차법령까지도 고려해야 한다는 견해(대법원의 태도) ⓒ 기본권규정까지도 아울러 고려해야 한다는 견해(다수설의 견해)가 대립된다.

Ⓒ 판례

대법원은 "행정처분의 직접 상대방이 아닌 제3자라도 당해 행정처분의 취소를 구할 법률상의 이익이 있는 경우에는 원고적격이 인정되나 여기서 말하는 법률상의 이익은 당해 처분의 근거 법률에 의하여 보호되는 직접적이고 구체적인 이익이 있는 경우를 말하는 것이고 다만 간접적이거나 사실적·경제적 이해관계를 가지는 데 불과한 경우는 여기에 포함되지 않는다"(대판 1995. 8. 22, 94누8129)고 판시하고 있다.

(3) 개인적 공권과 구별

1) 반사적 이익

가. 의의

행정법규가 공익목적만을 위하여 행정주체에 대하여 일정한 작위·부작위 등을 명하고 있는 경우에 그 단순한 반사적인 효과로서 사실상 사인이 향유하는 이익을 반사적 이익이라 한다. 예컨대 의사는 진료의무를 지고 있지만(의료법 제15조) 의료법의 규정은 의사의 국가에 대한 작위의무로 해석되므로 진료의무의 결과 환자는 의사의 진료를 받는 이익을 향유해도 의사에 대하여 진료를 해 줄 것을 자기의 권리로서 요구할 수 없다.

나. 구별기준

공권은 처분의 근거법규 및 관계법규에 의해 보호된 개인의 이익을 말한다. 즉 공익을 보호하는 법규가 개인의 이익도 아울러 보호하고 있는 경우에 그 보호된 개인의 이익이 공권이다. 이에 반하여 실정법규가 공익의 보호만을 목적으로 하고 있고 개인은 그로 인하여 반사적으로 이익을 누리는 경우 그 개인의 이익은 반사적 이익이다. 공권과 반사적 이익의 구별기준은 처분의 근거 및 관계법규의 목적이 된다.

다. 구별실익

개인적 공권은 법률상 이익이 인정되어 행정쟁송의 원고적격이 인정되나, 단순한 반사적 이익이 문제된 사안에서는 행정쟁송의 원고적격이 인정되지 않을 가능성이 많다는 소송법적 측면에서 구별실익이 있다.

2) 행정쟁송상 법률상 이익과의 관계

가. 법률상 이익이 개인적 공권과 같은 개념인지에 대해 견해가 대립한다.

① 구별긍정설: 법적 보호이익은 권리도 반사적 이익도 아니지만, 행정쟁송을 통해 구제되어야 할 이익으로 다른 개념으로 본다(법률상이익 = 공권 + 법적 보호이익).

② 구별부정설: 법률상 이익은 공권의 소송상 표현에 지나지 않는다는 견해이다(법률상 이익 = 공권).

나. 검토

다수설은 법률상 이익과 개인적 공권을 동일한 것으로 보지만, 종래의 전통적 견해와 판례는 다른 것으로 보았으며, 법률상 이익은 권리와 법률상 보호이익을 합한 개념으로 보았다.[1)]

(4) 개인적 공권의 특성

1) 이전성 제한

개인적 공권은 사권과 달리 일신전속적 성질을 갖기에 공익상 필요에 의해 채권적·경제적 성질의 것을 제외하고, 원칙적으로 ① 양도·상속 등 이전이 금지·제한(국가배상법 제4조 배상받을 권리의 양도금지, 공무원연금법 제39조 연금청구권의 양도금지)되거나, ② 압류가 금지(공무원연금법 제39조의 연금청구권, 국민기초생활보장법 제35조의 급여를 받을 권리, 국민연급법 제58조의 급여를 받을 권리)·제한(민사집행법 제246조 제1항 제4호에 의한 공무원의 봉급청구권)되거나 ③ 상속이 금지(국가유공자등예우및지원에관한법률에 의해 국가유공자와 유족으로 등록되어 보상금 등 각종 보호를 받을 수 있는 권리)된다.

판 례

(판례) 구 「국가유공자 등 예우 및 지원에 관한 법률」에 의하여 국가유공자와 유족으로 등록되어 보상금을 받고 교육보호 등 각종 보호를 받을 수 있는 권리는 국가유공자와 유족에 대한 응분의 예우와 국가유공자에

1) 행정소송법 제12조(원고적격) 취소소송은 처분등의 취소를 구할 법률상 이익이 있는 자가 제기할 수 있다.

준하는 군경 등에 대한 지원을 행함으로써 이들의 생활안정과 복지향상을 도모하기 위하여 당해 개인에게 부여되어진 일신전속적인 권리이어서, 같은 법 규정에 비추어 상속의 대상으로 될 수 없다고 할 것이므로 전상군경등록거부처분 취소청구소송은 원고의 사망과 동시에 종료하였고, 원고의 상속인들에 의하여 승계될 여지는 없다(대판 2003. 8. 19, 2003두5037).

2) 포기성 제한

개인적 공권은 보통 공익적 견지에서 인정된 것으로 권리인 동시에 의무라는 성질도 가지기 때문에 법규에 특별한 규정이 있는 경우를 제외하고는 원칙적으로 포기할 수 없다(소권, 선거권).

판 례

(판례1) 지방자치단체장이 도매시장법인의 대표이사에 대하여 위 지방자치단체장이 개설한 농수산물 도매시장의 도매시장법인으로 다시 지정함에 있어 그 지정조건 제2호로 '지정기간 중이라고 개설자가 농수산물 유통정책의 방침에 따라 도매시장법인 이전 및 지정취소 또는 폐쇄지시에도 일체소송이나 손실보상을 청구할 수 없다'라는 부관을 붙였으나, 그 중 부제소특약에 관한 부분은 당사자가 임의로 처분할 수 없는 공법상의 권리관계를 대상으로 하여 사인의 국가에 대한 공권인 소권을 당사자가 합의로 포기하는 것으로 허용될 수 없다(대판 1998. 8. 21, 98두8919).

(판례2) 석탄산업법 시행령 제41조 제4항 제5호 소정의 재해위로금청구권은 개인의 공권으로서 그 공익적 성격에 비추어 당사자의 합의에 의하여 이를 미리 포기할 수 없다(대판 1998. 12. 23, 97누5046).

3) 비대체성

개인적 공권은 그 일신전속적 성질로 인하여 타인에게 대리·위임에 친숙하지 못하다(투표권·선거권 등의 대리·위임금지).

4) 공권보호의 특수성

개인적 공권이 침해된 경우에 행정상 손해전보제도, 행정쟁송제도에 의한 구제절차에 따른다.

5) 소멸시효의 특수성

공권의 소멸시효는 사권에 비하여 단기인 것이 보통이며, 공법상의 금전채권은 소멸시효기간이 5년이다(국가재정법 제96조, 지방재정법 제82조).

4. 개인적 공권의 확대화 경향

(1) 배경

오늘날 사회적 법치국가에서 국민의 권리구제의 범위를 확대하려는 경향이 증대됨으로써 강행법규성의 확대로 새로운 공권의 인정여부 특히 무하자재량행사청구권, 행정개입청구권 및 행정과정에서의 국민의 절차적 권리 등의 독립적 권리 인정여부의 논의가 확대되고 있다.

(2) 무하자재량행사청구권

1) 의의

무하자재량행사청구권이란 행정청에게 재량권이 부여되는 경우에 행정청에 대하여 재량권을 흠 없이 행사하여 줄 것을 청구할 수 있는 권리를 말한다.

무하자재량행사청구권의 인정여부는 거부처분 등 행정청의 공권력행사에 대하여 항고소송을 제기할 수 있는 원고적격을 긍정할 것인가와 관련하여 문제된다(상대방의 입장에서는, 소를 제기할 권리가 있는지의 문제, 행정기관의 입장에서는 당해 행정행위를 해야 할 의무가 인정되는지의 문제).

2) 법적 성질

가. 학설

Ⓐ 절차적 공권설

이 견해는 무하자재량행사청구권을 '종국처분의 형성과정에 있어서 재량권의 법적 한계를 준수하면서 특정한 처분이 아니라 어떠한 처분을 할 것을 구하는 제한적 공권'이라 한다. 이를 절차적 또는 형식적 공권이라 한다.

Ⓑ 형식적 권리설

이 권리는 당사자가 신청한 재량행위의 특정내용을 관철하는 데에 정향된 것이 아니라, 하자 없는 재량의 발령을 지향하고 있다는 점에서 형식적 권리라는 점이다.

Ⓒ 실체적 권리설

행정청은 재량행사를 함에 있어서 의무에 합당한 재량행사를 해야 할 의무를 부담하고, 국민은 이에 상응하여 무하자재량행사청구권을 가지므로, 이러한 무하자재량행사청구권이 인정되면 재량처분에 하자가 있는 경우 원고적격을 바로 인정할 수 있으므로 무하자재량행사청구권은 절차적·형식적 권리가 아니라 실체적 권리로 보아야 한다는 견해이다.

Ⓓ 2분설

이 견해는 무하자재량행사청구권을 개인이 행정청에 대하여 재량권의 하자 없는 행사를 청구할 수 있는 공법상의 형식적 권리인 광의의 무하자재량행사청구권과 행정청이 결정재량권을 갖지 못하고 선택재량권만을 가지고 있는 경우에 있어서의 하자 없는 재량행사청구권인 협의의 무하자재량행사청구권으로 구분하고, 무하자재량행사청구권을 후자의 문제로 국한하여 이 경우 원고적격을 가져다 주는 독립적인 법률상 이익에 해당하는 것으로 본다.

Ⓔ 독자성 부정설

무하자재량행사청구권의 개념은 인정할 필요가 있으나, 그것만으로는 원고적격이 인정될 수 없다는 견해이다. 이는 무하자재량행사청구권을 인정하면 행정소송의 원고적격이 부당하게 확대되어 민중소송화 될 우려가 있음을 이유로 부정해야한다는 견해이다.

나. 판례

판례는 검사임용거부처분 취소청구사건에서 "법령상 검사임용신청 및 그 처리의 제도에 관한 명문의 규정이 없다 하여도 조리상 임용권자는 임용신청자들에게 전형의 결과에 대한 응답, 즉 임용여부의 응답을 받을 권리가 있다고 할 것이며, 의무에 합당한 재량권을 행사하여 그 신청에 대한 응답, 즉 임용 여부의 응답을 해 줄 의무가 있는 것이다" 라고 판시하여, 무하자재량행사청구권이라는 용어를 명시적으로 사용하고 있지는 않지만, 무하자재량행사청구권의 개념을 인정하고 있다고 평가하는 것이 다수설의 입장이다.

판 례

(판례) 검사의 임용에 있어서 임용여부에 관하여 어떠한 응답을 할 것인지는 임용권자의 자유재량에 속하므로 일단 임용거부라는 응답을 한 이상 설사 그 응답내용이 부당하다고 하여도 사법심사의 대상으로 삼을 수 없는 것이 원칙이나, 적어도 재량권의 한계 일탈이나 남용이 없는 위법하지 않은 응답을 할 의무가 임용권자에게 있고 이에 대응하여 임용신청자로서도 재량권의 한계일탈이나 남용이 없는 적법한 응답을 요구할 권리가 있다고 할 것이며, 이러한 응답신청권에 기하여 재량권 남용의 위법한 거부처분에 대하여는 항고소송으로서 그 취소를 구할 수 있다고 보아야 하므로 임용신청자가 임용거부처분이 재량권을 남용한 위법한 처분이라고 주장하면서 그 취소를 구하는 경우에는 법원은 재량권남용 여부를 심리하여 본안에 관한 판단으로서 청구의 인용여부를 가려야 한다(대판 1991. 2. 12, 90누5825).

다. 성립요건

무하자재량행사청구권도 개인적 공권이므로 공권으로서의 성립요건을 갖추어야 한다. 즉, ① 재량권의 한계를 준수해야 할 법적의무가 존재해야 한다. 행정청에게 어떠한 처분을 하여야 할 의무가 부과되어야 한다(강행법규성). ② 또한 재량권을 부여하는 관련법규가 공익뿐만 아니라 관계 개인의 이익도 보호하는 것을 목적으로 하는 것이어야 한다(사익보호성).

라. 무하자재량행사청구권의 내용

무하자재량행사청구권이 인정되는 경우는 행정청에게 그의 재량권을 올바르게 행사하여 처분할 의무가 있고 이에 대응하여 관계 개인은 재량권의 올바른 행사에 근거한 처분을 받을 권리를 갖게 된다. 재량권이 0으로 수축하는 경우에는 무하자재량행사청구권은 특정한 내용의 처분을 하여 줄 것을 청구할 수 있는 행정개입청구권으로 전환된다.

판 례

(판례) 경찰관의 주취운전자에 대한 권한 행사가 관계법률의 규정 형식상 경찰관의 재량에 맡겨져 있다고 하더라도, 그러한 권한을 행사하지 아니한 것이 구체적인 상황에서 현저하게 합리성을 잃어 사회적 타당성이 없는 경우에는 경찰관의 직무상 의무를 위배한 것으로 위법하게 된다(대판 1998. 5. 8, 97다54482).

마. 행사방법

① 침익적 처분의 경우

재량권이 부담적 행정행위에서 인정되고 그 경우에 재량권의 행사가 재량권의 한계를 넘는 경우에 당사자는 취소쟁송을 통하여 무하자재량행사청구권을 실현할 수 있다.

② 수익적 행정행위의 경우

수익적 행정행위의 신청에 대하여 거부를 함에 있어서 재량권이 남용된 경우에 당사자는 의무이행심판 또는 거부처분에 대하여 취소소송을 제기하여 무하자재량행사청구권을 실현할 수 있다.

거부처분에 대한 구제수단으로는 의무이행소송이 보다 직접적인 구제수단이지만 현행법상 인정되지 않는다. 다만, 현행법은 거부처분의 취소판결의 효력으로서 행정청의 재처분의무와 불이행에 대한 간접강제를 규정하고 있으므로 거부처분의 취소소송은 의무이행소송과 유사한 구제기능을 갖는다.

③ 부작위의 경우

이 경우 부작위위법확인소송과 의무이행심판에 의해 구제받을 수 있다.

(3) 행정개입청구권

1) 의의

① 행정개입청구권이란 행정청의 부작위로 인하여 권익을 침해당한 자가 당해 행정청에 대하여 자기 및 타인에 대한 규제 등 일정한 행정권의 발동을 청구할 수 있는 공권을 말한다.

② (협의의) 행정개입청구권은 자기이익을 위하여 타인에 대한 행정권의 발동을 청구하는 권리라는 점에서 자기의 이익을 위하여 자기에 대한 행정권의 발동을 청구할 수 있는 권리인 행정행위발급청구권과 구별된다. 통상 행정개입청구권이란 협의의 행정개입청구권을 의미한다.

판 례

(판례1) 협의의 행정개입청구권을 인정한 경우

주거지역안에서는 도시계획법 제19조 제1항과 개정전 건축법 제32조 제1항에 의하여 공익상 부득이 하다고 인정될 경우를 제외하고는 거주의 안녕과 건전한 생활환경의 보호를 해치는 모든 건축이 금지되고 있을뿐 아니라 주거지역내에 거주하는 사람이 받는 위와 같은 보호이익은 법률에 의하여 보호되는 이익이라고 할 것이므로 주거지역내에 위 법조 소정 제한면적을 초과한 연탄공장 건축허가처분으로 불이익을 받고 있는 제3거주자는 비록 당해 행정처분의 상대자가 아니라 하더라도 그 행정처분으로 말미암아 위와 같은 법률에 의하여 보호되는 이익을 침해받고 있다면 당해행정 처분의 취소를 소구하여 그 당부의 판단을 받을 법률상의 자격이 있다(대판 1975. 5. 13, 73누96·97).

(판례2) 협의의 행정개입청구권을 인정하지 않은 경우

구 건축법 및 기타 관계 법령에 국민이 행정청에 대하여 제3자에 대한 건축허가의 취소나 준공검사의 취소 또는 제3자 소유의 건축물에 대한 철거 등의 조치를 요구할 수 있다는 취지의 규정이 없고, 같은 법 제69조 제1항 및 제70조 제1항은 각 조항 소정의 사유가 있는 경우에 시장·군수·구청장에게 건축허가 등을 취소하거나 건축물의 철거 등 필요한 조치를 명할 수 있는 권한 내지 권능을 부여한 것에 불과할 뿐, 시장·군수·구청장에게 그러한 의무가 있음을 규정한 것은 아니므로 위 조항들도 그 근거 규정이 될 수 없으며, 그 밖에 조리상 이러한 권리가 인정된다고 볼 수도 없다(대판 1999. 12. 7, 97누17568).

2) 인정배경

오늘날 공권의 확대화 경향에 따라 기속행위뿐만 아니라 재량행위의 경우에도 재량권이 0내지 1로 수축되면 행정권의 발동이 의무로 되고, 사인은 행정개입청구권을 갖는다는 법리이다. 이는 독일의 띠톱판결을 통해 발전된 이론이다.[1]

3) 성립요건

행정개입청구권이 인정되기 위하여는 ① 행정청에게 개입의무가 있어야 하고(강행법규성) ② 행정권의 발동에 관한 관련법규가 공익뿐만 아니라 제3자의 사익을 보호하고 있어야 한다(사익보호성).

가. 행정청의 개입의무의 존재(강행법규성)

① 행정권발동에 대한 명문의 규정이 있는 경우

ⓐ 기속행위의 경우

1) 독일의 띠톱판결은 주거지역에 설치된 석탄제조 및 하역업소에서 사용하는 띠톱에서 배출되는 먼지와 소음으로 피해를 받고 있던 인근주민이 행정청에 건축경찰상의 금지처분을 발할 것을 청구했다. 이에 대하여 소관행정청은 이 업소의 조업은 관계법규에 위반되지 않는 것이라 하여 인근주민의 신청을 기각하였던바, 그에 대한 취소소송에서 베를린 고등법원은 원고에게는 행정청에 대해 건축경찰법에 기한 특정처분을 청구할 수 있는 권리가 없다고 보아, 원고의 청구를 기각하였다. 그러나 연방행정법원은 경찰법상의 일반수권조항의 해석에 있어, 먼저 인근주민의 무하자재량행사청구권을 인정하고, 이어 재량의 0으로의 수축이론에 의거 원고의 청구를 인용하였다.

이 경우 행정개입의무는 당해 성문법규에 의해 직접 인정된다.

ⓑ 재량행위의 경우

이 경우 행정개입의무는 원칙적으로 인정되지 아니하고, 예외적으로 재량이 0으로 축소되는 경우에만 인정하게 된다. 이러한 재량권의 수축이론은 위해성 한계이론에 따라 위협받고 있는 법익의 가치의 종류, 위해의 현재성, 위해가 현실화될 정도의 개연성, 수인한도를 그 기준으로 판단한다.

② 행정권발동의 명문의 규정이 없는 경우

이 경우 행정개입의무는 인정되지 아니한다. 여기서 명문의 규정은 행정조직법상 권한소재 규정이 아니라 행정권발동에 대한 작용법상 수권규정을 의미한다.

나. 사익보호성

오늘날 행정권의 발동을 규율하는 관련법규가 공익의 보호뿐만 아니라 개인의 이익도 보호하는 것을 목적으로 하고 있는 경우도 있고 이 경우에 개인이 받는 이익은 법적 이익이 된다.

4) 인정범위

행정개입청구권은 이론적으로는 모든 행정영역에서 인정될 수 있으나, 행정개입청구권은 주로 행정개입을 청구하는 국민의 생명, 신체 및 재산을 보호하기 위하여 인정되는 것이기 때문에 경찰행정분야에서 주로 인정된다.

5) 실현수단

가. 행정쟁송

행정개입청구권의 직접적인 실현은 의무이행소송이 인정되면 가장 잘 실현될 수 있다. 그러나 우리 법원이 이를 인정하고 있지 않은 이상 의무이행심판, 청구를 거부한 경우에 거부처분취소청구심판·소송, 청구를 방치한 경우에 부작위위법확인소송 및 거부처분취소판결의 간접강제에 의하여 실현하게 된다.

나. 국가배상

행정권이 발동되지 않음으로써 손해를 입은 경우에는 항고쟁송의 제기와 별도로 국가배상을 청구할 수 있다. 권리침해가 이미 발생하여 항고쟁송의 제기로 구제될 수 있는 이익이 존재하지 않는 경우에는 국가배상만이 가능하다. 대법원은 국가배상청구사건에서 행정개입청구권에 근거하여 손해배상청구를 인정한 바 있다.

판 례

(판례) 경찰관직무집행법 제5조는 경찰관은 인명 또는 신체에 위해를 미치거나 재산에 중대한 손해를 끼칠 우려가 있는 위험한 사태가 있을 때에는 그 각 호의 조치를 취할 수 있다고 규정하여 형식상 경찰관에게 재량에 의한 직무수행권한을 부여한 것처럼 되어 있으나, 경찰관에게 그러한 권한을 부여한 취지와 목적에 비추어 볼 때 구체적인 사정에 따라 경찰관이 그 권한을 행사하여 필요한 조치를 취하지 아니하는 것이 현저하게 불합리하다고 인정되는 경우에는 그러한 권한의 불행사는 직무상의 의무를 위반한 것이 되어 위법하게 된다(대판 1998. 8. 25, 98다16890).

(4) 원고적격에 있어서 처분의 상대방이 아닌 제3자에게의 공권 확대

1) 원칙

원고적격은 불이익처분의 직접상대방으로 헌법상 보장된 자유권적 기본권의 침해를 이유로 관련법률의 사익보호성 여부를 따질 필요 없이 바로 취소소송의 원고적격을 갖는다(직접상대방이론: Adressentheorie).

2) 확대

가. 불이익처분의 제3자소송 중

일반처분의 경우 공동의 이해관계인 중 1인에게 원고적격의 인정여부, 단체에 대한 불이익 처분시 그 구성원의 원고적격 인정여부

나. 복효적 행정행위에 대하여

이웃소송의 경우, 경쟁자소송 중 경업자소송의 경우, 경쟁자수익방어소송의 원고적격 인정여부, 경원자 소송에서의 원고적격 인정여부가 주로 문제가 된다(자세한 내용은 원고적격에서 후술하기로 한다).

보 충

1. 일반처분의 예

지방경찰청장의 횡단보도설치행위에 대해 지하상가주민이 제기한 취소소송의 경우 원고적격 인정여부

2. 이웃소송

특정주민에 대한 수익적 처분이 이웃하는 주민에게 불이익하게 되는 경우 그 인근주민이 다투는 소송

3) 이웃소송

이웃소송은 이웃하는 자들 사이에서 특정인에게 발급된 수익적 행정행위가 제3자에게 침익적인 효과를 가져오는 경우에, 이 제3자는 본인의 권리 또는 이익이 침해되었음을 이유로 특정인에게 발급된 행정행위를 행정소송으로 다투는 유형을 말한다. 이를 린인소

송이라고도 한다.

판 례

(판례) 새만금간척종합개발사업을 위한 공유수면매립면허처분과 농지개량사업 시행인가처분의 근거 법규 또는 관련 법규가 되는 (구) 공유수면매립법, (구) 농촌근대화촉진법, (구) 환경보전법, (구) 환경보전법 시행령, (구) 환경정책기본법, (구) 환경정책기본법 시행령의 각 관련 규정의 취지는, 공유수면매립과 농지개량사업시행으로 인하여 직접적이고 중대한 환경피해를 입으리라고 예상되는 환경영향평가 대상지역 안의 주민들이 전과 비교하여 수인한도를 넘는 환경침해를 받지 아니하고 쾌적한 환경에서 생활할 수 있는 개별적 이익까지도 이를 보호하려는 데에 있다고 할 것이므로, 위 주민들이 공유수면매립면허처분 등과 관련하여 갖고 있는 위와 같은 환경상의 이익은 주민 개개인에 대하여 개별적으로 보호되는 직접적·구체적 이익으로서 그들에 대하여는 특단의 사정이 없는 한 환경상의 이익에 대한 침해 또는 침해우려가 있는 것으로 사실상 추정되어 공유수면매립면허처분 등의 무효확인을 구할 원고적격이 인정된다. 한편, 환경영향평가 대상지역 밖의 주민이라 할지라도 공유수면매립면허처분 등으로 인하여 그 처분 전과 비교하여 수인한도를 넘는 환경피해를 받거나 받을 우려가 있는 경우에는, 공유수면매립면허처분 등으로 인하여 환경상 이익에 대한 침해 또는 침해우려가 있다는 것을 입증함으로써 그 처분 등의 무효확인을 구할 원고적격을 인정받을 수 있다(대판 2006. 3. 16, 2006두330).

4) 경업자 소송

일정한 시장의 새로운 진입을 허용하는 신규면허에 대해 추가적 경쟁을 부담하게 되는 기존업자가 이러한 신규면허에 대해 제기하는 소송

판 례

(판례) 담배 일반소매인의 지정기준으로서 일반소매인의 영업소 간에 일정한 거리제한을 두고 있는 것은 담배유통구조의 확립을 통하여 국민의 건강과 관련되고 국가 등의 주요 세원이 되는 담배산업 전반의 건전한 발전 도모 및 국민경제에의 이바지라는 공익목적을 달성하고자 함과 동시에 일반소매인 간의 과당경쟁으로 인한 불합리한 경영을 방지함으로써 일반소매인의 경영상 이익을 보호하는 데에도 그 목적이 있다고 보이므로, 일반소매인으로 지정되어 영업을 하고 있는 기존업자의 신규 일반소매인에 대한 이익은 단순한 사실상의 반사적 이익이 아니라 법률상 보호되는 이익이라고 해석함이 상당하다(대판 2008. 3. 27, 2007두23811).

5) 경원자소송

인·허가등에 있어서 서로 법규상 또는 성질상 양립할 수 없어 일방에 대한 허가가 타방에 대한 불허가로 귀결될 수밖에 없는 경우, 이러한 경원관계에서 면허 등의 수익적 처분을 받지 못한 자가 다른 경쟁업자에게 발해진 수익적 처분에 대해 제기하는 소송을 의미한다.

판 례

(판례) 행정소송법 제12조는 취소소송은 처분 등의 취소를 구할 법률상의 이익이 있는 자가 제기할 수 있다고 규정하고 있는 바, 인·허가 등의 수익적 행정처분을 신청한 수인이 서로 경쟁관계에 있어서 일방에 대한 허가 등의 처분이 타방에 대한 불허가 등으로 귀결될 수밖에 없는 때(이른바 경원관계에 있는 경우로서 동일대상지역에 대한 공유수면매립면허나 도로점용허가 혹은 일정지역에 있어서의 영업허가 등에 관하여 거리제한규정이나 업소개수제한규정 등이 있는 경우를 그 예로 들 수 있다) 허가 등의 처분을 받지 못한 자는 비록 경원자에 대하여 이루어진 허가 등 처분의 상대방이 아니라 하더라도 당해 처분의 취소를 구할 당사자적격이 있다 할 것이다(대판 1992. 5. 8, 91누13274).

Ⅴ. 특별권력관계

1. 개념

특별권력관계는 일반권력관계에 대응하는 개념으로서 특별한 법률원인에 의하여 성립되어 특별한 공법상의 목적을 위하여 필요한 범위 안에서 포괄적 지배·복종을 내용으로 하며 그 범위 내에서 법치행정원리의 적용이 제한을 받는 법률관계이다.

2. 전통적 특별권력관계론

(1) 의의

특별권력관계란 특별한 공행정목적을 위해 특별한 법률상의 원인에 근거하여 성립되는 관계로서 구체적인 법률의 근거 없이도 특정 신분자에 대한 포괄적으로 지배·복종하는 관계를 말한다. 이는 19세기 후반 독일의 입헌주의 국가론·행정론에서 생성된 이론이다.

전통적 특별권력관계이론은 법치행정의 원리가 제한 또는 배제되는 행정의 고유영역을 정당화하기 위한 것이다.

(2) 종류

특별권력관계의 종류로는 ① 공법상 근무관계(공무원 근무관계), ② 공법상 영조물이용관계(재학관계, 재원관계, 재소관계), ③ 공법상 특별감독관계(국가와 공공단체와의 관계), ④ 공법상 사단관계(공공조합과 조합원의 관계)가 있다.

(3) 성립과 소멸

성립은 직접 법률의 규정(병역법에 의한 입대, 행형법에 의한 수용)이나 상대방의 동의(국공립대학에의 입학, 학령아동의 취학)에 의한다. 소멸사유로는 목적달성(학교 졸업), 탈퇴

(공무원의 사임), 특별권력 주체에 의한 일방적 배제(파면·퇴학처분) 등이 있다.

(4) 내용

가. 포괄적 명령·징계권

특별권력관계의 내용으로서 특별권력은 특별권력관계의 종류에 따라 직무상권력·영조물권력·감독권력·사단권력으로 구분된다. 그리고 이러한 권력들은 그 내용이 포괄적 명령권과 징계권으로 구성된다.

나. 기본권의 제한

특별권력관계에 놓인 자에 대해서는 법률의 근거 없이도 기본권의 제한이 가능하였다.

다. 사법심사의 제한

특별권력관계에 놓인 자에 대해서는 사법심사도 배제되었다.

(5) 오늘날의 특별권력관계론 인정여부

1) 문제

오늘날 특별권력관계의 특수한 공행정목적의 수행과 법치행정의 실현이라는 관점에서 전통적 특별권력관계의 인정여부가 사법심사의 인정여부, 법률유보원칙의 적용여부와 관련하여 문제된다.

2) 학설

① 긍정설(제한적 긍정설)

오늘날 특별권력관계를 인정하는 견해도 법치주의의 적용을 완전히 배제하지는 않고, 원칙적으로 법치주의가 적용된다고 보면서 특별한 행정목적을 달성함에 필요한 한도 내에서 법치주의가 일부 제한되거나 완화되어 적용될 수 있다고 볼 뿐이다.

② 부정설

Ⓐ 형식적 부정설

실질적 법치국가에서 법치주의의 적용을 받지 않는 권력인 특별권력은 인정될 수 없다고 하여 특별권력관계의 존재를 부정하고 일반권력관계로 보는 견해이다.

Ⓑ 실질적 부정설

종래의 각종 특별권력관계를 개별적으로 분석하여 그 관계를 일반권력관계(재소자관계도 법치주의가 적용된다 하여 일반권력관계로 환원)나 비권력관계(공무원의 근로관계나 국공립학교의 재학관계를 근로계약이나 재학계약으로 환원)로 환원시킴으로써 특별권력관계를 실질적으로 부정하는 견해이다.

③ 기본관계·경영관계론

독일 Ule의 견해로 특별권력관계에 있어서의 행위를 외부관계 또는 기본관계에 있어서의 행위와 내부관계 또는 업무수행관계에 있어서의 행위로 나누어 외부행위에 대하여만 사법심사의 대상이 될 수 있다는 견해이다.

④ 특별행정법관계설

특별권력관계를 부인하고 그 관계를 특별행정법관계로 보는 견해로, 특별행정법관계에서는 법치주의가 원칙상 적용된다고 한다. 다만, 특별행정법관계에 대하여는 그 존재근거인 특별한 행정목적의 달성을 위하여 특별한 법적 규율이 행해질 수 있다고 본다.

3) 판례

판례도 종래의 의미의 특별권력관계를 인정하지 아니하고 부정설 입장에서 사법심사를 긍정하고 있다. 판례가 특별권력관계라는 용어를 사용한다 하여도 그것은 고전적 의미의 특별권력관계가 아니라 수정된 특별행정법관계를 지칭하는 것이다.

판 례

(판례) 특별권력관계에 있어서도 위법·부당한 특별권력의 발동으로 말미암아 권력을 침해당한 자는 행정소송법 제1조의 규정에 따라 그 위법 또는 부당한 처분의 취소를 구할 수 있다(대판 1991. 11. 22, 91누2144).

(6) 특별행정법관계와 법치주의

1) 법률유보와 기본권

특별행정법관계의 성립 및 특별행정법관계에서의 기본권의 제한도 일반행정법관계의 경우와 마찬가지로 법률의 근거를 요한다.

판 례

(판례1) 행형법상 징벌의 일종인 금치처분을 받은 자에 대하여 금치기간 중 집필을 전면 금지한 행형법시행령 제145조 제2항 본문부분은 금치대상자의 자유와 권리에 관한 사항을 규율하는 것이므로 모법의 근거 및 위임이 필요하다. 이 사건 시행령 조항은 금치처분을 받은 수형자의 집필에 관한 권리를 법률의 근거나 위임 없이 제한하는 것으로서 법률유보의 원칙에 위반된다(헌재결 2005. 2. 24, 2003헌마289).

(판례2) 사관생도는 군 장교를 배출하기 위하여 국가가 모든 재정을 부담하는 특수교육기관인 육군3사관학교의 구성원으로서, 학교에 입학한 날에 육군 사관생도의 병적에 편입하고 준사관에 준하는 대우를 받는 특수한 신분관계에 있다(육군3사관학교 설치법 시행령 제3조). 따라서 그 존립 목적을 달성하기 위하여 필요한 한도 내에서 일반 국민보다 상대적으로 기본권이 더 제한될 수 있으나, 그러한 경우에도 법률유보원칙, 과잉금지원칙 등 기본권 제한의 헌법상 원칙들을 지켜야 한다.

육군3사관학교 설치법 및 시행령, 그 위임에 따른 육군3사관학교 학칙 및 사관생도 행정예규 등에서 육군3사관학교의 설치 목적과 교육 목표를 달성하기 위하여 사관생도가 준수하여야 할 사항을 정하고 이를 위반한 행위에 대하여는 징계를 규정할 수 있고 이러한 규율은 가능한 한 존중되어야 한다.
육군3사관학교 사관생도인 원고가 4회에 걸쳐 학교 밖에서 음주를 하여 '사관생도 행정예규' 제12조에서 정한 품위유지의무를 위반하였다는 이유로 육군3사관학교장이 교육운영위원회의 의결에 따라 갑에게 퇴학처분을 한 사안에서, 위 금주조항은 사관생도의 일반적 행동자유권, 사생활의 비밀과 자유 등 기본권을 과도하게 제한하는 것으로서 무효인데도 위 금주조항을 적용하여 내린 퇴학처분이 적법하다고 본 원심판결에 법리를 오해한 잘못이 있다고 한 사례(대판 2018. 8. 30, 2016두60591).

2) 사법심사

특별행정법관계에서의 행위도 행정소송법상 처분개념에 해당하면 사법심사의 대상이 된다.

판 례

(판례) 서울교육대학 학장의 국립 서울교육대학 학생에 대한 퇴학처분은 국가가 설립·경영하는 교육기관인 동 대학의 교무를 통할하고 학생을 지도하는 지위에 있는 학장이 교육목적 실현과 학교의 내부질서유지를 위해 학칙 위반자인 재학생에 대한 구체적 법집행으로서 국가공권력의 하나인 징계권을 발동하여 학생으로서의 신분을 일방적으로 박탈하는 국가의 교육행정에 관한 의사를 외부에 표시한 것이므로, 행정처분임이 명백하다(대판 1991. 11. 22, 91누2144).

(7) 특별권력관계론의 평가

특별권력관계를 특별행정법관계로 구성하여 특별권력의 주체의 행위가 사법심사의 대상이 된다는 것이 다수 및 판례의 입장이다. 그러나 예컨대 징계처분은 불이익 행정행위임에도 불구하고 재량행위 내지 자유재량행위로 보고 있고(대판 1998. 10. 9, 97누1198), 직무명령도 그 성질상 폭넓은 재량을 허용하지 않을 수 없다. 특별행정법관계에 있어서의 행위가 사법심사의 대상이 되지만 그것이 자유재량행위로서 사법심사의 대상에서 제외되는 경우가 많다면, 그것은 비록 제한적인 것이기는 하지만 포괄적 지배라는 사실이 배려된 것이라면 특별권력의 발동은 재량에 의하여 사법심사가 제한을 받게 되는 결과가 된다.

Ⅵ. 행정법관계에 대한 사법규정의 적용

1. 문제의 소재

공법관계에 적용할 행정법의 규정은 사법관계에 비하여 역사도 짧고 법전화되어 있지 않기 때문에, 구체적인 법률관계에 적용할 행정법규가 존재하지 않거나 유추적용 할 행정법규도 존재하지 아니하는 경우가 발생할 수 있다. 이러한 경우에 공법관계에 사법규정을 적용할 수 있는지가 문제된다.

2. 사법의 유추적용

행정법규 중에는 명문으로 사법규정을 적용 또는 준용하고 있는 경우가 있다(국가재정법 제96조 제3항[1], 국세기본법 제4조[2]). 그러한 명문규정이 없는 경우에 대하여는 견해가 나뉜다.

1) 학설

가. 적용부정설

공법의 사법에 대한 독자성을 강조함으로써 공법규정의 흠결을 사법규정으로 보충할 수 없다는 견해이다. 독일의 오토마이어에 의해 주장되었으나 현재는 지지하는 학자가 없다.

나. 직접적용설

공법관계와 사법관계가 본질적으로 동질이라는 점과 사법규정의 대부분이 법의 일반 원리적 규정이라는 점을 논거로, 공법규정이 흠결된 경우에 사법규정을 직접적으로 적용할 수 있다는 견해이다.

다. 유추적용설

공법관계와 사법관계의 유사성을 인정하면서도 공법관계의 사법관계에 대한 특수성을 인정하여, 공법규정이 흠결된 경우에 사법규정을 유추적용 할 수 있다는 견해이다. 이 견해에 따르면 법의 일반원리적 사법규정(민법 제2조 신의칙규정, 민법 제103조 등)과 법기술적인 사법규정(민법 제156조 및 제157조의 기간산정에 관한 규정)은 공법관계의 성질여하를 불문(관리관계, 권력관계불문)하고 공법관계에도 일반적으로 적용되나, 이해조정에 관한 규정(상법 제41조 영업양도인의 경업금지)은 관리관계에만 적용되고 권력관계에는 유추적용할 수 없다.

라. 개별결정설

공법규정의 흠결을 일반적으로 사법규정에 의하여 보충 할 수 있으나, 공법관계의 종별 즉 권력관계나 관리관계냐와 관계없이 개별적으로 당해 법률관계의 내용의 구체적 성격·기능에 따라 유추여부를 결정하여야 한다는 견해이다.

---

1) 국가재정법 제96조 제3항 금전의 급부를 목적으로 하는 국가의 권리의 경우 소멸시효의 중단·정지 그 밖의 사항에 관하여 다른 법률의 규정이 없는 때에는 「민법」의 규정을 적용한다. 국가에 대한 권리로서 금전의 급부를 목적으로 하는 것도 또한 같다.

2) 국세기본법 제4조(기간의 계산) 이 법 또는 세법에서 규정하는 기간의 계산은 이 법 또는 그 세법에 특별한 규정이 있는 것을 제외하고는 「민법」에 따른다.

마. 검토

다수설과 판례는 유추적용설의 입장에서 법의 일반원리적 사법규정과 법기술적 규정은 권력관계나 관리관계이냐를 불문하고 유추적용되고, 이해조정에 관한 규정은 관리관계에의 적용을 긍정한다. 다만, 판례는 조세법규의 해석에 있어서는 조세평등의 원칙상 유리하든 불리하든 유추해석·확장해석을 부정하는 입장이다.

판 례

(판례1) 일반 원리적 실권의 법리는 권력관계에도 적용된다.

실권 또는 실효의 법리는 법의 일반원리인 신의성실의 원칙에 바탕을 둔 파생원칙인 것이므로 공법관계 가운데 관리관계는 물론이고 권력관계에도 적용되어야 함을 배제할 수는 없다(대판 1988. 4. 27, 87누915).

(판례2) 이해조정에 관한 규정은 권력관계에 적용될 수 없다.

공권력의 주체로서 국민에 대한 관계에 있어서는 대등한 사사로운 국민 상호 간의 경제적 이해를 조정함을 목적으로 하는 사법이 전면적으로 그대로 적용될 수는 없고 국가공익의 실현을 우선적으로 하는 특수성을 고려하여 특수한 법규나 법원칙이 적용되어야 할 것이다(대판 1961. 10. 5, 4292행상6).

(판례3) 조세법규해석에 있어서는 유추적용이 부정된다.

조세법률주의의 원칙상 과세요건이나 비과세요건 또는 조세감면요건을 막론하고 조세법규의 해석은 특별한 사정이 없는 한 법문대로 해석할 것이고, 합리적 이유없이 확장해석하거나 유추해석하는 것은 허용되지 아니하며, 특히 감면요건규정 가운데에 명백히 특혜규정이라고 볼 수 있는 것은 엄격하게 해석하는 것이 조세공평의 원칙에도 부합한다(대판 2004. 5. 28, 2003두7392).

(판례4) 공법규정의 흠결 시, 관련 공법규정을 유추적용한 판례

구 하천법상 국유화된 제외지의 소유자에 대하여 동법 제76조의 손실보상요건규정의 유추적용

하천법(1971. 1. 19 법률 제2292호로 개정된 것) 제2조 제1항 제2호, 제3조에 의하면 제외지는 하천구역에 속하는 토지로서 법률의 규정에 의하여 당연히 그 소유권이 국가에 귀속된다고 할 것인바 한편 동법에서는 위 법의 시행으로 인하여 국유화가 된 제외지의 소유자에 대하여 그 손실을 보상한다는 직접적인 보상규정을 둔 바가 없으나 동법 제74조의 손실보상요건에 관한 규정은 보상사유를 제한적으로 열거한 것이라기 보다는 예시적으로 열거하고 있으므로 국유로 된 제외지의 소유자에 대하여는 위 법조를 유추적용하여 관리청은 그 손실을 보상하여야 한다(대판 1987. 7. 2, 84누126).

제 5 장

행정법관계와 사인

Ⅰ. 공법상 법률요건과 법률사실

1. 의의

공법상 법률요건이라 함은 행정법관계의 발생·변경·소멸 등 행정법상의 효과를 가져오는 원인이 되는 사실을 말한다. 그리고 행정법상 법률요건을 이루는 개개의 사실을 공법상 법률사실이라 한다. 행정법상의 법률요건은 하나의 법률사실로 이루어지는 경우(실효, 권리의 포기)도 있으나 여러 개의 법률사실로 이루어지는 경우(공법상 계약)가 일반적이다.

2. 법률사실의 종류

(1) 용태[1)]

1) 외부적 용태

사람의 정신작용이 외부로 표시되어 일정한 공법적 법률효과를 발생시키는 것을 의미한다.

가. 적법행위

① 법률행위적 공법행위

의사표시를 요소로 하고 그 효과의사의 내용에 따라 법률효과가 발생하는 공법행위를

1) 사람의 정신작용을 요소로 하는 법률사실을 말한다.

말한다(허가, 인가, 특허 등 행정주체의 공법행위와 신청, 출원 등 사인의 공법행위).

② 준법률행위적 공법행위

의사표시 이외의 판단·인식·관념 등을 표시하고 법률의 규정에 따라 효과가 발생하는 행위이다(확인, 공증, 통지, 수리 등).

나. 위법행위

법규에 위반된 행위를 말한다(불법행위, 채무불이행).

2) 내부적 용태

사람의 정신작용이 외부에 표시되지 않는 의식내용으로 공법적 효과를 발생시키는 것을 의미한다(고의, 과실, 선의, 악의).

(2) 사건

사람의 정신작용을 요소로 하지 않는 법률사실을 말한다(기간, 시효, 사람의 사망).

〈공법상 법률사실〉

<table>
<tr><td rowspan="5">용 태</td><td rowspan="4">외부적 용태</td><td rowspan="3">공법행위</td><td>적법행위</td><td>법률행위적 공법행위
(준법률행위적공법행위)</td></tr>
<tr><td colspan="2">위법행위</td></tr>
<tr><td colspan="2">부당행위</td></tr>
<tr><td colspan="3">사법행위</td></tr>
<tr><td colspan="4">내부적 용태</td></tr>
<tr><td rowspan="2">사 건</td><td colspan="4">자연적 사실</td></tr>
<tr><td colspan="4">사실행위</td></tr>
</table>

Ⅱ. 공법상 사건

1. 의의

공법상 사건이란 행정법상 법적 효과를 가져오는 행정법상 법률사실 중 사람이나 행정주체의 정신작용을 요소로 하지 않는 법률사실을 의미한다. 공법상 사건의 예로는 출생, 사망, 시간의 경과, 물건의 점유, 주소, 거소 등 일정한 장소에의 거주 등을 들 수 있다.

2. 기간

기간이란 일정시점에서 다른 시점까지의 시간적 간격을 말한다. 민법상 기간에 관한 규정은 법기술상의 약속규정이므로 공법상 특별한 규정이 없는 한 공법상의 기간에도 적용된다(민법 제155조, 행정절차법 제3조). 다만, 행정법령 중에는 초일을 산입하도록 특별규정을 두는 경우가 있다(국회법 제168조, 가족관계의 등록 등에 관한 법률 제37조, 민원처리기간, 형기계산 등).

보 충

*** 민법 제156조 내지 제161조 규정**

제156조(기간의 기산점) 기간을 시, 분, 초로 정한 때에는 즉시로부터 기산한다.

제157조(기간의 기산점) 기간을 일, 주, 월 또는 연으로 정한 때에는 기간의 초일은 산입하지 아니한다. 그러나 그 기간이 오전 영시로부터 시작하는 때에는 그러하지 아니하다.

제158조(나이의 계산과 표시) 나이는 출생일을 산입하여 만 나이로 계산하고, 연수로 표시한다. 다만, 1세에 이르지 아니한 경우에는 월수로 표시할 수 있다.

제159조(기간의 만료점) 기간을 일, 주, 월 또는 연으로 정한 때에는 기간말일의 종료로 기간이 만료한다.

제160조(역에 의한 계산) ① 기간을 주, 월 또는 연으로 정한 때에는 역에 의하여 계산한다.
② 주, 월 또는 연의 처음으로부터 기간을 기산하지 아니하는 때에는 최후의 주, 월 또는 연에서 그 기산일에 해당한 날의 전일로 기간이 만료한다.
③ 월 또는 연으로 정한 경우에 최종의 월에 해당일이 없는 때에는 그 월의 말일로 기간이 만료한다.
제161조(공휴일 등과 기간의 만료점) 기간의 말일이 토요일 또는 공휴일에 해당한 때에는 기간은 그 익일로 만료한다.

*** 공법에 특별규정이 있는 경우**

국회법 제168조(기간의 기산일) 이 법에 따른 기간을 계산할 때에는 첫날을 산입한다.

민원 처리에 관한 법률 제19조(처리기간의 계산) ① 민원의 처리기간을 5일 이하로 정한 경우에는 민원의 접수시각부터 "시간" 단위로 계산하되, 공휴일과 토요일은 산입하지 아니한다. 이 경우 1일은 8시간의 근무시간을 기준으로 한다.
② 민원의 처리기간을 6일 이상으로 정한 경우에는 "일" 단위로 계산하고 첫날을 산입하되, 공휴일과 토요일은 산입하지 아니한다.
③ 민원의 처리기간을 주·월·연으로 정한 경우에는 첫날을 산입하되, 「민법」 제159조부터 제161조까지의 규정을 준용한다.

가족관계의 등록 등에 관한 법률 제37조(신고기간의 기산점) ① 신고기간은 신고사건 발생일부터 기산한다.
② 재판의 확정일부터 기간을 기산하여야 할 경우에 재판이 송달 또는 교부 전에 확정된 때에는 그 송달 또는 교부된 날부터 기산한다.

3. 소멸시효

(1) 의의

시효란 일정한 사실상태가 오랫동안 계속된 경우에 이 사실상태가 진실한 법률관계에 합치되는 것인지 어떤지를 묻지 아니하고 그 계속되어 온 사실상태를 존중하여 그 사실상태에 법률상의 효과를 부여하여 권리를 소멸시키거나 취득시키는 제도를 말한다.

시효제도는 원래 사법에서 발달한 제도이나 법기술적 규정으로서 공법관계에 있어서도 개별법률에 특별한 규정이 없는 한 적용된다고 보아야 한다.

(2) 금전채권의 소멸시효

1) 시효기간: 소멸시효란 권리의 불행사가 일정기간 계속됨으로써 권리의 소멸을 가져오는 것으로 권리를 행사할 수 있는 기산점부터 법이 규정한 시효기간이 만료된 때에 권리의 소멸효과를 발생한다. 특별한 규정이 없는 한 공법관계에도 민법의 시효에 관한 규정(제162조 내지 제184조)이 적용된다.

가. 원칙: 국가 또는 지방자치단체와 국민간의 금전채권 금전채무의 경우, 다른 법률에 특별한 규정이 없는 한 5년을 소멸시효 기간으로 한다.

국가재정법 제96조(금전채권·채무의 소멸시효)
① 금전의 급부를 목적으로 하는 국가의 권리로서 시효에 관하여 다른 법률에 규정이 없는 것은 5년 동안 행사하지 아니하면 시효로 인하여 소멸한다.
② 국가에 대한 권리로서 금전의 급부를 목적으로 하는 것도 또한 제1항과 같다.
③ 금전의 급부를 목적으로 하는 국가의 권리의 경우 소멸시효의 중단·정지 그 밖의 사항에 관하여 다른 법률의 규정이 없는 때에는 「민법」의 규정을 적용한다. 국가에 대한 권리로서 금전의 급부를 목적으로 하는 것도 또한 같다.
④ 법령의 규정에 따라 국가가 행하는 납입의 고지는 시효중단의 효력이 있다.

지방재정법 제82조(금전채권과 채무의 소멸시효)
① 금전의 지급을 목적으로 하는 지방자치단체의 권리는 시효에 관하여 다른 법률에 특별한 규정이 있는 경우를 제외하고는 5년간 행사하지 아니하면 소멸시효가 완성한다.
② 금전의 지급을 목적으로 하는 지방자치단체에 대한 권리도 제1항과 같다.

판 례

(판례) 예산회계법 제96조에서 '다른 법률의 규정'이라 함은 다른 법률에 예산회계법 제96조에서 규정한 5년의 소멸시효기간보다 짧은 기간의 소멸시효의 규정이 있는 경우를 가리키는 것이고, 이보다 긴 10년의 소멸시효를 규정한 민법 제766조 제2항은 예산회계법 제96조에서 말하는 '다른 법률의 규정'에 해당하지 아니한다(대판 2001. 4. 24, 2000다57856).

나. 예외: 다른 특별한 규정으로 국가배상법상 국가배상청구권(3년), 관세법상 관세과오납반환청구권·관세징수권(5년), 공무원연금법상의 단기급여지급청구권(3년) 등은 특별규정에 따른다.

4. 공물의 취득시효

(1) 의의

취득시효란 타인의 물건을 일정기간 계속하여 점유하는 자에게 그 소유권을 취득하게 하거나 또는 소유권 이외의 재산권을 일정기간 계속하여 사실상 사용하는 자에게 그 권리를 취득하게 하는 것을 말한다.

(2) 공물의 취득시효의 대상 여부

공물이 취득시효의 대상이 되는가에 관하여는 종래 ① 부정설, ② 제한적 취득시효설, ③ 완전시효취득설로 대립되어 왔다. 그러나 국유재산법은 일반재산을 제외한 국유재산은 시효취득의 대상이 되지 아니한다고 규정하고(제7조 제2항) 있다. 판례 또한 국유재산인 행정재산과 보존재산에 대하여는 시효취득을 부정하는 입장이다.

판 례

(판례1) 보존재산은 시효취득의 대상이 아니다.

문화재보호구역 내의 국유토지는 '법령의 규정에 의하여 국가가 보존하는 재산', 즉 국유재산법 제4조 제3항 소정의 보존재산에 해당하므로 구 국유재산법 제5조 제2항에 의하여 시효취득의 대상이 되지 아니한다(대판 1994. 5. 10, 93다23442).

(판례2) 일반재산은 시효취득의 대상이 된다.

국유잡종재산은 사경제적 거래의 대상으로서 사적자치의 원칙이 지배되고 있으므로 시효제도의 적용에 있어서도 동일하게 보아야 하고, 국유잡종재산에 대한 시효취득을 부인하는 동규정은 합리적 근거없이 국가만을 우대하는 불평등한 규정으로서 헌법상의 평등의 원칙과 사유재산권 보장의 이념 및 과잉금지의 원칙에 반한다(헌재결 1991. 5. 13, 89헌가97).

보 충

*** 국유재산법상 행정재산과 일반(잡종)재산**

제6조(국유재산의 구분과 종류) ① 국유재산은 그 용도에 따라 행정재산과 일반재산으로 구분한다.

② 행정재산의 종류는 다음 각 호와 같다.

1. 공용재산: 국가가 직접 사무용·사업용 또는 공무원의 주거용으로 사용하거나 대통령령으로 정하는 기한까지 사용하기로 결정한 재산
2. 공공용재산: 국가가 직접 공공용으로 사용하거나 대통령령으로 정하는 기한까지 사용하기로 결정한 재산
3. 기업용재산: 정부기업이 직접 사무용·사업용 또는 그 기업에 종사하는 직원의 주거용으로 사용하거나 대통령령으로 정하는 기한까지 사용하기로 결정한 재산
4. 보존용재산: 법령이나 그 밖의 필요에 따라 국가가 보존하는 재산

③ "일반재산"이란 행정재산 외의 모든 국유재산을 말한다.

5. 제척기간

제척기간이란 일정한 권리에 대하여 법률이 정한 존속기간을 말한다. 행정법에 있어서도 민법에서와 마찬가지로 제척기간의 예가 있다(행정심판과 행정소송의 제기기간, 국세부과의 제척기간). 제척기간은 권리의 행사기간이므로 정하여진 기간 내에 권리를 행사하지 않음으로써 권리를 소멸시키는 효과를 가진다.

판 례

(판례1) 국세부과는 제척기간 내에 부과하여야 하며, 그 제척기간이 도과된 후에 이루어진 과세처분은 무효이다(대판 1999. 6. 22, 99두3140).

(판례2) 육아휴직급여 청구권 등 사회보장수급권의 경우에도 관계 법령에서 달리 규정하지 않은 이상, 수급권자의 관할 행정청에 대한 추상적 권리의 행사에 관한 기간은 제척기간으로, 관할 행정청의 지급결정이 있은 후 수급권자의 구체적 권리의 행사에 관한 기간은 소멸시효로 이해하는 것이 자연스럽다(대판 2021. 3. 18, 2018두47264).

6. 공법상 사무관리

(1) 사무관리라 함은 법률상 의무없이 타인을 위하여 타인의 사무를 관리하는 행위를 말한다. 공법관계에서도 사무관리를 인정할 수 있는지에 대해 견해대립이 있으나, 인정된다는 것이 일반적인 견해이다.

(2) 공법상 사무관리에는 특별한 규정이 없는 한 민법상 사무관리에 관한 규정이 준용되고, 공법상 사무관리를 행한 행정기관은 통지의무를 지고, 비용상환청구권을 갖는다.

판 례

(판례1) 몰수할 수 있는 압수물에 대한 수사기관의 환가처분은 그 경제적 가치를 보존하기 위한 형사소송법상의 처분이라고 할지라도 해당 압수물이 그 후의 형사절차에 의하여 몰수되지 아니하는 경우 그 환가처분은 그 물건 소유자를 위한 사무관리에 준하는 행위라 할 것이므로, 검사가 압수물에 대한 환가처분을 하며 소요된 비용은 물건의 소유자에게 상환을 구할 수 있다 할 것이지만, 압수는 물건의 소유자 등의 점유를 배제하고 수사기관 등이 그 점유를 취득하는 강제처분이고, 환가처분 또한 수사기관 등이 그 권한과 책임하에 본인의 의사여하를 불문하고 행하는 것이므로, 사무관리자가 본인의 의사에 반하여 관리한 때의 관리비용 상환 범위에 준하여 수사기관 등이 환가처분을 함으로써 압수물 소유자가 지출하지 않아도 되게 된 그 물건의 매각비용의 한도, 즉 현존이익의 한도 내에서 환가처분 비용의 상환을 구할 수 있다(대판 2000. 1. 21, 97다58507).

(판례2) 사무관리가 성립하기 위하여는 우선 사무가 타인의 사무이고 타인을 위하여 사무를 처리하는 의사, 즉 관리의 사실상 이익을 타인에게 귀속시키려는 의사가 있어야 하며, 나아가 사무의 처리가 본인에게

불리하거나 본인의 의사에 반한다는 것이 명백하지 아니할 것을 요한다. 다만 타인의 사무가 국가의 사무인 경우, 원칙적으로 사인이 법령상 근거 없이 국가의 사무를 수행할 수 없다는 점을 고려하면, 사인이 처리한 국가의 사무가 사인이 국가를 대신하여 처리할 수 있는 성질의 것으로서, 사무 처리의 긴급성 등 국가의 사무에 대한 사인의 개입이 정당화되는 경우에 한하여 사무관리가 성립하고, 사인은 그 범위 내에서 국가에 대하여 국가의 사무를 처리하면서 지출된 필요비 내지 유익비의 상환을 청구할 수 있다(대판 2014. 12. 11, 2012다15602).

(3) 종류

1) 강제관리

국가의 특별감독하에 있는 사업에 대하여 국가가 감독권을 행사함으로써 당해 사업을 강제적으로 관리하는 경우로 공기업에 대한 강제관리를 그 예로 들 수 있다.

2) 보호관리

재해시에 행하는 구호조치, 행려병자, 사자의 보호관리 등이 이에 해당한다.

3) 역무제공

비상재해 기타의 경우에 사인이 임의적인 행정사무의 일부를 관리하는 경우를 의미한다.

7. 공법상 부당이득

(1) 부당이득의 의의

1) 부당이득이란 법률상의 원인 없이 타인의 재산 또는 노력으로 말미암아 이익을 얻고 이로 인하여 타인에게 손해를 입히는 것으로 사법상의 개념이나 공법 분야에도 공법상의 원인에 의하여 일단 급부하였는데 그 원인이 무효이거나 취소됨으로써 법률상 원인 없는 급부가 된 경우에 부당이득의 반환이 문제된다.

2) 조세의 과오납, 착오에 의한 사유지의 국유지 편입, 공무원의 봉급과액수령 등이 이에 해당한다.

(2) 적용법규

공법상 부당이득에 관한 일반법은 없으나, 법령에 특별한 규정이 없는 한, 민법규정(제741조 내지 제749조)이 직접 또는 유추적용 되어야 할 것이다.

(3) 부당이득반환청구권의 성질

1) 공권설(다수설 → 공법상 당사자소송설)

공법상 부당이득반환청구권은 공법적 원인에 의해 발생되었고, 독자적 성격이 인정되므로 공법적 권리로 보아야 한다는 입장이다.

2) 사권설(판례 → 민사상 부당이득반환청구소송설)

경제적 이해관계의 조절을 위한 사법상 부당이득과 법리를 같이하므로 사법상 권리로 보는 견해이다.

판 례

(판례1) 원고들은 무효인 조세부과처분에 의하여 세금을 피고에게 납부하였으니 이것을 도로 내놓으라는 것이 이 사건의 청구원인이다. 이러한 청구는 민사소송으로 가능한 것이지 굳이 행정소송으로 소구할 것은 아니다(대판 1969. 12. 9, 69다1700).

(판례2) 변상금부과처분이 당연무효인 경우에 이 변상금부과처분에 의하여 납부자가 납부하거나 징수당한 오납금은 지방자치단체가 법률상 원인 없이 취득한 부당이득에 해당하고, 이러한 오납금에 대한 납부자의 부당이득반환청구권은 처음부터 법률상 원인이 없이 납부 또는 징수된 것이므로 납부 또는 징수시에 발생하여 확정되며, 그 때부터 소멸시효가 진행한다(대판 2005. 1. 27, 2004다50143).

(4) 공법상 부당이득의 유형

1) 행정주체의 부당이득

행정주체의 부당이득은 ① 행정행위에 의하여 성립하는 경우(과세처분에 의한 과오납금)와 ② 행정행위에 의하지 아니하고 성립하는 경우(사유지의 하천유역 편입)도 있다.

판 례

(판례) 본건 도시계획구역으로 편입 고시된 원고들 소유토지에 관하여 피고 시가 중앙토지수용위원회의 재결에 따라 그 수용시기까지 각 보상금을 지급 또는 공탁하지 아니한 이상 그 재결은 실효가 되고 따라서 그 토지의 점유권원에 대한 주장입증이 없는 한 피고 시는 불법점거로 인한 이득의 반환의무가 있다(대판 1970. 11. 30, 70다2171).

2) 사인의 부당이득

사인에 의한 공법상의 부당이득은 ① 사인의 이득이 행정행위에 근거하였으나 그 행정행위가 무효 또는 취소되는 경우와 ② 사인이 국유지를 무단사용 하는 경우가 있다.

예) 봉급의 과액수령, 국유지를 개인이 경작하거나 자기의 사적인 목적에 사용하는 경우

Ⅲ. 사인의 공법행위

1. 의의

사인의 공법행위라 함은 공법적 효과의 발생을 목적으로 하는 사인의 법적 행위를 말한다. 사인의 공법행위에 적용할 법규정이 없는 경우에는 민법상의 법원칙, 의사표시나 법률행위에 관한 규정을 원칙상 적용할 수 있다.

2. 종류

(1) 자체완성적 공법행위

일정한 요건을 갖춰 행정청에게 행한 사인의 어떠한 행위가 그 행위자체만으로 일정한 법적 효과를 가져올 때, 이를 자체완성적 사인의 공법행위라 한다(예: 투표, 혼인, 이혼, 출생신고).

판 례

(판례) 자체완성적 공법행위로서 신고가 있으면 형식적 요건에 하자가 없는 한 신고의 도달로서 신고의 효력이 발생한다(대판 1998. 4. 24, 97도3121).

(2) 행정요건적 공법행위

사인의 어떠한 행위가 특정행위의 전제요건을 구성하기도 하는바, 이를 행정요건적 공법행위라고 한다(예: 특허신청, 청원, 행정심판제기). 수리를 요하는 신고에 있어서 수리는 그 자체가 독립적인 행정행위의 하나이므로, 그 신고는 행정요건적 사인의 공법행위에 해당한다.

3. 사인의 공법행위의 요건

(1) 주체에 관한 요건

사인의 행위는 행정법상의 권리능력 및 의사능력과 행위능력을 가진 자에 의하여 행하여져야 한다.

(2) 내용에 관한 요건

사인의 행위는 가능하고, 확정적이며 동시에 적법하여야 한다.

(3) 절차적 요건

법이 절차와 형식을 규정하고 있을 때에는 이들 절차를 밟고 형식을 갖추어야 한다.

(4) 그 밖에 효력발생요건을 갖추어야 한다.

4. 사인의 공법행위에 대한 적용법리

사인의 공법행위에는 일반법 규정이 없으므로 특별한 규정(행정심판법 제3조 내지 제6조 등)이 없으면, 민법규정과 법원리가 적용되는지가 문제된다.

(1) 주체 - 의사능력과 행위능력

① 사인의 공법행위에도 의사능력이 필요하고, 의사능력의 결여 하자는 무효사유에 해당한다.

② 원칙적으로 민법상의 행위능력규정이 유추적용 된다. 다만 공법상의 다른 명문규정이 있는 경우에는 제외한다(예: 우편법 제10조 및 도로교통법 제82조에서는 제한능력자의 행위도 능력자의 행위로 의제하고 있다).

(2) 대리

대리행위를 금지하는 특별한 규정(병역법 제88조 제2항)이 있거나 대리에 친하지 아니한 경우(투표, 선거, 응시행위, 사직원제출 등)를 제외하고는 대리가 허용된다.

(3) 행위의 형식

원칙적으로 불요식행위이나, 존재여부를 명백히 하기 위하여 필요한 경우로서 요식행위로 규정된 경우도 있다(예: 행정절차법 제17조상의 문서주의).

(4) 효력발생시기

사법행위와 마찬가지로 도달주의가 원칙이나, 예외적으로 발신주의를 규정한 경우도 있다(국세기본법 제5조의2).

(5) 부관

사인의 공법행위도 행정행위와 같이 공법상의 법률효과의 발생을 목적으로 하므로 명확성과 법적 안정성이 요구되므로, 명문의 규정이 없는 한 부관을 붙일 수 없음이 원칙이다.

(6) 의사의 흠결·하자있는 의사표시

① 민법 제107조 비진의의사표시에 관한 규정

대법원은 민법 제107조 비진의의사표시에 관한규정은 사인의 공법행위의 경우에는 적용될 수 없다는 입장이다.

판 례

(판례) 이른바 1980년의 공직자숙청계획의 일환으로 일괄사표의 제출과 선별수리의 형식으로 공무원에 대한 의원면직처분이 이루어진 경우, 사직원 제출행위가 강압에 의하여 의사결정의 자유를 박탈당한 상태에서 이루어진 것이라고 할 수 없고 민법상 비진의 의사표시의 무효에 관한 규정은 사인의 공법행위에 적용되지 않는다는 등의 이유로 그 의원면직처분을 당연무효라고 할 수 없다(대판 2000. 11. 14, 99두5481).

② 민법 제110조 사기·강박의 경우

대법원은 사인의 의사표시의 자유제한정도에 따라 달리 적용된다는 입장이다.

판 례

(판례) 사직서의 제출이 감사기관이나 상급관청 등의 강박에 의한 경우에는 그 정도가 의사결정의 자유를 박탈할 정도에 이른 것이라면 그 의사표시가 무효로 될 것이고 그렇지 않고 의사결정의 자유를 제한하는 정도에 그친 경우라면 그 성질에 반하지 아니하는 한 의사표시에 관한 민법 제110조의 규정을 준용하여 그 효력을 따져보아야 할 것이나, 감사담당 직원의 취지가 단지 비리에 따른 객관적 상황을 고지하면서 사직을 권고·종용한 것에 지나지 않고 위 공무원이 그 비리로 인하여 징계파면이 될 경우 퇴직금 지급상의 불이익을 당하게 될 것 등 여러 사정을 고려하여 사직서를 제출한 경우라면 그 의사결정이 의원면직처분의 효력에 영향을 미칠 하자가 있었다고는 볼 수 없다(대판 1997. 12. 12, 97누13962).

③ 의사표시의 철회·취소의 경우

대법원은 사인의 공법행위의 의사표시의 철회·취소는 그에 터잡은 행정행위가 발령되기 이전까지만 자유롭게 철회·취소할 수 있다는 입장이다.

판 례

(판례1) 공무원이 한 사직 의사표시의 철회나 취소는 그에 터잡은 의원면직처분이 있을 때까지 할 수 있는 것이고, 일단 면직처분이 있고 난 이후에는 철회나 취소할 여지가 없다(대판 2001. 8. 24, 99두9971).

(판례2) 공무원이 한 사직의 의사표시는 그에 터잡은 의원면직처분이 있을 때까지는 원칙적으로 이를 철회할 수 있는 것이지만, 다만 의원면직처분이 있기 전이라도 사직의 의사표시를 철회하는 것이 신의칙에 반한다고 인정되는 특별한 사정이 있는 경우에는 그 철회는 허용되지 아니한다(대판 1993. 7. 27, 92누16942).

(7) 행위시법 적용의 원칙

특별한 규정이 없는 한 사인의 공법행위는 행위시의 법령에 따른다.

판 례

(판례) 식품위생법 제37조 제4항, 식품위생법 시행령 제25조 제1항 제8호, 제26조 제4호에 의하면, 신고대상인 일반음식점 영업을 하고자 하는 때와 해당 영업의 영업장 면적 등 중요한 사항을 변경하고자 하는 때에는 이를 시장 등에게 신고하도록 규정하고, 식품위생법 제97조 제1호에서는 위와 같은 신고의무를 위반한 자를 3년 이하의 징역 또는 3천만 원 이하의 벌금에 처하도록 규정한다. 이러한 신고의무 조항 및 처벌조항의 취지는 신고대상인 영업을 신고 없이 하거나 해당 영업의 영업장 면적 등 중요한 사항을 변경하였음에도 그에 관한 신고 없이 영업을 계속하는 경우 이를 처벌함으로써 그 신고를 강제하고 궁극적으로는 미신고 영업을 금지하려는 데 있다(대법원 2010. 7. 15. 선고 2010도4869 판결 등 참조). 따라서 영업장의 면적을 변경하는 행위를 하였음에도 그 당시 법령인 식품위생법 제37조 제4항, 식품위생법 시행령 제26조 제4호에 따라 영업장 면적 변경신고를 하지 않은 채 영업을 계속한다면 처벌대상이 된다고 보아야 하고, 이는 영업장 면적을 변경신고 사항으로 명시한 구 식품위생법 시행령(2003. 4. 22. 대통령령 제17971호로 개정된 것)이 시행되기 이전에 일반음식점 영업신고가 된 경우에도 마찬가지이다(대판 2022. 8. 25, 2020도12944).

5. 사인의 공법행위의 효과

사인의 공법행위 중 자체완성적 공법행위는 사인의 공법행위로 효력이 발생하고 행정청의 별도의 조치가 필요 없다. 그런데 신청 등 일정한 행정요건적 공법행위에 대하여는 행정청에게 처리의무가 부과된다.

6. 사인의 공법행위의 하자와 그 효과

(1) 자체완성적 행위의 하자와 그 효과

자체완성적 행위에 하자가 있는 경우 행정절차법은 형식적 요건에 하자가 있는 때에는 행정청은 지체없이 상당한 기간을 정하여 신고인에게 신고서의 보완을 요구하여야 하고 신고인이 그 기간 내에 보완을 하지 아니한 때에는 그 이유를 명시하여 당해 신고서를 되돌려 보내도록 규정하고 있다(제40조 제3항, 제4항).

(2) 행정요건적 행위의 하자와 그 효과

1) 학설

① 통설은 행정요건적 행위가 단순한 동기의 경우와 필요적 요건인 경우로 나누어, 단순한 동기에 불과한 경우에는 행정요건적 행위의 흠이 행정행위의 효과에 아무런 영향이 없으나, 필요적 요건인 경우에는 행정요건적 행위의 흠이 단순위법인 때에는 행정행위는 유효하고, 무효인 때에는 행정행위도 무효가 된다고 한다.

② 이에 대하여 행정요건적 행위에 흠이 있는 경우에는 그것에 의한 행정행위는 취소될 수 있는 것이 원칙이고, 다만 개별법률이 행정요건적 행위를 행정행위의 효력발생요건으로 규정하고 있는 경우 등에 있어서 행정요건적 행위가 결여되어 있는 때에는 행정행위가 예외로 무효가 된다고 보아야 한다는 견해도 있다.

2) 판례

명시적인 판례의 입장은 없으나, 강요에 의한 의사표시에 이르지 않은 경우는 행정행위에 영향이 없지만(대판 1997. 12. 12, 97누13962), 공포심에 따른 사직서의 교부로 인한 면직처분은 위법하고(대판 1968. 3. 19, 67누164), 사인의 동의가 처분청의 기망과 강박에 따른 것이라는 이유로 취소된 경우에는 그에 따른 처분은 위법하다고 한다(대판 1990. 2. 23, 89누7061).

판 례

(판례) 행정청이 신고서를 실체적인 이유를 들어 되돌려 보낸 경우에는 그 신고의 효력에 아무런 영향이 없다는 것이 판례이다(대판 1997. 4. 25, 97누3187).

Ⅳ. 사인의 공법행위로서의 신고

1. 의의

사인의 공법행위로서의 신고란 사인의 공법적 효과의 발생을 목적으로 행정주체에 대하여 일정한 사실을 알리는 행위를 말한다. 사인의 공법행위로서의 신고에는 자체완성적 공법행위로서의 신고와 행정요건적 공법행위로서의 신고가 있다.

행정절차법 제40조 제1항은 법령에서 행정청에 대하여 일정한 사항을 통지함으로써 의무가 끝나는 것으로 정하고 있는 의무적 신고만을 규정하고 있다. 따라서 의무적인 신고가 아닌 임의적 신고는 동법의 규율대상이 아니다.[1]

2. 종류

(1) 자체완성적 공법행위로서의 신고

① 이것은 법령 등에서 행정청에 대하여 일정한 사항을 통지하고 도달함으로써 효과가 발생하는 신고를 말한다(예: 수영장업신고, 혼인신고). 수리를 요하지 않는 신고라고도 한다.

1) 행정절차법 제40조(신고) ① 법령등에서 행정청에 일정한 사항을 통지함으로써 의무가 끝나는 신고를 규정하고 있는 경우 신고를 관장하는 행정청은 신고에 필요한 구비서류, 접수기관, 그 밖에 법령등에 따른 신고에 필요한 사항을 게시(인터넷 등을 통한 게시를 포함한다)하거나 이에 대한 편람을 갖추어 두고 누구나 열람할 수 있도록 하여야 한다.

② 전형적 신고행위로서 자기완결적 사인의 공법행위로서의 성질을 갖는다.

판 례

(판례1) 혼인신고

혼인은 호적법에 따라 호적공무원이 그 신고를 수리함으로써 유효하게 성립되는 것이며 호적부에의 기재는 그 유효요건이 아니어서 호적에 적법하게 기재되는 여부는 혼인성립의 효과에 영향을 미치는 것은 아니므로 부부가 일단 혼인신고를 하였다면, 그 혼인관계는 성립된 것이고 그 호적의 기재가 무효한 이중호적에 의하였다 하여 그 효력이 좌우되는 것은 아니다(대판 1991. 12. 10, 91므344).

(판례2) 구 건축법 상 건축신고

구 건축법 제9조 제1항에 의하여 신고를 함으로써 건축허가를 받은 것으로 간주되는 건축신고의 경우에는 건축을 하고자 하는 자가 적법한 요건을 갖춘 신고만 하면 행정청의 수리행위 등 별다른 조치를 기다릴 필요 없이 건축을 할 수 있는 것이므로, 행정청이 위 신고를 수리한 행위가 건축주는 물론이고 제3자인 인근 토지 소유자나 주민들의 구체적인 권리 의무에 직접 변동을 초래하는 행정처분이라 할 수 없다(대판 1999. 10. 22, 98누18435).

(판례3) 체육시설의 설치·이용에 관한 법률에 따른 골프장 이용료변경신고

행정청에 대한 신고는 일정한 법률사실 또는 법률관계에 관하여 관계행정청에 일방적으로 통고를 하는 것을 뜻하는 것으로서 법에 별도의 규정이 있거나 다른 특별한 사정이 없는 한 행정청에 대한 통고로서 그치는 것이고 그에 대한 행정청의 반사적 결정을 기다릴 필요가 없는 것이므로, 체육시설의설치·이용에관한법률 제18조에 의한 변경신고서는 그 신고 자체가 위법하거나 그 신고에 무효사유가 없는 한 이것이 도지사에게 제출하여 접수된 때에 신고가 있었다고 볼 것이고, 도지사의 수인행위가 있어야만 신고가 있었다고 볼 것은 아니다(대결 1993. 7. 6, 93마635).

(판례4) 수산업법상의 수산제조업 신고, 공업배치및공장설립에 관한 법률에 의한 공장설립신고, 치과·한의원 개설신고, 숙박업·목욕장업·세탁업의 영업신고, 국세환급결정의 신고 등

(2) 행정요건적 공법행위로서의 신고

① 이것은 법령 등에서 행정청에 대하여 일정한 사항을 통지하고 행정청이 이를 수리함으로써 법적 효과가 발생하는 신고를 말한다(예: 수산업법 제48조의 어업신고). 여기서 수리란 사인이 알린 일정한 사실을 행정청이 유효한 행위로서 받아들이는 것을 말한다.

② 이러한 수리를 요하는 신고행위는 행정요건적 사인의 공법행위로서의 성질을 가지며, 수리는 준법률행위적 행정행위로서 행정소송법상 처분개념에 해당한다.

판 례

(판례1) 액화석유가스충전사업의 양도에 관한 지위승계신고

액화석유가스의안전및사업관리법 제7조 제2항에 의한 사업양수에 의한 지위승계신고를 수리하는 허가관청의 행위는 단순히 양도, 양수자 사이에 발생한 사법상의 사업양도의 법률효과에 의하여 양수자가 사업

을 승계하였다는 사실의 신고를 접수하는 행위에 그치는 것이 아니라 실질에 있어서 양도자의 사업허가를 취소함과 아울러 양수자에게 적법히 사업을 할 수 있는 법규상 권리를 설정하여 주는 행위로서 사업허가자의 변경이라는 법률효과를 발생시키는 행위이므로 허가관청이 법 제7조 제2항에 의한 사업양수에 의한 지위승계신고를 수리하는 행위는 행정처분에 해당한다(대판 1993. 6. 8, 91누11544).

(판례2) 건축주 명의변경신고수리거부행위

건축주명의변경신고수리거부행위는 행정청이 허가대상건축물 양수인의 건축주명의변경신고라는 구체적인 사실에 관한 법집행으로서 그 신고를 수리하여야 할 법령상의 의무를 지고 있음에도 불구하고 그 신고의 수리를 거부함으로써, 양수인이 건축공사를 계속하기 위하여 또는 건축공사를 완료한 후 자신의 명의로 소유권보존등기를 하기 위하여 가지는 구체적인 법적 이익을 침해하는 결과가 되었다고 할 것이므로, 비록 건축허가가 대물적 허가로서 그 허가의 효과가 허가대상건축물에 대한 권리변동에 수반하여 이전된다고 하더라도, 양수인의 권리의무에 직접 영향을 미치는 것으로서 취소소송의 대상이 되는 처분이라고 하지 않을 수 없다(대판 1992. 3. 31, 91누4911).

(판례3) 건축신고 반려행위

행정청은 건축신고로써 건축허가가 의제되는 건축물의 경우에도 그 신고 없이 건축이 개시될 경우 건축주 등에 대하여 공사 중지·철거·사용금지 등의 시정명령을 할 수 있고, 그 시정명령을 받고 이행하지 아니한 건축물에 대하여는 당해 건축물을 사용하여 행할 다른 법령에 의한 영업 기타 행위의 허가를 하지 아니하도록 요청할 수 있으며, 그 요청을 받은 자는 특별한 이유가 없는 한 이에 응하여야 하고, 나아가 행정청은 그 시정명령의 이행을 하지 아니한 건축주 등에 대하여는 이행강제금을 부과할 수 있으며, 또한 건축신고를 하지 아니한 자는 200만 원 이하의 벌금에 처해질 수 있다.

이와 같이 건축주 등으로서는 신고제하에서도 건축신고가 반려될 경우 당해 건축물의 건축을 개시하면 시정명령, 이행강제금, 벌금의 대상이 되거나 당해 건축물을 사용하여 행할 행위의 허가가 거부될 우려가 있어 불안정한 지위에 놓이게 된다. 따라서 건축신고 반려행위가 이루어진 단계에서 당사자로 하여금 반려행위의 적법성을 다투어 그 법적 불안을 해소한 다음 건축행위에 나아가도록 함으로써 장차 있을지도 모르는 위험에서 미리 벗어날 수 있도록 길을 열어 주고, 위법한 건축물의 양산과 그 철거를 둘러싼 분쟁을 조기에 근본적으로 해결할 수 있게 하는 것이 법치행정의 원리에 부합한다. 그러므로 이 사건 건축신고 반려행위는 항고소송의 대상이 된다(대판 2010. 11. 18, 2008두167).

(판례4) 식품위생법 제25조 제3항에 의한 영업양도에 따른 지위승계신고

식품위생법 제25조 제3항에 의한 영업양도에 따른 지위승계신고를 수리하는 허가관청의 행위는 단순히 양도·양수인 사이에 이미 발생한 사법상의 사업양도의 법률효과에 의하여 양수인이 그 영업을 승계하였다는 사실의 신고를 접수하는 행위에 그치는 것이 아니라, 영업허가자의 변경이라는 법률효과를 발생시키는 행위라고 할 것이다(대판 1995. 2. 24, 94누9146).

(판례5) 사회단체등록신청반려취소사건

사회단체등록에관한법률에 의한 등록신청의 법적 성질은 사인의 공법행위로서의 신고이고 등록은 당해 신고를 수리하는 것을 의미하는 준법률행위적 행정행위라 할 것이나 법 제4조 제1항의 형식요건의 불비가 없는데도 불구하고 등록의 거부처분을 당한 신고인은 우선 법 제10조 소정의 행정벌의 제재를 벗어나기 위하여 또한 법의 정당한 적용을 청구하는 의미에서도 위와 같은 거부처분에 대한 취소청구를 할 이익이 있는 것이다(대판 1989. 12. 26, 87누308).

(판례6) 지위승계신고(행정제재처분사유의 승계)

화물자동차법 제16조 제4항은 화물자동차 운송사업 영업을 양수하고 신고를 마치면 양수인이 양도인의 '운송사업자로서의 지위'를 승계한다고 규정하고 있다. 이러한 지위 승계 규정은 양도인이 해당 사업에 관련하여 관계 법령상 의무를 위반하여 제재사유가 발생한 후 사업을 양도하는 방법으로 제재처분을 면탈하는 것을 방지하려는 데에도 그 입법 목적이 있다.

화물자동차법에서 '운송사업자'란 화물자동차법 제3조 제1항에 따라 화물자동차 운송사업 허가를 받은 자를 말하므로(제3조 제3항), '운송사업자로서의 지위'란 운송사업 허가에 기인한 공법상 권리와 의무를 의미하고, 그 '지위의 승계'란 양도인의 공법상 권리와 의무를 승계하고 이에 따라 양도인의 의무위반행위에 따른 위법상태의 승계도 포함하는 것이라고 보아야 한다. 불법증차를 실행한 운송사업자로부터 운송사업 영업을 양수하고 화물자동차법 제16조 제1항에 따른 신고를 하여 화물자동차법 제16조 제4항에 따라 운송사업자의 지위를 승계한 경우에는 설령 양수인이 영업양도·양수 대상에 불법증차 차량이 포함되어 있는지를 구체적으로 알지 못하였다 할지라도, 양수인은 불법증차 차량이라는 물적 자산과 그에 대한 운송사업자로서의 책임까지 포괄적으로 승계하는 것이다(헌재결 2019. 9. 26, 2017헌바397). 따라서 관할 행정청은 양수인의 선의·악의를 불문하고 양수인에 대하여 불법증차 차량에 관하여 지급된 유가보조금의 반환을 명할 수 있다. 다만 그에 따른 양수인의 책임범위는 지위승계 후 발생한 유가보조금 부정수급액에 한정되고, 지위승계 전에 발생한 유가보조금 부정수급액에 대해서까지 양수인을 상대로 반환명령을 할 수는 없다(대판 2021. 7. 21, 2018두49789).

3. 신고의 요건

신고의 요건은 개별법률에서 구체적으로 정하는 바에 의한다. 행정절차법은 신고의 요건으로 ① 신고서의 기재사항에 흠이 없을 것, ② 필요한 구비서류가 첨부되어 있을 것, ③ 그 밖에 법령등에 규정된 형식상의 요건에 적합할 것을 규정하고 있다(제40조 제2항).

4. 신고의 수리(항고소송의 대상인 처분성이 인정되는지)

신고의 수리는 자체완성적 사인의 공법행위로서의 신고의 경우에는 문제되지 아니하고, 행정요건적 사인의 공법행위에서만 문제된다. 법령이 정한 요건을 구비한 적법한 신고가 있으면 행정청은 의무적으로 수리하여야 한다. 법령에 없는 사유를 내세워 수리를 거부할 수 없다. 즉 신고의 수리는 기속행위이다.

판 례

(판례1) 토지거래신고가 국토이용관리법 제21조의7, 국토이용관리법시행령 제28조, 국토이용관리법시행규칙 제11조 소정의 형식적 요건을 모두 갖춘 것이라면 시장·군수·구청장은 일단 이를 수리하여야 하는 것이고,

만일 신고 된 토지의 이용목적이 국토이용계획이나 자연환경보전 등의 공익적 기준에 적합하지 아니하다고 판단되거나 신고된 토지가 공익사업용 토지에 해당하여 국가 등이 매수를 원하는 경우이면 국토이용관리법 제21조의8, 제21조의14의 규정이 정하는 바에 따라 토지거래계약체결의 중지 등을 권고하거나 선매자를 지정하여 당해 토지를 협의매수하도록 알선을 할 수 있을 뿐이지, 위와 같이 공익적 기준에 적합하지 않는다는 등의 실체적 사유를 들어 토지거래신고의 수리 자체를 거부할 수 없다(대판 1997. 8. 29, 96누6646).

(판례2) [1] 대도시의 장 등 관할 행정청은 악취배출시설 설치·운영신고의 수리 여부를 심사할 권한이 있다고 보는 것이 타당하다. [2] 대기환경보전법에 따른 대기오염물질배출시설 설치허가를 받았다고 하더라도 악취배출시설 설치·운영신고가 수리되어 그 효력이 발생한다고 볼 수 없다. [3] 환경정책기본법 제1조, 제3조, 제6조의2, 제8조 제1항, 제2항, 제12조 제1항, 제2항과 악취방지법 제6조, 제7조 제2항, 제8조 제1항, 제2항, 제8조의2 제1항, 제2항, 악취방지법 시행규칙 제11조 제1항 [별표 4]의 입법 취지, 내용과 체계에 비추어 보면, 행정청은 사람의 건강이나 생활환경에 미치는 영향을 두루 검토하여 악취방지계획의 적정 여부를 판단할 수 있고, 이에 관해서는 행정청의 광범위한 재량권이 인정된다. 따라서 법원이 악취방지계획의 적정 여부 판단과 관련한 행정청의 재량권 일탈·남용 여부를 심사할 때에는 해당 지역 주민들의 생활환경 등 구체적 지역 상황, 상반되는 이익을 가진 이해관계자들 사이의 권익 균형과 환경권의 보호에 관한 각종 규정의 입법 취지 등을 종합하여 신중하게 판단해야 한다. 그리고 행정청의 재량적 판단은 그 내용이 현저히 합리적이지 않다거나 상반되는 이익이나 가치를 대비해 볼 때 형평이나 비례의 원칙에 뚜렷하게 배치되는 등의 사정이 없는 한 폭넓게 존중될 필요가 있다(대판 2022. 9. 7, 2020두40327).

〈자기완결적 신고와 수리를 요하는 신고의 비교〉

	자기완결적 신고 (수리를 요하지 않는 신고)	행정요건적 신고 (수리를 요하는 신고)
의 의	법령 등에서 행정청에 대하여 일정한 사항을 통지하고 도달함으로써 효과가 발생하는 신고	행정청에게 일정한 사항을 통지하고 행정청이 이를 수리함으로써 법적효과가 발생하는 신고
법적 성질	자기완결적 사인의 공법행위	행정요건적 사인의 공법행위
법규적용	행정절차법 제40조 적용	행정절차법 제40조 제2항 부적용
요 건	형식적 요건	형식적 요건 + 실질적 요건 (공익 등의 이유로 인한 수리거부)
효력발생	신고서가 제출기관에 도달한 때(도달주의 원칙)	행정기관의 수리 시
신고의 효과	(1) 적법한 신고 시: 신고의 법효과 발생 (2) 부적법한 신고 시: ① 보완요구 → 불이행시 → ② 신고서 반려(행정절차법 제40조)	(1) 적법한 신고 시: 수리 → 법효과 발생 (2) 부적법한 신고 시: 보완요구 후 거부 or 수리시 하자있는 행정행위로서 효력 인정
수 리	단순한 사실행위로 수리거부의 처분성 부정(다수설·판례)	준법률행위적 행정행위로 수리거부의 처분성 긍정(다수설·판례)
무신고	행정벌 및 관계법상 제재대상	법효과 불발생
권리구제 위한 항고소송	공법상 당사자소송	거부처분취소소송

5. 신고의 효과

(1) 적법한 신고의 효과

1) 수리를 요하지 않는 신고

요건을 갖춘 경우에는 신고서가 접수기관에 도달된 때에 신고의 의무가 이행된 것으로 신고의 효과가 발생한다(행정절차법 제40조 제2항). 그러나 수리를 요하지 않는 신고를 규정한 법률상의 요건 외에 타법상의 요건도 충족하여야 하는 경우, 타법상의 요건을 충족하지 못하는 한 적법한 신고를 할 수 없다고 보아야 한다(대판 1991. 7. 12, 90누8350).

2) 수리를 요하는 신고

수리를 요하는 신고의 경우에는 행정청이 수리함으로써 비로소 신고의 효과가 발생한다(행정기본법 제34조).

판 례

(판례) 주민등록은 단순히 주민의 거주관계를 파악하고 인구의 동태를 명확히 하는 것 외에도 주민등록에 따라 공법관계상의 여러 가지 법률상 효과가 나타나게 되는 것으로서, 주민등록의 신고는 행정청에 도달하기만 하면 신고로서의 효력이 발생하는 것이 아니라 행정청이 수리한 경우에 비로소 신고의 효력이 발생한다. 따라서 주민등록 신고서를 행정청에 제출하였다가 행정청이 이를 수리하기 전에 신고서의 내용을 수정하여 위와 같이 수정된 전입신고서가 수리되었다면 수정된 사항에 따라서 주민등록 신고가 이루어진 것으로 보는 것이 타당하다(대판 2009. 1. 30, 2006다17850).

(2) 부적법한 신고의 효과

1) 자체완성적 사인의 공법행위로서 신고의 경우, 부적법한 신고가 있었다면 행정청이 수리하였다고 하여도 신고의 효과가 발생하지 아니한다.

예) 부적법한 음식영업허가신청 후 영업행위는, 신고의 효력이 발생하지 않은 불법영업행위가 된다.

2) 행정요건적 사인의 공법행위로서의 신고의 경우에 있어서 요건미비의 부적법한 신고가 있었음에도 불구하고 행정청이 이를 수리하였다면, 그 수리행위는 하자 있는 수리행위가 된다(공정력에 의해 처분이 취소되기 전에는 유효한 효력이 유지된다).

6. 행정청의 수리 거부 시

(1) 자체완성적 사인의 공법행위

자체완성적 사인의 공법행위로서 신고의 경우에는 그 도달 자체로서 법적 절차가 완료되어 신고의 효력이 발생하였는바, 만약 행정청이 접수를 거부하였다 하여도, 접수의 거부는 법적 의미를 갖지 아니하므로, 그 행정청의 거부행위에 대하여 처분성이 문제될 여지가 없다.

판 례

(판례) 구 수산업법등의 각 규정에도 수산제조업의 신고를 하고자 하는 자는 그 규칙에서 정한 양식에 따른 수산제조업 신고서에 주요 기기의 명칭·수량 및 능력에 관한 서류, 제조공장에 관한 서류를 첨부하여 시장·군수·구청장에게 제출하면 되고, 시장·군수·구청장에게 수산제조업 신고에 대한 실질적인 검토를 허용하고 있다고 볼만한 규정을 두고 있지 아니하고 있으므로, 수산제조업의 신고를 하고자 하는 자가 그 신고서를 구비서류까지 첨부하여 제출한 경우 시장·군수·구청장으로서는 형식적 요건에 하자가 없는 한 수리하여야 할 것이고, 나아가 관할 관청에 신고업의 신고서가 제출되었다면 담당공무원이 법령에 규정되지 아니한 다른 사유를 들어 그 신고를 수리하지 아니하고 반려하였다고 하더라도, 그 신고서가 제출된 때에 신고가 있었다고 볼 것이다(대판 1999. 12. 24, 98다57419·57426).

(2) 행정요건적 사인의 공법행위

행정요건적 사인의 공법행위로서 신고의 경우에 있어서 행정청의 수리가 있어야 비로소 신고의 법적효과가 발생하므로, 신고의 수리 또는 신고수리의 거부는 항고소송의 대상적격인 '처분'에 해당한다.

판 례

(판례1) 건축주 등으로서는 착공신고가 반려될 경우, 당해 건축물의 착공을 개시하면 시정명령, 이행강제금, 벌금의 대상이 되거나 당해 건축물을 사용하여 행할 행위의 허가가 거부될 우려가 있어 불안정한 지위에 놓이게 된다. 따라서 착공신고 반려행위가 이루어진 단계에서 당사자로 하여금 반려행위의 적법성을 다투어 법적 불안을 해소한 다음 건축행위에 나아가도록 함으로써 장차 있을지도 모르는 위험에서 미리 벗어날 수 있도록 길을 열어 주고, 위법한 건축물의 양산과 철거를 둘러싼 분쟁을 조기에 근본적으로 해결할 수 있게 하는 것이 법치행정의 원리에 부합한다. 그러므로 행정청의 착공신고 반려행위는 항고소송의 대상이 된다고 보는 것이 옳다(대판 2011. 6. 10, 2010두7321).

(판례2) 산지일시사용신고의 법적 성격 및 산지일시사용신고에 관한 구 산지관리법 제15조의2 제4항 내지 제6항, 산지관리법 시행령 제18조의3 제4항, [별표 3의3] 규정의 형식과 내용 등에 비추어 보면, 산지일시사용신고를 받은 군수 등은 신고서 또는 첨부서류에 흠이 있거나 거짓 또는 그 밖의 부정한 방법으로 신고를 한 것이 아닌 한, 그 신고내용이 법령에서 정하고 있는 신고의 기준, 조건, 대상시설, 행위의 범위, 설치지역 및 설치조건 등을 충족하는 경우에는 그 신고를 수리하여야 하고, 법령에서 정한 사유 외의 다른 사유를 들어 신고 수리를 거부할 수는 없다(대판 2022. 11. 30, 2022두50588).

7. 신고업 등의 양도와 지위의 승계

(1) 문제

인·허가사업(신고업 등)이 양도된 경우 양도이전의 제재사유(즉 양도인의 귀책사유 및 처분발령의 가능성)를 이유로 양수인에게 제재처분을 할 수 있는지가 문제된다.

(2) 학설

1) 승계부정설

행정제재처분의 사유는 아직 구체화되지 않은 것으로서 성질상 이전될 수 없다는 견해이다.

2) 제한적 승계긍정설

양도인에게 발생하였던 행정제재처분의 발생사유가 대인적 사유에 기인한 경우 승계를 부정하고, 대물적 사유에 기인한 경우 승계를 긍정해야 한다는 견해이다.

3) 승계긍정설

지위승계 및 행정제재처분 효과승계에 관한 명문의 규정이 존재한다면 이에 기해 승계된다고 보는 견해이다.

(3) 판례

판례는 대물적 영업의 양도의 경우, 양도 전에 존재하는 영업정지사유를 이유로 양수인에 대해서도 영업정지처분을 할 수 있다는 입장이다.

판 례

(판례) 구 공중위생관리법상 서울시 서초구청장의 영업정지나 영업장폐쇄명령 모두 대물적 처분으로 보아야 할 이치이고, 아울러 구 공중위생관리법 제3조 제1항에서 보건복지부장관은 공중위생영업자로 하여금 일정한 시설 및 설비를 갖추고 이를 유지·관리하게 할 수 있으며, 제2항에서 공중위생영업자가 영업소를 개설한 후 시장 등에게 영업소개설사실을 통보하도록 규정하는 외에 공중위생영업에 대한 어떠한 제한규정도 두고 있지 아니한 것은 공중위생영업의 양도가 가능함을 전제로 한 것이라 할 것이므로, 양수인이 그 양수 후 행정청에 새로운 영업소개설통보를 하였다 하더라도, 그로 인하여 영업양도·양수로 영업소에 관한 권리의무가 양수인에게 이전하는 법률효과까지 부정되는 것은 아니라 할 것인바, 만일 어떠한 공중위생영업에 대하여 그 영업을 정지할 위법사유가 있다면, 관할 행정청은 그 영업이 양도·양수되었다 하더라도 그 업소의 양수인에 대하여 영업정지처분을 할 수 있다고 봄이 상당하다(대판 2001. 6. 29, 2001두1611).

제 2 편
행정작용법

제1장
행정입법

제 1 절 개 설

Ⅰ. 행정입법의 의의

① 행정입법이란 행정주체가 일반적·추상적인 규율을 제정하는 작용이다. 여기에서 '일반적'이란 불특정 다수인에게 적용된다는 의미이며, '추상적'이란 불특정 다수의 사례(경우)에 적용된다는 의미를 가진다.

② 행정권에 의한 입법을 말한다.

③ 광의의 행정입법에는 국가의 행정기관에 의한 입법과 지방자치단체의 자치입법이 포함된다.

Ⅱ. 행정입법의 필요성

행정입법의 필요성은 ① 행정현상의 급격한 변화에 따른 탄력적 입법분야의 증가, ② 행정의 다양화·복잡화에 따라 전문적·기술적 입법사항의 증가, ③ 법률의 일반적 규정으로는 분야별 또는 지역별 특수사정의 고려가 곤란한 점, ④ 전시·기타 비상사태시에 대처를 위한 광범위한 수권이 필요하기 때문이다.

	법규명령	행정규칙
법 형식	시행령(대통령령), 시행규칙(부령)	훈령, 고시, 지침, 예규 등
법적 근거요부	위임명령 – 개별적·구체적 수권 요 집행명령 – 개별적·구체적 수권 불요	원칙적 수권 불요
대외적 구속력 인정여부	원칙: 외부적 구속효 예외: 내부적 구속효	원칙: 내부적 구속효 예외: 외부적 구속효
공 포	효력발생요건	불요
한 계	법률우위의 원칙 + 법률유보의 원칙 적용	법률우위의 원칙만 적용
위반의 효과	위법하게 됨	곧바로 위법하게 되는 것은 아님 평등원칙 위반 등을 검토함

제 2 절 법규명령

Ⅰ. 법규명령의 개념

1. 의의

일반적으로 법규명령이란 행정기관이 법령에 근거하여 정립하는 일반적·추상적 규율(명령) 중에서 법규의 성질을 가지는 명령을 말한다. 여기서 법규란 법령의 위임에 의하여 또는 법령을 시행하기 위하여 제정되며, 국가기관은 물론 국민에 대해서도 직접구속력을 가지는 법규범을 의미한다.

2. 구별

특히 법규명령은 일반적·추상적 규율인 점에서 개별적·구체적 규율의 성질을 가지는 행정행위와 구별되며, 대외적 구속력이 인정된다는 점에서 행정기관 내부에서 대내적 효력만을 갖는 행정규칙과 구별된다.

Ⅱ. 법규명령의 성질

법규명령은 ① 국민에 대한 대외적 구속력을 갖는다. ② 원칙적으로 법률 또는 상위 법규명령의 수권을 필요로 한다. ③ 법규명령은 제정주체도 구속하는 양면적 구속력을 가지므로 법규명령에 위반한 행위는 위법행위가 된다. ④ 분쟁해결에 있어 재판의 기준인 재판규범이 된다.

Ⅲ. 법규명령의 종류

1. 법률과의 관계를 기준으로 한 분류

(1) 법률대위명령(독립명령)

법률대위명령이란 법률과 대등한 효력을 가지는 명령을 말하며, 현행 헌법(제76조)은 대통령은 긴급한 조치가 필요한 경우에 법률의 효력을 가지는 명령을 발할 수 있다고 하여, 법률대위명령을 인정(긴급재정·경제명령, 긴급명령)하고 있다.

(2) 법률종속명령(위임명령·집행명령)

성문법의 단계적 구조상 법률보다 하위의 효력을 가지는 명령을 법률종속명령이라 하는 바, 그 내용에 따라 위임명령과 집행명령으로 나누어진다.

1) 위임명령

법률 또는 상위명령에 의하여 위임된 사항에 대하여 발하는 명령으로서 수임된 범위 내에서는 새로이 개인의 권리·의무에 관한 사항을 규율할 수 있다. 헌법은 대통령령(제75조)과 총리령 및 부령, 위임명령(제95조)을 발할 수 있음을 명시하고 있다.

2) 집행명령

법률 또는 상위명령의 규정의 범위 내에서 그 시행에 관하여 필요한 세부적인 사항을 규율하기 위하여 발하는 명령이다. 따라서 집행명령으로는 국민의 권리·의무에 관한 법률사항에 관하여 새로운 규정은 할 수 없다. 우리나라의 헌법은 대통령령과 총리령·부령으로써 집행명령(직권명령)을 발할 수 있음을 규정하고 있다(헌법 제75조, 제95조). 집행명령은 법률의 명시적 규정이 없다 하더라도 발할 수 있다.

2. 수권의 근거에 따른 분류

(1) 직권명령

법률 또는 상위명령의 구체적·개별적인 위임을 근거로 하는 것이 아니라 정부조직법 등 법령에 의한 일반적 위임에 의한 소관사무를 수행하기 위하여 직권으로 발하는 법규명령을 말한다. 예) 독립명령, 집행명령

(2) 위임명령

법률 또는 상위명령에서 구체적으로 범위를 정하여 위임받은 사항을 정하는 법규명령이다.

3. 발령권의 소재에 따른 분류

(1) 대통령령

대통령이 법률에서 구체적으로 범위를 정하여 위임받은 사항이나 법률을 집행하기 위하여 필요한 사항에 관하여 정하는 법규명령이며, 내용적으로는 위임명령과 집행명령이 있다.

(2) 총리령·부령

가. 의의

국무총리가 법률이나 대통령령의 위임 또는 직권으로 발하는 명령이 총리령이며, 행정각부의 장관이 법률의 위임 또는 직권으로 발하는 명령이 부령이다.

나. 총리령과 부령과의 관계

총리령과 부령간의 형식적 효력에 관하여는, 국무총리의 소관사무는 "대통령을 보좌하는 행정에 관하여 대통령의 명을 받아(헌법 제86조 제2항) 행정각부를 통할하는" 일이 주된 것이므로 총리령이 부령보다 실질적으로 우월한 효력을 가진다는 견해가 있으나 헌법에는 총리령과 부령, 양자간의 효력상의 차이에 대해 아무런 규정이 없고 국무총리가 발하는 총리령은 행정 각부의 동일한 지위에서 소관사무에 대하여 발하는 것이므로 부령과 동등한 효력을 가진다고 보아야 할 것이다.

(3) 중앙선거관리위원회규칙

법령의 범위 내에서 중앙선거관리위원회는 선거관리, 국민투표관리 또는 정당사무에 관한 규칙을 제정할 수 있다(헌법 제114조 제6항). 판례는 중앙선거관리위원회규칙을 법규명령으로 보고 있다(대판 1996. 7. 12, 96우16).

(4) 감사원규칙의 문제

감사원은 감사에 관한 절차, 감사원의 내부규율과 감사사무처리에 관하여 필요한 규칙을 제정할 수 있다(감사원법 제52조). 다른 법규명령과 달리 헌법에 명시되어 있지 않다는 점에서 감사원규칙의 법적 성질에 관하여는 법규명령이라는 설과 행정규칙이라는 설이 대립하나 법규명령으로 보는 견해가 다수설이다.[1)]

판 례

(판례) 국회입법에 의한 수권이 입법기관이 아닌 행정기관에게 법률 등으로 구체적인 범위를 정하여 위임한 사항에 관하여는 당해 행정기관에게 법정립의 권한을 갖게 되고, 입법자가 규율의 형식도 선택할 수 있다 할 것이므로, 헌법이 인정하고 있는 위임입법의 형식은 예시적인 것으로 보아야 할 것이고, 그것은 법률이 행정규칙에 위임하더라도 그 행정규칙은 위임된 사항을 입법규율할 수 있으므로, 국회입법의 원칙과 상치되지도 않는다. 다만, 형식의 선택에 있어서 규율의 밀도와 규율영역의 특성이 개별적으로 고찰되어야 할 것이고, 그에 따라 입법자에게 상세한 규율이 불가능한 것으로 보이는 영역이라면 행정부에게 필요한 보충입법할 책임이 인정되고 극히 전문적인 식견에 좌우되는 영역에서는 행정기관에 의한 구체화의 위기가 불가피하게 있을 수 있다. 그러한 영역에서 행정규칙에 대한 위임입법이 제한적으로 인정될 수 있다(헌재결 2004. 10. 28, 99헌바91).

Ⅳ. 법규명령의 근거와 한계

1. 위임명령의 근거와 한계

(1) 근거

위임명령은 헌법 제75조와 헌법 제95조에 따라 ① 법률 또는 상위법령의 근거가 필요하며(법률유보의 원칙), ② 이러한 법률(상위법령)은 위임제정 시 적법하여야 하며, ③ 동시에 구체적인 위임일 것을 요한다. 구체적 위임을 요구하는 것은 국민의 기본권 보장을 위한 것이다.

판 례

(판례1) 위임입법이란 법률 또는 상위명령에서 구체적으로 범위를 정하여 위임받은 사항에 관하여 법규로서의 성질을 가지는 일반적·추상적 규범을 정립하는 것을 의미하는 것으로서 형식적 의미의 법률에 속하지 않지만 실질적으로는 행정에 의한 입법으로서 법률과 같은 성질을 갖는 법규의 정립이기 때문에 권력분립주의 내지 법치주의 원리에 비추어 그 요건이 엄격할 수밖에 없으니 법규적 효력을 가지는 행정입법의 제정에는 반드시 구체적이며 명확한 법률의 위임을 요한다(헌재결 2001. 4. 26, 2000헌마122).

(판례2) 법령의 위임관계는 반드시 하위 법령의 개별조항에서 위임의 근거가 되는 상위법령의 해당조항을 구체적으로 명시하고 있어야만 하는 것은 아니다(대판 1999. 12. 24, 99두5658).

---

1) 감사원규칙을 법규명령으로 본다면, 「독점규제 및 공정거래에 관한 법률」(제71조 제2항), 「금융위원회의 설치 등에 관한 법률」(제16조), 「한국은행법」(제30조), 「방송법」(제31조), 「노동위원회법」(제25조) 등에 각기 근거를 두고 있는 공정거래위원회규칙, 금융위원회규칙, 금융통화위원회규칙, 방송통신위원회규칙, 중앙노동위원회규칙 등도 법규명령으로 볼 수 있다.

(2) 한계

위임명령의 한계란 법률의 명령에 대한 수권상의 한계와 수권에 따른 위임명령 제정상의 한계로 나뉜다.

1) 수권상의 한계(법률유보)

가. 포괄적 위임금지의 원칙

① 의의

헌법 제75조는 법률의 명령에 대한 수권은 '구체적으로 범위를 정하여' 위임하도록 하고 있다. 그리고 이 규정은 일반적·포괄적인 위임은 금지되며 구체적인 위임만이 가능하다는 것을 규정한 것으로 해석된다. 판례는 포괄적 위임금지를 준수하였는가는 적어도 법률에서 위임명령에 규정될 내용 및 범위의 기본사항을 구체적으로 규정하여 누구라도 당해 법률이나 상위법령으로부터 위임명령에 규정될 내용의 대강을 예측할 수 있는가를 기준으로 판단한다(대판 2007. 10. 26, 2007두9884). 여기서 예측가능성의 유무는 수권법령의 전반적인 체계와 취지·목적, 당해 위임조항의 규정형식과 내용, 관련법규를 유기적·체계적으로 종합 판단하고, 규제대상의 성질에 따라 구체적·개별적으로 검토함을 요한다(대판 2008. 11. 27, 2006두19570).

② 규율정도

기본권에 강하게 관련되면 될수록 그리고 본질적인 사항에 관련되면 될수록, 입법자는 보다 정밀하게 규율하여야 한다.

판 례

(판례) 위임의 구체성·명확성의 요구정도는 규율대상의 종류와 성격에 따라 달라질 것이지만 특히 처벌법규나 조세법규와 같이 국민의 기본권을 직접적으로 제한하거나 침해할 소지가 있는 영역에서는 구체성·명확성의 요구가 강화되어 그 위임의 요건과 범위가 일반적인 급부행정의 영역에서보다 더 엄격하게 제한되어야 한다(헌재결 2002. 8. 29, 2000헌바50·2002헌바56).

ㄱ. 조세요건 등 위임

헌법 제59조가 "조세의 종목과 세율은 법률로 정한다"라고 규정하고 있기 때문에 조세의 종목과 세율만이 법률로 정하여야 할 대상으로 한정될 여지가 있다. 그러나 그 밖의 조세요건 및 조세의 부과·징수절차도 법률로 정하여야 하는 것이 원칙이다(조세요건법정주의). 다만, 부득이 법률이 법규명령에 위임하는 경우에도 그 위임의 요건과 범위는 엄격하고 제한적이어야 한다.

판 례

(판례) 조세법률주의의 이념에 비추어 국민의 재산권을 직접적으로 제한하거나 침해하는 내용의 조세법규에 있어서는 일반적인 급부행정법규에서와 달리 위임입법의 요건과 범위가 보다 엄격하고 제한적으로 규정되어야 한다(헌재결 1995. 11. 30, 93헌바32).

ㄴ. 처벌규정의 위임

헌법상 죄형법정주의의 원칙으로 인해 벌칙을 명령으로 규정토록 일반적으로 위임할 수는 없다. 그러나 근거된 법이 ① 구성요건의 구체적인 기준을 설정하고, 다만 그 범위 내에서 세부적인 사항을 정하도록 하거나, ② 형벌의 종류와 상한을 정하고, 그 범위 내에서 구체적인 것을 명령으로 정하게 하는 것은 허용된다는 것이 통설 및 판례이다.

③ 조례의 경우

조례의 경우에는 포괄적 위임도 가능하다.

판 례

(판례) 법률이 주민의 권리의무에 관한 사항에 관하여 구체적으로 아무런 범위도 정하지 아니한 채 조례로 정하도록 포괄적으로 위임하였다고 하더라도, 행정관청의 명령과는 달라, 조례도 주민의 대표기관인 지방의회의 의결로 제정되는 지방자치단체의 자주법인 만큼, 지방자치단체가 법령에 위반되지 않는 범위 내에서 주민의 권리의무에 관한 사항을 조례로 제정할 수 있는 것이다(대판 1991. 8. 27, 90누6613).

나. 국회전속적 입법사항 위임금지

헌법이 국회의 전속적 입법사항으로 정하고 있는 것은 그에 관한 입법권을 행정기관에 위임할 수 없다(예: 헌법 제2조 제1항의 국적취득요건, 헌법 제23조 제3항의 보상, 헌법 제59조의 조세의 종목과 세율 등).

물론 이러한 경우에도 모든 것을 반드시 법률로 정하라는 의미는 아니고 세부적·기술적 사항이거나, 일정범위에서 구체적으로 범위를 정하면서 위임하는 경우에는 허용된다(예: 국적법, 토지보상법 등).

판 례

(판례) 헌법 제75조는 대통령에 대한 입법권한의 위임에 관한 규정이지만, 국무총리나 행정각부의 장으로 하여금 법률의 위임에 따라 총리령 또는 부령을 발할 수 있도록 하고 있는 헌법 제95조의 취지에 비추어 볼 때, 입법자는 법률에서 구체적으로 범위를 정하기만 한다면 대통령령뿐만 아니라 부령에 입법사항을 위임할 수도 있다(헌재결 1998. 2. 27, 97헌마64).

다. 재위임

위임된 입법권의 전면적인 재위임은 입법권을 위임한 법률 그 자체의 내용을 임의로 변경하는 결과를 가져오는 것이 되므로 허용되지 않는다. 다만, 세부적인 사항의 보충을 재위임하는 것은 가능하다.

판 례

(판례) 법률에서 위임받은 사항을 전혀 규정하지 않고 재위임하는 것은 위임금지의 법리에 반할 뿐 아니라 수권법의 내용변경을 초래하는 것이 되고, 부령의 제정·개정절차가 대통령령에 비하여 보다 용이한 점을 고려할 때 재위임에 의한 부령의 경우에도 위임에 의한 대통령령에 가해지는 헌법상의 제한이 당연히 적용되어야 할 것이므로 법률에서 위임받은 사항을 전혀 규정하지 아니하고 그대로 재위임하는 것은 허용되지 않으며, 위임받은 사항에 관하여 대강을 정하고 그 중의 특정사항을 범위로 정하여 하위법령에 다시 위임하는 경우에만 재위임이 허용된다(헌재결 1996. 2. 29, 94헌마213).

2) 내용상 한계(법률우위)

상위 수권법령의 범위내에서 위임명령은 제정되어야 하고, 그 규정의 내용도 상위법령의 내용에 위반되어서는 아니된다.

(3) 수임명령의 한계

수임자인 행정부가 위임명령을 제정함에 있어서 수임자가 지켜야 할 한계에 관하여는 헌법에 아무런 규정이 없다. 그러나 수임명령은 헌법 제75조의 규정상 수권의 존재를 전제로 한다고 보아야 한다. 즉, ① 수권법률자체가 존재하지 아니하거나, 수권법률은 존재하지만 수임명령이 수권법률에서 정한 수권대상 이외의 사항을 규정한 경우, ② 수임명령이 수권법률이 규정한 수권의 취지와 내용에 위반되거나, 수권의 범위를 넘거나 벗어난 경우, ③ 수임명령이 수권법률에서 이미 전제로 하고 있는 사항에 대하여 어떤 한정이나 제한을 가하는 경우 등은 수임명령의 한계를 넘는 것으로서 그 수임명령은 위법·무효가 된다.

2. 집행명령의 근거와 한계

(1) 근거

위임명령의 직접적인 법적 근거는 헌법 제75조, 제95조에 따른 법령이지만, 집행명령의 직접적인 법적 근거는 바로 헌법 제75조, 제95조이다. 따라서 집행명령은 위임명령과 달리 헌법 제75조와 제95조에 근거하여 상위법률 등의 수권이 없어도 직권으로 발령될 수 있다.

(2) 한계

집행명령은 법률 또는 상위명령을 집행하기 위하여 필요한 사항만을 규정할 수 있으므로, 법률 또는 상위명령이 규정한 범위 내에서 법률 등을 현실적으로 집행하는 데 필요한 세부적인 사항만을 규정할 수 있다. 법률 등이 규정한 사인의 권리·의무에 관한 내용을 변경·보충하거나 법률 등에 규정되지 아니한 새로운 내용을 규정할 수 없다.

Ⅴ. 법규명령의 성립·효력요건

법규명령이 적법·유효하게 성립하여 효력을 발생하기 위해서는 다음의 요건을 갖추어야 한다.

1. 주체에 관한 요건

헌법 또는 법률에 의하여 수권받은 기관만이 법규명령(위임명령)을 제정할 수 있다.

2. 절차에 관한 요건

① 대통령령은 법제처의 심사와 국무회의의 심의를 거쳐야 하며, 총리령과 부령은 법제처의 심사를 거쳐야 한다(헌법 제89조 제3호, 정부조직법 제23조 제1항).

② 학사제도·공중위생·환경보전·토지제도·국가시험 기타 다수 국민의 일상생활과 관계되는 법령안은 그 입법취지·주요내용을 관보 또는 일간신문에 20일 이상 게재하여 국민에게 예고하여야 하며, 이해관계인으로부터 서면에 의한 의견제출을 받아야 한다.

법규명령의 제정·개정·폐지의 경우 원칙적으로 입법예고를 하여야 하고, 누구든지 예고된 입법안에 대해 의견을 제출할 수 있다.

3. 형식에 관한 요건

법규명령은 조문의 형식에 의하여야 하며, 또한 일정한 형식을 갖추어야만 한다.

① 대통령령에는 전문에 국무회의의 심의를 거친 뜻을 기재하고, 대통령이 서명한 후 대통령인을 찍고, 그 일자를 명기하여 국무총리와 관계국무위원이 부서한다(법령 등 공포에 관한 법률 제7조).

② 총리령과 부령에는 그 일자를 명기하고 각각 서명·날인한다(동법 제9조).

③ 대통령령·총리령 및 부령은 각각 그 번호를 붙여서 공포한다(동법 제10조).

4. 근거 및 내용에 관한 요건

행정행위에 있어서와 마찬가지로 법규명령에도 법률유보원칙이 적용되므로 법규명령은 수권의 범위 내에서 발해져야 하며, 상위법령에 직접 또는 간접으로 위배되어서는 안된다. 또한 법규명령은 그 내용이 실현 가능한 것이어야 하고 명확해야 한다.

판 례

(판례1) 구 소득세법시행규칙 제82조 제2항은 소득세법이나 그로부터 위임받은 소득세법시행령에 아무런 위임근거도 없이 과세요건에 관한 사항을 규정한 것이어서 조세법률주의의 원칙에 위반되어 무효이다(대판 1993. 1. 19, 92누6983).

(판례2) 체육시설의설치·이용에관한법률시행규칙 제5조가 당구장업자에 대해서만 출입문에 18세미만의 출입을 금지하는 내용을 표시해야 한다고 규정한 것은 법률의 근거 없이 당구장업자의 헌법상의 직업선택(직업수행)의 자유를 침해하는 것이고, 다른 체육시설업자에 비하여 합리적인 이유없이 당구장업자를 차별하여 헌법상의 평등권을 침해하는 것이어서 위헌의 규정이다(헌재결 1993. 5. 13, 92헌마80).

(판례3) 보건사회부장관이 공익상 또는 선량한 풍속을 유지하기 위하여 필요하다고 인정하는 때에는 식품접객영업자에 대하여 영업시간에 관한 필요한 제한을 할 수 있도록 한 식품위생법 제30조는 공공복리와 질서유지를 위하여 필요한 제한을 하고 있는 것으로서, 그 제한이 자유와 권리의 본질적 내용을 침해하거나 국민의 평등권을 침해하여 헌법 제37조 제1항, 제2항 후단, 제11조 등에 위반되는 위헌의 규정이라고 할 수 없다(대판 1993. 10. 26, 93초104).

(판례4) 토지수용으로 말미암아 영농을 계속할 수 없게 된 농민이 입은 영농피해에 대하여 그 보상액 산정방법과 기준을 규정한 공특법 시행규칙의 관련조문은 위 같은 법 제4조 제5항에 터잡은 것으로 유효하고, 모법의 위임이 없는 무효의 규정이라 할 수 없다(대판 1994. 1. 28, 93누17218).

5. 공포

법규명령은 내용을 외부에 표시함으로써 유효하게 성립하는 바, 법규명령의 대외적 표시절차를 공포라 하고, 공포는 관보에 게재하여 행하여야 한다. 이 경우 공포일은 그 법규명령을 게재한 관보가 발행된 날이 된다(법령 등 공포에 관한 법률 제11조, 제12조).

6. 효력발생

① 법규명령은 해당 법령에 명시적인 규정이 없는 한 공포한 날로부터 20일이 경과함으로써 효력을 발생한다(동법 제13조).

② 국민의 권리의 제한 또는 의무부과와 직접 관련있는 법규명령은 특별한 사유가 있는 경우를 제외하고는 공포일부터 30일이 경과한 날로부터 효력이 발생한다(동법 제13조의2).

Ⅵ. 법규명령의 하자와 소멸

1. 법규명령의 하자

법규명령이 성립·효력요건을 갖추지 못한 경우 하자(흠) 있는 법규명령이 된다. 하자 있는 법규명령에 대하여는 그에 근거한 행정행위가 중대명백 여부에 따라 무효 또는 취소사유가 되는 것과 달리 하자가 중대·명백한 경우 뿐만아니라 중대·명백하지 않는 하자가 있는 경우에도 하자가 있으면 무효라는 것이 다수설 및 판례의 입장이다.

판 례

(판례) 물품세법 제3조에는 과세물품 반입자에 대하여는 물품세를 부과한다는 규정이 없음에도 불구하고 일정한 경우에 물품의 반입자를 납세의무자로 규정한 물품세법 시행령 제17조 제6항, 동시행규칙 제7조의 5 제3항 각호 및 제4항의 규정은 모법의 위임 없이 실질적으로 새로운 납세의무자를 규정한 것으로 무효이며 이를 근거로 한 과세처분은 위법이다(대판 1979. 2. 27, 77누86).

2. 법규명령의 소멸

① 법규명령은 폐지에 의해 소멸된다. 폐지는 법규명령의 효력을 장래를 향하여 소멸시키는 행정권의 직접적·명시적 의사표시이다.

② 한시법의 경우에는 법규명령에 붙여진 종기가 도래하면 소멸하고, 해제조건이 성취된 경우에도 법규명령은 효력을 상실한다.

③ 수권법령이 소멸한 경우에 그에 근거한 법규명령도 원칙적으로 소멸한다. 법규명령의 근거법령(수권법령)이 소멸된 경우에는 법규명령도 소멸함이 원칙이나, 근거법령이 개정됨에 그친 경우에는 집행명령은 여전히 그 효력을 유지할 수 있다.

④ 법규명령이 처분에 해당하는 경우, 법원의 취소판결로 당해 법규명령은 당해 사건에서 그 효력을 상실한다.

판 례

(판례) 상위법령의 시행에 필요한 세부적 사항을 정하기 위하여 행정관청이 일반적 직권에 의하여 제정하는 이른바 집행명령은 근거법령인 상위법령이 폐지되면 특별한 규정이 없는 이상 실효되는 것이나, 상위법령이 개정됨에 그친 경우에는 개정법령과 성질상 모순, 저촉되지 아니하고 개정된 상위법령의 시행에 필요한 사항을 규정하고 있는 이상 그 집행명령은 상위법령의 개정에도 불구하고 당연히 실효되지 아니하고 개정법령의 시행을 위한 집행명령이 제정, 발효될 때까지는 여전히 그 효력을 유지한다(대판 1989. 9. 12, 88누6962).

Ⅶ. 법규명령의 통제

1. 통제의 필요성

우리 헌법 제40조는 적어도 국민의 권리·의무의 형성에 관한 사항 및 국가의 통치조직·작용에 관한 기본적이며 본질적인 사항은 반드시 국회가 정할 것을 요구하고 있다. 따라서 법규명령, 특히 위임입법의 양적 증대와 질적 고도화 현상에의 제도적 대응뿐만 아니라, 권력분립원칙과의 조정도 필요하게 된다. 나아가 우리 헌법이 기본원리의 하나로 채택하고 있는 법치국가의 원칙에 비추어 보아도 법규가 행정입법에 맡겨져 행정기관에 의해 실질적으로 법규가 창조되는 현재의 상황은 문제가 있다. 이처럼 권력분립의 통치원칙을 구현하기 위하여, 그리고 법치국가 원칙을 수호하기 위하여는 법규명령이 그 한계 내에서 발해지도록 통제하는 것이 요구된다.

2. 행정부에 의한 통제(대내적 통제)

(1) 행정의 감독권에 의한 통제

정부조직법 제11조

제11조(대통령의 행정감독권) ② 대통령은 국무총리와 중앙행정기관의 장의 명령이나 처분이 위법 또는 부당하다고 인정하면 이를 중지 또는 취소할 수 있다.

(2) 행정심판에 의한 통제

행정심판법 제59조 "시정조치요청권"

제59조(불합리한 법령 등의 개선) ① 중앙행정심판위원회는 심판청구를 심리·재결할 때에 처분 또는 부작위의 근거가 되는 명령 등(대통령령·총리령·부령·훈령·예규·고시·조례·규칙 등을 말한다. 이하 같다)이 법령에 근거가 없거나 상위 법령에 위배되거나 국민에게 과도한 부담을 주는 등 크게 불합리하면 관계 행정기관에 그 명령 등의 개정·폐지 등 적절한 시정조치를 요청할 수 있다.
② 제1항에 따른 요청을 받은 관계 행정기관은 정당한 사유가 없으면 이에 따라야 한다.

(3) 절차적 통제

1) 국무회의 심의

대통령령의 경우에는 국무회의의 사전심의를 거쳐야 한다.

2) 법제처심의

정부조직법 제23조(법제처) ① 국무회의에 상정될 법령안·조약안과 총리령안 및 부령안의 심사와 그 밖에 법제에 관한 사무를 전문적으로 관장하기 위하여 국무총리 소속으로 법제처를 둔다.

3) 국민권익위원회의 개선권고조치

부패방지 및 국민권익위원회의 설치와 운영에 관한 법률 제28조(법령 등에 대한 부패유발요인 검토) ① 위원회는 다음 각 호에 따른 법령 등의 부패유발요인을 분석·검토하여 그 법령 등의 소관 기관의 장에게 그 개선을 위하여 필요한 사항을 권고할 수 있다.
1. 법률·대통령령·총리령 및 부령
2. 법령의 위임에 따른 훈령·예규·고시 및 공고 등 행정규칙
3. 지방자치단체의 조례·규칙
4. 「공공기관의 운영에 관한 법률」 제4조에 따라 지정된 공공기관 및 「지방공기업법」 제49조·제76조에 따라 설립된 지방공사·지방공단의 내부규정

(4) 행정절차법상 입법예고

행정절차법 제41조(행정상 입법예고) ① 법령등을 제정·개정 또는 폐지(이하 "입법"이라 한다)하려는 경우에는 해당 입법안을 마련한 행정청은 이를 예고하여야 한다. 다만, 다음 각 호의 어느 하나에 해당하는 경우에는 예고를 하지 아니할 수 있다.
1. 신속한 국민의 권리 보호 또는 예측 곤란한 특별한 사정의 발생 등으로 입법이 긴급을 요하는 경우
2. 상위 법령등의 단순한 집행을 위한 경우
3. 입법내용이 국민의 권리·의무 또는 일상생활과 관련이 없는 경우
4. 단순한 표현·자구를 변경하는 경우 등 입법내용의 성질상 예고의 필요가 없거나 곤란하다고 판단되는 경우
5. 예고함이 공공의 안전 또는 복리를 현저히 해칠 우려가 있는 경우

③ 법제처장은 입법예고를 하지 아니한 법령안의 심사 요청을 받은 경우에 입법예고를 하는 것이 적당하다고 판단할 때에는 해당 행정청에 입법예고를 권고하거나 직접 예고할 수 있다.
④ 입법안을 마련한 행정청은 입법예고 후 예고내용에 국민생활과 직접 관련된 내용이 추가되는 등 대통령령으로 정하는 중요한 변경이 발생하는 경우에는 해당 부분에 대한 입법예고를 다시 하여야 한다. 다만, 제1항 각 호의 어느 하나에 해당하는 경우에는 예고를 하지 아니할 수 있다.

3. 국회에 의한 통제(대외적 통제)

(1) 직접적 통제

① 현행 헌법상 긴급명령, 긴급재정·경제명령에 대한 국회의 승인 외에 일반사면의 경우의 대통령령에서와 같이 법규명령의 성립·발효에 국회의 동의를 얻게 하는 방법

② 유효하게 성립한 법규명령의 효력을 소멸시키기 위하여 법률을 제정·개정하는 방법

③ 국회법 제98조의2 사전제출제도

국회법 제98조의2(대통령령 등의 제출 등) ① 중앙행정기관의 장은 법률에서 위임한 사항이나 법률을 집행하기 위하여 필요한 사항을 규정한 대통령령·총리령·부령·훈령·예규·고시등이 제정·개정 또는 폐지되었을 때에는 10일 이내에 이를 국회 소관 상임위원회에 제출하여야 한다. 다만, 대통령령의 경우에는 입법예고를 할 때(입법예고를 생략하는 경우에는 법제처장에게 심사를 요청할 때를 말한다)에도 그 입법예고안을 10일 이내에 제출하여야 한다.
③ 상임위원회는 위원회 또는 상설소위원회를 정기적으로 개회하여 그 소관중앙행정기관이 제출한 대통령령·총리령 및 부령(이하 이 조에서 "대통령령등"이라 한다)의 법률 위반 여부 등을 검토하여야 한다.
④ 상임위원회는 제3항에 따른 검토 결과 대통령령 또는 총리령이 법률의 취지 또는 내용에 합치되지 아니한다고 판단되는 경우에는 검토의 경과와 처리 의견 등을 기재한 검토결과보고서를 의장에게 제출하여야 한다.

(2) 간접적 통제

간접적 통제로는 국회의 예산안심의(헌법 제54조 제1항), 국정감사·조사(헌법 제61조), 국회의 국무총리·국무위원의 해임건의(헌법 제63조), 탄핵소추(헌법 제65조) 등이 있다.

4. 법원·헌법재판소에 의한 통제

(1) 법원에 의한 통제

1) 구체적 규범통제(헌법 제107조 제2항의 위헌위법심사권)

가. 의의

법원은 법규명령이 처분성을 갖는 경우, 즉 판례의 표현을 빌면 집행행위의 매개 없이 직접 구체적으로 국민의 권리·의무관계에 영향을 미치는 경우에는 직접 통제할 수 있음은 말할 나위가 없으나,[1] 보통은 헌법 제107조 제2항에 의하여 법규명령의 위헌·위법여부를 심사함으로써 법규명령을 통제하게 된다. 다만 법원의 심사는 법규명령 자체의 위법성의 심사를 목적으로 하는 독립된 절차가 아니라 특정한 법규명령의 위헌·위법 여부가 구체적인 사건에 대한 재판의 전제가 된 경우에 그 사건의 재판을 위한 선결문제로서 다루어진다(구체적 규범통제[2]).

1) 자동집행력을 갖는 법규명령이라 하더라도 구체적 사실을 규율하는 것이 아닐 때에는 이를 항고소송으로 다툴 수 없고 직접 공법상 당사자소송을 제기하는 방법으로 다투어야 한다(대판 2004. 7. 8, 2004두244).

2) 구체적 규범통제란 구체적인 처분에 대한 다툼에 있어 법규명령의 위헌·위법여부가 재판의 전제가 되는 경우에 한하여 선결문제로서 법규명령의 위헌·위법여부를 다투는 것을 의미한다.

판 례

(판례) 법원이 법률 하위의 법규명령, 규칙, 조례, 행정규칙 등(이하 '규정'이라 한다)이 위헌·위법인지를 심사하려면 그것이 '재판의 전제'가 되어야 한다. 여기에서 '재판의 전제'란 구체적 사건이 법원에 계속중이어야 하고, 위헌·위법인지가 문제 된 경우에는 규정의 특정 조항이 해당 소송사건의 재판에 적용되는 것이어야 하며, 그 조항이 위헌·위법인지에 따라 그 사건을 담당하는 법원이 다른 판단을 하게 되는 경우를 말한다. 따라서 법원이 구체적 규범통제를 통해 위헌·위법으로 선언할 심판대상은, 해당 규정의 전부가 불가분적으로 결합되어 있어 일부를 무효로 하는 경우 나머지 부분이 유지될 수 없는 결과를 가져오는 특별한 사정이 없는 한, 원칙적으로 해당 규정 중 재판의 전제성이 인정되는 조항에 한정된다(대판 2019. 6. 13, 2017두33985).

나. 대상

구체적 분쟁없이 국민의 기본권을 직접 침해하지 않는 일반적 추상적인 법규명령에 대하여는 원칙적으로 법원의 통제가 어렵다.

다. 효력

명령 등이 위헌 또는 위법하다고 대법원이 판단한 경우 그러한 법규명령의 효력에 대하여 견해대립이 있으나, 우리나라는 구체적 규범통제에 입각해 있다는 점에서 통설은 당해 행정입법이 일반적으로 그 효력을 상실하는 것이 아니고, 당해 사건에 한하여 그 법규명령이 적용되지 않는 것으로 본다.

즉, 위헌·위법이라고 판단된 법규명령을 행정자치부장관에 의해 관보에 게재함으로써 다른 사건에도 적용되지 않도록 하지 않는 한, 당해 규정은 당해 사건에서 적용이 배제될 뿐이고, 법령개정절차에 의해 폐지되지 않는 한 이 규정은 형식적으로 존재하게 된다.

행정소송법 제6조(명령·규칙의 위헌판결등 공고) ① 행정소송에 대한 대법원판결에 의하여 명령·규칙이 헌법 또는 법률에 위반된다는 것이 확정된 경우에는 대법원은 지체없이 그 사유를 행정안전부장관에게 통보하여야 한다.
② 제1항의 규정에 의한 통보를 받은 행정안전부장관은 지체없이 이를 관보에 게재하여야 한다.

2) 항고소송

가. 처분적 법률

다른 집행행위의 매개 없이 국민의 권리 의무에 직접 영향을 미치는 처분적 법규명령에 의해 직접 권리를 침해당한 자는 이에 대하여 항고소송을 제기하여 위헌·위법여부를 다툴 수 있다.

판 례

(판례1) 조례가 집행행위의 개입 없이도 그 자체로서 직접 국민의 구체적인 권리의무나 법적 이익에 영향을 미치는 등의 법률상 효과를 발생하는 경우 그 조례는 항고소송의 대상이 되는 행정처분에 해당한다(대판 1996. 9. 20, 95누8003).

(판례2) 어떠한 고시가 일반적·추상적 성격을 가질 때에는 법규명령 또는 행정규칙에 해당할 것이지만, 다른 집행행위의 매개 없이 그 자체로서 직접 국민의 구체적인 권리의무나 법률관계를 규율하는 성격을 가질 때에는 행정처분에 해당한다고 할 것이다. … ① 약제급여·비급여목록 및 급여상한금액표는 특정 제약회사의 특정 약제에 대하여 국민건강보험가입자 또는 국민건강보험공단이 지급하여야 하거나 요양기관이 상환받을 수 있는 약제비용의 구체적 한도액을 특정하여 설정하고 있는 점, ② 약제의 지급과 비용의 청구행위가 있기만 하면 달리 행정청의 특별한 집행행위의 개입 없이 이 사건 고시가 적용되는 점, ③ 특정 약제의 상한금액의 변동은 곧바로 국민건강보험가입자 또는 국민건강보험공단이 지급하여야 하거나 요양기관이 상환받을 수 있는 약제비용을 변동시킬 수 있다는 점 등에 비추어 보면, 이 사건 고시는 다른 집행행위의 매개 없이 그 자체로서 국민건강보험가입자, 국민건강보험공단, 요양기관 등의 법률관계를 직접 규율하는 성격을 가진다고 할 것이므로, 항고소송의 대상이 되는 행정처분에 해당한다(대판 2006. 9. 22, 2005두2506).

나. 행정입법부작위

부작위위법확인소송을 통하여 구제를 받을 수 있다는 견해와 공법상 당사자소송을 통해 구제받을 수 있다는 견해가 대립하나, 대법원은 행정입법부작위는 부작위위법확인소송의 대상이 되지 않는다고 판시하였으나, 군법무관의 행정입법부작위에 대한 보수청구사건에서 국가배상청구를 인정한 바 있다.

판 례

(판례1) 추상적인 법령에 관하여 제정의 여부 등은 그 자체로서 국민의 구체적인 권리·의무에 직접적 변동을 초래하는 것이 아니어서 부작위위법확인소송의 대상이 될 수 없다(대판 1992. 5. 8, 91누11261).

(판례2) 입법부가 법률로써 행정부에게 특정한 사항을 위임했음에도 불구하고 행정부가 정당한 이유 없이 이를 이행하지 않는다면 권력분립의 원칙과 법치국가 내지 법치행정의 원칙에 위배되는 것으로서 위법함과 동시에 위헌적인 것이 되는바, 구 군법무관임용법 제5조 제3항과 군법무관임용 등에 관한 법률 제6조가 군법무관의 보수를 법관 및 검사의 예에 준하도록 규정하면서 그 구체적 내용을 시행령에 위임하고 있는 이상, 위 법률의 규정들은 군법무관의 보수의 내용을 법률로써 일차적으로 형성한 것이고, 위 법률들에 의해 상당한 수준의 보수청구권이 인정되는 것이므로, 위 보수청구권은 단순한 기대이익을 넘어서는 것으로서 법률의 규정에 의해 인정된 재산권의 한 내용이 되는 것으로 봄이 상당하고, 따라서 행정부가 정당한 이유 없이 시행령을 제정하지 않은 것은 위 보수청구권을 침해하는 불법행위에 해당한다(대판 2007. 11. 29, 2006다3561).

(2) 헌법재판소에 의한 통제

1) 법규명령에 대한 헌법소원(법규명령에 대한 사법심사가능성)

현행법상 행정입법에 대한 헌법소원을 인정하는 명문의 규정이 없고, 헌법 제107조 제2항은 명령·규칙에 대한 위헌·위법의 심판권을 법원에게 부여하고 있으므로 과연 현행 헌법상 행정입법에 대한 헌법소원이 가능한지와 관련하여 적극설과 소극설로 나뉜다. 소극설은 ① 현행 헌법 제107조 제1항과 제107조 제2항은 법률에 대한 위헌심판권은 헌법재판소에 부여하고, 명령·규칙에 대한 헌법심판권은 법원에 부여하고 대법원이 최종적으로 갖도록 하고 있으므로 행정입법에 대하여 헌법소원을 인정하는 것은 헌법상의 관할권의 배분에 위반된다는 점, ② 명령과 규칙이 국민의 권리를 직접 침해할 때에는 그 명령과 규칙에 대하여 행정소송을 제기할 수 있으므로 헌법소원의 보충성의 요건이 결여되었다는 점, ③ 만일 헌법재판소와 대법원이 동시에 명령·규칙에 대한 위헌심사권을 가진다면 두 기관의 결론이 다를 수 있고 이는 명령·규칙의 적용에 혼란을 가져온다는 견해이다. 이에 대하여 적극설은 ① 헌법재판소법 제68조 제1항은 법원의 재판을 제외한 모든 공권력의 행사·불행사에 대하여 헌법소원을 인정하고 있다는 점, ② 재판의 전제가 된 경우가 아닌 법규명령이 기본권을 직접침해하고 있는 경우 그에 대한 헌법소원이 인정되어야 한다는 견해이다. 헌법재판소는 적극설을 취한다.

판 례

(판례1) 헌법 제107조 제2항이 규정한 명령·규칙에 대한 대법원의 최종심사권이란 구체적인 소송사건에서 명령·규칙의 위헌여부가 재판의 전제가 되었을 경우 법률의 경우와는 달리 헌법재판소에 제청할 것 없이 대법원이 최종적으로 심사할 수 있다는 의미이며, 명령·규칙 그 자체에 의하여 직접 기본권이 침해되었음을 이유로 하여 헌법소원심판을 청구하는 것은 위 헌법규정과는 아무런 상관이 없는 문제이다. 따라서 입법부·행정부·사법부에서 제정한 규칙이 별도의 집행행위를 기다리지 않고 직접 기본권을 침해하는 것일 때에는 모두 헌법소원심판의 대상이 될 수 있는 것이다(헌재결 1990. 10. 15, 89헌마178).

(판례2) 법령의 직접적인 위임에 따라 수임행정기관이 그 법령을 시행하는데 필요한 구체적인 사항을 정한 것이면, 그 제정형식은 비록 법규명령이 아닌 고시·훈령·예규 등과 같은 행정규칙이더라도 그것이 상위법령의 위임한계를 벗어나지 아니하는 한 상위법령과 결합하여 대외적인 구속력을 갖는 법규명령으로서 기능하게 된다고 보아야 할 것인바, 청구인이 법령과 예규의 관계규정으로 말미암아 직접 기본권의 침해를 받았다면 이에 대하여 바로 헌법소원심판을 청구할 수 있다(헌재결 1992. 6. 26, 91헌마25).

2) 행정입법부작위에 대한 헌법소원

진정입법부작위의 경우, 그 부작위가 기본권을 중대하게 침해하는 것이라면 경우에 따라 헌법재판소는 그러한 행정입법의 부작위가 위법함을 심판할 수 있다. 행정입법의 부작위에 대한 헌법소원이 인정되기 위하여는 ① 행정청에게 헌법에서 유래하는 행정입법의 작위의무가 있어야 하고, ② 상당한 기간이 경과하였음에도 불구하고, ③ 행정입법의 제정권이 행사되지 않아야 한다.

판 례

(판례1) 구 의료법에서는 전문의자격의 인정을 요구하고 있는데도, '시행규칙'이 위 규정에 따른 개정입법 및 새로운 입법을 하지 않고 있는 것은 진정입법부작위에 해당하고, 보건복지부장관에게는 헌법에서 유래하는 행정입법의 작위의무가 있다. 상위법령을 시행하기 위하여 하위법령을 제정하거나 필요한 조치를 함에 있어서는 상당한 기간을 필요로 하며 합리적인 기간내의 지체를 위헌적인 부작위로 볼 수 없으나, 이 사건의 경우 현행 규정이 제정된 때(1976. 4. 15)로부터 이미 20년이상이 경과되었음에도 아직 치과전문의 제도의 실시를 위한 구체적 조치를 취하고 있지 아니하고 있으므로 합리적 기간내의 지체라고 볼 수 없고, 법률의 시행에 반대하는 여론의 압력이나 이익단체의 반대와 같은 사유는 지체를 정당화하는 사유가 될 수 없다(헌재결 1998. 7. 16, 96헌마246).

(판례2) 행정부가 위임입법에 따른 시행명령을 제정하지 않거나 개정하지 않는 것에 정당한 이유가 있었다면 그런 경우에는 헌법재판소가 위헌확인을 할 수 없다. 그러한 정당한 이유가 인정되기 위해서는 그 위임입법 자체가 헌법에 위반된다는 것이 명백하거나, 행정입법 의무의 이행이 오히려 헌법질서를 파괴하는 결과를 가져옴이 명백한 정도는 되어야 할 것이다(헌재결 2004. 2. 26, 2001헌마718).

5. 국민에 의한 통제

국민에 의한 법규명령의 통제수단에는 현재로서는 간접적인 것밖에 없다. 여론·자문·청원·압력단체의 활동 등을 들 수 있다. 국민에 의한 통제와 관련하여 특히 의미를 갖는 것은 행정상 입법예고제도이다.

6. 통제의 과제

민주주의적 법치국가원리의 철저화라는 관점에서 국회가 원칙적인 입법권자인 이상 행정권에 법규명령의 제정권을 부여하면서 정한 구체적인 범위가 지켜지고 있는가의 통제는 1차적으로는 국회에 있는 것이므로, 국회는 헌법이 허용하는 범위 내에서 법규명령, 위임명령에 대한 직접적인 통제제도(기한부 수권, 동의유보)의 도입을 강구하여야 한다. 또한 법규명령에 대한 국민참여절차를 보다 충실히 함으로써 민주적 통제를 해야 한다.

제 3 절 행정규칙

Ⅰ. 행정규칙의 의의

행정규칙이란 행정기관이 행정조직의 내부에서 그 행정의 조직과 활동에 대해 사무처리기준으로서 그 하급기관에게 법조의 형식으로서 발하는 일반적·추상적 규범으로 대외적 구속력이 없는 행정입법을 말한다. 행정명령이라고도 한다.

판 례

(판례) 행정규칙은 국민의 권리·의무와 직접 관계가 없는 각 행정기관의 행위기준 등을 정한 규범으로서 원칙적으로 외부효과를 갖지 않는다(대결 2007. 4. 12, 2006마731).

Ⅱ. 행정규칙의 종류

1. 법령등과의 관계에 따른 분류

(1) 규범대위행정규칙

법령 등 규범이 존재하지 아니하는 경우에 행정활동을 지도하기 위한 기준을 마련해 놓은 행정규칙을 말한다.

(2) 규범종속행정규칙

법령 등 규범에 종속되어 이를 집행하기 위하여 발하는 행정규칙을 말한다.

2. 내용에 의한 분류

(1) 조직규칙

행정기관의 설치·조직, 내부적 권한배분, 행정기관 상호 간의 관계 등을 정하기 위하여 발하는 행정규칙이다.

(2) 근무규칙

상급기관이 하급기관의 근무에 관한 사항을 계속적으로 규율하기 위하여 발하는 행정규칙이다.

(3) 영조물규칙

영조물의 관리청이 영조물의 조직·관리·사용 등을 규율하기 위하여 발하는 행정규칙이다.

(4) 행정내부규칙

행정기관이 구체적인 경우에 개개의 안전처리의 기준이나 방법 등을 정하는 행정규칙이다.

3. 형식에 따른 분류

(1) 광의의 훈령(훈령형식의 행정규칙)

1) (협의의)훈령

상급기관이 장기간에 걸쳐 하급기관의 권한행사를 지휘·감독하기 위하여 발하는 행정규칙이다.

2) 지시

상급기관이 직권 또는 하급기관의 문의나 신청에 대하여 개별적·구체적으로 발하는 명령으로서 행정규칙이 아니다.

3) 예규

법규문서 이외의 문서로서 반복적 행정사무의 기준을 제시하는 명령이다.

4) 일일명령

당직·출장·휴가·특근 등의 일일업무에 관한 명령으로서, 일반적·추상적 규율을 행하는 것이 아닐 때에는 단순한 직무명령에 해당한다.

(2) 고시

1) 의의

행정청이 결정한 사항 및 기타 일정한 사항을 일반인에게 알리는 통지행위를 의미한다.

2) 고시의 법적성질

가. 쟁점

고시는 행정규칙이나, 일반에 공표가 된다는 점에 있어 일반적인 행정규칙과는 다르며, 상위근거법령에 근거하여 제정되는 경우가 빈번하므로 특히 그 법적 성질이 문제된다.

나. 판례의 태도

법원은 "어떠한 고시가 일반적·추상적 성격을 가질 때에는 법규명령 또는 행정규칙에 해당할 것이지만, 다른 집행행위의 매개 없이 그 자체로서 직접 국민의 구체적인 권리의무나 법률관계를 규율하는 성격을 가질 때에는 행정처분에 해당한다(대판 2006. 9. 22, 2005두2506)"고 판시하여 개별적·구체적으로 판단하고 있다.

판 례

(판례1) 구 청소년보호법(2001. 5. 24. 법률 제6479호로 개정되기 전의 것)에 따른 청소년유해매체물 결정 및 고시처분은 당해 유해매체물의 소유자 등 특정인만을 대상으로 한 행정처분이 아니라 일반 불특정 다수인을 상대방으로 하여 일률적으로 표시의무, 포장의무, 청소년에 대한 판매·대여 등의 금지의무 등 각종 의무를 발생시키는 행정처분으로서, 정보통신윤리위원회가 특정 인터넷 웹사이트를 청소년유해매체물로 결정하고 청소년보호위원회가 효력발생시기를 명시하여 고시함으로써 그 명시된 시점에 효력이 발생하였다고 봄이 상당하고, 정보통신윤리위원회와 청소년보호위원회가 위 처분이 있었음을 위 웹사이트 운영자에게 제대로 통지하지 아니하였다고 하여 그 효력 자체가 발생하지 아니한 것으로 볼 수는 없다(대판 2007. 6. 14, 2004두619).

(판례2) 이 사건 고시는, 피청구인이 구 감염병의 예방 및 관리에 관한 법률 제49조 제1항 제2호 등에 근거하여 부산시내 종교시설의 책임자·종사자 및 이용자에게 2021. 1. 4. 0시부터 2021. 1. 17. 24시까지 2주라는 '특정기간' 내에 '대면예배라는 구체적 행위'를 직접 금지하는 것으로, 장래의 불특정하고 추상적이며 반복되는 사항을 규율하는 것이라기보다는 시간적·공간적으로 특정된 사안을 규율하는 것이다. 더욱이 구 감염병예방법 제49조 제1항은 하위 법령에의 위임 형식을 취하고 있는 것이 아니라, 질병관리청장, 시장 등 방역당국이 집합제한 등의 특정한 감염병 예방 '조치'를 취하도록 규정하고 있어 문언상으로도 방역당국의 구체적 '처분'이 예정되어 있다. 대법원도 이 사건 고시와 동일한 규정 형식을 가진 서울특별시장의 대면예배 제한 고시가 항고소송의 대상인 행정처분에 해당함을 전제로 판단한 바 있다(헌재결 2023. 6. 29, 2021헌마63).

다. 구체적 검토

① 일반적·추상적 규율의 성질을 가진 고시의 경우

ㄱ. 일반적으로 행정규칙으로 볼 것이나,

ㄴ. 상위근거법령에 따라 제정된 경우에는 법령보충적 행정규칙의 성질을 갖게 된다.

판 례

(판례1) 청소년유해매체물의 표시방법에 관한 정보통신부고시는 청소년유해매체물을 제공하려는 자가 하여야 할 전자적 표시의 내용을 정하고 있는데, 이는 정보통신망이용촉진및정보보호등에관한법률 제42조 및 동법시행령 제21조 제2항, 제3항의 위임규정에 의하여 제정된 것으로서 국민의 기본권을 제한하는 것인바 상위법령과 결합하여 대외적 구속력을 갖는 법규명령으로 기능하고 있는 것이므로 헌법소원의 대상이 된다(헌재결 2004. 1. 29, 2001헌마894).

(판례2) 헌법이 인정하고 있는 위임입법의 형식은 예시적인 것으로 보아야 할 것이고, 규율의 밀도와 규율영역의 특성에 따라 입법자의 상세한 규율이 불가능한 것으로 보이는 영역에서 행정규칙에 대한 위임입법이 제한적으로 인정될 수 있으며, 법 제32조 제3호는 경품의 종류와 경품제공방식을 규율하려는 것으로 그 규율영역의 전문적·기술적 특성상 소관부처인 문화관광부의 고시로 위임함이 요구되는 사항이라고 볼 수 있으므로 법 제32조 제3호의 위임형식은 헌법에 반하지 않는다(헌재결 2009. 2. 26, 2005헌바94·2006헌바30).

② 일반적·구체적 규율의 성질을 가진 고시의 경우

일반처분에 해당한다고 봄이 일반적이다.

예) 부동산가격공시 및 감정평가에 관한법률 에 의한 공시지가결정고시, 도로법에 의한 도로구역결정고시 등

4. 기능에 따른 분류

(1) 재량준칙

행정의 재량권행사에 있어서 재량권행사의 일반적 기준을 정하기 위하여 발하는 행정규칙으로 재량기준행정규칙이라고도 한다. 판례는 재량준칙의 경우 원칙적으로 대외적 구속력을 부인한다. 그러나 예외적으로 재량준칙이 되풀이 시행되어 행정관행이 이룩되고 평등원칙이나 신뢰보호원칙에 따라 행정기관이 그 상대방에 대한 관계에서 그 규칙에 따라야 할 자기구속을 당하게 되는 경우에는 재량준칙도 대외적 구속력을 가진다고 판시한 바 있다(헌재결 1990. 9. 3, 90헌마13).

판 례

(판례1) 비관리청 항만공사 시행허가는 특정인에게 권리를 설정하는 행위로서 항만법과 그 시행령에 허가기준에 관한 규정이 없으므로 허가 여부는 행정청의 재량에 속하고 그 허가를 위한 심사기준을 정하여 놓은 비관리청항만공사시행허가등에관한업무처리요령(해운항만청 고시 제1996-19호)은 재량권 행사의 기준인 행정청 내부의 사무처리준칙에 불과하여 허가처분의 적법여부는 결국 재량권의 남용 여부의 판단에 달려 있다(대판 1998. 9. 8, 98두6272).

(판례2) 부과과징금 결정단계의 조정사유별 감경률 적용방식에 관하여 구체적인 규정이 없는 상태에서, 공정거래위원회가 과징금 부과처분을 하면서 적용한 기준이 과징금제도와 감경제도의 입법 취지에 반하지 아니하고 불합리하거나 자의적이지 아니하며, 나아가 그러한 기준을 적용한 과징금 부과처분에 과징금 부과의 기초가 되는 사실을 오인하였거나 비례·평등원칙에 위배되는 등의 사유가 없다면, 그 과징금 부과처분에 재량권을 일탈·남용한 위법이 있다고 보기 어렵다(대판 2019. 7. 25, 2017두55077).

(판례3) 상급행정기관이 하급행정기관에 대하여 업무처리지침이나 법령의 해석적용에 관한 기준을 정하여 발하는 이른바 '행정규칙이나 내부지침'은 일반적으로 행정조직 내부에서만 효력을 가질 뿐 대외적인 구속력을 갖는 것은 아니므로 행정처분이 그에 위반하였다고 하여 그러한 사정만으로 곧바로 위법하게 되는 것은 아니다. 다만, 재량권 행사의 준칙인 행정규칙이 그 정한 바에 따라 되풀이 시행되어 행정관행이 이루어지게 되면 평등의 원칙이나 신뢰보호의 원칙에 따라 행정기관은 그 상대방에 대한 관계에서 그 규칙에 따라야 할 자기구속을 받게 되므로, 이러한 경우에는 특별한 사정이 없는 한 그를 위반하는 처분은 평등의 원칙이나 신뢰보호의 원칙에 위배되어 재량권을 일탈·남용한 위법한 처분이 된다(대판 2009. 12. 24, 2009두7967).

(2) 해석준칙

법령집행의 통일성을 기할 필요에서 법령해석의 기준을 정하기 위하여 발하는 행정규칙으로 규범해석행정규칙이라고도 한다. 해석준칙은 하급행정기관을 구속하는 내부효과를 갖는다.

(3) 규범구체화 행정규칙(법령보충적 행정규칙)

규범구체화 행정규칙이란 법령 등 상위규범을 구체화하는 내용의 행정규칙이다. 행정기관은 행정목적을 달성하기 위하여 필요한 경우에 법령에 위반되지 아니하는 범위 내에서 규범구체화 행정규칙을 발할 수 있다. 규범구체화 행정규칙은 독일 연방행정법원의 뷜판결에서 방사선방호령에 대한 연방 내무부장관의 지침이 규범구체화 기능을 가지며 단순한 규범해석 행정규칙과 달리 규범에 의하여 설정된 범위내에서 행정법원을 구속한다고 판시한 바 있다.

우리 판례는 법령보충적 행정규칙이라는 개념을 사용한다(대판 1996. 9. 20, 95누8003). 여기서 법령보충적 행정규칙이란 법령의 규정에 의하여 행정관청에 법령의 구체적 내용을 보충할 권한을 부여받은 고시·훈령 등 형식의 행정입법을 말한다. 따라서 규범구체화 행정규칙의 개념은 수권을 매개로 하지 아니한다는 점에서 법령보충적 행정규칙의 개념과 일치하지 아니한다.

판 례

(판례) 사회적 변화에 대응한 입법수요의 급증과 종래의 형식적 권력분립주의로는 현대사회에 대응할 수 없다는 기능적 권력분립론 등을 감안하여 헌법 제40조와 헌법 제75조, 제95조의 의미를 살펴보면, 의회가 구체적으로 범위를 정하여 위임한 사항에 관하여는 당해 행정기관이 법정립의 권한을 갖게 되고, 이 경우 입법자는 규율의 형식도 선택할 수 있다 할 것이므로, 헌법이 명시하고 있는 법규명령의 형식이 아닌 행정규칙에 위임하더라도 이는 국회입법의 원칙과 상치되지 않는다. 다만, 행정규칙은 법규명령과 같은 엄격한 제정 및 개정절차를 요하지 아니하므로, 기본권을 제한하는 내용에 대해서는 법규명령에 위임함이 바람직하고, 부득이 고시와 같은 형식으로 위임을 할 때에는 적어도 전문적·기술적 사항이나 경미한 사항으로서 업무의 성질상 위임이 불가피한 사항에 한정된다(헌재결 2016. 2. 25, 2015헌바191).

Ⅲ. 행정규칙의 성질

1. 행정규칙의 법규성여부

(1) 전통적 견해: 행정규칙의 법규성을 부인하는 입장이었다(비법규설).

(2) 새로운 고찰

오늘날 행정국가화, 행정규칙을 둘러싼 법적 상황의 변화를 통해 행정규칙 중 일부는 일반국민에 대하여 실질적으로 지대한 영향을 미치는 점을 고려하여, 자의적인 재량권의 행사를 방지하기 위해 일정한 행정규칙에도 법규성을 인정할지 여부에 견해가 대립한다.

1) 학설

가. 비법규설

행정규칙은 행정조직 내부 또는 특별권력관계 내부에서 그 조직·작용을 규율하기 위해 제정되는 것이므로 국민에 대한 법적 구속력은 물론 법원을 구속하거나 재판기준이 되지 못한다.

나. 준법규설(간접적 효력설)

행정규칙이 정립되어 적용되게 되면 행정관행이 성립되고 이 경우 특별한 이유없이 특정인에게만 그것을 적용하지 아니하면 평등원칙 위반으로 위법하게 되므로 행정기관은 당해 행정규칙에 따라야 할 자기구속을 당하게 되는데, 이와 같은 자기구속론에 바탕하여 행정규칙은 평등원칙을 매개로 하여 간접적으로 사실상의 대외적 효력을 갖는다고 한다. 즉 평등원칙 및 행정의 자기구속원칙은 행정규칙이 일반적으로 갖는 내부구속을 외부구속으로 사실상 변화시킨다.

다. 법규설(직접적 효력설)

행정규칙의 일정한 범위에 대하여 직접적으로 법적인 대외적 효력을 인정한다. 즉, 적어도 일정한 종류의 행정규칙은 행정권이 정하는 위임명령과 같이 법률에서 파생적으로 법적 효력이 부여되는 것이 아니라 행정에 고유한 법창조권에 의거하여 정하는 행정규칙 그 자체가 직접적으로 외부효과(외부법으로서의 역할)를 가지고 일반적 구속력이 있으면 법률과 마찬가지의 법이라고 한다.

2) 판례

가. 대법원의 입장

대법원은 원칙적으로 행정규칙의 법규성은 물론 대외적 구속력을 부인하는 입장이지만, 최근의 판례는 원칙적인 입장에서의 변화는 없으나 특별한 사정이 없는 한 행정청의 재량준칙을 존중하여야 한다는 입장이다. 나아가 대법원은 예외적으로 국세청장의 훈령인 재산세사무처리규정에 대하여 법규성을 인정하였는바(대판 1987. 9. 29, 86누484), 이에 대하여는 규범구체화 행정규칙으로 이해하는 견해도 있으나, 이는 상위법령에 보충적 성격을 가지는 법령보충적 행정규칙으로서 법적 성질상 위임명령(법규명령으로의 성격)에 해당하기 때문으로 보는 것이 일반적이다.

판 례

(판례1) 개인택시운송사업면허는 특정인에게 권리나 이익을 부여하는 행정행위로서 법령에 특별한 규정이 없는 한 재량행위이고, 그 면허에 필요한 기준을 정하는 것 역시 행정청의 재량에 속하는 것이므로 그 기준이 객관적으로 보아 합리적이 아니라든가 타당하지 아니하여 재량권을 남용한 것이라고 인정되지 아니하는 이상 행정청의 의사는 가능한 한 존중되어야 한다(대판 2005. 4. 28, 2004두8910).

(판례2) 상급행정기관이 소속 공무원이나 하급행정기관에 대하여 업무처리지침이나 법령의 해석·적용 기준을 정해 주는 '행정규칙'은 일반적으로 행정조직 내부에서만 효력을 가질 뿐 대외적으로 국민이나 법원을 구속하는 효력이 없다. 처분이 행정규칙을 위반하였다고 해서 그러한 사정만으로 곧바로 위법하게 되는 것은 아니고, 처분이 행정규칙을 따른 것이라고 해서 적법성이 보장되는 것도 아니다. 처분이 적법한지는 행정규칙에 적합한지 여부가 아니라 헌법과 법률, 대외적으로 구속력 있는 법령의 규정과 입법 목적, 비례·평등원칙과 같은 법의 일반원칙에 적합한지 여부에 따라 판단해야 한다(대법원 2019. 7. 11. 선고 2017두38874 판결 등 참조). 행정규칙이 이를 정한 행정기관의 재량에 속하는 사항에 관한 것인 때에는 그 규정 내용이 객관적 합리성을 결여하였다는 등의 특별한 사정이 없는 한 법원은 이를 존중하는 것이 바람직하다. 개발행위허가신청에 대하여 행정청이 처분서에 불확정개념으로 규정된 법령상의 허가기준 등을 충족하지 못하였다는 취지만 간략히 기재하여 거부처분을 한 경우, 소송절차에서 행정청은 처분사유를 구체화하여야 하는지 여부(적극) 및 개발행위허가 거부처분의 효력을 다투는 원고는 행정청이 제시한 구체적인 판단과 근거에 재량권 일탈·남용의 위법이 있음을 밝히기 위해 추가적인 주장 및 자료를 제출할 필요가 있는지 여부(적극)(대판 2020. 8. 27, 2019두60776).

나. 헌법재판소의 입장

헌법재판소 역시 상위법령과 결합하여 대외적 효력을 가지는 행정규칙의 법리를 인정(법령보충적 행정규칙의 법규성)하고 있다. 다만, 헌법재판소는 대법원이 재량준칙의 준법규성을 고려하고 있지 않음에 반해 재량준칙의 준법규성을 인정하고 있다.

판 례

(판례) 행정규칙이 법령의 규정에 의하여 행정관청에 법령의 구체적 내용을 보충할 권한을 부여한 경우, 또는 재량권행사의 준칙인 규칙이 그 정한 바에 따라 되풀이 시행되어 행정관행이 이룩되게 되면, 평등의 원칙이나 신뢰보호의 원칙에 따라 행정기관은 그 상대방에 대한 관계에서 그 규칙에 따라야 할 자기구속을 당하게 되고, 그러한 경우에는 대외적인 구속력을 가지게 된다 할 것이다(헌재결 2001. 5. 31, 99헌마413).

2. 법규명령 형식의 행정규칙과 행정규칙 형식의 법규명령

(1) 이른바 '법규명령 형식의 행정규칙'

1) 쟁점

행정규칙의 성질을 가진 규정이 대통령령·총리령·부령 속에 들어가 있는 경우에 행정규칙의 성질을 가진 규정이 법규명령의 성질을 가지는 규정으로 변경되는가의 문제이다.

2) 학설

가. 적극설(형식설 = 법규명령설)

당해 행정규칙은 법규로 되어 국민이나 법원을 구속한다고 본다. 그 논거로는 법규명령과 행정규칙이 각각 고유한 법형식이 있음을 전제로 ① 대통령령·총리령·부령은 대국민적 일반적 구속력을 가진다는 점, ② 특별권력에 의한 법은 일반공권력에 의한 법에 귀속된다는 점을 든다.

나. 소극설(실질설)

그 내용상 행정규칙인 것이 명백할 때에는 법규의 형식으로 제정되어도 행정규칙으로서의 성질이 변하는 것이 아니어서, 그것은 일반국민이나 법원을 구속할 수 없다고 본다.

다. 수권여부기준설

법령의 수권여부를 기준으로 법령의 수권에 근거한 것은 법규명령이고, 법률의 수권 없이 제정된 것은 행정규칙으로 보아야 한다는 입장이다.

3) 판례의 입장

가. 부령의 형식으로 제정된 경우

① 제재적 재량처분기준을 정한 경우

판례는 부령의 형식으로 제재적 재량처분의 기준을 정하고 있는 경우, 그 규정의 성질과 내용은 행정청 내부의 사무처리 기준으로서 행정규칙에 불과하다고 보아 대외적 구속력을 부인하는 입장이다(비교: 판례는 제재적 재량처분의 기준을 정하고 있는 대통령령의 경우 대외적 구속력을 긍정한다).

판 례

(판례1) 제재적 재량처분의 기준을 정하고 있는 공중위생법시행규칙은 형식은 부령으로 되어 있으나 그 성질은 행정기관 내부의 사무처리준칙을 규정한 것에 불과한 것으로서 보건사회부장관이 관계 행정기관 및 직원에 대하여 그 직무권한 행사의 지침을 정하여 주기 위하여 발한 행정명령의 성질을 가지는 것이지 재량권을 기속하거나 대외적으로 국민을 기속하는 것은 아니다(대판 1991. 3. 8, 90누6545).

(판례2) 교육공무원의 성폭력 비위행위에 대하여 강화된 내용으로 도입된 구 교육공무원 징계양정 등에 관한 규칙(2019. 3. 18. 교육부령 제178호로 개정되기 전의 것, 이하 '구 징계양정 규칙'이라 한다) 제2조 제1항 [별표]의 징계양정 기준은, 교원에게 고도의 직업윤리의식 내지 도덕성이 요구될 뿐만 아니라 직무의 내외를 불문하고 가중된 품위유지의무를 부담하여야 한다는 점, 특히 교원이 성폭력의 비위행위를 저지를 경우 이는 품위유지의무를 중대하게 위반한 것으로서 본인은 물론 교원사회 전체에 대한 국민의 신뢰를 실추시킬 우려가 크므로 해당 교원이 비위행위에 상응하는 불이익을 받지 아니하고 교육자로서의 직

책을 그대로 수행하도록 하는 것은 적절하지 않다는 점, 강화된 징계양정 기준이 도입될 당시의 사회적 상황 및 성폭력범죄 행위에 대한 일반 국민의 법감정 등 여러 가지 요소들을 종합적으로 고려하였을 때, 비례의 원칙에 어긋나거나 합리성을 갖추지 못하였다고 단정할 수 없다.
특히 구 징계양정 규칙 제4조 제2항 제4호(가)목은 성폭력범죄의 처벌 등에 관한 특례법 제2조에 따른 성폭력범죄 행위로 징계의 대상이 된 경우에는 징계를 감경할 수 없다고 규정하고 있는데, 적어도 '고의가 있는 경우'에 관하여는 앞서 본 바와 같은 맥락에서 객관적 합리성을 결여하였다고 보기 어렵고, 이에 따라 위 규정은 구 징계양정 규칙 제2조 제1항 [별표]와 더불어 징계양정 기준으로 작용하게 된다. 따라서 징계권자가 구 징계양정 규칙 제2조 제1항 [별표]에 따른 징계양정 기준을 적용하여 한 처분에 대하여 사회통념상 현저하게 타당성을 잃어 징계권자에게 맡겨진 재량권을 남용하였다고 섣불리 판단하여서는 아니 된다.
이 사건 비위행위는 원고(초등학교 교감)가 심야에 피해자의 택시에 승객으로 탑승하여 운전 중이던 피해자의 성적으로 민감한 신체 부위를 기습적으로 만지는 방법으로 강제추행한 것으로서, 당시 피해자는 상당한 정신적 충격과 성적 수치심을 느낀 나머지 택시운행을 중지하고 원고에게 즉시 하차를 요구하였던 것으로 보인다. 이러한 비위행위의 내용 및 경위 등에 비추어 보면, 피해자가 사회경험이 풍부하다거나 상대적으로 고령인 점 등을 내세워 사안이 경미하다거나 비위의 정도가 중하지 않다고 가볍게 단정 지을 것은 아니다.
원고가 이 사건 처분으로 인해 입게 되는 불이익의 정도가 이 사건 처분으로 인해 달성되는 공익상 필요보다 크다거나, 원고가 품위유지의무를 위반한 내용 및 그 정도에 비해 지나치게 가혹하여 객관적인 합리성을 결여함으로써 사회통념상 현저하게 타당성을 상실하였다고 볼 수 없다(대판 2019. 12. 24, 2019두48684).

② 수익적 재량처분기준을 정한 경우

판례는 부령의 형식으로 수익적 재량처분기준을 정하고 있는 경우에 대해서는 제재적 경우와 달리 법규명령으로 보고 있다.

판 례

(판례) 구 여객자동차 운수사업법 시행규칙은 구 여객자동차운수사업법 제11조 제4항의 위임에 따라 시외버스운송사업의 사업계획변경에 관한 절차, 인가기준 등을 구체적으로 규정한 것으로서, 대외적인 구속력이 있는 법규명령이라 할 것이고, 그것을 행정청 내부의 사무처리준칙을 규정한 행정규칙에 불과하다고 할 수는 없다(대판 2006. 6. 27, 2003두4355).

나. 대통령령 형식으로 제정된 경우

판례는 대통령령 형식에 대해서는 제재적 재량처분의 기준을 정하고 있는 경우에도 법규명령으로 보고 있다. 다만 판례는 시행령에 법규성을 인정하면서도 그에 대해 절대적 구속력이 아닌 신축적 구속력을 인정하고 있다.

판 례

(판례) 청소년보호법시행령 제40조 별표 6의 위반행위의 종별에 따른 과징금처분기준은 법규명령이기는

하나 모법의 위임규정의 내용과 취지 및 헌법상의 과잉금지원칙과 평등의 원칙등에 비추어 같은 유형의 위반행위라 하더라도 그 규모나 기간, 사회적 비난정도, 위반행위로 인하여 다른 법률에 의하여 처벌받는 다른 사정, 행위자의 개인적 사정 및 위반행위로 얻은 불법이익의 규모 등 여러 요소를 종합적으로 고려하여 사안에 따라 적정한 과징금의 액수를 정하여야 할 것이므로 그 액수는 정액이 아니라 최고한도액이다(대판 2001. 3. 9, 99두5207).

다. 위임을 받아 법규사항을 구체적으로 정한 경우

상위법령의 위임을 받아 재량권 행사의 기준이 아니라 재량권 행사의 기준이 되는 법규사항을 법규명령의 형식으로 구체적으로 정한 경우 법규명령이다.

판 례

(판례) 공정거래위원회가 입찰담합에 관한 과징금의 기본 산정기준이 되는 '계약금액'을 재량에 따라 결정할 수 있는지 여부(소극)

공정거래위원회는 독점규제 및 공정거래에 관한 법률(이하 '공정거래법'이라 한다)상 과징금 상한의 범위 내에서 과징금 부과 여부 및 과징금 액수를 정할 재량을 가지고 있다. 그러나 공정거래법 제22조는 공정거래위원회가 부당한 공동행위를 행한 사업자에 대하여 '대통령령이 정하는 매출액'에 100분의 10을 곱한 금액(매출액이 없는 경우 등에는 20억 원)을 초과하지 아니하는 한도 내에서 과징금을 부과할 수 있도록 정하고 있고, 그 위임에 따라 구 독점규제 및 공정거래에 관한 법률 시행령(2014. 2. 11. 대통령령 제25173호로 개정되기 전의 것) 제9조 제1항은 본문에서 "공정거래법 제22조에서 '대통령령이 정하는 매출액'이란 위반사업자가 위반기간 동안 일정한 거래분야에서 판매한 관련 상품이나 용역의 매출액 또는 이에 준하는 금액을 말한다."라고 정하면서, 그 단서에서 "다만 입찰담합 및 이와 유사한 행위인 경우에는 계약금액을 말한다."라고 정하고 있다. 따라서 입찰담합에 관한 과징금의 기본 산정기준이 되는 '계약금액'은 위와 같은 법령의 해석을 통하여 산정되는 것이지 공정거래위원회가 재량에 따라 결정할 수 있는 것이 아니다(대판 2020. 10. 29, 2019두37233).

4) 검토

판례는 제재적 처분기준을 정한 법규명령형식의 행정규칙의 경우, 대통령령 형식의 경우 법규명령의 성격을 긍정하고, 부령의 형식의 경우 행정규칙의 성격으로 보아 대외적 구속력을 부정하고 있는바, 이는 일관성이 결여되었다는 비판을 받고, 법적안정성의 견지에서 그 법형식을 존중하여 법규성을 인정하되, 법률의 수권을 결여한 경우에는 위임의 한계를 벗어난 것으로 위법·무효가 되는 것으로 보아야 한다는 법규명령설(형식설)이 타당하다. 당해 견해가 처분의 실제기준이 된 법규명령을 대상으로 판단한다는 점에서 국민의 권리구제에 보다 유용하다.

(2) 행정규칙 형식의 법규명령

1) 쟁점

행정기관이 고시·훈령 등의 형식으로 상위법령을 보충·구체화한 경우, 이러한 고시·훈령이 법규성을 가질 수 있는가가 문제된다.

2) 법적성질

가. 학설

학설상으로는 법규명령설, 행정규칙설, 규범구체화행정규칙설 및 위헌무효설이 대립된다. 이러한 행정규칙은 내용적으로는 법률 또는 상위명령의 구체적 위임에 기하여 제정되는 것이므로 그 실질적 내용에 따라 법규명령으로 보는 것이 타당하다. 행정규제기본법 제4조 제2항 본문은 행정규제법률주의를 규정하면서 단서에서 '다만, 법령에서 전문적·기술적 사항이나 경미한 사항으로서 업무의 성질상 위임이 불가피한 사항에 관하여 구체적으로 범위를 정하여 위임한 경우에는 고시 등으로 정할 수 있다.'고 규정하고 있는데, 이러한 행정규제기본법 제4조 제2항 단서는 행정규칙 형식의 법규명령을 명문으로 인정한 것으로 이해된다.

나. 판례 – 법규명령설

대법원은 국세청훈령인 재산제세사무처리규정에 대해 소득세법시행령과 결합하여 대외적 인 구속력이 있는 법규명령으로서의 효력을 인정한 이래 행정규칙형식의 법규명령에 대해 동일한 태도를 유지하고 있다. 헌법재판소도 대법원과 동일한 입장이다.

판 례

(판례1) 부동산투기거래의 유형을 정한 재산제세사무처리규정

재산제세사무처리규정이 국세청장의 훈령형식으로 되어 있다 하더라도 이에 의한 거래지정은 그와 결합하여 대외적 효력을 발생하게 된다 할 것이고 그 보충규정의 내용이 위 법령의 위임한계를 벗어났다는 등 특별한 사정이 없는 한 양도소득세의 실지거래가액에 의한 과세의 법령상의 근거가 된다고 할 것이다(대판 1987. 9. 29, 86누484).

(판례2) 개별토지가격합동조사지침

개별토지가격합동조사지침 제6조는 개별토지가격결정 절차를 규정하고 있으면서 그중 제3호에서 산정된 지가의 공개 열람 및 토지소유자 또는 이해관계인의 의견접수를 절차의 하나로 규정하고 있는바, 위 지침은 지가공시및토지등의평가에관한법률 제10조의 시행을 위한 집행명령으로서 법률보충적인 구실을 하는 법규적 성질을 가지고 있는 것으로 보아야 할 것이므로 위 지침에 규정된 절차에 위배하여 이루어진 지가결정은 위법하다(대판 1994. 2. 8, 93누111).

(판례3) 공장입지의 기준을 정한 고시

법령의 규정이 특정 행정기관에 그 법령내용의 구체적 사항을 정할 수 있는 권한을 부여하면서 그 권한 행사의 절차나 방법을 특정하고 있지 않은 관계로 수임 행정기관이 행정규칙의 형식으로 그 법령의 내용이 될 사항을 구체적으로 정하고 있는 경우에는, 그 행정규칙이 당해 법령의 위임한계를 벗어나지 않는 한, 그와 결합하여 대외적으로 구속력이 있는 법규명령으로서 효력을 가지는 것이므로, 산업자원부장관이 공업배치및공장설립에관한법률 제8조의 규정에 따라 공장입지의 기준을 구체적으로 정한 고시는 법규명령으로서 효력을 가진다(대판 2003. 9. 26, 2003두2274).

(판례4) 목욕탕영업신고 영업폐쇄명령처분에 관한 택지개발업무처리지침

상급행정기관이 하급행정기관에 대하여 업무처리지침이나 법령의 해석적용에 관한 기준을 정하여 발하는 이른바 행정규칙은 일반적으로 행정조직 내부에서만 효력을 가질 뿐 대외적인 구속력을 갖지 않지만, 법령의 규정이 특정 행정기관에게 그 법령 내용의 구체적 사항을 정할 수 있는 권한을 부여하면서 그 권한 행사의 절차나 방법을 특정하고 있지 않아 수임행정기관이 행정규칙의 형식으로 그 법령의 내용이 될 사항을 구체적으로 정하고 있다면, 그와 같은 행정규칙은 위에서 본 행정규칙이 갖는 일반적 효력으로서가 아니라 행정기관에 법령의 구체적 내용을 보충할 권한을 부여한 법령 규정의 효력에 의하여 그 내용을 보충하는 기능을 갖게 되고, 따라서 이와 같은 행정규칙은 당해 법령의 위임 한계를 벗어나지 않는 한 그것들과 결합하여 대외적인 구속력이 있는 법규명령으로서의 효력을 가진다(대판 2008. 3. 27, 2006두3742,3759).

(판례5) 산림청장이 정한 산지전용허가기준

산지관리법 제18조 제1항, 제4항, 같은 법 시행령 제20조 제4항에 따라 산림청장이 정한 '산지전용허가기준의 세부검토기준에 관한 규정'(2003. 11. 20. 산림청 고시 제2003-71호) 제2조 [별표 3](바)목 가.의 규정은 법령의 내용이 될 사항을 구체적으로 정한 것으로서 당해 법령의 위임 한계를 벗어나지 않으므로, 그와 결합하여 대외적으로 구속력이 있는 법규명령으로서 효력을 가진다(대판 2008. 4. 10, 2007두4841).

(판례6) 청소년유해매체물의 표시방법에 관한 정보통신부고시

청소년유해매체물의 표시방법에 관한 정보통신부고시는 청소년유해매체물을 제공하려는 자가 하여야 할 전자적 표시의 내용을 정하고 있는데, 이는 정보통신망이용촉진및정보보호등에관한법률 제42조 및 동법 시행령 제21조 제2항, 제3항의 위임규정에 의하여 제정된 것으로서 국민의 기본권을 제한하는 것인바 상위법령과 결합하여 대외적 구속력을 갖는 법규명령으로 기능하고 있는 것이므로 헌법소원의 대상이 된다(헌재결 2004. 1. 29, 2001헌마894).

3) 행정규칙형식의 법규명령의 한계

행정규칙형식의 법규명령도 법규명령에 해당하므로, 헌법 제75조, 헌법 제95조의 취지 및 행정규제기본법 제4조 제2항의 위임입법의 제한원리에 따라야 한다. 즉 ① 포괄적 위임의 금지의 원칙 또는 구체적으로 범위를 정한 위임의 원칙에 따라야 하고, ② 또한 수권의 취지에 부합하여야 한다.

판 례

(판례1) 금융감독위원회의 고시에의 입법위임의 한계

재산권 등과 같은 기본권을 제한하는 작용을 하는 법률이 입법위임을 할 때에는 대통령령·총리령·부령 등 법규명령에 위임함이 바람직하고, 금융감독위원회의 고시와 같은 형식으로 입법위임을 할 때에는 적어도 행정규제기본법 제4조 제2항 단서에서 정한 바와 같이 법령이 전문적·기술적 사항이나 경미한 사항으로서 업무의 성질상 위임이 불가피한 사항에 한정된다 할 것이고, 그러한 사항이라 하더라도 포괄위임금지의 원칙상 법률의 위임은 반드시 구체적·개별적으로 한정된 사항에 대하여 행하여 져야 할 것이다(헌재결 2004. 10. 28, 99헌바91).

(판례2) 노인복지지침에 따른 노령수당지급사건

구 노인복지법 및 동법시행령이 노령수당의 지급대상자를 65세 이상으로 정하면서, 수당의 구체적인 지급수준을 보건사회부장관(현 보건복지부장관)이 정하도록 위임한 경우, 보건사회부장관이 노인복지지침으로 노령수당의 지급대상자를 70세 이상으로 규정한 부분은 법령의 위임한계를 벗어난 것으로서 효력이 없다(대판 1996. 4. 12, 95누7727).

(판례3) 보건사회부장관이 정한 식품제조영업허가기준

식품제조영업허가기준이라는 고시는 공익상의 이유로 허가를 할 수 없는 영업의 종류를 지정할 권한을 부여한 구 식품위생법 제23조의3 제4호에 따라 보건사회부장관이 발한 것으로서, 실질적으로 법의 규정내용을 보충하는 기능을 지니면서 그것과 결합하여 대외적으로 구속력이 있는 법규명령의 성질을 가진 것이다.
위 고시는 공익을 위하여 필요한 경우에는 영업 등의 허가를 제한할 수 있다는 구 식품위생법의 관계규정에 따라 발하여진 것이므로, 보존음료수제조업의 허가를 제한할 수 있는 법률상의 근거는 있다고 할 것이지만, 위 고시가 국민의 기본권을 제한하는 것으로서 국가안전보장 질서유지 또는 공공복리를 위하여 필요한 것이 아니거나, 또는 필요한 것이라고 하더라도 국민의 자유와 권리를 덜 제한하는 다른 방법으로 그와 같은 목적을 달성할 수 있다든지, 위와 같은 제한으로 인하여 국민이 입게 되는 불이익이 그와 같은 제한에 의하여 달성할 수 있는 공익보다 클 경우에는 이와 같은 제한은 비록 자유와 권리의 본질적인 내용을 침해하는 것이 아니더라도 헌법에 위반되는 것이다(대판 1994. 3. 8, 92누1728).

Ⅳ. 행정규칙의 성립·하자·소멸

1. 행정규칙의 성립

행정규칙은 ① 권한있는 기관이 제정하여야 하고, ② 그 내용이 법규나 상위규칙에 반하지 아니하며, 가능·명확하여야 하며, ③ 소정의 절차와 형식이 있으면 그것을 갖추어야 한다. ④ 행정규칙은 적당한 방법으로 통보되고 도달하면 효력을 갖는다. 반드시 국민에게 공포되어야 효력이 발생하는 것은 아니다. 다만, 행정절차법 제20조에 따른 처분기준은 공표하여야 한다.

판 례

(판례) 국세청훈령은 국세청장이 구 소득세법 시행령 제170조 제4항 제2호에 해당할 거래를 행정규칙의 형식으로 지정한 것에 지나지 아니하므로 적당한 방법으로 이를 표시, 또는 통보하면 되는 것이지, 공포하거나 고시하지 아니하였다는 이유만으로 그 효력을 부인할 수 없다(대판 1990. 5. 22, 90누639).

2. 행정규칙의 하자

하자 있는 행정규칙은 효력이 없다. 하자있는 행정규칙에 근거한 행정행위의 경우에는 중대명백설에 따른 하자의 효과로서 무효와 취소의 경우가 있으나, 행정규칙의 경우에는 무효의 경우만 있을 뿐이다.

판 례

(판례) 피고가 이 사건 처분의 근거로 내세우는 위 국세청 훈령 제20조 등은 주류판매업자에 대한 관계에 있어서는 상위법령에 근거가 없어 무효라 할 것이고 따라서 이 사건 처분은 무효인 훈령에 기초한 것으로서 그 위법의 하자가 중대하고 명백하여 당연무효라고 판단하고 있는바, 이는 적법한 사실인정과 정당한 법령해석에 따른 옳은 판단이라 할 것이다(대판 1980. 12. 23, 79누382).

3. 행정규칙의 소멸

행정규칙은 ① 명시적·묵시적 폐지, ② 종기의 도래, ③ 해제조건의 성취 등에 의하여 소멸한다.

V. 행정규칙의 통제

1. 행정적 통제

행정규칙에 대한 행정적 통제는 ① 상급행정기관의 감독권에 의하여 통제할 수 있다. ② 행정절차법에 의한 절차적 통제가 가능하다(행정절차법 제41조). 또한, ③ 행정심판법은 중앙행정심판위원회로 하여금 법령 등의 개선에 관한 통제권을 부여하고 있다(행정심판법 제59조).

2. 입법적 통제

행정규칙에 대한 통제방식도 법규명령과 유사하여 소관상임위원회에 제출을 요한다. 그러나 법규명령과 달리 법위반사실의 통보제도는 도입되어 있지 않다(국회법 제98조의2 제1항, 제3항).

국회법 제98조의2(대통령령 등의 제출등) ① 중앙행정기관의 장은 법률에서 위임한 사항이나 법률을 집행하기 위하여 필요한 사항을 규정한 대통령령·총리령·부령·훈령·예규·고시 등이 제정·개정 또는 폐지된 때에는 10일 이내에 이를 국회 소관상임위원회에 제출하여야 한다. 다만, 대통령령의 경우에는 입법예고를 하는 때(입법예고를 생략하는 경우에는 법제처장에게 심사를 요청하는 때를 말한다)에도 그 입법예고안을 10일 이내에 제출하여야 한다.
② 제1항의 기간 이내에 이를 제출하지 못한 경우에는 그 이유를 소관상임위원회에 통지하여야 한다.
③ 상임위원회는 위원회 또는 상설소위원회를 정기적으로 개회하여 그 소관중앙행정기관이 제출한 대통령령·총리령 및 부령에 대하여 법률에의 위반여부 등을 검토하여 당해 대통령령등이 법률의 취지 또는 내용에 합치되지 아니하다고 판단되는 경우에는 소관중앙행정기관의 장에게 그 내용을 통보할 수 있다. 이 경우 중앙행정기관의 장은 통보받은 내용에 대한 처리 계획과 그 결과를 지체 없이 소관상임위원회에 보고하여야 한다.

3. 사법적 통제

(1) 법원에 의한 통제

행정규칙은 국민의 권리·의무에 직접 영향을 미치지 아니하므로 원칙적으로 그 자체를 행정소송으로 다툴 수 없게 된다. 그러나 예외적으로 법령보충적 행정규칙과 같이 국민의 권리·의무에 직접 영향을 미치게 되는 경우 항고소송의 대상이 된다(구체적 규범통제의 대상이 된다).

판 례

(판례1) 개인택시면허 우선순위에 관한 교통부장관의 시달은 단순히 개인택시면허처분을 그 면허순위에 관한 내부적 심사기준을 시달한 예규나 통첩에 불과하여 현실적으로 특정인의 권리를 침해하는 것이 아니므로 이를 행정소송의 대상이 되는 행정처분이라고 할 수 없다(대판 1985. 11. 26, 85누394).

(판례2) 교육부장관이 내신성적 산정기준의 통일을 기하기 위해 대학입시기본계획의 내용에서 내신성적 산정기준에 관한 시행지침을 마련하여 시·도 교육감에서 통보한 것은 행정조직 내부에서 내신성적 평가에 관한 내부적 심사기준을 시달한 것에 불과하며, 각 고등학교에서 위 지침에 일률적으로 기속되어 내신성적을 산정할 수밖에 없고 또 대학에서도 이를 그대로 내신성적으로 인정하여 입학생을 선발할 수밖에 없는 관계로 장차 일부 수험생들이 위 지침으로 인해 어떤 불이익을 입을 개연성이 없지는 아니하나, 그러한 사정만으로서 위 지침에 의하여 곧바로 개별적이고 구체적인 권리의 침해를 받은 것으로는 도저히 인정할 수 없으므로, 그것만으로는 현실적으로 특정인의 구체적인 권리의무에 직접적으로 변동을 초래케 하는 것은 아니라 할 것이어서 내신성적 산정지침을 항고소송의 대상이 되는 행정처분으로 볼 수 없다(대판 1994. 9. 10, 94두33).

(판례3) '집행증서 작성사무 지침' 제4조는 법률에 의하여 허용되는 쌍방대리 형태의 촉탁행위에 대하여 '대부업자 등'의 금전대부계약에 따른 채권·채무에 관한 경우에는 행정규칙의 형식으로 일반적으로 공증인에

게 촉탁을 거절하여야 할 의무를 부과하는 것이어서 '법률우위원칙'에 위배되어 무효라고 보아야 한다. 피고(법무부장관)는 원고들이 상호저축은행의 금전대부계약 관련 집행증서 촉탁을 거절하지 않고 집행증서를 작성함으로써 단지 이 사건 지침 제4조를 위반하였다는 점을 징계사유로 삼아 이 사건 징계처분을 하였는데, 이 사건 지침 제4조는 무효이므로, 원고들이 이 사건 지침 제4조를 위반하였다는 점은 적법한 징계사유가 될 수 없다(대판 2020. 11. 26, 2020두42262).

(2) 헌법재판소에 의한 통제

행정조직내부에서만 효력을 가질 뿐 대외적 구속력이 없는 행정규칙은 헌법재판소에 의한 통제의 대상이 아니라는 것이 헌법재판소의 기본적 입장이다. 그러나 행정규칙이 기본권을 침해하고 아울러 다른 방법으로 이러한 침해를 다툴 수가 없어서 결과적으로 권리보호가 불가능하다면 헌법소원의 방식으로 다툴 수 있다는 입장이다.

판 례

(판례1) 경기도교육청의 1999. 6. 2. 자 「학교장·교사 초빙제 실시」는 학교장·교사 초빙제의 실시에 따른 구체적 시행을 위해 제정한 사무처리지침으로서 행정조직 내부에서만 효력을 가지는 행정상의 운영지침을 정한 것이어서, 국민이나 법원을 구속하는 효력이 없는 행정규칙에 해당하므로 헌법소원의 대상이 되지 않는다(헌재결 2001. 5. 31, 99헌마413).

(판례2) 국립대학인 서울대학교의 '94년도 대학입학고사 주요요강'은 사실상의 준비행위 내지 사전안내로서 행정쟁송의 대상이 될 수 있는 행정처분이나 공권력의 행사는 될 수 없지만 그 내용이 국민의 기본권에 직접 영향을 끼치는 내용이고 앞으로 법령의 뒷받침에 의하여 그대로 실시될 것이 틀림없을 것으로 예상되어 그로 인하여 직접적으로 기본권 침해를 받게되는 사람에게는 사실상의 규범작용으로 인한 위험성이 이미 현실적으로 발생하였다고 보아야 할 것이므로 이는 헌법소원의 대상이 되는 헌법재판소법 제68조 제1항 소정의 공권력의 행사에 해당된다고 할 것이며, 이 경우 헌법소원 외에 달리 구제방법이 없다(헌재결 1992. 10. 1, 92헌마68·76).

(판례3) 행정각부의 장관이 국가 예산을 재원으로 사회복지사업을 시행함에 있어 예산확보 방법과 그 집행 대상 등에 관하여 정책결정을 내리고 이를 미리 일선 공무원들에게 지침등의 형태로 고지하는 일련의 행위는 장래의 예산 확보 및 집행에 대비한 일종의 준비행위로서 헌법소원의 대상이 될 수 없지만, 위와 같은 정책결정을 구체화시킨 지침의 내용이 국민의 기본권에 직접적으로 영향을 끼치고, 앞으로 법령의 뒷받침에 의하여 그대로 실시될 것이 틀림없을 것으로 예상될 수 있을 때에는 예외적으로 헌법소원의 대상이 될 수도 있다(헌재결 2007. 10. 25, 2006헌마1236).

(판례4) 법령자체에 의한 직접적인 기본권침해가 문제될 때에는 그 법령자체의 효력을 직접 다투는 것을 소송물로 하여 일반법원에 소송을 제기하는 길이 없어 구제절차가 있는 경우가 아니므로 바로 헌법소원을 제기할 수 있다. 이 사건 고시는 구체적 집행행위를 기다리지 않고 일정한 경우 국민의 거주·이전의 자유를 직접 제한하는 규정을 둠으로써 법규명령 또는 행정규칙의 성격을 가지게 되었으므로, 그 효력을 직접 다투기 위한 헌법소원이 가능하다(헌재결 2008. 6. 26, 2007헌마1366).

4. 국민에 의한 통제

청원·여론 등을 통해 간접적으로 행정규칙을 통제할 수도 있다.

제 2 장

행정계획

Ⅰ. 행정계획의 개념

1. 의의

행정주체가 국가업무수행을 위해 장래 일정기간 내에 도달하고자 하는 목표를 설정하고 그를 위하여 필요한 수단들을 조정하고 통합하는 작용, 또는 그 결과로 설정된 활동기준을 말한다.

판 례

(판례) 행정계획을 전문적·기술적 판단을 기초로 하여 특정한 행정목표를 달성하기 위하여 서로 관련되는 행정수단을 종합·조정함으로써 장래의 일정한 시점에 있어서 일정한 질서를 형성하기 위하여 설정된 활동기준으로 정의한다(대판 2007. 4. 12, 2005두1893).

2. 행정계획의 기능

(1) 목표설정기능

행정계획은 장래에 대한 목표설정 기능을 수행한다.

(2) 행정수단의 종합화 기능

다양한 행정수단을 일정한 목표와의 관련 아래 상호 유기적으로 연관시켜 종합화한다.

(3) 행정과 국민 간의 매개적 기능

행정목표를 미리 알리게 되어 국민에게 미래에 대한 예측가능성을 부여한다.

Ⅱ. 행정계획의 종류

행정계획은 여러 기준에 따라 분류할 수 있으나, 법적 관점에서는 계획의 구속력 여부에 따른 구분이 중요하다.

1. 구속적 계획

(1) 국민에 대하여 구속력을 가지는 계획

국토의 계획 및 이용에 관한 법률상의 도시관리계획은 직접 국민의 권리·이익에 영향을 주는 행정계획으로 일반처분의 성격을 가진다.

(2) 타 계획에 대하여 구속력을 가지는 계획

국토기본법상의 국토종합계획, 국토의계획및이용에관한법률상의 도시기본계획 등은 국민에 대한 구속력은 없으나 타 계획을 수립하는 데 있어 일정한 지침·기준으로서 구속력을 가지는 계획으로 행정규칙적 성격을 가진다.

(3) 관계행정기관에 대하여 구속력을 가지는 계획

국가재정법상의 국가재정운용계획은 재정의 운용과 관련하여 관계행정기관을 구속하는 계획이다.

2. 비구속적 계획

비구속적 계획이란 대외적으로나 대내적으로 구속력을 가지지 않는 계획으로서 단순 정보제공적 계획 또는 유도적 계획을 말하며, 교육진흥계획, 체육진흥계획, 인구계획 등이 속한다.

Ⅲ. 법적 성질

1. 법적 성질

(1) 문제

행정계획의 경우 장기적이고 복잡·다양하므로 그의 법적 성질이 항고소송의 대상이 되는 처분성유무와 관련하여 문제된다.

(2) 학설

가. 입법행위설

행정계획은 국민의 자유와 권리에 관련되는 일반·추상적인 규범의 정립작용이라고 보는 견해이다.

나. 행정행위설

행정계획 중에는 법관계의 구체적 변동이라는 효과를 가져오는 행정행위의 성질을 가지는 것이 있다고 본다.

다. 복수성질설(개별검토설)

행정계획 중에는 법규명령적인 것도, 행정행위적인 것도 있을 수 있으므로 개별적으로 검토해야 한다고 본다.

라. 독자성설

행정계획은 법규범도 아니고 행정행위도 아닌 특수한 성질의 것이지만 그에는 구속력이 인정된다고 본다.

(3) 검토

행정계획은 여러 가지 형태로 정립되고 또한 다양한 내용을 포함하고 있어서, 그 법적 성질을 추상화하여 일률적으로 말할 수는 없고, 개개의 계획의 내용에 따라 구체적으로 판단되어야 할 것이다.

판 례

[처분성을 긍정한 판례]

(판례1) 구 도시계획법 제12조 소정의 도시계획(현 국토의 계획 및 이용에 관한 법률상 도시관리계획) 결정

구 도시계획법 제12조 소정의 도시계획 결정이 고시되면 도시구역안의 토지나 건물소유자의 토지형질변경, 건축물의 신축·개축 또는 증축 등 권리행사가 제한을 받게 되는 바, 이런 점에서 볼 때 고시된 도시계획결정은 특정개인의 권리 내지 법률상의 이익을 개별적·구체적으로 규제하는 효과를 가져오게 하는 행정청의 처분이라 할 것이고, 이는 행정소송의 대상이 된다(대판 1982. 3. 9, 80누105).

(판례2) 구 도시재개발법상 관리처분계획

도시재개발법에 의한 재개발조합은 조합원에 대한 법률관계에서 적어도 특수한 존립목적을 부여받은 특수한 행정주체로서 국가의 감독하에 그 존립 목적인 특정한 공공사무를 행하고 있다고 볼 수 있는 범위 내에서는 공법상의 권리의무 관계에 서 있는 것이므로 분양신청 후에 정하여진 관리처분계획의 내용에 관하여 다툼이 있는 경우에는 그 관리처분계획은 토지 등의 소유자에게 구체적이고 결정적인 영향을 미치는 것으로서 조합이 행한 처분에 해당하므로 항고소송의 방법으로 그 무효확인이나 취소를 구할 수 있다(대판 2002. 12. 10, 2001두6333).

[처분성을 부정한 판례]

(판례) 구 도시계획법 소정의 도시기본계획

구 도시계획법 제19조 제1항 및 도시계획시설결정 당시의 지방자치단체의 도시계획조례에서는, 도시계획이 도시기본계획에 부합되어야 한다고 규정하고 있으나, 도시기본계획은 도시의 장기적 개발방향과 미래상을 제시하는 도시계획 입안의 지침이 되는 장기적·종합적인 개발계획으로서 행정청에 대한 직접적인 구속력은 없다(대판 1998. 11. 27, 96누13927).

Ⅳ. 행정계획수립의 근거와 절차

1. 행정계획수립의 법적 근거

행정계획을 수립하기 위해서는 조직법적 근거를 요한다. 그러나 작용법적 근거는 구속적 계획은 요구되나 비구속적 계획은 요구되지 않는다.

2. 행정계획의 절차

(1) 행정절차법의 적용

행정계획이 행정절차법상의 처분에 해당하는 경우에는 제2장의 처분절차의 적용을 받으며, 행정계획 중 국민생활에 매우 큰 영향을 주거나, 많은 국민에의 이해가 상충되거나, 많은 국민에게 불편이나 부담을 주거나, 기타 널리 국민의 의견수렴이 필요한 행정계획은 제5장의 행정예고절차를 거쳐야 한다. 또한, 행정절차법은 제40조의4(행정계획)을 신설하여 "행정청은 행정청이 수립하는 계획 중 국민의 권리·의무에 직접 영향을 미치는 계획을 수립하거나 변경·폐지할 때에는 관련된 여러 이익을 정당하게 형량하여야 한다"라고 형량명령의 적용을 받도록 하였다.

(2) 개별법상의 적용

개별법에서 다양한 이해관계를 조정하기 위하여 계획책정절차에 관계 행정기관과 협의하게 하거나(국토의 계획 및 이용에 관한 법률 제18조 제3항), 상급행정기관 또는 관할 행정기관의 승인을 받도록 하거나(동법 제22조의2 제1항), 지방의회의 의견을 듣도록 하거나(동법 제21조), 주민의 의견청취를 하게 하거나(동법 제28조), 심의회 등의 심의를 거치게 하는(도시개발법 제8조) 등을 규정하고 있다.

3. 행정계획절차의 하자

행정계획절차의 하자는 하자의 일반이론에 따라 무효사유나 취소사유가 된다. 경미한 절차의 하자인 경우와 순수한 내부적인 절차위반은 취소사유가 되지 않는다.

판 례

(판례1) 도시계획법 제16조의2 제2항과 같은법 시행령 제14조의2 제6항 내지 제8항의 규정을 종합하여 보면 도시계획의 입안에 있어 해당 도시계획안의 내용을 공고 및 공람하게 한 것은 다수 이해관계자의 이익을 합리적으로 조정하여 국민의 권리자유에 대한 부당한 침해를 방지하고 행정의 민주화와 신뢰를 확보하기 위하여 국민의 의사를 그 과정에 반영시키는데 있는 것이므로 이러한 공고 및 공람 절차에 하자가 있는 도시계획결정은 위법하다(대판 2000. 3. 23, 98두2768).

(판례2) 도시계획법(1971. 1. 19. 법률 제2291호로 개정되기 전의 것) 제7조가 도시계획결정등 처분의 고시를 도시계획구역, 도시계획결정 등의 효력발생요건으로 규정하였다고 볼 것이어서 건설부장관 또는 그의 권한의 일부를 위임받은 서울특별시장, 도지사 등 지방장관이 기안, 결재등의 과정을 거쳐 정당하게 도시계획결정 등의 처분을 하였다고 하더라도 이를 관보에 게재하여 고시하지 아니한 이상 대외적으로는 아무런 효력도 발생하지 아니한다(대판 1985. 12. 10, 85누186).

(판례3) 도시계획의 수립에 있어서 도시계획법 제16조의2 소정의 공청회를 열지 아니하고 공공용지의취득및손실보상에관한특례법 제8조 소정의 이주대책을 수립하지 아니하였더라도 이는 절차상의 위법으로서 취소사유에 불과하고 그 하자가 도시계획결정 또는 도시계획사업시행인가를 무효라고 할 수 있을 정도로 중대하고 명백하다고는 할 수 없다(대판 1990. 1. 23, 87누947).

V. 행정계획의 효력

1. 효력발생요건

도시·군관리계획 결정의 효력은 고시한 날부터 발생한다(국토의 계획 및 이용에 관한 법률 제31조 제1항).

2. 행정계획의 집중효

(1) 의의

① 의의

인허가의제(집중효)란 하나의 인허가를 받으면 법률로 정하는 바에 따라 그와 관련된 여러 인허가를 받은 것으로 보는 것을 말한다(행정기본법 제24조 제1항).

현행법상 도시개발계획이나 택지개발사업 등 대규모사업계획이 확정된 경우, 그 근거법에서 다른 관계법령이 규정하고 있는 일정한 인가·허가 등을 받은 것으로 간주하는 규정을 두는 경우가 있는데(도시개발법 제19조 등), 이러한 계획확정이 다른 법령에 규정되어 있는 인·허가 등을 대체시키는 효력을 집중효라 한다.

② 취지

당해 사업의 절차를 간소화 함으로써 사업을 촉진시키려는 것이 집중효의 취지이다.

③ 법적 근거

집중효제도는 행정기관의 권한의 변경을 가져오게 되므로, 반드시 근거법상의 명시적 근거를 요한다.

(2) 의제의 정도

1) 문제

주무행정기관에 신청되거나 의제되는 인·허가 요건의 판단방식에 대하여는 견해가 대립된다.

2) 학설

가. 관할집중효설

관할권만이 인정되고, 절차적 요건·실제적 요건은 준수되어야 한다는 견해이다.

나. 제한적절차집중효설

관련 법령이 요구하는 절차적 요건은 생략할 수 있지만, 이해관계 있는 제3자의 권익보호를 위한 절차는 생략될 수 없다고 하거나, 절차가 생략되더라도 통합적인 절차는 거쳐야 한다는 견해이다.

다. 절차집중효설

관련 법령의 절차적 요건까지 갖출 것을 요하지 않고, 실체적 요건의 구비 여부를 요한다는 견해이다.

라. 제한적 실체집중효설

관련 법령이 요구하는 절차적 요건·실체적 요건 모두 구속되지만, 실체적 요건은 제한적 범위 내에서만 적용된다는 견해이다.

마. 실체집중효설

계획확정기관은 집중효의 대상이 되는 인·허가 등의 실체적 요건과 절차적 요건을 모두 고려함이 없이 독자적으로 판단할 수 있다는 견해이다.

3) 판례

대법원은 "건설부장관이 구 주택건설촉진법 제33조에 따라 관계기관의 장과의 협의를 거쳐 사업계획승인을 한 이상 같은 조 제4항의 허가·인가·결정·승인 등이 있는 것으로 볼 것이고, 그 절차와 별도로 도시계획법 제12조 등 소정의 중앙도시계획위원회의 의결이나 주민의 의견청취 등 절차를 거칠 필요는 없다"(대판 1992. 11. 10, 92누1162)고 판시하여 절차집중을 인정하고 있으나, 실체집중은 부정하는 입장이다(대판 2002. 10. 11, 2001두151).

판 례

(판례1) 공유수면 점용허가를 필요로 하는 채광계획 인가신청에 대하여도, 공유수면 관리청이 재량적 판단에 의하여 공유수면 점용의 허가 여부를 결정할 수 있고, 그 결과 공유수면 점용을 허용하지 않기로 결정하였다면, 채광계획 인가관청은 이를 사유로 하여 채광계획을 인가하지 아니할 수 있는 것이다(대판 2002. 10. 11, 2001두151).

(판례2) 건축주가 건축물을 건축하기 위해서는 건축법상 건축허가와 국토계획법상 개발행위(건축물의 건축) 허가를 각각 별도로 신청하여야 하는 것이 아니라, 건축법상 건축허가절차에서 관련 인허가 의제 제도를 통해 두 허가의 발급 여부가 동시에 심사·결정되도록 하여야 한다. 즉, 건축주는 건축행정청에 건축법상 건축허가를 신청하면서 국토계획법상 개발행위(건축물의 건축) 허가 심사에도 필요한 자료를 첨부하여 제출하여야 하고, 건축행정청은 개발행위허가권자와 사전 협의절차를 거침으로써 건축법상 건축허가를 발급할 때 국토계획법상 개발행위(건축물의 건축) 허가가 의제되도록 하여야 한다. 이를 통해 건축법상 건축허가절차에서 건축주의 건축계획이 국토계획법상 개발행위 허가기준을 충족하였는지가 함께 심사되어야 한다. 건축주의 건축계획이 건축법상 건축허가기준을 충족하더라도 국토계획법상 개발행위 허가기준을 충족하지 못한 경우에는 해당 건축물의 건축은 법질서상 허용되지 않는 것이므로, 건축행정청은 건축법상 건축허가를 발급하면서 국토계획법상 개발행위(건축물의 건축) 허가가 의제되지 않은 것으로 처리하여서는 안 되고, 건축법상 건축허가의 발급을 거부하여야 한다(대판 2020. 7. 23, 2019두31839).

보 충

[인·허가 의제제도]

1. 의의

신청인이 관련 법상 유사한 수개의 인·허가 등을 받아야 하는 경우 개별 근거법규에 근거해 주된 인·허가를 받으면 관련법상의 다른 허가·인가·승인·면허·신고 등을 받은 것으로 의제하는 제도를 의미한다. 행정기본법 제24조 제1항은 "이 절에서 "인허가의제"란 하나의 인허가(이하 "주된 인허가"라 한다)를 받으면 법률로 정하는 바에 따라 그와 관련된 여러 인허가(이하 "관련 인허가"라 한다)를 받은 것으로 보는 것을 말한다"라고 규정하고 있다.

예) 건축법 제11조 제5항

건축법 제11조 ⑤ 제1항에 따른 건축허가를 받으면 다음 각 호의 허가 등을 받거나 신고를 한 것으로 보며, 공장건축물의 경우에는 「산업집적활성화 및 공장설립에 관한 법률」 제13조의2와 제14조에 따라 관련 법률의 인·허가등이나 허가등을 받은 것으로 본다.
1. 제20조제2항에 따른 공사용 가설건축물의 축조신고
2. 제83조에 따른 공작물의 축조신고
3. 「국토의 계획 및 이용에 관한 법률」 제56조에 따른 개발행위허가
4. 「국토의 계획 및 이용에 관한 법률」 제86조 제5항에 따른 시행자의 지정과 같은 법 제88조제2항에 따른 실시계획의 인가
5. 「산지관리법」 제14조와 제15조에 따른 산지전용허가와 산지전용신고, 같은 법 제15조의2에 따른 산지일시사용허가·신고. 다만, 보전산지인 경우에는 도시지역만 해당된다.
6. 「사도법」 제4조에 따른 사도(私道)개설허가
7. 「농지법」 제34조, 제35조 및 제43조에 따른 농지전용허가·신고 및 협의
8. 「도로법」 제36조에 따른 도로관리청이 아닌 자에 대한 도로공사 시행의 허가, 같은 법 제52조 제1항에 따른 도로와 다른 시설의 연결 허가
9. 「도로법」 제61조에 따른 도로의 점용 허가 등

2. 집중효와 인·허가의제와의 구별여부

인·허가의제제도와 집중효를 구별하는 경우 집중효는 계획확정에 부여되는 특유한 효과로서 구별하는 견해와 두 제도 모두 절차간소화와 사업의 신속한 진행을 위한 것이라는 점에서 구별 부정하는 견해가 대립한다.

(3) 집중효와 관련한 불복방법

대법원은 "구 건축법 제8조에 따른 인·허가의 의제와 관련하여 건축불허가처분을 받은 사람은 그 건축불허가처분에 관한 쟁송에서 건축법상의 건축불허가사유뿐 아니라 같은 도시계획법상의 형질변경불허가사유나 농지법상의 농지전용불허가사유에 관하여도 다툴 수 있는 것이지, 그 건축불허가처분에 관한 쟁송과는 별개로 형질변경허가처분이나 농지전용불허가처분에 관한 쟁송을 제기하여 이를 다투어야 하는 것은 아니다"(대판 2001. 1. 16, 99두10988) 라고 판시하여 주된 인·허가에 대한 거부처분을 대상으로 하여, 그 쟁송

안에서 인·허가로 의제되는 사유의 하자를 다투어야 한다는 입장이다(주된 허가 = 건축불허가처분, 의제되는 허가 = 형질변경불허가, 농지전용불허가).

Ⅵ. 행정계획과 권리구제

1. 사법심사가능성

(1) 행정쟁송

처분성을 갖는 구속적 행정계획이 개인의 법률상의 이익을 침해하면 사법심사의 대상이 될 수 있으나, 계획에는 광범위한 재량(계획재량)이 인정되므로 사법적 통제에는 제한이 따른다.

(2) 손해전보

행정계획과 관련하여 공무원의 직무상 고의 또는 과실로 법령에 위반하여 타인에게 손해를 가한 경우 당사자는 국가배상청구가 가능하다. 그러나 행정계획의 위법성이나 과실을 인정하기 곤란하다. 또한 행정계획으로 인해 특별한 희생에 해당하는 재산권의 침해를 받은 자는 손실보상을 청구할 수 있다.

(3) 헌법소원

행정계획 중 사인에 대한 구속적 계획은 헌법재판소법 제68조 제1항의 헌법소원의 대상이 된다. 문제는 비구속적 계획도 헌법소원의 대상이 되느냐이다. 헌법재판소는 비구속적 행정계획안도 국민의 기본권에 직접적으로 영향을 끼치고 앞으로 법령의 뒷받침에 의하여 그대로 실시될 것이 틀림없을 것으로 예상될 수 있는 때에는 공권력의 행사로서 예외적으로 헌법소원의 대상이 될 수 있다는 입장이다.

판 례

(판례1) 비구속적 행정계획이라도 국민의 기본권에 직접적으로 영향을 끼치고 앞으로 법령의 뒷받침에 의하여 그대로 실현될 것이 틀림없을 것으로 예상될 수 있을 때에는 공권력행위로서 예외적으로 헌법소원의 대상이 될 수 있다(헌재결 2000. 6. 1, 99헌마538).

(판례2) 행정계획이 헌법소원의 대상이 되는 공권력의 행사에 해당하는지 여부는 해당 계획의 구체적 성격을 고려하여 개별적으로 판단하여야 한다. 국민의 권리와 의무를 발생시키거나 변경하는 행정계획은 공권력의 행사로 볼 수 있지만, 직접 구속력을 갖지 않고 사실상의 준비행위나 사전안내 또는 행정기관 내부지침에 지나지 않는 행정계획은 원칙적으로 헌법소원의 대상이 되는 공권력의 행사라 할 수 없다. 구속력 없는 행정계획안이나 행정지침이라도 국민의 기본권에 직접적으로 영향을 끼치고 법령의 뒷받침에 의하

여 그대로 실시될 것이 틀림없을 것으로 예상되는 때에도 예외적으로 헌법소원의 대상이 된다(헌재결 2016. 10. 27, 2013헌마576).

2. 형량명령과 형량하자(내용상 하자)

(1) 계획재량과 형량명령이론

1) 의의

계획재량이란 행정계획주체가 계획법규에 따라 행정계획을 책정함에 있어서 광범위한 형성의 자유를 갖는 것을 의미한다. 형량명령이란 행정계획을 수립함에 있어서 관련된 이익을 정당하게 형량하여야 한다는 원칙을 말한다(행정절차법 제40조의4). 형량명령은 계획재량의 통제를 위하여 형성된 이론이다.

2) 형량하자의 유형

① 조사의 결함(형량의 해태)

조사의무를 이행하지 않는 하자를 의미한다.

② 형량의 흠결

고려하여야 할 이익을 빠뜨리는 것을 의미한다. 행정계획의 결정에 있어서는 관련된 공·사익을 고려하여야 한다. 행정계획과 관련된 이익을 형량하기 위하여 계획청은 행정계획과 관련이 있는 이익을 조사하여 모든 이익을 포함하여야 한다.

③ 평가의 과오(오평가)

관련된 공익 또는 사익의 가치를 잘못 평가한 경우로 이익형량은 공익상호간·공익과 사익상호간 및 사익상호간에 행하여야 하고, 관련된 공익 및 사익의 가치, 의미를 제대로 파악하여야 한다.

④ 형량불비례(오형량)

관련되는 이익의 조정은 개개의 이익의 객관적 가치에 비례하여 행하여져야 한다.

3) 판례

대법원은 형량명령과 형량하자의 법리를 수용하면서도 이를 재량권의 일탈·남용여부로 판단하였다. 다만 최근 "형량에 하자가 있어 위법하다" 라는 용어를 사용한 적이 있어, 형량명령이론을 받아들인 것으로 보는 견해도 있다.

판 례

(판례1) 용도지역지정행위나 용도지역변경행위는 전문적·기술적 판단에 기초하여 행하여지는 일종의 행정계획으로서 재량행위라 할 것이지만, 행정주체가 가지는 이와 같은 계획재량은 그 행정계획에 관련되는 자들의 이익을 공익과 사익 사이에서는 물론이고 공익 상호간과 사익 상호간에도 정당하게 비교·교량하여야 하고 그 비교·교량은 비례의 원칙에 적합하도록 하여야 하는 것이므로, 만약 행정주체가 행정계획을 입안·결정함에 있어서 ① 이익형량을 전혀 행하지 아니하였거나 ② 이익형량의 고려대상에 마땅히 포함시켜야 할 중요한 사항을 누락한 경우 또는 ③ 이익형량을 하였으나 그것이 비례의 원칙에 어긋나게 된 경우에는 그 행정계획결정은 재량권을 일탈·남용한 것으로 위법하다(대판 2005. 3. 10, 2002두5474).

(판례2) 행정주체가 행정계획을 입안·결정함에 있어서 이익형량을 전혀 행하지 아니하거나 이익형량의 고려 대상에 마땅히 포함시켜야 할 사항을 누락한 경우 또는 이익형량을 하였으나 정당성과 객관성이 결여된 경우에는 그 행정계획결정은 형량에 하자가 있어 위법하다(대판 2006. 9. 8, 2003두5426).

(2) 형량하자와 그 효과

행정계획결정이 형량명령의 내용에 반하는 경우에 형량하자가 있게 된다. 그 중에서 ① 조사의무를 이행하지 않는 하자를 조사의 결함이라 한다. ② 고려하여야 할 이익을 빠뜨리는 것을 형량의 흠결이라 한다. ③ 관련된 공익 또는 사익의 가치를 잘못 평가한 경우는 평가의 과오라 한다. ④ 형량에 있어 비례성을 결한 것을 형량불비례라 한다.

형량하자의 효과는 ① 행정계획의 수립에 있어서 이익형량을 전혀 하지 않은 경우 행정계획은 위법하다. ② 고려하여야 할 이익을 빠뜨린 형량의 흠결의 경우에는 형량결과에 영향을 미치지 않을 정도의 가치가 적은 이익이 형량에서 고려되지 않은 경우에는 행정계획은 위법하다고 볼 수는 없을 것이다. ③ 평가의 과오는 사소한 이익의 가치의 평가상의 과오가 아닌 한 위법사유가 된다고 보아야 한다. ④ 형량불비례는 위법사유가 된다.

위와 같은 형량하자의 판단에 있어서 법원은 어느 정도로 심사를 행하는가. 원칙상 계획청이 형량명령을 이행함에 있어서 명백한 잘못을 저지른 경우에 한해서 형량의 하자가 있는 것으로 보아야 한다. 법원이 행정청의 판단에 대하여 전면적인 심사를 행할 수 있다면 계획재량을 인정한 취지가 상실되게 된다. 판례도 형량하자 법리를 인정한다(대판 2011. 2. 24, 2010두21464).

판 례

(판례1) 행정계획이라 함은 행정에 관한 전문적·기술적 판단을 기초로 하여 도시의 건설·정비·개량 등과 같은 특정한 행정목표를 달성하기 위하여 서로 관련되는 행정수단을 종합·조정함으로써 장래의 일정한 시점에 있어서 일정한 질서를 실현하기 위한 활동기준으로 설정된 것으로서, 관계 법령에는 추상적인 행정목

표와 절차만이 규정되어 있을 뿐 행정계획의 내용에 관하여는 별다른 규정을 두고 있지 아니하므로 행정주체는 구체적인 행정계획을 입안·결정함에 있어서 비교적 광범위한 형성의 자유를 가지는 것이지만, 행정주체가 가지는 이와 같은 형성의 자유는 무제한적인 것이 아니라 그 행정계획에 관련되는 자들의 이익을 공익과 사익 사이에서는 물론이고 공익 상호간과 사익 상호간에도 정당하게 비교교량하여야 한다는 제한이 있으므로, 행정주체가 행정계획을 입안·결정함에 있어서 이익형량을 전혀 행하지 아니하거나 이익형량의 고려 대상에 마땅히 포함시켜야 할 사항을 누락한 경우 또는 이익형량을 하였으나 정당성과 객관성이 결여된 경우에는 그 행정계획결정은 형량에 하자가 있어 위법하게 된다(대판 2007. 4. 12, 2005두1893).

(판례2) 형량하자의 법리는 산업입지 및 개발에 관한 법률상 산업단지개발계획 변경권자가 산업단지 입주업체 등의 신청에 따라 산업단지개발계획을 변경할 것인지를 결정하는 경우에도 마찬가지로 적용된다. 환경오염 방지를 위해 이 사건 소각시설의 증설을 제한(산업단지개발계획변경신청 거부 처분)한 피고의 재량적 판단이 현저히 합리성을 결여하였거나 형평이나 비례의 원칙에 뚜렷하게 배치되는 등의 사정이 있는지에 관하여 추가 심리하거나 원고의 증명책임으로 돌려 원고의 청구를 배척하여야 한다. 그런데도 그 판시와 같은 사정만을 들어 이 사건 처분에 재량권을 일탈·남용한 위법이 있다고 본 원심판단에는 재량권 일탈·남용에 관한 법리, 증명책임의 소재 등을 오해하고 필요한 심리를 다하지 않아 판결에 영향을 미친 잘못이 있다(대판 2021. 7. 29, 2021두33593).

Ⅶ. 계획보장청구권

1. 의의

① 행정계획의 폐지·변경 등에 대하여 당사자가 자신에게 유리하게 당초 행정계획의 존속이나 준수 등을 요구하거나, 그러한 청구를 할 수 없어 계획의 개폐를 저지할 수 없는 경우에는 경과조치 등 대상조치를 청구하거나, 계획변경으로 인한 손해가 발생하였거나 완전히 전보되지 않는 경우에 손해배상이나 손실보상을 청구할 수 있는 권리를 의미한다.

② 행정계획에는 장기화와 정치·경제·사회적인 일정 여건의 변화에 따른 유동적인 계획의 폐지·변경의 필요성과 계획의 존속을 신뢰하는 이해관계인의 보호라는 상충된 문제가 제기된다. 신뢰보호원칙은 행정법상의 일반원리로서 행정계획의 경우에도 예외 없이 적용되어야 함은 물론이지만, 이 경우의 내용으로서 존속보호와 보상보호의 문제가 있다.

2. 내용

협의의 계획보장청구권은 행정계획의 폐지·변경 및 그 내용의 불이행으로 인한 손실을 입은 개인이 행정계획 주체에게 그 손실의 보상을 청구할 수 있는 권리를 의미한다.

광의의 계획보장청구권에는 ① 계획존속청구권, ② 계획준수청구권, ③ 경과조치청구권 등 대상청구권, ④ 계획변경청구권 등을 포함한다.

3. 인정 여부

(1) 원칙

행정계획의 특성상 계획의 폐지·변경의 공익적 성격을 고려할 때, 원칙적으로 행정계획보장청구권(계획의 존속·이행·변경 등을 청구할 수 있는 권리)은 인정되지 않는다고 할 것이다. 현재 우리나라의 경우 계획보장청구권을 일반적으로 인정하고 있는 법률은 없다.

판 례

(판례1) 도시계획법상 주민이 도시계획 및 그 변경에 대하여 어떤 신청을 할 수 있다는 규정이 없을 뿐만 아니라 도시계획과 같이 장기성·종합성이 요구되는 행정계획에 있어서는 그 계획이 일단 확정된 후에 어떤 사정의 변경이 있다하여 지역주민에게 일일이 그 계획의 변경을 청구할 권리를 인정해 줄 수도 없는 이치이므로 도시계획시설인 공원조성계획 취소신청을 거부한 행위는 항고소송의 대상이 되는 행정처분이라고 볼 수 없다(대판 1989. 10. 24, 89누725).

(판례2) 구 국토이용관리법(2002. 2. 4. 법률 제6655호 국토의계획및이용에관한법률 부칙 제2조로 폐지)상 주민이 국토이용계획의 변경에 대하여 신청을 할 수 있다는 규정이 없을 뿐만 아니라, 국토건설종합계획의 효율적인 추진과 국토이용질서를 확립하기 위한 국토이용계획은 장기성, 종합성이 요구되는 행정계획이어서 원칙적으로는 그 계획이 일단 확정된 후에 어떤 사정의 변동이 있다고 하여 그러한 사유만으로는 지역주민이나 일반 이해관계인에게 일일이 그 계획의 변경을 신청할 권리를 인정하여 줄 수는 없을 것이지만, 장래 일정한 기간 내에 관계 법령이 규정하는 시설 등을 갖추어 일정한 행정처분을 구하는 신청을 할 수 있는 법률상 지위에 있는 자의 국토이용계획변경신청을 거부하는 것이 실질적으로 당해 행정처분 자체를 거부하는 결과가 되는 경우에는 예외적으로 그 신청인에게 국토이용계획변경을 신청할 권리가 인정된다고 봄이 상당하므로, 이러한 신청에 대한 거부행위는 항고소송의 대상이 되는 행정처분에 해당한다(대판 2003. 9. 23, 2001두10936).

(2) 예외

행정계획의 폐지·변경에 있어서 이해관계인의 신뢰보호의 가치가 계획변경의 공공적 필요성보다 큰 경우(비례원칙에 따른 이익교량)에는 예외적으로 계획존속청구권이 인정될 수 있다. 판례 역시 일정한 행정처분을 신청할 수 있는 지위에 있는 자의 국토이용계획변경신청을 거부하는 것이 실질적으로 당해 행정처분 자체를 거부하는 결과가 되는 경우에는 이러한 권리를 인정한 바 있다.

판 례

(판례1) 국토이용계획변경신청권을 인정한 예외 판례

구 국토이용관리법(2002. 2. 4. 법률 제6655호 국토의계획및이용에관한법률 부칙 제2조로 폐지)상 주민이 국토이용계획의 변경에 대하여 신청을 할 수 있다는 규정이 없을 뿐만 아니라, 국토건설종합계획의 효율적인 추진과 국토이용질서를 확립하기 위한 국토이용계획은 장기성, 종합성이 요구되는 행정계획이어서 원칙적으로는 그 계획이 일단 확정된 후에 어떤 사정의 변동이 있다고 하여 그러한 사유만으로는 지역주민이나 일반 이해관계인에게 일일이 그 계획의 변경을 신청할 권리를 인정하여 줄 수는 없을 것이지만, 장래 일정한 기간 내에 관계 법령이 규정하는 시설 등을 갖추어 일정한 행정처분을 구하는 신청을 할 수 있는 법률상 지위에 있는 자의 국토이용계획변경신청을 거부하는 것이 실질적으로 당해 행정처분 자체를 거부하는 결과가 되는 경우에는 예외적으로 그 신청인에게 국토이용계획변경을 신청할 권리가 인정된다고 봄이 상당하므로, 이러한 신청에 대한 거부행위는 항고소송의 대상이 되는 행정처분에 해당한다.
구 폐기물관리법상 폐기물처리사업계획의 적정통보를 받은 자는 장래 일정한 기간내에 관계 법령이 규정하는 시설 등을 갖추어 폐기물처리업허가신청을 할 수 있는 법률상 지위에 있다고 할 것인바, 피고로부터 폐기물처리사업계획의 적정통보를 받은 원고가 폐기물처리업허가를 받기 위하여는 이 사건 부동산에 대한 용도지역을 농림지역 또는 준농림지역에서 준도시지역(시설용지지구)으로 변경하는 국토이용계획변경이 선행되어야 하고, 원고의 위 계획변경신청을 피고가 거부한다면 이는 실질적으로 원고에 대한 폐기물처리업허가신청을 불허하는 결과가 되므로, 원고는 위 국토이용계획변경의 입안 및 결정권자인 피고에 대하여 그 계획변경을 신청할 법규상·조리상 권리를 가진다고 할 것이다(대판 2003. 9. 23, 2001두10936).

(판례2) 구 도시계획법상 도시계획입안요구할 수 있는 권리 인정한 판례

구 도시계획법은 도시계획의 수립 및 집행에 관하여 필요한 사항을 규정함으로써 도시계획입안제안과 관련하여서는 주민이 입안권자에게 '1. 도시계획시설의 설치·정비 또는 개량에 관한 사항 2. 지구단위계획구역의 지정 및 변경과 지구단위계획의 수립 및 변경에 관한 사항'에 관하여 '도시계획도서와 계획설명서를 첨부'하여 도시계획의 입안을 제안할 수 있고, 위 입안제안을 받은 입안권자는 그 처리결과를 제안자에게 통보하도록 규정하고 있는 점 등과 헌법상 개인의 재산권 보장의 취지에 비추어 보면, 도시계획구역 내 토지 등을 소유하고 있는 주민으로서는 입안권자에게 도시계획입안을 요구할 수 있는 법규상 또는 조리상의 신청권이 있다고 할 것이고, 이러한 신청에 대한 거부행위는 항고소송의 대상이 되는 행정처분에 해당한다(대판 2004. 4. 28, 2003두1806).

(판례3) 도시계획시설결정 해제신청거부처분 취소사건

행정계획이란 행정에 관한 전문적·기술적 판단을 기초로 하여 도시의 건설·정비·개량 등과 같은 특정한 행정목표를 달성하기 위하여 서로 관련되는 행정수단을 종합·조정함으로써 장래의 일정한 시점에 일정한 질서를 실현하기 위한 활동기준으로 설정된 것이다. 도시공원 및 녹지 등에 관한 법률(이하 '공원녹지법'이라 한다) 등 관계 법령에는 추상적인 행정목표와 절차만이 규정되어 있을 뿐 행정계획의 내용에 대하여는 별다른 규정을 두고 있지 않으므로 행정주체는 구체적인 행정계획을 입안·결정하면서 비교적 광범위한 형성의 자유를 가진다. 하지만 행정주체가 가지는 이와 같은 형성의 자유는 무제한적인 것이 아니라 행정계획에 관련되는 자들의 이익을 공익과 사익 사이에서는 물론이고 공익 상호 간과 사익 상호 간에도 정당하게 비교교량해야 한다는 제한이 있다. 따라서 행정주체가 행정계획을 입안·결정하면서 이익형량을 전혀 행하지 않거나 이익형량의 고려 대상에 마땅히 포함시켜야 할 사항을 누락한 경우 또는 이익형량을 하였으나 정당성과 객관성이 결여된 경우에는 그 행정계획결정은 형량에 하자가 있어 위법하다. 공원녹지의 확충·관리·이용 등 쾌적한 도시환경의 조성 등을 목적으로 하는 도시관리계획결정과 관련하여 재량권의 일탈·남용 여부를 심사할 때에는 공원녹지법의 입법 취지와 목적, 보존하고자 하는 녹지의 조성 상태 등 구체적 현황, 이해관계자들 사이의 권익 균형 등을 종합하여 신중하게 판단해야 한다. 그리고 자연환경 보호 등을 목적으로 하는 도시관리계획결정은 식생이 양호한 수림의 훼손 등과 같이 장래 발생할 불확실한 상황과 파급효과에 대한 예측 등을 반영한 행정청의 재량적 판단으로서, 그 내용이 현저히 합리성을 결여하거나 형평이나 비례의 원칙에 뚜렷하게 반하는 등의 사정이 없는 한 폭넓게 존중해야 한다(대판 2023. 11. 16, 2022두61816).

제 3 장

행정행위

제 1 절 행정행위의 개념

Ⅰ. 행정행위의 의의

행정행위라는 개념은 학문상 필요에 의해 만들어진 개념이며, 실무상으로는 처분, 행정처분이라는 개념이 사용되고 있다.[1] 통설에 의하면 행정행위는 행정청이 법아래서 구체적 사실에 관한 법집행으로서 행하는 권력적 단독행위인 공법행위이다.

1. 행정행위의 개념적 요소

① 행정청의 행위이다. 여기의 행정청은 국가·지방자치단체의 행정청에 한하지 아니하고 공공단체나 사인(공무수탁사인) 등도 법령에 의하여 행정권한을 위임 또는 위탁받은 범위 내에서 행정청이 된다(행정소송법 제2조 제2항, 행정심판법 제2조 제4호 등).

② 구체적 사실에 대한 법집행행위이다. 구체적 사실에 대한 법집행행위인 이상 불특정 다수인에 대한 일반처분(도로통행금지, 공용개시 및 폐지)도 행정행위이다.

③ 법적 행위이다. 법적 행위란 외부에 대하여 직접 법적 효과를 발생시키는 행위를 말한다. 따라서 내부적 행위(직무명령)는 행정행위가 아니다.

④ 권력적 단독행위이다. 권력적 행위란 상대방에 대하여 우월한 지위에서 행하는 고

1) 행정소송법은 처분개념을 "행정청이 행하는 구체적 사실에 관한 법집행으로서 공권력의 행사 또는 그 거부와 이에 준하는 행정작용"이라고 정의하고 있다.

권적 또는 일방적 행위를 말한다. 따라서 비권력적인 공법상 계약이나 공법상 합동행위는 행정행위가 아니다.

⑤ 공법행위이다. 잡종재산의 매각결정과 같은 사법행위는 행정행위가 아니다.

Ⅱ. 행정행위와의 구별개념

1. 형식적 행정행위와의 구별

① 형식적 행정행위란 통상 "공권력의 발동이라는 실체를 수반하지 않는 비권력적인 행위를 일정한 경우(비권력적 행위가 국민의 법익에 사실상의 지배력을 미치고 그 행위에 대하여 항고소송을 인정하는 것이 국민의 권익구제를 위하여 필요한 경우)에 형식적·기술적으로 공권력의 행사인 행위에 해당하는 것으로 보아 항고소송의 대상이 되는 것으로 본 경우에 당해 비권력적 행위"를 말한다.

② 이러한 형식적 행정행위라는 개념은 행정소송법상 처분개념을 실체법상 행정행위와 동일한 개념으로 보는 견해에서 사실상 강제력이 있는 비권력적 행위를 형식적 행정행위로 본다. 항고소송의 대상으로 삼아 권익구제의 기회를 확대하기 위함이다.

2. 처분과의 구별

(1) 개념

행정행위는 실정법상의 개념이 아닌 학문상의 개념으로 정리된 것으로, 학문상 "행정행위"개념과 쟁송법상 "처분"이 일치하느냐에 대하여 일치한다는 일원설과 일치하지 아니한다는 이원설로 나뉜다. 다수설은 이원설로 행정행위 중에도 처분이 아닌 것이 있고(공증행위 등 준법률적 행정행위 중 일부), 행정행위가 아닌데도 처분인 경우(권력적 사실행위)를 들고 있다.[1)]

판 례

(판례) 어떤 행정청의 행위가 행정소송의 대상이 되는 행정처분에 해당하는가는 그 행위의 성질, 효과 외에 행정소송제도의 목적 또는 사법권에 의한 국민의 권리보호의 기능도 충분히 고려하여 합목적적으로 판단되어야 한다(대판 1984. 2. 14, 82누370).

---

1) 행정소송법 제2조(정의) ① 이 법에서 사용하는 용어의 정의는 다음과 같다.
1. "처분등"이라 함은 행정청이 행하는 구체적 사실에 관한 법집행으로서의 공권력의 행사 또는 그 거부와 그 밖에 이에 준하는 행정작용(이하 "처분"이라 한다) 및 행정심판에 대한 재결을 말한다.

(2) 개념적 징표

1) 행정청

가. 의의

행정주체의 의사를 결정하여 외부에 표시할 수 있는 권한을 가진 행정기관 및 행정소송법 제2조 제2항에 따라 국가·지방자치단체 이외에도 법령에 의하여 행정권한의 위임 또는 위탁을 받은 행정기관·공공단체 및 그 기관 또는 사인을 의미한다.

나. 특수쟁점 - 정부투자기관의 입찰참가제한조치의 처분성

정부투자기관이 행정쟁송법상 행정청에 포함되는지와 관련하여 견해가 대립하나, 판례는 "한국전력공사가 정부투자기관회계규정에 의하여 행한 입찰참가자격을 제한하는 내용의 부정당업자제재처분은 행정소송의 대상이 되는 행정처분이 아니라 단지 상대방을 위 공사가 시행하는 입찰에 참가시키지 않겠다는 뜻의 사법상의 효력을 가지는 통지행위에 불과하다"(대결 1999. 11. 26, 99부3)고하여 정부투자기관은 사법상 주식회사로 입찰참가제한조치는 사법상 통지행위에 불과하여 처분으로 볼 수 없다는 입장이다.

2) 구체적 사실에 관한 법집행행위

행정행위는 구체적 사실을 규율하는 행위로 국민의 권리·의무에 직접적 변동을 일으키는 행위이다. 그러므로 일반적·추상적인 행정입법이나 조례·규칙 등은 행정행위에 해당하지 않는다. 직접적인 법적효과를 발생시키지 않는 사실행위나 행정내부행위(직무명령) 역시 행정행위에 해당하지 않는다. 그러나 일반처분은 행정행위에 해당한다.

판 례

(판례) 행정소송의 대상이 될 수 있는 것은 구체적인 권리의무에 관한 분쟁이어야 하고 일반적 추상적인 법령 그 자체로서 국민의 구체적인 권리의무에 직접적인 변동을 초래하는 것이 아닌 것은 그 대상이 될 수 없다(대판 1987. 3. 24, 86누656).

보 충

[일반처분]

1. 의의

일반처분이란 특정사건에 대한 규율이지만 불특정 다수인을 상대방으로 하여 그에 대해 법적 효과를 미치는 행정행위로 구체적·일반성을 특징으로 한다.

2. 법적성질

쟁송법상 처분개념에는 해당하나, 작용법상 법적성질에 대하여 행정행위설, 입법행위설, 중간설이 대립하나, 독일의 입법례에 따라 행정행위에 해당한다고 보는 것이 다수설이다.

3. 종류

① 대인적 일반처분

특정 가능한 인적 집단에 대한 행정행위로, 예컨대 갑 단체에 대한 관할경찰서장이 내린 반정부시위금지 처분을 들 수 있다.

② 대물적 일반처분

직접적으로는 물건의 공법적 성질을 규율하면서 간접적으로 관계인들에게 법적 효과를 발하는 행정행위로, 예컨대 표준지공시지가결정 및 개별고시지가결정과 공용지정행위 및 공용폐지행위를 들 수 있다.

4. 행정쟁송법상 문제 - 원고적격의 인정문제

대인적 일반처분의 경우 개별적·구체적 직접적 이익으로서 원고적격이 인정되나, 대물적 일반처분의 경우 반사적 이익으로 보아 원고적격이 부정된다고 보는 것이 다수 견해이다.

3) 공권력의 행사

행정청이 우월적 지위에서 일방적으로 명령·강제한 행위를 의미한다. 따라서 상대방과의 의사의 합의에 의해 성립하는 비권력적·쌍방적 공법행위(공법상 계약·합동행위)는 행정행위가 아니다.

Ⅲ. 행정행위의 특수성

1. 법적합성

행정행위는 권력적 행위이므로 법에 근거하여 행해져야 하고, 내용도 법에 적합한 범위 내일 것을 요한다.

2. 우월성

행정행위는 우월적 지위에서 일방적으로 명령·강제한 행위이므로,

① 공정력(행정행위에 비록 하자가 있더라도 당연무효가 아닌 한 권한 있는 기관에 의해 취소되기 전까지 유효한 행위로 통용되는 효력을 말한다),

② 구성요건적 효력(유효한 행정행위가 존재하는 한 다른 국가기관은 그의 존재를 존중하여 스스로의 판단기초 내지 구성요건으로 삼아야 한다),

③ 존속력(존속력으로서의 불가쟁성은 행정행위가 무효가 아닌 한 제소기간이 경과하거나 심급을 모두 거친 경우 더 이상 다툴 수 없는 성질을, 불가변성은 행정행위를 행한 행정청이라 하더라도 임의로 행정행위를 취소·철회할 수 없는 성질을 지닌다)이 인정된다.

3. 권리구제의 특수성

① 위법·부당한 행정행위로 인해 권리나 이익을 침해받은 자는 민사소송법이 아닌 행정심판법이나 행정소송법이 정하는 바에 의해 구제를 받게 된다.

② 위법한 행위로 손해를 받은 경우 민법이 아닌 국가배상법에 의해 구제되고, 적법한 공권력의 행사를 통한 손해시 손실보상에 의해 손해전보가 인정된다.

제2절 행정행위의 분류

Ⅰ. 법률행위적 행정행위와 준법률행위적 행정행위

1. 구별기준

행정행위의 내용을 기준으로 한 구별로, 행정청의 법집행을 위한 의사표시를 요소로 하는 행정행위를 법률행위적 행정행위라 하고 의사표시 이외의 정신작용의 표시를 요소로 하는 행정행위를 준법률행위적 행정행위라 한다. 전자의 경우 법효과는 효과의사에 따라 발생하고 후자의 경우는 법효과가 직접 법규에 정하는 바에 따라 발생한다.

2. 법률행위적 행정행위

사인에게 의무를 과하거나 그 의무를 해제하는 명령적 행정행위와 사인에게 특정한 권리·능력 기타 법상의 힘을 설정·변경·소멸시키는 형성적 행정행위로 나뉜다.

(1) 명령적 행정행위

명령적 행정행위란 사인의 자유를 제한하거나 그 제한을 해제하는 행위를 말한다.
명령적 행위는 하명·허가·면제로 나뉜다.

1) 하명

가. 의의

작위·부작위·급부·수인을 명하는 행정행위이다. 이 중 부작위 하명을 명하는 행정행위를 금지라 할 때가 있다.

나. 법적 근거

하명은 개인의 자유를 제한하여 의무를 부과시키는 침익적 행위이므로 법령의 근거를 요한다(헌법 제37조 제2항).

다. 상대방과 대상

① 하명의 상대방은 특정인인 경우가 일반적이나 불특정다수인인 경우(심야 통행금지)도 있다(일반처분).

② 하명의 대상은 주로 사실행위(불법광고물의 철거)이나 법률행위(무기매매)인 경우도 있다.

라. 하명의 효과

① 하명은 그 내용에 따라 작위·부작위·급부·수인 등의 의무를 발생시킨다. 수명자의 하명위반에 대하여는 법규가 정하는 바에 따라 행정제재와 행정강제의 대상이 된다.

② 하명위반의 법률행위의 효과는 그 법률행위까지 무효로 하는 특별한 규정이 없는 한, 무효가 되는 것은 아니다. 예컨대 사인이 불법으로 무기를 매도하여도 처벌을 받는 것은 별 문제로 하고 매매행위 그 자체는 유효하다.

마. 위법하명에 대한 구제

위법한 하명으로 권리가 침해된 자는 항고소송을 제기하거나 손해배상소송을 제기하여 위법상태를 제거하거나 손해를 배상받을 수 있다.

2) 허가

가. 의의

법규에 의한 일반적인 상대적 금지를 특정한 경우에 해제하여 적법하게 일정한 행위를 할 수 있게 하는 행정청의 행위를 말한다. 이는 상대적 금지의 해제인 점에서 절대적 금지를 예외적으로 시인하여 주는 예외적 승인(학교환경위생구역 내에서의 여관·당구장이나 사행행위장 설치 등의 승인)과 구별된다.

나. 법적 성질

① 명령적 행위·형성적 행위 여부

종래의 통설은 허가는 자연적 자유를 회복시켜주는 명령적 행위로 보지만, 최근에는 허가는 단순히 자연적 자유를 회복시켜주는데 그치는 것이 아니라 적법하게 일정한 행위를 할 수 있는 법적 지위를 창설해 주는 형성적 행위라고 보는 주장이 유력하다. 판례는 허가를 명령적 행위로 본다.

판 례

(판례) 한의사 면허는 경찰금지를 해제하는 명령적 행위(강학상 허가)에 해당하고, 한약조제시험을

통하여 약사에게 한약조제권을 인정함으로써 한의사들의 영업상 이익이 감소되었다고 하더라도 이러한 이익은 사실상의 이익에 불과하고 약사법이나 의료법 등의 법률에 의하여 보호되는 이익이라고는 볼 수 없으므로, 한의사들이 한약조제시험을 통하여 한약조제권을 인정받은 약사들에 대한 합격처분의 무효확인을 구하는 당해 소는 원고적격이 없는 자들이 제기한 소로서 부적법하다(대판 1998. 3. 10, 97누4289).

② 기속행위·재량행위 여부

허가는 법령에 특별한 규정이 없는 한 기속행위라고 보아야 한다. 다만, 예외적으로 명문의 규정이 없더라도 중대한 공익 등의 고려가 필요하여 이익형량이 요구되는 경우 재량행위로 볼 수 있다.

판 례

(판례1) 식품위생법상 대중음식점 영업허가 – 기속행위로 본 판례

식품위생법상 대중음식점 영업허가는 성질상 입법적 금지에 대한 해제에 불과하므로 허가권자는 허가신청이 법에서 정한 요건을 구비한 때에는 허가하여야 하고 관계법규에서 정하는 제한사유 이외의 사유를 들어 허가신청을 거부할 수 없다(대판 1993. 5. 27, 93누2216).

(판례2) 산림훼손허가신청 – 재량행위로 본 판례

산림훼손허가는 국토 및 자연의 유지와 수질 등 환경의 보전에 직접적으로 영향을 미치는 행위이므로 법령이 규정하는 산림훼손 금지 또는 제한지역에 해당하는 경우는 물론 금지 또는 제한지역에 해당하지 않더라도 허가관청은 산림훼손허가신청 대상 토지의 현상과 위치 및 주위의 상황등을 고려하여 국토 및 자연의 유지와 환경의 보전 등 중대한 공익상 필요가 있다고 인정될 때에는 허가를 거부할 수 있고, 그 경우 법규에 명문의 근거가 없더라도 거부처분을 할 수 있는 것이며, 이는 산림훼손기간을 연장하는 경우에도 마찬가지이다(대판 1997. 8. 29, 96누15213).

(판례3) 건축허가 – 기속재량행위로 본 판례

건축허가권자는 건축허가신청이 건축법 등 관계 법규에서 정하는 어떠한 제한에 배치되지 않는 이상 당연히 같은 법조에서 정하는 건축허가를 하여야 하고, 중대한 공익상의 필요가 없는데도 관계 법령에서 정하는 제한사유 이외의 사유를 들어 요건을 갖춘 자에 대한 허가를 거부할 수는 없다.

구 국토의 계획 및 이용에 관한 법률(2009. 2. 6. 법률 제9442호로 개정되기 전의 것) 제63조가 도시기본계획 등을 수립하고 있는 지역으로 특히 필요하다고 인정되는 지역에 대하여 개발행위를 제한하고자 하는 때에는 '제한지역·제한사유·제한대상 및 제한기간을 미리 고시'하도록 규정한 취지를 고려할 때, 건축허가신청이 시장이 수립하고 있는 도시·주거환경정비 기본계획에 배치될 가능성이 높다고 하여 바로 건축허가신청을 반려할 중대한 공익상의 필요가 있다고 보기 어렵다(대판 2009. 9. 24, 2009두8946).

(판례4) 기속행위인 허가가 재량행위인 허가를 포함하는 경우 그 한도 내에서 재량행위

국토계획법이 정한 용도지역 안에서의 건축허가는 건축법 제11조 제1항에 의한 건축허가와 국토계획법 제56조 제1항의 개발행위허가의 성질을 아울러 갖는데, 개발행위허가는 허가기준 및 금지요건이 불확정개념으로 규정된 부분이 많아 그 요건에 해당하는지 여부는 행정청의 재량판단의 영역에 속한다. 그러므로 그에 대한 사법심사는 행정청의 공익판단에 관한 재량의 여지를 감안하여 원칙적으로 재량권의 일탈이나 남용이 있는지 여부만을 대상으로 하고, 사실오인과 비례·평등의 원칙 위반 여부 등이 그 판단 기준이 된다(대판 2017. 3. 15, 2016두55490).

다. 허가의 신청

허가는 신청에 의하여 행하여지는 것이 보통이나, 신청없이 행하여질 때도 있다(도로통행금지해제). 신청에 의하여 허가가 행하여지는 경우에 ① 신청의 내용과 다른 허가도 원칙적으로 유효하게 성립될 수 있다. ② 허가는 '신청을 할 때'의 법 및 사실상태가 아니라 '허가를 할 때'의 법 및 사실상태에 맞추어 행하여지는 것이 원칙이다. 다만 예외적으로 행정청이 정당한 이유없이 지연시키다가 법령이 개정된 경우에는, 허가할 때가 아닌 신청할 때의 법 및 사실상태에 맞추어 행하여진다.

판 례

(판례) 행정청이 허가신청을 수리하고도 정당한 이유 없이 처리를 늦추어 그 사이에 법령 및 그 허가기준이 변경된 것이 아닌 한, 새로운 법령 및 허가기준에 따라서 행한 불허가처분이 위법하다고 할 수 없다(대판 1996. 8. 20, 95누10877).

라. 예외적 허가(예외적 승인)

예외적 허가는 사회적으로 유해하거나 바람직하지 않은 행위에 대한 억제적인 금지를 예외적으로 해제하는 것을 말한다(치료목적의 아편사용허가). 예외적 허가는 사회적으로 유해한 행위 또는 바람직하지 않은 행위를 대상으로 하고, 허가는 위험방지를 대상으로 한다. 허가는 일반적으로 기속행위의 성격을 갖지만, 예외적 허가는 공익목적이 강하므로 재량행위의 성질을 갖는다.

판 례

(판례1) 구 도시계획법령의 관련규정을 종합하면, 개발제한구역 내에서는 구역 지정의 목적상 건축물의 건축, 공작물의 설치, 토지의 형질변경 등의 행위는 원칙적으로 금지되고, 다만 구체적인 경우에 위와 같은 구역 지정의 목적에 위배되지 아니할 경우 예외적으로 허가에 의하여 그러한 행위를 할 수 있게 되며, 한편 개발제한구역 내에서의 건축물의 건축 등에 대한 예외적 허가는 그 상대방에게 수익적인 것으로서 재량행위에 속하는 것이라고 할 것이므로 그에 관한 행정청의 판단이 사실오인, 비례·평등의 원칙 위배, 목적 위반 등에 해당하지 아니하는 이상 재량권의 일탈·남용에 해당한다고 할 수 없다(대판 2004. 7. 22, 2003두7606).

(판례2) 학교보건법 제6조 제1항 단서의 규정에 의하여 시·도교육위원회교육감 또는 교육감이 지정하는 자가 학교환경위생정화구역 안에서의 금지행위 및 시설의 해제신청에 대하여 그 행위 및 시설이 학습과

학교보건에 나쁜 영향을 주지 않는 것인지의 여부를 결정하여 그 금지행위 및 시설을 해제하거나 계속하여 금지(해제거부)하는 조치는 시·도교육위원회교육감 또는 교육감이 지정하는 자의 재량행위에 속하는 것으로서, 그것이 재량권을 일탈·남용하여 위법하다고 하기 위하여는 그 행위 및 시설의 종류나 규모, 학교에서의 거리와 위치는 물론이고, 학교의 종류와 학생수, 학교주변의 환경, 그리고 위 행위 및 시설이 주변의 다른 행위나 시설 등과 합하여 학습과 학교보건위생 등에 미칠 영향 등의 사정과 그 행위나 시설이 금지됨으로 인하여 상대방이 입게 될 재산권 침해를 비롯한 불이익 등의 사정 등 여러 가지 사항들을 합리적으로 비교·교량하여 신중하게 판단하여야 한다(대판 1996. 10. 29, 96누8253).

마. 허가의 효과

① 허가는 자연의 자유를 회복시키는 것이므로 허가받은 자의 이익을 반사적 이익으로 보는 것이 통설·판례이다. 그러나 이를 점차 법이 보호하는 이익으로 평가하는 경우가 늘고 있다.

판 례

(판례) 가. 행정소송법 제12조에서 규정하고 있는 처분 등의 취소를 구할 법률상 이익이 있는 자라 함은 처분에 의하여 직접 권리를 침해당한 처분의 상대방에게 한하지 않고 제3자라 하더라도 법에 의하여 보호되는 이익을 침해당한 자는 이에 포함된다.

나. 갑이 적법한 약종상허가를 받아 허가지역 내에서 약종상영업을 경영하고 있음에도 불구하고 행정관청이 구 약사법시행규칙(1969. 8. 13. 보건사회부령 제344호)을 위배하여 같은 약종상인 을에게 을의 영업허가지역이 아닌 갑의 영업허가지역내로 영업소를 이전하도록 허가하였다면 갑으로서는 이로 인하여 기존업자로서의 법률상 이익을 침해받았음이 분명하므로 갑에게는 행정관청의 영업소이전허가처분의 취소를 구할 법률상 이익이 있다(대판 1988. 6. 14, 87누873).

② 허가의 효과의 이전성에 대하여는 인적 허가의 효과는 일신전속으로 이전성이 인정되지 아니하나, 물적 허가의 효과는 이전성이 인정된다. 허가의 효과에 이전성이 인정되는 경우, 법규위반행위의 효과도 승계된다 할 것이다. 따라서 양도인에게 제재사유가 있었던 경우 그 제재사유를 근거로 양수인에게 제재처분을 할 수 있다.

판 례

(판례) 석유판매업허가는 소위 대물적 허가의 성질을 갖는 것이어서 그 사업의 양도도 가능하고 이 경우 양수인은 양도인의 지위를 승계하게 됨에 따라 양도인의 위 허가에 따른 권리·의무가 양수인에게 이전되는 것이므로 만약 양도인에게 그 허가를 취소할 위법사유가 있다면 허가관청은 이를 이유로 양수인에게 응분의 제재조치를 취할 수 있다할 것이고, 양수인이 그 양수 후 허가관청으로부터 석유판매업허가를 다시 받았다하더라도 이는 석유판매업의 양도를 전제로 하는 것이어서 이로써 양도인의 지위승계가 부정되는 것은 아니므로 양도인의 귀책사유는 양수인에게 그 효력이 있다(대판 1986. 7. 22, 86누203).

바. 무허가행위의 효과

무허가행위는 위법한 행위가 되고 통상 법률에서 그에 대하여 행정형벌을 과한다. 그러나 당해 무허가행위의 사법상의 효력에는 영향이 없다는 것이 통설이다.

3) 면제

법규에 의한 작위·급부·수인하명을 특정한 경우에 해제하는 행정행위이다. 작위·급부·수인의 해제라는 점에서 부작위하명의 해제인 허가와 구별된다. 예로는 조세면제, 예방접종면제, 취업의무면제 등을 들 수 있다.

(2) 형성적 행정행위

1) 특허

가. 의의

특정인을 위하여 권리·능력·포괄적 법률관계 기타 법상의 힘을 설정하는 행정행위이다. 예로는 광업법상의 광업허가, 수산업법상의 어업면허, 토지보상법상의 사업인정 등을 들 수 있다.

나. 성질

특허는 설권행위인 형성적 행위이며, 일정한 사유가 존재하는 때에는 특허를 행하도록 법령에 규정되어 있는 경우를 제외하고는 재량행위이다.

판 례

(판례1) 도로점용의 허가

도로법 제40조 제1항에 의한 도로점용은 일반 공중의 교통에 사용되는 도로에 대하여 이러한 일반사용과는 별도로 도로의 특정부분을 유형적·고정적으로 특정한 목적을 위하여 사용하는 이른바 특별사용을 뜻하는 것이고, 이러한 도로점용의 허가는 특정인에게 일정한 내용의 공물사용권을 설정하는 설권행위(특허)로서, 공물관리자가 신청인의 적격성, 사용목적 및 공익상의 영향 등을 참작하여 허가를 할 것인지의 여부를 결정하는 재량행위이다(대판 2002. 10. 25, 2002두5795).

(판례2) 난민인정 – 기속행위

구 출입국관리법 제2조 제3호, 제76조의2 제1항, 제3항, 제4항, 구 출입국관리법 시행령 제88조의2, 난민의 지위에 관한 협약 제1조, 난민의 지위에 관한 의정서 제1조의 문언, 체계와 입법 취지를 종합하면, 난민인정에 관한 신청을 받은 행정청은 원칙적으로 법령이 정한 난민 요건에 해당하는지를 심사하여 난민 인정 여부를 결정할 수 있을 뿐이고, 이와 무관한 다른 사유만을 들어 난민 인정을 거부할 수는 없다(대판 2017. 12. 5, 2016두42913).

(판례3) 도시 및 주거환경정비법상 재건축조합설립인가

재건축조합은 관할 행정청의 감독 아래 정비구역 안에서 도시정비법상의 '주택재건축사업'을 시행하는 목적 범위 내에서 법령이 정하는 바에 따라 일정한 행정작용을 행하는 행정주체로서의 지위를 갖는다. 따라서 행정청이 도시정비법 등 관련 법령에 근거하여 행하는 조합설립인가처분은 단순히 사인들의 조합설립 행위에 대한 보충행위로서의 성질을 갖는 것에 그치는 것이 아니라 법령상 요건을 갖출 경우 도시정비법상 주택재건축사업을 시행할 수 있는 권한을 갖는 행정주체(공법인)로서의 지위를 부여하는 일종의 설권적 처분의 성격을 갖는다고 보아야 한다. 그리고 그와 같이 보는 이상 조합설립결의는 조합설립인가처분이라는 행정처분을 하는 데 필요한 요건 중 하나에 불과한 것이어서, 조합설립결의에 하자가 있다면 그 하자를 이유로 직접 항고소송의 방법으로 조합설립인가처분의 취소 또는 무효확인을 구하여야 하고, 이와는 별도로 조합설립결의 부분만을 따로 떼어내어 그 효력 유무를 다투는 확인의 소를 제기하는 것은 원고의 권리 또는 법률상의 지위에 현존하는 불안·위험을 제거하는 데에 가장 유효·적절한 수단이라 할 수 없어 특별한 사정이 없는 한 확인의 이익은 인정되지 아니한다(대판 2009. 9. 24, 2008다60568).

다. 특허와 신청

특허는 상대방의 출원을 필요요건으로 하는 쌍방적 행위이다. 따라서 출원 없는 특허는 무효이다. 수정허가가 가능한 것과는 달리 수정특허는 인정되지 않는다.

라. 특허의 형식

특허는 특정인에 대하여 행하여지고 원칙적으로 불요식행위이다. 특허는 특허처분과 법규에 의한 특허의 형식이 모두 가능하다.

마. 특허의 효과

특허에 의하여 설립되는 권리는 공권인 것이 보통이나, 사권(광업권·어업권)인 경우도 있다. 인적 특허의 효과는 일신전속으로 이전성이 인정되지 아니하나, 물적 특허의 효과는 물적 사정에 변경이 없는 한 이전성이 인정된다.

판 례

(판례) 상표권부여의 형성처분은 특정인의 속성과의 관련성보다는 상표라는 표장의 식별표식으로서 물에 대한 처분이고 또 사용권부등록을 상표등록취소사유로 한 구 상표법 제73조 제1항 제1호의 규정은 공익을 위한 제재적 성질을 가진 규정이라 할 것이니 이에 해당되는 행위의 책임은 법원의 경매절차에서 등록상표들에 대한 상표권을 승계취득한 자에게도 미친다(대판 2000. 9. 8, 98후3057·3064·3071·3088·3095·3101·3118).

〈허가, 특허, 인가의 구별〉

<table>
<tr><th></th><th>허가</th><th>특허</th><th>인가</th></tr>
<tr><td>의 의</td><td>일반적 상대적 금지를 특정한 경우에 해제하여 일정한 행위를 적법하게 할 수 있게 하는 행정청의 행위</td><td>특정인을 위하여 권리·능력·포괄적 법률관계 기타 법상의 힘을 설정하는 행정행위</td><td>다른 법률관계의 당사자의 법률행위를 보충하여 그 법률행위의 효과를 완성시키는 행정행위</td></tr>
<tr><td>예</td><td>① 건축허가, 식품위생법상 음식점 영업허가
② 운전면허, 의사면허</td><td>① 광업허가, 도로·하천점용허가, 어업면허
② 자동차운수사업법상 자동차운수사업면허, 공물사용권특허</td><td>① 공법인설립인가, 사립대설립인가
② 토지구획정리조합설립인가</td></tr>
<tr><td>법적 성질</td><td>① 명령적 행정행위
② 원칙: 기속행위
예외: 재량행위</td><td>① 형성적 행정행위
② 재량행위</td><td>① 형성적 행정행위
② 재량행위</td></tr>
<tr><td rowspan="3">성 립</td><td>쌍방적 행정행위
원칙적으로 신청을 요함(일반적 허가가능)</td><td>쌍방적 행정행위
반드시 신청을 요함</td><td>쌍방적 행정행위
반드시 신청을 요함</td></tr>
<tr><td>불요식행위임(개별법상 형식제한이 가능함)</td><td colspan="2">보통문서의 형식에 의함</td></tr>
<tr><td>무출원허가·수정허가 가능</td><td>무출원특허·수정특허 불허</td><td>수정인가 불허</td></tr>
<tr><td>효 과</td><td>① 자연적 자유회복(관계법상 금지만 해제)
② 기존의 향수이익: 반사적이익
③ 공법상 효과만 발생</td><td>① 권리 설정
② 기존의 이익: 독점적 지위의 이익, 법률상이익
③ 공법·사법상 효과도 발생</td><td>① 보충적 행정행위로 기본행위(타인간의 법률행위)의 법률상 효과를 완성시켜줌</td></tr>
<tr><td>상대방</td><td>불특정 다수인에 대해서도 이루어질 수 있음</td><td>특정인에 대해서 이루어짐</td><td>특정인에 대해서 이루어짐</td></tr>
<tr><td>위반 행위의 효과</td><td>① 허가는 적법요건(허가 없는 행위는 유효)
② 다만 행정벌이나 강제집행의 대상이 될 뿐이다.</td><td>① 특허는 효력요건(특허받지 않은 행위는 무효)
② 강제집행등의 대상이 안됨</td><td>① 인가는 효력요건(인가받지 않은 행위는 무효)
② 기본행위에만 하자가 있는 경우
→무효사유 = 기본행위 무효,
→취소사유 = 취소 전까지 기본행위는 유효
③ 인가에만 하자 있는 경우
→무효사유 = 기본행위도 무효
→취소사유 = 취소하기 전까지 유인가행위(유효)</td></tr>
</table>

2) 인가

가. 의의

다른 법률관계의 당사자의 법률행위를 보충하여 그 법률행위의 효과를 완성시키는 행정행위이다. 예로는 외국인의 토지거래계약허가, 비영리법인설립인가, 토지구획정리조합설립인가 등을 들 수 있다.

나. 성질

인가는 형성적 행위의 일종으로, 행정주체가 직접 자기와는 관계없는 다른 법률관계의 당사자 간의 법률행위를 보충하는 행정행위이다. 인가의 재량행위여부에 대하여 학설은 대립하며, 판례는 기속행위로 보는 경우와 재량행위로 보는 경우가 나뉜다.

판 례

(판례1) 중소기업 창업사업계획

중소기업창법지원법 제21조 제1항, 구 중소기업창업지원법 제22조 제1항·제2항·제3항의 각 규정 소정의 시장 등의 중소기업 창업사업계획의 승인은 상대방에게 권리나 이익을 부여하는 효과를 수반하는 이른바 수익적 행정처분으로서 법령에 행정처분의 요건이 일의적으로 규정되어 있지 아니하는 이상 행정청의 재량행위에 속한다(대판 1994. 6. 24, 94누1289).

(판례2) 채광계획의 인가

광업권의 행사를 보장하면서도 광산개발에 따른 자연경관의 훼손, 상수원의 수질오염 등 공익침해를 방지하기 위한 목적에서 광물채굴에 앞서 채광계획인가를 받도록 한 제도의 취지와 공익을 실현하여야 하는 행정의 합목적성에 비추어 볼 때, 당해 채광계획이 중대한 공익에 배치된다고 할 때에는 그 인가를 거부할 수 있다고 보아야 하고, 채광계획을 불인가하는 경우에는 정당한 사유가 제시되어야 하며 자의적으로 볼 것인가를 하여서는 아니 될 것이므로 채광계획의 인가는 기속재량행위에 속하는 것으로 보아야 할 것이다(대판 1993. 5. 27, 92누19477).

(판례3) 매립준공인가

기본행위인 정관변경 결의가 적법 유효하고 보충행위인 인가처분 자체에만 하자가 있다면 그 인가처분의 무효나 취소를 주장할 수 있지만, 인가처분에 하자가 없다면 기본행위에 하자가 있다 하더라도 따로 그 기본행위의 하자를 다투는 것은 별론으로 하고 기본행위의 무효를 내세워 바로 그에 대한 행정청의 인가처분의 취소 또는 무효확인을 소구할 법률상의 이익이 없다(대판 1996. 5. 16, 95누4810).

다. 대상

인가는 법률행위에 대하여 행하여진다. 인가의 대상이 되는 법률행위(토지거래계약)는 계약일 때도 있고, 합동행위(비영리법인 설립)인 경우도 있으며, 공법행위(공공조합의 정관변경)인 때도 있고, 사법행위(지방채기채)인 때도 있다.

라. 인가의 신청

인가는 신청에 의하여 행하여지며, 적극적으로 신청의 내용과 다른 수정인가를 할 수 없다는 것이 다수설이다. 따라서 수정인가나 출원에 의한 인가는 무효이며, 인가에 의해 기본행위는 효력을 발생한다.

판 례

(판례) 상호신용금고법 제10조 제1호가 정관의 변경에 재무부장관의 인가를 얻어야 하도록 규정하고 있음에 비추어 변경된 정관상에 그 시행일에 관하여 아무런 규정을 두고 있지 않다면 정관변경의 효력은 특단의 사정이 없는 한 재무부장관의 인가가 있는 날로부터 발생한다(대판 1985. 3. 26, 84누181).

마. 인가의 효과

① 인가는 다른 법률관계의 당사자의 법률행위의 효과를 완성시킨다. 인가의 효과는 당해 법률행위에 대한 관계에 한하며, 타인에게 이전되지 아니하는 것이 원칙이다.

② 인가는 그 대상인 기본행위의 효과를 완성시키는 보충행위이므로, 그 기본행위가 불성립 무효인 경우 설혹 인가를 받더라도 그 기본행위가 유효로 되는 것은 아니다. 따라서 기본행위에 흠이 있는 경우 기본행위의 흠을 내세워 그에 대한 인가처분의 취소 또는 무효확인을 소구할 수 없다.

판 례

(판례) 구 도시 및 주거환경정비법(2013. 12. 24. 법률 제12116호로 개정되기 전의 것)에 기초하여 주택재개발정비사업조합이 수립한 사업시행계획은 관할 행정청의 인가·고시가 이루어지면 이해관계인들에게 구속력이 발생하는 독립된 행정처분에 해당하고, 관할 행정청의 사업시행계획 인가처분은 사업시행계획의 법률상 효력을 완성시키는 보충행위에 해당한다. 따라서 기본행위인 사업시행계획에는 하자가 없는데 보충행위인 인가처분에 고유한 하자가 있다면 그 인가처분의 무효확인이나 취소를 구하여야 할 것이지만, 인가처분에는 고유한 하자가 없는데 사업시행계획에 하자가 있다면 사업시행계획의 무효확인이나 취소를 구하여야 할 것이지 사업시행계획의 무효를 주장하면서 곧바로 그에 대한 인가처분의 무효확인이나 취소를 구하여서는 아니 된다(대판 2021. 2. 10, 2020두48031).

③ 그리고 인가 당시에는 유효하게 성립된 인가라고 하더라도 후에 그 기본행위가 취소되거나 실효되면 인가도 그 효력을 잃는다.

판 례

(판례) 인가는 기본행위인 재단법인의 정관변경에 대한 법률상의 효력을 완성시키는 보충행위로서, 그 기본이 되는 정관변경결의에 하자가 있을 때에는 그에 대한 문화체육부장관의 인가가 있었다 하여도 기본행

위인 정관변경 결의가 유효한 것으로 될 수 없다. 즉, 기본행위인 정관변경 결의가 적법 유효하고 보충행위인 인가처분 자체에만 하자가 있다면 그 인가처분의 무효나 취소를 주장할 수 있지만, 인가처분에 하자가 없다면 기본행위에 하자가 있다 하더라도 따로 그 기본행위의 하자를 다투는 것은 별론으로 하고 기본행위의 무효를 내세워 바로 그에 대한 행정청의 인가처분의 취소 또는 무효확인을 소구할 법률상의 이익이 없다(대판 1996. 5. 16, 95누4810).

바. 무인가 행위의 효과

인가를 받아야 할 행위를 인가받지 아니하고 행한 경우, 인가는 행위의 유효요건이므로, 행정강제나 행정제재의 문제는 생기지 않고, 그 행위가 무효로 된다.

판 례

(판례) 학교법인이 용도변경이나 의무부담을 내용으로 하는 계약을 체결한 경우 반드시 계약 전에 관할청의 허가를 받아야만 하는 것은 아니고 계약 후라도 관할청의 허가를 받으면 유효하게 될 수 있다. 이러한 계약은 관할청의 불허가 처분이 있는 경우뿐만 아니라 당사자가 허가신청을 하지 않을 의사를 명백히 표시하거나 계약을 이행할 의사를 철회한 경우 또는 그 밖에 관할청의 허가를 받는 것이 사실상 불가능하게 된 경우 무효로 확정된다(대판 2022. 1. 27, 2019다289815).

3) (공법상) 대리

가. 의의

타인이 행하여야 할 행위를 행정청이 갈음하여 행함으로써 그 타인이 스스로 행한 것과 같은 법적 효과를 발생하는 행정행위이다. 이러한 공법상 대리는 원래 본인이 행해야 할 행위를 행정목적의 달성을 위하여 행정청이 대신 행하는 것이므로, 본인의 의사에 의한 대리행위가 아니라, 법률의 규정에 의한 법정대리이다.

나. 기능

공법상 대리는 ① 행정주체에 의한 감독(감독청에 의한 공법인의 정관작성, 공공단체의 임원임명), ② 국가작용의 실효성 확보(체납처분절차상의 압류재산공매처분), ③ 협의가 성립하지 않는 경우 조정(토지보상법상의 협의 불성립시 행하는 재결), ④ 타인보호(행려병사자의 유류품매각)의 기능을 갖는다.

다. 효과

법정대리권에 기하여 행한 대리자의 행위는 원래 본인 자신이 행한 것과 동일한 법적 효과를 발생한다.

3. 준법률행위적 행정행위

(1) 확인

1) 의의

일정한 사실이나 법률관계가 존재하는 것인가 아닌가(존부) 또는 정당한 것인가 아닌가(정부)를 공적으로 판단하여 확정하는 행정행위이다. 예로는 도로구역결정, 행정심판재결, 발명권 특허 등을 들 수 있다.

판 례

(판례) 친일반민족행위자 재산의 국가귀속에 관한 특별법 제3조 제1항 본문은 "친일반민족행위자의 재산은 그 취득·증여 등 원인행위시에 이를 국가의 소유로 한다"고 규정하고 있을 뿐, 친일반민족행위자재산조사위원회의 결정이 있어야만 국가귀속의 효력이 발생한다고 규정하고 있지 아니하다. … 특별법 제2조 제2호에 정한 친일재산은 위원회가 국가귀속결정을 하여야 비로소 국가의 소유로 되는 것이 아니라 특별법의 시행에 따라 그 취득·증여 등 원인행위시에 소급하여 당연히 국가의 소유로 되는 것이고, 위원회의 국가귀속결정은 당해 재산이 친일재산에 해당한다는 사실을 확인하는 이른바 준법률행위적 행정행위의 성격을 가지는 것이다(대판 2008. 11. 13, 2008두13491).

2) 성질

확인은 일정한 사실 또는 법률관계의 존부나 정부에 대한 판단작용이라는 점에서 준사법적 행위이다. 또한 일정한 사실 또는 법률관계가 존재하거나 정당한 경우에는 반드시 확인해야 하는 기속행위이다.

판 례

(판례1) 준공검사는 건축허가를 받아 건축한 건물이 건축허가사항대로 건축행정목적에 적합한가의 여부를 확인하고 준공검사필증으로 교부하여 주는 것이므로 허가관청으로서는 건축허가사항대로 시공되었다면 거부할 수 없는 것이다(대판 1999. 12. 21, 98다29797).

(판례2) 국방전력발전업무훈령 제113조의5 제1항에 의한 연구개발확인서 발급은 개발업체가 '업체투자연구개발' 방식 또는 '정부·업체공동투자연구개발' 방식으로 전력지원체계 연구개발사업을 성공적으로 수행하여 군사용 적합판정을 받고 국방규격이 제·개정된 경우에 사업관리기관이 개발업체에게 해당 품목의 양산과 관련하여 경쟁입찰에 부치지 않고 수의계약의 방식으로 국방조달계약을 체결할 수 있는 지위(경쟁입찰의 예외사유)가 있음을 인정해 주는 '확인적 행정행위'로서 공권력의 행사인 '처분'에 해당하고, 연구개발확인서 발급 거부는 신청에 따른 처분 발급을 거부하는 '거부처분'에 해당한다(대판 2020. 1. 16, 2019다264700).

3) 형식

확인은 언제나 구체적인 처분의 형식으로 행하여지며, 요식행위인 것이 보통이다.

4) 효과

확인은 공적으로 확정된 것을 임의로 변경할 수 없는 불가변력이 발생한다. 그 외에 각개의 법령이 정하는 효과를 발생한다.

(2) 공증

1) 의의

일정한 사실이나 법률관계의 존재 여부를 공적으로 증명하는 행정행위이다. 예로는 부동산등기부에의 등기, 토지대장에의 등재, 광업원부에의 등록 등을 들 수 있다.

2) 성질

공증은 일정한 사실이나 법률관계의 존재 여부를 공적으로 증명하는 인식표시행위이며, 인식하게 되면 공증하지 않을 수 없다는 의미에서 기속행위이다.

3) 형식

공증은 언제나 구체적인 처분의 형식으로 행하여지며, 일정한 형식이 요구되는 요식행위이다.

4) 효과

공증은 반증에 의하지 아니하고는 전복되지 않는 공적 증거력이 발생한다. 그 외에 각 법령이 정하는 효과가 발생한다.

판 례

(판례) 의료법 부칙 제7조, 제59조, 동법시행규칙 제59조 및 1973.11.9자 보건사회부 공고 58호에 의거한 서울특별시장 또는 도지사의 의료유사업자 자격증 갱신발급행위는 유사의료업자의 자격을 부여 내지 확인하는 것이 아니라 특정한 사실 또는 법률관계의 존부를 공적으로 증명하는 소위 공증행위에 속하는 행정행위라 할 것이다(대판 1977. 5. 24, 76누295).

(3) 통지

1) 의의

특정인 또는 불특정 다수인에 대하여 일정한 사실을 알리는 행정행위이다.

2) 성질

통지는 일정사실에 대한 관념의 통지일 때도 있고(특허출원의 공고 등으로 처분성 부정), 행위자의 의사통지일 때도 있다(대집행의 계고, 납세의 독촉 등으로 처분성 긍정).

판 례

(판례1) 국가공무원법 제69조에 의하면 공무원이 제33조 각 호의 1에 해당할 때에는 당연히 퇴직한다고 규정하고 있으므로, 국가공무원법상 당연퇴직은 결격사유가 있을 때 법률상 당연히 퇴직하는 것이지 공무원관계를 소멸시키기 위한 별도의 행정처분을 요하는 것이 아니며, 당연퇴직의 인사발령은 법률상 당연히 발생하는 퇴직사유를 공적으로 확인하여 알려주는 이른바 관념의 통지에 불과하고 공무원의 신분을 상실시키는 새로운 형성적 행위가 아니므로 행정소송의 대상이 되는 독립한 행정처분이라고 할 수 없다(대판 1995. 11. 14, 95누2036).

(판례2) 기간제로 임용되어 임용기간이 만료된 국·공립대학의 조교수는 교원으로서의 능력과 자질에 관하여 합리적인 기준에 의한 공정한 심사를 받아 위 기준에 부합되면 특별한 사정이 없는 한 재임용되리라는 기대를 가지고 재임용 여부에 관하여 합리적인 기준에 의한 공정한 심사를 요구할 법규상 또는 조리상 신청권을 가진다고 할 것이니, 임용권자가 임용기간이 만료된 조교수에 대하여 재임용을 거부하는 취지로 한 임용기간만료의 통지는 위와 같은 대학교원의 법률관계에 영향을 주는 것으로서 행정소송의 대상이 되는 처분에 해당한다(대판 2004. 4. 22, 2000두7735).

3) 효과

통지는 각 법령이 정하는 효과가 발생한다.

(4) 수리

1) 의의

타인의 행위를 유효한 행위로써 받아들이는 행정행위이다. 예로는 혼인신고의 수리, 행정심판청구서·소장의 수리 등을 들 수 있다. 단순한 사실의 도달이나 사실행위인 접수는 행정행위인 수리가 아니다. 행정청은 수리를 거부할 수 있으며 이를 각하라 한다.

2) 성질

수리는 타인의 행위를 유효한 행위라는 판단 아래 수령하는 인식의 표시행위이다. 따라서 단순한 사실의 도달이나 사실행위인 접수와 구별된다.

3) 효과

수리의 효과는 각개의 법령이 정하는 바에 의한다. 수리는 행정청이 사인의 행위를 유효한 행위로 받아들이는 행정행위이기에 사인의 행위를 떠나 그 자체만으로 유효하게 존립할 수 없다. 그리고 수리를 요하는 신고의 수리거부는 행정쟁송의 대상이 된다.

판 례

(판례) 사실증명서의 첨부 없는 광업출원인 주소변경계 수리는 일종의 독립적인 행정처분으로서 취소사유 있는 처분에 속한다(대판 1962. 2. 15, 4294행상16).

Ⅱ. 기속행위와 재량행위

1. 구별기준

법의 구속정도를 기준으로 한 구별이다. 법이 행정행위를 규율하면서 행정청에게 자기판단의 여지를 부여하고 있는가에 따라 이를 부여하고 있지 아니한 행정행위는 기속행위이고 이를 부여하고 있는 행정행위는 재량행위이다.

2. 기속행위와 재량행위의 개념

(1) 기속행위

기속행위란 법규상 구성요건에서 정한 요건이 충족되면 행정청이 반드시 어떠한 행위를 발하거나 발하지 말아야 할 행정행위를 말한다.

판 례

(판례) 도로교통법 제78조 제1항 단서 제8호의 규정에 의하면, 술에 취한 상태에 있다고 인정할 만한 상당한 이유가 있음에도 불구하고 경찰공무원의 측정에 응하지 아니한 때에는 필요적으로 운전면허를 취소하도록 되어 있어 처분청이 그 취소여부를 선택할 수 있는 재량의 여지가 없음이 그 법문상 명백하므로, 위 법조의 요건에 해당하였음을 이유로 한 운전면허취소처분에 있어서 재량권의 남용의 문제는 생길 수 없다(대판 2004. 11. 12, 2003두12042).

(2) 재량행위

재량행위란 법규상 구성요건에서 정한 전제요건이 충족될 때, 특정효과의 선택·결정권이 행정청에 부여된 행정행위이다. 이러한 재량행위의 필요성은 ① 장래에 어떤 사태에도 대처할 수 있는 상세하고 합리적인 규정을 두는 것이 불가능한 까닭에, ② 개개의 사정에 알맞은 유연하고 적절한 해결의 필요성 또는 장래의 정세변화에 대응할 유연성의 요청 때문에, ③ 전문성·기술성의 요청 때문에 행정청에게 법의 집행과정에 자기결정의 여지를 부여하는 것이 불가피하다.

판 례

(판례) 구 학교용지 확보 등에 관한 특례법(2017. 3. 21. 법률 제14604호로 개정되기 전의 것, 이하 '구 학교용지법'이라 한다) 제5조 제1항은 "시·도지사는 개발사업지역에서 단독주택을 건축하기 위한 토지를 개발하여 분양하거나 공동주택을 분양하는 자에게 부담금을 부과·징수할 수 있다."라고 규정하고 있어, 문언상 위 규정에 따른 학교용지부담금 부과는 재량행위로 해석된다.

또한 같은 조 제4항은 "시·도지사는 다음 각호의 어느 하나에 해당하는 경우에는 부담금을 면제할 수 있다. 다만 제1호, 제3호 및 제4호의 경우에는 부담금을 면제하여야 한다."라고 규정하면서 제2호에서 '최근 3년 이상 취학 인구가 지속적으로 감소하여 학교 신설의 수요가 없는 지역에서 개발사업을 시행하는 경우'를 들고 있다. 이와 같이 위 규정 제1호, 제3호, 제4호에 따른 학교용지부담금 면제는 기속행위인 반면, 제2호에 따라 학교용지부담금을 면제할 것인지 여부를 결정하는 데에는 행정청의 재량이 인정된다(대판 2022. 12. 29, 2020두49041).

3. 기속행위와 재량행위의 구별

(1) 전개

1) 전통적 재량이론

기속행위는 법에 엄격하게 기속되고, 법에 위반하면 위법행위로 법원의 심사대상이 되나, 재량행위는 법에 의하여 공익실현을 위한 판단의 여지가 행정청에 부여되어 있는 이상 행정에 고유한 자기권한의 행사이며 재량을 그르쳐도 부당행위로 법원의 심사대상이 되지 않는다는 입장이 종래 견해였다.

2) 오늘날의 구별론

재량불심리에 따르는 경우, 당해 행정작용이 법원의 심사대상에서 제외됨으로써 국민의 권리구제가 어렵게 되는 문제점이 있어, 이를 좁히려는 일환으로 재량을 다시 기속재량(법규재량)과 자유재량(공익재량)의 구별하는 구별론이 대두되었다. 이는 입법자가 입법을 하면서 행정행위의 요건 및 효과 등을 일의적으로 규정하지 않음으로써 행정청에게 재량권을 부여하고 있는 것처럼 보이는 경우에도 법이 예정한 객관적 기준이 존재하는 경우는 기속재량으로 이는 기속행위와 마찬가지로 법에 구속되고 법에 위반하면 위법행위로 법원의 심사대상이 된다. 그러나 기속재량과 자유재량도 상대적이며 나아가 기속행위와 자유재량행위도 상대적으로 기속행위와 재량행위의 문제는 법원의 심사밀도의 정도문제이다.

(2) 구별실익

1) 행정소송사항과의 관계

행정소송법 제4조 '행정청의 위법한 처분' 취소소송의 대상으로 하고, 행정심판법 제5조 '행정청의 위법·부당한 처분' 취소심판의 대상으로 하고 있다. 아울러 행정소송법 제27조가 '행정청의 재량에 속하는 처분이라도 재량권의 한계를 넘거나 그 남용이 있는 때에는 법원은 이를 취소할 수 있다.'고 규정하여 재량행위는 재량권의 일탈·남용이 아닌 한 취소소송의 대상에서 제외된다.

판 례

(판례) 행정행위가 재량성의 유무 및 범위와 관련하여 이른바 기속행위와 재량행위로 구분된다고 할 때, 그 구분은 해당 행위의 근거가 된 법규의 체재·형식과 문언, 해당 행위가 속하는 행정 분야의 주된 목적과 특성, 해당 행위 자체의 개별적 성질과 유형 등을 모두 고려하여 판단하여야 한다. 이렇게 구분되는 양자에 대한 사법심사는, 전자의 경우 그 법규에 대한 원칙적인 기속성으로 인하여 법원이 사실인정과 관련 법규의 해석·적용을 통하여 일정한 결론을 도출한 후 그 결론에 비추어 행정청이 한 판단의 적법 여부를 독자의 입장에서 판정하는 방식에 의하게 되나, 후자의 경우 행정청의 재량에 기한 공익판단의 여지를 고려하여 법원은 독자의 결론을 도출함이 없이 해당 행위에 재량권의 일탈·남용이 있는지만을 심사하게 된다(대판 2020. 10. 15, 2019두45739).

2) 부관과의 관계

판례와 다수설은 재량행위에는 재량의 범위 내에서 부관을 붙일 수 있으나 기속행위에는 특별한 규정이 없는 한 부관을 붙일 수 없다는 것이다.

3) 공권의 성립과의 관계

기속행위의 경우에는 관련 법규가 강행법규성과 사익보호성을 갖춘 경우, 상대방에게 기속행위를 해줄 것을 요구할 수 있는 행정청에 대한 공권이 생길 수 있다,

재량행위의 경우에는 원칙적으로 재량행위에 대한 청구권이 생길 수 없으나, 재량권이 0으로 수축되는 경우에는 예외적으로 공권이 성립할 수 있다고 본다.

4) 구별실익의 축소

종래 재량행위론은 재판통제에서의 배제를 의도한 이론이었으나, 오늘날 재량행위도 일반적 사법통제의 대상이 됨으로써 양자간의 구별실익은 그만큼 축소되었다 할 수 있다. 따라서 재량행위론의 중심은 종래와 같이 기속행위와의 구별에 있는 것이 아니라, 재량행위의 한계 내지는 재량통제론이라 할 것이다.

(3) 구별기준

1) 학설

가. 요건재량설

① 의의

법이 행정행위의 요건을 정함에 있어서 일의적 개념을 사용하고 있거나 공익이라는 종국목적에 이르는 개개의 행정활동에 특유한 중간목적을 규정하고 있는 경우에는 기속행위이고, 법이 행정행위의 요건을 정함에 있어서 공백으로 남겨두었거나 불확정개념을 사용하고 있는 경우에는 재량행위라고 한다.

② 비판

이 견해는 법률문제인 요건문제를 재량문제로 보아 재량의 범위를 부당히 확대하고 있다는 점, 법이 종국목적을 나타내는 개념과 중간목적을 나타내는 다의적인 개념을 사용하는 경우에 그 구분이 불명확하다는 점에서 문제가 있다.

나. 효과재량설

① 의의

이는 행정행위의 성질에 따라 구별하려는 견해로 행정행위가 침익적 행정행위이거나 확인행위 등 준법률행위적 행정행위인 때에는 법에 특별한 규정이 없는 한 기속행위이고, 행정행위가 수익적 행정행위이거나 직접 국민의 권리·의무와 관계없는 행위인 때는 법의 특별한 규정이 없는 한 재량행위라고 한다.

② 비판

이 설은 법요건에 대하여 전적으로 재량을 부인한 것은 실정행정법규를 경시한 것이며, 침익적 행정행위 영역에도 재량이 인정되는 예가 많아지고 반대로 복리행정의 발전에 따라 수익적 행정행위의 영역에도 행정이 기속을 받는 경향이 증가한다는 등의 비판이 있다.

다. 판단여지설

① 의의

행정법규가 행위요건을 정함에 있어서 불확정개념을 사용하고 있는 경우에 불확정 개념은 법개념이고 법개념 적용의 문제에 대하여는 전면적으로 사법통제의 대상이 되지만, 때로는 거기에도 사법통제가 미칠 수 없는 행정청의 고유한 판단·결정의 영역이 존재하는데(국가시험 등 시험결정, 공무원법상의 재평가 등), 이는 판단여지로서 행정행위의 효과의 측면에서만 존재하는 재량과 구별된다

② 비판

판단여지설은 독일에서 불확정 법개념의 적용에 대한 법원의 심사를 제한하기 위한 이론으로 주장된 것으로 엄밀한 의미에서 구별기준으로 보기는 어렵다.

라. 종합설

① 의의

행정행위의 근거법규의 문언과 형식, 법령의 취지 및 사안의 성질, 기본권관련성을 중심으로 구체적·개별적으로 검토해야 한다는 견해이다.

② 비판

종합설은 기준이 불명확하다는 비판을 받는다.

2) 판례

대법원은 효과재량설에 따라 수익적 행정처분의 경우 재량행위로 본 사례도 있으나, 대체로 근거법규의 체재 및 문언형식, 행정분야의 목적과 특성, 당해 행위의 성질과 유형을 모두 고려하여 판단하여야 한다는 종합설의 입장이다.

판 례

(판례1) 효과재량설에 따른 판례

주택건설촉진법 제33조에 의한 주택건설사업계획의 승인은 상대방에게 권리나 이익을 부여하는 효과를 수반하는 이른바 수익적 행정처분으로서 법령에 행정처분의 요건에 관하여 일의적으로 규정되어 있지 아니한 이상 행정청의 재량행위에 속한다(대판 1996. 10. 11, 95누9020).

(판례2) 종합설에 따른 판례

어느 행정행위가 기속행위인지 재량행위인지 나아가 재량행위라고 할지라도 기속재량행위인지 또는 자유재량에 속하는 것인지의 여부는 이를 일률적으로 규정지을 수는 없는 것이고, 당해 처분의 근거가 된 규정의 형식이나 체제 또는 문언에 따라 개별적으로 판단하여야 할 것이다(대판 1998. 9. 8, 98두8759).

(판례3) 종합설에 따른 판례

구 국민건강보험법(2011. 12. 31. 법률 제11141호로 전부 개정되기 전의 것, 이하 같다) 제52조 제1항은 "공단은 사위 기타 부당한 방법으로 보험급여를 받은 자 또는 보험급여비용을 받은 요양기관에 대하여 그 급여 또는 급여비용에 상당하는 금액의 전부 또는 일부를 징수한다."라고 규정하여 문언상 일부 징수가 가능함을 명시하고 있다. 위 조항은 요양기관이 부당한 방법으로 급여비용을 지급청구하는 것을 방지함으로써 바람직한 급여체계의 유지를 통한 건강보험 및 의료급여 재정의 건전성을 확보하려는 데 입법 취지가 있다. 그러나 요양기관으로서는 부당이득징수로 인하여 이미 실시한 요양급여에 대하여 그 비용을 상환받지 못하는 결과가 되므로 침익적 성격이 크다. 한편 구 의료법(2007. 4. 11. 법률 제8366호로 전부 개정되기 전의 것, 이하 같다) 제30조 제2항이 금지하는 '비의료인의 의료기관 개설행위'는 비의료인이 의료기관의 시설 및 인력의 충원·관리, 개설신고, 의료업의 시행, 필요한 자금의 조달, 운영성과의 귀속 등을 주도적으로 처리하는 것을 의미한다. 즉, 의료인인 개설명의인은 개설자에게 자신의 명의를 제공할 뿐 의료기관의 개설과 운영에 관여하지 않으며, 그에게 고용되어 근로 제공의 대가를 받을 뿐 의료기관 운영에 따른 손익이 그대로 귀속되지도 않는다. 이 점을 반영하여 구 의료법은 제30조 제2항 위반행위의 주체인 비의료인 개설자는 5년 이하의 징역 또는 2천만 원 이하의 벌금에 처하도록 규정한 반면, 의료인인 개설명의인은 제69조에서 '의료기관의 개설자가 될 수 없는 자에게 고용되어 의료행위를 한 자'로서 300만 원 이하의 벌금에 처하도록 규정하고 있다. 이상에서 살펴본 위 각 법 규정의 내용, 체재와 입법 취지, 부당이득징수의 법적 성질 등을 고려할 때, 구 국민건강보험법 제52조 제1항이 정한 부당이득징수는 재량행위라고 보는 것이 옳다. 그리고 요양기관이 실시한 요양급여 내용과 요양급여비용의 액수, 의료기관 개설·운영 과정에서의 개설명의인의 역할과 불법성의 정도, 의료기관 운영성과의 귀속 여부와 개설명의인이 얻은 이익의 정도, 그 밖에 조사에 대한 협조 여부 등의 사정을 고려하지 않고 의료기관의 개설명의인을 상대로 요양급여비용 전액을 징수하는 것은 다른 특별한 사정이 없는 한 비례의 원칙에 위배된 것으로 재량권을 일탈·남용한 때에 해당한다고 볼 수 있다(대판 2020. 6. 4, 2015두39996).

3) 검토

최근의 경향은 일률적인 기준설정보다 행정법규의 규정방식, 그 취지·목적 및 행정행위의 성질 등을 고려하여 개별적으로 판별한다. 이에 의하면 ① 행정법규가 행정행위의 요건·내용 등에 관하여 일의적 규정을 두고 있는 경우에는 기속행위이고, ② 행정법규가 행정행위의 요건을 정함에 있어 공백으로 남겨 두었거나 불확정개념을 사용하고 있는 경우에는 객관적 경험법칙에 따라 일의적으로 확정할 수 있을 때는 기속행위이고, 가치판단에 대한 명확한 객관적 기준이 없어 법원의 판단으로 행정청의 판단을 갈음하기가 불가능하거나 현저히 부적당하다고 인정되는 행정청의 정치·정책적 사항에 속하는 때는 재량행위이다. ③ 행정법규가 행정청에 대한 선택의 여지를 남기고 있는 경우에는 문리적 표현, 행정행위의 성질, 효과, 헌법상의 기본권과의 관계 등에 따라 재량성여부가 판단된다.

〈재량행위와 기속행위 판례 구별〉

기속행위	재량행위
허가 ① 건축법상 건축허가(대판 1995. 12. 12, 95누9051) ② 식품위생법상 대중음식점영업허가(대판 1993. 5. 27, 93누2216) ③ 일반음식점영업허가(대판 2000. 3. 24, 97누12532) ④ 공중위생법상 위생접객업허가(대판 1995. 7. 28, 94누13497) ⑤ 북한어린이 살리기 의약품 지원본부에 대한 기부금품모집허가(대판 1999. 7. 23, 99두3690) ⑥ 공업배치 및 공장설립에 관한 법률 상의 공장설립허가(대판 1999. 7. 23, 97누6261) ⑦ 자동차운전면허취소처분취소(대판 2004. 11. 12, 2003두12042)	허가 또는 예외적 허가 ① 개발제한구역 내의 건축허가(대판2004. 7. 22, 2003두7606) ② 총포·도검·화약류 등 단속법 소지허가(대판 1993. 5. 14, 92도2179) ③ 산림법에 의한 산림훼손허가(대판 2003. 3. 28, 2002두12113) ④ 도시계획법상 토지형질변경허가(대판 1999. 2. 23, 98두17845) ⑤ 농지전용허가(대판 2000. 5. 12, 98두15382) ⑥ 학교보건법상 학교환경위생정화구역 안에서의 유흥주점영업허가(대판 1996. 10. 29, 96누8253) ⑦ 도시계획법상 개발제한구역 내의 건축물의 용도변경허가(대판 2001, 2. 9, 98두17593) ⑧ 가축분뇨법상 처리방법 변경허가(대판 2021. 6. 30, 2021두35681)
	특허 ① 공유수면매립면허(대판 1989. 9. 12, 88누9206) ② 구 자동차운수사업법에 의한 마을버스운송사업면허(대판 2001. 1. 19, 99두3812) ③ 개인택시운송사업면허(대판 2007. 3. 15, 2006두15783) ④ 구 토지수용법상 사업인정(대판 1992 .11. 13, 92누596) ⑤ 도로점용허가(대판 2002. 10. 25, 2002두5795)

인가 학교법인이사취임승인처분(대판 1992. 9. 22, 92누5461)	인가 ① 주택조합설립인가(대판 1995. 12. 12, 94누12302) ② 주택건설사업계획의 승인(대판 1997. 10. 24, 96누12917) ③ 주택재건축사업시행 인가(대판 2007. 7. 12, 2007두6663)
	판단여지 ① 공무원 임용을 위한 면접전형(대판 1997. 11. 28, 97누11911) ② 사법시험 문제출제행위(대판 2001. 4. 10, 99다33960) ③ 교과서검정(대판 1992. 4. 24, 91누6634)

4. 재량행위의 한계(재량하자의 유형)

(1) 재량권의 일탈

이는 재량권의 행사가 수권규정의 한계를 벗어나 행사된 경우를 말한다.

예) 근거법규상 행정상의 위무위반에 대하여 3개월에서 6개월 이하의 영업정지처분을 할 수 있다고 규정되어 있는 경우에, 그것을 초과하여 1년간의 영업정지 처분을 한 경우이다.

판 례

(판례) 재량행위에 대한 사법심사는 행정청의 재량에 기초한 공익 판단의 여지를 감안하여 법원이 독자적인 결론을 내리지 않고 해당 처분에 재량권 일탈·남용이 있는지 여부만을 심사하게 되고, 사실오인과 비례·평등의 원칙 위반 여부 등이 그 판단 기준이 된다(대법원 2020. 9. 3. 선고 2019두60899 판결 등 참조). 행정청이 행정행위를 함에 있어 이익형량을 전혀 하지 아니하거나 이익형량의 고려 대상에 마땅히 포함시켜야 할 사항을 누락한 경우 또는 이익형량을 하였으나 정당성·객관성이 결여된 경우 그 행정행위는 재량권을 일탈·남용하여 위법하다고 할 수 있다(대법원 2020. 6. 11. 선고 2020두34384 판결 등 참조). 이러한 재량권 일탈·남용에 관해서는 그 행정행위의 효력을 다투는 사람이 증명책임을 진다(대법원 2019. 7. 4. 선고 2016두47567 판결 등 참조)(대판 2022. 9. 7, 2021두39096).

(2) 재량권의 남용

이는 법령상 주어진 재량권의 범위 내에서 재량권이 고려되었으나 ① 재량권을 부여한 법규의 목적·동기를 위배(입법목적을 유월)한 경우, ② 기본권 및 행정법상 일반원칙(평등원칙 비례원칙 등)을 위배한 경우, ③ 사실의 오인에 기인한 재량행사를 말한다.

판 례

(판례1) 재량행위에 대한 법원의 사법심사는 당해행위가 사실오인, 비례·평등의 원칙 위배, 당해행위의 목적 위반이나 부정한 동기 등에 근거하여 이루어짐으로써 재량권을 일탈·남용한 위법이 있는지 여부만을 심사하게 되는 것이나, 법원의 심사결과 행정청의 재량행위가 사실오인 등에 근거한 것이라고 인정된다면 이는 재량권을 일탈·남용한 것으로서 위법하여 그 취소를 면치 못한다(대판 2001. 7. 27, 99두2970).

(판례2) 행정계획은 특정한 행정목표를 달성하기 위하여 행정에 관한 전문적·기술적 판단을 기초로 관련되는 행정수단을 종합·조정함으로써 장래의 일정한 시점에 일정한 질서를 실현하기 위하여 설정한 활동기준이나 그 설정행위를 말한다. 행정청은 구체적인 행정계획을 입안·결정할 때 비교적 광범위한 형성의 재량을 가진다. 다만 행정청의 이러한 형성의 재량이 무제한적이라고 할 수는 없고, 행정계획에서는 그에 관련되는 자들의 이익을 공익과 사익 사이에서는 물론이고 공익 사이에서나 사익 사이에서도 정당하게 비교·교량하여야 한다는 제한이 있으므로, 행정청이 행정계획을 입안·결정할 때 이익형량을 전혀 행하지 아니하거나 이익형량의 고려 대상에 마땅히 포함시켜야 할 사항을 누락한 경우 또는 이익형량을 하였으나 정당성과 객관성이 결여된 경우에는 그 행정계획 결정은 이익형량에 하자가 있어 위법하게 될 수 있다. 이러한 법리는 산업입지 및 개발에 관한 법률상 산업단지개발계획 변경권자가 산업단지 입주업체 등의 신청에 따라 산업단지개발계획을 변경할 것인지를 결정하는 경우에도 마찬가지로 적용된다(대판 2021. 7. 29, 2021두33593).

(3) 재량권의 불행사

재량권의 불행사란 행정청이 자신에게 부여된 재량권을 고려가능한 모든 관점을 고려하여 행사한 것이 아닌 경우를 말한다. 재량권의 불행사에는 ① 재량권을 전혀 행사하지 아니한 경우, 예컨대 행정청이 재량행위를 기속행위로 오해한 경우, 또는 행정규칙에 구속되는 것으로 오해한 경우와 ② 재량권을 충분히 행사하지 아니한 경우가 있다. 재량권의 불행사를 재량권 남용의 한 종류로 보기도 한다.

판 례

(판례1) 행정청이 제재처분 양정을 하면서 공익과 사익의 형량을 전혀 하지 않았거나 이익형량의 고려대상에 마땅히 포함하여야 할 사항을 누락한 경우 또는 이익형량을 하였으나 정당성·객관성이 결여된 경우에는 제재처분은 재량권을 일탈·남용한 것이라고 보아야 한다. 처분상대방에게 법령에서 정한 임의적 감경사유가 있는 경우에, 행정청이 감경사유까지 고려하고도 감경하지 않은 채 개별처분기준에서 정한 상한으로 처분을 한 경우에는 재량권을 일탈·남용하였다고 단정할 수는 없으나, 행정청이 감경사유를 전혀 고려하지 않았거나 감경사유에 해당하지 않는다고 오인하여 개별처분기준에서 정한 상한으로 처분을 한 경우에는 마땅히 고려대상에 포함하여야 할 사항을 누락하였거나 고려대상에 관한 사실을 오인한 경우에 해당하여 재량권을 일탈·남용한 것이라고 보아야 한다(대판 2020. 6. 25, 2019두52980).

(판례2) 행정청이 건설산업기본법 및 구 건설산업기본법 시행령(2016. 2. 11. 대통령령 제26979호로 개정되기 전의 것, 이하 '시행령'이라 한다) 규정에 따라 건설업자에 대하여 영업정지 처분을 할 때 건설업자에게

영업정지 기간의 감경에 관한 참작 사유가 존재하는 경우, 행정청이 그 사유까지 고려하고도 영업정지 기간을 감경하지 아니한 채 시행령 제80조 제1항 [별표 6] '2. 개별기준'이 정한 영업정지 기간대로 영업정지 처분을 한 때에는 이를 위법하다고 단정할 수 없으나, 위와 같은 사유가 있음에도 이를 전혀 고려하지 않거나 그 사유에 해당하지 않는다고 오인한 나머지 영업정지 기간을 감경하지 아니하였다면 영업정지 처분은 재량권을 일탈·남용한 위법한 처분이다.

시행령 제80조 제1항 [별표 6]이 "위반행위의 정도, 동기 및 그 결과 등 다음 사유를 고려하여 제2호의 개별기준에 따른 영업정지 및 과징금의 2분의 1 범위에서 그 기간이나 금액을 가중하거나 감경할 수 있다."라고 하면서 열거하고 있는 개별적인 감경·가중 사유들은 같은 조 제2항이 감경·가중 기준으로 제시하고 있는 '위반행위의 동기·내용 및 횟수' 등을 반영한 것이고, 시행령 제80조의 취지가 [별표 6]에 따라 '위반행위의 정도·동기·결과' 등을 고려하여 감경을 한 후 이와 다르다고 보기 어려운 '위반행위의 동기·내용·횟수' 등의 사유로 다시 감경하도록 한 것이라고 해석되지 아니한다. 그리고 시행령 제80조의 연혁을 보더라도, 종전 구 건설산업기본법 시행령(2012. 11. 27. 대통령령 제24204호로 개정되기 전의 것) 제80조 제1항 [별표 6]은 감경·가중 사유를 규정하지 아니한 채 위반행위의 내용에 따른 영업정지의 기간만을 정하고, 국토교통부 예규인 건설업관리규정이 시행령 제80조 제2항의 감경·가중의 기준을 구체화하여 감경 사유와 가중 사유를 세부적으로 규정하고 있었는데, 시행령이 2012. 11. 27. 대통령령 제24204호로 개정되면서 건설업관리규정에 있던 감경·가중 사유 부분이 일부 수정되어 제80조 제1항 [별표 6]에 규정되면서 위 별표의 감경·가중과 같은 조 제2항의 감경·가중이 형식적으로 별개의 감경·가중 제도처럼 보이게 된 것에 불과하다.

이러한 사정들을 종합해 보면, 시행령 제80조 제1항 [별표 6]은 제2항의 감경 기준인 '위반행위의 동기·내용 및 횟수'를 구체화하여 이에 해당하는 개별적인 감경 사유를 규정한 것이므로, [별표 6]에 따라 '위반행위의 동기·내용 및 횟수' 등이 고려되어 감경이 이루어진 이상 이에 해당하는 사정들에 대하여 같은 조 제2항에 따른 감경이 고려되지 않았다고 볼 수는 없다. 따라서 행정청이 '위반행위의 동기·내용 및 횟수'에 관한 참작 사유에 대하여 [별표 6]에 따른 감경만을 검토하여 영업정지의 기간을 정하였더라도 그 처분이 '감경 사유가 있음에도 이를 전혀 고려하지 않거나 감경 사유에 해당하지 않는다고 오인한 경우'로서 재량권을 일탈·남용한 경우에 해당한다고 볼 수 없다(대판 2016. 8. 29, 2014두45956).

(판례3) 실권리자명의 등기의무를 위반한 명의신탁자에 대하여 부과하는 과징금의 감경에 관한 '부동산 실권리자명의 등기에 관한 법률 시행령' 제3조의2 단서는 임의적 감경규정임이 명백하므로, 그 감경사유가 존재하더라도 과징금 부과관청이 감경사유까지 고려하고도 과징금을 감경하지 않은 채 과징금 전액을 부과하는 처분을 한 경우에는 이를 위법하다고 단정할 수는 없으나, 위 감경사유가 있음에도 이를 전혀 고려하지 않았거나 감경사유에 해당하지 않는다고 오인한 나머지 과징금을 감경하지 않았다면 그 과징금 부과처분은 재량권을 일탈·남용한 위법한 처분이라고 할 수밖에 없다(대판 2010. 7. 15, 2010두7031).

(판례4) 행정청인 시·도지사가 여객자동차운송사업의 한정면허의 갱신 여부를 심사할 때 한정면허의 갱신을 신청한 자가 거부처분으로 입게 되는 불이익의 내용과 정도 등을 전혀 비교형량하지 아니하였거나 비교형량의 고려대상에 마땅히 포함시켜야 할 사항을 누락한 경우 또는 비교형량을 하였으나 정당성·객관성이 결여된 경우에는 한정면허의 갱신에 관한 거부처분은 재량권을 일탈·남용하여 위법하다고 할 수밖에 없다(대판 2020. 6. 11, 2020두34384).

(4) 재량의 0으로의 수축

행정청에 독자적 판단권이 부여되어 있는 재량행위일지라도, 예외적 상황에서는 오직 하나의 결정(처분)만이 의무에 합당한 재량행사로 인정되는 수가 있는데, 이것을 재량권의 0으로의 수축이론이라 한다. 재량권이 0으로 수축되는 경우에는 당해 재량행위는 내용적으로는 기속행위로 전환되어 행정청이 당해 처분이외의 행위를 하면 위법하게 된다.

판 례

재량권의 일탈·남용을 인정한 판례

(판례1) 원심은, 원고가 급량비가 나올 때마다 바로 지급하지 않고 이를 모아 두었다가 일정액에 달하였을 때에 지급하여 온 것이 관례화 되어 있었을 뿐더러 원고가 급량비를 유용한 것은 개인적인 목적을 위한 것이 아니라는 등을 종합하여 보면, 원고를 징계하기 위하여 한 이 사건 해촉은 너무 가혹하여 징계권을 남용한 것이어서 무효이다(대판 1995. 12. 22, 95누4636).

(판례2) 자유재량에 있어서도 그 범위의 넓고 좁은 차이는 있더라도 법령의 규정뿐만 아니라 관습법 또는 일반적 조리에 의한 일정한 한계가 있는 것으로서 위 한계를 벗어난 재량권의 행사는 위법하다고 하지 않을 수 없으므로 대학교 총장인 피고가 해외근무자들의 자녀를 대상으로 한 교육법시행령 제71조의2 제4항 소정의 특별전형에서 외교관, 공무원의 자녀에 대하여만 획일적으로 과목별 실제 취득점수에 20%의 가산점을 부여하여 합격사정을 함으로써 실제 취득점수에 의하면 충분히 합격할 수 있는 원고들에 대하여 불합격처분을 하였다면 위법하다(대판 1990. 8. 28, 89누8255).

판 례

재량권의 일탈·남용을 부정한 판례

(판례1) 사립학교 교원이 대학의 신규 교원 채용에 서류심사위원으로 관여하면서 소지하게 된 인사서류를 학교 운영과 관련한 진정서의 자료로 활용하고 위조된 서면에 대한 확인조치 없이 청원서 등에 첨부하여 사용한 것은 교원으로서의 성실의무와 품위유지의무를 위배한 것으로서 징계사유에 해당하므로 사립학교의 교원에 대한 해임처분은 적법하다(대판 2000. 10. 13, 98두8858).

(판례2) 학교법인의 교비회계자금을 법인회계로 부당전출한 행위의 위법성 정도와 임원들의 이에 대한 가공의 정도, 학교법인이 사실상 행정청의 시정 요구 대부분을 이행하지 아니하였던 사정 등을 참작하여, 임원취임승인취소처분이 재량권을 일탈·남용하였다고 볼 수 없다(대판 2007. 7. 19, 2006두19297).

(판례3) 경찰공무원이 그 단속의 대상이 되는 신호위반자에게 먼저 적극적으로 돈을 요구하고 다른 사람이 볼 수 없도록 돈을 접어 건네주도록 전달방법을 구체적으로 알려주었으며 동승자에게 신고시 범칙금 처분을 받게 된다는 등 비위신고를 막기 위한 말까지 하고 금품을 수수한 경우, 비록 그 받은 돈이 1만원에 불과하더라도 위 금품수수행위를 징계사유로 하여 당해 경찰공무원을 해임처분한 것은 징계재량권의 일탈·남용이 아니다(대판 2006. 12. 21, 2006두16274).

(판례4) 약사의 의약품 개봉판매행위에 대하여 구 약사법과 같은 법 시행규칙 제89조 [별표 6] '행정처분의

기준'에 따라 업무정지 15일의 처분을 사전통지 하였다가, 그 후 같은 법 제71조의3 제1항, 제2항, 같은 법 시행령 제29조 [별표 1의2] '과징금 산정기준'에 따라 업무정지 15일에 갈음하는 과징금 부과처분을 한 것이 재량권의 범위를 일탈하거나 재량권을 남용한 것으로 보기 어렵다(대판 2007. 9. 20, 2007두6946).

5. 재량행위의 통제

(1) 재량통제의 필요성

현대복리국가에 있어서는 법치행정의 원리에도 불구하고 구체적 공익목적의 타당한 실현을 위해 행정청에 대한 적절한 재량의 부여가 불가피하게 요청되는 결과, 이에 대한 적절한 재량행사의 통제가 중요한 법적 문제로 대두되게 된다.

(2) 입법적 통제

1) 법률의 규율방식

의회가 관계 법률을 제정함에 있어 불확정개념이나 기타 모호한 표현을 피하고 가능한 한 그 내용을 구체적이고 명확하게 규정함으로써, 그 의도에 반하여 행정청에 재량을 부여하게 되는 부정적 결과를 방지할 수 있다.

2) 정치적 통제

이는 의회가 국민의 대표기관으로서 행정부에 대하여 가지는 권한을 통해 재량권 행사를 통제하는 경우이다. 국회의 국정감사·조사, 대정부질문, 국무위원 해임건의 등을 통한 통제가 이에 해당한다.

(3) 행정적 통제

1) 직무감독

감사원의 감사, 상급행정청에 의한 직무감독 등에 의한 통제는 재량권의 적정한 행사를 담보하는 기능을 수행한다. 특히 상급행정청은 재량준칙의 제정을 통해 하급 행정청의 재량권의 자의적 행사에 대한 예방적 기능을, 위법·부당한 재량행위의 취소·변경을 통해 교정적 기능을 수행한다.

2) 행정절차

재량행위는 사전절차인 행정절차를 거치게 함으로써 유효하게 통제될 수 있다. 행정절차법은 재량행위의 처리기간의 설정·공표(제19조), 재량기준의 설정·공표(제20조), 재량행위의 사전통지(제21조), 재량행위에 대한 의견청취 및 재량행위의 이유제시(제23조) 등을 규정함으로써 이를 뒷받침하고 있다.

3) 행정심판

행정심판은 심판절차를 통하여 행정청의 위법·부당한 처분 등으로 침해된 사인의 권익구제와 더불어 행정법규의 적정한 적용을 도모하기 위한 행정쟁송제도로서, 특히 부당한 처분의 시정도 가능하다는 의미에서 효과적인 통제수단이 된다.

(4) 사법적 통제

1) 법원에 의한 통제

재량행위는 법적 한계 내에서 재량권이 인정된 행위이므로, 재량권을 넘는 일탈·남용이 있는 경우에는 위법한 재량처분이 되어 당연히 행정소송의 대상이 된다. 사법적 통제는 재량행위에 대한 통제에 있어 가장 실질적인 의미를 가지는 것인바, 재량권의 0으로의 수축이론이나 무하자재량행사청구권 등의 법리를 통해 재량행위에 대한 통제는 그 범위를 점차 넓혀가고 있다.

2) 헌법소원에 의한 통제

헌법 제111조 제1항, 헌법재판소법 제68조 제1항에 의하여 재량권의 행사로 인하여 기본권이 침해된 경우에는 헌법소원을 제기할 수 있다. 다만, 이는 헌법소원의 보충성으로 인한 제한이 있다.

6. 불확정개념과 판단여지

(1) 불확정개념

불확정개념이란 행정법규에서 주로 행위요건을 규정함에 있어서 사용하고 있는 추상적·다의적 개념을 의미한다.

(2) 판단여지

1) 의의

판단여지란 행정법규의 요건부분에 불확정개념이 사용된 경우 그 개념의 범주내에서 행정의 일정한 포섭의 자유를 인정하여 사법심사가 제한되는 법리를 의미한다.

행정청의 판단여지가 인정되는 근거는 인간의 인식적 한계와 행정의 전문성 기술성에 있다.

2) 인정여부

재량행위와 독립하여 판단여지론을 인정할 것인지에 대해 인정긍정설과 인정부정설이 대립하는 바, 대법원은 재량과 구별되는 별도의 개념으로 인정하지 않는 부정설의 입장이다.

판 례

(판례1) 교과서검정이 고도의 학술상, 교육상의 전문적인 판단을 요한다는 특성에 비추어 보면, 교과용 도서를 검정함에 있어서 법령과 심사기준에 따라서 심사위원회의 심사를 거치고, 또 검정상 판단이 사실적 기초가 없다거나 사회통념상 현저히 부당하다는 등 현저히 재량권의 범위를 일탈한 것이 아닌 이상 그 검정을 위법하다고 할 수 없다(대판 1992. 4. 24, 91누6634).

(판례2) 법령에 의하여 국가가 그 시행 및 관리를 담당하는 대학수학능력시험은 물론 각 대학별 입학전형에 있어서, 출제 및 배점, 정답의 결정, 채점이나 면접의 방식, 점수의 구체적인 산정 방법 및 기준, 합격자의 선정 등은 원칙적으로 시험 시행자의 고유한 정책 판단 또는 전형절차 주관자의 자율적 판단에 맡겨진 것으로서 폭넓은 재량에 속하는 사항이며, 다만 그 방법이나 기준이 헌법이나 법률을 위반하거나 지나치게 합리성이 결여되고 객관적 정당성을 상실한 경우 또는 시험이나 입학전형의 목적, 관계 법령 등의 취지에 비추어 현저하게 불합리하거나 부당하여 재량권을 일탈 내지 남용하였다고 판단되는 경우에 한하여 이를 위법하다고 볼 것이다(대판 2007. 12. 13, 2005다66770).

3) 적용영역

가. 비대체적 결정

고도의 개인적이고 인격적인 사안에 관련된 결정들을 의미한다.

예) 공무원의 근무성적 평점행위, 각종 시험평가결정 등

판 례

(판례) 행정행위로서의 시험의 출제업무에 있어서, 출제 담당위원은 법령규정의 허용범위 내에서 어떠한 내용의 문제를 출제할 것인가, 그 문제의 문항과 답항을 어떤 용어나 문장형식을 써서 구성할 것인가를 자유롭게 정할 수 있다는 의미에서 재량권을 가진다고 할 것이며, 반면에 그 재량권에는 그 시험의 목적에 맞추어 수험생들의 능력을 평가할 수 있도록 출제의 내용과 구성에서 적정하게 행사되어야 할 한계가 내재되는 바이어서 그 재량권의 행사가 그 한계를 넘을 때에는 그 출제행위는 위법하게 될 것이다(대판 2001. 4. 10, 99다33960).

나. 구속적 가치평가

예술·문화 등의 분야에서 특별하게 구성된 합의제행정기관이 내리는 전문적 판단 및 결정을 의미한다.

예) 문화재 지정, 청소년 유해도서 유해물 판정 등

판 례

(판례) 교과서검정이 고도의 학술상, 교육상의 전문적인 판단을 요한다는 특성에 비추어 보면, 교과용 도서를 검정함에 있어서 법령과 심사기준에 따라서 심사위원회의 심사를 거치고, 또 검정상 판단이 사실적 기

초가 없다거나 사회통념상 현저히 부당하다는 등 현저히 재량권의 범위를 일탈한 것이 아닌 이상 그 검정을 위법하다고 할 수 없다(대판 1992. 4. 24, 91누6634).

다. 미래예측결정

장래에 발생할 위험 등을 예상하여 이에 대비하여 내리는 결정을 의미한다.

예) 법무부장관의 출국금지명령, 거시경제정책에 관한 결정 등

라. 행정정책적 결정

사회·경제등을 일정한 방향으로 유도하고 구체적으로 형성하는 행정작용을 의미한다.

예) 도시기본계획에 관한 각종 결정 등

4) 한계와 그 효과

가. 한계

판단여지가 인정된다고 하더라도 행정청은 ① 적합하게 구성된 합의제행정기관에 의할 것 ② 법이 규정한 절차를 준수할 것 ③ 행정청의 결정이 올바른 사실관계에 기초할 것 ④ 행정법상의 일반원칙이 준수되었을 것(비례원칙, 자기구속의 원칙, 신뢰보호의 원칙 등)이라는 한계를 갖는다.

판 례

(판례) 행정청의 건설폐기물 처리 사업계획서에 대한 적합 여부 결정(이하 '적합 여부 결정'이라 한다)은 공익에 관한 판단을 해야 하는 것으로서 행정청에 광범위한 재량권이 인정된다. 적합 여부 결정과 관련한 재량권의 일탈·남용 여부를 심사할 때에는, 해당 지역의 자연환경, 주민들의 생활환경 등 구체적 지역 상황, 상반되는 이익을 가진 이해관계자들 사이의 권익 균형과 환경권의 보호에 관한 각종 규정의 입법 취지 등을 종합하여 신중하게 판단하여야 한다.

따라서 '자연환경·생활환경에 미치는 영향'과 같이 장래에 발생할 불확실한 상황과 파급효과에 대한 예측이 필요한 요건에 관한 행정청의 재량적 판단은 내용이 현저히 합리적이지 않다거나 상반되는 이익이나 가치를 대비해 볼 때 형평이나 비례의 원칙에 뚜렷하게 배치되는 등의 사정이 없는 한 폭넓게 존중될 필요가 있다. 이러한 사항은 적합 여부 결정에 관한 재량권의 일탈·남용 여부를 심사하여 판단할 때에도 고려하여야 한다(대판 2017. 10. 31, 2017두46783).

나. 한계위반의 효과

판단여지의 한계를 위반한 행정권의 행사는 위법하게 된다.

Ⅲ. 침익적·수익적·복효적 행정행위

1. 침익적 행정행위

권리를 제한하거나 의무를 부과하는 등 상대방에게 불리한 효과를 발생시키는 행정행위를 침익적 행정행위라고 한다. 하명, 특허의 철회 등이 그 예이다.

2. 수익적 행정행위

권리·이익을 부여하거나 권리의 제한을 철폐하는 등 상대방에게 유리한 효과를 발생시키는 행정행위를 수익적 행정행위라고 한다. 허가, 특허, 인가, 하명의 취소 등이다.

	침익적 행정행위	수익적 행정행위
법적 근거 요부	엄격한 법률유보 적용	완화된 법률유보 적용
신청 여부	단독적·일방적 행정행위 (신청 불요)	쌍방적 행정행위 (신청에 의한 행정행위)
재량여부	법률의 문언이 불분명한 경우 기속행위	법률의 문언이 불문명한 경우 재량행위
부 관	원칙적으로 불가	법적 근거 없이도 가능
절차적 통제	① 사전통지: 권익제한, 의무부과시 (행정절차법 제21조) ② 의견청취: 의견제출, 청문, 공청회 (행정절차법 제22조) - 절차적 통제가 엄격	완화된 절차적 통제
취소·철회	원칙적으로 자유롭다	원칙적으로 제한된다
권리구제	취소심판 또는 취소소송	의무이행심판, 거부처분취소소송, 부작위위법확인소송

3. 복효적 행정행위

(1) 개념

1) 의의

복효적 행정행위란 효과가 수익적인 것과 침익적인 것의 이중적인 행위를 말하며, 이를 이중효과적 행정행위라고도 한다. 복효적 행위도 이중의 효과가 동일인에게 귀속하는 경우를 혼효적 행위라 하고, 상이한 자에게 분리되는 경우를 제3자효 있는 행정행위라 한다.

2) 등장배경

종래에도 복효적 행정행위가 없었던 것은 아니나, 근래 이 개념이 특히 주목을 받고 있는 이유는, 급부행정의 전개로 말미암아 종래 질서유지·위험방지만을 내용으로 한다고 파악되던 규제행정영역에도 계획행정적 색채가 가미됨으로써 인인간의 이해조정임무가 부과되었으며, 그에 따라 권리구제의 범위가 점차 확대되었다는 점을 들 수 있다.

3) 특색

복효적 행정행위의 특색은 일방의 이익과 타방의 불이익 간에 상호구속성이 있다는 점이다. 따라서 불이익 행정행위나 이익 행정행위에 있어서와 같은 이면적 관계와는 달리 복효적 행정행위에 있어서는 이해를 달리하는 당사자들에 대한 행정청의 세심한 배려와 양 당사자들 간의 치밀한 이익형량이 요구된다.

(2) 복효적 행정행위와 제3자보호

1) 복효적 행정행위와 행정절차

가. 사전통지

행정절차법 제21조는 행정청이 당사자에게 의무를 부과하거나 권익을 제한하는 처분을 하는 경우에는 사전에 당사자 등에게 통지해 줄 것을 요구하고 있는데, 여기에서의 당사자 등에 이해관계인이 포함되는지가 문제된다. 행정절차법은 행정청이 직권 또는 신청에 의하여 행정절차에 참여하게 한 이해관계인에게 의견진술의 기회를 부여하도록 하고 있으므로, 여기서 말하는 당사자 속에는 행정청이 직권 또는 신청에 의하여 행정절차에 참여하게 한 제3자인 이해관계인을 포함시키도록 해석하는 것이 행정절차법의 이념에 맞다.

나. 참가

행정절차법은 행정절차에 참여할 수 있는 자를 당사자 등으로 하고 있다. 따라서 이해관계인인 제3자도 신청에 의하여 행정절차에 참가할 수 있고 또한 의견을 제출할 수 있음은 말할 나위가 없다.

다. 고지

행정절차법 제26조는 당사자에게 처분에 대한 행정쟁송 제기여부, 청구절차·청구기간 등을 고지해 주도록 규정하고 있다. 그러나 제3자인 이해관계인도 고지를 요구할 수 있고 행정청이 이러한 요구를 받은 때에는 지체없이 이를 알려주어야 한다.

2) 복효적 행정행위의 취소와 철회

복효적 행정행위의 취소나 철회에 있어서는 공익 및 상대방의 신뢰보호 뿐만 아니라, 제3자의 이익도 구체적으로 비교형량되어야 할 것이다. 따라서 수익적 행정행위에 대해 신뢰보호원칙에 따른 취소제한의 필요성 보다 취소에 따른 제3자의 이익이 큰 때에는, 당해 행위의 존속에 대한 상대방의 신뢰가 보호할 가치 있는 경우에도 당해 행위를 취소해야 하는 상황도 상정될 수 있다. 또한 반대로 당해 행위로부터 받는 제3자의 이익과 관련해서 침익적 행정행위의 취소 및 철회가 제한되는 경우도 있을 것이다.

3) 행정개입청구권

복효적 행정행위에 있어서 불이익적 효과를 받는 제3자가 행정청에 대하여 행정권의 발동을 청구할 수 있느냐에 대하여 종래 행정권 발동은 공익추구를 도모하기 위한 것이고 또 행정청의 재량에 속하는 것이라 하여 이를 인정하지 않는 것이 지배적 견해였으나 최근에는 재량권이 0으로 수축되는 경우, 명문의 규정이 없는 경우에는 관계 법규의 해석상 청구권성립요건을 갖추었을 때에는 행정개입청구권을 인정한다. 이는 행정의무불이행에 있어서 행정청의 의무이행강제에도 동일하다.

4) 복효적 행정행위와 국가배상

타인에 대한 행정개입청구권과 관련하여 행정청의 부작위가 국가배상청구의 위법성 요건을 충족시키느냐가 문제된다.

5) 행정심판법상의 문제

제3자의 권익보호를 위해 제3자효 있는 행위와 관련하여 제3자는 ① 심판청구인 적격을 가지며(제13조), ② 이해관계 있는 행정심판에 참여할 수 있으며(제20조), ③ 제3자도 행정심판청구기간의 제한의 적용을 받지만 처분이 있는 날과 관련해 특별한 사정이 없는 한 정당한 사유에 해당하는 것으로 보아야 하며(제27조 제3항), ④ 집행정지를 신청할 수 있고(제30조 제2항), ⑤ 불복고지의 신청권도 갖는다(제58조 제2항).

6) 행정소송법상의 문제

제3자의 권익보호를 위해 제3자효 있는 행위와 관련하여 제3자는 ① 원고적격을 가지며(제12조), ② 이해관계 있는 행정소송에 참가할 수 있으며(제16조), ③ 제3자도 행정소송제기기간의 제한을 받지만 처분이 있은 날과 관련해 특별한 사정이 없는 한 정당한 사유에 해당하는 것으로 보아야 하며(제20조 제2항), ④ 제소시에는 집행정지결정을 신청할 수 있으며(제23조 제2항), ⑤ 재심청구권도 갖는다(제31조 제1항). 그리고, ⑥ 처분등을 취소하는 확정판결은 제3자에 대하여도 효력이 있다(제29조 제1항).

Ⅳ. 대인적·대물적·혼합적 행정행위

1. 의의

① 대인적 행정행위는 상대방의 지식·능력·성격 등 인적사정에 착안하여 행하여지는 행정행위(예: 자동차 운전면허, 의사면허)를 말한다.

② 대물적 행정행위는 물적 사정에 착안하여 행하여지는 행정행위(예: 차량검사합격처분, 중요문화재 지정)를 말한다.

③ 혼합적 행정행위는 인적사정과 물적 사정 양자에 착안하여 행하여지는 행정행위(예: 전당포 영업허가)를 말한다.

2. 효과의 승계

대인적 행정행위와 달리 대물적 행정행위의 효과는 제3자(예를 들어 양수인)에게 승계될 수 있다는 것이 통설 및 판례의 입장이다.

판 례

(판례1) 석유판매업자가 유사석유제품판매금지를 위반함으로써 받게되는 제재처분은 대물적 성격을 가지고 있으므로 행정청은 석유판매시설을 경매에 의하여 취득한 석유판매업자의 지위승계자에 대하여 사업정지처분에 갈음하여 과징금부과처분을 할 수 있다고 하였다(대판 2003. 10. 23, 2003두8005).

(판례2) 개인택시운송사업면허 양도인이 법규위반으로 사망한 사건에서 당시의 법령이 관할관청은 개인택시운송사업자의 운전면허가 취소된 때에 그의 개인택시운송사업면허를 취소할 수 있도록 규정되어 있을 뿐 그에게 운전면허취소사유가 있다 하더라도 그로 인하여 운전면허 취소처분이 이루어지지 않은 이상 개인택시운송사업면허를 취소할 수 없다고 하였다(대판 2008. 5. 15, 2007두26001).

(판례3) 구 국민건강보험법(2011. 12. 31. 법률 제11141호로 전부 개정되기 전의 것, 이하 같다) 제40조 제1항, 제85조 제1항 제1호, 제85조의2 제1항, 국민건강보험법 제98조 제1항 제1호, 구 국민건강보험법 시행령(2012. 8. 31. 대통령령 제24077호로 전부 개정되기 전의 것) 제21조 제1항 제4호, 제3항, 구 의료법(2016. 5. 29. 법률 제14220호로 개정되기 전의 것, 이하 같다) 제33조 제3항, 제36조, '업무정지처분에 갈음한 과징금 적용기준'(2008. 11. 26. 보건복지가족부고시 제2008-153호) 제2조 제2호(다)목을 종합하면, 요양기관이 속임수나 그 밖의 부당한 방법으로 보험자에게 요양급여비용을 부담하게 한 때에 구 국민건강보험법 제85조 제1항 제1호에 의해 받게 되는 요양기관 업무정지처분은 의료인 개인의 자격에 대한 제재가 아니라 요양기관의 업무 자체에 대한 것으로서 대물적 처분의 성격을 갖는다. 따라서 속임수나 그 밖의 부당한 방법으로 보험자에게 요양급여비용을 부담하게 한 요양기관이 폐업한 때에는 그 요양기관은 업무를 할 수 없는 상태일 뿐만 아니라 그 처분대상도 없어졌으므로 그 요양기관 및 폐업 후 그 요양기관의 개설자가 새로 개설한 요양기관에 대하여 업무정지처분을 할 수는 없다.
이러한 해석은 침익적 행정행위의 근거가 되는 행정법규는 엄격하게 해석·적용하여야 하고, 입법 취지와 목적 등을 고려한 목적론적 해석이 전적으로 배제되는 것이 아니라고 하더라도 그 해석이 문언의 통상적인 의미를 벗어나서는 아니 된다는 법리에도 부합한다. 더군다나 구 의료법 제66조 제1항 제7호에 의하면 보건복지부장관은 의료인이 속임수 등 부정한 방법으로 진료비를 거짓 청구한 때에는 1년의 범위에서 면허자격을 정지시킬 수 있고 이와 같이 요양기관 개설자인 의료인 개인에 대한 제재수단이 별도로 존재하는 이상, 위와 같은 사안에서 제재의 실효성 확보를 이유로 구 국민건강보험법 제85조 제1항 제1호의 '요양기관'을 확장해석할 필요도 없다(대판 2022. 1. 27, 2020두39365).

V. 부분승인, 예비결정, 가행정행위

1. 부분승인(부분허가)

① 부분승인이란 단계화된 행정절차에서 사인이 원하는 특정부분에 대해서만 승인하는 행위를 말한다. 부분승인은 절차의 경제에도 기여하고 사업자의 투자위험을 축소시키는 측면에서 인정할 실익이 있다.

② 부분승인은 결정의 대상이 되는 계획의 중간단계에서 이루어지는 결정이나 그 단계 자체에 대해서는 종국적인 행정행위이다. 부분승인은 그 자체로 완결적인 성격을 가지므로 행정청은 나머지 부분에 대한 결정에서 부분승인한 내용과 상충되는 결정을 할 수 없다.

판 례

(판례) 원자력법 제11조 제3항 소정의 부지사전승인제도는 원자로 및 관계 시설을 건설하고자 하는 자가 그 계획중인 건설부지가 원자력법에 의하여 원자로 및 관계 시설의 부지로 적법한지 여부 및 굴착공사 등 일정한 범위의 공사(이하 '사전공사'라 한다)를 할 수 있는지 여부에 대하여 건설허가 전에 미리 승인을 받는 제도로서, 원자로 및 관계 시설의 부지사전승인처분은 그 자체로서 건설부지를 확정하고 사전공사를 허용하는 법률효과를 지닌 독립한 행정처분이기는 하지만, 건설허가 전에 신청자의 편의를 위하여 미리 그 건설허가의 일부 요건을 심사하여 행하는 사전적 부분 건설허가처분의 성격을 갖고 있는 것이어서 나중에 건설허가처분이 있게 되면 그 건설허가처분에 흡수되어 독립된 존재가치를 상실함으로써 그 건설허가처분만이 쟁송의 대상이 되는 것이므로, 부지사전승인처분의 취소를 구하는 소는 소의 이익을 잃게 되고, 따라서 부지사전승인처분의 위법성은 나중에 내려진 건설허가처분의 취소를 구하는 소송에서 이를 다투면 된다(대판 1998. 9. 4, 97누19588).

→ 부지사전승인처분의 법적성격에 대하여는 견해가 일치하지 않는다. 사전결정과 부분허가의 성질을 아울러 갖는다는 견해도 있고, 부분허가로 보는 견해도 있다.

2. 예비결정(사전결정)

① 종국적인 행정행위를 하기에 앞서 종국적인 행정행위에 요구되는 여러 요건 중 개개의 요건들에 대해 사전적으로 심사하여 내린 결정으로 종국적인 결정의 일부요건에 대한 결정이기는 하나 그 자체가 최종적 결정이다. 예) 건축법상 사전결정

② 예비결정은 종국적인 결정의 유보 하에 이루어지는 행위로 신청자인 사인에게 어떠한 종국적인 행위를 허용하는 것은 아니라는 점에서 부분승인과 구별된다.

보 충

건축법 제10조(건축 관련 입지와 규모의 사전결정) ① 제11조에 따른 건축허가 대상 건축물을 건축하려는 자는 건축허가를 신청하기 전에 허가권자에게 그 건축물의 건축에 관한 다음 각 호의 사항에 대한 사전결정을 신청할 수 있다.

⑥ 제4항에 따른 사전결정 통지를 받은 경우에는 다음 각 호의 허가를 받거나 신고 또는 협의를 한 것으로 본다.

⑨ 사전결정신청자는 제4항에 따른 사전결정을 통지받은 날부터 2년 이내에 제11조에 따른 건축허가를 신청하여야 하며, 이 기간에 건축허가를 신청하지 아니하면 사전결정의 효력이 상실된다.

판 례

(판례) 폐기물관리법 관계 법령의 규정에 의하면 폐기물처리업의 허가를 받기 위하여는 먼저 사업계획서를 제출하여 허가권자로부터 사업계획에 대한 적정통보를 받아야 하고, 그 적정통보를 받은 자만이 일정기간 내에 시설, 장비, 기술능력, 자본금을 갖추어 허가신청을 할 수 있으므로, 결국 부적정통보는 허가신청 자체를 제한하는 등 개인의 권리 내지 법률상의 이익을 개별적이고 구체적으로 규제하고 있어 행정처분에 해당한다.

폐기물관리법 제26조 제1항, 제2항 및 같은법시행규칙 제17조 제1항 내지 제5항의 규정에 비추어 보면 폐기물처리업의 허가에 앞서 사업계획서에 대한 적정·부적정 통보 제도를 두고 있는 것은 폐기물처리업을 하고자 하는 자가 스스로 시설 등을 설치하여 허가신청을 하였다가 허가단계에서 그 사업계획이 부적정하다고 판명되어 불허가되면 허가신청인이 막대한 경제적·시간적 손실을 입게 되므로, 이를 방지하는 동시에 허가관청으로 하여금 미리 사업계획서를 심사하여 그 적정·부적정통보 처분을 하도록 하고, 나중에 허가단계에서는 나머지 허가요건만을 심사하여 신속하게 허가업무를 처리하는데 그 취지가 있다(대판 1998. 4. 28, 97누21086).

3. 가행정행위

① 가행정행위는 사실관계와 법률관계가 확정되기 전이지만, 잠정적 규율의 필요성으로 인해 사실관계와 법률관계의 계속적 심사를 유보한 상태에서 행정법관계의 권리·의무를 잠정적으로 규율하는 행위를 말한다.

② 가행정행위는 미확정설, 효과의 잠정성, 종국결정에 의한 대체성을 특성으로 한다.

③ 가행정행위의 법적성질에 대해 특수한 행위의 행위형식이라는 견해와 행정행위설이 대립하나, 행정행위로 보는 견해가 다수설이다.

제 3 절 행정행위의 성립과 효력

1. 행정행위의 성립요건과 효력발생요건

(1) 행정행위의 성립요건

1) 주체

행정행위는 ① 정당한 권한을 가진 행정청이, ② 그 권한의 범위 내에서 행한 행위여야 한다. 다만, 내부위임의 경우에는 위임자가 권한을 가진 기관이다.

판 례

(판례) 행정처분의 권한을 내부적으로 위임받은 수임기관이 그 권한을 행사함에 있어서는 행정처분의 내부적 성립과정은 스스로 결정하여 행하고 그 외부적 성립요건인 상대방에의 표시만 위임기관의 명의로 하면 된다(대판 1984. 12. 11, 80누344).

2) 내용

행정행위는 ① 법률상·사실상 실현·가능하여야 하고, ② 특정·명확하여야 하며, ③ 법에 적합하여야 한다.

판 례

(판례) 과세관청이 납세자에 대한 체납처분으로서 제3자의 소유 물건을 압류하고 공매하더라도 그 처분으로 인하여 제3자가 소유권을 상실하는 것이 아니고, 체납처분으로서 압류의 요건을 규정하는 국세징수법 제24조 각 항의 규정을 보면 어느 경우에나 압류의 대상을 납세자의 재산에 국한하고 있으므로, 납세자가 아닌 제3자의 재산을 대상으로 한 압류처분은 그 처분의 내용이 법률상 실현될 수 없는 것이어서 당연무효이다(대판 2006. 4. 13, 2005두15151).

3) 형식

법이 정한 형식이 있는 경우에는 그 형식을 갖추어야 한다.

판 례

(판례) 출입국관리법이 난민 인정 거부 사유를 서면으로 통지하도록 규정한 것은 행정청으로 하여금 난민요건에 관한 신중한 조사와 판단을 거쳐 정당한 처분을 하도록 하고, 처분의 상대방에게 처분 근거를 제시하여 이에 대한 불복신청에 편의를 제공하며, 나아가 이에 대한 사법심사의 심리범위를 명확하게 하여 이해관계인의 신뢰를 보호하고 절차적 권리를 보장하기 위한 것이다(대판 2017. 12. 5, 2016두42913).

4) 절차

법이 정한 절차가 있으면 이를 따라야 한다.

5) 외부에의 표시

행정행위는 외부에 표시되어야만 성립한다. 따라서 행정기관 내부에서 의사결정만 있거나 내부적으로 서면을 작성한 것만으로는 성립되지 않는다.

(2) 행정행위의 효력발생요건

① 행정행위는 법령에 특별한 규정이 없거나 정지조건부 행정행위 또는 시기부 행정행위가 아닌 한, 성립과 동시에 효력을 발생한다.

② 통지를 요하는 행정행위에 있어서는 당사자 등에게의 통지가 당해 행정행위의 효력발생요건이다.

2. 행정행위의 효력

유효성효력	공정력		
구속력	존속력	불가쟁력	상대방, 이해관계인
		불가변력	행정청
	구성요건적 효력		제3의 기관

행정행위가 성립요건과 효력발생요건을 갖추게 되면 일정한 효력이 발생한다. 일반적으로 발생하는 효력으로는 구속력·공정력·구성요건적 효력·불가쟁력·불가변력·강제력 등을 든다.

(1) 구속력

구속력이라 함은 행정행위의 내용에 따라 관계 행정청 및 상대방과 관계인을 구속하는 법적 힘을 말한다. 구속력은 법적 규율로서 행정행위의 본래적인 효력, 즉 실체법적 효력이다.

(2) 공정력

1) 의의

통설과 판례는 공정력을 행정행위의 성립에 하자가 있는 경우에도 그것이 중대·명백하여 당연무효가 아닌 한, 권한 있는 기관에 의하여 취소되기까지 일응 유효한 것으로 통용되는 힘이라고 정의한다. 이에 대해 소수설은 공정력이란 행정행위가 무효가 아닌 한 행정행위로 인하여 법률상 이익을 침해받은 자는 행정소송을 통해서만 그 효력을 부인할 수 있게 하는 구속력이라고 정의한다. 전통적인 견해와 판례는 공정력이 행위의 상대방은 물론 다른 행정청과 법원에도 발생하는 것으로 본다. 이에 대하여 최근의 유력설은 공정력은 행위의 상대방과 이해관계인에게만 미치고, 다른 행정청이나 법원에 대해서는 공정력이 아니라 구성요건적 효력의 문제라고 본다.

판 례

(판례1) 행정행위는 공정력의 효력이 있어 설혹 행정행위에 하자가 있는 경우에도 그 하자가 중대하고 명백하여 당연무효로 보아야 할 사유가 있는 경우 이외에는 그 행정행위가 행정소송이나 다른 행정행위에 의하여 적법하게 취소될 때까지는 단순히 취소할 수 있는 사유가 있는 것만으로는 누구나 그 효력을 부인할 수는 없다(대판 1991. 4. 23, 90누8756).

(판례2) 토지구획정리사업자가 사실상 도로의 기타 소유자에 대하여 환지도 지정하지 아니하고 청산금도 지급하지 아니하기로 하는 처분은 하나의 공정력 있는 행정처분의 성질을 지닌 것이므로 이것이 적법한 행정소송의 절차에 의하여 취소되지 아니하는 한 이 처분은 법원을 기속한다(대판 1975. 4. 22, 74다1548).

(판례3) 가. 조세의 과오납이 부당이득이 되기 위하여는 납세 또는 조세의 징수가 실체법적으로나 절차법적으로 전혀 법률상의 근거가 없거나 과세처분의 하자가 중대하고 명백하여 당연무효이어야 하고, 과세처분의 하자가 단지 취소할 수 있는 정도에 불과할 때에는 과세관청이 이를 스스로 취소하거나 항고소송절차에 의하여 취소되지 않는 한 그로 인한 조세의 납부가 부당이득이 된다고 할 수 없다.

나. 행정처분이 아무리 위법하다고 하여도 그 하자가 중대하고 명백하여 당연무효라고 보아야 할 사유가 있는 경우를 제외하고는 아무도 그 하자를 이유로 무단히 그 효과를 부정하지 못하는 것으로, 이러한 행정행위의 공정력은 판결의 기판력과 같은 효력은 아니지만 그 공정력의 객관적 범위에 속하는 행정행위의 하자가 취소사유에 불과한 때에는 그 처분이 취소되지 않는 한 처분의 효력을 부정하여 그로 인한 이득을 법률상 원인 없는 이득이라고 말할 수 없는 것이다(대판 1994. 11. 11, 94다28000).

2) 인정근거

가. 이론상 근거

① 자기확인설·국가권위설

오토마이어의 자기확인설은 행정행위는 행정청이 적법한 것으로 확인하여 행하는 것이기 때문에 그 자체로서 권위를 가지는 것이므로, 무효가 아닌 한 적법성의 추정을 받는다는 것이다. 프로스토호프의 국가권위설은 행정행위를 국가권위의 표현으로 보고 행정행위는 행정청이 우월적 지위에서 행한 국가행위이므로 적법성이 추정된다고 본다.

② 우리나라 학설

통설은 공정력의 근거를 행정의 실효성 보장, 법적 안정성 및 상대방의 보호 등과 같은 정책적 이유에서 찾는다. 혹자는 행정행위의 취소쟁송제도를 채택한 반사적 효력에서 그 근거를 찾는다.

나. 실정법상 근거

실정법상 공정력을 명문으로 인정한 규정은 없다. 그러나 개별법상 직권취소규정, 행정심판법상의 취소심판규정, 행정소송법상의 취소소송 규정 등이 공정력의 승인을 전제로 하는 실정법 규정이라 할 수 있다.

다. 공정력과 입증책임

공정력을 행정행위의 적법성 추정으로 보는 견해는 공정력이 취소소송의 입증책임에 영향을 준다는 입장에서 행정행위의 위법성에 대한 입증책임은 원고측에 있다는 주장을 편다. 그러나 공정력과 취소소송의 입증책임과의 법적 관련성을 부정하는 것이 통설이고 판례이다.

(3) 구성요건적 효력

1) 구성요건적 효력 개관

가. 의의

처분청이 행한 행정행위가 무효가 아닌 한, 모든 국가기관은 그 행정행위의 존재사실을 존중하여 자기의 판단의 기초 내지 구성요건으로 삼아야 하는 효력을 구성요건적 효력이라 한다.

나. 근거

근거에 관하여는 실정법상 구성요건적 효력을 직접 명시적으로 규정한 것은 없으나, 국가기관이 상호의 관할과 권한을 존중해야 한다는 권력분립원리 및 행정기관의 상호 권한배분을 그 간접적인 근거로 든다.

다. 공정력과의 관계

행정행위의 효력으로 구성요건적 효력을 드는 학자들은 공정력을 좁게 이해해서 효력의 근거와 효력이 미치는 상대방의 범위(공정력은 행정행위의 상대방과 이해관계인에게만 미치나, 구성요건적 효력은 모든 행정기관과 법원에 미친다)에 있어서 공정력과 구성요건적 효력이 구별된다고 설명하기도 하고, 근거와 상대방 이외에 효력(공정력은 절차적인 구속력이지만, 구성요건적 효력은 내용상의 구속력이다)에 있어서 다르다고 설명하기도 한다.

2) 선결문제

선결문제란 특정사건에 대한 재판의 본안을 판단하기 위해서는 본안판단에 앞서서 특정한 행정행위의 효력유무·존재여부 또는 위법여부가 먼저 해결되어야 하는 경우가 있다. 여기서 본안에 앞서서 먼저 해결되어야 하는 특정한 행정행위의 효력유무·존재여부 또는 위법여부의 문제를 선결문제라 한다. 특정사건이란 민사사건 및 형사사건을 의미하여 행정사건의 경우에는 문제되지 않는다. 그런데 선결문제를 규정하는 행정소송법 제11조 제1항은 선결문제의 일부에 관해서만 규정하고 있는바 나머지 사항은 학설과 판례에서 해결하여야 한다.[1)]

가. 민사사건의 경우

① 행정행위의 효력유무가 쟁점인 경우

예컨대 과세처분의 무효를 이유로 하는 부당이득반환청구소송의 경우와 같이 선결문제가 당연무효이면 민사법원은 선결문제가 무효임을 전제로 본안을 판단할 수 있다는 것이 학설과 판례[2)] 및 실정법(행정소송법 제11조 제1항)의 입장이다. 왜냐하면 무효인 행정행위는 구성요건적 효력이 없기 때문이다.

그러나 행정행위의 하자가 취소사유인 단순위법인 경우, 선결문제로서 행정행위의 효력을 부정하는 것이 본안사건과 관련하여 제기된다면 민사법원은 당해 행정행위의 구성요건적 효력으로 인해 그 행정행위의 효력을 부인할 수 없다. 판례의 입장도 같다.

판 례

(판례1) 민사소송에 있어서 어느 행정처분의 당연무효 여부가 선결문제로 되는 때에는 이를 판단하여 당연무효임을 전제로 판결할 수 있고 반드시 행정소송 등의 절차에 의하여 그 취소나 무효확인을 받아야 하는 것은 아니다(대판 1972. 10. 10, 71다2279).

(판례2) 조세의 과오납이 부당이득이 되기 위하여는 납세 또는 조세의 징수가 실체법적으로나 절차법적으로 전혀 법률상의 근거가 없거나 과세처분의 하자가 중대하고 명백하여 당연무효이어야 하고, 과세처분의 하자가 단지 취소할 수 있는 정도에 불과할 때에는 과세관청이 이를 스스로 취소하거나 항고소송절차에 의하여 취소되지 않는 한 그로 인한 조세의 납부가 부당이득이 된다고 할 수 없다(대판 1994. 11. 11, 94다28000).

② 행정행위의 위법여부가 쟁점인 경우

행정행위로 인하여 손해를 받은 자가 행정행위를 다투지 아니하고 곧장 행정상 손해배상 청구소송을 제기한 경우 수소법원은 행정행위의 적법·위법을 심사하여 그 행정행위가 위법하고 다른 요건을 충족하고 있는 때에는 청구인용의 판결을 할 수 있는가에 관하여 견해가 나뉜다. Ⓐ 소극설은 공정력은 적법성의 추정이므로 행정행위가 취소되지 않는 한 구성요건적 효력으로 인해 다른 국가기관은 구속되며, 행정소송법 제11조 제1항은 민사법

---

1) 행정소송법 제11조(선결문제) ① 처분등의 효력 유무 또는 존재 여부가 민사소송의 선결문제로 되어 당해 민사소송의 수소법원이 이를 심리·판단하는 경우에는 제17조, 제25조, 제26조 및 제33조의 규정을 준용한다.

2) 민사소송에 있어서 어느 행정처분의 당연무효 여부가 선결문제로 되는 때에는 이를 판단하여 당연무효임을 전제로 판결할 수 있고 반드시 행정소송 등의 절차에 의하여 그 취소나 무효확인을 받아야 하는 것은 아니다(대판 1972. 10. 10, 71다2279).

원에 대한 처분의 효력여부 또는 존재여부만을 선결문제심판권으로 규정한다고 제한적으로 해석되며, 행정사건의 심판권은 행정법원이 배타적으로 관할함으로 인해 민사법원은 행정행위의 위법성에 대한 판단권이 없음을 논거로 한다. Ⓑ 적극설은 공정력은 적법성 추정이 아니라 법적 안정성 때문에 인정되는 통용력에 불과하며 구성요건적 효력은 권력분립의 원리상 인정되는 효력이므로 당해 처분이 위법·적법과는 무관하며, 행정소송법 제11조 제1항은 선결문제심판권에 대한 예시적 규정에 불과하고, 민사법원이 위법성을 확인해도 행정행위의 효력을 부정하는 것이 아니므로 구성요건적 효력에 저촉되지 않음을 논거로 한다. Ⓒ 판례는 적극설과 입장을 같이한다.

판 례

(판례) 위법한 행정대집행이 완료되면 그 처분의 무효확인 또는 취소를 구할 소의 이익은 없다하더라도, 미리 그 행정처분의 취소판결이 있어야만, 그 행정처분의 위법임을 이유로 한 손해배상청구를 할 수 있는 것은 아니다(대판 1972. 4. 28, 72다337).

나. 형사사건의 경우

① 행정행위의 효력유무가 쟁점인 경우

이러한 경우에는 선결문제인 행정행위가 무효라면 무효인 행정행위는 구성요건적 효력이 없으므로 형사법원이 직접 무효를 판단할 수 있다는 것이 판례의 입장이다.

그러나 선결문제인 행정행위가 단순위법인 경우에는 형사법원은 당해 행정행위의 구성요건적 효력으로 인해 그 효력을 부인할 수 없다.

판 례

(판례1) 체납범은 정당한 과세에 대하여서만 성립되는 것이고, 과세가 당연히 무효인 경우에 있어서는 체납의 대상이 없어 체납범 성립의 여지가 없다고 볼 것이니, 원심이 같은 취지에서 당연무효의 설시 과세를 설시 체납의 대상에서 제외한 판단은 옳고, 이와는 반대의 견해에서 그러한 과세처분이라고 하더라도 국세심사청구법 제10조에 의한 구제를 못 받는 한 체납범의 대상이 되는 과세로 인정하여야 될 것이라는 취지로 원판결 판단을 비위하는 논지는 채용할 것이 없고, 거기에 소론 위법이 있다고 단정하기 어렵다(대판 1971. 5. 31, 71도742).

(판례2) 연령미달의 결격자인 피고인이 소외인의 이름으로 운전면허사업에 응시, 합격하여 교부받은 운전면허는 당연무효가 아니고 도로교통법 제65조 제3호의 사유에 해당함에 불과하여 취소되지 않는 한 유효하므로 피고인의 운전행위는 무면허 운전에 해당하지 아니한다(대판 1982. 6. 8, 80도2646).

(판례3) 구 도로교통법(2020. 6. 9. 법률 제17371호로 개정되기 전의 것) 제93조 제1항 제1호에 의하면, 지방경찰청장은 운전면허를 받은 사람이 같은 법 제44조 제1항을 위반하여 술에 취한 상태에서 자동차를 운전한 경우 행정안전부령으로 정하는 기준에 따라 운전면허를 취소하거나 1년 이내의 범위에서 운전면허의

효력을 정지시킬 수 있다. 그러나 자동차 운전면허가 취소된 사람이 그 처분의 원인이 된 교통사고 또는 법규 위반에 대하여 혐의없음 등으로 불기소처분을 받거나 무죄의 확정판결을 받은 경우 지방경찰청장은 구 도로교통법 시행규칙(2020. 12. 10. 행정안전부령 제217호로 개정되기 전의 것) 제91조 제1항 [별표 28] 1. 마.항 본문에 따라 즉시 그 취소처분을 취소하고, 같은 규칙 제93조 제6항에 따라 도로교통공단에 그 내용을 통보하여야 하며, 도로교통공단도 즉시 취소당시의 정기적성검사기간, 운전면허증 갱신기간을 유효기간으로 하는 운전면허증을 새로이 발급하여야 한다.

그리고 행정청의 자동차 운전면허 취소처분이 직권으로 또는 행정쟁송절차에 의하여 취소되면, 운전면허 취소처분은 그 처분 시에 소급하여 효력을 잃고 운전면허 취소처분에 복종할 의무가 원래부터 없었음이 확정되므로, 운전면허 취소처분을 받은 사람이 운전면허 취소처분이 취소되기 전에 자동차를 운전한 행위는 도로교통법에 규정된 무면허운전의 죄에 해당하지 아니한다.

위와 같은 관련 규정 및 법리, 헌법 제12조가 정한 적법절차의 원리, 형벌의 보충성 원칙을 고려하면, 자동차 운전면허 취소처분을 받은 사람이 자동차를 운전하였으나 운전면허 취소처분의 원인이 된 교통사고 또는 법규 위반에 대하여 범죄사실의 증명이 없는 때에 해당한다는 이유로 무죄판결이 확정된 경우에는 그 취소처분이 취소되지 않았더라도 도로교통법에 규정된 무면허운전의 죄로 처벌할 수는 없다고 보아야 한다(대판 2021. 9. 16, 2019도11826).

② 행정행위의 위법여부가 쟁점인 경우

Ⓐ 소극설은 공정력은 적법성의 추정이므로 행정행위가 취소되지 않는 한 구성요건적 효력으로 인해 다른 국가기관은 구속되며, 행정소송법 제11조 제1항은 민사법원에 대한 처분의 효력여부 또는 존재여부만을 선결문제심판권으로 규정한다고 제한적으로 해석되며, 행정사건의 심판권은 배타적 관할함으로 인해 형사법원은 행정행위의 위법성에 대한 판단권이 없음을 논거로 한다. Ⓑ 적극설은 공정력은 적법성 추정이 아니라 법적 안정성 때문에 인정되는 통용력에 불과하며 구성요건적 효력은 권력분립의 원리상 인정되는 효력이므로 당해 처분의 위법·적법과는 무관하며, 행정소송법 제11조 제1항은 선결문제심판권에 대한 예시적 규정에 불과하며, 형사법원이 위법성을 확인해도 행정행위의 효력을 부정하는 것은 아니므로 구성요건적 효력에 저촉되지 않으며, 쟁송기간을 놓쳐 취소소송의 기회를 상실한 국민에게도 형사소송단계에서 다시 이를 다툴 수 있는 기회를 부여함으로써 방어권 보장에 만전을 기할 수 있음을 논거로 한다. Ⓒ 판례는 다수견해인 적극설과 입장을 같이한다.

판 례

(판례1) 구 도시계획법에 정한 처분이나 조치명령을 받은 자가 이에 위반한 경우 이로 인하여 동법 제92조에 정한 처벌을 하기 위하여는 그 처분이나 조치명령이 적법한 것이라야 하고, 그 처분이 당연무효가 아니라 하더라도 그것이 위법한 처분으로 인정되는 한 동법 제92조 위반죄가 성립될 수 없다고 할 것이다(대판 2004. 5. 14, 2001도2841).

(판례2) 개발제한구역의 지정 및 관리에 관한 특별조치법(이하 '개발제한구역법'이라 한다) 제30조 제1항에 의하여 행정청으로부터 시정명령을 받은 자가 이를 위반한 경우, 그로 인하여 개발제한구역법 제32조 제2호에 정한 처벌을 하기 위하여는 시정명령이 적법한 것이라야 하고, 시정명령이 당연무효가 아니더라도 위법한 것으로 인정되는 한 개발제한구역법 제32조 제2호 위반죄가 성립될 수 없다.
피고인 갑 주식회사의 대표이사 피고인 을이 개발제한구역 내에 무단으로 고철을 쌓아 놓은 행위 등에 대하여 관할관청으로부터 원상복구를 명하는 시정명령을 받고도 이행하지 아니하였다고 하여 개발제한구역의 지정 및 관리에 관한 특별조치법(이하 '개발제한구역법'이라 한다) 위반으로 기소된 사안에서, 관할관청이 침해적 행정처분인 시정명령을 하면서 피고인 을에게 행정절차법 제21조, 제22조에 따른 적법한 사전통지를 하거나 의견제출 기회를 부여하지 않았고 이를 정당화할 사유도 없으므로 시정명령은 절차적 하자가 있어 위법하고, 시정명령이 당연무효가 아니더라도 위법한 것으로 인정되는 이상 피고인 을이 시정명령을 이행하지 아니하였더라도 피고인 을에 대하여 개발제한구역법 제32조 제2호 위반죄가 성립하지 아니함에도, 이와 달리 보아 피고인들에게 유죄를 인정한 원심판단에 행정행위의 공정력과 선결문제, 개발제한구역법 제32조의 시정명령위반죄에 관한 법리오해의 위법이 있다고 한 사례(대판 2017. 9. 21, 2017도7321).

(4) 불가쟁력

쟁송절차상의 제소기간을 경과하거나 또는 심급이 끝남으로서 행정행위의 상대방 기타 관계인측에서 더 이상 행정행위의 효력을 다툴 수 없게 하는 효력을 말한다. 형식적 확정력, 형식적 존속력이라 부르는 학자도 있다.

판 례

(판례) 어떤 행정처분을 위법하다고 판단하여 취소하는 판결이 확정되면 행정청은 취소판결의 기속력에 따라 그 판결에서 확인된 위법사유를 배제한 상태에서 다시 처분을 하거나 그 밖에 위법한 결과를 제거하는 조치를 할 의무가 있다(행정소송법 제30조). 그리고 행정처분이 불복기간의 경과로 인하여 확정될 경우 그 확정력은, 처분으로 인하여 법률상 이익을 침해받은 자가 해당 처분이나 재결의 효력을 더 이상 다툴 수 없다는 의미일 뿐, 더 나아가 판결에 있어서와 같은 기판력이 인정되는 것은 아니어서 처분의 기초가 된 사실관계나 법률적 판단이 확정되고 당사자들이나 법원이 이에 기속되어 모순되는 주장이나 판단을 할 수 없게 되는 것은 아니다(대판 2019. 10. 17, 2018두104).

(5) 불가변력

일단 행한 행정행위를 당해 행정행위를 행한 행정청 즉 처분청이 직권으로 이를 취소·철회·변경할 수 없는 효력을 말한다. 실질적 확정력 또는 실질적 존속력이라고 한다.

〈불가쟁력과 불가변력 비교〉

	불가쟁력	불가변력
성 질	절차적 효력(형식적 존속력)	실체적 효력(실질적 존속력)
대 상	상대방 또는 이해관계인	처분을 행한 행정청
양자의 관계	별개의 효력이다. 1. 불가쟁력이 발생한 행정행위라도 불가변력이 없는 한 직권으로 취소가능하다. 2. 불가변력이 발생한 행정행위라도 불가쟁력이 발생하기 전에는 이해관계인은 행정쟁송절차를 통해 효력을 다툴 수 있다.	
목 적	행정의 능률성, 법적 안정성	법적 안정성
한 계	무효인 행정행위에는 부정한다.	

(6) 강제력

종래 통설은 강제력을 행정행위의 효력의 하나로 들고, 이에는 행정행위에 복종하지 않는 자에 대하여 행정법상의 제재를 과하는 제재력과 행정행위에 의하여 과하여진 의무를 이행하지 아니하는 자에 대하여 행정청이 자력으로 행정행위의 내용을 실현할 수 있는 효력인 집행력을 포함시키고 있다.

3. 인허가의제

인허가의제와 관련하여 행정기본법 제3장 제2절은 인허가의제를 명문화하였다.

(1) 의의

인허가의제란 하나의 인허가(이하 "주된 인허가"라 한다)를 받으면 법률로 정하는 바에 따라 그와 관련된 여러 인허가(이하 "관련 인허가"라 한다)를 받은 것으로 보는 것을 말한다(동법 제24조 제1항).

(2) 절차

① 인허가의제를 받으려면 주된 인허가를 신청할 때 관련 인허가에 필요한 서류를 함께 제출하여야 한다. 다만, 불가피한 사유로 함께 제출할 수 없는 경우에는 주된 인허가 행정청이 별도로 정하는 기한까지 제출할 수 있다(동법 제24조 제2항).

② 주된 인허가 행정청은 주된 인허가를 하기 전에 관련 인허가에 관하여 미리 관련 인허가 행정청과 협의하여야 한다(동법 제24조 제3항).

③ 관련 인허가 행정청은 제3항에 따른 협의를 요청받으면 그 요청을 받은 날부터 20일 이내(제5항 단서에 따른 절차에 걸리는 기간은 제외한다)에 의견을 제출하여야 한다. 이 경우 전단에서 정한 기간(민원 처리 관련 법령에 따라 의견을 제출하여야 하는 기간을 연장한 경우에는 그 연장한 기간을 말한다) 내에 협의 여부에 관하여 의견을 제출하지 아니하면 협의가 된 것으로 본다(동법 제24조 제4항).

(3) 효과

① 제24조제3항·제4항에 따라 협의가 된 사항에 대해서는 주된 인허가를 받았을 때 관련 인허가를 받은 것으로 본다(동법 제25조 제1항).

② 인허가의제의 효과는 주된 인허가의 해당 법률에 규정된 관련 인허가에 한정된다(동법 제25조 제2항). 따라서 인허가 의제가 있는 경우, 관련 인허가 효과가 미치는 범위에 대한 판단은 주된 인허가의 해당법률을 기준으로 하여야 한다.

판 례

(판례) 주된 인·허가에 관한 사항을 규정하고 있는 어떠한 법률에서 주된 인·허가가 있으면 다른 법률에 의한 인·허가를 받은 것으로 의제한다는 규정을 둔 경우에는, 주된 인·허가가 있으면 다른 법률에 의한 인·허가가 있는 것으로 보는 데 그치는 것이고, 그에서 더 나아가 다른 법률에 의하여 인·허가를 받았음을 전제로 한 다른 법률의 모든 규정들까지 적용되는 것은 아니다(대판 2011. 2. 24, 2010두22252).

(4) 의제된 행위의 취소·철회

① 주된 인·허가가 위법하나 취소할 수 없는 행위라면, 주된 행위가 취소나 철회되기 전까지 의제된 행위는 유효하다.

② 주된 인·허가가 적법한 행위라도 의제된 행위가 위법하다면 취소 또는 무효의 문제가 발생한다.

③ 의제된 행위는 그 자체가 독립된 행위이므로 의제된 행위는 취소나 철회될 수 있다. 의제된 행위는 법률의 규정에 의한 것이므로 그 행위를 취소나 철회할 수 있는 권한행정청은 의제된 행위의 본래의 권한행정청으로 본다.

(5) 의제된 행위와 불복쟁송

의제된 행위로 법률상 이익이 침해된 자는 의제된 행위에 대한 본래의 권한행정청을 피고로 다툴 수 있다.

판 례

(판례) 주택건설사업계획 승인처분에 따라 의제된 인허가가 위법함을 다투고자 하는 이해관계인은, 주택건설사업계획 승인처분의 취소를 구할 것이 아니라 의제된 인허가의 취소를 구하여야 하며, 의제된 인허가는 주택건설사업계획 승인처분과 별도로 항고소송의 대상이 되는 처분에 해당한다(대판 2018. 11. 29, 2016두38792).

제 4 절 행정행위의 하자

Ⅰ. 행정행위의 하자

행정행위의 하자란 행정행위가 유효하게 성립하기 위하여 갖추어야 할 요건을 결여한 경우를 말한다. 하자있는 행정행위는 하자의 정도에 따라 행정행위의 부존재의 경우, 무효의 경우와 취소할 수 있는 경우로 나뉜다.[1)]

판 례

(판례) 공정거래위원회가 과징금 산정 시 위반 횟수 가중의 근거로 삼은 위반행위에 대한 시정조치가 그 후 '위반행위 자체가 존재하지 않는다는 이유로 취소판결이 확정된 경우' 과징금 부과처분의 상대방은 결과적으로 처분 당시 객관적으로 존재하지 않는 위반행위로 과징금이 가중되므로, 그 처분은 비례·평등원칙 및 책임주의 원칙에 위배될 여지가 있다.
다만 공정거래위원회는 독점규제 및 공정거래에 관한 법령상의 과징금 상한의 범위 내에서 과징금 부과 여부 및 과징금 액수를 정할 재량을 가지고 있다. 또한 재량준칙인 '구 과징금 고시' Ⅳ. 2. 나.(1)항은 위반 횟수와 벌점 누산점수에 따른 과징금 가중비율의 상한만을 규정하고 있다. 따라서 법 위반행위 자체가 존재하지 않아 위반행위에 대한 시정조치에 대하여 취소판결이 확정된 경우에 위반 횟수 가중을 위한 횟수 산정에서 제외하더라도, 그 사유가 과징금 부과처분에 영향을 미치지 아니하여 처분의 정당성이 인정되는 경우에는 그 처분을 위법하다고 할 수 없다(대판 2019. 7. 25, 2017두55077).

1) 행정행위의 부존재란 행정행위가 행정행위로서의 외관을 갖추지 못한 경우를 말한다. 예로는 ① 행정기관이 아닌 명백한 사인의 행위, ② 행정기관의 행위일지라도 행정권의 발동으로 볼 수 없는 행위, ③ 행정기관 내부의 의사결정이 있었을 뿐이고 행정행위로서 외부에 표시되지 아니한 경우, ④ 해제조건의 성취·취소·철회·실효 등에 의하여 행정행위가 소멸된 경우 등을 드는 것이 보통이다. ①②는 비행정행위에 해당하고, ③④는 협의의 부존재에 해당한다.

Ⅱ. 무효인 행정행위와 취소할 수 있는 행정행위

1. 의의

(1) 무효인 행정행위

통설에 의하면 무효인 행정행위란 행정행위로서 존재하지만 정당한 권한을 가진 행정청 또는 법원에 의한 취소를 기다리지 아니하고 처음부터 행정행위의 내용에 적합한 법적 효과가 전혀 생겨날 수 없는 행정행위라고 한다.

(2) 취소할 수 있는 행정행위

취소할 수 있는 행정행위는 그 성립에 하자가 있음에도 불구하고 정당한 권한을 가진 행정청 또는 법원에 의하여 취소될 때까지는 유효한 행정행위로서 그 효력을 가지며, 다만 정당한 권한을 가진 행정청 또는 법원에 의하여 취소됨으로써 비로소 그 효력을 상실하는 행정행위라고 한다.

2. 구별실익

(1) 쟁송방법

취소할 수 있는 행정행위는 행정청이 직권으로 취소하지 않는 한, 취소소송에 의하여만 다툴 수 있다. 이에 대해 무효인 행정행위는 무효등확인심판 또는 무효등확인소송 뿐만 아니라 무효선언을 구하는 취소쟁송이나 무효를 전제로 한 민사소송으로도 다툴 수 있다.

판 례

(판례) 민사소송에 있어서 어느 행정처분의 당연무효 여부가 선결문제로 되는 때에는 이를 판단하여 당연무효임을 전제로 판단할 수 있고 반드시 행정소송 등의 절차에 의하여 그 취소나 무효확인을 받아야 하는 것은 아니다(대판 1972. 10. 10, 71다2279).

(2) 선결문제

무효인 행정행위는 공정력이 없으므로 형사법원이나 민사법원에서 당해 행위가 무효임을 판단할 수 있으나, 취소사유 있는 행정행위의 경우에는 공정력이 인정되므로 권한 있는 기관에서 그 행정행위를 취소하지 않는 이상 그 효력을 부인 할 수 없다.

(3) 쟁송기간

취소할 수 있는 행정행위는 반드시 일정한 기간내에 다투어야 한다. 그 기간을 도과하게 되면 불가쟁력이 발생한다. 이에 대하여 무효인 행정행위는 무효선언을 구하는 취소쟁송이 제기된 경우를 제외하고는 쟁송기간이 문제되지 아니한다.

(4) 사정재결·사정판결

취소할 수 있는 행정행위의 경우 행정심판위원회나 법원은 사정재결·사정판결이 가능하나 무효인 행정행위가 쟁송의 대상이 된 경우에는 무효선언을 구하는 취소쟁송의 경우를 제외하고는 사정재결·사정판결을 할 수 없다.

(5) 하자의 승계

취소할 수 있는 행정행위의 경우에는 선행행정행위의 하자가 후행행정행위에 승계될 때도 있고 아니될 때도 있는 반면에, 무효인 경우에는 무조건 승계된다.

(6) 하자의 치유·전환

종래의 통설은 하자의 치유는 취소할 수 있는 행정행위에 있어서만 인정되고, 전환은 무효인 행정행위에서만 인정되는 것으로 보았다.

3. 구별기준

(1) 학설

1) 중대·명백설

이 설은 행정행위의 하자가 내용상 중대한 하자이면서 동시에 그 하자의 존재가 외관상 명백한 것인 때에는 무효인 행정행위이고 그 이외의 것인 때에는 취소할 수 있는 행정행위라는 것이다. 통설이고 판례이다.

판 례

(판례) 하자있는 행정처분이 당연무효가 되기 위하여는 그 하자가 법규의 중요한 부분을 위반한 중대한 것으로서 객관적으로 명백한 것이어야 하며 하자가 중대하고 명백한 것인지 여부를 판별함에 있어서는 그 법규의 목적, 의미, 기능 등을 목적론적으로 고찰함과 동시에 구체적인 사안 자체의 특수성에 관하여도 합리적으로 고찰함을 요한다(대판 1995. 7. 11, 94누4615).

2) 중대 또는 명백설

이 설은 중대한 하자이거나 또는 명백한 하자이면 어느 것이나 모두 무효인 행정행위로 보는 견해이다.

3) 명백성보충요건설

이 설은 원칙적으로 중대명백설을 고수하면서 법적 안정성의 요청을 고려할 필요가 없는 경우에는 하자의 존재가 명백하지 않더라도 무효사유로 보는 견해이다.

4) 구체적 가치형량설

이 설은 문제되는 분쟁상황, 행정행위를 둘러싼 이익 상황, 이해관계자의 이해관계의 성격, 그리고 행정행위의 성질 등의 구체적 제사정을 고려하여 구체적·개별적으로 결정해야 한다는 견해이다.

Ⅲ. 하자의 치유와 전환

1. 하자의 치유

(1) 의의

하자의 치유란 행정행위의 성립당시에 하자, 즉 요건불비가 있기는 하였지만 사후에 그 요건이 보완됨으로써 당초의 하자에도 불구하고 행정행위의 효력을 유지하는 것을 말한다.

(2) 인정근거

하자의 치유는 행정행위의 무용한 반복을 피함으로써 행정경제를 도모하기 위하여 인정된다.

판 례

(판례) 하자 있는 행정행위의 치유는 행정행위의 성질이나 법치주의의 관점에서 볼 때 원칙적으로 허용될 수 없는 것이고, 예외적으로 행정행위의 무용한 반복을 피하고 당사자의 법적 안정성을 위해 이를 허용하는 때에도, 국민의 권리나 이익을 침해하지 않는 범위에서 구체적 사정에 따라 합목적적으로 인정하여야 한다(대판 2002. 7. 9, 2001두10684).

(3) 치유사유

하자의 치유사유로는 ① 무권대리의 사후추인, ② 처분의 절차 또는 형식의 사후보완, ③ 불특정목적물의 사후특정, ④ 처분이유의 사후제시 등 흠결된 요건의 사후보완을 들 수 있다. 판례는 내용상 하자의 치유에 대하여는 허용하지 않는다고 본다.

판 례

(판례1) 주택재개발정비사업조합 설립추진위원회가 주택재개발정비사업조합 설립인가처분의 취소소송에 대한 1심 판결 이후 정비구역 내 토지 등 소유자의 4분의 3을 초과하는 조합설립동의서를 새로 받았다고 하더라도, 위 설립인가처분의 하자가 치유된다고 볼 수 없다(대판 2010. 8. 26, 2010두2579).

(판례2) 노선여객자동차운송사업의 사업계획변경인가처분에 관한 하자가 행정처분의 내용에 관한 것이고 새로운 노선면허가 이 사건 소 제기 이후에 이루어진 사정 등에 비추어 하자의 치유를 인정치 않은 원심의 판단은 정당하다(대판 1991. 5. 28, 90누1359).

(판례3) 행정청이 처분절차에서 관계 법령의 절차 규정을 위반하여 절차적 정당성이 상실된 경우에는 해당 처분은 위법하고 원칙적으로 취소하여야 한다. 다만 처분상대방이나 관계인의 의견진술권이나 방어권 행사에 실질적으로 지장이 초래되었다고 볼 수 없는 특별한 사정이 있는 경우에는, 절차 규정 위반으로 인하여 처분절차의 절차적 정당성이 상실되었다고 볼 수 없으므로 해당 처분을 취소할 것은 아니다(대법원 2018. 3. 13. 선고 2016두33339 판결 등 참조)(대판 2021. 2. 4, 2015추528).

(4) 치유시기

하자의 치유시기에 대하여는 행정심판단계에서의 인정여부는 견해가 대립되나, 쟁송제기 이전에 가능하다는 것이 일반적 견해이다. 판례는 행정소송단계에서의 하자의 치유를 부정한다.

판 례

(판례) 과세관청이 취소소송 계속중에 납세고지서의 세액산출근거를 밝히는 보정통지를 하였다 하여 이것을 종전에 위법한 부과처분을 스스로 취소하고 새로운 부과처분을 한 것으로 볼 수 없으므로 이미 항고소송이 계속중인 단계에서 위와 같은 보정통지를 하였다하여 그 위법성이 이로써 치유된다고 할 수 없다(대판 1988. 2. 9, 83누404).

(5) 치유의 효과

행정행위의 하자가 치유되면 당해 행정행위는 소급하여 처분시부터 하자 없는 적법한 행정행위가 된다.

2. 무효인 행정행위의 전환

(1) 의의

무효인 행정행위의 전환이란 특정한 행정행위가 법령의 요건을 충족하고 있지 않지만 그것을 다른 종류의 행정행위로 본다면 그 요건을 충족하고 있는 경우에 그 다른 종류의 행정행위로 그 효력을 유지하려는 것을 말한다. 통설과 판례는 무효인 행정행위에만 전환을 인정한다.

(2) 인정근거

전환은 행정의 법적 안정성을 기하고 행정의 무용한 반복을 피하기 위하여 인정된다.

(3) 요건

① 하자 있는 행정행위와 전환되는 행정행위가 실질적 동일성 목적을 가져야 한다.

② 전환되는 행정행위의 성립·효력요건을 갖추고 있어야 한다.

③ 행정청이 그 전환을 의욕하는 것으로서 그 의도에 반하지 않아야 한다.

④ 당사자 또한 그 전환을 의욕하는 것으로, 당사자에게 불리한 효과를 수반하지 않아야 한다.

⑤ 제3자의 권리를 침해하지 않아야 한다.

(4) 전환의 효과

무효인 행정행위가 전환이 인정되면 새로운 행정행위가 되며, 그 효력은 전환시가 아니라 종전의 행정행위의 발령 당시로 소급하여 발생한다.

판 례

(판례) 이미 사망한 자를 제3채무자로 표시한 압류 및 전부명령이 있었다고 하더라도 이러한 오류는 위와 같은 경정결정에 의하여 시정될 수 있다고 할 것이므로, 채권압류 및 전부명령의 제3채무자의 표시를 사망자에서 그 상속인으로 경정하는 결정이 있고 그 경정결정이 확정되는 경우에는 당초의 압류 및 전부명령 정본이 제3채무자에게 송달된 때에 소급하여 제3채무자가 사망자의 상속인으로 경정된 내용의 압류 및 전부명령의 효력이 발생한다(대판 1998. 2. 13, 95다15667).

Ⅳ. 하자의 승계

1. 의의

일정한 행정목적을 위하여 두 개 이상의 행정행위가 단계적으로 연속하여 행해지는 경우에 당해 행위자체의 위법이 아닌 그 선행행위의 하자를 후행행위의 위법사유로서 주장할 수 있는가의 문제가 행정행위의 하자의 승계문제이다. 하자의 승계에 관한 논의가 특별히 문제되는 행위는 ① 선행행위와 후행행위가 모두 항고소송의 대상이 되는 행정처분이라야 하며, ② 선행행위는 당연무효가 아닌 취소사유인 하자가 존재하여야 하며, ③ 선행행위에 대하여 불가쟁력이 발생하여야 한다. 그리고, ④ 선행행위에는 하자가 존재하여 위법하나 후행행위에는 하자가 없어 적법하여야 한다. 요컨대 선행행위의 하자를 제소기간 내에 다투지 않아 선행행위에 불가쟁력이 발생한 경우에 하자의 승계가 문제된다.

2. 근거

행정행위의 효력을 오랫동안 불안정한 상태에 두는 것은 행정목적의 조기실현·법적 안정성 유지·제3자의 신뢰보호라는 관점에서 바람직하지 않다. 현행 쟁송법이 불가쟁력을 인정하여 다툴 수 없도록 한 것은 바로 이 까닭이다. 그러나 이런 제도는 행정의 적정성 확보 및 사인의 권익보호에 가장 유효한 수단을 제공하는 행정에 대한 사법적 통제의 기회를 그만큼 줄이게 됨은 부인할 수 없다. 하자의 승계는 바로 행정권에 대한 사인의 권익보호, 적정행정의 유지에 대한 요청에서 나오는 것이다.

3. 하자의 승계여부

(1) 학설

1) 전통적 입장(하자승계론의 관점)

다수설은 하자의 승계여부를, 선행행정행위와 후행행정행위가 서로 결합하여 하나의 법적 효과를 완성하는 것인 경우에는 선행행정행위의 흠이 후행행정행위에 승계되나, 두 행정행위가 서로 독립하여 별개의 법적 효과의 발생을 목적으로 하는 것인 경우에는 선행행정행위의 흠이 후행행정행위에 승계되지 아니한다는 것이다.

2) 구속력설(규준력설)

가. 의의

행정행위의 하자의 승계문제를 선행행위의 후행행위에 대한 구속력(규준력)의 문제로 다룬다. 이 견해에 의하면 둘 이상의 행정행위가 동일한 법적 효과를 추구하고 있는 경우에 선행행정행위는 후행행정행위에 대하여 일정한 범위 내에서 구속적 효력을 가지며, 그러한 구속적 효력이 미치는 범위 내에서는 후행행정행위에 있어서 선행행정행위의 효과와 다른 주장을 할 수 없게 된다.

나. 인정 요건

Ⓐ 양행위가 동일한 목적을 추구하며 그 법적 효과가 일치될 것(사물적 한계)

Ⓑ 행위의 당사자가 일치될 것(대인적 한계)

Ⓒ 선행행정행위의 사실상태 및 법적 상태가 동일성을 유지할 것(시간적 한계)

Ⓓ 구속적 효력의 결과에 대한 예측가능성과 수인가능성이 있을 것(추가적 한계)

등이 충족되어야 한다. 따라서 구속적 효력의 범위를 넘어 예컨대 예측가능성과 수인가능성이 없는 경우에는 선행행정행위의 흠을 이유로 후행행정행위를 다툴 수 있게 된다.

(2) 판례의 태도

1) 원칙 – 하나의 효과를 목적으로 하는 경우 하자승계 긍정

판례는 두 개 이상의 행정처분이 연속적으로 행하여지는 경우 선행처분과 후행처분이 서로 결합하여 하나의 법률효과를 완성하는 때에는 선행처분에 하자가 있으면 그 하자는 후행처분에 승계되므로 선행처분에 불가쟁력이 생겨 그 효력을 다툴 수 없게 된 경우에도 선행처분의 하자를 이유로 후행처분의 효력을 다툴 수 있다고 한다.

2) 별개의 효과를 목적으로 하는 경우 – 원칙 하자승계 부정, 예외 하자승계 인정

판례는 선행처분과 후행처분이 서로 독립하여 별개의 법률효과를 목적으로 하는 때에는 선행처분에 불가쟁력이 생겨 선행처분의 하자를 이유로 후행처분의 효력을 다툴 수 없다고 한다. 그러나 판례는 선행행위와 후행행위가 별개의 법률효과를 목적으로 하는 경우에도 수인한도의 한계력이 예측가능성을 넘는 경우 예외적으로 승계를 인정하기도 한다.

판 례

(판례1) 두 개 이상의 행정처분이 연속적으로 행하여진 경우 선행처분과 후행처분이 서로 독립하여 별개의 법률효과를 목적으로 하는 때에는 선행처분에 불가쟁력이 생겨 그 효력을 다툴 수 없게 되면 선행처분의 하자가 중대하고 명백하여 당연무효인 경우를 제외하고는 선행처분의 하자를 이유로 후행처분을 다툴 수 없는 것이 원칙이나, 이 경우에도 선행처분의 불가쟁력이나 구속력이 그로 인하여 불이익을 입게 되는 자에게 수인한도를 넘는 가혹함을 가져오고 그 결과가 당사자에게 예측가능한 것이 아닌 경우에는 국민의 재판받을 권리를 보장하고 있는 헌법의 이념에 비추어 선행처분의 후행처분에 대한 구속력은 인정될 수 없다고 봄이 타당하므로, 선행처분에 위법이 있는 경우에는 그 자체를 행정소송의 대상으로 삼아 위법여부를 다툴 수 있음은 물론 이를 기초로 한 후행처분의 취소를 구하는 행정소송에서도 선행처분의 위법을 독립된 위법사유로 주장할 수 있다(대판 1998. 3. 13, 96누6059).

(판례2) 2개 이상의 행정처분이 연속적 또는 단계적으로 이루어지는 경우 선행처분과 후행처분이 서로 합하여 1개의 법률효과를 완성하는 때에는 선행처분에 하자가 있으면 그 하자는 후행처분에 승계된다. 이러한 경우에는 선행처분에 불가쟁력이 생겨 그 효력을 다툴 수 없게 되더라도 선행처분의 하자를 이유로 후행처분의 효력을 다툴 수 있다. 그러나 선행처분과 후행처분이 서로 독립하여 별개의 법률효과를 발생시키는 경우에는 선행처분에 불가쟁력이 생겨 그 효력을 다툴 수 없게 되면 선행처분의 하자가 중대하고 명백하여 선행처분이 당연무효인 경우를 제외하고는 특별한 사정이 없는 한 선행처분의 하자를 이유로 후행처분의 효력을 다툴 수 없는 것이 원칙이다. 다만 그 경우에도 선행처분의 불가쟁력이나 구속력이 그로 인하여 불이익을 입게 되는 자에게 수인한도를 넘는 가혹함을 가져오고, 그 결과가 당사자에게 예측가능한 것이 아니라면, 국민의 재판받을 권리를 보장하고 있는 헌법의 이념에 비추어 선행처분의 후행처분에 대한 구속력을 인정할 수 없다(대판 2019. 1. 31, 2017두40372).

4. 하자승계에 대한 판례의 사례

(1) 판례가 하자의 승계를 긍정한 사례

① 암매장분묘개장명령과 후행계고처분(대판 1961. 12. 21, 4293행상31)
② 기준지가고시처분과 토지수용처분(대판 1979. 4. 24, 78누242)
③ 독촉과 가산금·중가산금징수처분(대판 1986. 10. 28, 86누147)
④ 계고처분과 대집행에 있어서의 비용납부명령(대판 1993. 11. 9, 93누14271)
⑤ 개별공시지가결정과 과세처분(대판 1994. 1. 25, 93누8542)
⑥ 표준지공시지가결정과 수용보상금증액청구소송(대판 2008. 8. 21, 2007두13845)

(2) 판례가 하자의 승계를 부정한 사례

① 과세처분과 체납처분(대판 1977. 7. 12, 76누51)
② 경찰관직위해제처분과 면직처분(대판 1984 9. 11, 84누191)
③ 재개발사업시행인가처분과 토지수용재결처분(대판 1992. 12. 11, 92누5584)
④ 건물철거명령과 대집행계고처분(대판 1998. 9. 8, 97누20502)
⑤ 사업인정과 수용재결처분(대판 2000. 10. 13, 2000두5142)
⑥ 농지전용부담금부과처분과 압류처분(헌재결 2004. 1. 29, 2002헌바73)
⑦ 과세처분과 표준지공시지가의 위법성(대판 2022. 5. 13, 2018두50147)
⑧ 공인중개사에 대한 업무정지처분과 개설등록 취소처분(대판 2019. 1. 31, 2017두40372)

제 5 절 행정행위의 무효와 취소

Ⅰ. 행정행위의 무효

1. 의의

행정행위의 무효란 중대·명백한 하자가 있어 행정행위로서의 외형은 갖추고 있으나 처음부터 행정행위로서의 효력을 발생하지 못하는 것을 말한다. 이는 ① 행정행위로서의 외관을 갖추고 있다는 점에서 행정행위로서의 외관을 갖추지 못한 행정행위의 부존재와 구별되며, ② 처음부처 효력이 없다는 점에서 권한 있는 기관에 의해 취소될 때까지는 효력을 발생하는 행정행위의 취소와 구별된다.

2. 무효사유

(1) 주체에 관한 하자

① 정당한 권한 없는 자의 행위(공무원 아닌 자의 행위, 대리권이 없거나 위임 받지 아니한 자의 행위), ② 행정청의 무권한의 행위(세무서장의 귀속임야 매각처분 등), ③ 행정기관의 의사에 결함이 있는 행위(의사무능력자의 행위, 공무원의 심신상실 중의 행위) 등은 원칙적으로 무효이다.

판 례

(판례1) 정당한 권한 없는 자의 행위

구 폐기물처리시설 설치촉진 및 주변지역지원 등에 관한 법률(2004. 2. 9. 법률 제7169호로 개정되기 전의 것) 제9조 제3항, 같은 법 시행령(2004. 8. 10. 대통령령 제18514호로 개정되기 전의 것) 제7조 [별표 1], 제11조 제2항 각 규정들에 의하면, 입지선정위원회는 폐기물처리시설의 입지를 선정하는 의결기관이고, 입지선정위원회의 구성방법에 관하여 일정 수 이상의 주민대표 등을 참여시키도록 한 것은 폐기물처리시설 입지선정 절차에 있어 주민의 참여를 보장함으로써 주민들의 이익과 의사를 대변하도록 하여 주민의 권리에 대한 부당한 침해를 방지하고 행정의 민주화와 신뢰를 확보하는 데 그 취지가 있는 것이므로, 주민대표나 주민대표 추천에 의한 전문가의 참여 없이 의결이 이루어지는 등 입지선정위원회의 구성방법이나 절차가 위법한 경우에는 그 하자 있는 입지선정위원회의 의결에 터잡아 이루어진 폐기물처리시설 입지결정처분도 위법하게 된다.

구 폐기물처리시설 설치촉진 및 주변지역 지원 등에 관한 법률에 정한 입지선정위원회가 그 구성방법 및 절차에 관한 같은 법 시행령의 규정에 위배하여 군수와 주민대표가 선정·추천한 전문가를 포함시키지 않은 채 임의로 구성되어 의결을 한 경우, 그에 터잡아 이루어진 폐기물처리시설 입지결정처분의 하자는 중대한 것이고 객관적으로도 명백하므로 무효사유에 해당한다(대판 2007. 4. 12, 2006두20150).

(판례2) 행정기관의 무권한의 행위

구 사회복지사업법(2011. 8. 4. 법률 제10997호로 개정되기 전의 것, 이하 '구 사회복지사업법'이라 한다)은 임시이사의 선임사유와 절차(제20조 제2항, 제3항)에 관해서만 정하고 있을 뿐 직무범위, 임기, 해임절차 등을 정하고 있지 않다. 그러나 관할 행정청은 임시이사를 선임할 권한을 가지고 있으므로, 임시이사 선임사유가 해소되거나 해당 임시이사로 하여금 업무를 계속하도록 하는 것이 적절하지 않다고 판단할 경우 언제든지 임시이사를 해임할 수 있다고 보아야 한다(대판 2020. 10. 29, 2017다269152).

(판례3) 행정기관의 무권한의 행위

교육인적자원부장관이 공립유치원 교사의 임용권을 당해 교육감에게 위임하였고, 교육감은 공립유치원 교사의 관내전보, 직위해제, 의원면직, 신규채용권한을 교육장에게 재위임하였을 뿐 직권면직 권한까지 재위임한 바는 없으므로 피고가 공립유치원 교사인 원고에 대하여 이 사건 직권면직처분을 한 것은 적법한 위임 없이 권한 없는 자가 행한 처분으로서 그 하자가 중대하다고 할 것이나, 객관적으로 명백하다고는 할 수 없어 당연무효는 아니고, 근로기준법 제30조 제2항은 교육공무원인 원고에게는 적용되지 아니하며, 이

사건 처분을 하면서 사전통지절차를 거치지 아니한 것은 취소사유에 불과하다(대판 2007. 9. 21, 2005두11937).

(2) 내용에 관한 하자

① 내용이 사실상·법률상 실현불가능한 행위(죽은 자에 대한 운전면허), ② 내용이 사회통념상 인식할 수 없을 정도로 불명확·불특정한 행위(경계를 명확히 하지 않은 도로구역 결정, 목적물의 특정없는 귀속재산 임대처분 등)는 원칙적으로 무효이다.

(3) 절차에 관한 하자

① 법률상 필요한 상대방의 신청 또는 동의를 결여한 행위(상대방의 신청없이 행한 광업허가), ② 필요한 공고 또는 통지를 결여한 행위(공고절차 없이 행한 환지계획의 인가), ③ 법규에서 규정한 이해관계인의 협의를 결여한 행위(토지소유자와의 협의를 거치지 않고 행한 토지수용재결), ④ 법규에서 정한 의견청취절차의 기회를 전혀 부여하지 아니한 행위 등은 원칙적으로 무효이다. 그러나 판례는 의견청취절차나 협력을 결여한 행정청의 행위를 반드시 무효로 보지는 않았다.

판 례

(판례1) 건설부장관이 택지개발계획을 승인함에 있어서 토지수용법 제15조에 의한 이해관계자의 의견을 듣지 아니하였거나, 같은 법 제16조 제1항 소정의 토지소유자에 대한 통지를 하지 아니한 하자는 중대하고 명백한 것이 아니므로 사업인정자체가 당연무효라고 할 수 없고, 이러한 하자는 수용재결의 선행처분인 사업인정단계에서 다투어야 할 것이므로 쟁송기간이 도과한 이후에 위와 같은 하자를 이유로 수용재결의 취소를 구할 수 없다(대판 1993. 6. 29, 91누2342).

(판례2) 자동차운송사업계획변경 인가처분을 함에 있어서 그 내용이 2 이상의 시·도에 걸치는 노선업종에 있어서의 노선신설이나 변경 또는 노선과 관련되는 사업계획변경의 인가 등에 관한 사항인 경우 미리 관계 도지사와 협의하여야 함에도 불구하고 이를 하지 아니하였다 하더라도 자동차운송사업계획변경(기점연장) 인가처분과 자동차운송사업계획변경(노선 및 운행시간) 인가처분이 모두 당연무효의 처분은 아니다(대판 1995. 11. 7, 95누9730).

(판례3) 개발행위허가에 관한 사무를 처리하는 행정기관의 장이 일정한 개발행위를 허가하는 경우에는 국토계획법 제59조 제1항에 따라 도시계획위원회의 심의를 거쳐야 할 것이나, 개발행위허가의 신청 내용이 허가 기준에 맞지 않는다고 판단하여 개발행위허가신청을 불허가하였다면 이에 앞서 도시계획위원회의 심의를 거치지 않았다고 하여 이러한 사정만으로 곧바로 그 불허가처분 취소사유에 이를 정도의 절차상 하자가 있다고 보기는 어렵다. 다만 행정기관의 장이 도시계획위원회의 심의를 거치지 아니한 결과 개발행위 불허가처분을 함에 있어 마땅히 고려하여야 할 사정을 참작하지 아니하였다면 그 불허가처분은 재량권을 일탈·남용한 것으로서 위법하다고 평가할 수 있을 것이다(대판 2015. 10. 29, 2012두28728).

(판례4) 국방·군사시설 사업에 관한 법률 및 구 산림법(2002. 12. 30. 법률 제6841호로 개정되기 전의 것)에서 보전임지를 다른 용도로 이용하기 위한 사업에 대하여 승인 등 처분을 하기 전에 미리 산림청장과 협의를 하라고 규정한 의미는 그의 자문을 구하라는 것이지 그 의견을 따라 처분을 하라는 의미는 아니라 할 것이므로, 이러한 협의를 거치지 아니하였다고 하더라도 이는 당해 승인처분을 취소할 수 있는 원인이 되는 하자 정도에 불과하고 그 승인처분이 당연무효가 되는 하자에 해당하는 것은 아니라고 봄이 상당하다(대판 2006. 6. 30, 2005두14363).

(판례5) 세액산출근거가 기재되지 아니한 납세고지서에 의한 부과처분은 강행법규에 위반하여 취소대상이 된다 할 것이므로 이와 같은 하자는 납세의무자가 전심절차에서 이를 주장하지 아니하였거나, 그 후 부과된 세금을 자진납부하였다거나, 또는 조세채권의 소멸시효기간이 만료되었다 하여 치유되는 것이라고는 할 수 없다(대판 1985. 4. 9, 84누431).

하지만 환경영향평가절차나 과세전적부심사절차를 거치지 않은 하자는 원칙상 중대명백한 하자로 보고 당연 무효로 본다.

판 례

(판례1) 구 환경영향평가법(1999. 12. 31. 법률 제6095호 환경·교통·재해 등에 관한 영향평가법 부칙 제2조로 폐지) 제1조, 제3조, 제9조, 제16조, 제17조, 제27조 등의 규정 취지는 환경영향평가를 실시하여야 할 사업(이하 '대상사업'이라 한다)이 환경을 해치지 아니하는 방법으로 시행되도록 함으로써 당해 사업과 관련된 환경공익을 보호하려는 데 그치는 것이 아니라, 당해 사업으로 인하여 직접적이고 중대한 환경피해를 입으리라고 예상되는 환경영향평가대상지역 안의 주민들이 전과 비교하여 수인한도를 넘는 환경침해를 받지 아니하고 쾌적한 환경에서 생활할 수 있는 개별적 이익까지도 보호하려는 데에 있는 것이다. 그런데 환경영향평가를 거쳐야 할 대상사업에 대하여 환경영향평가를 거치지 아니하였음에도 불구하고 승인 등 처분이 이루어진다면, 사전에 환경영향평가를 함에 있어 평가대상지역 주민들의 의견을 수렴하고 그 결과를 토대로 하여 환경부장관과의 협의내용을 사업계획에 미리 반영시키는 것 자체가 원천적으로 봉쇄되는바, 이렇게 되면 환경파괴를 미연에 방지하고 쾌적한 환경을 유지·조성하기 위하여 환경영향평가제도를 둔 입법 취지를 달성할 수 없게 되는 결과를 초래할 뿐만 아니라 환경영향평가대상지역 안의 주민들의 직접적이고 개별적인 이익을 근본적으로 침해하게 되므로, 이러한 행정처분의 하자는 법규의 중요한 부분을 위반한 중대한 것이고 객관적으로도 명백한 것이라고 하지 않을 수 없어, 이와 같은 행정처분은 당연무효이다(대판 2006. 6. 30, 2005두14363).

(판례2) 사전구제절차로서 과세전적부심사 제도가 가지는 기능과 이를 통해 권리구제가 가능한 범위, 이러한 제도가 도입된 경위와 취지, 납세자의 절차적 권리 침해를 효율적으로 방지하기 위한 통제 방법과 더불어, 헌법 제12조 제1항에서 규정하고 있는 적법절차의 원칙은 형사소송절차에 국한되지 아니하고, 세무공무원이 과세권을 행사하는 경우에도 마찬가지로 준수하여야 하는 점 등을 고려하여 보면, 구 국세기본법(2015. 12. 15. 법률 제13552호로 개정되기 전의 것) 등이 과세전적부심사를 거치지 않고 곧바로 과세처분을 할 수 있거나 과세전적부심사에 대한 결정이 있기 전이라도 과세처분을 할 수 있는 예외사유로 정하고 있다는 등의 특별한 사정이 없는 한, 세무조사결과통지 후 과세전적부심사 청구나 그에 대한 결정이 있기

도 전에 과세처분을 하는 것은 원칙적으로 과세전적부심사 이후에 이루어져야 하는 과세처분을 그보다 앞서 함으로써 과세전적부심사 제도 자체를 형해화시킬 뿐 아니라 과세전적부심사 결정과 과세처분 사이의 관계 및 불복절차를 불분명하게 할 우려가 있으므로, 그와 같은 과세처분은 납세자의 절차적 권리를 침해하는 것으로서 절차상 하자가 중대하고도 명백하여 무효이다(대판 2020. 10. 29, 2017두51174).

(4) 형식에 관한 하자

① 법정문서에 의하지 않은 행정청의 행위, ② 서명날인을 결여한 행위, ③ 필요적 기재가 없는 행위도 원칙적으로 무효이다.

(5) 효력발생요건의 하자

효력발생요건인 ① 통지나 공고가 없거나, ② 법정방법에 의하지 아니하고 통지한 경우에 원칙적으로 무효이다.

3. 무효의 효과

무효인 행정행위는 처음부터 아무런 효력이 발생하지 않는다.

판 례

(판례) 무효인 행정처분은 형식상 행정처분으로서는 존재하나 그 처분내용에 적응한 법률상 결과는 전혀 발생할 수 없는 것이므로 권한 있는 기관으로부터의 취소선언이 없다 하여도 누구나 언제든지 그 무효를 주장할 수 있고 법원은 그 행정처분을 민사사건의 선결문제로서 심리하여 그 무효를 인정할 수 있는 것이다(대판 1966. 11. 29, 66다1619).

4. 무효의 주장방법

무효를 주장하는 방법은 무효확인심판, 무효확인소송과 무효선언을 구하는 의미의 취소소송을 통하여 해결할 수 있다. 그 외 무효인 행정행위로 야기된 결과의 시정을 구하는 당사자소송, 민사소송, 형사소송에서 선결문제로 행정행위의 무효를 주장하여 승소함으로써 무효의 확인을 받게 된다.

Ⅱ. 행정행위의 취소

1. 의의

행정행위의 취소란 협의로는 직권취소를 의미하는 것으로 일단 유효하게 성립된 행정행위에 관하여 그 성립에 하자가 있음을 이유로 그 효력을 소멸시키기 위하여 행하여지는 독립된 행정행위를 말한다. 광의의 취소는 협의의 직권취소 외에 쟁송취소를 포함시키지만, 행정행위편과 관련하여 보면 행정행위의 취소는 직권취소만을 의미하는 것이 보통이다.

2. 직권취소와 쟁송취소

(1) 일반적 기준

직권취소는 행정기관의 직권으로 행정행위를 취소하는 것이나 쟁송취소는 당사자의 신청이 취소의 동기가 된다. 따라서 전자의 주체는 행정청이며, 후자의 주체는 행정심판의 경우에는 행정청이나 행정소송의 경우에는 법원이 된다.

(2) 구체적 기준

1) 취소권 행사의 기능

가. 직권취소

이는 행정행위의 적법성 또는 합목적성의 확보가 1차적 기능이다. 즉 공익의 이해관계가 주된 기능이며, 당사자의 권리구제인 사익보호는 부차적 기능을 갖는다.

나. 쟁송취소

이는 당사자의 권리구제인 사익보호가 1차적 기능이며, 행정행위의 적법성 확보인 공익보호는 부수적 기능으로 작용한다.

2) 취소권 행사의 대상

가. 직권취소

이는 행정행위의 적법성 또는 합리성의 확보가 우선적인 기능이므로 부담적 행정행위뿐 아니라 수익적 행정행위 모두가 대상이 된다.

나. 쟁송취소

이는 당사자의 권리구제를 목적으로 청구되는 것이므로 부담적 행정행위가 주된 대상이 된다.

3) 이익형량의 필요성(또는 취소권 행사의 제한여부)

가. 직권취소

취소권행사를 함에 있어서 수익적 행정행위가 대상인 경우에 개별 구체적인 행정목적에 비추어 위법의 내용을 구체적으로 확정해야 하는 동시에 취소에 의해 초래되는 제이익간의 비교형량을 구체적 타당성이 있도록 하여야 한다.

나. 쟁송취소

이때에는 행정행위에 위법성이 있다면 취소해야 하므로 이익형량은 원칙적으로 불필요하나, 실정법에 의하여 예외적으로 이익형량이 필요할 경우가 있다(행정심판법 제33조 및 행정소송법 제28조).

4) 취소의 절차

가. 직권취소

특별한 규정이 없는 한 행정행위로서의 성질을 가지므로 일반적인 행정행위 발령의 절차에 따른다.

나. 쟁송취소

행정심판법 또는 행정소송법 규정에 따른 소정의 쟁송절차에 의하여 행하여진다.

5) 취소의 효과(또는 소급효의 인정여부)

가. 직권취소

부담적 행정행위가 대상인 때에는 당사자에게 유리하도록 소급효가 인정된다. 그러나 수익적 행정행위가 대상인 때에는 원칙적으로 소급효가 인정되지 않으며, 예외적으로 당사자의 신뢰보호에 귀책사유가 있는 경우에만 소급효가 인정된다.

나. 쟁송취소

쟁송취소는 회고적으로 적법성을 확보하려는 것이므로 당사자의 권리보호를 위하여 소급효가 인정됨이 원칙이다.

6) 취소의 형식

가. 직권취소

직권취소는 불요식행위를 원칙으로 하는 바 서면 또는 구두에 의한 취소도 허용된다.

나. 쟁송취소

직권취소와는 달리 쟁송취소는 재결이나 판결에 의하므로 엄격한 요식행위가 요구된다.

7) 취소기간

가. 직권취소

직권취소는 행정청의 직권으로 하는 것이므로 기간의 제한을 받지 않는다.

나. 쟁송취소

이에 반해 쟁송취소는 상대방의 행정쟁송을 전제로 하는 바, 제기기간에 일정한 제한이 따른다(행정심판법 제27조·행정소송법 제20조).

8) 취소의 범위

가. 직권취소

직권취소는 처분청 또는 상급감독청이 하는 것이므로 행정행위의 하자를 제거하고 구체적 행정목적의 실현을 위하여 필요한 때에는 적극적 변경(예: 개선명령)을 내용으로 할 수 있다.

나. 쟁송취소

쟁송취소는 원칙적으로 일부취소를 내용으로 하는 변경만이 허용된다고 보는 것이 통설이다. 다만, 행정심판에 의한 취소의 경우에는 적극적 변경도 가능하다(행정심판법 제32조 제3항 참조).

9) 취소의 제한

가. 직권취소

직권취소는 준사법적 행정행위, 포괄적 법률관계 설정행위(예: 귀화허가), 형성행위 등에 취소가 상당히 제한받으며,

나. 쟁송취소

쟁송취소는 사정판결·사정재결 등에 의해 제한을 받는다.

10) 수익적 행정행위의 직권취소는 기속력이나 확정력이 발생하지 않으나 쟁송취소에서는 기속력이나 확정력이 발생한다.

판 례

(판례) 행정행위를 한 처분청은 그 행위에 하자가 있는 경우에는 별도의 법적 근거가 없더라도 스스로 이를 취소할 수 있다. 다만 수익적 행정처분을 취소할 때에는 이를 취소하여야 할 공익상의 필요와 그 취소로 당사자가 입게 될 기득권과 신뢰보호 및 법률생활 안정의 침해 등 불이익을 비교·교량한 후 공익상의 필요가 당사자가 입을 불이익을 정당화할 만큼 강한 경우에 한하여 취소할 수 있다. 나아가 수익적 행정처분의 하자가 당사자의 사실은폐나 기타 사위의 방법에 의한 신청행위에 기인한 것이라면 당사자는 처분에 의한 이익이 위법하게 취득되었음을 알아 취소가능성도 예상하고 있었다고 보아야 하므로, 그 자신이 처분에 관한 신뢰이익을 원용할 수 없음은 물론 행정청이 이를 고려하지 아니하였더라도 재량권의 남용이라고 볼 수 없다(대판 2020. 2. 27, 2019두39611).

〈직권취소와 쟁송취소〉

	직권취소	쟁송취소
기 능	행정행위의 위법성 시정으로 행정의 법률적합성 구현, 장래의 행정목적 실현	당사자의 권익구제가 1차적 목적, 행정행위의 적법성은 부수적기능
대 상	수익적 + 침익적 + 복효적 행정행위	침익적 + 복효적 행정행위
취소권 행사의 제한	이익형량	원칙 취소 단, 이익형량 후 사정판결 가능
절 차	행정절차법상 처분절차, 행정기본법	행정심판법 또는 행정소송법
효 과	침익적 행정행위 - 원칙적 소급효 수익적 행정행위 - 장래효 원칙 불가변력 인정되지 않음	소급효 인정 불가변력 인정
형 식	형식 요구되지 않음	재결, 판결 등의 형식
취소기간	법정기간 없음	법정 기간 존재(행정심판법 제27조, 행정소송법 제20조 제소기간 제한)
취소의 범위	적극적 변경도 가능 예) 면허취소를 면허정지로 가능	행정소송: 적극적 변경 불가, 소극적 변경으로서의 일부취소만 가능
법적근거	행정기본법	행정심판법, 행정소송법
취소사유	위법 + 부당	행정심판: 위법 + 부당 행정소송: 위법에 한정

(3) 취소의 주체 및 법적 근거

1) 주체

가. 직권취소

행정행위를 발령한 처분청이 주체가 되는 것이 원칙이며, 감독청은 명문의 규정이 있는 경우를 제외하고는 스스로 취소할 수 없으며 취소명령권만 있다.

나. 쟁송취소

이의신청의 경우에는 처분청, 행정심판의 경우에는 행정심판위원회와 제3의 기관(공무원소청심사위원회, 중앙토지수용위원회 등)이 주체가 되며, 행정소송의 경우에는 법원이 주체가 된다.

2) 법적 근거

가. 직권취소

위법한 행정행위를 취소함에 있어서 행정행위에 관한 수권규정 외에 별도로 취소에 관한 명시적인 법률의 근거를 요하지 않는다고 보는 견해가 통설이다. 다만, 수익적 행정행위의 직권취소에는 취소권의 제한이 따른다.

판 례

(판례) 개별토지에 대한 가격결정도 행정처분에 해당하며, 원래 행정처분을 한 처분청은 그 행위에 하자가 있는 경우에는 원칙적으로 별도의 법적 근거가 없더라도 스스로 이를 직권으로 취소할 수 있는 것이다(대판 1995. 9. 15, 95누6311).

나. 쟁송취소

주로 부담적 행정행위가 문제되며 법적 근거가 없더라도 취소할 수 있다.

(4) 취소의 사유와 제한

1) 취소의 사유

일반적으로 직권취소사유는 개별적으로 법정되어 있으나(예: 식품위생법 제75조 등), 명문의 규정이 없는 경우에는 당해 하자가 무효의 사유에 해당하지 않는 경우가 취소사유로서 인정된다. 예를 들어 법규위반의 경우를 비롯하여 그 내용이 공익을 위반한 경우 등이 취소사유에 포함된다. 즉 행정행위의 하자가 중대하나 명백하지 않거나, 명백하나 중대하지 않은 경우가 취소의 사유에 해당된다. 취소사유로 ① 권한초과 ② 행위능력의 결여 ③ 사기·강박·증뢰 등 부정행위에 의한 경우 ④ 착오의 결과로 위법·부당하게 된 경우 ⑤ 공서양속에 위반한 경우 ⑥ 기타 행위의 내용이 단순히 경미한 법규위반·조리법 등 불문법위반인 경우 또는 공익위반인 경우 ⑦ 경미한 절차나 형식을 결여한 경우 등이 있다.

2) 취소권행사의 제한

행정기관에 의한 취소권의 행사는 특별한 규정이 있는 경우를 제외하고는 재량행위로서의 성질을 갖는다. 이는 직권취소의 경우에, 대립되는 이해관계를 개별적인 경우에 비추어 적절하게 조화하기 위한 목적을 달성하기 위함이다. 즉 부담적 행정행위가 대상인 때에는 법률적합성의 원칙과 법적 안정성의 요청이, 수익적 행정행위가 대상인 때에는 법률적합성의 원칙과 신뢰보호의 요청이 직권취소를 제한하게 하는 서로 대립되는 이해관계로서 나타나게 된다. 그러나 현실적으로 의미를 갖는 것은 직권취소의 경우에 수익적 행정행위가 대상인 때이다.

판 례

(판례) 이를 간과한 채 이루어진 건축허가는 환경영향평가법을 위반한 것이어서 위법하므로 이는 건축행정청이 건축허가를 직권으로 취소할 수 있는 사유에 해당하며, 위 건축허가는 건축행정청의 착오로 발급된 것이지만 건축사 을은 갑의 이익을 위하여 부정확한 내용으로 조서를 작성·제출하였고, 갑에게도 위 개발사업이 소규모 환경영향평가 대상이 아닌 것처럼 보이게 하려는 의도가 있었다고 인정할 수 있어, 건

축행정청의 착오는 갑이 유발한 것이거나 갑에게도 책임이 있으므로, 건축허가의 존속에 대한 갑의 신뢰는 보호가치가 없는 점, 건축허가가 취소될 경우에 갑에게 발생하는 불이익 또는 회수할 수 없는 금전적 손해가 크다고 보기도 어려운 점 등에 비추어, 위 직권취소 처분이 수익적 행정처분 직권취소 제한 법리에 위배되지 않는다(대판 2020. 7. 23, 2019두31839).

가. 직권취소

① 부담적 행정행위의 경우

이때의 취소권행사는 적법성확보의 의미와 동시에 상대방에게 이익을 주게 되는 것이므로 특별한 사유가 없는 한 그의 취소는 자유롭다.

② 수익적 행정행위의 경우

이때에는 사익인 당사자의 신뢰보호 및 법적 안정성의 관점과 공익인 행정의 법률적 합성의 관점이 서로 충돌하게 되므로 이익형량의 필요성이 생기게 된다. 따라서 이때 당해 행정행위를 취소함으로써 얻는 이익이 당해 행정행위의 취소를 제한함으로써 얻는 이익보다 큰 경우에만 취소가 허용된다.

나. 쟁송취소

① 원칙

쟁송취소는 위법 또는 부당한 행정활동에 대해 사인의 권리보호를 위하여 법률이 설정한 권리구제제도를 근거하는 것이므로 위법한 행정행위는 당연히 취소되어야 한다. 쟁송취소는 주로 부담적 행정행위가 대상이고, 이때의 행정기관에 의한 취소권행사는 당사자에게 오히려 권리구제의 의미를 갖게 되어 원칙적으로 자유롭게 인정된다.

② 예외

사정재결(행정심판법 제44조 제1항)과 사정판결(행정소송법 제28조 제1항)의 경우에는 취소권행사가 제한될 수 있다.

(5) 취소의 절차

직권취소의 경우에는 법령에 규정이 없는 한 특별한 절차를 요하지 않는 것이 보통이나 수익적 행정행위인 경우에는 관계법령에서 상대방의 이익을 보호하고 취소의 공정성·신중성을 기하기 위하여 사전에 상대방의 청문·변명·자문기관의 자문 등 유리한 증거의 제출기회를 주게 되는 절차가 요구된다. 쟁송취소의 경우에는 행정심판법과 행정소송법이 정하는 행정쟁송절차에 따라서 행하여진다.

(6) 취소의 효과

1) 직권취소

가. 소급효의 문제

행정청은 위법 또는 부당한 처분의 전부나 일부를 소급하여 취소할 수 있음이 원칙이다. 다만 당사자의 신뢰를 보호할 가치가 있는 등 정당한 사유가 있는 경우에는 장래를 향하여 취소할 수 있다(행정기본법 제18조).

판 례

(판례) 도로점용허가는 도로의 일부에 대한 특정사용을 허가하는 것으로서 도로의 일반사용을 저해할 가능성이 있으므로 그 범위는 점용목적 달성에 필요한 한도로 제한되어야 한다. 도로관리청이 도로점용허가를 하면서 특별사용의 필요가 없는 부분을 점용장소 및 점용면적에 포함하는 것은 그 재량권 행사의 기초가 되는 사실인정에 잘못이 있는 경우에 해당하므로 그 도로점용허가 중 특별사용의 필요가 없는 부분은 위법하다.
이러한 경우 도로점용허가를 한 도로관리청은 위와 같은 흠이 있다는 이유로 유효하게 성립한 도로점용허가 중 특별사용의 필요가 없는 부분을 직권취소할 수 있음이 원칙이다. 다만 이 경우 행정청이 소급적 직권취소를 하려면 이를 취소하여야 할 공익상 필요와 그 취소로 당사자가 입을 기득권 및 신뢰보호와 법률생활 안정의 침해 등 불이익을 비교 교량한 후 공익상 필요가 당사자의 기득권 침해 등 불이익을 정당화할 수 있을 만큼 강한 경우여야 한다. 이에 따라 도로관리청이 도로점용허가 중 특별사용의 필요가 없는 부분을 소급적으로 직권취소하였다면, 도로관리청은 이미 징수한 점용료 중 취소된 부분의 점용면적에 해당하는 점용료를 반환하여야 한다.
행정청은 행정소송이 계속되고 있는 때에도 직권으로 그 처분을 변경할 수 있고, 행정소송법 제22조 제1항은 이를 전제로 처분변경으로 인한 소의 변경에 관하여 규정하고 있다. 점용료 부과처분에 취소사유에 해당하는 흠이 있는 경우 도로관리청으로서는 당초 처분 자체를 취소하고 흠을 보완하여 새로운 부과처분을 하거나, 흠 있는 부분에 해당하는 점용료를 감액하는 처분을 할 수 있다. 한편 흠 있는 행정행위의 치유는 원칙적으로 허용되지 않을 뿐 아니라, 흠의 치유는 성립 당시에 적법한 요건을 갖추지 못한 흠 있는 행정행위를 그대로 존속시키면서 사후에 그 흠의 원인이 된 적법 요건을 보완하는 경우를 말한다. 그런데 앞서 본 바와 같은 흠 있는 부분에 해당하는 점용료를 감액하는 처분은 당초 처분 자체를 일부 취소하는 변경처분에 해당하고, 그 실질은 종래의 위법한 부분을 제거하는 것으로서 흠의 치유와는 차이가 있다(대판 2019. 1. 17, 2016두56721·56738).

나. 손실보상의 문제

수익적 행정행위가 당사자의 귀책사유에 기하지 않는 때에는 취소권행사로 발생한 당사자의 재산적 손실을 보상하거나 원상회복 등의 조치를 하여야 한다.

2) 쟁송취소

쟁송취소는 흠있는 행정행위로 권리침해를 받은 당사자의 권리구제가 목적이므로 권리보호를 위하여 소급효가 인정된다.

판 례

(판례) 행정청으로부터 행정처분을 받았으나 나중에 그 행정처분이 행정쟁송절차에서 취소되었다면, 그 행정처분은 처분 시에 소급하여 효력을 잃게 된다.(대판 2019. 7. 25, 2017두55077).

(7) 취소의 취소

1) 직권취소의 경우

가. 취소에 무효원인이 있을 때

무효선언으로서의 취소 또는 무효확인이 가능하다.

나. 취소에 취소원인이 있을 때

행정행위의 취소처분에 취소사유가 있을 때, 이를 다시 취소할 수 있느냐에 대하여는 학설이 대립되나 긍정설이 통설이다. 판례는 침익적 처분의 직권취소의 취소의 경우는 소극적 입장을, 수익적 처분의 직권취소의 취소는 적극적 입장을 취한다.

판 례

(판례1) 국세기본법 제26조 제1호는 부과의 취소를 국세납부의무 소멸사유의 하나로 들고 있으나, 그 부과의 취소에 하자가 있는 경우의 부과의 취소의 취소에 대하여는 법률이 명문으로 그 취소요건이나 그에 대한 불복절차에 대하여 따로 규정을 둔 바 없으므로, 설사 부과의 취소에 위법사유가 있다고 하더라도 당연무효가 아닌 한 일단 유효하게 성립하여 부과처분을 확정적으로 상실시키는 것이므로, 과세관청은 부과의 취소를 다시 취소함으로써 원부과처분을 소생시킬 수는 없고 납세의무자에게 종전의 과세대상에 대한 납부의무를 지우려면 다시 법률에서 정한 부과절차에 좇아 동일한 내용의 새로운 처분을 하는 수밖에 없다(대판 1995. 3. 10, 94누7027).

(판례2) 행정처분이 취소되면 그 소급효에 의하여 처음부터 그 처분이 없었던 것과 같은 효과를 발생하게 되는 바, 행정청이 의료법인의 이사에 대한 이사취임승인취소처분(제1처분)을 직권으로 취소(제2처분)한 경우에는 그로 인하여 이사가 소급하여 이사로서의 지위를 회복하게 되고, 그 결과 위 제1처분과 제2처분 사이에 법원에 의하여 선임 결정된 임시이사들의 지위는 법원의 해임결정이 없더라도 당연히 소멸된다(대판 1997. 1. 21, 96누3401).

(판례3) 행정처분에 하자가 있음을 이유로 처분청이 이를 취소하는 경우에도 그 처분이 국민에게 권리나 이익을 부여하는 수익적 처분인 때에는 그 처분을 취소하여야 할 공익상의 필요와 그 취소로 인하여 당사자가 입게 될 불이익을 비교교량한 후 공익상의 필요가 당사자가 입을 불이익을 정당화할 만큼 강한 경우에 한하여 취소할 수 있는 것이지만, 그 처분의 하자가 당사자의 사실은폐나 기타 사위의 방법에 의한 신청행위에 기인한 것이라면 당사자는 그 처분에 의한 이익이 위법하게 취득되었음을 알아 그 취소가능성도 예상하고 있었다고 할 것이므로, 그 자신이 위 처분에 관한 신뢰이익을 원용할 수 없음은 물론 행정청이 이를 고려하지 아니하였다고 하여도 재량권의 남용이 되지 아니한다(대판 1996. 10. 25, 95누14190).

2) 쟁송취소의 경우

취소심판에서 인용재결이 있으면 위원회는 임의로 그 인용재결을 취소·변경하지 못하며, 취소소송에서의 인용판결이 있으면 확정력이 인정되기 때문에 그 취소를 다시 취소·변경할 수 없다.

제 6 절 행정행위의 철회

Ⅰ. 의의

철회라 함은 적법하게 성립한 행정행위의 효력을 행정청이 후발적인 사유에 기하여 본래의 행정행위의 효력을 장래를 향하여 상실시키는 독립된 행정행위를 말한다. 행정의 합리적인 공익유지와 행정의 탄력성 및 상황적응성을 구현하는데 그 인정이유가 있다.

행정기본법은 "행정청은 적법한 처분에 일정한 사유가 있는 경우에는 그 처분의 전부나 일부를 장래를 향하여 철회할 수 있다"고 규정하고 있다(행정기본법 제19조).

판 례

(판례) 갑 사회복지법인이 주무관청의 허가를 받아 기본재산인 부동산을 을 주식회사에 매도하고 소유권이전등기를 마쳤는데, 그 후 주무관청이 기본재산처분 허가를 취소하였고, 갑 법인의 채권자가 신청한 부동산에 대한 강제경매절차에서 집행법원이 갑 법인의 정관에 위 부동산이 기본재산으로 등재되어 있다는 이유로 주무관청의 처분허가서를 매각결정 시까지 제출하는 것을 특별매각조건으로 정하였고, 이후 병이 최고가매수인이 되었으나 처분허가서 미제출을 이유로 집행법원이 매각불허가결정을 한 사안에서, 위 부동산은 갑 법인이 주무관청의 기본재산처분 허가를 받아 을 회사에 매도하였고, 을 회사가 소유권이전등기까지 마쳤으며 강제경매절차에서도 을 회사의 소유권이전등기가 말소되지 않고 그대로 있는 이상, 집행법원으로서는 갑 법인의 정관에 위 부동산이 기본재산으로 남아 있다는 사정만으로 갑 법인의 기본재산으로 취급할 것이 아니고, 또한 주무관청의 기본재산처분 허가에 따라 을 회사에 처분되어 소유권이전등기까지 마쳐진 이후 주무관청이 허가를 취소하였더라도, 허가를 취소하면서 내세운 취소사유가 허가 당시에 존재하던 하자가 아니라면, 그 명칭에도 불구하고 법적 성격은 허가의 '철회'에 해당할 여지가 있어 그 전에 이루어진 갑 법인과 을 회사의 부동산 매매계약과 이를 원인으로 마쳐진 을 회사의 소유권이전등기는 허가 취소에도 불구하고 여전히 유효하다고 볼 수 있으므로, 말소되지 않고 있는 을 회사의 소유권이전등기가 당연히 무효임을 전제로 위 부동산이 갑 법인의 기본재산이라고 볼 것은 아닌데도, 이와 달리 본 원심결정에 법리오해 등의 잘못이 있고, 다만 위 부동산이 갑 법인의 기본재산이 아니라서 강제경매절차에서 매수인이 소유권을 취득함에 있어 처분허가를 받을 필요가 없었음에도 사회복지법인의 기본재산이라

는 이유로 주무관청의 처분허가서를 제출하도록 매각물건명세서에 기재되어 매각기일공고가 되었다면, 그러한 하자는 일반 매수희망자가 매수의사나 매수신고가격을 결정함에 있어 실질적인 영향을 미쳤을 것이므로 '매각물건명세서 작성에 중대한 흠'이 있는 경우에 해당하여 집행법원은 직권으로 매각을 불허해야 하는지도 살펴볼 필요가 있다(대결 2022. 9. 29, 2022마118).

Ⅱ. 철회권자

철회는 그 성질상 원래의 행정행위처럼 새로운 처분을 하는 것과 같기 때문에 처분청만이 이를 행할 수 있다고 보아야 한다. 행정기본법이 처분청을 철회권자로 규정한 것은 처분권한에는 기존의 처분을 변화하는 환경에 적합하도록 조정할 수 있는 권한이 포함되어 있다고 보았기 때문이다. 감독청은 철회권이 없다.

Ⅲ. 법적 근거

행정행위의 철회는 반드시 법률상의 근거를 요구하는가에 관하여 견해의 대립이 있다.

1. 학설

(1) 적극설

법치행정의 실현이라는 기본권 보장의 견지에서 아무런 하자없이 유효하게 성립된 행정행위를 사후에 공익 또는 사정변경을 들어 그 효력을 소멸시키는 행정행위의 철회는 독립된 처분이므로 그 처분을 위한 별도의 법적 근거가 필요하다고 보는 견해이다.

(2) 소극설

항상 변동하는 행정현실에 대처함으로써 공익을 실현하여야 한다는 행정의 합목적성에 비추어 행정행위의 철회는 반드시 법률의 근거를 요하지 않는다고 보는 견해이다.

2. 판례

대법원은 별도의 법적 근거가 없더라도 철회·변경 할 수 있다는 소극설의 입장을 취하고 있다.

판 례

(판례) 행정행위를 한 처분청은 처분당시에 그 행정처분이 별다른 하자가 없었고 또 처분 후에 이를 취소할 별도의 법적 근거가 없다 하더라도 원래의 처분을 그대로 존속시킬 필요가 없게 된 ① 사정변경이 생겼거나 또는 ② 중대한 공익상의 필요가 발생한 경우에는 별개의 행정행위로 이를 철회하거나 변경할 수 있다(대판 1992. 1. 17, 91누3130).

3. 검토

행정기본법 제19조는 적법한처분의 절차에 관하여 철회를 명문화하였다. 따라서 법령에서 철회사유를 규정하고 있는 경우에는 우선적으로 그 해석을 통하여 법정의 철회사유가 있는지를 먼저 판단하여야 하고, 그 결과 법적 근거가 없다고 판단되면 특별한 사정변화가 있다거나 중대한 공익상의 요청이 있는 경우가 아니라면 그러한 철회는 법적 근거가 없는 위법한 철회에 해당한다고 판단하여야 한다.

Ⅳ. 철회사유

철회의 원인은 행정행위의 효력을 존속시킬 수 없는 새로운 사정의 발생이다. 행정기본법 제19조는 철회사유로 ① 법률에서 정한 철회 사유에 해당하게 된 경우, ② 법령등의 변경이나 사정변경으로 처분을 더 이상 존속시킬 필요가 없게 된 경우, ③ 중대한 공익을 위하여 필요한 경우를 명문으로 규정하고있다.

판 례

(판례1) 행정행위의 '취소'는 일단 유효하게 성립한 행정행위를 그 행위에 위법한 하자가 있음을 이유로 소급하여 효력을 소멸시키는 별도의 행정처분을 의미함이 원칙이다. 반면, 행정행위의 '철회'는 적법요건을 구비하여 완전히 효력을 발하고 있는 행정행위를 사후적으로 효력의 전부 또는 일부를 장래에 향해 소멸시키는 별개의 행정처분이다. 그리고 행정행위의 '취소 사유'는 원칙적으로 행정행위의 성립 당시에 존재하였던 하자를 말하고, '철회 사유'는 행정행위가 성립된 이후에 새로이 발생한 것으로서 행정행위의 효력을 존속시킬 수 없는 사유를 말한다(대판 2018. 6. 28, 2015두58195).

(판례2) 사립학교법 제20조의2 제1항은 '사립학교법 또는 고등교육법의 규정을 위반하거나 이에 의한 명령을 이행하지 아니한 때(제1호)', '임원 간의 분쟁으로 학교운영에 중대한 장애를 야기한 때(제2호)' 등을 관할청이 학교법인의 임원취임승인을 취소할 수 있는 경우로 규정하고 있다. 이러한 사유가 발생한 경우, 관할청은 학교법인에 그 사유를 들어 시정을 요구하여 임원들 스스로 분쟁을 해소하고 학교운영을 정상화할 기회를 부여한 다음, 시정요구에도 응하지 아니하면 해당 임원에 대하여 취임승인을 취소할 수 있다(사립

학교법 제20조의2 제2항 본문 참조).
이처럼 사립학교법 제20조의2 제1항에 규정된 사유가 발생하였다는 객관적인 사실이 인정되면 해당 임원에게 이러한 사유 발생과 관련한 임무해태를 탓할 수 없는 정당한 사유가 인정되지 않는 한, 임원취임승인 취소처분의 처분사유 자체는 존재한다고 보아야 한다.
마찬가지로 사립학교법 제20조의2 제2항 역시 시정요구를 받은 학교법인이 시정을 하지 아니한 사정만 있다면 임원취임승인 취소의 요건이 충족되고, 단순히 시정을 위한 최선의 노력을 하였다는 것만으로 '시정요구에 응하였다'고 보는 것은 문언 취지에도 맞지 아니하므로, 그러한 사정은 임원취임승인 취소의 재량권 일탈·남용 여부 판단의 참작요소가 될 뿐이다.
사립학교법 제20조의2가 정한 임원취임승인 취소처분은 재량행위에 해당하고, 이러한 처분이 사회통념상 재량권의 범위를 일탈하였거나 남용하였는지는 처분사유로 된 위반행위의 내용과 처분에 의하여 달성하려는 공익목적 및 이에 따르는 제반 사정 등을 객관적으로 심리하여 공익 침해의 정도와 처분으로 개인이 입게 될 불이익을 비교·형량하여 판단하여야 한다(대판 2017. 12. 28, 2015두56540).

(판례3) 구 국민체육진흥법(2020. 2. 4. 법률 제16931호로 개정되기 전의 것) 제11조의5 제3호, 제12조 제1항 제4호의 내용, 체계와 입법 취지 등을 고려하면, 구 국민체육진흥법 제12조 제1항 제4호에서 정한 '제11조의5 각호의 어느 하나에 해당하는 경우'는 '제11조의5 각호 중 어느 하나의 사유가 발생한 사실이 있는 경우'를 의미한다고 보아야 하므로, 체육지도자가 금고 이상의 형의 집행유예를 선고받은 경우 행정청은 원칙적으로 체육지도자의 자격을 취소하여야 하고, 집행유예기간이 경과하는 등의 사유로 자격취소처분 이전에 결격사유가 해소되었다고 하여 이와 달리 볼 것은 아니다(대판 2022. 7. 14, 2021두62287).

V. 철회권의 제한

1. 수익적 행정행위의 경우

수익적 행정행위에 철회원인이 있는 경우에 행정청은 철회원인이 있다는 것만으로 자유로이 철회권을 행사할 수 없고 일정한 제한을 받게 된다. ① 행정청은 제1항에 따라 처분을 철회하려는 경우에는 철회로 인하여 당사자가 입게 될 불이익을 철회로 달성되는 공익과 비교·형량하여야 한다(행정기본법 제19조 제2항). ② 행정청이 철회원인이 있음을 알면서도 상당한 기간내에 이를 행사하지 아니한 경우에는 실권의 법리에 의하여 철회가 제한된다는 것이 다수설이다. ③ 포괄적 신분설정행위의 경우에도 그 성질상 철회가 제한된다. ④ 불가변력이 발생한 행정행위에도 철회가 제한된다.

2. 침익적 행정행위의 경우

침익적 행정행위에 철회원인이 있는 경우에는 철회가 사인의 불이익을 제거하는 것이기 때문에 행정청은 자유로이 철회할 수 있다는 것이 통설이다. 그러나 행정행위를 철회한 후 다시 동일 내용의 행정행위를 해야 할 경우 및 침익적 행정행위를 존속시켜야 할 우월한 공익상 요청이 있는 경우 등에는 철회가 제한된다.

Ⅵ. 철회의 절차

철회 자체도 하나의 처분이므로 근거법령에 특별한 규정이 없는 한 행정절차법 등이 정한 절차를 밟아야 한다. 철회는 주로 침익적 처분이므로 행정청은 당사자에게 처분의 사전통지를 하여야 하고 의견청취를 거쳐야 하며, 처분의 이유를 제시하여야 한다.

판 례

(판례) 행정행위를 한 처분청은 비록 처분 당시에 별다른 하자가 없었고, 처분 후에 이를 철회할 별도의 법적 근거가 없더라도 원래의 처분을 존속시킬 필요가 없게 된 사정변경이 생겼거나 중대한 공익상 필요가 발생한 경우에는 그 효력을 상실케 하는 별개의 행정행위로 이를 철회할 수 있다. 다만 수익적 행정행위를 취소 또는 철회하거나 중지시키는 경우에는 이미 부여된 국민의 기득권을 침해하는 것이 되므로, 비록 취소 등의 사유가 있다고 하더라도 그 취소권 등의 행사는 기득권의 침해를 정당화할 만한 중대한 공익상의 필요 또는 제3자의 이익을 보호할 필요가 있고, 이를 상대방이 받는 불이익과 비교·교량하여 볼 때 공익상의 필요 등이 상대방이 입을 불이익을 정당화할 만큼 강한 경우에 한하여 허용될 수 있다(대판 2021. 1. 14, 2020두46004).

Ⅶ. 철회의 효과

철회는 원칙적으로 장래에 향하여 원행정행위의 효력을 상실시키는 효력을 갖는다(동법 제19조 제1항). 그러나 예컨대 행정행위에 의하여 보조금이 지급된 경우에 그 상대방의 부담 또는 법령상의 의무위반으로 인하여 그 지급결정을 취소하는 경우 등과 같이, 그 소급효를 인정하지 않으면 철회의 의미가 없어지는 경우에는 예외적으로 그 소급효를 인정해야 하는 경우도 있다. 법령상으로는 철회와 함께 원상회복·시설개수의무 등이 규정되는 경우도 있다.

판 례

(판례) 영유아보육법 제30조 제5항 제3호에 따른 평가인증의 취소는 평가인증 당시에 존재하였던 하자가 아니라 그 이후에 새로이 발생한 사유로 평가인증의 효력을 소멸시키는 경우에 해당하므로, 법적 성격은 평가인증의 '철회'에 해당한다. 그런데 행정청이 평가인증을 철회하면서 그 효력을 철회의 효력발생일 이전으로 소급하게 하면, 철회 이전의 기간에 평가인증을 전제로 지급한 보조금 등의 지원이 그 근거를 상실하게 되어 이를 반환하여야 하는 법적 불이익이 발생한다. 이는 장래를 향하여 효력을 소멸시키는 철회가

예정한 법적 불이익의 범위를 벗어나는 것이다. 이처럼 행정청이 평가인증이 이루어진 이후에 새로이 발생한 사유를 들어 영유아보육법 제30조 제5항에 따라 평가인증을 철회하는 처분을 하면서도, 평가인증의 효력을 과거로 소급하여 상실시키기 위해서는, 특별한 사정이 없는 한 영유아보육법 제30조 제5항과는 별도의 법적 근거가 필요하다(대판 2018. 6. 28, 2015두58195).

Ⅷ. 철회의 취소

철회도 독립한 행정행위이므로 위법한 때에는 하자의 일반이론에 따라 무효 또는 취소할 수 있는 행정행위가 된다. 철회행위가 취소되면 철회가 없었던 것이 되고 원행정행위는 애초부터 철회되지 않는 것이 된다.

제 7 절 행정행위의 실효

Ⅰ. 실효의 의의

행정행위의 실효라 함은 유효한 행정행위의 효력이 일정한 사실의 발생으로 장래에 향하여 소멸하는 것을 말한다.

Ⅱ. 구별

① 무효와의 구별

실효는 일정한 사실의 발생에 의해 당해 행정행위가 장래를 향하여 당연히 효력을 상실한다는 점에서 중대·명백한 하자로 인하여 처음부터 아무런 효력이 없는 무효와 구분된다.

② 취소·철회와의 구별

실효는 객관적인 사실의 발생에 의해 당연히 효력이 상실된다는 점에서 행정행위의 효력을 상실시키기 위하여 별개의 행위를 필요로 하는 취소·철회와 구별된다.

Ⅲ. 실효의 사유

실효사유에는 ① 목적의 달성, ② 해제조건의 성취, ③ 종기의 도래, ④ 대상물의 멸실, ⑤ 근거법령의 폐지 등을 들 수 있다.

판 례

(판례) 구 유기장법상 유기장의 영업허가는 대물적 허가로서 영업장소의 소재지와 유기시설 등이 영업허가의 요소를 이루는 것이므로, 영업장소에 설치되어 있던 유기시설이 모두 철거되어 허가를 받은 영업상의 기능을 더 이상 수행할 수 없게 된 경우에는, 이미 당초의 영업허가는 허가의 대상이 멸실된 경우와 마찬가지로 그 효력이 당연히 소멸되는 것이고, 또 유기장의 영업허가는 신청에 의하여 행하여지는 처분으로서 허가를 받은 자가 영업을 폐업할 경우에는 그 효력이 당연히 소멸되는 것이니, 이와 같은 경우 허가행정청의 허가취소처분은 허가가 실효되었음을 확인하는 것에 지나지 않는다고 보아야 할 것이므로, 유기장의 영업허가를 받은 자가 영업장소를 명도하고 유기시설을 모두 철거하여 매각함으로써 유기장업을 폐업하였다면 영업허가취소처분의 취소를 청구할 소의 이익이 없는 것이라고 볼 수 있다(대판 1990. 7. 13, 90누2284).

Ⅳ. 실효의 효과

행정행위의 실효사유가 발생하면 당해 행정행위의 효력은 그 때부터 장래를 향하여 당연히 소멸한다(장래효).

Ⅴ. 실효의 주장

행정행위의 실효가 다투어지는 경우에는 무효등확인심판이나 무효등확인소송을 통해 행정행위의 실효를 주장할 수 있다.

판 례

(판례) 정비사업을 원활하게 진행하기 위하여 추진위원회 제도를 도입하는 한편 1개의 정비구역 안에 복수의 추진위원회가 구성되는 것을 금지하는 등 그에 대하여 특별한 법적 지위를 부여하고 있는 도시 및 주거환경정비법의 입법 취지와 추진위원회 구성 승인처분이 다수의 이해관계인에게 미치는 파급효과 등에 비추어 보면, 일정한 정비예정구역을 전제로 추진위원회 구성 승인처분이 이루어진 후 정비구역이 정비예정구역과 달리 지정되었다는 사정만으로 승인처분이 당연히 실효된다고 볼 수 없고, 정비예정구역과 정비구역의 각 위치, 면적, 토지등소유자 및 동의자 수의 비교, 정비사업계획이 변경되는 내용과 정도, 정비구역 지정 경위 등을 종합적으로 고려하여 당초 승인처분의 대상인 추진위원회가 새로운 정비구역에서 정비사업을 계속 추진하는 것이 도저히 어렵다고 보여 그 추진위원회의 목적 달성이 사실상 불가능하다고 인정되는 경우에 한하여 그 실효를 인정함이 타당하다(대판 2013. 9. 12, 2011두31284).

제 8 절 행정행위의 부관

Ⅰ. 부관의 개념

1. 종래의 견해

'행정행위의 부관이란 행정행위의 일반적 효과를 제한하기 위하여 주된 의사표시에 붙여진 종된 의사표시'라고 정의하였다.

2. 새로운 견해

'행정행위의 부관이란 행정행위의 효과를 제한 또는 보충하기 위하여 행정기관에 의하여 부가되는 종된 규율'이라고 정의한다.

3. 두 견해의 차이

두 견해의 차이는 부관이 법률행위적 행정행위에만 허용되는 것인지, 기속행위에도 부관이 가능한 것인지에 대해 입장을 달리한다.

4. 법적 규정

행정기본법 제17조 제1항은 "행정청은 처분에 재량이 있는 경우에는 부관(조건, 기한, 부담, 철회권의 유보 등을 말한다. 이하 이 조에서 같다)을 붙일 수 있다"고 규정하였다. 또한 동조 제2항에서는 "행정청은 처분에 재량이 없는 경우에는 법률에 근거가 있는 경우에 부관을 붙일 수 있다"라고 규정하여 법정부관에 대한 명문규정을 두었다.

판 례

(판례1) 법정부관과의 구별

임시이사를 선임하면서 임기를 '후임 정식이사가 선임될 때까지'로 기재한 것은 근거 법률의 해석상 당연히 도출되는 사항을 주의적·확인적으로 기재한 이른바 '법정부관'일 뿐, 행정청의 의사에 따라 붙이는 본래 의미의 행정처분 부관이라고 볼 수 없다. 후임 정식이사가 선임되었다는 사유만으로 임시이사의 임기가 자동적으로 만료되어 임시이사의 지위가 상실되는 효과가 발생하지 않고, 관할 행정청이 후임 정식이사가 선임되었음을 이유로 임시이사를 해임하는 행정처분을 해야만 비로소 임시이사의 지위가 상실되는 효과가 발생한다(대판 2020. 10. 29, 2017다269152).

(판례2) 법률효과의 일부배제와 부관의 구별

행정행위의 부관은 부담의 경우를 제외하고는 독립하여 행정소송의 대상이 될 수 없는 것인바, 지방국토

관리청장이 일부 공유수면매립지에 대하여 한 국가 또는 직할시 귀속처분은 매립준공인가를 함에 있어서 매립의 면허를 받은 자의 매립지에 대한 소유권취득을 규정한 공유수면매립법 제14조의 효과 일부를 배제하는 부관을 붙인 것이고, 이러한 행정행위의 부관은 위 법리와 같이 독립하여 행정소송 대상이 될 수 없다(대판 1993. 10. 8, 93누2032).

Ⅱ. 기능

현대행정에 있어서 행정행위로 하여금 상황에 적합하게 행하게 하거나 기타 유동적인 상황에 응하게 하기 위하여 부관의 역할이 증대하고 있다. 행정행위의 부관은 행정의 합리성·신축성·탄력성·경제성을 보장하는 의미를 갖는다.

Ⅲ. 종류

1. 조건

(1) 의의

조건이란 행정행위의 효력의 발생 또는 소멸을 장래의 불확실한 사실의 성취 여부에 의존케하는 부관을 말한다.

(2) 종류

① 장래의 사실의 성취에 의하여 행정행위의 효력이 발생하는 것을 정지조건(시설완공을 조건으로 한 학교법인설립인가)이라 하고, ② 사실의 성취에 의하여 행정행위의 효력이 소멸하는 것을 해제조건(특정기업에 취업을 조건으로 하는 체류허가의 발급)이라 한다.

2. 기한

(1) 의의

기한이란 행정행위의 효력의 발생 또는 소멸을 장래 도래하는 것이 확실한 사실에 의존케하는 부관을 말한다.

(2) 종류

1) 시기와 종기

① 기한의 도래에 의하여 효력이 발생하는 것을 시기라 하고, ② 기한의 도래에 의하여 효력이 소멸하는 것을 종기라 한다.

2) 확정기한과 불확정기한

① 도래하는 시기가 확실한 기한을 확정기한이라 하고, ② 도래할 것은 확실하나 도래하는 시기는 확실하지 않은 기한을 불확정기한이라 한다.

(3) 종기 도래의 효과

종기인 기한이 도래하면 주된 행정행위는 행정청의 특별한 의사표시 없이 당연히 효력을 상실한다. 다만 행정행위의 성질상 부당하게 짧은 기한을 정한 경우 그 기한은 행정행위의 존속기한이 아니라 갱신기간으로 보아야 한다는 것이 학설과 판례의 입장이다.

판 례

(판례) 행정행위의 허가 또는 특허에 붙인 조항으로서 종료의 기한을 정한 경우 종기인 기한에 관하여는 일률적으로 기한이 왔다고 하여 당연히 그 행정행위의 효력이 상실된다고 할 것이 아니고 그 기한이 그 허가 또는 특허된 사법의 성질상 부당하게 짧은 기한을 정한 경우에 있어서는 그 기한은 그 허가 또는 특허의 조건의 존속기간을 정한 것이며 그 기한이 도래함으로써 그 조건의 개정을 고려한다는 뜻으로 해석하여야 할 것이다(대판 1995. 11. 10, 94누11866).

3. 부담

(1) 의의

부담이란 행정행위에 부과하여 그 효력을 받는 상대방에 대하여 특정한 의무를 명하는 부관을 말한다. 주로 허가, 특허 등과 같은 수익적 행정행위에 붙여진다.

(2) 성질

부담은 다른 부관과는 달리 주된 행정행위의 일부로서가 아니라 그 자체로서 독립된 행정처분성이 인정된다. 따라서 ① 부담은 그 자체로서 독립적 항고소송의 대상이 되고, ② 부담의 불이행시에는 그 의무불이행에 대하여 강제집행을 할 수 있다. ③ 아울러 부담으로 부과된 의무를 불이행하는 경우 행정청은 그 후의 단계적인 조치를 거부하는 것도 가능하다.

판 례

(판례) 개간허가관청으로서는 개간허가기간 경과 후라 할지라도 허가기간 내의 개간공사로 인하여 조성된 토지상태가 개간허가의 용도에 적합하고 이에 부수하여 부과된 부관이 이행되었느냐를 검토 확인하여 준공인가를 할 것인가를 판단하여야 할 것이며 단순히 개간허가기간이 경과되었다는 사유로 개간준공인가를 거부할 수 없다(대판 1985. 2. 8, 83누625).

(3) 조건과 부담의 구별

행정청의 객관적 의사를 고려하여 행정행위의 효력 자체를 그 조건에 의존시키려는 의사인 경우는 조건, 그렇지 않은 경우는 부담으로 본다. 다만 행정청의 의사가 불분명한 경우 상대방에게 유리한 부담으로 보아야 한다.

판 례

(판례) 담장철거 부관이 건축허가와는 별개의 독립한 이행의무를 부과하는 이른바 부담이라고 단정하기 어려운 면도 엿보이고, 또 기록에 의하면 피고가 위 부관 부가시 그 불이행의 경우에는 건축허가를 취소할 수 있다는 의사표시를 한 것으로 볼 수 있는 여지도 있어서 위 부관의 필요성, 부관부가시 행정청인 피고의 의사나 위와 같은 내용의 부관 불이행시 행정청이 취하여 온 행정관행 등이 어떠한 것인지 등을 더 심리하여 보기 전에는 위 부관의 법적 성격이 단순한 부담인지, 해제조건이나 철회권의 유보인지도 분명치 아니할뿐더러 만일 부담이라고 본다면 건축행위의 성격과 관련하여 그 근거는 무엇인지를 밝혀 그 당부를 가려내야 할 것이다(대판 2000. 2. 11, 98누7527).

4. 철회권 유보

(1) 의의

철회권유보란 행정행위에 부가하여 특정한 경우에 행정행위를 철회할 수 있는 권리를 유보하는 부관을 말한다. 철회권유보는 행정행위의 효력의 소멸에 관한 것이라는 점에서 해제조건과 비슷하지만, 철회권유보의 경우에는 행정행위의 효력을 소멸시키기 위한 행정청의 별도의 행위를 필요로 한다는 점에서 서로 다르다.

판 례

(판례) 행정청이 종교단체에 대하여 기본재산전환인가를 함에 있어 인가조건을 부가하고 그 불이행시 인가를 취소할 수 있도록 한 경우, 인가조건의 의미는 철회권을 유보한 것이라고 본 사례(대판 2003. 5. 30, 2003다6422).

(2) 기능

철회권유보는 행정행위의 상대방에게 철회의 가능성을 주지시킴으로써 공익목적에 대한 침해를 미연에 방지하고, 장래의 상황의 변화에 대비하여 철회의 가능성을 유보하여 두는 기능을 한다.

(3) 법적 근거

법령에 근거가 없더라도 행정청은 철회권을 유보할 수 있으나, 만약 철회사유가 법령에 명시된 경우에도 법령에 규정된 명시적 사유이외의 사유로 철회권을 유보할 수 있느냐가 문제된다. 판례는 법령에 규정된 사유 외에도 철회권을 유보할 수 있다는 입장이다.

(4) 한계(철회권의 제한법리)

철회권을 유보하였다고 항상 행정청이 아무런 제한없이 철회권을 행사할 수 있는 것은 아니고 철회의 제한이론인 이익형량의 원칙이 적용된다는게 학설 및 판례의 입장이다.

판 례

(판례) 철회권을 유보한 경우에 있어서도 무조건적으로 취소권을 행사할 수 있는 것은 아니고, 취소를 필요로 할 만한 공익상의 필요가 있는 경우에 한하여 취소권을 행사할 수 있다(대판 1964. 6. 9, 63누40).

5. 법률효과일부배제

(1) 의의

법률효과일부배제란 행정행위에 부가하여 법령이 그 행정행위에 대하여 일반적으로 부여하고 있는 법률효과의 일부를 배제하는 부관을 말한다.

판 례

(판례) 공유수면매립준공인가처분시의 필지별 소유권귀속명세통고는 그 자체 독립한 처분이라 할 수 없고 도지사가 매립준공인가를 함에 있어서 매립면허를 받은 자의 매립지에 대한 소유권취득을 규정한 공유수면매립법 제14조의 효과일부를 배제하는 부관을 붙인 것으로 본다(대판 1985. 6. 25, 84누579).

(2) 법적 근거

법률효과일부배제는 법령 자체가 인정한 일반적인 효과를 행정청이 일부배제하는 것이므로 법률에 특별한 근거가 있는 경우에만 붙일 수 있다는 것이 다수 견해이다.

(3) 구제

법률효과의 일부배제를 받아들일 수 없다면 법률효과의 일부배제를 일종의 거부처분으로 보고 거부처분에 대한 취소소송을 제기하면 된다.

Ⅳ. 한계

1. 가능성 문제

(1) 준법률행위적 행정행위의 문제

종래 준법률행위적 행정행위가 의사표시를 요소로 하지 않으며 그 효과가 법령에 의하여 부여되므로 성질상 부관을 붙일 수 없다고 한다. 이에 대하여 개별적으로 검토하여 법률행위적 행정행위라도 성질상 부관이 허용되지 않는 경우(귀화허가)도 있으며 공증인 여권에 붙은 유효기간처럼 확인·공증의 경우에도 종기 등과 같은 부관을 붙일 수 있다고 한다.

(2) 기속행위의 문제

종래 통설은 기속행위는 행정청이 행정행위를 하여야 할 기속을 받으므로 자기의 의사에 의하여 그 효력을 제한하는 부관을 붙일 수 없다고 보았다. 이에 대하여 기속행위와 재량행위의 구별이 상대화되고 있다는 이유를 들어 종래의 통설을 비판하는 견해가 있다.

행정기본법은 "행정청에 재량이 없는 경우에는 법률에 근거가 있는 경우에 부관을 붙일 수 있다"고 규정하였다(동법 제17조 제2항).

판 례

(판례1) 일반적으로 기속행위나 기속재량행위에는 부관을 붙일 수 없고 가사 부관을 붙였다 하더라도 무효이다(대판 1988. 4. 27, 87누1106).

(판례2) '기속행위에 대하여는 법령상 특별한 근거가 없는 한 부관을 붙일 수 없다'고 하여 종래의 통설과 판례를 유지하면서 법령에 부관을 붙이는 것이 허용되는 경우에는 부관을 붙일 수 있다고 한다(대판 1993. 7. 27, 92누13998).

(판례3) 재량행위에는 법령상 근거가 없더라도 그 내용이 적법하고 이행가능하며 비례의 원칙 및 평등의 원칙에 적합하고 행정처분의 본질적 효력을 해하지 아니하는 한도 내에서 부관을 붙일 수 있다(대법원 2002. 1. 25. 선고 2001두3600 판결 등 참조). 일반적으로 보조금 교부결정에 관해서는 행정청에 광범위한 재량이 부여되어 있고, 행정청은 보조금 교부결정을 할 때 법령과 예산에서 정하는 보조금의 교부 목적을 달성하는 데에 필요한 조건을 붙일 수 있다(보조금법 제18조 제1항, 「담양군 지방보조금 관리조례」 제16조 제1항 참조). 또한 행정청의 광범위한 재량과 자율적인 정책 판단에 맡겨진 사항과 관련하여 행정청이 설정한 심사기준이 상위법령에 위배된다거나 객관적으로 불합리하다고 평가할 만한 특별한 사정이 없는 이상, 법원은 이를 존중하여야 한다(대판 2021. 2. 4, 2020두48772).

2. 부관의 일반적 한계

행정행위 중에는 성질상 부관을 붙일 수 없는 행정행위(예: 귀화허가)가 있고 부관을 붙일 수 있는 경우에도 ① 해당 처분의 목적에 위배되지 아니할 것, ② 해당 처분과 실질적인 관련이 있을 것, ③ 해당 처분의 목적을 달성하기 위하여 필요한 최소한의 범위일 것에 제한을 받는다(동법 제17조 제4항).

판 례

(판례) 토지분할 조건부 건축허가는, 건축허가 신청에 앞서 토지분할절차를 완료하도록 하는 대신, 건축허가 신청인의 편의를 위해 건축허가에 따라 우선 건축공사를 완료한 후 사용승인을 신청할 때까지 토지분할절차를 완료할 것을 허용하는 취지이다. 행정청이 객관적으로 처분상대방이 이행할 가능성이 없는 조건을 붙여 행정처분을 하는 것은 법치행정의 원칙상 허용될 수 없으므로, 건축행정청은 신청인의 건축계획상 하나의 대지로 삼으려고 하는 '하나 이상의 필지의 일부'가 관계 법령상 토지분할이 가능한 경우인지를 심사하여 토지분할이 관계 법령상 제한에 해당되어 명백히 불가능하다고 판단되는 경우에는 토지분할 조건부 건축허가를 거부하여야 한다. 다만 아래에서 살펴보는 바와 같이, 예외적으로 토지분할이 재량행위인 개발행위허가의 대상이 되는 경우, 개발행위에 해당하는 토지분할을 허가할지에 관한 처분권한은 개발행위허가 행정청에 있고, 토지분할 허가 가능성에 관한 건축행정청의 판단이 개발행위허가 행정청의 판단과 다를 여지도 있으므로, 건축행정청은 자신의 심사 결과 토지분할에 대한 개발행위허가를 받기 어렵다고 판단되는 경우에는 개발행위허가 행정청의 전문적인 판단을 먼저 받아보라는 의미에서 건축허가 신청인이 먼저 토지분할절차를 거쳐야 한다는 이유로 토지분할 조건부 건축허가를 거부할 수는 있다. 그러나 이러한 사유가 아니라면 건축행정청은 건축허가신청이 건축법 등 관계 법령에서 정하는 어떠한 제한에 해당되지 않는 이상 같은 법령에서 정하는 건축허가를 하여야 하고, 중대한 공익상의 필요가 없음에도 불구하고 요건을 갖춘 자에 대한 허가를 관계 법령에서 정하는 제한사유 이외의 사유를 들어 거부할 수는 없다(대법원 2012. 11. 22. 선고 2010두22962 전원합의체 판결 참조)(대판 2018. 6. 28, 2015두47737).

3. 사후부관의 문제

사후부관의 문제는 행정행위를 행할 당시에는 부관을 붙이지 아니하고 행정행위가 행하여진 후에 붙이는 것이 허용되는가의 문제 외에 이미 행정행위를 행할 당시에 일부부관을 붙였으나 행정행위가 행하여진 후에 이를 변경하거나 보충하는 것이 허용되는가의 문제를 포함한다.

행정청은 부관을 붙일 수 있는 처분이 ① 법률에 근거가 있는 경우, ② 당사자의 동의가 있는 경우, ③ 사정이 변경되어 부관을 새로 붙이거나 종전의 부관을 변경하지 아니하면 해당 처분의 목적을 달성할 수 없다고 인정되는 경우에는 그 처분을 한 후에도 부관을 새로 붙이거나 종전의 부관을 변경할 수 있다(동법 제17조 제3항).

판 례

(판례1) 본체인 행정처분에 이미 부담이 부가되어 있는 상태에서 그 의무의 범위 또는 내용 등을 변경하는 부관의 사후변경은, 법률에 명문의 규정이 있거나 그 변경이 미리 유보되어 있는 경우 또는 상대방의 동의가 있는 경우에 한하여 허용되는 것이 원칙이지만, 사정변경으로 인하여 당초에 부담을 부가한 목적을 달성할 수 없게 된 경우에도 그 목적달성에 필요한 범위 내에서 예외적으로 허용된다(대판 1997. 5. 30, 97누2627).

(판례2) 부관은 면허 발급 당시에 붙이는 것뿐만 아니라 면허 발급 이후에 붙이는 것도 법률에 명문의 규정이 있거나 그 변경이 미리 유보되어 있는 경우 또는 상대방의 동의가 있는 경우 등에는 특별한 사정이 없는 한 허용된다(대법원 2005. 4. 29. 선고 2004두11954 판결 참조). 따라서 관할 행정청은 면허 발급 이후에도 운송사업자의 동의하에 여객자동차운송사업의 질서 확립을 위하여 운송사업자가 준수할 의무를 정하고 이를 위반할 경우 감차명령을 할 수 있다는 내용의 면허 조건을 붙일 수 있고, 운송사업자가 그러한 조건을 위반하였다면 여객자동차법 제85조 제1항 제38호에 따라 감차명령을 할 수 있으며, 이러한 감차명령은 행정소송법 제2조 제1항 제1호가 정한 처분으로서 항고소송의 대상이 된다(대판 2016. 11. 24, 2016두45028).

V. 위법한 부관에 대한 쟁송

1. 문제의 제기

부관에 대한 행정쟁송은 사인이 수익적 행정행위를 발급받을 때 그 효과를 제한하는 조건, 기한 등이 부과되어 당사자에게 의무를 과하는 부담이 부가되는 경우 상대방은 침익적인 부관이 부과되지 않는 수익적인 주된 행정행위의 발급만을 원할 것이다. 이 때문에 사인이 침익적인 부관만을 취소쟁송으로 다툴 수 있는지(독립쟁송가능성), 다투는 경우 어떠한 쟁송형태로 할 것인지(쟁송형태), 그리고 법원이 부관의 위법성을 인정한다면 부관만을 독립하여 취소하는 판결이 가능한지(독립취소가능성)가 문제된다.

2. 부관의 독립쟁송가능성

부관이 위법한 것인 때에 부관 그 자체만을 쟁송의 대상으로 할 수 있는가의 문제가 있다. 이는 부관부 행정행위의 상대방이 본체인 행정행위의 효력은 그대로 둔 채 부관만을 따로 떼어서 소송을 하는 것이 허용되는가의 문제이다.

(1) 학설

1) 부담만 가능하다는 견해

부관 중 부담은 그 자체가 독립된 행정행위이므로 독립하여 쟁송의 대상이 되지만,

그 이외의 부관은 그 자체가 독립된 행정행위가 아니므로 행정쟁송의 대상이 될 수 없고 부관부 행정행위 전체를 소의 대상으로 하여야 한다는 견해이다.

2) 분리가능성을 기준으로 하는 견해

부관의 독립쟁송가능성 여부의 문제를 법원에 의한 부관의 독자적인 취소가능성 문제의 전제조건으로서의 성격을 갖는다고 볼 수 있으므로, 부관만의 독립취소가 법원에 의하여 인정될 정도의 독자성을 갖는 부관이라면 그 처분성 인정여부와 무관하게 행정쟁송을 통하여 독자적으로 다툴 수 있다는 견해이다.

3) 모든 부관이 독립쟁송가능하다는 견해

부관이란 본래 본체인 행정행위에 부가시킨 것이므로 분리될 수 없는 부관이란 존재하지 않으며, 처분의 일부취소가 가능한 만큼 소의 이익이 있는 한 부담이든 조건이든 가리지 않고 모든 부관에 대하여 독립하여 행정쟁송을 제기하는 것이 가능하다는 입장이다.

(2) 판례

종전의 판례는 부관에 하자가 있는 경우에는 주된 행위와 부관을 포함하여 전체로서 부관부 행정행위를 다투어야 한다는 입장이었다. 그러나 최근에는 부담만을 독립하여 다툴 수 있다는 입장이다.

판 례

(판례1) 어업면허처분을 함에 있어 그 면허의 유효기간을 1년으로 정한 경우, 위 면허의 유효기간은 행정청이 위 어업면허처분의 효력을 제한하기 위한 행정행위의 부관이라 할 것이고 이러한 행정행위의 부관은 독립하여 행정소송의 대상이 될 수 없는 것이므로 위 어업면허 처분 중 그 면허유효기간만의 취소를 구하는 청구는 허용될 수 없다(대판 1986. 8. 19, 86누202).

(판례2) 행정행위의 부관은 행정행위의 일반적인 효력이나 효과를 제한하기 위하여 의사표시의 주된 내용에 부가되는 종된 의사표시이지 그 자체로서 직접 법적 효과를 발생하는 독립된 처분이 아니므로 현행 행정쟁송제도 하에서는 부관 그 자체만을 독립된 쟁송의 대상으로 할 수 없는 것이 원칙이나 행정행위의 부관 중에서도 행정행위에 부수하여 그 행정행위의 상대방에게 일정한 의무를 부과하는 행정청의 의사표시인 부담의 경우에는 다른 부관과는 달리 행정행위의 불가분적인 요소가 아니고 그 존속이 본체인 행정행위의 존재를 전제로 하는 것일 뿐이므로 부담 그 자체로서 행정쟁송의 대상이 될 수 있다(대판 1992. 1. 21, 91누1264).

(판례3) 행정행위의 부관은 부담인 경우를 제외하고는 독립하여 행정소송의 대상이 될 수 없는바, 기부채납받은 행정재산에 대한 사용·수익허가에서 공유재산의 관리청이 정한 사용·수익허가의 기간은 그 허가의 효력을 제한하기 위한 행정행위의 부관으로서 이러한 사용·수익허가의 기간에 대해서는 독립하여 행정소송을 제기할 수 없다(대판 2001. 6. 15, 99두509).

3. 부관에 대한 쟁송형태

부관에 대한 소송형태로는 ① 행정행위의 일부만을 취소소송의 대상으로 하는 소송인 진정일부취소소송, ② 형식상 부관부 행위 전체를 소송의 대상으로 하면서 내용상 일부, 즉 부관만의 취소를 구하는 소송인 부진정일부취소소송, ③ 형식상으로나 내용상으로 부관부 행정행위의 전체의 취소를 구하거나, 부관의 변경(적극적 변경)을 구하는 소송이 있을 수 있다.

(1) 학설

1) 부담만이 가능하다는 견해

이 견해는 부담은 진정일부취소소송이 가능하지만, 부담 이외의 부관은 부관부행정행위를 취소소송의 대상으로 하되 부관만의 일부취소를 구하여야 한다.

2) 분리가능성을 기준으로 하는 견해

이 견해는 ① 주된 행정행위로부터 분리가능성이 없는 것은 부관만의 독립쟁송 가능성이 부인되어 전체 행정행위를 대상으로 쟁송을 제기해야 하고, ② 분리가능성이 인정되는 부관을 둘로 나누어 Ⓐ 처분성을 갖는 것은 당해 부관만을 직접적인 대상으로 하여 취소쟁송을 제기할 수 있고(진정일부취소소송), Ⓑ 처분성이 인정되지 않는 부관의 경우에는 부관부행정행위 전체를 대상으로 소송을 제기하고 이 가운데 부관만의 취소를 구하는 형태(부진정일부취소소송)를 취해야 한다고 본다.

3) 모든 부관이 독립쟁송 가능하다는 견해

소의 이익이 있는 한 모든 부관이 취소소송의 대상이 될 수 있고, 부관에 대한 쟁송은 성질상 모두 부진정 일부취소소송의 형태를 취하여야 한다는 견해이다.

(2) 판례

부담의 경우에는 진정일부취소소송을 인정하지만, 기타의 부관에 대하여는 진정일부소송도 인정하지 아니하고 부진정일부소송도 인정하지 아니한다. 판례는 위법한 부담 이외의 부관으로 인해 권리를 침해받은 자는 부관부행정행위 전체의 취소를 청구하든지 아니면 행정청에 부관이 없는 처분으로의 변경을 청구한 다음 그것이 거부된 경우에 거부처분취소소송을 제기하여야 한다는 입장이다.

판 례

(판례1) 원고가 신축한 상가 등 시설물을 부산직할시에 기부채납함에 있어 그 무상사용을 위한 도로점용기간은 원고의 총 공사비와 시 징수조례에 의한 점용료가 같아지는 때까지로 정하여 줄 것을 전제조건으로 하고 원고의 위 조건에 대하여 시는 아무런 이의없이 수락하고 위 상가 등 건물을 기부채납 받아 그 소유권을 취득하였다면 시가 원고에 대하여 위 상가 등의 사용을 위한 도로점용허가를 함에 있어서는 그 점용기간을 수락한 조건대로 해야 할 것임에도 합리적인 근거없이 단축한 것은 위법한 처분이라 할 것이며 가사 원고가 위 상가를 타에 임대하여 보증금 및 임료수입을 얻는다 하여 위 무상점용 기간을 단축할 사유가 될 수 없다는 원심판결은 정당하다(대판 1985. 7. 9, 84누604).

(판례2) 원고는 피고로부터 허가받은 내용에 따라 조업을 해오다가 원고소유의 제38 청룡호(기존허가어선)와 제3 대운호를 제1 대영호(기존허가어선)의 등선으로, 제22 대원호, 제3 선경호 및 한진호를 제1 대영호의 운반선으로 각 사용할 수 있도록 하여 선박의 척수를 변경(본선 2척을 1척으로 줄이는 대신 등선 2척과 운반선 3척을 추가하는 내용임)하여 달라는 어업허가사항변경신청을 하였는데, 피고는 관련규정에 따라 수산자원 보호 및 다른 어업과 어업조정을 위하여 앞서 한 제한조건을 변경할 수 없다는 사유로 위 신청을 불허가하였다. 이에 원고가 어업허가사항변경신청불허가처분을 다투었다. 원심은 불허가처분이 위법하다고 판시하였다. 불허가처분이 위법하다고 본 원심의 조치는 정당하다(대판 1990. 4. 27, 89누6808).

4. 부관의 독립취소 가능성

원고가 부관만의 취소를 구하는 경우에 법원이 심리를 통하여 부관이 위법하다고 판단할 때 부관만을 독립하여 취소할 수 있는가의 여부가 문제된다.

(1) 학설

1) 재량행위와 기속행위를 구분하는 견해

부관의 종류를 불문하고 부관을 부가하지 않고는 행정청이 당해 행정행위를 하지 않았을 것이라 판단되는 경우에는 부관만의 취소는 인정되지 아니한다. 그리고 기속행위의 경우, 행정청이 임의로 부관을 붙일 수 없으므로 부관만의 취소는 가능하지만, 요건충족적 부관의 경우에는 부관만의 취소가 인정될 수 없다. 그리고 재량행위의 경우, 부관이 행정행위의 본질적 요소이어서 그 부관 없이는 당해 행위를 하지 않았을 것으로 판단되는 경우에는 부관의 취소는 인정되지 아니한다. 왜냐하면 그러한 부관이 없이는 행정청이 발하지 않았을 처분을 법원이 행정청에 강요하는 결과가 되기 때문이다.

2) 일부취소법리를 유추적용하자는 견해

이 견해는 부관의 하자가 있는 경우에 부관만을 독립취소할 수 있는지의 문제는 행정행위의 일부취소의 법리에 따라 해결되어야 한다는 주장이다. 따라서 행정행위의 일부취소의 법리에 따라 행정행위의 일부분으로서 부관의 하자가 있는 경우에는 원칙적으로 부관부분만이 취소될 수 있지만, 부관없이는 행정청이 주된 행정행위를 발하지 않았을 정도로 중요요소인 경우에는 부관만의 취소는 부정된다.

3) 부관의 위법성을 기준으로 하는 견해

부관에 하자가 있다면 법원은 부관부분만을 취소할 수 있다는 입장이다. 이는 소송물이론에 따른 견해로 부관에 위법성이 존재하면 부관만을 취소할 수 있다. 취소소송의 소송물은 부관 자체의 위법성이기 때문이라고 본다. 따라서 이러한 부관의 취소가 존재하게 되면 행정행위의 일부취소 또는 변경의 결과가 발생하게 되므로 이에 따라 주된 행정행위에 대한 효력이 문제된다고 한다.

4) 분리가능성여부를 기준으로 하는 견해

분리가능성 문제는 독립취소가능성과 관련된 것이지 독립쟁송가능성의 문제와 관계되는 것은 아니라는 전제하에 부관이 주된 행정행위와 분리될 수 있는 경우에 한하여 취소판결을 내릴 수 있다는 입장이다.

(2) 판례

종전의 판례는 일부취소를 인정하지 않고 전부취소만을 행할 뿐이었다. 따라서 위법부관이 중요부분이면 전부취소의 판결을, 그렇지 않다면 기각판결을 하였다. 그러나 최근 판례는 부진정일부취소소송의 형태를 인정하지 않는 결과 부담만이 독립하여 취소될 수 있고, 그 이외의 부관은 독립하여 취소의 대상이 되지 않는다는 입장이다.

Ⅵ. 부관의 무효·취소와 주된 행정행위

1) 행정쟁송을 통해 부관의 취소가 있게 되면 행정행위의 일부취소 또는 변경의 결과가 발생하게 되고 이에 따라 주된 행정행위의 효력이 문제되는데, 특히 부관만의 취소에 의하여 남게되는 주된 행정행위가 더 이상 당해 부관을 부가한 행정기관의 의사에 상응하지 못하는 경우 부관의 취소는 행정행위의 취소를 가져오지만 이러한 역할은 행정기관 스스로 하는 것이지 법원의 판결로 대신할 수 없다고 보아야 한다.

2) 또한 행정쟁송을 통해 부관의 무효가 선언되면 원칙적으로 부관만 무효가 되어 전체로서는 부관 없는 단순행정행위가 되지만, 예외적으로 부관이 없었다면 주된 행정행위를 발하지 않았을 것이라고 인정되는 경우에는 부관부행정행위 전체가 무효로 된다.

Ⅶ. 집행정지

부관부행정행위의 취소소송이 제기된 경우 집행정지를 신청하면 집행이 정지되는 효력이 ① 당해 침익적 부관의 내용에만 미친다는 견해와, ② 부관과 주된 행정행위의 관련성을 이유로 주된 수익적 행정행위에도 미친다는 견해가 나누어진다. 부관만의 취소판결 후에 행정청에 의한 취소·철회가능성이 있을 수 있으므로, 법률관계의 안정 등을 고려할 때 집행정지의 효력이 수익적 효과에도 미친다고 볼 것이다.

제 4 장

확 약

Ⅰ. 확약의 의의

확약이란 행정청이 국민이나 주민에 대하여 자기구속의 의도로서 일정한 행위를 하겠다 또는 아니하겠다는 것을 약속하는 일방적 의사표시를 말한다. 정식인가에 앞선 이른바 내인가, 공무원임용의 내정이 대표적 예이다. 2022년 개정 행정절차법은 법령등에서 당사자가 신청할 수 있는 처분을 규정하고 있는 경우, 행정청은 당사자의 신청에 따라 어떤 처분을 하거나 하지 아니할 것을 내용으로 하는 의사표시를 할 수 있는데, 행정절차법은 그 의사표시를 확약이라 부른다(행정절차법 제40조의2).

Ⅱ. 확약의 성질

1. 행정행위성 여부

확약이 행정행위의 성질을 갖느냐에 대하여 ① 긍정설은 확약이 그 자체로서 행정기관에 대하여 그 확정된 내용을 이행할 법적 의무를 발생시키는 효과를 갖는다는 점을 근거로 긍정하나, ② 부정설은 확약이 행정기관 자신만을 구속할 뿐 국민을 구속하지 않는다는 점을 근거로 부정한다.

대법원은 확약 자체의 처분성·행정행위성을 부인하나, 확약의 취소에 대해서는 처분성을 긍정한다.

판 례

(판례1) 어업권 면허에 선행하는 우선순위결정은 행정청이 우선권자로 결정된 자의 신청이 있으면 어업권 면허처분을 하겠다는 것을 약속하는 행위로서 강학상 확약에 불과하고 행정처분은 아니다(대판 1995. 1. 20, 94누6529).

(판례2) 자동차운송사업양도양수계약에 기한 양도양수인가신청에 대하여 피고 시장이 내인가를 한 후 위 내인가에 기한 본인가 신청이 있었으나 자동차운송사업 양도양수인가신청서가 합의에 의한 정당한 신청서라고 할 수 없다는 이유로 위 내인가를 취소한 경우, 위 내인가의 법적 성질이 행정행위의 일종으로 볼 수 있든 아니든 그것이 행정청의 상대방에 대한 의사표시임이 분명하고, 피고가 위 내인가를 취소함으로써 다시 본인가에 대하여 따로 인가 여부의 처분을 한다는 사정이 보이지 않는다면 위 내인가 취소를 인가신청을 거부하는 처분으로 보아야 할 것이다(대판 1991. 6. 28, 90누4402).

2. 그 밖의 성질

확약은 ① 외부행위라는 점에서 내부행위와 구별되며, ② 일반적 행위라는 점에서 행정계약과 구별되며, ③ 구속적 행위라는 점에서 비구속적 행위와 구별되며, ④ 법적 행위라는 점에서 사실행위와 구별되고, ⑤ 장래의 종국적 행위에 대한 약속이라는 점에서 자체완결적 행위인 부분행정행위와 구별된다.

Ⅲ. 확약의 근거

1. 종래 강학상 개념

확약은 명문의 규정이 있는 경우는 물론이고 명문의 규정이 없는 경우에도 허용하는 것이 일반적이다. 확약의 근거와 관련하여 ① 본처분권한포함설은 행정법규가 처분청에 처분권한을 부여하고 있는 경우에 확약도 처분권한 속에 당연히 포함되어 있다는 견해이다. ② 판례는 확약의 근거를 신뢰보호원칙에서 찾는다(대판 1985. 4. 23, 84누593).

2. 개념의 입법화

1987년에 입법예고가 되었던 행정절차법안 제25조는 확약에 관해 규정하고 있었다. 2022년 개정행정절차법은 모든 처분이 아니라 당사자가 신청할 수 있는 처분을 대상으로 하여 확약의 개념을 입법화하였다(동법 제40조의2).

Ⅳ. 확약의 허용성

1. 기속행위의 확약

기속행위에 확약의 의미가 있는가에 대하여 의미 없다는 견해와 기속행위인 경우에도 확약에 따른 예지이익 및 대처이익이 있다는 견해 대립이 있다.

2. 요건사실 완성 후의 확약

처분을 할 요건사실이 완성된 후에도 확약을 할 수 있는가에 대하여 확약할 것이 아니라 본처분을 하여야 한다는 견해와 상대방에게 예지이익 및 대처이익을 주기 위하여 확약할 수 있다는 견해로 나뉜다.

Ⅴ. 확약의 요건

1. 권한과 형식

확약은 대상이 되는 행위를 할 수 있는 권한을 가진 행정청이 그 권한의 범위 내에서 하여야 한다. 또한 확약의 내용은 법령에 적합하여야 하고, 명백하여야 하며, 이행이 가능한 것이어야 한다. 그리고 확약은 문서로 하여야 한다(행정절차법 제40조의2).

2. 절차요건

확약은 당사자의 신청을 전제로 한다. 당사자의 신청 없이 이루어지는 행정청의 일방 구속인 약속은 행정절차법 제40조의2 적용대상이 아니다. 행정청은 다른 행정청과의 협의 등의 절차를 거쳐야 하는 처분에 대하여 확약을 하려는 경우에는 확약을 하기 전에 그 절차를 거쳐야 한다.

3. 내용요건

확약은 법령등에서 당사자가 신청할 수 있는 처분을 대상으로 한다. 당사자에게 신청권이 인정되지 아니하는 처분은 확약의 대상이 아니다.

Ⅵ. 확약의 효과

1. 구속효

확약의 효과로서 행정청은 상대방에게 확약한 행위를 하거나 하지 아니할 자기구속적인 의무를 지게 된다. 확약이 성립하면 상대방은 당해 행정청에 대해 그 이행을 청구할 수 있다. 다만, 행정청은 ① 확약을 한 후에 확약의 내용을 이행할 수 없을 정도로 법령등이나 사정이 변경된 경우, ② 확약이 위법한 경우에는 확약에 기속되지 않는다(행정절차법 제40조의2 제4항).

2. 실효·철회·취소

확약 후 사실상태 또는 법률상태가 변경되면, 확약의 구속성은 사후적으로 별다른 의사표시가 없어도 상실된다. 또한 행정청은 위법한 행정행위를 취소하거나 적법한 행정행위를 철회할 수 있는 것과 동일한 요건하에서 확약을 취소 또는 철회함으로써 확약의 구속성을 사후적으로 제거할 수 있다.

판 례

(판례) 행정청이 상대방에게 장차 어떤 처분을 하겠다고 확약 또는 공적인 의사표명을 하였다고 하더라도 그 자체에서 상대방으로 하여금 언제까지 처분의 발령을 신청하도록 유효기간을 두었는데도 그 기간내에 상대방의 신청이 없었다거나 확약 또는 공적인 의사표명이 있는 후에 사실적·법률적 상태가 변경되었다면 그와 같은 확약 또는 공적인 의사표명은 행정청의 별다른 의사표시를 기다리지 않고 실효된다(대판 1996. 8. 20, 95누10877).

3. 권리구제

(1) 행정쟁송

확약을 한 사항의 이행을 신청하였으나, 행정청이 부작위하면 의무이행심판이나 부작위위법확인소송의 제기가 가능하고, 행정청이 거부처분을 하면 의무이행심판이나 취소소송의 제기가 가능하다 할 것이다. 그러나 판례는 확약의 내용에 따른 처분의 발령을 인정하지 아니한다.

(2) 손해전보

확약을 한 사항의 불이행이 국가배상법 제2조가 정하는 바에 부합하게 되면 상대방은 손해배상을 청구할 수 있다. 만약 확약을 한 사항의 불이행이 적법하지만 상대방에게 특별한 희생을 가져온다면 상대방은 손실보상도 청구할 수 있을 것이다.

제 5 장

공법상 계약

Ⅰ. 의의 및 성질

1. 의의

공법상 계약이란 공법적 효과의 발생을 목적으로 하는 복수의 당사자간의 반대방향의 의사표시의 합치로 성립되는 공법행위를 말한다. 행정기본법은 “행정청은 법령등을 위반하지 아니하는 범위에서 행정목적을 달성하기 위하여 필요한 경우에는 공법상 법률관계에 관한 계약(이하 “공법상 계약”이라 한다)을 체결할 수 있다. 이 경우 계약의 목적 및 내용을 명확하게 적은 계약서를 작성하여야 한다”라고 명문화 하였다(동법 제27조 제1항).

판 례

(판례) 지방자치단체가 일방 당사자가 되는 이른바 ‘공공계약’이 사경제의 주체로서 상대방과 대등한 위치에서 체결하는 사법상 계약에 해당하는 경우 그에 관한 법령에 특별한 정함이 있는 경우를 제외하고는 사적 자치와 계약자유의 원칙 등 사법의 원리가 그대로 적용된다. 행정사건의 심리절차는 행정소송의 특수성을 감안하여 행정소송법이 정하고 있는 특칙이 적용될 수 있는 점을 제외하면 심리절차 면에서 민사소송 절차와 큰 차이가 없으므로, 특별한 사정이 없는 한 민사사건을 행정소송 절차로 진행한 것 자체가 위법하다고 볼 수 없다(대판 2018. 2. 13, 2014두11328).

2. 성질

(1) **공법상 계약은** 공법적 효과의 발생을 목적으로 한다는 점에서 사법적 효과의 발생을 목적으로 하는 사법상 계약과 구별된다.

(2) **공법상 계약은** 복수의 당사자간의 의사표시의 합치로 성립되는 공법행위라는 점에서 권력적 단독행위인 행정행위와 구별된다.

(3) **공법상 계약은** 복수의 당사자간의 의사표시의 합치로 성립되는 공법행위라는 점에서 동일 방향의 의사표시의 합치로 성립되는 공법상 합동행위와 구별된다.

보 충

[공법상 합동행위]

공법상 합동행위란 공법적 효과의 발생을 목적으로 하는 복수당사자 간의 서로 동일방향에 선 의사표시를 합치시킴으로써 성립하는 공법행위를 말한다. 그 예로는 지방자치단체조합을 설립하는 행위, 공공조합을 설립하는 행위, 공공조합의 연합체를 설립하는 행위 등을 들 수 있다.

Ⅱ. 법적 근거 및 한계

1. 법적 근거

공법상 계약의 체결에 법률의 근거가 필요한가의 문제이다. 비권력행정의 영역에서는 법률의 근거 없이도 공법상 계약이 자유로이 성립될 수 있다는 것이 통설이다. 문제는 권력관계의 영역이다. ① 근거가 필요하다는 견해, ② 제한적으로 인정된다는 견해, ③ 근거가 불필요하다는 견해 등이 있다. 법률규정의 문언·취지·목적 등에 비추어 공법상 계약의 체결을 불허하는 것이 아닌 한 계약체결을 금지하는 것이 아니라고 해석되므로, 원칙적으로 법률의 근거 없이도 공법상 계약의 체결이 가능하다고 보아야 한다. 행정기본법은 행정청은 법령등을 위반하지 아니하는 범위에서 행정목적을 달성하기 위하여 필요한 경우에는 공법상 법률관계에 관한 계약을 체결할 수 있다고 규정하고 있다(동법 제27조 제1항).

2. 공법상 계약의 한계

공법상 계약에도 일정한 한계가 있는 바, ① 공법상 계약은 헌법·법령에 위반되어서는 아니된다. ② 공법상 계약의 내용은 평등원칙·비례원칙 등 행정상의 법의 일반원칙에 적합하여야 하며 특정·명확하고 이행 가능한 것이어야 한다.

Ⅲ. 종류

1. 성질에 따른 구분

공법상 계약은 성질에 따라 대등계약과 종속계약으로 구분된다. ① 대등계약은 공법영역에서 계약의 대상과 관련하여 일방이 타방에 우월한 지위에 있지 않은 자 간의 계약을 말하고, ② 종속계약은 공행정주체와 사인간의 계약을 말하는데, 종속계약은 경우에 따라 행정행위 대신에 체결될 수 있다.

2. 주체에 따른 구분

공법상 계약은 주체에 따라 ① 행정주체 상호간의 공법상 계약(공공단체 상호간의 사무위탁), ② 행정주체와 사인간의 공법상 계약(사인에 대한 행정사무의 위임·위탁), ③ 사인상호간의 공법상 계약(토지보상법상 사업시행자와 토지소유자 간의 협의 취득)이 있다. 토지보상법상 공익사업을 위한 토지의 취득에 있어서 사업시행자와 토지소유자 간의 협의를 드는 것이 일반적인데, 판례는 위 협의를 사법상 계약으로 본다(대판 1992. 10. 27, 91누3871).

Ⅳ. 성립요건

1. 주체상 요건

공법상 계약을 체결하고자 하는 행정청은 규율대상에 대해 정당한 관할권을 가져야 한다. 그리고 행정청을 위해 행위하는 공무원은 그 행정청을 대표하는 권한을 가져야 한다.

2. 형식상 요건

명문규정은 없으나 원칙적으로 문서로 하는 것이 바람직하다. 그리고 공법상 계약의 발령에 다른 행정청의 동의가 요구되는 행정행위를 대체하는 것이라면, 공법상 계약의 체결에도 그 다른 행정청의 동의가 필요하다.

3. 절차상 요건

공법상 계약에 대한 일반법은 없다. 따라서 특별규정이 없는 한 의사표시와 계약에 관한 일반원칙을 따른다. 공법상 계약에는 행정절차법이 적용되지 않는다.

판 례

(판례) 계약직공무원에 관한 현행 법령의 규정에 비추어 볼 때, 계약직공무원 채용계약해지의 의사표시는 일반공무원에 대한 징계처분과는 달라서 항고소송의 대상이 되는 처분 등의 성격을 가진 것으로 인정되지 아니하고, 일정한 사유가 있을 때에 국가 또는 지방자치단체가 채용계약 관계의 한쪽 당사자로서 대등한 지위에서 행하는 의사표시로 취급되는 것으로 이해되므로, 이를 징계해고 등에서와 같이 그 징계사유에 한하여 효력유무를 판단하여야 하거나, 행정처분과 같이 행정절차법에 의하여 근거와 이유를 제시하여야 하는 것은 아니다(대판 2002. 11. 26, 2002두5948).

4. 내용상 요건

공법상 계약의 내용은 당사자 간에 합의에 의하여 정해지기도 하나, 행정주체가 일방적으로 내용을 정하고(부합계약) 상대방은 체결 여부만을 선택해야 하는 경우도 있다. 사인의 급부는 공법상 계약의 목적에 부합하여야 하며, 행정청의 급부와 합리적인 관계에 놓여야 한다. 또한 사인의 급부와 행정청의 급부가 부당하게 결부되어서는 아니 된다. 또한 행정청은 공법상 계약의 상대방을 선정하고 계약 내용을 정할 때 공법상 계약의 공공성과 제3자의 이해관계를 고려하여야 한다(행정기본법 제27조 제2항).

V. 공법상 계약의 특질

1. 실체법적 특질

(1) 행정행위와 다른 특질

공법상 계약은 행정행위와 달리 공정력 등의 효력이 인정되지 않고, 하자있는 공법상 계약도 취소할 수 있는 경우란 없다. 하자 있는 공법상 계약은 무효라는 것이 다수설이다.

(2) 사법상 계약과 다른 특질

① 실체적 요건에 관하여 개별법에 특별한 규정이 있으면 그에 의한다. 개별법에 특별한 규정이 없는 경우에는 국가를 당사자로 하는 계약에 관한 법률을 적용하고, 동 법률에서 정하지 않는 사항에 대해서는 계약에 관한 민법이 유추 적용된다.

② 행정기본법은 공법상 계약을 체결하는 경우 "행정청은 공법상 계약의 상대방을 선정하고 계약내용을 정할 때 공법상 계약의 공공성과 제3자의 이해관계를 고려하여야 한다"고 규정하고 있다(동법 제27조 제2항). 개별법에 규정이 없는 경우에도 행정상 법의 일반원칙인 평등원칙, 비례원칙, 부당결부금지원칙의 적용을 받는다.

③ 공법상 계약관계의 계속이 현저히 곤란하게 된 사정이 발생한 경우에는 행정청이 계약해지권을 갖는다. 공익상의 사유로 계약이 변경·해제되는 경우에는 신뢰보호의 관점에서 상대방에게는 손실보상청구권이 인정되어야 할 것이다.

판 례

(판례) 조사용역계약의 계속적 성격과 공익적 성격에 비추어 상대방의 일련의 행위가 계약 당사자 사이의 신뢰관계를 파괴하고 그 공익성을 저해함으로써 계약관계의 계속을 현저히 곤란하게 한다는 이유로 행정청이 행한 조사용역계약의 해지통고를 적법하게 해지되었다고 판시하였다(대판 2003. 2. 26, 2002두10209).

2. 절차법적 특질

① 공법상 계약의 절차에 관하여 개별법에 별도의 규정이 있으면 그 절차에 따른다. 개별법에 별도의 규정이 없으면 국가를 당사자로 하는 계약에 관한 법률 등이 적용된다.

② 공법상 계약에 관한 쟁송은 행정소송법 제3조에 규정된 당사자소송에 의하게 된다. 공법상 계약의 무효확인소송, 공법상 계약에 의한 의무의 확인에 관한 소송 및 계약의 무불이행시의 의무의 이행을 구하는 소송도 공법상 당사자소송에 의한다. 판례는 계약직공무원의 해촉 또는 계약직공무원채용계약 해지의 의사표시도 처분으로 보아야 하는 특별한 사정이 없는 한 공법상 당사자소송으로 해촉 또는 해지의 의사표시의 무효확인을 청구하여야 한다고 보고 있다.

③ 행정청에 의한 공법상 계약의 체결 여부 또는 계약상대방의 결정은 처분성을 가지며 공법상 계약과 분리될 수 있는 경우 행정소송법상 처분에 해당하고, 항고소송의 대상이 된다. 또한, 법에 근거하여 제재로서 행해지는 공법상 계약의 해지 등 계약상대방에 대한 권력적 성격이 강한 행위는 행정소송법상 처분으로 보아야 한다.

판 례

(판례1) 공무원채용계약해지 무효확인을 구하는 소송에서 지방전문직 공무원 채용계약 해지의 의사표시에 대하여는 대등한 당사자간의 소송형식인 공법상 당사자소송으로 그 의사표시의 무효확인을 청구할 수 있다(대판 1993. 9. 14, 92누4611).

(판례2) 서울특별시 시립무용단 단원의 공연 등의 활동은 지방문화 및 예술을 진흥시키고자 하는 서울특별시의 공공적 업무수행의 일환으로 이루어진다고 해석될 뿐만 아니라 그 단원이 가지는 지위가 공무원과 유사한 것이라면 서울특별시 시립무용단 단원의 위촉은 공법상의 계약이라 할 것이고 따라서 그 단원의 해촉에 대하여는 공법상의 당사자소송으로 그 무효확인을 청구할 수 있다(대판 1995. 12. 22, 95누4636).

(판례3) 사회기반시설에 대한 민간투자법 제13조 제3항상의 실시협약(동법에 의하여 주무관청과 민간투자 사업을 시행하고자 하는 자 간에 시업시행의 조건 등에 관하여 체결하는 계약)은 공법상 계약이고, 그 이전에 행해지는 동법 제13조 제2항상의 행정청의 우선협상대상자(특별한 사정이 없는 한 사업시행자가 된다) 지정행위는 행정행위의 성질을 갖는 것으로 보아야 한다(서울고판 2004. 6. 24, 2003누6483).

(판례4) 구 산업집적활성화 및 공장설립에 관한 법률 제42조 제1항 제6호에 따른 산업단지 입주계약의 해지통보는 단순히 대등한 당사자의 지위에서 형성된 공법상 계약을 계약당사자의 지위에서 종료시키는 의사표시에 불과하다고 볼 것이 아니라 행정청인 권리권자로부터 관리업무를 위탁받은 피고(한국산업단지공단)가 우월한 지위에서 원고에게 일정한 법률상 효과를 발생하게 하는 것으로서 항고소송의 대상이 되는 행정처분에 해당한다(대판 2011. 6. 30, 2010두23859).

(판례5) 중소기업 정보화지원사업에 따른 지원금 출연을 위하여 중소기업청장이 체결하는 협약은 공법상 대등한 당사자 사이의 의사표시의 합치로 성립하는 공법상 계약에 해당하는 점, 구 중소기업 기술혁신 촉진법 제32조 제1항은 제10조가 정한 기술혁신사업과 제11조가 정한 산학협력 지원사업에 관하여 출연한 사업비의 환수에 적용될 수 있을 뿐 이와 근거 규정을 달리하는 중소기업 정보화지원사업에 관하여 출연한 지원금에 대하여는 적용될 수 없고 달리 지원금 환수에 관한 구체적인 법령상 근거가 없는 점 등을 종합하면, 협약의 해지 및 그에 따른 환수통보는 공법상 계약에 따라 행정청이 대등한 당사자의 지위에서 하는 의사표시로 보아야 하고, 이를 행정청이 우월한 지위에서 행하는 공권력의 행사로서 행정처분에 해당한다고 볼 수는 없다(대판 2015. 8. 27, 2015두41449).

Ⅵ. 결어

행정을 엄격한 법집행작용으로만 생각한다면, 공법상 계약은 생각하기 어렵다. 그러나 행정이 법의 기계적인 집행에만 시종할 수 없는 점에서 계약을 통한 행정목적의 수행의 필요성 및 그의 유용성에 대한 인식 또한 점차 높아지고 있다. 이러한 공법상 계약의 증가는 현대국가에 있어서 행정기능의 확대와 밀접한 관련이 있다 할 것이다.

제 6 장

사실행위

제 1 절 사실행위

Ⅰ. 의의

행정법상 사실행위란 일정한 법적 효과의 발생을 목적으로 하는 것이 아니라 단지 행위가 행하여지고 있다는 사실 또는 그 행위에 의하여 생긴 결과에 대하여 법률효과가 부여된 행정주체의 행위를 말한다. 사실행위의 예로는 추첨방식에 의한 운수사업면허대상자를 선정하는 경우에 있어서의 추첨(대판 1990. 10. 23, 89누7467), 수갑 및 포승시용행위(헌재결 2005. 5. 26, 2001헌마728) 등을 들 수 있다.

Ⅱ. 종류

1. 권력적 사실행위와 비권력적 사실행위

이는 공권력의 행사가 실력행사인지의 여부를 기준으로 한 구별로, ① 권력적 사실행위는 영업소 폐쇄, 단수조치, 행정대집행의 실행 등이고, ② 비권력적 사실행위는 폐기물 수거, 공표, 행정지도 등을 들 수 있다. 권력적 사실행위는 처분에 해당하므로 행정쟁송으로 다툴 수 있다는 것이 다수설이다.

2. 물리적 사실행위와 정신적 사실행위

이는 의식과정이 포함되어 있는지의 여부를 기준으로, ① 물리적 사실행위는 도로의 설치 및 유지, 폐기물 수거, 경찰의 순찰 등을, ② 정신적 사실행위의 예로는 행정지도, 행정조사 등을 들 수 있다.

3. 내부적 사실행위와 외부적 사실행위

이는 당해 행위가 행정조직 내부에서 행해지는지 또는 외부적으로 국민과의 관계에서 행해지는지에 따른 구별이다. ① 행정조직 내에서의 문서편철 및 정리, 행정결정을 위한 준비행위 등은 내부적 사실행위이고, ② 문서의 접수, 금전의 수납, 인구조사 등은 외부적 사실행위이다.

Ⅲ. 법적근거와 한계

1. 법적 근거

사실행위에도 법률의 우위원칙과 법률유보원칙이 적용된다. 법률유보원칙과 관련하여서는 어느 견해를 취하느냐에 따라 다르지만, 어느 견해를 취하든 불이익의 권력적 사실행위로 사인의 권익을 침해하는 경우에는 법적 근거를 요한다고 보아야 한다.

2. 한계

사실행위에도 일정한 법적 한계가 있음은 물론이다. 특히 권력적·정신적 사실행위의 경우에는 행정행위의 법적 한계와 같다. 사실행위가 재량행위인 경우에도 재량권의 0으로의 수축 또는 재량권 수축의 법리가 적용된다 할 것이다.

Ⅳ. 사실행위에 대한 구제

1. 행정상 손해배상

사실행위가 국가배상법상의 직무집행행위나 영조물의 설치·관리작용에 해당하는 경우에는 사실행위로 손해를 받은 자는 국가 또는 지방자치단체를 피고로 손해배상을 청구할 수 있다.

2. 행정상 손실보상

적법한 사실행위 특히 권력적 사실행위로 사인이 특별한 손실을 입은 경우에는 법률이 정하는 바에 따라 손실보상을 청구할 수 있다.

3. 결과제거청구권

위법한 사실행위로 인해 위법한 사실상태가 야기된 경우, 가능하고 수인할 수 있음을 전제로 행정청은 그 위법한 상태를 제거하고 적법한 상태를 회복할 의무를 부담하고, 침해받은 사인은 적법한 상태로의 원상회복을 위한 결과제거청구권을 갖는다.

4. 행정쟁송

① 권력적 사실행위는 항고쟁송의 대상이 되는 처분에 해당한다는 것이 다수설이다. 논거는 항고쟁송의 대상이 되는 처분은 구체적 사실에 관한 법집행으로서의 공권력의 행사 또는 그 거부와 그 밖에 기타 이에 준하는 행정작용을 요소로 하고 있을 뿐이고 외부에 대한 직접적 법률효과를 필요로 하고 있지 않다는 데 있다.

② 판례는 재산압류(대판 1969. 4. 29, 69누12), 단수조치(대판 1979. 12. 28, 79누218), 동장의 주민등록직권말소행위(대판 1994. 8. 26, 94누3223) 등의 처분성을 긍정하였다. 이에 반해 알선·권유(대판 1967. 6. 27, 67누44), 경고(대판 1989. 1. 24, 88누3116), 공공시설설치행위(대판 1992. 10. 13, 92누2325) 등은 처분성을 부정하였다.

판 례

(판례) 항고소송의 대상이 되는 행정처분이라 함은 행정청의 공법상 행위로서 특정사항에 대하여 법규에 의한 권리의 설정 또는 의무의 부담을 명하며 기타 법률상 효과를 발생케 하는 등 국민의 구체적 권리의무에 직접적 변동을 초래하는 행위를 말하고 행정권 내부에서의 행위나 알선, 권유, 사실상의 통지 등과 같이 상대방 또는 기타 관계자들의 법률상 지위에 직접적인 법률적 변동을 일으키지 아니하는 행위는 항고소송의 대상이 될 수 없다(대판 1993. 10. 26, 93누6331).

5. 헌법소원

사실행위로 헌법상 보장된 기본권을 침해받은 자는 헌법소원을 제기할 수 있다. 헌법재판소는 권력적 사실행위가 행정소송의 대상이 되는 행정행위로 볼 수 없어 법원에 의한 권리구제절차를 밟을 것을 기대하기 곤란한 경우에는 보충성의 원칙의 예외로서 헌법소원의 대상이 된다고 하였다(헌재결 2003. 12. 18, 2001헌마754).

판 례

(판례) 국립대학인 서울대학교의 94학년도 대학입학고사주요강은 사실상의 준비행위 내지 사전안내로서 행정쟁송의 대상이 될 수 있는 행정처분이나 공권력의 행사는 될 수 없지만 그 내용이 국민의 기본권에 직접 영향을 끼치는 내용이고 앞으로 법령의 뒷받침에 의하여 그대로 실시 될 것이 틀림없을 것으로 예상되어 그로 인하여 직접적으로 기본권침해를 받게 되는 사람에게는 사실상의 규범작용으로 인한 위험성이 이미 현실적으로 발생하였다고 보아야 할 것이므로 이는 헌법재판소법 제68조 제1항 소정의 공권력의 행사에 해당된다고 할 것이며, 이 경우 헌법소원 외에 달리 구제방법이 없다(헌재결 1992. 10. 1, 92헌마68·76).

제 2 절 행정지도

Ⅰ. 행정지도의 의의

행정지도란 행정기관이 그 소관 사무의 범위에서 일정한 행정목적을 실현하기 위하여 특정인에게 일정한 행위를 하거나 하지 아니하도록 지도·권고·조언 등을 하는 행정작용을 말한다(행정절차법 제2조).

Ⅱ. 행정지도의 필요성과 문제점

1. 필요성

① 행정기능의 확대 및 다양화와 행정현실의 급격한 변화와 관련하여 행정지도의 필요성이 인정된다.

② 행정지도는 공권력 발동으로 야기될 수 있는 마찰이나 저항을 방지할 수 있는 장점이 있다(비권력적 사실행위, 상대방의 임의적 협력을 바탕으로 함).

③ 행정지도는 특히 경제분야에서 최신의 지식·기술·정보를 제공하여 주는 적절한 수단이 된다.

2. 문제점

행정지도의 문제점으로는 ① 법적근거가 없는 행정지도의 경우에는 법적 제약이 없고 또 행정기관의 책임소재조차 명백하지 않은 경우가 많다는 점, ② 형식적으로는 비권력행위이지만 실질적으로는 권력행위와 유사하게 사인에게 압력으로 작용하는 경우가 있다는 점,

③ 위법한 행정지도라 할지라도 일단 사인이 이에 따른 경우 법률상으로는 자발적으로 따른 것이 되어 후일 법적 수단으로 행정지도의 위법을 다투기 어렵다는 점 등이 지적되고 있다.

Ⅲ. 행정지도의 종류

1. 조성적 행정지도

행정기관이 일정한 정책목적을 실현하기 위하여 사인에 대하여 정보 등을 제공함으로써 사인의 활동을 조성해주려는 행정지도로 중소기업자에게 행하는 경영지도, 아동의 건강상담 등이 그 예이다.

2. 규제적 행정지도

행정기관이 사인의 활동을 규제할 목적으로 행하는 행정지도로 요금인상을 억제하기 위한 행정지도 등이 그 예이다.

3. 조정적 행정지도

행정기관이 사인간의 이해대립을 조정하여 분쟁을 해결하기 위하여 행하는 행정지도로 기업의 계열화를 추진하기 위한 행정지도 등이 그 예이다.

Ⅳ. 행정지도의 법적 근거 및 한계

1. 법적 근거

행정지도에는 행정조직법적 근거가 필요하다는 데에 대하여 의견이 일치되어 있다. 문제는 행정작용법적 근거가 필요한가에 있다. 지배적인 견해는 행정지도에는 행정작용법적 근거가 불요하다고 본다. 그러나 행정지도 중에서도 규제적 행정지도에는 행정작용법적 근거가 필요하다는 근거가 유력하다.

2. 한계

① 행정지도에는 법률우위의 원칙이 적용된다. 따라서 행정지도의 내용이 헌법이나 법령의 명문규정 및 행정상의 법의 일반원칙에 위반되어서는 아니 된다.

② 행정지도는 그 목적 달성에 필요한 최소한도에 그쳐야 하며, 행정지도의 상대방의 의사에 반하여 부당하게 강요하여서는 아니 된다(동법 제48조 제1항).

V. 행정지도의 방식과 절차

1. 방식

(1) 실명제

행정지도를 하는 자는 그 상대방에게 그 행정지도의 취지 및 내용과 신분을 밝혀야 한다(동법 제49조 제1항).

(2) 서면교부청구권

행정지도가 말로 이루어지는 경우에 상대방이 제1항의 사항을 적은 서면의 교부를 요구하면 그 행정지도를 하는 자는 직무 수행에 특별한 지장이 없으면 이를 교부하여야 한다(동법 제49조 제2항).

(3) 의견제출

행정지도의 상대방은 해당 행정지도의 방식·내용 등에 관하여 행정기관에 의견제출을 할 수 있다(동법 제50조).

(4) 다수인을 대상으로 하는 행정지도

행정기관이 같은 행정목적을 실현하기 위하여 많은 상대방에게 행정지도를 하려는 경우에는 특별한 사정이 없으면 행정지도에 공통적인 내용이 되는 사항을 공표하여야 한다(동법 제51조).

2. 절차

다른 법률에 행정지도의 절차에 관한 특별한 규정이 있는 경우에는 그 절차를 거쳐야 한다.

VI. 행정지도와 행정구제

위법한 행정지도에 의하여 권리·이익의 침해를 받은 국민에게는 그 구제수단이 확보되어야 한다. 그러나 행정지도는 상대방의 임의적 협력을 전제로 하는 비권력적 작용이라는 점에서, 그에 대한 권리구제에 여러 가지 난점이 있다.

1. 행정쟁송

대법원은 원칙적으로 행정지도는 비권력적 사실행위로 행정소송상 처분성을 부정하는 견해이나, 최근 남녀차별개선위의 시정권고조치에 대하여 처분성을 긍정하여 규제적 행정지도의 경우 예외적으로 항고쟁송의 대상이 된다고 보는 유력설과 유사한 입장을 견지하고 있다.

판 례

(판례1) 원칙 – 처분성 부정

구청장이 도시재개발구역내의 건물소유자 갑에게 건물의 자진철거를 요청하는 내용의 공문을 보냈다고 하더라도 그 공문의 제목이 지장물철거촉구로 되어 있어서 철거명령이 아님이 분명하고, 행위의 주체면에서 구청장은 재개발구역내 지장물의 철거를 요구할 아무런 법적 근거가 없으며, 공문의 내용도 갑에게 재개발사업에의 협조를 요청함과 아울러 자발적으로 협조하지 아니하여 법에 따른 강제집행이 행하여짐으로써 갑이 입을지도 모를 불이익에 대한 안내로 되어 있고 구청장이 위 공문을 발송한 후 갑으로부터 취소요청을 받고 위 공문이 도시재개발법 제36조의 지장물이전요구나 동 제35조 제2항에 따른 행정대집행법상의 강제철거지시가 아니고 자진철거의 협조를 요청한 것이라고 회신한 바 있다면 이러한 회신내용과 법치행정의 현실 및 일반적인 법의식수준에 비추어 볼 때 외형상 행정처분으로 오인될 염려가 있는 행정청의 행위가 존재함으로써 상대방이 입게 될 불이익 내지 법적 불안도 존재하지 않는다고 볼 것이므로 이를 행정소송의 대상이 되는 처분이라고 볼 수 없다(대판 1989. 9. 12, 88누8883).

(판례2) 예외 – 행정처분성 긍정

구 남녀차별금지 및 구제에 관한 법률상 국가인권위원회의 성희롱 결정 및 시정조치권고

남녀차별금지및구제에관한법률제28조에 의하면, 국가인권위원회의 성희롱결정과 이에 따른 시정조치의 권고는 불가분의 일체로 행하여지는 것인데 국가인권위원회의 이러한 결정과 시정조치의 권고는 성희롱 행위자로 결정된 자의 인격권에 영향을 미침과 동시에 공공기관의 장 또는 사용자에게 일정한 법률상의 의무를 부담시키는 것이므로 국가인권위원회의 성희롱결정 및 시정조치권고는 행정소송의 대상이 되는 행정처분에 해당한다고 보지 않을 수 없다(대판 2005. 7. 8, 2005두487).

2. 헌법소원

행정지도는 공권력행사가 아니므로 원칙적으로 헌법소원의 대상이 되지 아니한다. 그러나 행정지도가 사실상 강제력을 가지는 경우에는 예외적으로 헌법소원의 대상이 된다 할 것이다.

판 례

(판례1) 항고소송의 대상이 되는 행정처분은 행정청의 공법상의 행위로서 상대방 또는 기타 관계자들의 법률상 지위에 직접적으로 법률적인 변동을 일으키는 행위를 말하는 것이므로 세무당국이 소외 회사에 대하여 특정인과의 주류거래를 일정한 기간 중지하여 줄 것을 요청한 행위는 권고 내지 협조를 요청하는 권고적 성격의 행위로서 소외 회사나 특정인의 법률상의 지위에 법률상의 변동을 가져오는 행정처분이라고 볼 수 없는 것이므로 항고소송의 대상이 될 수 없다(대판 1980. 10. 27, 80누395).

(판례2) 헌법재판소는 교육부장관의 국립대학총장에 대한 학칙시정요구의 법적 성질을 대학총장의 임의적인 협력을 통하여 사실상의 효과를 발생시키는 사실행위로서 일종의 행정지도로 보면서도 이 사건 학칙시정요구는 대학총장들이 그에 따르지 않을 경우 행재정상 불이익이 따른 것이라고 경고하고 있고 이러한 시정요구는 임의적 협력을 기대하여 행하는 비권력적·유도적인 권고·조언 등의 단순한 행정지도로서의 한계를 넘어 규제적·구속적 성격을 상당히 강하게 갖는 것으로서 헌법소원의 대상이 되는 공권력의 행사라고 보고 있다(헌재결 2003. 6. 26, 2002헌마337, 2003헌마7·8).

(판례3) 행정지도는 원칙적으로 대외적 구속력이 없는 행정상의 사실행위로서 고권적 작용에 해당하지 아니한다. 그러나 행정지도라 하더라도 상대방의 자유나 권리를 제한하는 효과를 갖는 등 규제적 성격을 가지고 그 상대방에 대하여 사실상의 강제력을 미치는 경우에는 헌법소원의 대상이 되는 공권력의 행사라고 봄이 상당하다(헌재결 2023. 3. 23, 2019헌마1399).

3. 손해배상

행정지도도 국가배상법 제2조의 요건을 충족하고 있으면 피해자는 국가 또는 지방자치단체에 손해배상을 청구할 수 있다. 손해배상청구권의 성립요건과 관련하여 문제되는 것은 행정지도와 손해발생 사이의 상당인과관계의 존재여부이다.

일반적으로 임의적인 의사에 따라 행정지도를 따른 것이므로 인과관계가 존재한다고 보기 어렵다. 그러나 사실상 강제에 의한 경우, 즉 제반사정을 고려할 때 국민이 행정지도를 따를 수 밖에 없는 불가피한 경우에는 인과관계가 존재한다고 보아 국가의 배상책임을 인정하여야 할 것이다.

판 례

(판례1) 국가배상법이 정한 배상청구의 요건인 공무원의 직무에는 권력적 작용만이 아니라 행정지도와 같은 비권력적 작용도 포함되며 단지 행정주체가 사경제주체로서 하는 활동만 제외되는 것이고, 기록에 의하여 살펴보면, 피고 및 그 산하의 강남구청은 이 사건 도시계획사업의 주무관청으로서 그 사업을 적극적으로 대행·지원하여 왔고 이 사건 공탁도 행정지도의 일환으로 직무수행으로서 행하였다고 할 것이므로, 비권력적 작용인 공탁으로 인한 피고의 손해배상책임은 성립할 수 없다는 상고이유의 주장은 이유없다(대판 1998. 7. 10, 96다38971).

(판례2) 주식매각의 종용이 정당한 법률적 근거 없이 자의적으로 주주에게 제재를 가하는 것이라면 이 점에서 벌써 행정지도의 영역을 벗어난 것이라고 보아야 할 것이고 만일 이러한 행위도 행정지도에 해당된다고 한다면 이는 행정지도라는 미명하에 법치주의의 원칙을 파괴하는 것이라고 하지 않을 수 없으며, 더구나 그 주주가 주식매각의 종용을 거부한다는 의사를 명백하게 표시하였음에도 불구하고, 집요하게 위협적인 언동을 하면서 그 매각을 강요하였다면 이는 위법한 강박행위에 해당한다고 하지 않을 수 없다(대판 1994. 12. 13, 93다49482).

(판례3) 행정지도가 강제성을 띠지 않은 비권력적 작용으로서 행정지도의 한계를 일탈하지 아니하였다면, 그로 인하여 상대방에게 어떤 손해가 발생하였다 하더라도 행정기관은 그에 대한 손해배상책임이 없다(대판 2008. 9. 25, 2006다18228).

4. 손실보상

적법한 행정지도로 인하여 손실이 발생한 경우, 그 보상청구권이 인정되는가의 문제가 있는바, 원칙적으로 그 피해자가 자유의사에 의한 응낙·협력에 의하여 그 불이익을 수인한 것이 되어 그에 따른 손실보상청구권은 부인될 것이다. 그러나 사실상의 강제로 인하여 특별한 희생이 있고, 그 희생이 행정지도와 인과관계를 갖는 경우에는 예외적으로 수용적 침해보상의 법리를 활용하여 보상이 가능하다고 본다.

제 7 장

기타 행정작용

제 1 절 비공식 행정작용

Ⅰ. 의의

비공식 행정작용은 요건·효과·절차 등이 법에 의해 정해지지 않으며, 법적 구속력을 발생하지 않는 일체의 행정작용을 말한다. 이는 공식적인 행정작용의 준비행위로서 또는 그 대체적 행위로서 행해지는 것으로서 그 자체에는 법적 구속력이 인정되지 않는 사실행위이다.

Ⅱ. 필요성

비공식 행정작용은 ① 행정의 효율성을 제고하고, ② 행정작용을 구체적 상황에 맞게 탄력적으로 수행하며, ③ 당사자의 합의에 의해 행정작용이 이루어지므로 법적 분쟁을 회피할 수 있다는 데 그 필요성이 있다. 그러나 법치행정의 후퇴와 국민의 효과적 권리구제를 꾀할 수 없다는 문제점이 있다.

Ⅲ. 종류

비공식 행정작용은 일반적으로 ① 일방적인 비공식 행정작용(경고, 권고, 정보제공 등)

과 ② 행정기관과 개인 간의 협력에 의한 비공식 행정작용(협상, 타협, 사전절충 등)으로 구분된다.

Ⅳ. 법적효과

비공식 행정작용은 직접적으로 법적 효과를 발생시키지 않는다. 따라서 아무런 법적 구속력을 갖지 않는다.

Ⅴ. 권리구제

① 비공식 행정작용은 비권력적 사실행위에 지나지 않아 처분성이 부정되므로 항고쟁송은 제기할 수 없다. 그러나 사실상 강제력을 갖는 경우에 대하여는 견해가 대립된다.

② 공무원의 위법·과실에 기한 경고, 권고, 정보제공 등으로 손해를 입은 경우에는 국가배상도 가능하다.

제 2 절 사법형식의 행정작용

Ⅰ. 개념

공행정주체는 사법관계의 한 당사자로서 법률관계를 맺을 수 있다. 공행정주체의 사법작용을 광의의 국고작용이라 하며, 이때의 법관계는 사법관계이다. 광의의 국고작용에는 행정사법작용과 협의의 국고작용으로 구분된다.

Ⅱ. 행정사법작용

1. 의의

행정사법작용이란 행정기관이 공행정 목적을 달성하기 위하여 행하는 사법적 형식의 행위로서 일정한 공법적 규율을 받는 것을 말한다.

2. 특징

행정사법은 ① 주로 복리행정분야에서, ② 사법형식을 공적 임무를 수행하여, ③ 공법적 규율이 가해짐을 특징으로 한다.

3. 적용영역

행정사법은 생활배려를 내용으로 하는 사법형식의 급부행정영역(주택건설, 전기·가스공급, 폐수·오물 처리 등)과 경제촉진을 목적으로 하는 사법형식의 교부지원제도(보조금지원, 자금지원 등)에 적용된다.

4. 권리구제

행정사법이 공법적 규율을 받는다 하더라도 그 본질은 사법작용이므로, 특별한 규정이 없는 한 민사소송을 통해서 권리구제를 받아야 한다는 것이 통설 및 판례의 입장이다.

Ⅲ. 협의의 국고작용

1. 의의

이는 행정주체가 재산권의 주체로서 일반사인과 같은 지위에서 사법상 행위를 하는 작용을 말한다. 이는 직접적으로 공행정작용을 수행하는 것이 아니고, 단지 이를 보조할 뿐이라는 점에서 행정사법과 구별된다.

2. 종류

협의의 국고작용은 ① 공적임무 수행에 필요한 인적·물적 수단을 확보하기 위한 조달행정(물품구매계약, 교량건설계약)과, ② 수익의 확보를 위한 영리활동(한국담배인삼공사)으로 나뉜다.

3. 특색

협의의 국고작용은 사법의 규율을 받는다. 그러나 사법작용이라 할지라도 내용에 따라서는 공적 기속이 강조되어야 하는 경우가 적지 않다.

4. 권리구제

협의의 국고작용은 법률에 특별한 규정이 없는 한, 민사소송을 통해 해결하여야 한다.

판 례

(판례1) 국가를 당사자로 하는 계약에 관한 법률에 따라 국가가 당사자가 되는 이른바 공공계약은 사경제주체로서 상대방과 대등한 위치에서 체결하는 사법상 계약으로서 본질적인 내용은 사인 간의 계약과 다를 바가 없으므로, 그에 관한 법령에 특별한 정함이 있는 경우를 제외하고는 사적 자치와 계약자유의 원칙 등 사법의 원리가 그대로 적용된다(대판 2020. 5. 14, 2018다298409).

(판례2) 구 국가를 당사자로 하는 계약에 관한 법률 제11조 제1항은 "각 중앙관서의 장 또는 계약담당공무원은 계약을 체결하고자 할 때에는 계약의 목적·계약금액·이행기간·계약보증금·위험부담·지체상금 기타 필요한 사항을 명백히 기재한 계약서를 작성하여야 한다. 다만 대통령령이 정하는 경우에는 이의 작성을 생략할 수 있다."고 규정하고, 같은 조 제2항은 "제1항의 규정에 의하여 계약서를 작성하는 경우에는 그 담당공무원과 계약상대자가 계약서에 기명·날인 또는 서명함으로써 계약이 확정된다."고 규정하고 있다. 국가계약법의 이러한 규정 내용과 국가가 일방당사자가 되어 체결하는 계약의 내용을 명확히 하고 국가가 사인과 계약을 체결할 때 적법한 절차에 따를 것을 담보하려는 규정의 취지 등에 비추어 보면, 국가가 사인과 계약을 체결할 때에는 국가계약법령에 따른 계약서를 따로 작성하는 등 그 요건과 절차를 이행하여야 할 것이고, 설령 국가와 사인 사이에 계약이 체결되었더라도 이러한 법령상 요건과 절차를 거치지 아니한 계약은 그 효력이 없다고 할 것이다(대판 2015. 1. 15, 2013다215133).

제 3 절 행정의 자동결정

Ⅰ. 의의

행정의 자동결정이란 행정과정에서 컴퓨터 등 전자처리정보를 투입하여 행정업무를 자동화하여 수행하는 것을 말한다. 신호등에 의한 교통신호, 컴퓨터를 통한 학교배정 등을 들 수 있다. 행정기본법 제20조는 "행정청은 법률로 정하는 바에 따라 완전히 자동화된 시스템으로 처분을 할 수 있다"고 하여 완전히 자동화된 시스템을 통한 처분의 허용 및 자동적 처분이 적용될 수 있는 영역을 명시적으로 규율하고 있다.

Ⅱ. 법적성질

행정자동결정의 법적 성질에 대하여는 다양한 견해가 있으나, 행정행위라는 것이 통설적 견해이다. 다만, 자동결정의 기준이 되는 전산프로그램의 경우에는 행정규칙의 성격을 갖는다는 것이 일반적 견해이다.

Ⅲ. 자동결정의 대상

기속행위에 대하여는 자동결정이 가능하다는 데에는 이론이 없다. 재량행위에 대하여는 재량권 행사와 결부되어 자동결정에 문제가 있으나, 재량준칙을 정형화하고 그에 따라 재량처분을 자동결정한 후 상대방의 이의제기의 가능성을 열어 놓은 방법으로 허용될 수 있다. 행정기본법 제20조 단서는 "다만, 처분에 재량이 있는 경우는 그러하지 아니하다"고 하여 처분청에 재량이 있는 경우에는 자동적 처분이 허용되지 않는다는 점을 명시하고 있다. 즉 재량처분은 원칙적으로 자동적 처분으로 발급될 수 없다.

Ⅳ. 자동결정의 하자

행정의 자동결정 또한 행정행위이므로 행정행위의 하자에 관한 일반이론에 따라 결정된다.

Ⅴ. 권리구제

위법한 행정의 자동결정에 대하여는 행정쟁송을 제기할 수 있고, 국가배상을 청구할 수도 있다.

제 3 편
행정절차와 정보

제 1 장 • 행정절차법
제 2 장 • 정보공개

제1장 행정절차법

제 1 절 행정절차 일반론

Ⅰ. 행정절차의 개념

1. 행정절차의 개념

행정절차는 다의적 개념이다. 행정절차는 영국에서 발달한 제도로 "누구든지 자기에 관계되는 사건의 재판관이 될 수 없다", "누구든지 변명의 기회를 부여 받지 아니하고 비난 받지 아니 한다"의 두 가지 뜻을 내용을 하는 자연적 정의의 법리에 바탕을 둔 다의적 개념이다. 광의로는 행정기관이 행정활동을 함에 있어 거쳐야 할 모든 절차를 말한다. 협의로는 처분절차·행정계획절차·행정계약절차 등 행정기관이 제1차적인 행정결정을 함에 있어서 요구되는 대외적인 사전절차를 말한다. 행정절차의 법적 근거를 헌법 제10조나 제37조 기타 법치국가, 민주국가 원리 등에서 행정절차보장의 근거를 찾는 견해도 있으나 다수설 및 헌법재판소는 헌법 제12조를 근거 조항으로 본다.

판 례

(판례) 헌법 제12조 제1항이 천명하고 있는 적법절차 원칙은 형사소송 절차에 국한되지 않고 모든 국가작용 전반에 대하여 적용된다고 할 것이나, 이 원칙이 구체적으로 어떠한 절차를 어느 정도로 요구하는지 일률적으로 정하기 어렵고, 이는 규율되는 사항의 성질, 관련 당사자의 사익, 절차의 이행으로 제고될 가치, 국가작용의 효율성, 절차에 소요되는 비용, 불복의 기회 등 다양한 요소들을 형량하여 개별적으로 판단할 수밖에 없다(헌재결 2023. 6. 29, 2020헌바63).

Ⅱ. 행정절차의 필요성

1. 행정의 민주화

행정절차는 행정과정에 이해관계인이 참여할 수 있는 기회를 보장함으로써 행정작용의 민주화에 기여한다.

2. 행정작용의 적정화

행정절차는 공익과 사익이 갈등해결을 위하여 행정의 적법·타당성을 확보하고 행정운영의 적정화를 도모한다.

3. 행정의 능률화

행정절차의 법적 규제는 복잡·다양한 행정작용의 기준·절차를 표준화함으로써 행정의사의 결정이 신속·효율적으로 이루어져 행정이 보다 능률화 된다.

4. 사전적 권리구제

행정절차는 법적 분쟁을 미연에 방지할 수 있는 기회를 제공함으로써 사전적 권리구제제도로서의 의미를 갖는다.

Ⅲ. 행정절차의 연혁

1. 행정절차의 입법례

(1) 영·미법계

① 영국의 행정절차는 보통법상의 자연적 정의의 원칙에 따라 판례법을 통해 확립되

었다.[1)]

② 미국의 경우는 연방수정헌법상의 적법절차조항에 기초를 두고 1946년에 행정절차법이 일반법으로 제정되었다.

③ 영·미법계의 행정절차는 행정작용의 적정화를 통해 국민의 자유와 권리를 절차적으로 보장한다는 점에 특징이 있다.

(2) 대륙법계

① 행정절차법은 1925년에 오스트리아에서 제일 먼저 제정되었고, 1958년에 스페인에서도 행정절차법이 제정되어 시행되었다.

② 독일은 1977년 행정절차법을 제정하였고 확약, 공법상 계약, 행정행위 등 많은 실체법적 규정을 두고 있다. 프랑스는 행정절차에 관한 일반법이 없고 개별법률에 행정절차에 관한 규정이 마련되어 있다.

③ 일본은 1994년에 행정절차법(행정수속법)이 제정되어 시행되고 있으며 행정지도에 관한 절차를 마련하고 있다는 점에 특징이 있다.

(3) 우리 행정절차법

1) 헌법적 근거

헌법은 제12조에서 적법절차에 관한 일반원칙을 두고 있는데, 이는 헌법의 기본원리로서 형사절차 뿐만 아니라 행정절차에도 적용되는 원리로 보는게 일반적이다.

판 례

(판례) 헌법 제12조 제3항 본문은 동조 제1항과 함께 적법절차원리의 일반조항에 해당하는 것으로서, 형사절차상의 영역에 한정되지 않고 입법·행정 등 국가의 모든 공권력의 작용에는 절차상의 적법성 뿐만 아니라 법률의 실체적 내용도 합리성과 정당성을 갖춘 실체적인 적법성이 있어야 한다는 적법절차의 원칙을 헌법의 기본원리로 명시한 것이다(헌재결 1992. 12. 24, 92헌가8).

2) 법률적 근거

행정절차에 관한 일반법으로 우리 행정절차법은 1996년에 제정되어 1998년 1월 1일부터 시행되고 있다. 또한 민원사무에 관한 행정절차에 대하여는 민원처리에 관한 법률이 마련되어 있다.

---

1) 자연적 정의(natural justice)는 보통법(common law)의 기본원리로 ① 편견배제의 원칙: 누구도 자기에 관계되는 사건의 재판관이 될 수 없다. ② 쌍방청문의 원칙: 누구도 청문 없이는 불이익을 받지 아니한다. 쌍방 모두에 청문의 기회가 주어져야 한다.

제 2 절 행정절차법

Ⅰ. 행정절차법의 구성과 특색

1. 구성

행정절차법은 행정절차에 관한 일반법으로서 총칙, 처분, 신고, 확약 및 위반사실 등의 공표 등, 행정상 입법예고, 행정예고, 행정지도, 국민참여의 확대, 보칙의 총8장 56조문으로 구성되어 있다.

2. 특색

① 행정절차법은 행정절차에 관한 일반법이지만, 모든 행정작용에 적용되는 것은 아니다. 행정절차법은 처분·신고·행정상입법예고·행정예고·행정지도의 절차에 관하여 다른 법률에 특별한 규정이 없는 경우에 적용된다.

② 행정절차법은 주로 절차적 규정으로 구성되나 신뢰보호원칙 등 일부 실체적 규정도 갖고 있다.

③ 행정계획확정·공법상 계약·행정조사절차가 규율대상에서 제외되어 있다.

④ 의견청취를 의견제출·청문·공청회로 나누어 행정작용의 성질별로 의견청취방식을 달리하지만, 원칙적으로는 약식절차인 의견제출에 의하고 있다.

Ⅱ. 통칙적 규정

1. 입법목적

행정절차법은 국민의 행정참여를 도모함으로써, 행정의 공정성·투명성 및 신뢰성을 확보하고 국민의 권익을 보호함을 목적으로 한다(동법 제1조).

2. 용어의 정의

(1) 행정절차의 당사자

① 행정청

"행정청"이란 다음 각 목의 자를 말한다.

가. 행정에 관한 의사를 결정하여 표시하는 국가 또는 지방자치단체의 기관

나. 그 밖에 법령 또는 자치법규(이하 "법령등"이라 한다)에 따라 행정권한을 가지고 있

거나 위임 또는 위탁받은 공공단체 또는 그 기관이나 사인(私人)(동법 제2조 제1호).

② 당사자 등

"당사자등"이란 다음 각 목의 자를 말한다.

가. 행정청의 처분에 대하여 직접 그 상대가 되는 당사자

나. 행정청이 직권으로 또는 신청에 따라 행정절차에 참여하게 한 이해관계인

(2) 처분

① "처분"이란 행정청이 행하는 구체적 사실에 관한 법 집행으로서의 공권력의 행사 또는 그 거부와 그 밖에 이에 준하는 행정작용을 말한다(동법 제2조 제2호).

② 처분개념은 행정심판법이나 행정소송법과 동일한 개념이기에, 행정계획이나 사실행위 중에서도 처분 개념에 해당하면 행정절차법상의 처분절차가 적용된다.

(3) 기타 용어의 정의

① "행정지도"란 행정기관이 그 소관 사무의 범위에서 일정한 행정목적을 실현하기 위하여 특정인에게 일정한 행위를 하거나 하지 아니하도록 지도, 권고, 조언 등을 하는 행정작용을 말한다(동법 제2조 제3호).

② "청문"이란 행정청이 어떠한 처분을 하기 전에 당사자등의 의견을 직접 듣고 증거를 조사하는 절차를 말한다(동법 제2조 제5호).

③ "공청회"란 행정청이 공개적인 토론을 통하여 어떠한 행정작용에 대하여 당사자등, 전문지식과 경험을 가진 사람, 그 밖의 일반인으로부터 의견을 널리 수렴하는 절차를 말한다(동법 제2조 제6호).

④ "의견제출"이란 행정청이 어떠한 행정작용을 하기 전에 당사자등이 의견을 제시하는 절차로서 청문이나 공청회에 해당하지 아니하는 절차를 말한다(동법 제2조 제7호).

⑤ "전자문서"란 컴퓨터 등 정보처리능력을 가진 장치에 의하여 전자적인 형태로 작성되어 송신·수신 또는 저장된 정보를 말한다(동법 제2조 제8호).

⑥ "정보통신망"이란 전기통신설비를 활용하거나 전기통신설비와 컴퓨터 및 컴퓨터 이용기술을 활용하여 정보를 수집·가공·저장·검색·송신 또는 수신하는 정보통신체제를 말한다(동법 제2조 제9호).

3. 적용범위

(1) 일반법으로서의 행정절차법

처분, 신고, 확약, 위반사실 등의 공표, 행정계획, 행정상 입법예고, 행정예고 및 행정지도의 절차(이하 "행정절차"라 한다)에 관하여 다른 법률에 특별한 규정이 있는 경우를 제

외하고는 이 법에서 정하는 바에 따른다(동법 제3조 제1항).

(2) 적용제외

다음 각 사항에 대하여는 행정절차법을 적용하지 아니한다(동법 제3조 제2항).

① 국회 또는 지방의회의 의결을 거치거나 동의 또는 승인을 얻어 행하는 사항

② 법원 또는 군사법원의 재판에 의하거나 그 집행으로 행하는 사항

③ 헌법재판소의 심판을 거쳐 행하는 사항

④ 각급 선거관리위원회의 의결을 거쳐 행하는 사항

⑤ 감사원이 감사위원회의의 결정을 거쳐 행하는 사항

⑥ 형사·행형 및 보안처분 관계법령에 의하여 행하는 사항

⑦ 국가안전보장·국방·외교 또는 통일에 관한 사항중 행정절차를 거칠 경우 국가의 중대한 이익을 현저히 해할 우려가 있는 사항

⑧ 심사청구·해양안전심판·조세심판·특허심판·행정심판 기타 불복절차에 의한 사항

⑨ 병역법에 의한 징집·소집, 외국인의 출입국·난민인정·귀화, 공무원 인사관계 법령에 의한 징계 기타 처분 또는 이해조정을 목적으로 법령에 의한 알선·조정·중재·재정 그 밖의 처분 등 당해 행정작용의 성질상 행정절차를 거치기 곤란하거나 불필요하다고 인정되는 사항과 행정절차에 준하는 절차를 거친 사항으로서 대통령령으로 정하는 사항

주의할 것은 적용제외사항도 그 전부에 대하여 행정절차법의 규정이 배제되는 것은 아니라는 점이다.

판 례

(판례1) 행정과정에 대한 국민의 참여와 행정의 공정성, 투명성 및 신뢰성을 확보하고 국민의 권익을 보호함을 목적으로 하는 행정절차법의 입법목적과 행정절차법 제3조 제2항 제9호의 규정 내용 등에 비추어 보면, 공무원 인사관계 법령에 의한 처분에 관한 사항 전부에 대하여 행정절차법의 적용이 배제되는 것은 아니라 성질상 행정절차를 거치기 곤란하거나 불필요하다고 인정되는 처분이나 행정절차에 준하는 절차를 거치도록 하고 있는 처분의 경우에만 행정절차법의 적용이 배제된다(대판 2007. 9. 21, 2006두20631).

(판례2) 행정청은 다른 법령에 따라 공개가 제한되는 경우를 제외하고는 그 요청을 거부할 수 없도록 규정하고 있다(제37조 제1항). 그런데 행정절차법 제3조, 행정절차법 시행령 제2조 제6호는 독점규제 및 공정거래에 관한 법률(이하 '공정거래법'이라 한다)에 대하여 행정절차법의 적용이 배제되도록 규정하고 있다. 그 취지는 공정거래법의 적용을 받는 당사자에게 행정절차법이 정한 것보다 더 약한 절차적 보장을 하려는 것이 아니라, 오히려 그 의결절차상 인정되는 절차적 보장의 정도가 일반 행정절차와 비교하여 더 강화되어 있기 때문이다. 공정거래위원회에 강학상 '준사법기관'으로서의 성격이 부여되어 있다는 전제하에 공정거래위원회의 의결을 다투는 소를 서울고등법원의 전속관할로 정하고 있는 취지 역시 같은 전제로 볼

수 있다. 공정거래법 제52조의2가 당사자에게 단순한 열람·복사 '요청권'이 아닌 열람·복사 '요구권'을 부여한 취지 역시 이와 마찬가지이다(대판 2018. 12. 27, 2015두44028).

(판례3) 행정절차법 제12조 제1항 제3호, 제2항, 제11조 제4항 본문에 따르면, 당사자 등은 변호사를 대리인으로 선임할 수 있고, 대리인으로 선임된 변호사는 당사자 등을 위하여 행정절차에 관한 모든 행위를 할 수 있다고 규정되어 있다. 위와 같은 행정절차법령의 규정과 취지, 헌법상 법치국가원리와 적법절차원칙에 비추어 징계와 같은 불이익처분절차에서 징계심의대상자에게 변호사를 통한 방어권의 행사를 보장하는 것이 필요하고, 징계심의대상자가 선임한 변호사가 징계위원회에 출석하여 징계심의대상자를 위하여 필요한 의견을 진술하는 것은 방어권 행사의 본질적 내용에 해당하므로, 행정청은 특별한 사정이 없는 한 이를 거부할 수 없다. 행정절차법의 적용이 제외되는 공무원 인사관계 법령에 의한 처분에 관한 사항이란 성질상 행정절차를 거치기 곤란하거나 불필요하다고 인정되는 처분이나 행정절차에 준하는 절차를 거치도록 하고 있는 처분에 관한 사항만을 말하는 것으로 보아야 한다. 이러한 법리는 '공무원 인사관계 법령에 의한 처분'에 해당하는 육군3사관학교 생도에 대한 퇴학처분에도 마찬가지로 적용된다(대판 2018. 3. 13, 2016두33339).

4. 공통사항 및 공통절차

(1) 신의성실 및 신뢰보호

1) 신의성실의 원칙

행정청은 직무를 수행할 때 신의에 따라 성실히 하여야 한다(동법 제4조 제1항). 신의성실의 원칙은 법원리적인 것이므로 행정기본법에 규정하는 것이 바람직하다.

2) 신뢰보호원칙

행정청은 법령등의 해석 또는 행정청의 관행이 일반적으로 국민들에게 받아들여진 때에는 공익 또는 제3자의 정당한 이익을 현저히 해할 우려가 있는 경우를 제외하고는 새로운 해석 또는 관행에 따라 소급하여 불리하게 처리하여서는 아니 된다(동법 제4조 제2항).

(2) 투명성의 원칙

① 행정청이 행하는 행정작용은 그 내용이 구체적이고 명확하여야 한다.

② 행정작용의 근거가 되는 법령등의 내용이 명확하지 아니한 경우 상대방은 해당 행정청에 그 해석을 요청할 수 있으며, 해당 행정청은 특별한 사유가 없으면 그 요청에 따라야 한다.

③ 행정청은 상대방에게 행정작용과 관련된 정보를 충분히 제공하여야 한다(동법 제5조).

(3) 행정청의 관할

① 행정청이 그 관할에 속하지 아니하는 사안을 접수하였거나 이송받은 경우에는 지체 없이 이를 관할 행정청에 이송하여야 하고 그 사실을 신청인에게 통지하여야 한다. 행정청이 접수 또는 이송받은 후 관할이 변경된 경우에도 또한 같다(동법 제6조 제1항).

② 행정청의 관할이 분명하지 아니한 경우에는 당해 행정청을 공통으로 감독하는 상급 행정청이 그 관할을 결정하며, 공통으로 감독하는 상급 행정청이 없는 경우에는 각 상급 행정청이 협의하여 그 관할을 결정한다(동법 제6조 제2항).

(4) 행정청간의 협조 및 행정응원

행정절차법은 행정청간의 협조의무와 행정청 상호간의 행정응원에 대하여 규정하고 있다(동법 제7조, 제8조).

(5) 송달 및 기간·기한의 특례

1) 송달

행정절차법은 송달의 방법과 송달의 효력발생에 대하여 규정하고 있다(동법 제14조, 제15조).

2) 기간 및 기한의 특례

천재지변이나 그 밖에 당사자등에게 책임이 없는 사유로 기간 및 기한을 지킬 수 없는 경우에는 그 사유가 끝나는 날까지 기간의 진행이 정지된다. 외국에 거주하거나 체류하는 자에 대한 기간 및 기한은 행정청이 그 우편이나 통신에 걸리는 일수를 고려하여 정하여야 한다(동법 제16조).

판 례

(판례) '독점규제 및 공정거래에 관한 법률' 제55조의2 및 이에 근거한 '공정거래위원회의 운영 및 사건절차에 관한 규칙'(공정거래위원회 고시 제2001-제8호) 제3조 제2항에 의하여 준용되는 구 행정절차법(2002. 12. 30. 법률 제6839호로 개정되기 전의 것) 제14조 제1항은 문서의 송달방법의 하나로 우편송달을 규정하고 있고, 같은 법 제16조 제2항은 외국에 거주 또는 체류하는 자에 대한 기간 및 기한은 행정청이 그 우편이나 통신에 소요되는 일수를 감안하여 정하여야 한다고 규정하고 있는 점 등에 비추어 보면 공정거래위원회는 국내에 주소·거소·영업소 또는 사무소가 없는 외국사업자에 대하여도 우편송달의 방법으로 문서를 송달 할 수 있다(대판 2006. 3. 24, 2004두11275).

Ⅲ. 처분절차

행정절차법은 행정행위를 규율하는 처분절차로 행정절차법 제2장에서 ① 신청에 의한 처분(수익적 처분)과, ② 당사자에게 의무를 과하거나 권익을 제한하는 처분(침익적 처분)으로 구분하여, 먼저 공통절차에 관한 규정을 두고 수익적 처분과 침익적 처분에 고유한 절차에 대하여 규정하고 있다.

1. 공통절차

(1) 처분기준의 설정·공표

1) 의의

행정청은 원칙적으로 필요한 처분기준을 해당 처분의 성질에 비추어 되도록 구체적으로 정하여 공표하여야 한다(동법 제20조 제1항). 「행정기본법」 제24조에 따른 인허가의제의 경우 관련 인허가 행정청은 관련 인허가의 처분기준을 주된 인허가 행정청에 제출하여야 하고, 주된 인허가 행정청은 제출받은 관련 인허가의 처분기준을 통합하여 공표하여야 한다(동법 제20조 제2항). 처분기준의 설정·공표는 행정청의 자의적인 권한행사를 방지하고 행정의 통일성을 기하며 처분의 상대방에게 예측가능성을 부여하기 위하여 요청된다.

2) 적용대상

설정·공표의 대상이 되는 처분은 신청에 의한 처분뿐만 아니라 직권에 의한 처분도 포함한다. 그러나, 처분의 기준을 공표하는 것이 해당 처분의 성질상 현저히 곤란하거나 공공의 안전 또는 복리를 현저히 해치는 것으로 인정될 만한 상당한 이유가 있는 경우에는 이를 공표하지 아니할 수 있다(동조 제3항).

판 례

(판례1) 행정청으로 하여금 처분기준을 구체적으로 정하여 공표하도록 한 것은 해당 처분이 가급적 미리 공표된 기준에 따라 이루어질 수 있도록 함으로써 해당 처분의 상대방으로 하여금 결과에 대한 예측가능성을 높이고 이를 통하여 행정의 공정성, 투명성, 신뢰성을 확보하며 행정청의 자의적인 권한행사를 방지하기 위한 것이다(대판 2019. 12. 13, 2018두41907).

(판례2) 행정청이 행정절차법 제20조 제1항에 따라 정하여 공표한 처분기준은, 그것이 해당 처분의 근거 법령에서 구체적 위임을 받아 제정·공포되었다는 특별한 사정이 없는 한, 원칙적으로 대외적 구속력이 없는 행정규칙에 해당하는 것으로 보아야 한다. 행정청이 행정절차법 제20조 제1항의 처분기준 사전공표 의무를 위반하여 미리 공표하지 아니한 기준을 적용하여 처분을 하였다고 하더라도, 그러한 사정만으로 곧바로 해당 처분에 취소사유에 이를 정도의 흠이 존재한다고 볼 수는 없다. 다만 해당 처분에 적용한 기준

이 상위법령의 규정이나 신뢰보호의 원칙 등과 같은 법의 일반원칙을 위반하였거나 객관적으로 합리성이 없다고 볼 수 있는 구체적인 사정이 있다면 해당 처분은 위법하다고 평가할 수 있다(대판 2020. 12. 24, 2018두45633).

3) 당사자 등의 해석·설명요청권

공표된 처분기준이 명확하지 아니한 경우 당사자등은 당해 행정청에 대하여 그 해석 또는 설명을 요청할 수 있으며, 행정청은 원칙적으로 그 요청에 따라야 한다(동조 제4항).

(2) 처분의 이유제시

1) 의의

처분의 이유제시란 행정청이 처분을 하면서 당사자에게 처분의 근거와 이유를 제시하는 것을 말한다. 이유부기라고도 한다.

판 례

(판례) 행정절차법 제23조 제1항은 행정청은 처분을 하는 때에는 당사자에게 그 근거와 이유를 제시한다고 규정하고 있는 바, 일반적으로 당사자가 근거규정 등을 명시하여 신청하는 인·허가 등을 거부하는 처분을 함에 있어 당사자가 그 근거를 알 수 있을 정도로 상당한 이유를 제시한 경우에는 당해 처분의 근거 및 이유를 구체적 조항 및 내용까지 명시하지 않았더라도 그로 인하여 그 처분이 위법한 것이 된다고 할 수 없다(대판 2002. 5. 17, 2000두8912).

2) 대상

행정청이 처분을 하는 때에는 ① 신청내용을 모두 그대로 인정하는 처분인 경우, ② 단순·반복적인 처분 또는 경미한 처분으로서 당사자가 그 이유를 명백히 알 수 있는 경우, ③ 긴급을 요하는 경우를 제외하고는 당사자에게 그 근거와 이유를 제시하여야 한다(동법 제23조 제1항). 다만, ②와 ③의 경우에도 처분 후 당사자가 요청하는 경우에는 그 근거와 이유를 제시하여야 한다(동법 제23조 제2항).

판 례

(판례) 면허의 취소처분에는 그 근거가 되는 법령이나 취소권 유보의 부관 등을 명시하여야 함은 물론 처분을 받은 자가 어떠한 위반사실에 대하여 당해 처분이 있었는지를 알 수 있을 정도로 사실을 적시할 것을 요하며, 이와 같은 취소처분의 근거와 위반사실의 적시를 빠뜨린 하자는 피처분자가 처분 당시 그 취지를 알고 있었다거나 그후 알게 되었다 하여도 치유될 수 없다고 할 것인바, 세무서장인 피고가 주류도매업자인 원고에 대하여 한 이 사건 일반주류도매업면허취소통지에 "상기 주류도매장은 무면허 주류판매업자에게 주류를 판매하여 주세법 제11조 및 국세법사무처리규정 제26조에 의거 지정조건위반으로 주류판매

면허를 취소합니다"라고만 되어 있어서 원고의 영업기간과 거래상대방 등에 비추어 원고가 어떠한 거래행위로 인하여 이 사건 처분을 받았는지 알 수 없게 되어 있다면 이 사건 면허취소처분은 위법하다(대판 1990. 9. 11, 90누1786).

(3) 처분의 방식

행정청이 처분을 하는 때에는 다른 법령등에 특별한 규정이 있는 경우를 제외하고는 문서로 하여야 하며, 당사자등의 동의가 있거나 당사자가 전자문서로 처분을 신청한 경우에는 전자문서로 할 수 있다. 다만, 공공의 안전 또는 복리를 위하여 긴급히 처분을 할 필요가 있거나 사안이 경미한 경우에는 말, 전화, 휴대전화를 이용한 문자 전송, 팩스 또는 전자우편 등 문서가 아닌 방법으로 처분을 할 수 있다. 이 경우 당사자가 요청하면 지체 없이 처분에 관한 문서를 주어야 한다(동법 제24조).

(4) 처분의 정정

행정청은 처분에 오기·오산 또는 그 밖에 이에 준하는 명백한 잘못이 있을 때에는 직권으로 또는 신청에 따라 지체 없이 정정하고 그 사실을 당사자에게 통지하여야 한다(동법 제25조).

(5) 고지

행정청이 처분을 할 때에는 당사자에게 그 처분에 관하여 ① 행정심판 및 행정소송을 제기할 수 있는지 여부, ② 그 밖에 불복을 할 수 있는지 여부, ③ 청구절차 및 청구기간 기타 필요한 사항을 알려야 한다(동법 제26조).

2. 수익적 처분절차

(1) 처분의 신청

1) 처분의 신청방법

행정절차법은 행정청에 대한 처분의 신청을 문서로 하도록 하는 문서주의를 규정하고 있다. 다만, ① 다른 법령에 특별한 규정이 있는 경우, ② 행정청이 미리 다른 방법을 정하여 공시한 경우에는 예외이다. 처분을 신청함에 있어 전자문서로 하는 경우에는 행정청의 컴퓨터 등에 입력된 때에 신청한 것으로 본다(동법 제17조 제1항, 제2항).

2) 신청의 접수

행정청은 신청을 받았을 때에는 다른 법령 등에 특별한 규정이 있는 경우를 제외하고는 그 접수를 보류 또는 거부하거나 부당하게 되돌려 보내서는 아니되며, 신청을 접수한 경우에는 신청인에게 접수증을 주어야 한다. 다만, 대통령령으로 정하는 경우에는 접수증을 주지 아니할 수 있다(동법 제17조 제4항).

3) 신청의 보완

행정청은 신청에 구비서류의 미비 등 흠이 있는 경우에는 보완에 필요한 상당한 기간을 정하여 지체없이 신청인에게 보완을 요구하여야 한다. 신청인이 규정에 의한 기간 내에 보완을 하지 아니한 때에는 그 이유를 구체적으로 밝혀 접수된 신청을 되돌려 보낼 수 있다(동법 제17조 제5항, 제6항).

판 례

(판례) 행정절차법 제17조에 따르면, 행정청은 신청에 구비서류의 미비 등 흠이 있는 경우에는 보완에 필요한 상당한 기간을 정하여 지체 없이 신청인에게 보완을 요구하여야 하고(제5항), 신청인이 그 기간 내에 보완을 하지 않았을 때에는 그 이유를 구체적으로 밝혀 접수된 신청을 되돌려 보낼 수 있으며(제6항), 신청인은 처분이 있기 전에는 그 신청의 내용을 보완·변경하거나 취하할 수 있다(제8항 본문).
이처럼 행정절차법 제17조가 '구비서류의 미비 등 흠의 보완'과 '신청 내용의 보완'을 분명하게 구분하고 있는 점에 비추어 보면, 행정절차법 제17조 제5항은 신청인이 신청할 때 관계 법령에서 필수적으로 첨부하여 제출하도록 규정한 서류를 첨부하지 않은 경우와 같이 쉽게 보완이 가능한 사항을 누락하는 등의 흠이 있을 때 행정청이 곧바로 거부처분을 하는 것보다는 신청인에게 보완할 기회를 주도록 함으로써 행정의 공정성·투명성 및 신뢰성을 확보하고 국민의 권익을 보호하려는 행정절차법의 입법 목적을 달성하고자 함이지, 행정청으로 하여금 신청에 대하여 거부처분을 하기 전에 반드시 신청인에게 신청의 내용이나 처분의 실체적 발급요건에 관한 사항까지 보완할 기회를 부여하여야 할 의무를 정한 것은 아니라고 보아야 한다(대판 2020. 7. 23, 2020두36007).

(2) 다수의 행정청이 관여하는 처분

행정청은 다수의 행정청이 관여하는 처분을 구하는 신청을 접수한 경우에는 관계행정청과의 신속한 협조를 통하여 당해 처분이 지연되지 아니하도록 하여야 한다(동법 제18조).

(3) 처리기간의 설정·공표

행정절차법은 신속한 절차를 위하여 행정청에 처리기간의 설정·공표의무를 지우고 있다. 즉 행정청은 처분의 처리기간을 종류별로 미리 정하여 공표하여야 하며, 1회에 한하여 그 기간을 연장할 수 있다. 행정청이 처리기간 내에 처리하지 아니하였을 때에는 신청인은 해당 행정청 또는 그 감독 행정청에 대하여 신속한 처리를 요청할 수 있다(동법 제19조).

판 례

(판례) 처분이나 민원의 처리기간을 정하는 것은 신청에 따른 사무를 가능한 한 조속히 처리하도록 하기

위한 것이다. 처리기간에 관한 규정은 훈시규정에 불과할 뿐 강행규정이라고 볼 수 없다. 행정청이 처리기간이 지나 처분을 하였더라도 이를 처분을 취소할 절차상 하자로 볼 수 없다. 민원처리법 시행령 제23조에 따른 민원처리진행상황 통지도 민원인의 편의를 위한 부가적인 제도일 뿐, 그 통지를 하지 않았더라도 이를 처분을 취소할 절차상 하자로 볼 수 없다(대판 2019. 12. 13, 2018두41907).

3. 침익적 처분절차

(1) 처분의 사전통지

1) 의의

행정청이 당사자에게 의무를 부과하거나 권익을 제한하는 처분을 하는 경우에는 미리 이해관계인에게 행정청이 행할 행정작용의 내용이나 청문의 일시·장소 등을 상당한 기간을 고려하여 사전에 알릴 의무가 있다(동법 제21조 제1항).

2) 사전통지의 대상

사전통지의 적용범위와 관련해 거부처분이 '당사자에게 의무를 부과하거나 권익을 제한하는 것'인지에 대하여 학설은 긍정설과 부정설로 나뉜다. 판례는 거부처분은 아직 당사자에게 권익이 부과되지 않았으므로 행정절차법 제21조 제1항에서 말하는 권익을 제한하는 처분에 해당하지 않아 처분의 사전통지의 대상이 아니라고 본다(대판 2003. 11. 28, 2003두674). 또한, 복효적 행정행위에 있어서 당사자 아닌 제3자에 대하여 불이익 효과가 발생한 경우에 여기서 말하는 불이익 처분으로 볼 것이냐에 대한 다툼이 있다. 판례는 수익적 행정처분으로 불이익을 입을 제3자에 대해서는 처분의 사전통지를 할 필요가 없다고 보았다.

판 례

(판례) 행정청이 구 식품위생법 규정에 의하여 영업자지위승계신고를 수리하는 처분은 종전의 영업자의 권익을 제한하는 처분이라 할 것이고 따라서 종전의 영업자는 그 처분에 대하여 직접 그 상대가 되는 자에 해당한다고 봄이 상당하므로, 행정청으로서는 위 신고업자에 대하여 위 규정 소정의 행정절차를 실시하고 처분을 하여야 한다(대판 2003. 2. 14, 2001두7015).

3) 사전통지의 내용

행정청은 ① 처분의 제목, ② 당사자의 성명 또는 명칭과 주소, ③ 처분하고자 하는 원인이 되는 사실과 처분의 내용 및 법적 근거, ④ 제3호에 대하여 의견을 제출할 수 있다는 뜻과 의견을 제출하지 아니하는 경우의 처리방법, ⑤ 의견제출기관의 명칭과 주소, ⑥ 의견제출기한, ⑦ 그 밖에 필요한 사항 등을 당사자에게 통지하여야 한다(동법 제21조 제1항).

4) 사전통지의 생략

행정청은 다음 사항에 대하여는 사전통지를 아니할 수 있다(동법 제21조 제4항).

① 공공의 안전 또는 복리를 위하여 긴급히 처분을 할 필요가 있는 경우

② 법령등에서 요구된 자격이 없거나 없어지게 되면 반드시 일정한 처분을 하여야 하는 경우에 그 자격이 없거나 없어지게 된 사실이 법원의 재판 등에 의하여 객관적으로 증명된 때

③ 해당 처분의 성질상 의견청취가 현저히 곤란하거나 명백히 불필요하다고 인정될 만한 상당한 이유가 있는 경우

판 례

(판례1) '의견청취가 현저히 곤란하거나 명백히 불필요하다고 인정될 만한 상당한 이유가 있는지 여부'는 당해 행정처분의 성질에 비추어 판단하여야 하는 것이지, 청문통지서의 반송여부, 청문통지의 방법 등에 의하여 판단할 것은 아니며, 또한 행정처분의 상대방이 통지된 청문일시에 불출석 하였다는 이유만으로 행정청이 관계법령상 그 실시가 요구되는 청문을 실시하지 아니한 채 침해적 행정처분을 할 수는 없는 것이므로, 행정처분의 상대방에 대한 청문통지서가 반송되었다거나, 행정처분의 상대방이 청문일시에 불출석하였다는 이유로 청문을 실시하지 아니하고 한 침해적 행정처분은 위법하다.
구 공중위생법상 유기장업허가취소처분을 함에 있어서 두 차례에 걸쳐 발송한 청문통지서가 모두 반송되어 온 경우, 그것만으로 행정절차법 제21조 제4항 제3호에 정한 청문을 실시하지 않아도 되는 예외 사유에 해당한다고 단정하여 청문을 실시하지 아니한 유기장업허가취소처분은 위법하다(대판 2001. 4. 13, 2000두3337).

(판례2) '의견청취가 현저히 곤란하거나 명백히 불필요하다고 인정될 만한 상당한 이유가 있는 경우'에 해당하는지는 해당 행정처분의 성질에 비추어 판단하여야 하며, 처분상대방이 이미 행정청에 위반사실을 시인하였다거나 처분의 사전통지 이전에 의견을 진술할 기회가 있었다는 사정을 고려하여 판단할 것은 아니다(대판 2016. 10. 27, 2016두41811).

(판례3) 행정청이 침해적 행정처분을 하면서 당사자에게 행정절차법상의 사전 통지를 하거나 의견제출의 기회를 주지 않았다면, 사전 통지를 하지 않거나 의견제출의 기회를 주지 않아도 되는 예외적인 경우에 해당하지 않는 한, 그 처분은 위법하여 취소를 면할 수 없다. 관할 시장이 갑에게 구 폐기물관리법 제48조 제1호에 따라 토지에 장기보관중인 폐기물을 처리할 것을 명령하는 1차, 2차 조치명령을 각각 하였고, 갑이 위 각 조치명령을 불이행하였다고 하여 구 폐기물관리법 위반죄로 유죄판결이 각각 선고·확정되었는데, 이후 관할 시장이 폐기물 방치 실태를 확인하고 별도의 사전 통지와 의견청취 절차를 밟지 않은 채 갑에게 폐기물 처리에 관한 3차 조치명령을 한 사안에서, 3차 조치명령은 재량행위로서 행정절차법 시행령 제13조 제2호에서 정한 사전 통지, 의견청취의 예외사유에 해당하지 않는다고 한 사례(대판 2020. 7. 23, 2017두66602).

(2) 의견청취

1) 의의

행정청이 불이익 처분을 함에는 의견청취를 거쳐야 한다. 당사자가 의견진술의 기회를 포기한다는 뜻을 명백히 표시한 경우에는 의견청취를 아니할 수 있다(동법 제22조). 의견청취에는 청문·공청회·의견제출의 세 가지 방법이 있다.

2) 의견청취절차

가. 청문

① 청문의 의의

청문이란 행정청이 어떠한 처분을 하기에 전에 당사자등의 의견을 직접 듣고 증거를 조사하는 절차를 말한다(동법 제2조 제5호).

② 청문의 실시

청문은 Ⓐ 다른 법령 등에서 청문을 실시하도록 규정하고 있거나 Ⓑ 행정청이 필요하다고 인정하는 경우, Ⓒ 인허가 등의 취소, 신분·자격의 박탈, 법인이나 조합 등의 설립허가를 취소하는 경우에 실시된다(동법 제22조 제1항).

판 례

(판례1) 행정청이 특히 침해적 행정처분을 할 때 그 처분의 근거법령 등에서 청문을 실시하도록 규정하고 있다면, 행정절차법 등 관련 법령상 청문을 실시하지 않아도 되는 예외적인 경우에 해당하지 않는 한 반드시 청문을 실시하여야 하며, 그러한 절차를 결여한 처분은 위법한 처분으로서 취소사유에 해당한다(대판 2007. 11. 16, 2005두15700).

(판례2) 행정청이 당사자와 사이에 도시계획사업의 시행과 관련한 협약을 체결하면서 관계 법령 및 행정절차법에 규정된 청문의 실시 등 의견청취절차를 배제하는 조항을 두었다고 하더라도, 국민의 행정참여를 도모함으로써 행정의 공정성·투명성 및 신뢰성을 확보하고 국민의 권익을 보호한다는 행정절차법의 목적 및 청문제도의 취지 등에 비추어 볼 때, 위와 같은 협약의 체결로 청문의 실시에 관한 규정의 적용을 배제할 수 있다고 볼 만한 법령상의 규정이 없는 한, 이러한 협약이 체결되었다고 하여 청문의 실시에 관한 규정의 적용이 배제된다거나 청문을 실시하지 않아도 되는 예외적인 경우에 해당한다고 할 수 없다(대판 2004. 7. 8, 2002두8350).

③ 청문주재자

행정청은 소속 직원 또는 대통령령으로 정하는 자격을 가진 사람 중에서 청문 주재자를 공정하게 선정하여야 한다. 행정청은 Ⓐ 다수 국민의 이해가 상충되는 처분, Ⓑ 다수 국민에게 불편이나 부담을 주는 처분, Ⓒ 그 밖에 전문적이고 공정한 청문을 위하여 행정청이 청문 주재자를 2명 이상으로 선정할 필요가 있다고 인정하는 처분의 어느 하나에 해당하는 처분을 하려는 경우에는 청문 주재자를 2명 이상으로 선정할 수 있다. 이 경우 선정된 청문 주재자 중 1명이 청문 주재자를 대표한다(동법 제28조 제1항, 제2항).

④ 청문의 공개

청문은 원칙적으로 당사자의 공개신청이 있거나 청문주재자가 필요하다고 인정하는 경우 이를 공개할 수 있다. 다만, 공익 또는 제3자의 정당한 이익을 현저히 해칠 우려가 있는 경우에는 공개하여서는 아니 된다(동법 제30조).

⑤ 청문의 진행

청문주재자가 청문을 시작할 때에는 먼저 예정된 처분의 내용, 그 원인이 되는 사실 및 법적 근거 등을 설명하여야 한다. 당사자등은 의견을 진술하고 증거를 제출할 수 있으며, 참고인·감정인등에 대하여 질문할 수 있다. 청문주재자는 청문의 신속한 진행과 질서유지를 위하여 필요한 조치를 할 수 있다(동법 제31조).

⑥ 청문조서의 작성

청문주재자는 Ⓐ 제목, Ⓑ 청문주재자의 소속·성명등 인적사항, Ⓒ 당사자등의 주소·성명 또는 명칭 및 출석여부, Ⓓ 청문의 일시 및 장소, Ⓔ 당사자등의 진술의 요지 및 제출된 증거, Ⓕ 청문의 공개여부 및 공개 또는 제30조 단서의 규정에 의하여 공개하지 아니한 이유, Ⓖ 증거조사를 한 경우에는 그 요지 및 첨부된 증거 Ⓗ 그 밖에 필요한 사항이 기재된 청문조서를 작성하여야 한다. 당사자등은 청문조서의 내용을 열람·확인할 수 있으며, 이의가 있을 때에는 그 정정을 요구할 수 있다(동법 제34조).

⑦ 청문의 종결

청문주재자는 당해 사안에 대하여 Ⓐ 당사자등의 의견진술·증거조사가 충분히 이루어졌다고 인정되는 경우, Ⓑ 당사자등의 전부 또는 일부가 정당한 사유없이 청문기일에 출석하지 아니하거나 제31조 제3항의 규정에 의한 의견서를 제출하지 아니한 경우, Ⓒ 당사자등의 전부 또는 일부가 정당한 사유로 인하여 청문기일에 출석하지 못하거나 제31조 제3항의 규정에 의한 의견서를 제출하지 못한 경우에는 상당한 기간을 정하여 이들에게 의견진술 및 증거제출을 요구하여야 하며, 해당 기간이 경과한 때에 청문을 마칠 수 있다(동법 제35조).

⑧ 청문결과의 반영

행정청은 처분을 함에 있어서 제35조 제4항의 규정에 의하여 제출받은 청문조서, 청문주재자의 의견서, 그 밖의 관계서류 등을 충분히 검토하고 상당한 이유가 있다고 인정하는 경우에는 청문결과를 반영하여야 한다(동법 제35조의2). 다만 처분청이 그 의견에 기속되어야 하는 것은 아니다.

판 례

(판례) 광업법 제88조 제2항에서 같은 법조 제1항의 규정에 의하여 광업용 토지수용을 위한 사업인정을 하고자 할 때에 토지소유자와 토지에 관한 권리를 가진 자의 의견을 들어야 한다고 한 것은 그 사업인정 여부를 결정함에 있어서 소유자나 기타 권리자가 의견을 반영할 기회를 주어 이를 참작하도록 하고자 하는 데 있을 뿐, 처분청이 그 의견에 기속되는 것은 아니다(대판 1995. 12. 22, 95누30).

⑨ 문서열람청구

당사자등은 의견제출의 경우에는 처분의 사전 통지가 있는 날부터 의견제출기한까지, 청문의 경우에는 청문의 통지가 있는 날부터 청문이 끝날 때까지 행정청에 해당 사안의 조사결과에 관한 문서와 그 밖에 해당 처분과 관련되는 문서의 열람 또는 복사를 요청할 수 있다. 이 경우 행정청은 다른 법령에 의하여 공개가 제한되는 경우를 제외하고는 이를 거부할 수 없다(동법 제37조).

나. 공청회

① 의의

공청회란 행정청이 공개적인 토론을 통하여 어떠한 행정작용에 대하여 당사자등, 전문지식과 경험을 가진 사람, 그 밖의 일반인으로부터 의견을 널리 수렴하는 절차를 말한다(동법 제2조 제6호). 공청회는 통상 행정작용과 관련이 있는 이해관계인이 다수인 경우에 행해지는 의견청취절차이다.

② 공청회의 개최

행정청은 공청회를 개최하려는 경우에는 공청회 개최 14일 전까지 Ⓐ 제목, Ⓑ 일시 및 장소, Ⓒ 주요 내용, Ⓓ 발표자에 관한 사항, Ⓔ 발표신청 방법 및 신청기한, Ⓕ 정보통신망을 통한 의견제출, Ⓖ 그 밖에 공청회 개최에 관하여 필요한 사항을 당사자등에게 통지하고, 관보·공보·인터넷 홈페이지 또는 일간신문 등에 공고하는 등의 방법으로 널리 알려야 한다(동법 제38조).

③ 온라인공청회

행정청은 제38조에 따른 공청회와 병행하여서만 정보통신망을 이용한 공청회(이하 "온라인공청회"라 한다)를 실시할 수 있다. 온라인공청회를 실시하는 경우에는 누구든지 정보통신망을 이용하여 의견을 제출하거나 제출된 의견 등에 대한 토론에 참여할 수 있다(동법 제38조의2).

④ 공청회의 주재자

공청회의 주재자는 해당 공청회의 사안과 관련된 분야에 전문적 지식이 있거나 그 분야에서 종사한 경험이 있는 사람으로서 대통령령으로 정하는 자격을 가진 사람 중에서 공청회의 주재자를 선정한다(동법 제38조의3).

⑤ 공청회의 진행

공청회의 주재자는 공청회를 공정하게 진행하여야 하며, 공청회의 원활한 진행을 위하여 발표내용을 제한할 수 있고, 질서유지를 위하여 발언 중지 및 퇴장 명령 등 행정안전부장관이 정하는 필요한 조치를 할 수 있다(동법 제39조 제1항).

공청회의 주재자는 발표자의 발표가 끝난 후에는 발표자 상호간에 질의 및 답변을 할 수 있도록 하여야 하며, 방청인에게도 의견을 제시할 기회를 주어야 한다(동법 제39조 제3항).

⑥ 공청회 및 온라인공청회 결과의 반영

행정청은 처분을 할 때에 공청회, 온라인공청회 및 정보통신망 등을 통하여 제시된 사실 및 의견이 상당한 이유가 있다고 인정하는 경우에는 이를 반영하여야 한다(동법 제39조의2).

다. 의견제출

① 의의

의견제출이란 행정청이 어떠한 행정작용을 하기 전에 당사자등이 의견을 제시하는 절차로서 청문이나 공청회에 해당하지 아니하는 절차를 말한다(동법 제2조 제7호). 판례는 의견제출의 기회를 주어야 하는 당사자는 '행정청이 처분에 대하여 직접 그 상대가 되는 당사자'를 의미한다고 한다.

판 례

(판례) 구 행정절차법(2011. 12. 2. 법률 제11109호로 개정되기 전의 것, 이하 같다) 제22조 제3항에 따라 행정청이 의무를 부과하거나 권익을 제한하는 처분을 할 때 의견제출의 기회를 주어야 하는 '당사자'는 '행정청의 처분에 대하여 직접 그 상대가 되는 당사자'(구 행정절차법 제2조 제4호)를 의미한다. 그런데 '고시'의 방법으로 불특정 다수인을 상대로 의무를 부과하거나 권익을 제한하는 처분은 성질상 의견제출의 기회를 주어야 하는 상대방을 특정할 수 없으므로, 이와 같은 처분에 있어서까지 구 행정절차법 제22조 제3항에 의하여 그 상대방에게 의견제출의 기회를 주어야 한다고 해석할 것은 아니다(대판 2014. 10. 27, 2012두7745).

② 의견제출의 기회부여

행정청이 당사자에게 의무를 부과하거나 권익을 제한하는 처분을 할 때 청문을 실시하거나 공청회를 개최하는 경우 외에는 당사자등에게 의견제출의 기회를 주어야 한다(동법 제22조 제3항).

판 례

(판례1) 불이익처분의 직접 상대방인 당사자 또는 행정청이 참여하게 한 이해관계인이 아닌 제3자에 대하여는 사전통지 및 의견제출에 관한 같은 법 제21조, 제22조가 적용되지 않는다(대판 2009. 4. 23, 2008두686).

(판례2) 구 유통산업발전법(2013. 1. 23. 법률 제11626호로 개정되기 전의 것, 이하 같다) 제8조 제1항, 제9조 제1항, 제12조 제1항의 내용 및 체계, 구 유통산업발전법 제12조의2 제1항, 제2항, 제3항에 따른 영업시간 제한 등 처분의 법적 성격, 구 유통산업발전법상 대규모점포 개설자에게 점포 일체를 유지·관리할 일반적인 권한을 부여한 취지 등에 비추어 보면, 영업시간 제한 등 처분의 대상인 대규모점포 중 개설자의 직영매장 이외에 개설자에게서 임차하여 운영하는 임대매장이 병존하는 경우에도, 전체 매장에 대하여 법령상 대규모점포 등의 유지·관리 책임을 지는 개설자만이 처분상대방이 되고, 임대매장의 임차인이 별도로 처분상대방이 되는 것은 아니다(대판 2015. 11. 19, 2015두295).

③ 의견제출의 진행

당사자등은 처분 전에 그 처분의 관할행정청에 서면이나 말로 또는 정보통신망을 이용하여 의견제출을 할 수 있다(동법 제27조 제1항). 당사자등은 제1항에 의하여 의견제출을 하는 경우 그 주장을 입증하기 위한 증거자료 등을 첨부할 수 있다. 행정청은 당사자등이 말로 의견제출을 한 때에는 서면으로 그 진술의 요지와 진술자를 기록하여야 한다(동법 제27조 제3항). 당사자등이 정당한 이유없이 의견제출기한까지 의견제출을 하지 아니한 경우에는 의견이 없는 것으로 본다(동법 제27조).

④ 제출의견의 반영

행정청은 처분을 할 때에 당사자등이 제출한 의견이 상당한 이유가 있다고 인정하는 경우에는 이를 반영하여야 한다(동법 제27조의2).

4. 신고, 확약 및 위반사실 등의 공표절차 등

(1) 신고

1) 의의

신고절차는 법령등에서 사인이 행정청에 대하여 일정한 사항을 알려야 하는 의무를 규정한 경우에 이를 신고하는 절차를 말한다(제40조). 이는 행정청이 신고한 내용에 대하여 단지 형식적 심사만 하므로 행정청에게 일정한 사실을 신고한 것으로서 신고의무가 종료되고 법령에서 정한 법률상 효과가 발생하는 것이다. 이러한 행정절차법상의 신고는 전형적 신고 내지 자기완결적 신고라고 한다.

2) 신고의무의 이행

신고가 ① 신고서의 기재사항에 흠이 없을 것, ② 필요한 구비서류가 첨부되어 있을 것, ③ 기타 법령등에 규정된 형식상의 요건에 적합할 것의 요건을 갖춘 경우에는 신고서가 접수기관에 도달된 때에 신고의 의무가 이행된 것으로 본다(동법 제40조 제2항).

3) 행정청의 보완요구

행정청은 제2항의 요건을 갖추지 못한 신고서가 제출된 경우 지체없이 상당한 기간을 정하여 신고인에게 보완을 요구하여야 한다. 또한 행정청은 신고인이 규정에 의한 기간내에 보완을 하지 아니한 때에는 그 이유를 구체적으로 밝혀 해당 신고서를 되돌려 보내야 한다(동법 제40조 제3항, 제4항).

판 례

(판례) 건축불허가처분을 하면서 그 사유의 하나로 소방시설과 관련된 소방서장의 건축부동의의견을 들고 있으나 그 보완이 가능한 경우, 보완을 요구하지 아니한 채, 곧바로 건축허가신청을 거부한 것은 재량권의 범위를 벗어난 것이다(대판 2004. 10. 15, 2003두6573).

(2) 확약

법령등에서 당사자가 신청할 수 있는 처분을 규정하고 있는 경우 행정청은 당사자의 신청에 따라 장래에 어떠한 처분을 하거나 하지 아니할 것을 내용으로 하는 의사표시를 할 수 있다. 확약은 문서로 하여야 한다(동법 제40조의2).

(3) 위반사실 등의 공표

행정청은 법령에 따른 의무를 위반한 자의 성명·법인명, 위반사실, 의무위반을 이유로 처분사실 등을 법률로 정하는 바에 따라 일방에게 공표할 수 있다(동법 제40조의3).

(4) 형량명령

행정청은 행정청이 수립하는 계획 중 국민의 권리·의무에 직접 영향을 미치는 계획을 수립하거나 변경·폐지할 때에는 관련된 여러 이익을 정당하게 형량하여야 한다(동법 제40조의4).

5. 행정상 입법예고절차

(1) 행정상 입법예고

법령등을 제정·개정 또는 폐지하려는 경우에는 해당 입법안을 마련한 행정청은 이를 예고하여야 한다. 다만, ① 신속한 국민의 권리 보호 또는 예측 곤란한 특별한 사정의 발생 등으로 입법이 긴급을 요하는 경우, ② 상위 법령등의 단순한 집행을 위한 경우, ③ 입법내용이 국민의 권리·의무 또는 일상생활과 관련이 없는 경우 , ④ 단순한 표현·자구를 변경하는 경우 등 입법내용의 성질상 예고의 필요가 없거나 곤란하다고 판단되는 경우, ⑤

예고함이 공공의 안전 또는 복리를 현저히 해칠 우려가 있는 경우에는 예고를 하지 아니할 수 있다(동법 제41조 제1항).

(2) 예고의 방법

① 행정청은 입법안의 취지, 주요내용 또는 전문을 공고하여야 하며, 추가로 인터넷, 신문 또는 방송 등을 통하여 공고할 수 있다. 아울러 행정청은 대통령령을 입법예고 하는 경우에는 국회 소관 상임위원회에 제출하여야 한다(동법 제42조 제1항, 제2항).

② 행정청은 입법예고를 하는 때에 입법안과 관련이 있다고 인정되는 중앙행정기관, 지방자치단체 그 밖의 단체 등이 예고사항을 알 수 있도록 예고사항의 통지 및 그 밖의 방법으로 알려야 한다(동법 제42조 제3항).

(3) 예고기간

입법예고기간은 예고할 때 정하되, 특별한 사정이 없으면 40일(자치법규는 20일) 이상으로 한다(동법 제43조).

(4) 의견제출 및 처리

누구든지 예고된 입법안에 대하여 의견을 제출할 수 있다. 행정청은 의견접수기관·의견제출기간, 그 밖에 필요한 사항을 해당 입법안을 예고할 때 함께 공고하여야 한다. 또한 행정청은 해당 입법안에 대한 의견이 제출된 경우 특별한 사유가 없는 한 이를 존중하여 처리하여야 한다(동법 제44조).

(5) 공청회

행정청은 입법안에 관하여 공청회를 개최할 수 있다(동법 제45조).

6. 행정예고절차

(1) 행정예고

행정청은 ① 신속하게 국민의 권리를 보호하여야 하거나 예측이 어려운 특별한 사정이 발생하는 등 긴급한 사유로 예고가 현저히 곤란한 경우, ② 법령등의 단순한 집행을 위한 경우, ③ 정책등의 내용이 국민의 권리·의무 또는 일상생활과 관련이 없는 경우, ④ 정책등의 예고가 공공의 안전 또는 복리를 현저히 해칠 우려가 상당한 경우의 어느 하나에 해당하는 경우에는 예고를 하지 아니할 수 있다(동법 제46조 제1항).

(2) 행정예고기간

행정예고기간은 예고 내용의 성격 등을 고려하여 정하되, 20일 이상으로 한다(동법 제46조 제3항). 제3항에도 불구하고 행정목적을 달성하기 위하여 긴급한 필요가 있는 경우에는 행정예고기간을 단축할 수 있다. 이 경우 단축된 행정예고기간은 10일 이상으로 한다(동법 제46조 제4항).

7. 행정지도절차

행정지도란 행정기관이 그 소관사무의 범위 안에서 일정한 행정목적을 실현하기 위하여 특정인에게 일정한 행위를 하거나 하지 아니하도록 지도·권고·조언 등을 하는 행정작용을 말한다(동법 제48조). 이에 대하여는 행정작용법 편에서 기술하였다.

8. 국민참여 활성화 등

행정청은 행정과정에서 국민의 의견을 적극적으로 청취하고 이를 반영하도록 노력하여야 하고, 행정청은 국민에게 다양한 참여방법과 협력의 기회를 제공하도록 노력하여야 하며, 구체적인 참여방법을 공표하여야 한다(동법 제52조 제1·2항).

행정청은 정부시책이나 행정제도 및 그 운영의 개선에 관한 국민의 창의적인 의견이나 고안(국민제안)을 접수·처리하여야 한다(동법 제52조의2 제1항).

행정청은 국민에게 영향을 미치는 주요 정책 등에 대하여 국민의 다양하고 창의적인 의견을 널리 수렴하기 위하여 정보통신망을 이용한 정책토론(온라인 정책토론)을 실시할 수 있다(동법 제53조 제1항).

제 3 절 민원처리절차

I. 의의

민원처리절차는 민원인이 행정기관에 대하여 처분 등 특정한 행위를 요구하는 사항, 즉 민원사항에 관한 사무를 처리하는 절차이다.[1)]

---

1) "민원"이란 민원인이 행정기관에 대하여 처분 등 특정한 행위를 요구하는 것을 말하며, 그 종류는 다음 각 목과 같다(민원 처리에 관한 법률 제2조)
가. 일반민원
1) 법정민원: 법령·훈령·예규·고시·자치법규 등(이하 "관계법령등"이라 한다)에서 정한 일정 요건에 따라 인가·허가·승인·특허·면허 등을 신청하거나 장부·대장 등에 등록·등재를 신청 또는 신고하거나 특정한 사실 또는 법률관계에 관한 확인 또는 증명을 신청하는 민원
2) 질의민원: 법령·제도·절차 등 행정업무에 관하여 행정기관의 설명이나 해석을 요구하는 민원
3) 건의민원: 행정제도 및 운영의 개선을 요구하는 민원
4) 기타민원: 법정민원, 질의민원, 건의민원 및 고충민원 외에 행정기관에 단순한 행정절차 또는 형식요건 등에 대한 상담·설명을 요구하거나 일상생활에서 발생하는 불편사항에 대하여 알리는 등 행정기관에 특정한 행

Ⅱ. 민원 처리의 기본원칙

1. 적용범위

민원에 관하여 다른 법률에 특별한 규정이 있는 경우를 제외하고는 민원처리에 관한 법률이 정하는 바에 따른다(법 제3조).

2. 민원인의 권리와 의무

민원인은 행정기관에 민원을 신청하고 신속·공정·친절·적법한 응답을 받을 권리가 있다. 민원인은 민원을 처리하는 담당자의 적법한 민원처리를 위한 요청에 협조하여야 하고, 행정기관에 부당한 요구를 하거나 다른 민원인에 대한 민원 처리를 지연시키는 등 공무를 방해하는 행위를 하여서는 아니 된다(동법 제5조).

3. 민원 처리의 원칙

행정기관의 장은 관계법령등에서 정한 처리기간이 남아 있다거나 그 민원과 관련 없는 공과금 등을 미납하였다는 이유로 민원 처리를 지연시켜서는 아니 된다. 다만, 다른 법령에 특별한 규정이 있는 경우에는 그에 따른다(동법 제6조).

4. 민원의 처리기간의 계산

민원의 처리기간을 5일 이하로 정한 경우에는 민원의 접수시각부터 “시간” 단위로 계산하되, 공휴일과 토요일은 산입하지 아니한다. 이 경우 1일은 8시간의 근무시간을 기준으로 한다. 민원의 처리기간을 6일 이상으로 정한 경우에는 “일” 단위로 계산하고 첫날을 산입하되, 공휴일과 토요일은 산입하지 아니한다. 민원의 처리기간을 주·월·연으로 정한 경우에는 첫날을 산입하되, 「민법」 제159조부터 제161조까지의 규정을 준용한다(동법 제19조).

Ⅲ. 민원의 처리절차

1. 민원의 신청

민원의 신청은 문서(「전자정부법」 제2조 제7호에 따른 전자문서를 포함한다. 이하 같다)로 하여야 한다. 다만, 기타민원은 구술 또는 전화로 할 수 있다(동법 제8조).

위를 요구하는 민원
나. 고충민원: 「부패방지 및 국민권익위원회의 설치와 운영에 관한 법률」 제2조 제5호에 따른 고충민원

2. 민원의 접수

행정기관의 장은 민원의 신청을 받았을 때에는 다른 법령에 특별한 규정이 있는 경우를 제외하고는 그 접수를 보류하거나 거부할 수 없으며, 접수된 민원문서를 부당하게 되돌려 보내서는 아니 된다. 행정기관의 장은 민원을 접수하였을 때에는 해당 민원인에게 접수증을 내주어야 한다. 다만, 기타민원과 민원인이 직접 방문하지 아니하고 신청한 민원 및 처리기간이 '즉시'인 민원 등 대통령령으로 정하는 경우에는 접수증 교부를 생략할 수 있다(동법 제9조).

3. 민원문서의 이송

행정기관의 장은 접수한 민원서류가 다른 행정기관의 소관인 경우에는 접수된 민원문서를 지체 없이 소관 기관에 이송하여야 한다(동법 제16조).

4. 민원서류의 보완·취하

행정기관의 장은 접수한 민원문서에 보완이 필요한 경우에는 상당한 기간을 정하여 지체 없이 민원인에게 보완을 요구하여야 한다. 민원인은 해당 민원의 처리가 종결되기 전에는 그 신청의 내용을 보완하거나 변경 또는 취하할 수 있다. 다만, 다른 법률에 특별한 규정이 있거나 그 민원의 성질상 보완·변경 또는 취하할 수 없는 경우에는 그러하지 아니하다(동법 제22조).

5. 처리결과의 통지

행정기관의 장은 접수된 민원에 대한 처리를 완료한 때에는 그 결과를 민원인에게 문서로 통지하여야 한다. 다만, 기타민원의 경우와 통지에 신속을 요하거나 민원인이 요청하는 등 대통령령으로 정하는 경우에는 구술, 전화, 문자메시지, 팩시밀리 또는 전자우편 등으로 통지할 수 있다(동법 제27조 제1항).

또한, 행정기관의 장은 ① 민원인의 동의가 있거나 ② 민원인의 전자민원청구나 통합전자민원창구를 통하여 전자문서로 민원을 신청하는 경우에는 전자문서로 통지하는 것으로 갈음할 수 있다. 다만, ②에 해당하는 경우에는 민원인이 요청하면 지체 없이 민원 처리 결과에 관한 문서를 교부하여야 한다(동법 제27조 제2항).

행정기관의 장은 제1항 또는 제2항에 따라 민원의 처리결과를 통지할 때에 민원의 내용을 거부하는 경우에는 거부 이유와 구제절차를 함께 통지하여야 한다(동법 제27조 제3항).

6. 불복절차

법정민원에 대한 행정기관의 장의 거부처분에 불복하는 민원인은 그 거부처분을 받은 날부터 60일 이내에 그 행정기관의 장에게 문서로 이의신청을 할 수 있다. 행정기관의 장은 이의신청을 받은 날부터 10일 이내에 그 이의신청에 대하여 인용 여부를 결정하고 그 결과를 민원인에게 지체 없이 문서로 통지하여야 한다. 다만, 부득이한 사유로 정하여진 기간 이내에 인용 여부를 결정할 수 없을 때에는 그 기간의 만료일 다음 날부터 기산하여 10일 이내의 범위에서 연장할 수 있으며, 연장 사유를 민원인에게 통지하여야 한다. 민원인은 제1항에 따른 이의신청 여부와 관계없이 「행정심판법」에 따른 행정심판 또는 「행정소송법」에 따른 행정소송을 제기할 수 있다(동법 제35조).

제 4 절 행정절차의 하자

Ⅰ. 절차하자의 의의

행정입법, 행정행위 등 행정청에 의한 모든 공법적 작용은 적법요건을 갖추어야 적법한 것이 된다. 적법요건에 절차요건이 포함됨은 물론이다. 여기서 행정청에 의한 각종의 공법적 작용에 절차요건상 흠이 있을 때 이를 절차상 하자라 한다.

Ⅱ. 절차하자의 유형

절차상 하자의 유형으로는 법령상 요구되는 상대방의 협력이나 관계행정청의 협력의 결여, 필요적인 처분의 사전통지나 의견청취의 결여, 이유제시의 결여, 송달방법의 하자 등을 볼 수 있다. 말하자면 개별법률 또는 행정절차법에서 행정절차상 요구되는 각종 절차의 결여가 절차상 하자에 해당한다.

Ⅲ. 절차하자의 법적 효과

1. 법적 효과에 대한 명문규정이 있는 경우

(1) 일반적 규정

입법례에 따라서는 절차상 하자의 효과에 대하여 일반적 규정을 두기도 하나 우리의 경우 이러한 규정은 없다.

(2) 개별규정

국가공무원법은 소청사건을 심사할 때 소청인등에게 진술의 기회를 부여하지 아니하고 한 결정은 무효로 한다(제13조 제2항)고 규정하여 명문규정을 두기도 하나, 명문의 규정을 두지 아니한 경우가 일반적이다.

2. 법적 효과에 대한 명문규정이 없는 경우

행정절차에 하자가 존재하는 경우에 절차상 하자의 효과는 어떻게 되느냐가 문제된다. 첫째로 절차상 하자가 존재하는 경우에 실체적 흠이 존재하는 경우와 마찬가지로 위법하게 되는가 혹은 실체의 하자가 존재하지 아니하는 이상 절차상 하자만으로는 위법하게 되는 것이 아닌가 하는 위법여부 문제(독립적 취소사유 여부)가 있고, 둘째로 절차상 하자만으로 위법하게 된다고 할 경우 절차상 하자가 무효원인이 되는가 취소원인이 되는가의 문제(위법성의 정도)가 있다.

(1) 독립된 위법사유인지 여부

1) 학설

가. 소극설

소극설은 ① 절차규정은 적정한 행정결정의 확보를 위한 수단에 불과하다는 점, ② 절차위반을 이유로 다시 처분한다고 하여도 전과 동일한 처분을 하는 경우에는 행정경제 및 소송경제에 반한다는 점, ③ 행정의 능률과의 조화를 기하여야 한다는 점을 든다.

나. 적극설

적극설은 ① 적정한 절차는 적정한 결정의 전제가 된다는 점, ② 다시 처분한다고 할 때 반드시 동일한 결론에 도달한다는 보장이 없다는 점, ③ 절차적 요건의 의미를 살려야 한다는 점, 그리고 취소소송 등의 기속력이 절차의 위법을 이유로 하는 경우에 준용된다는 점을 근거로 한다.

2) 검토

적극설이 지배적인 견해이며 판례의 입장이다.

판 례

(판례1) 식품위생법 제64조, 같은법 시행령 제37조 제1항 소정의 청문절차를 전혀 거치지 아니하거나 거쳤다고 하여도 그 절차적 요건을 제대로 준수하지 아니한 경우에는 가사 영업정지사유 등 위 법 제58조 등

소정 사유가 인정된다고 하더라도 그 처분은 위법하여 취소를 면할 수 없다(대판 1991. 7. 9, 91누971).

(판례2) 청문절차 없이 어떤 행정처분을 한 경우에도 관계 법령에서 청문절차를 시행하도록 규정하지 않고 있는 경우에는 그 행정처분이 위법하게 되는 것이 아니라고 할 것인바, 구 주택건설촉진법(1992. 12. 8. 법률 제4530호로 개정되기 전의 것) 및 같은법 시행령에 의하면 주택조합설립인가처분의 취소처분을 하고자 하는 경우에 청문절차를 거치도록 규정하고 있지 아니하므로 청문절차를 거치지 아니한 것이 위법하지 아니하다(대판 1994. 3. 22, 93누18969).

(판례3) 헌법재판소는 형사소추 받은 변호사에게 업무정지명령을 가하도록 한 구 변호사법 제15조 위헌소원사건에서 적법절차의 원리상 명문규정의 유무를 불문하고 불이익 처분시 청문의 기회가 보장되어야 한다는 입장을 취하였다(헌재결 1990. 11. 19, 90헌가48).

(판례4) 행정절차에 관한 일반법인 행정절차법 제21조, 제22조에서 사전 통지와 의견청취에 관하여 정하고 있다. … 따라서 행정청이 침해적 행정처분을 하면서 당사자에게 행정절차법상의 사전 통지를 하거나 의견제출의 기회를 주지 않았다면, 사전 통지를 하지 않거나 의견제출의 기회를 주지 않아도 되는 예외적인 경우에 해당하지 않는 한, 그 처분은 위법하여 취소를 면할 수 없다(대판 2020. 7. 23, 2017두66602).

(2) 위법성의 정도

절차상 하자가 위법사유를 구성한다고 하여도, 그것이 무효사유인지 아니면 취소사유인지의 여부는 한 마디로 단언 할 수 없다. 이것은 중대·명백설에 따라 판단하여야 한다. 즉 그 하자가 중대하고 동시에 명백하다면 무효사유가 된다. 절차하자가 위법한 경우에 그것이 무효원인인가 취소원인인가는 개별적으로 판단하여야 할 문제이다. 따라서 예컨대 행정청이 불이익처분을 행하면서 의견청취절차를 전혀 결여하였다면 경우에 따라서는 무효원인으로 보아야 할 것이다.

판 례

(판례1) 징계혐의자에게 사전진술의 기회를 주지 아니하고 시행한 징계의결이라 할지라도 그 절차상의 하자가 중대하고 명백하여 당연무효로는 된다고는 말할 수 없다(대판 1977. 6. 28, 77누96).

(판례2) 행정청이 침해적 행정처분을 함에 즈음하여 청문을 실시하지 않아도 되는 예외적인 경우에 해당하지 않는 한 반드시 청문을 실시하여야 하고, 그 절차를 결여한 처분은 위법한 처분으로서 취소 사유에 해당한다(대판 2001. 4. 13, 2000두3337).

(판례3) 교육환경보호구역에서 건축법 제11조 제1항 단서에 따른 규모(층수가 21층 이상이거나 연면적의 합계가 10만㎡ 이상인 경우를 말하며, 이와 같은 규모에 해당하는 건축물을 이하 '대규모 건축물'이라고 한다)의 건축을 하려는 자는 교육환경평가서를 관할 교육감에게 제출하고 그 승인을 받아야 한다(교육환경법 제6조 제1항 제5호 참조). 그런데 교육환경평가서 승인제도의 입법 취지, 교육환경법령 및 건축법령의 관련 규정의 내용과 체계 등을 종합적으로 고려하면, 대규모 건축물을 건축하려는 자가 위와 같은 교육환경평가서 승인절차를 거치지 아니한 채 주택법상 주택건설사업계획승인이나 건축법상 건축허가 등(이하 건축물

건축에 관한 승인, 허가 등을 통틀어 '건축허가 등'이라고 한다)을 받았더라도 이러한 사유만으로 곧바로 건축허가 등 처분에 취소사유에 이를 정도의 흠이 존재한다고 볼 수는 없다(대판 2021. 8. 19, 2020두55701).

Ⅳ. 절차하자의 치유

1. 절차하자의 치유의 의의

절차상 하자의 치유란 행정행위가 발령 당시에 적법요건의 하나인 절차요건에 흠결이 있는 경우에 그 흠결을 사후에 보완하면, 발령당시의 하자에도 불구하고 그 행위의 효과를 다툴 수 없도록 유지하는 것을 말한다. 절차상 하자의 치유는 행정의 법률적합성과 국민의 법생활의 안정과 신뢰보호의 조화를 위한 것이다.

2. 인정여부

민법상으로는 하자의 치유의 법리가 명문화되어 있으나(민법 제143조 내지 제146조), 행정법상으로는 통칙적 규정이 없다. 해석상 행정의 능률성의 확보 등을 이유로 광범위하게 허용된다는 긍정설, 국민의 방어권보장을 침해하지 않는 범위 안에서 제한적으로만 허용된다는 제한적 긍정설, 행정결정의 신중성 확보와 자의배제 등을 이유로 행정절차를 강조하여 하자의 치유가 원칙적으로 허용되지 아니한다는 부정설이 대립한다. 생각건대 절차하자의 치유는 원칙적으로 허용되지 아니하고 절차적 하자의 보완에 의한 재처분 역시 예외적으로 취급되어야 한다.

3. 치유시기

하자의 치유가 어느 시점까지 가능한가의 문제에 대하여 학설은 ① 쟁송제기 이전에만 가능하다는 입장과 ② 쟁송제기 이후에도 가능할 것(사실심변론종결시까지 가능)이라는 입장으로 나뉜다. 쟁송제기 이전시설이 다수설이다. 판례는 하자의 추완이나 보완은 행정심판의 제기 이전에 가능하다는 입장을 취한다.

판 례

(판례) 택지초과소유부담금의 납부고지서에 납부금액 및 산출근거, 납부기한과 납부장소 등의 필요적 기재사항의 일부가 누락되었다면 그 부과처분은 위법하다고 할 것이나, 부과관청이 부과처분에 앞서 택지소유상한에 관한 법률 제31조 제1항에 따라 납부의무자에게 교부한 부담금예정통지서에 납부고지서의 필요적 기재사항이 제대로 기재되어 있었다면 납부의무자로서는 부과처분에 대한 불복 여부의 결정 및 불복신청

에 전혀 지장을 받지 않았음이 명백하므로, 이로써 납부고지서의 흠결이 보완되거나 하자가 치유될 수 있는 것이다(대판 1997. 12. 26, 97누9390).

4. 효과

절차상 하자의 치유를 인정하게 되면, 하자의 치유로 인해 절차상 위법은 제거되고, 행정행위는 적법한 것으로 간주된다. 치유의 효과는 소급적이다. 처음부터 적법한 행위와 같은 효과를 가진다.

제 2 장

정보공개

제 1 절 정보공개

Ⅰ. 행정정보공개제도

1. 행정정보공개의 의의

행정정보공개는 사인의 청구에 의하여 국가 등 공공기관이 보유하는 행정정보를 일부 비공개로 하여야 할 정보를 제외하고는 원칙적으로 국민의 청구에 응해서 열람·복사·제공하는 제도를 말한다. 행정절차의 일환으로 정보가 공개되는 경우도 있다(행정절차법 제20조, 제37조, 제42조).

2. 행정정보공개의 필요성

(1) 민주주의 실현에 기여

행정정보공개는 국민의 국정참여를 위하여 필요하다. 민주국가에 있어서는 국민의 의사형성에 바탕을 두고 있는데, 바른 국민의 의사형성은 바른 정보가 선행되어야 하기 때문이다.

(2) 국정운영의 투명성 확보

행정정보공개는 국정운영의 투명성을 확보하기 위하여 필요하다. 국정운영이 투명하게 되면 국정운영의 공정성을 확보하기 위하여 용이하다.

(3) 국민의 알권리 충족

행정정보공개는 국민의 인격실현과 행복추구를 위하여 필요하다. 오늘날 정보화사회에 있어서는 정보와 지식을 갖지 않으면 인격의 개발이 어렵게 되고 행복한 생활을 영위할 수 없는 상황에 처해있다.

3. 행정정보공개의 법적 근거

(1) 헌법적 근거

통설과 판례는 행정정보공개의 헌법상 근거를 헌법 제21조에 포함되어 있는 알권리에 두고 있다. 알권리는 정보의 수집에 방해를 받지 않을 자유와 국가기관에 대하여 정보의 공개를 청구할 수 있는 정보공개청구권을 포함한다고 본다. 따라서 정보공개청구권을 인정하는 법률이 존재하지 않는 경우에도 정보공개청구권은 알권리에 근거하여 인정된다.

판 례

(판례1) 헌법 규정만으로 이를 실현할 수 있는가 구체적인 법률의 제정이 없이는 불가능한 것인가에 대하여는 다시 견해가 갈릴 수 있지만, 본건서류에 대한 열람·복사 민원의 처리는 법률의 제정이 없더라도 불가능한 것이 아니라 할 것이고, 또 비록 공문서 공개의 원칙보다는 공문서의 관리·통제에 중점을 두고 만들어진 규정이기는 하지만 정부공문서 규정 제36조 제2항이 미흡하나마 공문서의 공개를 규정하고 있는 터이므로 이 규정을 근거로 해서 국민의 알권리를 곧바로 실현시키는 것이 가능하다고 보아야 할 것이다(헌재결 1989. 9. 4, 88헌마22).

(판례2) 일반적으로 국민은 국가기관에 대하여 기밀에 관한 사항 등 특별한 경우 이외에는 보관하고 있는 문서의 열람 및 복사를 청구할 수 있고 정부공문서 규정 제36조 제2항의 규정도 행정기관으로 하여금 일반국민의 문서열람 및 복사신청에 대하여 기밀등의 특별한 사유가 없는 한 이에 응하도록 하고 있으므로 그 신청을 거부한 것은 위법하다(대판 1989. 10. 24, 88누9312).

(2) 실정법률의 근거

정보공개청구권은 알 권리에 직접 근거하여 인정되는 것이지만 정보공개에 있어서는 공개되어서는 안 되는 비밀정보, 정보공개절차, 공개가 거부된 경우의 불복절차 등 여러 법적 문제가 있으므로 정보공개청구권이 실효성 있게 보장되기 위하여는 상기의 문제들이 법률에 의해 구체적으로 규정되어야 한다. 이를 위한 법률로는 행정정보공개에 관한 일반법인 공공기관의 정보공개에 관한 법률이 있다.

Ⅱ. 공공기관의 정보공개에 관한 법률

1. 특색

(1) 정보공개에 관한 일반법

정보의 공개에 관하여는 다른 법률에 특별한 규정이 있는 경우를 제외하고는 이 법이 정하는 바에 의한다(정보공개법 제4조). 이는 정보공개법이 정보공개에 관한 일반법임을 의미한다. 정보공개법은 지방자치단체의 정보에도 적용되지만 지방자치단체는 정보공개법에 반하지 않는 한도 내에서 독자적으로 정보공개조례를 제정할 수 있다. 정보공개법은 지방자치단체는 그 소관사무에 관하여 법령의 범위 안에서 정보공개에 관한 조례를 정할 수 있다고 규정하고 있다(동법 제4조 제2항).

(2) 규율대상의 포괄성

정보공개는 주로 행정기관의 행정비밀주의의 극복에 중점이 있으므로 각국은 대체로 행정정보공개법의 형태를 취하고 있으나, 우리 정보공개법은 입법부와 사법부의 기관도 공개대상기관으로 포함하고 있다.

(3) 권리구제절차의 다원화

우리 법은 권리구제절차를 위하여 스웨덴의 옴브즈만제도, 캐나다의 정보커미셔너제도, 프랑스의 행정문서액세스위원회와 같은 독립된 기관을 설치하지는 아니 하였으나, 이의신청·행정심판·행정소송 등으로 다원화하고 있다.

2. 정보의 공개

(1) 정보공개청구권자

모든 국민은 정보의 공개를 청구할 권리를 가진다. 여기서 국민이란 자연인 외에 법인을 포함하는 개념이며, 법인격 없는 단체도 포함된다(동법 제5조). 외국인의 경우 i. 국내에 일정한 장소를 두고 거주하거나 학술·연구를 위하여 일시적으로 체류하는 자와, ii. 국내에 사무소를 두고 있는 법인 또는 단체는 정보공개를 청구할 수 있다(동법 시행령 제3조).

판 례

(판례1) 정보공개법 제6조 제1항상의 국민에는 자연인은 물론 법인, 권리능력 없는 사단·재단도 포함되고, 법인, 권리능력 없는 사단·재단의 경우에는 설립목적을 불문한다(대판 2003. 12. 12, 2003두8050).

(판례2) 공공기관의정보공개에관한법률 제6조 제1항은 "모든 국민은 정보의 공개를 청구할 권리를 가진

다."고 규정하고 있는데, 여기에서 말하는 국민에는 자연인은 물론 법인, 권리능력 없는 사단·재단도 포함되고, 법인, 권리능력 없는 사단·재단 등의 경우에는 설립목적을 불문하며, 한편 정보공개청구권은 법률상 보호되는 구체적인 권리이므로 청구인이 공공기관에 대하여 정보공개를 청구하였다가 거부처분을 받은 것 자체가 법률상 이익의 침해에 해당한다.
원심은 이유는 다르지만 권리능력 없는 사단인 원고에게 이 사건 정보공개를 청구할 수 있는 당사자능력과 이 사건 정보공개거부처분의 취소를 구할 법률상 이익이 있다고 판단한 결론은 정당하고, 거기에 상고이유에서 주장하는 바와 같은 정보공개청구에 있어서의 당사자능력이나 당사자적격 등에 관한 법리를 오해한 위법이 없다(대판 2003. 12. 12, 2003두8050).

(2) 정보공개의 대상

1) 정보의 의의

정보공개법상 정보라 함은 "공공기관이 직무상 작성 또는 취득하여 관리하고 있는 문서(전자문서를 포함한다. 이하 같다) 및 전자매체를 비롯한 모든 형태의 매체 등에 기록된 사항을 말한다(동법 제2조 제1호). 여기서의 정보에는 객관적 사실에 대한 기록은 물론 주관적 평가에 관한 기록도 포함되며, 반드시 원본일 필요도 없다.

판 례

(판례1) 공공기관이 정보공개에 관한 법률상 공개청구의 대상이 되는 정보란 공공기관이 직무상 작성 또는 취득하여 현재 보유·관리하고 있는 문서에 한정되는 것이기는 하나, 그 문서가 반드시 원본일 필요는 없다(대판 2006. 5. 25, 2006두3049).

(판례2) 정보공개제도는 공공기관이 보유·관리하는 정보를 그 상태대로 공개하는 제도라는 점 등에 비추어 보면, 정보공개를 구하는 자가 공개를 구하는 정보를 행정기관이 보유·관리하고 있을 상당한 개연성이 있다는 점을 입증함으로써 족하다 할 것이지만, 공공기관이 그 정보를 보유·관리하고 있지 아니한 경우에는 특별한 사정이 없는 한 정보공개거부처분의 취소를 구할 법률상의 이익이 없다(대판 2006. 1. 13, 2003두9459). 전자적 형태로 보유·관리되는 정보의 경우에는, 그 정보가 청구인이 구하는 대로는 되어 있지 않다고 하더라도, 공개청구를 받은 공공기관이 공개청구대상정보의 기초자료를 전자적 형태로 보유·관리하고 있고, 당해 기관에서 통상 사용되는 컴퓨터 하드웨어 및 소프트웨어와 기술적 전문지식을 사용하여 그 기초자료를 검색하여 청구인이 구하는 대로 편집할 수 있으며, 그러한 작업이 당해 기관의 컴퓨터 시스템 운용에 별다른 지장을 초래하지 아니한다면, 그 공공기관이 공개청구대상정보를 보유·관리하고 있는 것으로 볼 수 있고, 이러한 경우에 기초자료를 검색·편집하는 것은 새로운 정보의 생산 또는 가공에 해당한다고 할 수 없다(대판 2014. 6. 12, 2013두4309).

2) 정보공개 대상기관

정보공개법상 공공기관이라 함은 국가기관, 지방자치단체, 「공공기관의 운영에 관한 법률」 제2조에 따른 공공기관, 「지방공기업법」에 따른 지방공사 및 지방공단, 그 밖에 대통령령으로 정하는 기관을 말한다(동법 제2조 제3호).

판 례

(판례) 공개청구된 정보의 공개여부를 결정하는 법적인 권한과 의무를 가진 주체는 공공기관의 장이다. 정보공개심의회는 공공기관의 장의 자문에 응하는 심의기관에 불과하며, 그 필요성 및 위원의 지명과 위촉은 공공기관의 장의 권한에 속한다(대판 2002. 3. 15, 2001추95).

3) 공개대상정보

공공기관이 보유·관리하는 정보는 공개대상이 된다. 정보공개법이 정하는 공공기관이 정하는 공공기관이 보유·관리하는 정보로서 비공개대상정보가 아닌 정보는 모두 공개대상이 된다. 그리고 공공기관이 정보를 보유·관리하고 있을 개연성에 대하여는 정보공개청구권자에게 입증책임이 있다는 것이 판례의 입장이다.

판 례

(판례) 정보공개제도는 공공기관이 보유·관리하는 정보를 그 상태대로 공개하는 제도로서 공개를 구하는 정보를 공공기관이 보유·관리하고 있을 상당한 개연성이 있다는 점에 대하여 원칙적으로 공개청구자에게 증명책임이 있다고 할 것이지만, 공개를 구하는 정보를 공공기관이 한 때 보유·관리하였으나 후에 그 정보가 담긴 문서등이 폐기되어 존재하지 않게 된 것이라면 그 정보를 더 이상 보유·관리하고 있지 아니하다는 점에 대한 증명책임은 공공기관에게 있다(대판 2004. 12. 9, 2003두12707).

4) 비공개대상정보

가. 의의

비공개대상정보라 함은 공공기관이 공개를 거부할 수 있는 정보를 말한다. 다른 법률 또는 법률에서 위임한 명령에 따라 비밀이나 비공개사항으로 규정된 정보 등 정보공개법 제9조 제1항이 정하는 정보는 이를 공개하지 아니할 수 있다. 그러나 이러한 정보도 기간의 경과 등으로 인하여 비공개의 필요성이 없어진 경우에는 그 정보를 공개대상으로 하여야 한다(동법 제9조). 또한, 비공개대상정보에 해당하는지에 대해서는 공공기관이 입증하여야 한다는 것이 판례의 입장이다.

판 례

(판례1) 공공기관의 정보공개에 관한 법률 제1조, 제3조, 제6조는 국민의 알권리를 보장하고 국정에 대한 국민의 참여와 국정운영의 투명성을 확보하기 위하여 공공기관이 보유·관리하는 정보를 모든 국민에게 원칙적으로 공개하도록 하고 있으므로, 국민으로부터 보유·관리하는 정보에 대한 공개를 요구받은 공공기관으로서는 같은 법 제7조 제1항 각호에서 정하고 있는 비공개사유에 해당하지 않은 한 이를 공개하여

야 할 것이고, 만일 이를 거부하는 경우라 할지라도 대상이 된 정보의 내용을 구체적으로 확인·검토하여 어느 부분이 어떠한 법익 또는 기본권과 충돌되어 같은 법 제7조 제1항 몇 호에서 정하고 있는 비공개사유에 해당하는지를 주장·입증하여야만 할 것이며, 그에 이르지 아니한 채 개괄적인 사유만을 들어 공개를 거부하는 것은 허용되지 아니한다(대판 2003. 12. 11, 2001두8827).

(판례2) 국민으로부터 보유·관리하는 정보에 대한 공개를 요구받은 공공기관으로서는 위 법 제9조 제1항 각 호에서 정하고 있는 비공개사유에 해당하지 않는 한 이를 공개하여야 하고, 이를 거부하는 경우라 할지라도 대상이 된 정보의 내용을 구체적으로 확인·검토하여 어느 부분이 어떠한 법익 또는 기본권과 충돌되어 위 각 호의 어디에 해당하는지를 주장·증명하여야만 하며, 여기에 해당하는지 여부는 비공개에 의하여 보호되는 업무수행의 공정성 등의 이익과 공개에 의하여 보호되는 국민의 알권리의 보장과 국정에 대한 국민의 참여 및 국정운영의 투명성 확보 등의 이익을 비교·교량하여 구체적인 사안에 따라 개별적으로 판단하여야 한다(대판 2009. 12. 10, 2009두12785).

나. 종류

① 다른 법률 또는 법률에서 위임한 명령(국회규칙·대법원규칙·헌법재판소규칙·중앙선거관리위원회규칙·대통령령 및 조례로 한정한다)에 따라 비밀이나 비공개 사항으로 규정된 정보

판 례

(판례1) 공공기관의 정보공개에 관한 법률 제1조, 제3조, 헌법 제37조의 각 취지와 행정입법으로는 법률이 구체적으로 범위를 정하여 위임한 범위 안에서만 국민의 자유와 권리에 관련된 규율을 정할 수 있는 점 등을 고려할 때, 공공기관의 정보공개에 관한 법률 제7조 제1항 제1호 소정의 법률에 의한 명령은 법률의 위임규정에 의하여 제정된 대통령령, 총리령, 부령 전부를 의미한다기 보다는 정보의 공개에 관하여 법률의 구체적인 위임 아래 제정된 법규명령(위임명령)을 의미한다(대판 2003. 12. 11, 2003두8395).

(판례2) 공공기관의 정보공개에 관한 법률 제9조 제1항 제5호에서 규정하고 있는 '공개될 경우 업무의 공정한 수행에 현저한 지장을 초래한다고 인정할 만한 상당한 이유가 있는 경우'란, 공공기관의 정보공개에 관한 법률 제1조의 정보공개제도의 목적 및 공공기관의 정보공개에 관한 법률 제9조 제1항 제5호의 규정에 의한 비공개대상정보의 입법 취지에 비추어 볼 때 공개될 경우 업무의 공정한 수행이 객관적으로 현저하게 지장을 받을 것이라는 고도의 개연성이 존재하는 경우를 의미한다고 할 것이고, 여기에 해당하는지 여부는 비공개에 의하여 보호되는 업무수행의 공정성 등의 이익과 공개에 의하여 보호되는 국민의 알권리의 보장과 국정에 대한 국민의 참여 및 국정운영의 투명성 확보 등의 이익을 비교·교량하여 구체적인 사안에 따라 신중하게 판단되어야 한다.

학교폭력대책자치위원회에서의 자유롭고 활발한 심의·의결이 보장되기 위해서는 위원회가 종료된 후라도 심의·의결 과정에서 개개 위원들이 한 발언 내용이 외부에 공개되지 않는다는 것이 철저히 보장되어야 한다는 점, 학교폭력예방 및 대책에 관한 법률 제21조 제3항이 학교폭력대책자치위원회의 회의를 공개하지 못하도록 명문으로 규정하고 있는 것은, 회의록 공개를 통한 알권리 보장과 학교폭력대책자치위원회 운영의 투명성 확보 요청을 다소 후퇴시켜서라도 초등학교·중학교·고등학교·특수학교 내외에서 학생들 사이에서 발생한 학교폭력의 예방 및 대책에 관련된 사항을 심의하는 학교폭력대책자치위원회 업무수행의 공

정성을 최대한 확보하기 위한 것으로 보이는 점 등을 고려하면, 학교폭력대책자치위원회의 회의록은 공공기관의 정보공개에 관한 법률 제9조 제1항 제5호의 '공개될 경우 업무의 공정한 수행에 현저한 지장을 초래한다고 인정할 만한 상당한 이유가 있는 정보'에 해당한다고 한 사례(대판 2010. 6. 10, 2010두2913).

② 국가안전보장·국방·통일·외교관계 등에 관한 사항으로서 공개될 경우 국가의 중대한 이익을 현저히 해칠 우려가 있다고 인정되는 정보

③ 공개될 경우 국민의 생명·신체 및 재산의 보호에 현저한 지장을 초래할 우려가 있다고 인정되는 정보

판 례

(판례) 보안관찰법 소정의 보안관찰 관련 통계자료는 그 통계자료의 분석에 의하여 대남공작활동이 유리한 지역으로 보안관찰처분대상자가 많은 지역을 선택하는 등으로 위 정보가 북한정보기관에 의한 간첩의 파견, 포섭, 선전선동을 위한 교두보의 확보 등 북한의 대남전략에 있어 매우 유용한 자료로 악용될 우려가 없다고 할 수 없으므로, 위 정보는 공공기관의 정보공개에 관한 법률 제7조 제1항 제2호 소정의 공개될 경우 국민의 생명·신체 및 재산의 보호 기타 공공의 안전과 이익을 현저히 해할 우려가 있다고 인정되는 정보에 해당한다(대판 2004. 3. 18, 2001두8254).

④ 진행 중인 재판에 관련된 정보와 범죄의 예방, 수사, 공소의 제기 및 유지, 형의 집행, 교정, 보안처분에 관한 사항으로서 공개될 경우 그 직무수행을 현저히 곤란하게 하거나 형사피고인의 공정한 재판을 받을 권리를 침해한다고 인정할 만한 상당한 이유가 있는 정보

판 례

(판례1) 수용자 자비부담물품의 판매수익금과 관련하여 교도소장이 재단법인 교정협회로 송금한 수익금 총액과 교도소장에게 배당된 수익금액 및 사용내역, 교도소직원회 수지에 관한 결산결과와 사업계획 및 예산서, 수용자 외부병원 이송진료와 관련한 이송진료자 수, 이송진료자의 진료내역별 현황, 이송진료자의 진료비 지급 현황, 이송진료자의 진료비 총액 대비 예산지급액, 이송진료자의 병명별 현황, 수요자신문구독현황과 관련한 각 신문별 구독신청자 수 등에 관한 정보는 구 공공기관의 정보공개에 관한 법률(2004. 1. 29. 법률 제7127호로 전문 개정되기 전의 것) 제7조 제1항 제4호에서 비공개대상으로 규정한 형의 집행, 교정에 관한 사항으로서 공개될 경우 그 직무수행을 현저히 곤란하게 하는 정보에 해당하기 어렵다(대판 2004. 12. 9, 2003두12707).

(판례2) 구 공공기관의 정보공개에 관한 법률(2004. 1. 29. 법률 제7127호로 전문 개정되기 전의 것, 이하 '구법'이라 한다) 제7조 제1항 제4호에서 규정하고 있는 '공개될 경우 그 직무수행을 현저히 곤란하게 한다고 인정할 만한 상당한 이유가 있는 정보'라 함은 구법 제1조의 정보공개제도의 목적 및 구법 제7조 제1항 제4호의 규정에 의한 비공개대상정보의 입법 취지에 비추어 볼 때 당해 정보가 공개될 경우 범죄의 예방 및 수사 등에 관한 직무의 공정하고 효율적인 수행에 직접적이고 구체적으로 장애를 줄 고도의 개연성이

있고, 그 정도가 현저한 경우를 의미한다고 할 것이며, 여기에 해당하는지 여부는 비공개에 의하여 보호되는 업무수행의 공정성 등의 이익과 공개에 의하여 보호되는 국민의 알권리의 보장과 국정에 대한 국민의 참여 및 국정운영의 투명성 확보 등의 이익을 비교·교량하여 구체적인 사안에 따라 신중하게 판단되어야 한다.
구법 제8조 제2항은 정보공개청구의 대상이 이미 널리 알려진 사항이라 하더라도 그 공개의 방법만을 제한할 수 있도록 규정하고 있을 뿐 공개 자체를 제한하고 있지는 아니하므로, 공개청구의 대상이 되는 정보가 이미 다른 사람에게 공개하여 널리 알려져 있다거나 인터넷이나 관보 등을 통하여 공개하여 인터넷검색이나 도서관에서의 열람 등을 통하여 쉽게 알 수 있다는 사정만으로는 소의 이익이 없다거나 비공개결정이 정당화될 수는 없다.
검찰21세기연구기획단의 1993년도 연구결과종합보고서는 검찰의 의사결정과정 또는 내부검토과정에 있는 사항 등으로서 공개될 경우 업무의 공정한 수행이나 연구·개발에 현저한 지장을 초래한다고 인정할 만한 상당한 이유가 있는 정보에 해당한다고 볼 여지가 있으므로, 원심으로서는 위 연구결과종합보고서가 이에 해당하는지 여부에 대하여 심리한 다음 이를 바탕으로 위 연구결과종합보고서에 관한 정보공개거부처분의 적법 여부에 대하여 판단하였어야 할 것이다(대판 2008. 11. 27, 2005두15694).

⑤ 감사·감독·검사·시험·규제·입찰계약·기술개발·인사관리에 관한 사항이나 의사결정 과정 또는 내부검토 과정에 있는 사항 등으로서 공개될 경우 업무의 공정한 수행이나 연구·개발에 현저한 지장을 초래한다고 인정할 만한 상당한 이유가 있는 정보. 다만, 의사결정 과정 또는 내부검토 과정을 이유로 비공개할 경우에는 제13조 제5항에 따라 통지를 할 때 의사결정 과정 또는 내부검토 과정의 단계 및 종료 예정일을 함께 안내하여야 하며, 의사결정 과정 및 내부검토 과정이 종료되면 제10조에 따른 청구인에게 이를 통지하여야 한다.

판 례

(판례) 사법시험 제2차 시험의 답안지 열람은 시험문항에 대한 채점위원별 채점열람과 달리 사법시험업무의 수행에 현저한 지장을 초래한다고 볼 수 없다(대판 2003. 3. 14, 2000두6114).

⑥ 해당 정보에 포함되어 있는 성명·주민등록번호 등 「개인정보 보호법」 제2조 제1호에 따른 개인정보로서 공개될 경우 사생활의 비밀 또는 자유를 침해할 우려가 있다고 인정되는 정보. 다만, Ⓐ 법령이 정하는 바에 따라 열람할 수 있는 정보, Ⓑ 공공기관이 공표를 목적으로 작성하거나 취득한 정보로서 개인의 사생활의 비밀과 자유를 부당하게 침해하지 않는 정보, Ⓒ 공공기관이 작성하거나 취득한 정보로서 공개하는 것이 공익 또는 개인의 권리구제를 위하여 필요하다고 인정되는 정보, Ⓓ 직무를 수행한 공무원의 성명·직위, Ⓔ 공개하는 것이 공익을 위하여 필요한 경우로서 법령에 의하여 국가 또는 지방자치단체가 업무의 일부를 위탁 또는 위촉한 개인의 성명·직업에 관한 정보는 공개가 가능하다.

판 례

(판례1) 사면대상자들의 사면실시건의서와 그와 관련된 국무회의 안건자료에 관한 정보는 그 공개로 얻은 이익이 그로 인하여 침해되는 당사자들의 사생활의 비밀에 관한 이익보다 더욱 크므로 구 공공기관의 정보공개에 관한 법률 제7조 제1항 제6호에서 정한 비공개사유에 해당하지 않는다(대판 2006. 12. 7, 2005두241).

(판례2) 공공기관의 정보공개에 관한 법률 제9조 제1항 제6호는 비공개 대상 정보의 하나로 '당해 정보에 포함되어 있는 이름·주민등록번호 등 개인에 관한 사항으로서 공개될 경우 개인의 사생활의 비밀 또는 자유를 침해할 우려가 있다고 인정되는 정보'를 규정하면서, 같은 호 단서 (다)목으로 '공공기관이 작성하거나 취득한 정보로서 공개하는 것이 공익 또는 개인의 권리 구제를 위하여 필요하다고 인정되는 정보'는 제외된다고 규정하고 있다. 그런데 여기에서 '공개하는 것이 공익 또는 개인의 권리 구제를 위하여 필요하다고 인정되는 정보'에 해당하는지 여부는 비공개에 의하여 보호되는 개인의 사생활의 비밀 등 이익과 공개에 의하여 보호되는 국정운영의 투명성 확보 등의 공익 또는 개인의 권리 구제 등 이익을 비교·교량하여 구체적 사안에 따라 신중히 판단하여야 한다.

고속철도 역의 유치위원회에 지방자치단체로부터 지급받은 보조금의 사용 내용에 관한 서류 일체 등의 공개를 청구한 사안에서, 공개청구한 정보 중 개인의 성명은 비공개에 의하여 보호되는 개인의 사생활 등의 이익이 국정운영의 투명성 확보 등의 공익보다 더 중요하여 비공개대상정보에 해당한다(대판 2009. 10. 29, 2009두14224)

⑦ 법인·단체 또는 개인의 경영·영업상 비밀에 관한 사항으로서 공개될 경우 법인 등의 정당한 이익을 현저히 해할 우려가 있다고 인정되는 정보는 공개하지 아니할 수 있다. 다만, Ⓐ 사업활동에 의하여 발생하는 위해로부터 사람의 생명·신체 또는 건강을 보호하기 위하여 공개할 필요가 있는 정보와, Ⓑ 위법·부당한 사업활동으로부터 국민의 재산 또는 생활을 보호하기 위하여 공개할 필요가 있는 정보는 공개가 가능하다.

판 례

(판례) 정보공개법 제9조 제1항 제7호는 '법인 등의 경영·영업상의 비밀에 관한 사항'이라도 공개를 거부할 만한 정당한 이익이 있는지의 여부에 따라 그 공개 여부가 결정되어야 한다고 해석되는 바, 그 정당한 이익이 있는지의 여부는 앞서 본 정보공개법의 입법 취지에 비추어 이를 엄격하게 해석하여야 할 뿐만 아니라 국민에 의한 감시의 필요성이 크고 이를 감수하여야 하는 면이 강한 공익법인에 대하여는 다른 법인 등에 대하여 보다 소극적으로 해석할 수밖에 없다고 할 것이다(대판 2008. 10. 23, 2007두1798).

⑧ 공개될 경우 부동산투기, 매점매석 등으로 특정인에게 이익 또는 불이익을 줄 우려가 있다고 인정되는 정보는 공개하지 아니할 수 있다.

(3) 정보공개청구절차

1) 청구방법

정보의 공개를 청구하는 자는 당해 정보를 보유하거나 관리하고 있는 공공기관에 ① 청구인의 성명·생년월일·주소 및 연락처, ② 청구인의 주민등록번호, ③ 공개를 청구하는 정보의 내용 및 공개방법을 기재한 정보공개청구서를 제출하거나 말로써 정보의 공개를 청구할 수 있다(동법 제10조). 청구대상정보는 정보의 내용과 범위를 확정할 수 있을 정도로 특정하여 기재하여야 한다.

판 례

(판례) 정보공개법 제10조 제1항 제2호는 정보의 공개를 청구하는 자는 정보공개청구서에 '공개를 청구하는 정보의 내용' 등을 기재할 것을 규정하고 있는바, 청구대상정보를 기재함에 있어서는 사회일반인의 관점에서 청구대상정보의 내용과 범위를 확정할 수 있을 정도로 특정함을 요한다고 할 것이다(대판 2007. 6. 1, 2007두2555).

2) 공개여부결정의 기간

가. 결정기간

공공기관은 정보공개의 청구가 있는 때에는 청구를 받는 날로부터 10일 이내에 공개여부를 결정하여야 한다. 공공기관은 부득이한 사유로 제1항에 따른 기간 이내에 공개 여부를 결정할 수 없을 때에는 그 기간이 끝나는 날의 다음 날부터 기산하여 10일의 범위에서 공개 여부 결정기간을 연장할 수 있다. 이 경우 공공기관은 연장된 사실과 연장 사유를 청구인에게 지체 없이 문서로 통지하여야 한다(동법 제11조).

나. 제3자에 대한 통지

공공기관은 공개 청구된 공개 대상 정보의 전부 또는 일부가 제3자와 관련이 있다고 인정할 때에는 그 사실을 제3자에게 지체 없이 통지하여야 하며, 필요한 경우에는 그의 의견을 들을 수 있다(동법 제11조 제3항).

다. 공개여부결정의 통지

공공기관은 정보의 공개를 결정한 경우에는 공개의 일시 및 장소 등을 분명히 밝혀 청구인에게 통지하여야 한다. 만약 공공기관이 비공개결정을 한 경우에는 그 사실을 청구인에게 지체 없이 문서로 통지하여야 한다. 이 경우 제9조 제1항 각 호 중 어느 규정에 해당하는 비공개 대상 정보인지를 포함한 비공개 이유와 불복의 방법 및 절차를 구체적으로 밝혀야 한다(동법 제13조).

판 례

(판례) 공개를 거부하는 경우라 할지라도 대상이 된 정보의 내용을 구체적으로 확인·검토하여 어느 부분이 어떠한 법익 또는 기본권과 충돌되는지는 같은 법 제7조 제1항 몇 호에서 정하고 있는 비공개사유에 해당하는지를 주장·입증하여야만 할 것이며, 그에 이르지 아니한 채 개괄적인 사유만을 들어 공개를 거부하는 것은 허용되지 아니한다(대판 2003. 12. 11, 2001두8827).

라. 부분공개

공개청구한 정보가 비공개대상정보인 부분과 공개 가능한 부분이 혼합되어 있는 경우로서 공개 청구의 취지에 어긋나지 아니하는 범위에서 두 부분을 분리할 수 있는 경우에는 제9조 제1항 각 호의 어느 하나에 해당하는 부분을 제외하고 공개하여야 한다(동법 제14조).

판 례

(판례1) 법원이 행정청의 정보공개처분의 위법 여부를 심리한 결과 공개를 거부한 정보에 비공개대상정보에 해당하는 부분과 공개가 가능한 부분이 혼합되어 있고 공개청구의 취지에 어긋나지 아니하는 범위 안에서 두 부분을 분리할 수 있음을 인정할 때에는, 위 정보 중 공개가 가능한 부분을 특정하고 판결의 주문에 행정청의 위 거부처분 중 공개가 가능한 정보에 관한 부분만을 취소한다고 표시하여야 한다(대판 2003. 3. 11, 2001두6425).

(판례2) 법원이 행정기관의 정보공개거부처분의 위법 여부를 심리한 결과 공개를 거부한 정보에 비공개사유에 해당하는 부분과 그렇지 않은 부분이 혼합되어 있고, 공개청구의 취지에 어긋나지 않는 범위 안에서 두 부분을 분리할 수 있음을 인정할 수 있을 때에는 공개가 가능한 정보에 국한하여 일부취소를 명할 수 있다. 이러한 정보의 부분 공개가 허용되는 경우란 그 정보의 공개방법 및 절차에 비추어 당해 정보에서 비공개대상정보에 관련된 기술 등을 제외 혹은 삭제하고 나머지 정보만을 공개하는 것이 가능하고 나머지 부분의 정보만으로도 공개의 가치가 있는 경우를 의미한다(대판 2009. 12. 10, 2009두12785).

마. 비용부담

정보의 공개 및 우송 등에 드는 비용은 실비의 범위에서 청구인이 부담한다. 다만 공개를 청구하는 정보의 사용목적이 공공복리의 유지·증진을 위하여 필요하다고 인정되는 경우에는 비용을 감면할 수 있다(동법 제17조).

(4) 불복구제절차

1) 이의신청

가. 이의청구기간

청구인이 정보공개와 관련한 공공기관의 비공개 결정 또는 부분 공개 결정에 대하여 불복이 있거나 정보공개 청구 후 20일이 경과하도록 정보공개 결정이 없는 때에는 공공기관으로부터 정보공개 여부의 결정 통지를 받은 날 또는 정보공개 청구 후 20일이 경과한 날부터 30일 이내에 해당 공공기관에 문서로 이의신청을 할 수 있다(동법 제18조 제1항). 이의신청은 임의절차이다.

나. 이의신청기간의 연장

공공기관은 이의신청을 받은 날부터 7일 이내에 그 이의신청에 대하여 결정하고 그 결과를 청구인에게 지체 없이 문서로 통지하여야 한다. 다만, 부득이한 사유로 정하여진 기간 이내에 결정할 수 없을 때에는 그 기간이 끝나는 날의 다음 날부터 기산하여 7일의 범위에서 연장할 수 있으며, 연장 사유를 청구인에게 통지하여야 한다(동법 제18조 제3항).

다. 행정쟁송에 대한 통지

공공기관은 이의신청을 각하 또는 기각하는 결정을 한 경우에는 청구인에게 행정심판 또는 행정소송을 제기할 수 있다는 사실을 제3항에 따른 결과 통지와 함께 알려야 한다(동법 제18조 제4항).

판 례

(판례) 관련 법령의 규정 내용과 그 취지 등을 종합하여 보면, 청구인이 공공기관의 비공개 결정 등에 대한 이의신청을 하여 공공기관으로부터 이의신청에 대한 결과를 통지받은 후 취소소송을 제기하는 경우 그 제소기간은 이의신청에 대한 결과를 통지받은 날부터 기산한다고 봄이 타당하다(대판 2023. 7. 27, 2022두52980).

2) 행정심판

가. 행정심판의 청구

청구인이 정보공개와 관련한 공공기관의 결정에 대하여 불복이 있거나 정보공개 청구 후 20일이 경과하도록 정보공개 결정이 없는 때에는 「행정심판법」에서 정하는 바에 따라 행정심판을 청구할 수 있다. 이 경우 국가기관 및 지방자치단체 외의 공공기관의 결정에 대한 감독행정기관은 관계 중앙행정기관의 장 또는 지방자치단체의 장으로 한다. 청구인은 제18조에 따른 이의신청 절차를 거치지 아니하고 행정심판을 청구할 수 있다(동법 제19조 제1항, 제2항).

나. 비밀누설의 금지

행정심판위원회의 위원 중 정보공개 여부결정에 관한 행정심판에 관여하는 위원은 재직 중은 물론 퇴직 후에도 그 직무상 알게 된 비밀을 누설하여서는 아니된다(동법 제19조 제3항). 이에 위반한 위원에 대하여는 형법이나 그 밖의 법률에 따른 벌칙을 적용할 때에는 공무원으로 본다(동법 제19조 제4항).

3) 행정소송

가. 행정소송의 제기

청구인이 정보공개와 관련한 공공기관의 결정에 대하여 불복이 있거나 정보공개 청구 후 20일이 경과하도록 정보공개 결정이 없는 때에는 「행정심판법」에서 정하는 바에 따라 행정심판을 청구할 수 있다. 이 경우 국가기관 및 지방자치단체 외의 공공기관의 결정에 대한 감독행정기관은 관계 중앙행정기관의 장 또는 지방자치단체의 장으로 한다(동법 제20조 제1항). 정보공개청구소송은 일반 항고소송의 형식으로 제기된다. 모든 국민은 정보공개청구권을 가지므로 정보공개를 청구한 자는 공개청구된 정보에 대해 이해관계가 있는지 여부를 묻지 않고 모두 원고적격을 갖는다.

판 례

(판례1) 정보공개청구권은 법률상 보호되는 구체적인 권리이므로 청구인이 공공기관에 대하여 정보공개를 청구하였다가 거부처분을 받은 것 자체가 법률상 이익의 침해에 해당한다고 할 것이고, 거부처분을 받은 것 이외에 추가로 어떤 법률상의 이익을 가질 것을 요구하는 것은 아니다(대판 2004. 9. 23, 2003두1370).

(판례2) 국민의 정보공개청구권은 법률상 보호되는 구체적인 권리이므로, 공공기관에 대하여 정보공개를 청구하였다가 공개거부처분을 받은 청구인은 행정소송을 통해 공개거부처분의 취소를 구할 법률상 이익이 인정되고, 그 밖에 추가로 어떤 이익이 있어야 하는 것은 아니다.
견책의 징계처분을 받은 갑이 사단장에게 징계위원회에 참여한 징계위원의 성명과 직위에 대한 정보공개청구를 하였으나 위 정보가 공공기관의 정보공개에 관한 법률 제9조 제1항 제1호, 제2호, 제5호, 제6호에 해당한다는 이유로 공개를 거부한 사안에서, 비록 징계처분 취소사건에서 갑의 청구를 기각하는 판결이 확정되었더라도 이러한 사정만으로 위 처분의 취소를 구할 이익이 없어지지 않고, 사단장이 갑의 정보공개청구를 거부한 이상 갑으로서는 여전히 정보공개거부처분의 취소를 구할 법률상 이익이 있으므로, 이와 달리 본 원심판결에 법리오해의 잘못이 있다고 한 사례(대판 2022. 5. 26, 2022두33439).

나. 비공개 열람·심사

재판장은 행정소송의 대상이 제9조 제1항 제2호에 따른 정보 중 국가안전보장·국방 또는 외교관계에 관한 정보의 비공개 또는 부분 공개 결정처분인 경우에 공공기관이 그 정보에 대한 비밀 지정의 절차, 비밀의 등급·종류 및 성질과 이를 비밀로 취급하게 된 실질적인 이유 및 공개를 하지 아니하는 사유 등을 입증하면 해당 정보를 제출하지 아니하게 할 수 있다(동법 제20조 제3항).

판 례

(판례) 정보공개청구에 대하여 정보공개거부처분 후 대상정보의 폐기 등으로 공공기관이 그 정보를 보유·관리하지 않게 된 경우에는 소의 이익이 없으므로 각하판결을 내려야 한다. 판례도 공개청구된 '공안사범사후관리지침'이 공개거부처분 후 폐기된 사건에서 특별한 사정이 없는 한 거부처분의 취소를 구할 법률상 이익이 없다고 한다(대판 2003. 4. 25, 2000두7087).

4) 국가배상

공공기관이 정보공개법에 위반하여 정보를 공개하면, 당해 정보의 주체는 국가배상을 청구할 수 있고, 정보공개를 거부하면 청구인은 국가배상을 청구할 수 있다. 후자의 경우 청구인이 당해 정보의 직접적인 이해당사자가 아니라면 국민으로서 가지는 알권리의 침해만을 이유로 국가배상을 청구하여 승소한다는 것은 예상하기 어렵다.

5) 제3자의 권리보호

가. 공개청구된 사실의 통보 및 비공개요청

공공기관은 공개 청구된 공개 대상 정보의 전부 또는 일부가 제3자와 관련이 있다고 인정할 때에는 그 사실을 제3자에게 지체 없이 통지하여야 하며, 필요한 경우에는 그의 의견을 들을 수 있다(동법 제11조 제3항). 이에 따라 공개 청구된 사실을 통지받은 제3자는 그 통지를 받은 날부터 3일 이내에 해당 공공기관에 대하여 자신과 관련된 정보를 공개하지 아니할 것을 요청할 수 있다(동법 제21조 제1항). 판례는 제3자가 비공개요청을 한 것만으로는 비공개사유에 해당하는 것은 아니라고 본다.

판 례

(판례) 정보공개법 제9조 제1항은 "공공기관이 보유·관리하는 정보는 공개대상이 된다. 다만, 다음 각 호의 1에 해당하는 정보에 대하여는 이를 공개하지 아니할 수 있다"고 규정하고 있는바, 정보공개법의 입법 취지 및 위와 같은 규정 형식에 비추어 보면, 여기에서 말하는 공공기관이 보유·관리하는 정보라 함은 당해 공공기관이 작성하여 보유·관리하고 있는 정보뿐만 아니라 경위를 불문하고 당해 공공기관이 보유·관리하고 있는 모든 정보를 의미한다고 할 것이므로, 제3자와 관련이 있는 정보라고 하더라도 당해 공공기관이 이를 보유·관리하고 있는 이상 정보공개법 제9조 제1항 단서 각 호의 비공개사유에 해당하지 아니하면 정보공개의 대상이 되는 정보에 해당한다고 보아야 할 것이다(대판 2008. 9. 25, 2008두8680).

나. 공개통지 및 행정쟁송의 제기

비공개 요청에도 불구하고 공공기관이 공개 결정을 할 때에는 공개 결정 이유와 공개 실시일을 분명히 밝혀 지체 없이 문서로 통지하여야 하며, 제3자는 해당 공공기관에 문서로 이의신청을 하거나 행정심판 또는 행정소송을 제기할 수 있다. 이 경우 이의신청은 통지를 받은 날부터 7일 이내에 하여야 한다(동법 제21조 제2항).

다. 제3자의 소송참가

제3자에 관한 정보의 공개가 거부된 경우 정보공개청구자가 공개거부취소소송을 제기하면 이해관계 있는 제3자는 소송참가가 가능하다.

(5) 행정정보공개제도의 한계

1) 신속한 정보공개

개인의 국가에 대한 정보의 청구는 대체로 타인의 정보와 관련되는 경우도 적지 않을 것이다. 지적법·부동산등기법·국민투표법 등에 의한 등본이나 초본의 발급, 또는 문서의 열람이 이에 해당한다. 그런데 이러한 등본이나 초본의 발급 또는 열람은 비교적 자유스러운 것으로 보이는데, 과연 이러한 것이 바람직한 것인가는 검토를 요한다.

2) 언론사의 정보공개청구권

사인에 대한 정보청구권의 문제로 일반사인의 정보청구권 외에 민주국가에서 중요한 의미를 갖는 것으로 국가에 대한 언론사의 정보공개청구권이 문제된다. 언론사의 대국가 정보공개청구권은 일반사인의 정보공개청구권을 능가한다. 그것은 개인의 권리보호를 능가하여 국가작용의 통제에까지 의미를 갖기 때문이다.

3) 공무원의 비밀준수의무와의 관계

공무원은 재직 중은 물론 퇴직 후에도 직무상 지득한 비밀을 엄수하여야 한다. 여기서 말하는 지득한 비밀이란 직무수행상 알게 된 일체의 비밀을 뜻하는 것으로 이해된다. 그리고 그 비밀의 누설은 처벌 또는 징계의 원인이 된다. 그러나 정보공개법에 따른 공개의 경우에는 공무원법상 비밀엄수 의무의 적용이 배제된다고 할 것이다.

제2절 개인정보

Ⅰ. 개인정보보호제도 일반론

1. 개인정보보호의 의의

개인정보보호란 개인이 자신에 관한 정보를 관리하고, 외부에의 공개 여부를 스스로 결정하며, 공공기관이 그것을 개인의 기본권으로 보호하는 것을 말한다. 정보사회가 진전

됨에 따라 개인정보가 부당하게 유통하는 사례가 증가하고 있다. 이러한 상황하에서 개인정보보호를 위한 법적조치가 필요하게 되었다.

2. 개인정보보호의 필요성

정보화 사회의 가속화와 더불어 컴퓨터가 급속도로 보급되고 많은 정보가 컴퓨터로 처리됨으로 인하여 개인에 관한 정보의 유용성이 증대되었으며, 개인정보를 수집·관리하고 데이터베이스화하려는 노력이 행해지고 있다. 특히 모든 정보를 디지털로 전환할 수 있게 되면서 국가의 초고속정보통신망이 구축되어 네트워크화가 촉진되고 인터넷이 발달하여 가상공간이 등장하면서 정보의 전국적인 유통 및 여러기관들에 의한 정보의 공유가 가능하게 되었다. 이에 따라 개인정보는 정보주체의 의사와 관계없이 파일에 등재·유통될 수 있게 되었으며, 개인정보가 전자적 기록으로 인하여 위조·변조가 용이하게 되었다. 최근에는 유비쿼터스 시대의 등장으로 개인정보에 대한 침해 가능성은 더욱 커짐에 따라 개인정보보호의 필요는 실로 중대한 문제가 되었다.

3. 개인정보보호의 입법례

1973년에 스웨덴이 세계 최초로 개인정보보호법을 제정하였고, 미국의 1974년 '프라이버시법'과 1988년 '컴퓨터연결및프라이버시보호법', 독일의 1977년 '연방데이터보호법', 프랑스의 1978년 '행정과국민간의관계개선에관한법률', 영국의 1984년 '개인정보보호법', 일본의 1988년 '행정기관이보유하는전자계산기처리에따른개인정보보호에관한법률' 등의 입법례가 있다.

4. 개인정보보호의 법적 근거

(1) 헌법적 근거

개인정보보호제도의 헌법적 근거는 프라이버시권이다(헌법 제17조). 그 밖에 헌법 제10조 인간의 존엄과 가치 및 행복추구권, 제16조 주거의 자유 등도 그 근거가 된다. 대법원은 개인정보보호의 헌법적 근거를 제10조와 제17조에서 구한다.

판 례

(판례) 헌법 제10조는 "모든 국민은 인간으로서의 존엄과 가치를 가지며, 행복을 추구할 권리를 가진다. 국가는 개인이 가지는 불가침의 기본적 인권을 확인하고 이를 보장할 의무를 진다."고 규정하고, 헌법 제17조는 "모든 국민은 사생활의 비밀과 자유를 침해받지 아니한다."라고 규정하고 있는바, 이들 헌법 규정은

개인의 사생활 활동이 타인으로부터 침해되거나 사생활이 함부로 공개되지 아니할 소극적인 권리는 물론, 오늘날 고도로 정보화된 현대사회에서 자신에 대한 정보를 자율적으로 통제할 수 있는 적극적인 권리까지도 보장하려는 데에 그 취지가 있는 것으로 해석된다(대판 1998. 7. 24, 96다42789).

(2) 법률의 근거

기존에 이원화되어 있었던 법체계를 하나로 통합하여 개인정보 처리 원칙을 규정하고 침해행위로부터 국민의 권익을 보호하기 위하여, 2011년 3월 29일 법률 제10465호인 '개인정보보호법'이 제정·공포되었으며, 2011년 9월 30일부터 시행되었다. '개인정보보호법'은 개인정보보호를 위한 일반법으로, 원칙적으로 모든 분야의 개인정보의 처리 행위를 규율할 수 있도록 근거 규정을 마련하였다. 그 외에도 '정보통신망이용촉진및정보보호등에관한법률', '신용정보의이용및보호에관한법률', '금융실명거래및비밀보장에관한법률' 등이 있다.

5. 개인정보보호의 기본원칙

개인정보의 보호를 위한 입법에 있어서는 OECD이사회의 사생활보호와 개인정보의 국제적 유통에 관한 지침을 참고할 필요가 있다.

(1) 수집제한의 원칙: 개인에 관하여 수집할 수 있는 정보의 수집방법 등에 대하여 제한이 가해진다.

(2) 정보정확성의 원칙: 개인정보는 사용목적과 사용범위가 부합해야 하며 개인정보는 정확하고 완전하게 항상 갱신하여야 한다.

(3) 목적특정의 원칙: 개인정보가 수집되는 목적이 특정되어야 한다.

(4) 이용제한의 원칙: 개인정보가 수집된 목적 이외의 목적으로 개인정보를 누설하거나 사용하는 것은 금지된다.

판 례

(판례) 구 공공기관의 개인정보보호에 관한 법률(2011. 3. 29. 법률 제10465호로 폐지되기 전의 것, 이하 같다) 제23조 제2항, 제11조의 '누설'이란 아직 개인정보를 알지 못하는 타인에게 알려주는 일체의 행위를 말하고, 고소·고발장에 다른 정보주체의 개인정보를 첨부하여 경찰서에 제출한 것은 그 정보주체의 동의도 받지 아니하고 관련 법령에 정한 절차를 거치지 아니한 이상 부당한 목적하에 이루어진 개인정보의 '누설'에 해당하였다. 개인정보 보호법 제71조 제5호, 제59조 제2호 위반죄는 구 공공기관의 개인정보보호에 관한 법률 제23조 제2항, 제11조 위반죄와 비교하여 범행주체가 다르고 '누설'에 부당한 목적이 삭제되었다는 것만 다를 뿐 나머지 구성요건은 실질적으로 동일한 점, 개인정보보호법 제59조 제2호가 금지하는 누

설행위의 주체는 '개인정보를 처리하거나 처리하였던 자'이고, 그 대상은 '업무상 알게 된 개인정보'로 제한되므로, 수사기관에 대한 모든 개인정보 제공이 금지되는 것도 아닌 점 및 개인정보 보호법의 제정 취지 등을 감안하면, 구 공공기관의 개인정보보호에 관한 법률에 따른 '누설'에 관한 위의 법리는 개인정보 보호법에도 그대로 적용된다(대판 2022. 11. 10, 2018도1966).

(5) **보안조치의 원칙**: 개인정보에 대하여는 적절한 보안장치를 강구하여 보호하여야 한다.

(6) **공개의 원칙**: 개인정보의 존재, 목적 등 개인정보에 관한 정보가 공개되어야 한다.

(7) **개인참가의 원칙**: 개인의 자신에 관한 정보의 존재확인, 내용통보요구, 이의제기 및 정정·삭제·보완청구권을 갖는다.

(8) **책임소재의 원칙**: 정보관리자는 개인정보보호의 원칙이 지켜지도록 필요한 조치를 취해야 할 책임을 진다.

Ⅱ. 개인정보보호법

1. 적용범위

개인정보보호법은 2011년 3월 29일 제정되어 2011년 9월 30일부터 시행되었다.[1] 개인정보보호법은 개인정보의 수집·유출·오용·남용으로부터 사생활의 비밀 등을 보호함으로써 국민의 권리와 이익을 증진하고, 나아가 개인의 존엄과 가치를 구현하기 위하여 개인정보 처리에 관한 사항을 규정함을 목적으로 하고 있다(개인정보보호법 제1조). 따라서 개인정보처리자에 의하여 처리되는 개인정보가 이 법의 적용범위이다.

(1) 개인정보처리자

개인정보처리자란 업무를 목적으로 개인정보파일을 운용하기 위하여 스스로 또는 다른 사람을 통하여 개인정보를 처리하는 공공기관, 법인, 단체 및 개인 등을 말한다(동법 제2조 제5호). 따라서 오프라인 사업자, 협회, 동창회 등 비영리단체도 개인정보처리자에 포함된다. 여기에서 공공기관은 국회, 법원, 헌법재판소, 중앙선거관리위원회의 행정사무를 처리하는 기관, 중앙행정기관(대통령 소속 기관과 국무총리 소속 기관을 포함) 및 그 소속 기관, 지방자치단체, 그 밖의 국가기관 및 공공단체 중 대통령령으로 정하는 기관을 말한다(동법 제2조 제6호).

---

1) 공적부분에서의 개인정보의 보호와 민간부분에서의 개인정보 보호를 구분하여 규율하던 것을 통일적으로 규율하기 위하여 개인정보보호법이 제정·시행되었고, 이에 따라 1993년 제정되어 1995년 시행되던 「공공기관의 개인정보보호에 관한 법률」은 폐지되었다.

(2) 보호 대상인 개인정보

1) 살아 있는 개인에 관한 정보

이 법의 보호를 받는 개인정보는 살아 있는 개인에 관한 정보로서 성명, 주민등록번호 및 영상 등을 통하여 개인을 알아볼 수 있는 정보를 말한다(동법 제2조 제1호). 그러나 비록 해당 정보만으로는 특정 개인을 알아볼 수 없더라도 다른 정보와 쉽게 결합하여 알아볼 수 있는 것은 이 법의 보호대상이 되는 개인정보에 해당한다. 즉, 살아있는 개인의 정보에 한정되므로 사자와 법인의 정보는 보호대상이 아니다.

2) 컴퓨터 등에 의해 처리되는 정보 및 수기 문서

동법에서는 컴퓨터 등에 의해 처리되는 정보 뿐만 아니라 수작업으로 작성된 문서도 보호대상에 포함된다. 또한 동사무소 민원신청 서류 등 공공기관의 종이문서에 기록된 개인정보도 포함된다.

3) 적용의 예외

공공기관이 처리하는 개인정보 중 국가안전보장과 관련된 정보 분석을 목적으로 수집 또는 제공 요청되는 개인정보, 언론, 종교단체, 정당이 각각 취재·보도, 선교, 선거 입후보자 추천 등 고유 목적을 달성하기 위하여 수집·이용하는 개인정보의 보호에 관하여는 이 법의 적용을 일부 배제한다. 또한 공개된 장소에 영상정보처리기기를 설치·운영하여 처리되는 개인정보와 개인정보처리자가 동창회, 동호회 등 친목 도모를 위한 단체를 운영하기 위하여 개인정보를 처리하는 경우에도 일부 조항이 적용되지 아니한다(동법 제58조).

(3) 처리

처리란 개인정보의 수집, 생성, 연계, 연동, 기록, 저장, 보유, 가공, 편집, 검색, 출력, 정정, 복구, 이용, 제공, 공개, 파기, 그 밖에 이와 유사한 행위를 말한다(동법 제2조 제2호).

2. 개인정보의 수집·이용·제공

(1) 개인정보의 수집·이용

1) 원칙

개인정보처리자는 다음의 경우 개인정보를 수집할 수 있고 그 수집 목적의 범위에서 이용할 수 있다(동법 제15조).

① 정보주체의 동의를 받은 경우

② 법률에 특별한 규정이 있거나 법령상 의무를 준수하기 위하여 불가피한 경우

③ 공공기관이 법령등에서 정하는 소관 업무의 수행을 위하여 불가피한 경우

④ 정보주체와 체결한 계약을 이행하거나 계약을 체결하는 과정에서 정보주체의 요청에 따른 조치를 이행하기 위하여 필요한 경우

⑤ 명백히 정보주체 또는 제3자의 급박한 생명, 신체, 재산의 이익을 위하여 필요하다고 인정되는 경우

⑥ 개인정보처리자의 정당한 이익을 달성하기 위하여 필요한 경우로서 명백하게 정보주체의 권리보다 우선하는 경우. 이 경우 개인정보처리자의 정당한 이익과 상당한 관련이 있고 합리적인 범위를 초과하지 아니하는 경우에 한한다.

⑦ 공중위생 등 공공의 안전과 안녕을 위하여 긴급히 필요한 경우

2) 예외

개인정보처리자는 일정한 경우에는 정보주체 또는 제3자의 이익을 부당하게 침해할 우려가 있을 때를 제외하고는 개인정보를 목적 외의 용도로 이용할 수 있다(동법 제18조).

(2) 개인정보의 제공

1) 원칙

개인정보처리자는 ① 정보주체의 동의를 받은 경우 ② 개인정보를 수집한 목적 범위에서 개인정보를 제공하는 경우에 정보주체의 개인정보를 제3자에게 제공할 수 있다(동법 제17조).

2) 예외

개인정보처리자는 개인정보를 수집 목적의 범위를 초과하여 이용하거나 범위를 초과하여 제3자에게 제공해서는 아니 된다. 다만, 개인정보처리자는 일정한 경우에는 정보주체 또는 제3자의 이익을 부당하게 침해할 우려가 있을 때를 제외하고는 개인정보를 목적 외의 용도로 이용하거나 이를 제3자에게 제공할 수 있다(동법 제18조).

(3) 개인정보를 제공받은 자의 이용·제공 제한

개인정보처리자로부터 개인정보를 제공받은 자는 ① 정보주체로부터 별도의 동의를 받은 경우 ② 다른 법률에 특별한 규정이 있는 경우에 해당하는 경우를 제외하고는 개인정보를 제공받은 목적 외의 용도로 이용하거나 이를 제3자에게 제공해서는 아니 된다(동법 제19조).

(4) 고지의무

1) 개인정보처리자는 정보주체의 동의를 받아서 개인정보를 수집·이용하는 경우에 ① 개인정보의 수집·이용 목적 ② 수집하려는 개인정보의 항목 ③ 개인정보의 보유 및 이용기간 ④ 동의를 거부할 권리가 있다는 사실 및 동의 거부에 따른 불이익이 있는 경우 그 불이익의 내용을 정보주체에게 알리도록 하고 있고, 고지한 사항을 변경하는 경우에도 알

리도록 규정하고 있다(동법 제15조 제2항).

2) 개인정보처리자는 동의를 받아 제공하는 경우 ① 개인정보를 제공받는 자 ② 개인정보를 제공받는 자의 개인정보 이용 목적 ③ 제공하는 개인정보의 항목 ④ 개인정보를 제공받는 자의 개인정보 보유 및 이용 기간 ⑤ 동의를 거부할 권리가 있다는 사실 및 동의 거부에 따른 불이익이 있는 경우에는 그 불이익의 내용을 정보주체에게 알려야 하며, 변경하는 경우에도 이를 알리고 동의를 받아야 한다(동법 제17조 제1항).

3. 개인정보의 처리 제한

(1) 개인정보의 파기

개인정보처리자는 보유기간의 경과, 개인정보의 처리 목적 달성, 가명정보의 처리 기간 경과 등 그 개인정보가 불필요하게 되었을 때에는 지체 없이 그 개인정보를 파기하여야 한다. 다만, 다른 법령에 따라 보존하여야 하는 경우에는 그러하지 아니하다(동법 제21조 제1항).

(2) 민감정보의 수집 제한

개인정보처리자가 개인정보를 수집하는 경우 그 목적에 필요한 최소한의 개인정보를 수집하여야 하며, 사상·신념, 노동조합·정당의 가입·탈퇴, 정치적 견해, 건강, 성생활 등에 관한 정보, 그 밖에 정보주체의 사생활을 현저히 침해할 우려가 있는 개인정보는 원칙적으로 처리할 수 없다(동법 제23조).

(3) 고유식별정보의 처리 제한

주민등록번호 등 법령에 의하여 개인을 고유하게 구별하기 위해 부여된 고유식별정보는 원칙적으로 처리를 금지하고, 별도의 동의를 얻거나 법령에 의한 경우 등에 한하여 제한적으로 예외를 인정하는 한편, 대통령령으로 정하는 개인정보처리자는 홈페이지 회원가입 등 일정한 경우 주민등록번호 외의 방법을 반드시 제공하도록 의무화하였다(동법 제24조).

(4) 영상정보처리기기의 설치 제한

영상정보처리기기란 일정한 공간에 지속적으로 설치되어 사람 또는 사물의 영상 등을 촬영하거나 이를 유·무선망을 통하여 전송하는 장치로서 대통령령으로 정하는 장치를 말하며(동법 제2조 제7호), 이를 범죄 예방 및 수사, 화재 예방 등 특정 목적을 위한 경우에 공개된 장소에 설치를 허용하고 있다. 목욕실, 화장실, 발한실, 탈의실 등에는 설치·운영이 금지되며, 교도소·정신보건시설 등 구금 또는 보호시설은 예외로 하고 있다. 그리고 영상정보 처리기기를 설치한 것에 대한 안내를 하도록 안내판 설치를 의무화하고 있고, 줌인 또는 줌아웃, 방향전환 등과 같은 임의조작과 녹음기능의 사용이 금지되고 있다(동법 제25조).

4. 정보주체의 권리

(1) 개인정보의 열람청구권

정보주체는 개인정보처리자가 처리하는 자신의 개인정보에 대한 열람을 해당 개인정보처리자에게 요구할 수 있으며, 정보주체가 자신의 개인정보에 대한 열람을 공공기관에 요구하고자 할 때에는 공공기관에 직접 열람을 요구하거나 국가직 장관을 통하여 열람을 요구할 수 있다. 개인정보처리자는 열람을 요구받았을 때에는 원칙적으로 정보주체가 해당 개인정보를 열람할 수 있도록 하여야 하지만, 일정한 경우에 정보주체에게 그 사유를 알리고 열람을 제한하거나 거절할 수 있다(동법 제35조).

(2) 개인정보의 정정 또는 삭제청구권

자신의 개인정보를 열람한 정보주체는 개인정보처리자에게 그 개인정보의 정정 또는 삭제를 요구할 수 있다. 이 경우 개인정보처리자가 정보주체의 요구를 받았을 때에는 개인정보의 정정 또는 삭제에 관하여 다른 법령에 특별한 절차가 규정되어 있는 경우를 제외하고는 지체 없이 그 개인정보를 조사하여 정보주체의 요구에 따라 정정·삭제 등 필요한 조치를 한 후 그 결과를 정보주체에게 알려야 한다(동법 제36조).

(3) 개인정보의 처리 정지 요구권

1) 정보주체의 처리 정지 요구권

정보주체는 개인정보처리자에 대하여 자신의 개인정보 처리의 정지를 요구할 수 있으며, 공공기관에 대하여도 등록 대상이 되는 개인정보파일 중 자신의 개인정보에 대한 처리의 정지를 요구할 수 있다(동법 제37조 제1항). 이 경우 개인정보처리자는 요구를 받았을 때에는 지체 없이 정보주체의 요구에 따라 개인정보 처리의 전부를 정지하거나 일부를 정지하여야 한다.

2) 처리 정지 요구권의 예외

다음과 같은 경우에는 정보주체의 처리정지 요구를 거절할 수 있다(동법 제37조 제2항).

① 법률에 특별한 규정이 있거나 법령상 의무를 준수하기 위하여 불가피한 경우

② 다른 사람의 생명·신체를 해할 우려가 있거나 다른 사람의 재산과 그 밖의 이익을 부당하게 침해할 우려가 있는 경우

③ 공공기관이 개인정보를 처리하지 아니하면 다른 법률에서 정하는 소관 업무를 수행할 수 없는 경우

④ 개인정보를 처리하지 아니하면 정보주체와 약정한 서비스를 제공하지 못하는 등

계약의 이행이 곤란한 경우로서 정보주체가 그 계약의 해지 의사를 명확하게 밝히지 아니한 경우

5. 개인정보영향평가

개인정보보호법은 공공기관의 장이 개인정보파일의 운용으로 인하여 정보주체의 개인정보 침해가 우려되는 경우에는 그 위험요인의 분석과 개선 사항 도출을 위한 평가를 하고 그 결과를 보호위원회에 제출하도록 의무화하고 있다. 한편, 공공기관 외의 개인정보처리자는 자율적으로 영향평가를 하도록 하고 있다(동법 제33조).

6. 개인정보 유출 통지의 의무

개인정보처리자는 개인정보 유출 사실을 인지하였을 경우, 지체 없이 해당 정보주체에게 관련 사실을 통지하도록 하고 피해의 최소화를 위해 필요한 조치를 하여야 한다(동법 제34조).

7. 개인정보보호기구

(1) 개인정보보호위원회

개인정보보호법은 개인정보 보호에 관한 사무를 독립적으로 수행하기 위하여 국무총리 소속으로 개인정보 보호위원회(이하 "보호위원회"라 한다)를 둔다(동법 제7조).

1) 보호위원회의 구성

보호위원회는 상임위원 2명(위원장 1명, 부위원장 1명)을 포함한 9명의 위원으로 구성한다(동법 제7조의2 제1항). 보호위원회의 위원은 개인정보 보호에 관한 경력과 전문지식이 풍부한 다음 각 호의 사람 중에서 위원장과 부위원장은 국무총리의 제청으로, 그 외 위원 중 2명은 위원장의 제청으로, 2명은 대통령이 소속되거나 소속되었던 정당의 교섭단체 추천으로, 3명은 그 외의 교섭단체 추천으로 대통령이 임명 또는 위촉한다. 위원장과 위원의 임기는 3년이며, 1차에 한하여 연임할 수 있다(동법 제7조의2 제2항).

2) 보호위원회의 회의와 의결

보호위원회의 회의는 위원장이 필요하다고 인정하거나 재적위원 4분의 1 이상의 요구가 있는 경우에 위원장이 소집하며, 재적위원 과반수의 출석과 출석위원 과반수의 찬성으로 의결한다(동법 제7조의10).

3) 사무처의 설치

보호위원회의 사무를 지원하기 위하여 보호위원회에 사무처를 설치하도록 하고 있다(동법 제7조의13).

(2) 개인정보 분쟁조정위원회

이와는 별도로 개인정보침해에 관한 분쟁을 신속·간편·공정하게 조정하기 위해 개인정보 분쟁조정위원회를 두고 있는데, 동 위원회에서는 분쟁조정을 통해 피해를 구제한다(동법 제40조 제1항).

1) 분쟁조정위원회의 구성

분쟁조정위원회는 위원장 1명을 포함한 30명 이내의 위원으로 구성하며, 위원은 당연직위원과 위촉위원으로 구성한다. 위원장과 위원의 임기는 2년으로, 1차에 한하여 연임할 수 있다. 분쟁조정위원회는 분쟁조정 업무를 효율적으로 수행하기 위하여 필요하면 대통령령으로 정하는 바에 따라 조정사건의 분야별로 5명 이내의 위원으로 구성되는 조정부를 둘 수 있다(동법 제40조).

2) 분쟁조정의 신청

개인정보와 관련한 분쟁의 조정을 원하는 자는 분쟁조정위원회에 분쟁조정을 신청할 수 있으며, 분쟁조정위원회는 당사자 일방으로부터 분쟁조정 신청을 받았을 때에는 그 신청내용을 상대방에게 알려야 한다(동법 제43조).

3) 분쟁조정의 처리기간

분쟁조정위원회는 분쟁조정 신청을 받은 날부터 60일 이내에 이를 심사하여 조정안을 작성하여야 한다. 다만, 부득이한 사정이 있는 경우에는 분쟁조정위원회의 의결로 처리기간을 연장할 수 있다(동법 제44조).

4) 조정의 중지

분쟁조정위원회는 신청된 조정사건에 대한 처리절차를 진행하던 중에 한 쪽 당사자가 소를 제기하면 그 조정의 처리를 중지하고 이를 당사자에게 알려야 한다(동법 제48조).

8. 개인정보 침해사실의 신고

개인정보처리자가 개인정보를 처리할 때 개인정보에 관한 권리 또는 이익을 침해받은 사람은 보호위원회에 그 침해 사실을 신고할 수 있다(동법 제62조 제1항). 보호위원회는 제1항에 따른 신고의 접수·처리 등에 관한 업무를 효율적으로 수행하기 위하여 대통령령으로 정하는 바에 따라 전문기관을 지정할 수 있다. 이 경우 전문기관은 개인정보침해 신고센터(이하 "신고센터"라 한다)를 설치·운영하여야 한다(동법 제62조 제2항).

9. 불복절차

다음 중 어느 하나에 해당하는 단체는 개인정보처리자가 제49조에 따른 집단분쟁조정을 거부하거나 집단분쟁조정의 결과를 수락하지 아니한 경우에는 법원에 권리침해 행위의 금지·중지를 구하는 소송(이하 "단체소송"이라 한다)을 제기할 수 있다(동법 제51조 제1항).

(1) 소비자기본법 제29조에 따라 등록한지 3년이 경과하고, 정관에 따라 상시적으로 정보주체의 권익증진을 주된 목적으로 하며, 정회원수가 1천명 이상인 공정거래위원회에 등록한 소비자단체

(2) 법률상 또는 사실상 동일한 침해를 입은 100명 이상의 정보주체로부터 단체소송의 제기를 요청받았으며, 정관에 개인정보 보호를 단체의 목적으로 명시한 후 최근 3년 이상 이를 위한 활동실적이 있고, 중앙행정기관에 등록된 상시 구성원수 5천명 이상의 중앙행정기관에 등록된 단체

Ⅲ. 정보공개와 개인정보보호의 관계

1. 상호대립·충돌관계

우선 정보공개와 개인정보보호는 상호대립관계에 있다. 정보는 최대한으로 공개되어야 하지만 개인정보는 보호되어야 한다. 현행 정보공개법은 개인정보를 비공개대상으로 하고 있다. 따라서 정보공개의 요구와 개인정보보호의 요구가 충돌되는 경우에 이를 어떻게 해결할 것이냐의 문제가 중요하다. 개인의 이름을 삭제하는 등 개인을 식별할 수 있는 내용을 삭제함으로써 프라이버시권의 침해를 막을 수 있는 경우에는 그 내용을 삭제한 후 정보공개를 하도록 하여야 할 것이다. 문제는 개인정보의 삭제가 불가능하고 정보가 공개되는 경우 프라이버시권이 침해되는 일이다. 이와 같이 정보공개의 요구와 개인정보보호의 요청이 충돌하는 경우에는 정보공개로 인한 공익과 프라이버시권을 비교형량하여 정보공개여부를 결정하여야 할 것이다.

정보공개법은 비공개정보에 대하여 공공기관에게 비공개의무를 지우는 것은 아니다. 따라서 정보공개가 개인의 프라이버시권에 대한 침해를 가져오는 경우에는 다른 법령에서 명문으로 공개가 금지되는 경우를 제외하고는 행정기관은 정보를 공개할 수 있고 담당공무원이 직무권한 내에서 공개한 때에는 당해 공무원은 공무원법상의 책임을 부담하지 않고 국가배상법상의 책임도 부담하지 않는다고 보아야 한다. 공적인물에 관한 정보는 정보의 내용에 따라 프라이버시권의 보호대상이 되지 않는다. 공적인물에 관한 정보 중 정보공

개와 관련하여 문제로 되는 것은 공무원에 관한 개인정보이다. 공무원에 관한 정보는 개인정보로서 보호되어야 하지만 정보공개제도의 목적인 국민의 정치 및 행정에의 참여와 감시를 위하여 그 공개가 요청된다.

2. 상호보완·협동관계

정보공개와 프라이버시권의 보호는 정보화사회에서의 정보의 대량유통에 대한 규제라는 점에서 방향을 같이하고 있다. 정보공개법과 개인정보보호법은 개인정보의 보호를 그 내용으로 하고 있다. 정보공개법에서는 개인정보가 공개의 대상에서 제외되고 있고, 개인정보보호법에서는 개인정보의 부당한 유통에 대하여 당사자에게 통제권을 부여하고 있다. 정보공개법과 개인정보보호법은 정보공개라는 점에서도 제한된 범위 내에서지만 보완관계에 있다. 즉 개인에 관한 정보가 정보공개법에서 공개되지 않는 경우에 개인정보보호법에 의해 당사자에게 공개될 수 있다. 또한 개인정보에 대한 열람청구는 본래 개인정보보호법에 근거하여 행해져야 할 것이지만 정보공개법에 근거하여 공개청구할 수 있다. 이 경우 개인정보를 본인에게 공개하는 것은 프라이버시권의 침해에 해당하지 않기 때문에 공공기관은 비공개정보라는 항변을 할 수 없다.

제 4 편

행정의 실효성 확보

제 1 장 • 실효성 확보수단

제 1 장

실효성 확보수단

제 1 절 개 설

1. 전통적 실효성확보 수단

행정의 실효성을 확보하기 위한 제도는 여러 가지로 나뉜다. 종래에는 행정의 실효성을 확보하는 수단을 과거의 의무위반에 대한 제재로서 행정벌과 장래의 의무이행을 확보하기 위한 수단으로서 행정강제로 구분하였다.

2. 새로운 실효성확보 수단

행정벌과 행정강제이론을 중심으로 하는 종래의 전통적 강제집행 수단을 보완하기 위하여 최근에 공급거부·명단공표 등 새로운 의무이행확보수단이 간접적 강제수단으로 논의되고 있다. 2021년 제정된 행정기본법은 행정상 강제집행과 즉시강제를 합하여 '행정상 강제'라 하고 5가지 강제수단의 유형을 정의하면서, 기존의 일반법이 없는 이행강제금·직접강제·즉시강제·과징금에 관한 규정을 두고 있다.

제 2 절 행정벌

Ⅰ. 행정벌의 개념

1. 행정벌의 의의

행정벌이란 행정법상의 의무위반에 대하여 일반통치권에 근거하여 과하는 제재로서의 처벌을 말한다. 행정벌이 과하여질 의무위반을 행정범이라 한다. 행정벌은 그 내용에 따라 행정형벌과 행정질서벌로 나뉜다.

2. 행정벌의 성질

(1) 형사벌과의 구별

형사벌이 과해지는 형사범이 법규를 기다리지 않고도 반사회성·반도덕성이 인정될 수 있는 행위로서 자연범의 성질을 갖는데 대하여, 행정벌이 과해지는 행정범은 법규가 정한 명령·금지에 위반함으로써 비로소 반사회성·반도덕성을 띠게 되는 행위로서 법정범의 성질을 갖는다.

(2) 징계벌과의 구별

징계벌은 특별행정법관계에서 내부질서유지를 위해 질서문란자에게 가해지는 제재를 말하나, 행정벌은 일반행정법관계에서 의무위반자에 가해지는 제재를 말한다. 양자는 목적을 달리하므로 하나의 행위가 동시에 양자의 대상이 될 수 있다.

(3) 집행벌과의 구별

집행벌은 장래의 의무의 이행을 강제하기 위하여 가해지는 제재이나, 행정벌은 과거의 의무위반에 대하여 가해지는 제재이다.

3. 행정벌의 근거

행정벌도 처벌의 일종이므로 법률의 근거를 요한다. 법규명령도 위임의 범위 내에서는 행정벌의 근거가 될 수 있다. 조례도 일정한 한도 내에서 행정벌의 근거가 된다(지방자치법 제28조). 다만, 과태료는 형벌이라고 할 수 없으므로 죄형법정주의의 규율대상에 해당하지 않는다. 과태료는 질서위반행위규제법의 적용을 받는다.

4. 행정벌의 종류

행정벌은 위반한 의무의 종류에 따라 질서벌·공기업벌·경제행정벌·재정벌·군정벌 등으로 나눌 수 있다. 또한 처벌의 내용에 따라 행정형벌과 행정질서벌로 나뉜다. 행정형벌이란 형법에 규정되어 있는 형벌이 가해지는 행정벌을 의미하고, 행정질서벌은 과태료가 가해지는 제재를 말한다.

Ⅱ. 행정형벌

1. 의의

행정형벌이란 행정법상의 의무를 위반한 자에 대하여 형법에 규정되어 있는 형벌(사형·징역·금고·구류·자격상실·자격정지·벌금·과료·몰수)이 가해지는 것을 말한다.

2. 법적 근거

죄형법정주의 원칙상 행정형벌에 법률의 근거를 요한다. 우리 실정법상 행정형벌에 관한 일반법은 없으며, 각 단행법에서 형사벌과 구별되는 개별적 특칙을 규정하고 있다.

3. 형법총칙의 적용

형법 제8조의 규정에 따라 행정법령에 특별한 규정이 없는 한, 형법총칙이 행정형벌에도 원칙적으로 적용된다.

4. 과벌절차

(1) 일반과벌절차

행정형벌은 원칙적으로 형사소송법의 절차에 따라 과해진다.

(2) 특별과벌절차

1) 통고처분

가. 의의

조세범·관세범·출입국관리사범·교통사범 등에 대한 벌금·과료의 행정형벌에 관한 특별과벌절차이다.

나. 성질

통고처분의 성질에 대하여 학설은 과벌절차설과 행정행위설로 나뉘나, 과벌절차설이 다수 견해이다. 판례도 통고처분은 행정소송의 대상이 되는 행정처분이 아니므로 이의가 있어도 행정쟁송을 제기할 수 없다고 판시하였다.

판 례

(판례1) 구 도로교통법 제118조에서 규정하는 경찰서장의 통고처분은 행정소송의 대상이 되는 행정처분이 아니므로 그 처분의 취소를 구하는 소송은 부적법하고, 도로교통법상의 통고처분을 받은 자가 그 처분에 대하여 이의가 있는 경우에는 통고처분에 따른 범칙금의 납부를 이행하지 아니함으로써 경찰서장의 즉결심판청구에 의하여 법원의 심판을 받을 수 있게 될 뿐이다(대판 1995. 6. 29, 95누4674).

(판례2) 통고처분은 상대방의 임의의 승복을 그 발효요건으로 하기 때문에 그 자체만으로는 통고이행을 강제하거나 상대방에게 아무런 권리의무를 형성하지 않으므로 행정심판이나 행정소송의 대상으로서의 처분성을 부여할 수 없고, 통고처분에 대하여 이의가 있으면 통고내용을 이행하지 않음으로써 고발되어 형사재판절차에서 통고처분의 위법·부당함을 얼마든지 다툴 수 있기 때문에 관세법 제38조 제3항 제2호가 법관에 의한 재판받을 권리를 침해한다든가 적법절차의 원칙에 저촉된다고 볼 수 없다(헌재결 1998. 5. 28, 96헌바4).

2) 즉결심판

가. 의의

20만원 이하의 벌금·구류·과료의 행정형벌에 대한 특별과벌절차이다. 이는 즉결심판에 관한 절차법이 정하는 바에 따라 즉결심판에 의하여 과하여지며, 그 형은 경찰서장에 의해 집행된다(즉결심판법 제2조, 제18조 제1항).

나. 성질

즉결심판은 20만원 이하의 벌금·구류·과료에 처할 범죄사건을 심판하는 절차이므로 형사범도 이 절차에 의한다. 따라서 즉결심판절차는 행정범과 형사범의 일반과형절차에 대한 특별절차인 것이지 행정형벌만의 특별한 과형절차는 아니다.

Ⅲ. 행정질서벌

1. 행정질서벌의 개념

(1) 행정질서벌의 의의

일반사회의 법익에 직접 영향을 미치지는 않으나 행정상의 질서에 장해를 야기할 우려가 있는 의무위반에 대해 과태료를 과하는 경우를 행정질서벌이라 한다.

(2) 질서위반행위와의 구별

질서위반행위규제법은 질서위반행위를 형식적인 관점에서 법률상(지방자치단체의 조례를 포함한다)의 의무를 위반하여 과태료를 부과하는 행위로 정의하고 있다(동법 제2조 제1호). 질서위반행위규제법에서 말하는 모든 질서위반행위가 행정질서벌에 해당하는 것은 아니고, 다만 행정법의 영역에서 이루어지는 질서위반행위만이 행정질서벌에 해당한다.

2. 행정질서벌의 법적 근거

(1) 행정질서벌에 관한 일반법

행정질서벌에 관한 일반법인 질서위반행위규제법은 행정질서벌의 총칙적 성격을 갖고, 각칙은 개별법령에서 규정하고 있다.

(2) 조례에 의한 과태료부과

조례로서 벌칙을 정할 수 있다, 즉 지방자치단체는 조례로써 조례위반행위에 대하여 천만원 이하의 과태료를 정할 수 있다(지방자치법 제34조 제1항). 그리고 공공시설 부정사용자 등에 대하여 조례로 과태료를 정할 수 있다(동법 제156조 제2항). 또한 개별 법률상 위임이 있으면 위임의 범위 안에서 조례로 벌칙을 정할 수 있다.

3. 행정질서벌의 처벌내용

행정질서벌의 처벌내용은 과태료부과이다. 우리의 법제상 과태료에는 ① 행정질서벌로서의 과태료(고압가스안전관리법 제43조), ② 강제금으로서의 과태료, ③ 민사상의 과태료(민법 제97조), ④ 징계벌로서의 과태료(변호사법 제117조), ⑤ 조례에 의한 과태료(지방자치법 제34조, 제156조) 등이 있다. 과태료의 액수는 법률마다 상이하다.

4. 행정질서벌의 부과

(1) 부과권자

과태료 부과권자는 개별 법률에서 정함이 없는 경우 법원의 비송사건절차법에 따른다(동법 제34조).

(2) 부과의 근거

행정질서벌의 부과는 법률에 근거가 있어야 한다. 행정질서벌에는 국가의 법령에 근거한 것과 지방자치단체의 조례에 근거한 것이 있다. 질서위반행위규제법은 질서위반행위자에 대한 과태료 부과의 근거법률은 아니며 과태료 부과의 요건 절차, 징수 등을 정하는 법률이다. 과태료의 부과·징수, 재판 및 집행 등의 절차에 관한 다른 법률의 규정 중 질서위반행위규제법의 규정에 저촉되는 것은 질서위반행위규제법이 정하는 바에 따른다(동법 제5조).

(3) 부과요건

1) 고의·과실, 위법성의 착오

고의 또는 과실이 없는 질서위반행위는 과태료를 부과하지 아니한다(동법 제7조). 자신의 행위가 위법하지 아니한 것으로 오인하고 행한 질서위반행위는 그 오인에 정당한 이유가 있는 때에 한하여 과태료를 부과하지 아니한다(동법 제8조). 원칙적으로 과태료는 형식적으로 형벌이 아니기 때문에 형법총칙의 적용을 받지 않고, 따라서 행위자의 고의나 과실을 요하지 않는다. 그러나 질서위반행위규제법은 "고의 또는 과실이 없는 질서위반행위는 과태료를 부과하지 않는다"는 특별규정을 두어 고의·과실을 요구하고 있다.

판 례

(판례) (질서위반행위규제법 시행 전까지) 판례는 행정질서벌인 과태료의 부과에는 법률에 특별한 규정이 없는 한 고의·과실을 요하지 아니하나, 위반자에게 의무를 탓할 수 없는 정당한 사유가 있는 경우에는 과태료를 부과할 수 없다고 하였다(대결 2011. 7. 14, 2011마364).

2) 책임연령(책임능력을 요함)

14세가 되지 아니한 자의 질서위반행위는 과태료를 부과하지 아니한다. 다만, 다른 법률에 특별한 규정이 있는 경우에는 그러하지 아니하다(동법 제9조). 심신장애로 인하여 행위의 옳고 그름을 판단할 능력이 없거나 그 판단에 따른 행위를 할 능력이 없는 자의 질서위반행위는 과태료를 부과하지 아니한다(동법 제10조 제1항). 심신장애로 인하여 제1항에 따른 능력이 미약한 자의 질서위반행위는 과태료를 감경한다(동조 제2항).

3) 다수인의 질서위반행위

2인 이상이 질서위반행위에 가담한 때에는 각자가 질서위반행위를 한 것으로 본다. 신분에 의하여 성립하는 질서위반행위에 신분이 없는 자가 가담한 때에는 신분이 없는 자에 대하여도 질서위반행위가 성립한다. 신분에 의하여 과태료를 감경 또는 가중하거나 과태료를 부과하지 아니하는 때에는 그 신분의 효과는 신분이 없는 자에게는 미치지 아니한다(동법 제12조).

4) 수개의 위반행위의 처리

하나의 행위가 2 이상의 질서위반행위에 해당하는 경우에는 각 질서위반행위에 대하여 정한 과태료 중 가장 중한 과태료를 부과한다(동법 제13조 제1항). 제1항의 경우를 제외하고 2 이상의 질서위반행위가 경합하는 경우에는 각 질서위반행위에 대하여 정한 과태료를 각각 부과한다. 다만, 다른 법령에 특별한 규정이 있는 경우에는 그 법령으로 정하는 바에 따른다(동조 제2항).

5) 시효

과태료는 행정청의 과태료 부과처분이나 법원의 과태료 재판이 확정된 후 5년간 징수하지 아니하거나 집행하지 아니하면 시효로 인하여 소멸한다(동법 제15조).

(4) 부과절차

1) 행정질서벌은 형벌이 아니므로 형사소송법에 의하지 않는다. 법원이 과태료 재판에 의하여 부과하는 경우에는 질서위반행위규제법 및 비송사건절차법에 의한다. 행정청이 부과하는 경우에는 과태료부과행위는 질서위반행위규제법 및 행정절차법에 따른다.[1)]

2) 행정청이 질서위반행위에 대하여 과태료를 부과하고자 하는 때에는 미리 당사자에게 대통령이 정하는 사항을 통지하고, 10일 이상의 기간을 정하여 의견을 제출할 기회를 주어야 한다. 이 경우 지정된 기일까지 의견제출이 없는 경우에는 의견이 없는 것으로 본다. 당사자는 의견제출 기한 이내에 대통령령으로 정하는 방법에 따라 행정청에 의견을 진술하거나 필요한 자료를 제출할 수 있다(동법 제16조). 행정청은 제16조의 의견제출절차를 마친 후에 서면으로 과태료를 부과하여야 한다(동법 제17조).

(5) 과태료의 산정

행정청 및 법원은 과태료를 정함에 있어 ① 질서위반행위의 동기·목적·방법·결과, ② 질서위반행위 이후의 당사자의 태도와 정황, ③ 질서위반행위자의 연령·재산상태·환경, ④ 그 밖에 과태료의 산정에 필요하다고 인정되는 사유에 관한 사항을 고려하여야 한다(동법 제14조).

5. 과태료의 징수

(1) 이의제기가 없는 경우

행정청은 당사자가 납부기한까지 과태료를 납부하지 아니한 때에는 가산금과 중가산금을 징수한다(동법 제24조 제1항, 제2항). 행정청은 당사자가 기한 이내에 이의를 제기하지

---

1) 질서위반행위규제법 시행전 까지는 국가행정상 과태료부과처분은 두 가지 방식이 있었다. 한 가지 방법은 법원에 의한 부과방법이다. 즉 다른 법령에 특별한 규정이 없는 한 과태료는 범법자의 주소지를 관할하는 지방법원이 부과하고, 이에 대하여 상대방의 이의가 있으면 즉시항고 할 수 있고, 과태료의 집행은 검사의 명령에 의거 민사소송법에 따랐다. 또 한 가지 방법은 1차로 주무관청이 부과하고, 주무관청의 부과처분에 상대방이 이의를 제기하면 주무관청의 부과처분은 효력을 잃게 되고 주무관청의 통고에 따라 비송사건 절차법에 의거하여 부과하지 아니한다.

아니하고 제1항에 따른 가산금을 납부하지 아니한 때에는 국세 또는 지방세 체납처분의 예에 따라 징수한다(동법 제24조 제3항).

(2) 법원이 재판으로 결정한 경우

과태료 재판은 검사의 명령으로써 집행한다. 이 경우 그 명령은 집행력 있는 집행권원과 동일한 효력이 있다. 과태료 재판의 집행절차는 민사집행법에 따르거나 국세 또는 지방세 체납처분의 예에 따른다. 다만, 민사집행법에 따를 경우에는 집행을 하기 전에 과태료 재판의 송달은 하지 아니한다. 제24조는 과태료 재판의 집행에 준용한다.

(3) 과태료의 실효성제고

질서위반행위규제법은 과태료 납부의 실효성 제고를 위해 다음과 같은 수단을 규정하고 있다. 당사자가 과태료를 자진 납부하는 경우 과태료를 감경하여 주고, 과태료를 체납하는 경우에는 가산금과 중가산금을 부과하고, 관허사업을 제한하며(동법 제52조), 고의·상습체납자에 대하여는 신용정보기관에 관련 정보를 제공하고(동법 제53조), 법원의 재판을 통하여 30일의 범위 내에서 감치할 수 있도록 규정하고 있다(동법 제54조).

6. 과태료의 귀속

행정청에 의해 부과·징수되는 과태료는 당해 행정청이 속한 국가 또는 지방자치단체에 귀속되고, 질서위반행위규제법에 의해 부과·징수되는 과태료는 국가에 귀속된다. 다만, 지방자치단체의 장이 과태료 재판 집행을 위탁받은 경우에는 그 집행한 금원은 당해 지방자치단체의 수입으로 한다(동법 제43조).

7. 관련문제

(1) 병과의 가능성

1) 행정질서벌과 형사벌 - 병과가능

행정질서벌은 형사벌과는 그 목적·성격을 달리하므로 행정질서벌을 받고 난 후에 형사처벌을 받는다고 하여 일사부재리의 원칙에 반하지 아니한다.

2) 행정질서벌과 행정형벌

양자는 다 같이 행정벌이므로 동일한 행정범에 대하여 양자를 병과할 수 없다는 견해가 있다. 헌법재판소도 양자는 목적·기능이 중복되는 면이 있어 병과하는 경우 이중처벌금지의 기본정신에 배치될 여지가 있다는 입장이다(헌재결 1994. 6. 30, 92헌바38). 대법원은 병과할 수 있다는 입장이다. 생각건대, 일반적으로는 양자의 제도목적이 다르므로 대법원의 입장이 옳지만, 과태료가 벌금·과료와 실질적 차이가 없는 경우에는 병과할 수 없다고 보아야 한다.

판 례

(판례1) 헌법 제13조 제1항은 "모든 국민은…… 동일한 범죄에 대하여 거듭 처벌받지 아니한다"고 하여 이른바 '이중처벌금지의 원칙'을 규정하고 있는데, 이 원칙은 한번 판결이 확정되면 동일한 사건에 대해서는 다시 심판할 수 없다는 '일사부재리의 원칙'이 국가형벌권의 기속 원리로 헌법상 선언된 것으로서, 여기서 말하는 '처벌'은 원칙적으로 범죄에 대한 국가의 형벌권 실행으로서의 과벌을 의미하는 것이고, 국가가 행하는 일체의 제재나 불이익처분이 모두 그 '처벌'에 포함되는 것은 아니다. 다만 행정질서벌로서의 과태료는 행정상 의무의 위반에 대하여 국가가 일반통치권에 기하여 과하는 제재로서 형벌과 목적·기능이 중복되는 면이 없지 않으므로, 동일한 행위를 대상으로 하여 형벌을 부과하면서 아울러 행정질서벌로서의 과태료까지 부과하는 경우 이중처벌금지의 기본정신에 배치되어 국가 입법권의 남용으로 인정될 여지는 있다(헌재결 2020. 11. 26, 2019헌바12).

(판례2) 피고인이 행형법에 의한 징벌을 받아 그 집행을 종료하였다고 하더라도 행형법상의 징벌은 수형자의 교도소 내의 준수사항위반에 대하여 과하는 행정상의 질서벌의 일종으로서 형법 법령에 위반한 행위에 대한 형사책임과는 그 목적, 성격을 달리하는 것이므로 징벌을 받은 뒤에 형사처벌을 한다고 하여 일사부재리의 원칙에 반하는 것은 아니다(대판 2000. 10. 27, 2000도3874).

3) 징계벌과 행정질서벌

징계벌과 행정질서벌은 모두 불이익한 처벌이지만, 그 목적이나 성질이 다르다고 볼 것이므로, 징계벌을 부과한 후 행정질서벌을 부과할 수 있다.

(2) 행정형벌의 행정질서벌화

경미한 행정법규 위반이 행정형벌로 이어진다면, 그것은 국민을 전과자로 만들 가능성을 갖는다. 따라서 비교적 경미한 행정법규 위반에 대하여 단기자유형이나 벌금형을 규정하는 경우에는 과태료로 전환하는 것이 필요하다. 실무상으로도 행정형벌의 질서벌화가 계속 추진되고 있다. 현재 개별법에서도 이러한 노력이 엿보이는바, 도로교통법상의 범칙금제도를 들 수 있다.

제3절 행정상 강제집행

Ⅰ. 행정상 강제집행의 개념

1. 행정상 강제집행의 의의

행정상 강제집행이란 행정법상의 의무자가 그 의무를 이행하지 아니하는 경우에 행정주체가 스스로의 힘으로 그 의무를 이행시키거나 또는 이행된 것과 같은 상태를 실현하는 공행정 작용을 말한다. 행정상 강제집행은 언제나 행정법상 개별·구체적인 의무의 불이행을 전제로 하는 것이며, 그 의무는 법규에 의해 직접 부과되기도 하고, 행정행위에 의해 부과되기도 한다.

2. 구별개념

(1) 행정상 즉시강제와 구별

행정상 강제집행은 의무의 존재와 그 불이행을 전제로 하는 의무이행확보수단이라는 점에서 상대방에게 의무를 부과하지 않고 행정기관이 직접 실력을 행사하여 행정목적을 실현하는 행정작용인 행정상 즉시강제와 구별된다.

(2) 민사상 강제집행과 구별

행정상 강제집행은 권리자인 행정주체가 의무자의 의무불이행이 있는 경우 스스로의 힘으로 의무를 이행시키거나 또는 이행된 것과 같은 상태를 실현시킨다는 점에서, 권리자가 반드시 법원이라는 제3자의 힘을 빌려 의무이행을 강제시키는 민사상 강제집행과 구별된다.

(3) 행정벌과 구별

행정상 강제집행은 직접적인 행정상의 의무이행확보수단이라는 점에서 과거의무위반에 대하여 제재를 과함으로써 간접적으로 의무이행을 확보하는 제도인 행정벌과 구별된다.

(4) 행정지도와 구별

행정상 강제집행은 권력적 사실행위이다. 이점에서 행정행위 등과 같은 법적 행위와 구별되며, 행정지도 등과 같은 비권력적 사실행위와도 구별된다.

Ⅱ. 행정상 강제집행의 법적 근거

1. 법률우위원칙의 적용

행정상 강제집행에도 법률우위원칙이 적용된다. 절차규정을 포함하여 행정상 강제집행을 규율하는 법이 있으면 이에 따라야 한다.

2. 법률유보원칙의 적용

행정상 강제집행은 사인의 자유와 권리를 침해하는 권력적 사실행위이므로 법률유보원칙이 적용된다. 행정상 강제집행에는 반드시 별도의 법적근거를 요한다는 것이 통설이다. 즉 행정상 강제집행에 선행하는 의무를 과하는 행정행위의 법적 근거가 동시에 행정상 강제집행의 법적근거가 될 수 없다는 것이다. 따라서 행정청이 사인에게 행정상 의무를 과하고 사인이 이 의무를 불이행하는 경우에 법적 근거가 없어서 행정상 강제집행을 할 수 없는 경우도 있을 수 있다.

3. 실정법상 근거

행정상 강제집행에 관한 실정법에는 대집행에 관한 일반으로 행정대집행법과 행정상 강제징수에 관한 실질적 일반법인 국세징수법이 있고, 그 밖에 특별법으로 출입국관리법 등 개별법에 그에 관한 규정이 있다.

Ⅲ. 행정상 강제집행의 종류

행정상 강제집행의 종류로는 대집행, 이행강제금(집행벌), 직접강제 및 행정상 강제징수 등이 인정되고 있다.「행정기본법」 제30조 제1항 역시 행정상 강제집행에 해당하는 행정대집행, 이행강제금, 직접강제, 강제징수를 명문으로 인정하고 있다.

1. 행정상 대집행

(1) 의의

대집행이란 행정법상 의무 중 비금전적인 대체적 작위의무를 의무자가 이행하지 아니한 경우에 행정청이 스스로 의무자가 행하여야 할 행위를 하거나 제3자로 하여금 행하게 하고 소요비용을 의무자로부터 징수하는 행정상 강제집행의 수단을 말한다. 대집행은 종래 경찰목적 등의 소극적 목적을 위해 활용되어 왔으나, 최근에는 사유유휴지의 활용강제를 위한 대집행 등 적극적으로 공공복지의 실현을 위해 활용되기도 한다.

(2) 성질

대집행은 비금전적인 대체적 작위의무의 불이행의 경우에 대처하기 위한 수단이라는 점에서 다 같은 행정상 강제집행의 수단인 집행벌·행정상 강제징수 등과 구별된다. 대집행과 직접강제의 구분은 용이하지 않다. 대집행의 비용은 의무자가 부담하지만, 직접강제의 경우에는 행정청이 부담한다. 대집행은 제3자로 하여금 이행을 시킬 수 있지만 직접강제의 경우에는 행정청 자신이 하여야 하며, 제3자에게 이행시킬 수 없다. 그러나 행정청이 스스 대집행에 나서는 경우에 물건에 대한 직접강제와의 구분은 어렵다.[1]

(3) 근거

대집행에 관한 일반법으로는 행정대집행법이 있다. 특별법으로는 건축법 제85조, 공익사업을 위한 토지 등의 취득 및 보상에 관한 법률 제89조 등을 볼 수 있다. 각 단행법에 특별한 규정이 없는 한 행정대집행법이 일반법으로 적용된다. 행정대집행법 제1조는 "행정의무의 이행확보에 관하여서는 따로 법률로서 정하는 것을 제외하고는 본법의 정하는 바에 의한다"고 규정하고 있다.

행정기본법은 '행정대집행'이란 의무자가 행정상 의무로서 타인이 대신하여 행할 수 있는 의무를 이행하지 아니하는 경우 법률로 정하는 다른 수단으로는 그 이행을 확보하기 곤란하고 그 불이행을 방치하면 공익을 크게 해칠 것으로 인정될 때에 행정청이 의무자가 하여야 할 행위를 스스로 하거나 제3자에게 하게 하고 그 비용을 의무자로부터 징수하는 것이라고 규정하고 있다(동법 제30조 제1항 제1호).

(4) 주체

① 대집행을 결정하고 이를 실행할 수 있는 권한을 가진 자는 당해 행정청이다. 여기서 당해 행정청이란 의무를 부과한 행정청을 의미한다.

② 한편 대집행을 현실로 수행하는 자는 반드시 당해 행정청이어야 하는 것은 아니다. 경우에 따라서는 제3자가 대집행을 수행할 수도 있다. 전자를 자기집행, 후자를 타자집행이라 한다.

(5) 요건

대집행의 일반적인 요건에 대한 행정대집행법 제2조는 "법률에 의하여 직접 명령되었

---

1) 이와 관련하여 일설은 대집행과 직접강제의 구분이 반드시 명백한 것은 아니라는 전제하에 가옥의 철거에 있어서 보통의 방법이 아닌 소각 또는 폭파하는 등 행정청이 대체적으로 집행한다는 한계를 넘어서 실현한다면 그것은 대집행이 아니라 직접강제라 하기도 한다.

거나 또는 법률에 의거한 행정청의 명령에 의한 행위로서 타인이 대신하여 행할 수 있는 행위를 의무자가 이행하지 아니하는 경우, 다른 수단으로써 그 이행을 확보하기 곤란하고 또한 그 불이행을 방치함이 심히 공익을 해할 것으로 인정될 때에는 당해 행정청은 스스로 의무자가 하여야 할 행위를 하거나 또는 제3자로 하여금 이를 하게 하여 그 비용을 의무자로부터 징수할 수 있다"고 규정하고 있다.

1) 공법상 의무의 불이행이 있을 것

① 대집행은 공법상 의무의 불이행을 대상으로 한다. 따라서 사법상 의무의 불이행은 대집행의 대상이 되지 않는다. 대집행의 대상이 되는 공법상 의무는 법령에서 직접 명해질 수 도 있고, 법령에 근거한 행정행위에 의해 명해질 수도 있다.

② 그리고 대집행의 요건으로서 작위의무의 부과와 대집행의 절차인 계고처분은 별개로 독립하여 이루어져야 함이 원칙이지만, 판례는 사정에 따라서는 동시에 이루어질 수 있음을 인정한다.

판 례

(판례1) 협의취득은 공공사업에 필요한 토지 등을 그 소유자와의 협의에 의하여 취득하는 것으로서 공공기관이 사경제주체로서 행하는 사법상 매매 내지 사법상 계약의 실질을 가지는 것이므로, 그 협의취득시 건물소유자가 매매대상 건물에 대한 철거의무를 부담하겠다는 취지의 약정을 하였다고 하더라도 이러한 철거의무는 공법상의 의무가 될 수 없고, 이 경우에도 행정대집행법을 준용하여 대집행을 허용하는 별도의 규정이 없는 한 위와 같은 철거의무는 행정대집행법에 의한 대집행의 대상이 되지 않는다(대판 2006. 10. 13, 2006두7096).

(판례2) 계고서라는 명칭의 1장의 문서로서 일정기간 내에 위법건축물의 자진철거를 명함과 동시에 그 소정기한 내에 자진철거를 하지 아니할 때에는 대집행할 뜻을 미리 계고할 경우라도 건축법에 의한 철거명령과 행정대집행법에 의한 계고처분은 독립하여 있는 것으로서 각 그 요건이 충족되었다고 볼 것이다. 이 경우, 철거명령에서 주어진 일정기간이 자진철거에 필요한 상당한 기간이라면 그 기간 속에는 계고시에 필요한 상당한 이행기간도 포함되어 있다고 보아야 할 것이다(대판 1992. 6. 12, 91누13564).

2) 불이행된 의무는 대체적 작위의무일 것

① 공법상의 의무는 타인이 대신하여 행할 수 있는 의무, 즉 대체적 작위의무이어야 한다. 대체성의 판단이 반드시 용이한 것은 아니다. 의무자만이 이행 가능한 전문·기술적인 의무는 대체성이 없다. 한편 대집행비용이 의무자에 대한 의무이행의 경우보다 과다하게 소용되어도 대집행은 가능하다.

② 물건의 인도 또는 토지·건물의 명도의무의 경우

판례와 다수의 견해는 토지·건물의 명도의무는 대체적 작위의무에 해당하는 것이 아니므로 대집행의 대상이 되지 않는다고 본다.

판 례

(판례1) 이러한 명도의무는 그것을 강제적으로 실현하면서 직접적인 실력행사가 필요한 것이지 대체적 작위의무라고 볼 수 없으므로 특별한 사정이 없는 한 행정대집행법에 의한 대집행의 대상이 될 수 있는 것이 아니다(대판 2005. 8. 19, 2004다2809).

(판례2) 이 사건 계고처분의 대상이 되는 퇴거의무는 지방재정법 제85조에 의한 대집행의 대상이 되는 대체적 작위의무에 속하는 것이 아니라고 할 것이다(대판 1998. 10. 23, 97누157).

③ 부작위의무는 그 위반의 유형적 결과의 시정을 명하는 방법(철거명령 등)을 통해 작위의무로 전환시킨 후에 대집행의 대상이 될 수 있다(건축법 제79조, 도로법 제96조). 작위의무로 전환시킬 수 있는 법적 근거가 없다면 법률유보의 원칙상 대집행은 불가능하다.

판 례

(판례1) 단순한 부작위의무의 위반, 즉 관계 법령에 정하고 있는 절대적 금지나 허가를 유보한 상대적 금지를 위반한 경우에는 당해법령에서 그 위반자에 대하여 위반에 의하여 생긴 유형적 결과의 시정을 명하는 행정처분의 권한을 인정하는 규정(예컨대 건축법 제69조, 도로법 제74조)을 두고 있지 아니한 이상, 법치주의의 원리에 비추어 볼 때 위와 같은 부작위의무로부터 그 의무를 위반함으로써 생긴 결과를 시정하기 위한 작위의무를 당연히 끌어낼 수는 없으며, 또 위 금지규정(특히 허가를 유보한 상대적 금지규정)으로부터 작위의무, 즉 위반결과의 시정(유치원시설의 철거)을 명하는 권한이 당연히 추론되는 것도 아니다(대판 1996. 6. 28, 96누4374).

(판례2) 구 공유재산 및 물품 관리법 제83조는 "정당한 사유 없이 공유재산을 점유하거나 이에 시설물을 설치한 때에는 행정대집행법 제3조 내지 제6조의 규정을 준용하여 철거 그 밖의 필요한 조치를 할 수 있다."라고 정하고 있는데, 위 규정은 대집행에 관한 개별적인 근거 규정을 마련함과 동시에 행정대집행법상의 대집행 요건 및 절차에 관한 일부 규정만을 준용한다는 취지에 그치는 것이고, 대체적 작위의무에 속하지 아니하여 원칙적으로 대집행의 대상이 될 수 없는 다른 종류의 의무에 대하여서까지 강제집행을 허용하는 취지는 아니다(대판 2011. 4. 28, 2007도7514).

3) 다른 방법이 없을 것(최소침해의 원칙)

대집행이 인정되기 위해서는 불이행된 의무를 다른 수단으로 이행을 확보하기가 곤란하여야 한다. 여기서 다른 수단이란 비례원칙상 의무자에 대한 침해가 대집행보다 경미한 수단을 의미한다고 보아야 한다.

판 례

(판례) 건축법에 위반하여 증·개축함으로써 철거의무가 있다하더라도 행정대집행법 제2조에 의하여 그 철거의무를 대집행하기 위한 계고처분을 하려면 다른 방법으로는 그 이행의 확보가 어렵고, 그 불이행을 방치함이 심히 공익을 해하는 것으로 인정되는 경우에 한한다고 할 것이다(대판 1989. 7. 11, 88누11193).

4) 공익상의 요청이 있을 것(협의의 비례의 원칙)

① 의무자가 의무를 이행하지 아니하였다는 것만으로 대집행권을 발동할 수 없고 그 불이행을 방치함이 심히 공익을 해할 때에만 대집행권을 발동할 수 있다. 여기서 '심히'의 판단시기는 계고시가 기준이 된다.

판 례

(판례1) 관할관청의 허가를 받지 아니하고 기존건물의 4층 옥상 뒤편에 시멘트 벽돌조 슬래브 지붕 주택 55.4평방미터를 증축하였다 하더라도 그 증축부분이 외부에 돌출되지 않고 지면에서 잘 보이지 아니하여 주위의 미관을 해칠 우려가 없을 뿐만 아니라 이를 대집행으로 철거할 경우 많은 비용이 소요되는 반면에 공익에 아무런 도움이 되지 아니하고 도로교통, 방화, 보안, 위생, 도시미관 및 공해예방 등의 공익을 심히 해한다고 볼 수 없다면 그 증축부분의 철거대집행을 위한 이 사건 계고처분은 위법하다(대판 1990. 1. 23, 89누6969).

(판례2) 원고의 토지의 형질변경행위를 용인하는 것은 도시의 건전한 발전을 도모하고 공공의 안녕질서와 공공복리의 증진을 위하여 제정된 도시계획법 특히 도시의 무질서한 확산을 방지하고 도시 주변의 자연환경을 보전하여 도시민의 건전한 생활환경의 확보 유지를 목적으로 한 개발제한구역 지정의 취지가 몰각되고 불법형질변경을 단속하는 당국의 권능을 무력화시켜 도시계획행정의 원활한 수행을 위태롭게 하며, 개발제한구역 안에서의 불법형질변경의 제한규정을 위반하는 것을 사전에 예방한다는 보다 더 큰 공익을 해칠 우려가 있다(대판 1993. 5. 11, 92누8279).

② 공익상 요청은 불확정 개념으로서 판단여지가 인정된다. 재량의 문제로 보는 것은 타당하지 않다.

(6) 절차

대집행의 절차는 계고·대집행영장에 의한 통지·실행·비용징수의 4단계로 나누어진다.

1) 계고처분

① 대집행을 하려 함에 있어서는 상당한 이행기한을 정하여 그 기한까지 이행되지 아니할 때에는 대집행을 한다는 뜻을 미리 문서로써 계고하여야 한다(행정대집행법 제3조 제1항). 상당한 기간이란 사회통념상 이행에 필요한 기간을 의미한다. 계고는 문서에 의한 것이어야 하고, 구두에 의한 계고는 무효가 된다. 여기서 계고란 준법률행위적 행정행위로서 통지행위에 해당하며 행정쟁송의 대상이 된다.

판 례

(판례1) 행정대집행법 제3조 제1항의 계고처분은 자체만으로서는 행정적 법률효과를 발생하는 것은 아니다. 같은 법 제3조 제2항의 대집행명령장을 발급하고 대집행을 하는데 전제가 되는 것이므로 행정처분이라 할 수 있고 따라서 행정소송의 대상이 될 수 있다(대판 1962. 10. 18, 62누117).

(판례2) 제1차로 철거명령 및 계고처분을 한 데 이어 제2차로 계고서를 송달하였음에도 불응함에 따라 대집행을 일부 실행한 후 철거의무자의 연기원을 받아들여 나머지 부분의 철거를 진행하지 않고 있다가 연기기한이 지나자 다시 제3차로 철거명령 및 대집행계고를 한 경우, 행정대집행법상의 철거의무는 제1차 철거명령 및 계고처분으로써 발생하였다고 할 것이고, 제3차 철거명령 및 대집행계고는 새로운 철거의무를 부과하는 것이라고는 볼 수 없으며, 단지 종전의 계고처분에 의한 건물철거를 독촉하거나 그 대집행기한을 연기한다는 통지에 불과하므로 취소소송의 대상이 되는 독립한 행정처분이라고 할 수 없다(대판 2000. 2. 22, 98두4665).

② 대집행의 요건은 계고를 할 때에 충족되어 있어야 한다. 따라서 의무를 명하는 처분과 계고는 원칙적으로 결합되어 행하여질 수 없다. 계고요건의 주장·입증책임은 처분행정청에 있다.

③ 비상시 또는 위험이 절박한 경우에 있어서 당해 행위의 급속한 실시를 요하여 계고절차를 취할 여유가 없을 때에는 계고절차를 거치지 아니하고 대집행할 수 있다(동법 제3조 제3항).

④ 정당한 사유없이 이루어지는 계고 없는 강제집행은 절차상의 하자를 구성한다. 계고요건구비 여부의 판단은 판단여지의 문제가 된다.

2) 대집행영장에 의한 통지

① 의무자가 계고를 받고 그 지정기한까지 그 의무를 이행하지 아니할 때에는 당해 행정청은 대집행영장으로써 대집행을 할 시기, 대집행을 시키기 위하여 파견하는 집행책임자의 성명과 대집행에 요하는 비용의 계산에 의한 견적액을 의무자에게 통지하여야 한다. 대집행통지는 준법률적 행정행위로 이해(항고소송의 대상이 될 수 있다는 것이 통설·판례의 입장)되나, 동시에 의무자에게 대집행 시 수인의무를 부과하는 것으로 볼 수 있다.

② 계고처분과 대집행영장에 의한 통지처분은 대체적 작위의무의 이행을 의무자의 비용부담하에 확보하고자 하는 동일한 행정목적을 달성하기 위하여 단계적인 일련의 절차로 연속하여 행하여지는 것으로서 서로 결합하여 하나의 법률효과를 발생시키는 것이므로 선행처분의 흠은 후행처분에 승계된다.

③ 비상시 또는 위험이 절박한 경우에 있어서 당해 행위의 급속한 실시를 요하여 대집행영장에 의한 통지절차를 취할 여유가 없을 때에는 이 절차를 거치지 아니하고 대집행할 수 있다.

3) 대집행실행

① 대집행영장에 표시된 대집행의 시기까지 의무의 이행이 없으면 대집행이 실행된다. 즉 행정청은 스스로 의무자가 행하여야 할 행위를 하거나 제3자로 하여금 행하게 한

다. 대집행의 실행은 권력적사실행위이며 이에 대해 의무자는 수인의무가 있다.

② 대집행을 하기 위하여 현장에 파견되는 집행책임자는 그가 집행책임자라는 것을 표시한 증표를 휴대하여 대집행을 할 때에 이해관계인에게 제시하여야 한다. 집행책임자가 증표를 제시하면 이해관계자는 강제집행에 대해 수인할 의무를 부담하게 되고, 이에 대항하면 공무집행방해죄를 구성하게 된다.

③ 대집행실행시 실력행사의 가능성

수인의무를 위반하여 의무자가 행하는 저항을 행정청이 실력으로 배제할 수 있는가는 문제이다. 독일의 경우와 달리 명문의 규정이 없다는 이유로 부정적으로 보는 견해도 있으나, 부득이한 경우에는 필요한 최소한의 범위 내에서 저항을 배제하는 것은 가능하다고 볼 것이다.

판 례

(판례) 행정청이 행정대집행의 방법으로 건물철거의무의 이행을 실현할 수 있는 경우에는 건물철거 대집행 과정에서 부수적으로 건물의 점유자들에 대한 퇴거 조치를 할 수 있고, 점유자들이 적법한 행정대집행을 위력을 행사하여 방해하는 경우 형법상 공무집행방해죄가 성립하므로, 필요한 경우에는 '경찰관 직무집행법'에 근거한 위험발생 방지조치 또는 형법상 공무집행방해죄의 범행방지 내지 현행범체포의 차원에서 경찰의 도움을 받을 수도 있다(대판 2017. 4. 28, 2016다213916).

4) 비용징수

① 대집행에 소요된 비용은 의무자로부터 이를 징수한다. 비용징수는 행정청이 실제에 요한 비용액과 그 납기일을 정하여 의무자에게 문서로써 그 납부를 명함으로써 행한다. 비용징수는 「국세기본법」의 예에 의하여 징수할 수 있으며, 이에 대하여 행정청은 사무비의 소속에 따라 국세에 다음가는 순위의 선취득권을 가진다(동조 제2항).

② 계고처분과 대집행비용납부명령도 서로 결합하여 하나의 법률효과를 발생시키는 것이므로 선행처분의 흠은 후행처분에 승계된다(대판 1993. 11. 9, 93누14271).

(7) 대집행에 대한 구제

1) 행정쟁송

가. 행정심판

「행정대집행법」 제7조 제1항은 "대집행에 대하여는 행정심판을 제기할 수 있다"라고 하고, 이어서 제8조는 "전조의 규정은 법원에 대한 출소의 권리를 방해하지 아니한다"라고 하여 별도로 행정소송을 제기할 수 있음을 규정하고 있다.[1)]

---

1) 문제는 「행정대집행법」이 별도로 행정소송을 제기할 수 있음을 규정한 취지이다. 이에 대하여는 종래 대집행

나. 항고소송의 대상적격

대집행의 절차를 이루는 4단계에 있어서 행정청의 행위 즉 계고·대집행영장에 의한 통지·대집행실행·대집행비용납부명령 모두가 행정쟁송의 대상이 될 수 있는가가 문제된다. 계고·대집행영장에 의한 통지·대집행비용납부명령이 법률상 이익이 있는 한 행정쟁송의 대상인 처분에 속한다는 데 대하여는 우리나라의 학설·판례가 일치되어 있다. 대집행실행에 대하여도, 사실행위를 처분의 개념에서 배제하고 있는 견해를 제외하고, 처분에 속한다는 것이 우리나라의 다수설이다. 대집행요건충족의 입증책임은 행정청에 있다.

판 례

(판례) 건축법에 위반하여 건축한 것이어서 철거의무가 있는 건물이라 하더라도 그 철거의무를 대집행하기 위한 계고처분을 하려면 다른 방법으로는 이행의 확보가 어렵고 불이행을 방치함이 심히 공익을 해하는 것으로 인정될 때에 한하여 허용되고 이러한 요건의 주장·입증책임은 처분 행정청에 있다(대판 1996. 10. 11, 96누8086).

2) 집행정지

대집행의 전제가 되는 의무부과처분, 계고 및 대집행영장에 의한 통지에 대하여 취소심판·취소소송 등 항고쟁송을 제기한다 하더라도 그것만으로는 대집행의 실행을 미연에 방지할 수 있다는 보장이 없다. 이를 보장하기 위하여는 가구제를 구할 필요가 있다. 의무부과처분, 계고 및 대집행영장에 의한 통지에 대한 취소쟁송의 경우 민사소송법상의 가처분에 의하여 행정청의 어떠한 처분의 금지를 구하는 것은 판례가 이를 허용하고 있지 않으므로, 결국 집행정지신청에 의하여 대집행실행을 저지할 수밖에 없을 것이다.

3) 손해배상청구

위법한 대집행에 의하여 손해를 받은 자는 「국가배상법」 제2조의 규정에 의거하여 국가 또는 지방자치단체에 대하여, 행위자인 공무원에게 고의 또는 중과실이 있는 때에는 「민법」 제750조의 규정에 의거하여 당해 공무원에게 손해배상을 청구할 수 있다.

4) 공법상 결과제거청구

위법한 대집행으로 불이익을 받은 자는 결과제거청구권의 성립요건을 충족하는 한 그로 야기된 위법상태를 제거하여 원래의 상태로 회복시켜 줄 것을 청구할 수 있다.

에 대한 불복은 급속을 요하기 때문에 「행정대집행법」 제8조는 행정심판을 거치지 않고 바로 행정소송을 제기할 수 있도록 하는 특별규정으로 보는 견해와 법원에 대한 출소를 강조한 규정이며 행정심판전치에 대한 예외를 인정한 규정은 아니라는 견해의 대립이 있었다. 그러나 「행정소송법」의 개정으로 행정심판전치주의가 임의적 전치주의로 바뀌었기 때문에 이러한 견해의 대립은 의미가 없게 되었다.

2. 이행강제금(집행벌)

(1) 의의

이행강제금은 의무자가 행정상 의무를 이행하지 아니하는 경우 행정청이 적절한 이행기간을 부여하고, 그 기한까지 행정상 의무를 이행하지 아니하면 금전급부의무를 부과하는 것을 말한다(행정기본법 제30조 제1항 제2호). 즉, 이행강제금이란 행정상 비대체적 작위의무 또는 부작위의무를 이행하지 않은 경우, 그 의무를 간접적으로 강제하기 위하여 계고로써 미리 알린 뒤 금전지급의무를 부과하는 행정상 강제금으로 의무자로 하여금 스스로 의무를 이행하게 하는 행정상 강제집행의 수단을 말한다.

이행강제금은 변화하는 행정환경에 적합한 제도로서 보다 많은 의미를 가지게 될 것이다. 예컨대 대집행이 곤란한 경우에 이행강제금제도는 의미를 가지게 된다.

(2) 구별

1) 행정벌

이행강제금은 행정상 강제집행의 한 수단이라는 점에서 행정벌과 구별된다. 즉 이행강제금은 행정청이 정한 기간 내에 의무이행이 있으면 원칙적으로 강제금의 납부가 면제되나, 행정벌은 일단 과태료 등이 부과된 이상 나중에 의무를 이행하더라도 과태료 납부 등이 면제되지 않는다. 이행강제금은 장래의 의무를 심리적으로 강제하기 위한 것으로서 의무이행이 있기까지 반복하여 부과할 수 있으나, 행정벌은 과거의 의무위반에 대한 제재로서 하나의 위반에 대하여 반복하여 부과할 수 없다.

2) 대집행

이행강제금은 일정한 강제금을 과할 뜻을 의무자에게 예고함으로써 심리적 압박을 가하여 의무자로 하여금 스스로 의무를 이행케 하는 수단이라는 점에서 대집행과 구별된다. 또한 이행강제금은 실력적 사실작용이 아니라는 점에서 행정상 즉시강제나 직접강제 등과 구별된다.

(3) 대상

학설은 원칙적으로 비대체적 작위의무 또는 부작위의무를 이행하지 않은 경우를 대상으로 보고, 대체적 작위의무에 대하여는 대집행이 가능하므로 대체적 작위의무에 대하여 이행강제금을 인정할 필요가 없다고 보고 있지만, 경우에 따라서는 이행강제금이 대집행보다 의무를 이행시키는데 더 실효성 있는 수단이 될 수 있으므로 대체적 작위의무에 대하여도 이행강제금을 인정하는 것이 타당하다. 헌법재판소도 이행강제금이 대체적 작위의무의 위반에 대하여 부과될 수 있다고 본다.

판 례

(판례) 전통적으로 행정대집행은 대체적 작위의무에 대한 강제집행수단으로, 이행강제금은 부작위의무나 비대체적 작위의무에 대한 강제집행수단으로 이해되어 왔으나, 이는 이행강제금제도의 본질에서 오는 제약은 아니며, 이행강제금은 대체적 작위의무의 위반에 대하여도 부과될 수 있다. 현행 건축법상 위법건축물에 대한 이행강제수단으로 대집행과 이행강제금(제83조 제1항)이 인정되고 있는데, 양 제도는 각각의 장·단점이 있으므로 행정청은 개별사건에 있어서 위반내용, 위반자의 시정의지 등을 감안하여 대집행과 이행강제금을 선택적으로 활용할 수 있으며, 이처럼 그 합리적인 재량에 의해 선택하여 활용하는 이상 중첩적인 제재에 해당한다고 볼 수 없다. 건축법 제78조에 의한 무허가 건축행위에 대한 형사처벌과 건축법 제83조 제1항에 의한 시정명령 위반에 대한 이행강제금의 부과는 그 처벌 내지 제재대상이 되는 기본적 사실관계로서의 행위를 달리하며, 또한 그 보호법익과 목적에서도 차이가 있으므로 헌법 제13조 제1항이 금지하는 이중처벌에 해당한다고 할 수 없다(헌재결 2004. 2. 26, 2001헌바80·84·102·103, 2002헌바26).

(4) 근거

이행강제금제도는 의무자에 대한 침익적 강제수단(하명의 성질을 갖는다)이므로 당연히 법적 근거를 요한다. 과거에는 이행강제금에 관한 일반법이 없었으나, 행정기본법 제31조에 이행강제금에 관한 전반적 사항이 통일적으로 규정됨으로써 행정기본법이 이행강제금에 관한 일반법의 기능을 하고 있다. 행정기본법 제31조 제1항은 "이행강제금 부과의 근거가 되는 법률에는 이행강제금에 관한 다음 각 호의 사항을 명확하게 규정하여야 한다"고 하여 이행강제금의 법적 근거가 법률에 근거가 있어야 한다는 것을 명문으로 규정하고 있다. 현재 개별법으로는 건축법 제80조, 농지법 제63조, 공정거래법 제16조 등에서 인정하고 있다.

판 례

(판례1) 건축법상 이행강제금

건축법상의 이행강제금은 시정명령의 불이행이라는 과거의 위반행위에 대한 제재가 아니라, 의무자에게 시정명령을 받은 의무의 이행을 명하고 그 이행기간 안에 의무를 이행하지 않으면 이행강제금이 부과된다는 사실을 고지함으로써 의무자에게 심리적 압박을 주어 의무의 이행을 간접적으로 강제하는 행정상의 간접강제 수단에 해당한다. 이러한 이행강제금의 본질상 시정명령을 받은 의무자가 이행강제금이 부과되기 전에 그 의무를 이행한 경우에는 비록 시정명령에서 정한 기간을 지나서 이행한 경우라도 이행강제금을 부과할 수 없다.

나아가 시정명령을 받은 의무자가 그 시정명령의 취지에 부합하는 의무를 이행하기 위한 정당한 방법으로 행정청에 신청 또는 신고를 하였으나 행정청이 위법하게 이를 거부 또는 반려함으로써 결국 그 처분이 취소되기에 이르렀다면, 특별한 사정이 없는 한 그 시정명령의 불이행을 이유로 이행강제금을 부과할 수는 없다고 보는 것이 위와 같은 이행강제금 제도의 취지에 부합한다(대판 2018. 1. 25, 2015두35116).

(판례2) 농지법상 이행강제금

농지법은 농지 처분명령에 대한 이행강제금 부과처분에 불복하는 자가 그 처분을 고지받은 날부터 30일 이내에 부과권자에게 이의를 제기할 수 있고, 이의를 받은 부과권자는 지체 없이 관할 법원에 그 사실을 통보하여야 하며, 그 통보를 받은 관할 법원은 비송사건절차법에 따른 과태료 재판에 준하여 재판을 하도록 정하고 있다(제62조 제1항, 제6항, 제7항). 따라서 농지법 제62조 제1항에 따른 이행강제금 부과처분에 불복하는 경우에는 비송사건절차법에 따른 재판절차가 적용되어야 하고, 행정소송법상 항고소송의 대상은 될 수 없다.

농지법 제62조 제6항, 제7항이 위와 같이 이행강제금 부과처분에 대한 불복절차를 분명하게 규정하고 있으므로, 이와 다른 불복절차를 허용할 수는 없다. 설령 관할청이 이행강제금 부과처분을 하면서 재결청에 행정심판을 청구하거나 관할 행정법원에 행정소송을 할 수 있다고 잘못 안내하거나 관할 행정심판위원회가 각하재결이 아닌 기각재결을 하면서 관할 법원에 행정소송을 할 수 있다고 잘못 안내하였다고 하더라도, 그러한 잘못된 안내로 행정법원의 항고소송 재판관할이 생긴다고 볼 수도 없다(대판 2019. 4. 11, 2018두42955).

(판례3) 공정거래법상 이행강제금

독점규제 및 공정거래에 관한 법률(이하 '공정거래법'이라 한다)상 기업결합 제한 위반행위자에 대한 시정조치 및 이행강제금 부과 등에 관한 구 공정거래법(1999. 2. 5. 법률 제5813호로 개정되기 전의 것) 제17조 제3항, 공정거래법 제7조 제1항 제1호, 제16조 제1항 제7호, 제17조의3 제1항 제1호, 제2항, 독점규제 및 공정거래에 관한 법률 시행령 제23조의4 제1항, 제3항을 종합적·체계적으로 살펴보면, 공정거래법 제17조의3은 같은 법 제16조에 따른 시정조치를 그 정한 기간 내에 이행하지 아니하는 자에 대하여 이행강제금을 부과할 수 있는 근거 규정이고, 시정조치가 공정거래법 제16조 제1항 제7호에 따른 부작위 의무를 명하는 내용이더라도 마찬가지로 보아야 한다. 나아가 이러한 이행강제금이 부과되기 전에 시정조치를 이행하거나 부작위 의무를 명하는 시정조치 불이행을 중단한 경우 과거의 시정조치 불이행기간에 대하여 이행강제금을 부과할 수 있다고 봄이 타당하다(대판 2019. 12. 12, 2018두63563).

(5) 부과절차

행정기본법 제31조는 이행강제금 부과와 관련된 기준과 절차를 통일적으로 규율하고 있다. 따라서 개별 법률에 달리 규정되어 있지 않는 한 이 절차에 따라야 한다.

1) 계고

행정청은 이행강제금을 부과하기 전에 미리 의무자에게 적절한 이행기간을 정하여 그 기한까지 행정상 의무를 이행하지 아니하면 이행강제금을 부과한다는 뜻을 문서로 계고하여야 한다(행정기본법 제31조 제3항).

2) 통지

행정청은 의무자가 제3항에 따른 계고에서 정한 기한까지 행정상 의무를 이행하지 아니한 경우 이행강제금의 부과 금액·사유·시기를 문서로 명확하게 적어 의무자에게 통지하여야 한다(동법 제31조 제4항).

3) 강제징수

행정청은 이행강제금을 부과받은 자가 납부기한까지 이행강제금을 내지 아니하면 국세강제징수의 예 또는 「지방행정제재·부과금의 징수 등에 관한 법률」에 따라 징수한다(동법 제31조 제6항).

(6) 불복

1) 과태료형 이행강제금의 경우

이행강제금에 불복하는 자는 이의를 제기할 수 있는 것으로 규정하고, 이의를 제기한 경우에는 비송사건절차법에 의하여 이행강제금을 결정하는 것으로 규정한 경우가 있다(농지법 제63조). 이처럼 이행강제금부과처분에 대하여 비송사건절차법에 의한 특별한 불복절차가 마련되어 있는 경우에는 이행강제금 부과처분은 항고소송의 대상이 되는 처분이 아니다.

판 례

(판례) 건축법 제83조의 규정에 의하여 부과된 이행강제금부과처분의 당부는 최종적으로 비송사건절차법에 의한 절차에 의하여만 판단되어야 한다고 보아야 할 것이므로 위와 같은 이행강제금부과처분은 행정소송의 대상이 되는 행정처분이라고 볼 수 없다(대판 2000. 9. 22, 2000두5722).

2) 과징금형 이행강제금의 경우

이행강제금부과에 대한 개별법률에 특별히 정함이 없다면, 이행강제금부과처분은(하명의 성질) 처분성을 가지므로 행정심판법이나 행정소송법이 정하는 바에 따라 다툴 수 있다.

3) 대집행과 이행강제금의 병과가능성

다수와 판례의 입장은 위헌이라 볼 수 없고 법적근거가 존재한다면 양자가 병과가능하다는 입장이다.

판 례

(판례) 건축법 제78조에 의한 무허가 건축행위에 대한 형사처벌과 건축법 제83조 제1항에 의한 시정명령 위반에 대한 이행강제금의 부과는 그 처벌 내지 제재대상이 되는 기본적 사실관계로서의 행위를 달리하며, 또한 그 보호법익과 목적에서도 차이가 있으므로 헌법 제13조 제1항이 금지하는 이중처벌에 해당한다고 할 수 없다(헌재결 2004. 2. 26, 2001헌바80·84·102·103, 2002헌바26).

3. 직접강제

(1) 의의

직접강제란 의무자가 행정상 의무를 이행하지 아니하는 경우 행정청이 의무자의 신체나 재산에 실력을 행사하여 그 행정상 의무의 이행이 있었던 것과 같은 상태를 실현하는 것을 말한다(행정기본법 제30조 제1항 제3호). 직접강제는 작위의무의 불이행 뿐만 아니라 부작위의무나 수인의무의 불이행의 경우에도 활용될 수 있는 수단이다.

(2) 성질

직접강제는 행정상 강제집행의 한 수단이라는 점에서 제재인 행정벌 및 의무의 존재를 전제로 하지 아니하는 행정상 즉시강제와 구별된다. 대집행은 행정청이 의무자에게 놓인 대체적 작위의무를 의무자의 지위에서 행하는 것이고, 직접강제는 강제를 통하여 의무자로 하여금 다른 행위, 특히 비대체적 작위·부작위·수인으로 나아가도록 한다는 점에서 구별된다.

(3) 근거

과거에는 직접강제에 관한 일반법이 없었으나 행정기본법 제32조에 직접강제에 관한 전반적 사항이 규정됨으로써 직접강제에 관한 일반법 기능을 하고 있다. 현행법상 인정되고 있는 직접강제의 수단으로는 영업장 또는 사업장의 폐쇄(식품위생법 제79조), 외국인의 강제퇴거(출입국관리법 제46조) 등이 있다. 직접강제의 의미와 범위, 그리고 한계 등을 보다 분명히 함으로써 국민의 권익보호와 행정집행의 효율성의 확보를 위해 일반법을 마련하는 것이 바람직하다.

(4) 절차

직접강제를 규정한 근거법률에서 특별한 절차를 마련하고 있을 때에는 그에 의한다. 예컨대, 식품위생법에는 행정청이 폐쇄조치를 하고자 하는 경우 사전에 영업자 또는 그 대리인에게 서면으로 통지하도록 규정하고 있으며 관계 공무원이 폐쇄조치 등을 행할 경우 그 권한을 표시하는 증표를 제시할 것을 규정하고 있다(동법 제79조 제3항, 제5항). 그 밖에도 직접강제가 처분에 해당하는 경우에는 행정절차법상의 처분절차를 따라야 한다.

(5) 한계

① 직접강제는 국민의 신체나 재산에 대한 직접적인 침해수단이자 강력한 수단으로서 국민의 기본권을 침해할 가능성을 많이 갖는다. 따라서 직접강제의 남용으로부터 국민의 보호를 위해 강제권발동과 관련하여 보다 엄격한 제한의 원리가 도입되어야 할 것이다.

판 례

(판례) 학원의 설립·운영에 관한 법률 제2조 제1호와 제6조 및 제19조 등의 관련 규정에 의하면, 같은 법상의 학원을 설립·운영하고자 하는 자는 소정의 시설과 설비를 갖추어 등록을 하여야 하고, 그와 같은 등록절차를 거치지 아니한 경우에는 관할 행정청이 직접 그 무등록 학원의 폐쇄를 위하여 출입제한 시설물의 설치와 같은 조치를 취할 수 있게 되어 있으나, 달리 무등록 학원의 설립·운영자에 대하여 그 폐쇄를 명할 수 있는 것으로는 규정하고 있지 아니하고, 위와 같은 폐쇄조치에 관한 규정이 그와 같은 폐쇄명령의 근거규정이 된다고 할 수도 없다(대판 2001. 2. 23, 99두6002).

② 한편 직접강제의 한계를 규율하는 단일의 통일법은 없고 다만 개별법에서 규정하는 경우가 있을 뿐이다. 물론 개별법령에 규정이 없더라도 행정법상 일반원칙이 직접강제에도 적용됨은 당연하다.

(6) 구제

1) 행정쟁송

직접강제의 발동은 기본적으로 사실작용이지만 상대방에게 수인의무를 요구한다는 점에서 법적 행위의 성질도 갖는다. 따라서 직접강제의 발동도 행정심판이나 행정소송의 대상이 된다고 볼 수 있다.

2) 국가배상 등

위법한 직접강제를 통해 손해를 입은 자는 특별규정이 없는 한 국가배상법이 정하는 바에 따라 국가나 지방자치단체를 상대로 손해배상을 청구할 수 있다. 그리고 직접강제 후에도 만약 위법상태가 계속된다면 경우에 따라 피해자는 결과제거의 청구를 주장할 수 있다. 물론 위법한 직접강제에 대항하는 것은 정당방위이며, 위법한 직접강제를 행한 공무원에게는 형사책임과 징계책임이 추궁될 수 있다.

(7) 도입의 확대

현재로서는 부작위의무위반의 경우에는 벌칙 등의 간접강제수단을 활용하고 있다. 이것은 그 실효성도 문제지만, 의무불이행자를 전과자로 만들 가능성도 갖는다. 이 때문에 영업장소를 폐쇄하는 등의 직접강제수단을 공중보건·위생·식품·환경 등에 관한 분야 뿐만 아니라 그 밖의 행정 분야에 확대도입할 필요가 있다.

4. 행성상 강제싱수

(1) 의의

행정상 강제징수란 의무자가 행정법상의 금전급부의무를 이행하지 아니하는 경우에 행정청이 의무자의 재산에 실력을 행사하여 의무가 이행된 것과 같은 상태를 직접적으로 실현하는 행정상 강제집행의 수단을 말한다. 행정기본법은 '강제징수'란 의무자가 행정상 의무 중 금전급부의무를 이행하지 아니하는 경우 행정청이 의무자의 재산에 실력을 행사하여 그 행정상 의무가 실현된 것과 같은 상태를 실현하는 것이라고 정하고 있다(동법 제30조 제1항 제4호).

(2) 근거

행정상 강제징수는 법률이 정하는 바에 따라야 한다(동법 제30조 제1항). 현재 국세의 강제징수에 관한 일반법인 국세징수법과 그 밖의 단행법이 행정상 강제징수의 법적 근거가 되어 있으나, 각 단행법이 실제로는 국세징수법의 예에 의하여 강제징수 할 것을 규정하는 것이 통례이므로, 국세징수법이 행정상 강제징수에 관한 실질적인 일반법의 역할을 하고 있다.

(3) 절차

국세징수법에 의한 강제징수절차는 독촉과 체납처분으로 이루어진다. 체납처분은 다시 재산의 압류, 압류재산의 매각, 2차 청산의 3단계로 나뉜다.

1) 독촉

① 국세를 납부기한까지 완납하지 아니한 때에는 납기경과 후 10일 이내에 독촉장에 의하여 발부일로부터 15일 이내의 기한 내에 납부할 것을 독촉하여야 한다. 제2차 납세의무자가 체납액을 그 납부기한까지 완납하지 아니한 때에는 10일 이내에 납부최고서를 발부하여야 한다.

② 독촉이란 상당한 이행 기간을 정하여 의무의 이행을 최고하고 그 의무가 이행되지 않을 경우에는 강제징수 할 뜻의 통지행위인 준법률행위적 행정행위로 보는 것이 일반적이다. 그러나 그 효과를 기준으로 할 때 대집행의 계고와 마찬가지로 금전급부의무를 부과하는 하명으로 볼 수 있다.

2) 체납처분

가. 재산의 압류

① 의의

압류는 체납국세의 징수를 실현하기 위하여 체납자의 재산을 보전하는 강제행위이며 항고소송의 대상이 되는 처분이다.

② 요건

납세의무자가 독촉장 또는 납부최고서를 받고도 지정된 기한까지 국세와 가산금을 완납하지 아니한 때, 기타 법정사유가 있을 때에는 납세의무자의 재산을 압류한다. 독촉장

발부없이 한 압류처분은 위법하다. 그러나 독촉절차 없이 압류처분을 하였더라도 압류처분은 무효로 되게 하는 중대하고도 명백한 하자가 되지 않는다는 것이 판례이다.

판 례

(판례) 구 택지소유상한에관한법률에 대한 위헌결정 이전에 부담금 등에 대한 수납 및 징수가 완료된 경우에는 법적 안정성의 측면에서 부득이 과거의 상태를 그대로 유지시켜 그 반환청구를 허용할 수 없다고 하더라도, 위헌결정 이후에는 국민의 권리구제의 측면에서 위헌법률의 적용상태를 그대로 방치하거나 위헌법률의 종국적인 실현을 위한 국가의 추가적인 행위를 용납하여서는 아니되므로, 위헌결정 이전에 이미 부담금 부과처분과 그 징수를 위한 압류처분이 확정되었다고 하더라도, 위헌결정 이후에는 부담금 등의 납부의무가 없음을 알면서도 압류해제 거부로 인한 사실상의 손해를 피하기 위하여 부득이 부담금 등을 납부하게 된 경우 등 그 납부가 자기의 자유로운 의사에 반하여 이루어진 것으로 볼 수 있는 사정이 있는 때에는 납부자가 그 반환청구권을 상실하지 않는다(대판 2003. 9. 2, 2003다14348).

③ 대상

체납자의 소유이고 금전적 가치를 가지며 양도성이 있는 모든 재산은 압류의 대상이 된다. 그러나 체납자의 최저생활의 보장 등의 관점에서 일정한 재산에 대하여는 압류가 금지되거나 제한된다.

④ 효력

압류의 기본적 효력은 압류재산의 법률상·사실상의 처분을 금지시키는데 있다. 그 밖에 시효중단의 효력, 우선 징수의 효력이 발생한다.

⑤ 해제

압류를 한 행정청은 납부 기타 일정한 법정사유가 발생한 때에는 압류를 해제할 수 있다.

나. 매각

① 성질

매각은 압류재산을 금전으로 환가하는 것을 말한다. 통화를 제외하고 압류재산은 원칙적으로 입찰이나 경매, 즉 공매에 의하여 매각하여야 하며, 보충적으로 수의계약이 가능한 경우도 있다. 공매 그 자체는 공권력의 행사로서 행정상의 소송의 대상이 되는 공법상의 행정처분이라는 것이 판례의 입장이다. 이를 사법상의 계약으로 보는 견해도 있다.

판 례

(판례) 과세관청이 체납처분으로 행하는 공매는 우월한 공권력의 행사로서 행정소송의 대상이 되는 공법상의 행정처분이며 공매에 의하여 재산을 매수한 자는 그 공매처분이 취소된 경우에 그 취소처분의 위법을 주장하여 행정소송을 제기할 법률상 이익이 있다고 할 것이다(대판 1984. 9. 25, 84누201).

② 공매통지 및 공매대행통지

세무서장이 공매를 하고자 할 때에는 법정의 일정사항을 공고하여야 하고, 공고한 후에는 즉시 그 내용을 체납자, 납세담보물소유자와 그 채권상의 전세권·질권·저당권 기타의 권리를 가진 자에게 통지하여야 한다. 공매하기로 한 결정과 공매계획의 통지 그리고 공매를 한다는 공고는 취소소송의 대상이 되는 처분이 아니라는 것이 판례의 태도이다.

판 례

(판례1) 성업공사가 당해 부동산을 공매하기로 한 결정 자체는 내부적인 의사결정에 불과하여 항고소송의 대상이 되는 행정처분이라고 볼 수 없고, 또한 위 공사가 한 공매통지는 공매의 요건이 아니고 공매사실 그 자체를 체납자에게 알려주는데 불과한 것으로서 통지의 상대방인 골프장업자의 법적 지위나 권리의무에 직접 영향을 주는 것이 아니라고 할 것이므로 이것 역시 행정처분에 해당한다고 할 수 없다(대판 1998. 6. 26, 96누12030).

(판례2) 체납자 등에 대한 공매통지는 국가의 강제력에 의하여 진행되는 공매에서 체납자 등의 권리 내지 재산상의 이익을 보호하기 위하여 법률로 규정한 절차적 요건이라고 보아야 하며, 공매처분을 하면서 체납자 등에게 공매통지를 하지 않았거나 공매통지를 하였더라도 그것이 적법하지 아니한 경우에는 절차상의 흠이 있어 그 공매처분은 위법하다. 다만, 공매통지의 목적이나 취지 등에 비추어 보면, 체납자 등은 자신에 대한 공매통지의 하자만을 공매처분의 위법사유로 주장할 수 있을 뿐 다른 권리자에 대한 공매통지의 하자를 들어 공매처분의 위법사유로 주장하는 것은 허용되지 않는다(대판 2008. 11. 20, 2007두18154).

③ 공매의 중지

공매개시 전에 국세·가산금·체납처분비를 완납하면 공매를 중지하여야 하며, 여러 재산을 일괄 공매에 붙이는 경우에 그 일부의 공매대금으로 체납액의 잔액에 충당될 때에는 잔여재산의 공매를 중지하여야 한다.

다. 청산

① 압류금전, 체납자·제3채무자로부터 받은 금전, 매각대금, 교부청구로 받은 금전은 국세·가산금·체납처분비 기타의 채권에 배분한다. 이를 청산이라 한다.

② 배분 후 잔여금이 있으면 체납자에게 반환하고, 부족하면 법령에 따른 배분순위와 배분금액에 따라 배분한다. 이 경우 국세관계채권은 다른 공과금 기타 채권에 우선하며, 국세관계채권 속에서도 체납처분비·가산금·국세의 순위로 징수한다. 청산도 항고소송의 대상이 되는 처분이다.

(4) 행정상 강제징수에 대한 불복

1) 행정쟁송

행정상 강제징수에 대하여 불복이 있을 때에는 개별법령에 특별한 규정이 없는 한 행정심판법·행정소송법이 정한 바에 따라 행정상 쟁송을 제기할 수 있다. 물론 불복을 할 수 있는 자는 강제징수에 대하여 법률상 직접적인 이해관계를 가진 자에 한한다.

판 례

(판례1) 헌법재판소 2001. 6. 28. 선고 2000헌바30 결정에서 지방세법(1997. 8. 30. 법률 제5406호로 개정된 것) 제78조 제2항이 헌법에 위반된다고 선언됨에 따라... 효력을 상실한 이상 납세자가 임의적으로 이의신청을 거치는 경우에 더 나아가 반드시 심사청구까지 거쳐야 한다고 볼 근거규정도 없게 되었으므로 지방세법에 의한 처분에 대한 취소소송을 제기하려는 납세자로서는 지방세법상의 이의신청 및 심사청구를 거치지 아니하고 취소소송을 제기하거나 혹은 임의적으로 이의신청 및 심사청구를 모두 거친 후 취소소송을 제기할 수 있을 뿐만 아니라, 임의적으로 이의신청만을 하여 그 결정을 받은 후 바로 취소소송을 제기할 수도 있는 것이라고 해석할 수 밖에 없고, 납세자가 임의적으로 이의신청만을 거친 채 취소소송을 제기할 경우에는 행정소송법 제20조 제1항의 본문 및 단서에 따라 그 제소기간을 이의신청에 대한 결정의 정본을 송달받은 날로부터 기산하여 90일 이내라고 보아야 한다(대판 2001. 9. 18, 2000두2662).

(판례2) 과세관청이 조세의 징수를 위하여 납세의무자 소유의 부동산을 압류한 이후에 압류등기가 된 부동산을 양도받아 소유권이전등기를 마친 사람은 위 압류처분에 대하여 사실상 간접적 이해관계를 가질 뿐, 법률상 직접적이고 구체적인 이익을 가지는 것은 아니어서 그 압류처분의 무효확인을 구할 당사자 적격이 없다(대판 1990. 10. 16, 89누5706).

2) 필요적 전심절차

국세기본법은 행정심판에 관한 특별규정을 두고 있으며, 필요적 전치절차를 규정하여 동법에 의한 심사청구 또는 심판청구와 그에 대한 결정을 거치지 아니하면 행정소송을 제기할 수 없도록 하고 있다. 따라서 체납처분도 세법에 의한 처분이라고 할 것이므로 전심절차를 거쳐야 한다.

3) 하자의 승계

조세부과처분과 그 강제징수절차인 독촉처분·공매처분·청산처분은 각각 그 목적을 달리하는 것이어서 이들 사이에는 하자의 승계가 부인되는 데 대하여, 독촉처분·공매처분·청산처분 상호간은 조세채권의 강제적 실현이라는 동일 목적을 위한 일련의 행정처분이므로 하자의 승계가 인정되어 압류처분의 위법을 이유로 청산처분의 취소를 청구할 수 있다.

제 4 절 행정상 즉시강제와 행정조사

Ⅰ. 행정상 즉시강제

1. 의의

행정상 즉시강제란 목전에 급박한 행정상 장해를 제거하여야 할 필요가 있거나 성질상 미리 의무를 명하여서는 행정목적을 달성할 수 없는 경우에 행정기관이 상대방에게 의무를 명하지 아니하고 직접 실력을 행사하여 행정상 필요한 상태를 실현시키는 행정작용을 말한다.[1] 행정기본법은 즉시강제는 "현재의 급박한 행정상의 장해를 제거하기 위한 경우로서 ① 행정청이 미리 행정상 의무 이행을 명할 시간적 여유가 없는 경우 또는 ② 그 성질상 행정상 의무의 이행을 명하는 것만으로는 행정목적 달성이 곤란한 경우에 행정청이 곧바로 국민의 신체 또는 재산에 실력을 행사하여 행정목적을 달성하는 것이다"라고 명문으로 규정하고 있다(동법 제30조 제1항 제5호).

2. 성질

① 행정상 즉시강제는 권력적 사실행위이다. 이 점에서 행정행위 등과 같은 법적 행위와 구별되며, 비권력적 사실행위와도 구별된다.

② 행정상 즉시강제는 의무의 존재를 전제로 하지 아니한다는 점에서 의무의 존재와 그 불이행을 전제로 하는 행정상 강제집행과 구별된다.

③ 행정상 즉시강제는 행정상 필요한 상태를 종국적으로 실현시킴을 목적으로 하고 직접적인 실력행사를 그 수단으로 한다는 점에서 주로 행정결정을 위한 자료 수집을 목적으로 하고 작위·수인의무를 전제로 이에 불응한 경우 제재를 과함을 그 수단으로 하는 행정조사와 구별된다.

3. 근거

(1) 이론적 근거

종래 대륙법계에서는 국가긴급권에서, 영미법계에서는 불법방해의 자력제거라는 법리

---

1) 이러한 통설적 입장과는 달리 통설적 입장을 광의의 즉시강제라 부르면서, 광의의 즉시강제는 협의의 즉시강제와 직접시행으로 구분하는 견해가 있다. 이에 따르면 협의의 즉시강제는 목전의 급박한 위해를 제거하기 위하여 사전에 의무를 명함이 없이 상대방의 신체 또는 재산에 실력을 가하여 행정상 필요한 상태를 실현하는 작용이라 한다. 그리고 즉시강제 중 의무부과를 위한 기본처분과 절차 모두 생략되는 것을 직접시행이라 하는 견해도 있고, 상대방에 저항적인 의사가 있으면 즉시강제이고 없으면 직접시행이라는 견해도 있다.

에서 즉시강제를 정당화하였다. 그러나 오늘날의 법치국가에서는 국민의 자유나 재산에 침해를 가하는 행정상 즉시강제의 발동근거가 이론만으로는 정당화될 수 없는 것이고, 실정법상 근거를 가져야 함은 당연하다. 즉시강제의 절차 등에 인한 일반법으로 행정기본법 제33조가 있다.

(2) 실정법상 근거

일반경찰법의 영역에서는 경찰관직무집행법이 일반법적인 지위를 갖는다. 특별경찰법으로는 마약류관리에관한법률, 소방법, 식품위생법, 감염병의 예방 및 관리에 관한 법률 등이 있다.

4. 수단

(1) 대인적 강제

사람의 신체에 실력을 가하여 행정상 필요한 상태를 실현시키는 수단이다. 경찰관직무집행법상 인정되는 수단으로는 보호조치, 위해를 받을 우려 있는 자를 억류·피난시키는 것, 경찰장구의 사용 등이 있고, 개별법상의 수단으로는 강제격리(검역법 제16조 제1항) 등이 있다.

(2) 대물적 강제

물건에 실력을 가하여 행정상 필요한 상태를 실현시키는 수단이다. 경찰관직무집행법상 인정되는 수단으로는 무기 등의 임시영치 등이 있고, 개별법상의 수단으로는 강제처분(소방기본법 제25조), 물건의 폐기(검역법 제15조, 마약류관리에관한법률 제53조), 장해물제거(방조제관리법 제10조) 등이 있다.

(3) 대가택 강제

소유자 또는 관리자의 의사에 불구하고 타인의 가택·영업소 등에 출입 또는 수색하는 수단이다. 경찰관직무집행법에 의해 인정되는 수단으로는 위험방지를 위한 가택출입이 있고 개별법상의 수단으로는 수색(조세범처벌절차법 제9조) 등이 있다.

5. 한계

(1) 실체법상 한계

1) 현재성(급박성)

행정상 즉시강제는 기존의 장해를 제거하거나 목전에 급박한 장해를 예방하기 위하여 발동될 수 있는 것이지 미래에 발생할지 모를 장해를 예견하여 발동될 수는 없다. 여기서 목전에 급박한 장해란 위험의 현재화가 거의 확실시되는 경우를 의미한다.

2) 소극목적성

행정상 즉시강제는 급박한 위험의 제거 내지 예방이라는 소극목적을 위해 발동되는 것이지, 적극적으로 어떠한 새로운 질서를 창조하기 위하여 행사될 수는 없는 것이다.

3) 보충성

행정상 즉시강제는 침익적 수단이다. 따라서 즉시강제는 목전에 급박한 장해의 제거 내지 예방이 '침익적 수단이 아닌 수단'으로 달성될 수 없는 경우에 보충적으로 도입되어야 한다.

4) 비례원칙

불가피하게 행정상 강제수단이 활용되어야 하는 경우일지라도 그 수단은 비례원칙의 적용을 받아야 한다. 여기에는 적합성의 원칙, 필요성의 원칙, 상당성의 원칙이 포함된다. 경찰관직무집행법 제1조 제2항은 "이 법에 규정된 경찰관의 직권은 그 직무수행에 필요한 최소한도에서 행사되어야 하며 남용되어서는 아니 된다"고 규정하고 있다.

(2) 절차법상 한계

헌법상의 영장주의가 행정상 즉시강제에도 그대로 적용되는가에 대하여는 견해가 나뉜다.

1) 학설

가. 영장불요설

이 설은 헌법상의 영장제도가 형사사법권의 행사로부터 국민의 기본권을 보장하기 위한 것이라는 점, 헌법상 사후영장에 의할 수 있는 예외가 즉시강제에서는 거의 적용될 여지가 없다는 점, 모든 즉시강제에 영장주의를 관철하는 것은 즉시강제를 부정하는 것이 된다는 점 등을 이유로 행정상 즉시강제에는 원칙적으로 영장주의가 적용되지 아니한다는 견해이다.

나. 영장필요설

이 설은 헌법상의 영장제도가 널리 통치권이 부당한 행사로부터 국민의 자유와 권리를 보장하기 위한 절차적 보장수단이라는 점, 형사사법작용과 즉시강제가 직접의 목적이 다르나 신체·재산에 대한 실력의 행사라는 점에서는 같다는 등의 이유로 행정상 즉시강제에도 법률에 특별한 규정이 없는 한 영장주의가 적용되어야 한다는 견해이다.

다. 절충설

이 설은 헌법상의 영장제도가 형사사법권의 행사뿐만 아니라 즉시강제권의 행사에도 적용되어야 하며, 행정상 즉시강제의 특수성에 비추어 행정목적 달성을 위하여 불가피한 경우에는 영장주의에 대한 예외를 인정하는 견해이다. 이 설이 현재의 다수설이자 판례의 입장이다.

판 례

(판례1) 사전영장주의는 인신보호를 위한 헌법상의 기속원리이기 때문에 인신의 자유를 제한하는 모든 국가작용의 영역에서 존중되어야 하지만, 헌법 제12조 제3항 단서도 사전영장주의의 예외를 인정하고 있는 것처럼 사전영장주의를 고수하다가는 도저히 행정목적을 달성할 수 없는 지극히 예외적인 경우에는 형사절차에서와 같은 예외가 인정되므로, 구 사회안전법 제11조 소정의 동행보호규정은 재범의 위험성이 현저한 자를 상대로 긴급히 보호할 필요가 있는 경우에 한하여 단기간의 동행보호를 허용한 것으로서 그 요건을 엄격히 해석하는 한, 동 규정자체가 사전영장주의를 규정한 헌법규정에 반한다고 볼 수는 없다(대판 1997. 6. 13, 96다56115).

(판례2) 구 음반·비디오물및게임물에관한법률 제24조 제3항 제4호는 앞에서 본바와 같이 급박한 상황에 대처하기 위한 것으로서 그 불가피성과 정당성이 충분히 인정되는 경우이므로, 이 사건 법률조항이 영장 없는 수거를 인정한다고 하더라도 이를 두고 헌법상 영장주의에 위배되는 것으로는 볼 수 없다(헌재결 2002. 10. 31, 2000헌가12).

6. 구제

(1) 적법한 침해의 경우

적법한 즉시강제로 인하여 개인이 손실을 입게 되고 또한 그 손실이 특별한 희생에 해당한다면, 그 개인은 행정상 손실보상을 청구할 수 있을 것이다. 현행법상 손실보상을 규정하고 있는 법률로는 소방법(제25조 제5항), 방조제관리법(제11조) 등이 있다.

(2) 위법한 침해의 경우

1) 행정쟁송

행정상 즉시강제의 취소나 변경을 구할 법률상 이익이 있는 자는 행정쟁송을 통해 위법한 즉시강제에 대해 다툴 수 있다. 행정상 즉시강제는 수인의무를 내포하는 행정행위로서의 성질도 갖기 때문이다. 그러나 즉시강제가 완성되어버리면 취소나 변경을 구할 협의의 소의 이익이 없기 때문에 실제상 행정쟁송은 즉시강제가 장기간 계속되는 경우(강제수용)에만 의미를 갖는다.

판 례

(판례) 행정상 즉시강제 또는 행정대집행과 같은 사실행위는 그 실행이 완료된 이후에 있어서는 그 행위의 위법을 이유로 손해배상 또는 원상회복의 청구를 하는 것은 몰라도 그 사실행위의 취소를 구하는 것은 권리보호의 이익이 없다(대판 1965. 5. 31, 65누25).

2) 행정상 손해배상

위법한 즉시강제 작용으로 인하여 손해를 입은 자는 국가나 지방자치단체를 상대로 국가배상법이 정한 바에 따라 손해배상을 청구할 수 있다.

3) 헌법소원

위법한 행정상 즉시강제로 기본권을 침해받은 자는 헌법재판소에 헌법소원심판을 청구할 수 있다.

4) 정당방위

위법한 행정상 즉시강제에 대하여 정당방위가 가능하다는 것이 통설이다.

판 례

(판례) 적법성이 결여된 직무행위를 하는 공무원에게 항거하였다고 하여도 그 항거행위가 폭력을 수반하는 경우에 폭행죄 등의 죄책을 묻는 것은 별론으로 하고 공무집행방해죄로 다스릴 수는 없다(대판 1992. 2. 11, 91도2797).

5) 기타

그 외에 간접적 권리구제수단으로 감독권에 의한 취소·정지, 공무원의 징계·형사책임, 청원, 진정 등도 구제수단의 하나가 될 수 있다.

Ⅱ. 행정조사

1. 의의

행정조사란 적정하고도 효과적인 행정을 위해 행정기관이 개인에 관한 자료·정보를 수집하는 사실행위 또는 사실행위와 법적 행위의 합성적 행위로서의 조사작용을 말한다.

2. 성질

① 행정조사는 행정기관에 의한 조사활동이라는 점에서 입법조사(국정감사·국정조사)·사법조사(증인심문)와 구별된다.

② 행정조사는 반드시 권력적인 조사 작용만을 뜻하는 것은 아니고, 비권력적 조사도 행정조사에 포함된다. 물론 권력적 조사의 경우에 보다 많은 법적 문제가 놓인다.

③ 행정조사는 사실행위라는 점에서 법적행위와 구별된다. 행정조사는 통상 그 자체가 법적 효과를 가져 오는 행위는 아니다. 그것은 사실행위일 뿐이다. 경우에 따라서는 상

대방에게 수인의무를 발생시키기도 한다. 기본적으로 행정조사가 사실행위이기는 하나 그 자체가 독립적인 의미를 갖는다기보다 다른 법적작용을 위한 준비작용으로서의 성질을 갖는다고 할 수 있다.

3. 종류

(1) 성질에 의한 구별

행정조사는 성질을 기준으로 할 때 권력적 행정조사와 비권력적 행정조사로 구분할 수 있다. 이 중에서 권력적 행정조사는 즉시강제적 성질을 가질 수 있으며, 그 한도에서 즉시강제의 법리가 적용될 수 있다.[1)]

(2) 대상에 의한 구별

행정조사는 그 대상을 기준으로 하여 대인적 조사(질문, 불심검문), 대물적 조사(장부·서류의 열람, 물건의 검사·수거), 대가택 조사(주택·창고 등에의 출입·검사)로 나눌 수 있다.

(3) 근거

1) 권력적 행정조사의 경우

권력적 행정조사는 신체나 재산에 침해를 가져오는 것인 바, 그것이 아무리 필요하다고 하여도 법률의 근거를 요한다. 현재 이에 관한 일반법은 없고 개별법으로는 통계법(제25조), 법인세법(제122조) 등이 있다.

2) 비권력적 행정조사의 경우

비권력적 행정조사의 경우에는 그것이 국민의 신체나 재산에 직접 침해를 가져오는 것이 아니므로 법적 근거를 요하지 아니한다. 행정작용의 근거규정은 비권력적 행정조사의 권능까지 포함하고 있는 것으로 본다. 그렇지만 행정기관의 비권력적 조사는 조직법상 권한의 범위 내에서만 가능하다고 보아야 한다.

4. 절차

(1) 행정조사의 일반절차

행정조사기본법은 행정조사에 관한 일반절차를 규정하고 있다. 행정조사 중에서 권력적 행정조사가 행정절차법상의 처분에 해당하는 경우에는 동법의 처분절차에 관한 규정의

---

1) 행정조사를 성질에 의하여 구분하는 경우에도 권력적 행정조사와 행정상 즉시강제는 목적·수단 등에서 차이가 있다. 즉, ① 전자가 행정결정을 위한 자료수집을 목적으로 하는 준비행위임에 반하여, 후자는 행정상 필요한 상태를 종국적으로 실현하기 위한 것이다. ② 전자가 작위·수인의무를 전제로 하여 이에 불응한 경우 제재를 과하는 것임에 반하여, 후자는 직접적인 실력행사를 하여 행정상 필요한 상태를 실현시킨다.

적용을 받게 된다. 행정조사가 처분에 해당하지 아니하는 경우에도 헌법 제12조 등이 요구하는 사전절차로서의 적법절차원칙의 적용을 받게 된다. 개별법에서 사전통지와 증표의 휴대·제시의무를 규정하고 있는 것이 보통이다.

1) 사전통지

특히 권력적 행정조사의 경우에는 조사의 목적·일시·장소·대상 등에 관한 사전통지와 조사이유의 고지에 관하여 규정하고 있는 것이 보통이다(국세기본법 제80조의2). 법령에 이와 같은 규정이 없는 경우에도 사전통지를 요하는가가 문제된다. 이는 개별적으로 검토되어야 한다.

2) 증표의 휴대·제시

법률은 행정조사를 행하는 공무원에게 그 권한을 표시하는 증표를 휴대하고 관계자에게 제시할 의무를 부과하는 것이 보통이다(독점규제및공정거래에관한법률 제81조, 약사법 제69조, 국세기본법 제76조). 이러한 의무는 명문의 규정이 없는 경우에도 요구된다는 것이 일반적이다.

(2) 행정조사와 영장주의

권력적 행정조사의 경우, 헌법상의 영장주의가 적용되는지가 문제된다. 행정조사의 결과가 형사소추로 발전될 위험이 많은 점 등을 들어 원칙적으로 영장주의가 적용된다는 것이 우리나라의 다수설이며 판례의 입장이다. 다만, 긴급을 요하는 불가피한 경우에는 그러하지 않다고 보겠다.

판 례

(판례) 세관공무원이 밀수품을 싣고 왔다는 정보에 의하여 정박중인 선박에 대하여 수색을 하려면 선박의 소유자 또는 점유자의 승낙을 얻거나 법관의 압수 수색영장을 발부받거나 또는 관세법 제212조 제1항 후단에 의하여 긴급을 요하는 경우에 한하여 수색압수를 하고 사후에 영장을 교부받아야 할 것이다(대판 1976. 11. 9, 76도2703).

5. 한계

(1) 일반적 한계

모든 행정조사는 그 조사의 ① 목적의 필요한 범위 내에서만 가능하다. 위법한 목적을 위한 조사는 불가능하다. 그리고 ② 권력적 조사의 경우에는 근거된 법규의 범위 내에서만 가능하다. ③ 또한 비권력적 조사를 포함하여 모든 행정조사는 기본권 보장, 보충성의 원칙, 비례원칙 등 행정법의 일반원칙의 범위 내에서만 가능하다.

판 례

(판례1) 국민의 알권리와 무관한 동향감시목적의 개인정보비밀수집은 면책되지 아니한다(대판 1998. 7. 24, 96다42789).

(판례2) 노동조합법 제30조, 동시행령 제9조의2에 의하면 행정관청은 당해 노동조합에 대하여 진정 등이 있는 경우와 분규가 야기된 경우뿐만 아니라 노동조합의 회계, 경리 상태나 기타 운영에 대하여 지도할 필요가 있는 경우에도 노동조합의 경리 상황 기타 관계서류를 제출하게 하여 조사할 수 있도록 규정되어 있으므로 행정기관이 그와 같은 업무지도의 필요성이 있다고 판단되면 관계서류 등의 제출을 요구하여 조사할 수 있다고 하여야 할 것이고 설사 노동조합의 회계, 경리 상태나 기타운영에 대하여 지도할 필요가 있는 경우에 해당하지 않는다고 하더라도 행정관청이 그와 같이 판단하여 조사하기로 한 이상 노동조합은 이에 응할 의무가 있다고 할 것이다(대판 1992. 4. 10, 91도3044).

(판례3) 세무조사가 국가의 과세권을 실현하기 위한 행정조사의 일종으로서 과세자료의 수집 또는 신고내용의 정확성 검증 등을 위하여 필요불가결하며, 종국적으로는 조세의 탈루를 막고 납세자의 성실한 신고를 담보하는 중요한 기능을 수행하더라도 만약 남용이나 오용을 막지 못한다면 납세자의 영업활동 및 사생활의 평온이나 재산권을 침해하고 나아가 과세권의 중립성과 공공성 및 윤리성을 의심받는 결과가 발생할 것이다(대판 2016. 12. 15, 2016두47659).

(판례4) 같은 세목 및 과세기간에 대한 거듭된 세무조사는 납세자의 영업의 자유나 법적 안정성 등을 심각하게 침해할 뿐만 아니라 세무조사권의 남용으로 이어질 우려가 있으므로 조세공평의 원칙에 현저히 반하는 예외적인 경우를 제외하고는 금지될 필요가 있다(대판 2017. 3. 16, 2014두8360).

(2) 행정조사와 실력행사

행정조사과정에서 상대방의 저항·방해가 있는 경우에 실력행사에 의하여 행정조사를 할 수 있는가가 문제된다. 현행법은 행정조사를 거부하는 자에게 벌칙을 규정하는 것이 보통인데, 별도의 법적 근거가 없는 한 이 규정을 근거로 저항을 배제하는 실력행사를 할 수 없다고 보는 것이 다수설이다. 그러나 행정조사를 규정하고 있는 법률이 실력행사까지도 허용하고 있는 것이냐의 여부는 개별적으로 검토할 문제이다.

(3) 위법조사의 효과

권력적 조사의 경우에 권력을 남용하여 조사가 이루어지거나 비권력적조사에서 실력행사를 통해 조사가 이루어지는 등 위법한 행정조사가 있는 경우, 그 위법이 당해 조사를 기초로 한 행정결정에 승계되는가가 문제된다. 원칙적으로 말해 위법은 승계된다. 왜냐하면 국가는 어떠한 경우에도 적법하고 정당한 절차를 거쳐야만 하기 때문이다.

7. 구제

(1) 행정조사가 적법한 경우

적법한 행정조사로 인하여 귀책사유 없이 특별한 희생을 당한 자는 손실보상을 청구할 수 있다. 다만 현재로서는 이에 관한 일반법은 없다.

(2) 행정조사가 위법한 경우

1) 행정쟁송

권력적 조사처분의 취소·변경을 구할 법률상 이익과 권리보호의 필요가 있는 자는 행정쟁송을 제기할 수 있다. 물론 권리보호의 필요는 통상 조사작용이 장기간에 걸치는 경우에 존재하게 될 것이다. 여기서 취소·변경을 구한다는 것은 사실행위와 법적행위의 합성적인 행위로서의 조사행위의 취소·변경을 구함으로써 조사행위에 따르는 수인의무를 제거하여야 한다는 것이다.

2) 행정상 손해배상

위법한 행정조사로 손해를 입은 자는 국가나 지방자치단체에 대해 국가배상법이 정한 바에 따라 손해배상을 청구할 수 있다. 위법한 행정조사의 경우에 행정쟁송은 사실상 큰 의미를 갖지 못하나, 행정상 손해배상은 중요한 의미를 갖는다.

3) 형사상 구제

무효인 행정조사에 대해서는 정당방위가 가능하다. 그러나 단순위법의 행정조사에 대해 정당방위가 인정될 것인가는 문제이다. 이 경우 정당방위의 성립여부는 형사법의 원리에 따라 정해질 문제이다.

4) 기타

그 외에 간접적 권리구제수단으로 감독권에 의한 취소·정지, 공무원의 징계·형사책임, 청원 등을 들 수 있을 것이다.

8. 행정조사와 정보의 관리 및 이용

행정조사에 의하여 수집된 정보는 행정조사의 목적에 적합하게 관리·이용되어야 한다. 개인의 사생활과 관련된 개인정보는 다른 목적에 이용되거나 공개되지 아니하도록 관리하여야 한다. 반대로 정보의 공개가 공익을 위하여 필요한 경우에는 공개되어야 한다.

제5절 새로운 실효성 확보수단

Ⅰ. 개설

국가의 현대화와 더불어 행정이 행하여야 할 임무는 점차로 증대하고 있다. 이러한 행정임무의 다양화에 따라 필연적으로 의무이행의 확보수단도 다양해지고 있다. 새로운 종류의 실효성확보수단이 등장하게 된 이유는 전통적인 수단만으로는 오늘날의 행정현실에 충분히 대응할 수 없다는 점 이외에 우리나라의 행정집행 관련의 실정법이 미비한 데에도 그 원인이 있다. 새로운 실효성 확보수단으로는 금전상제재, 제재적 행정처분, 공급거부, 위반사실의 공표 등을 들 수 있다. 이러한 새로운 실효성 확보수단도 적법절차의 원칙의 적용을 받아야 한다.

판 례

(판례) 헌법재판소는 헌법 제12조 제1항의 적법절차원칙이 형사절차상의 영역에 한정되지 않고 입법·행정 등 모든 국가의 공권력 작용에 적용되는 헌법상의 기본권리라고 선언한 바 있다(헌재결 1992. 12. 24, 92헌가8).

Ⅱ. 금전상 제재

금전상 제재란 행정법상 의무위반자에게 금전의 납부를 명함으로써 그 의무의 이행을 확보하는 것을 말한다. 현재 금전상의 제재수단으로 과징금·가산세·가산금·부당이득세 등의 제도를 볼 수 있다.

1. 과징금

(1) 의의

① 과징금이란 행정법상의 의무를 위반한 자로부터 일정한 금전적 이익을 박탈함으로써 의무이행을 확보하려는 제재수단이다. 과징금은 벌이 아니란 점에서 과태료와 구별되며, 제재수단이라는 점에서 집행벌과 구별된다.

② 과징금과 부과금을 구별하는 견해도 있으나, 부과금도 과징금의 일종으로 볼 것이다. 판례는 과징금을 "원칙적으로 행정법상의 의무를 위반한 자에 대하여 당해 위반행위로 얻게 된 경제적 이익을 박탈하기 위한 목적으로 부과하는 금전적인 제재"로 정의하고 있다. 과징금은 형벌이 아니다.

판 례

(판례) 구 독점규제 및 공정거래에 관한 법률 제24조의2의 부당지원행위에 대한 과징금은 부당지원행위 억지라는 행정목적을 실현하기 위하여 그 위반행위에 대하여 제재를 가하는 행정상의 제재금으로서의 기본적 성격에 부당이득환수적 요소도 부가되어 있는 것이라 할 것이고, 이를 두고 헌법 제13조 제1항에서 금지하는 국가형벌권 행사로서의 처벌에 해당한다고는 할 수 없다(헌재결 2003. 7. 24, 2001헌가25).

(2) 법적 근거

과징금 부과행위는 그 자체가 독립적인 침익적 행정행위인 까닭에 법률유보의 원리상 반드시 법률의 근거를 요한다. 행정기본법은 "행정청은 법령등에 따른 의무를 위반한 자에 대하여 법률로 정하는 바에 따라 그 위반행위에 대한 제재로서 과징금을 부과할 수 있다"고 규정하고 있다(동법 제28조 제1항). 실정법상의 용어 예에 따라 보면 ① 과징금부과의 경우로는 독점규제및공정거래에관한법률(제8조, 제38조), 석유 및 석유대체연료사업법(제14조), 식품위생법(제82조, 제83조), 여객자동차운수사업법(제88조), 주차장법(제24조의2), ② 부과금의 경우로는 대기환경보전법(제37조), 물환경보전법(제43조) 등을 들 수 있다.

과징금의 근거가 되는 법률에는 ① 부과·징수주체, ② 부과 사유, ③ 상한액, ④ 가산금을 징수하려는 경우 그 사항, ⑤ 과징금 또는 가산금 체납 시 강제징수를 하려는 경우 그 사항을 명확하게 규정하여야 한다(행정기본법 제28조 제2항).

(3) 과징금의 유형

과징금은 ① 법령위반행위에 따른 부당이득을 환수하는 성격을 갖거나 부당이득을 환수하는 성격과 제재의 성격을 동시에 갖는 과징금(청소년보호법 제54조, 대기환경보전법 제35조), ② 사업의 취소에 갈음하거나(관광진흥법 제40조, 물환경보전법 제42조) 사업의 취소와 선택관계에 놓이는 과징금(주차장법 제24조)으로 구분되기도 한다.

(4) 과징금의 부과·징수

과징금의 근거규정은 과징금의 금액 기타 필요한 사항을 대통령령으로 정하게 하고 납부의무불이행시의 강제징수에 관해서는 국세징수법의 예에 따르도록 규정하고 있다. 그런데 구체적인 납부의무는 권한을 가진 기관의 납입고지에 의해 발생한다고 볼 것이다. 행정권에 의한 과징금의 부과는 헌법위반이 아니다.

판 례

(판례1) 공정거래법에서 행정기관인 공정거래위원회로 하여금 과징금을 부과하여 제재할 수 있도록 한 것은 부당내부거래를 비롯한 다양한 불공정경제행위가 시장에 미치는 부정적 효과 등에 관한 사실수집과 평가는 이에 대한 전문적 지식과 경험을 갖춘 기관이 담당하는 것이 보다 바람직하다는 정책적 결단에 입각한 것이라 할 것이고, 과징금의 부과여부 및 그 액수의 결정권자인 위원회는 합의제 행정기관으로서 그 구성에 있어 일정한 정도의 독립성이 보장되어 있고, 과징금 부과절차에서는 통지, 의견진술의 기회부여 등을 통하여 당사자의 절차적 참여권을 인정하고 있으며, 행정소송을 통한 사법적 사법심사가 보장되어 있으므로, 이러한 점들을 종합적으로 고려할 때 과징금 부과절차에 있어 적법절차원칙에 위반되거나 사법권을 법원에 둔 권력분립의 원칙에 위반된다고 볼 수 없다(헌재결 2003. 7. 24, 2001헌가25).

(판례2) 관할 행정청이 사업정지처분을 갈음하는 과징금 부과처분을 하기로 선택하는 경우에도 사업정지처분의 경우와 마찬가지로 여러 가지 위반행위에 대하여 1회에 부과할 수 있는 과징금 총액의 최고한도액은 5,000만 원이라고 보는 것이 타당하다. 관할 행정청이 여객자동차운송사업자의 여러 가지 위반행위를 인지하였다면 전부에 대하여 일괄하여 5,000만 원의 최고한도 내에서 하나의 과징금 부과처분을 하는 것이 원칙이고, 인지한 여러 가지 위반행위 중 일부에 대해서만 우선 과징금 부과처분을 하고 나머지에 대해서는 차후에 별도의 과징금 부과처분을 하는 것은 다른 특별한 사정이 없는 한 허용되지 않는다.
관할 행정청이 여객자동차운송사업자가 범한 여러 가지 위반행위 중 일부만 인지하여 과징금 부과처분을 한 후 그 과징금 부과처분 시점 이전에 이루어진 다른 위반행위를 인지하여 이에 대하여 별도의 과징금 부과처분을 하게 되는 경우, 추가 과징금 부과처분의 과징금액을 산정하는 방법: 종전 과징금 부과처분의 대상이 된 위반행위와 추가 과징금 부과처분의 대상이 된 위반행위에 대하여 일괄하여 하나의 과징금 부과처분을 하는 경우와의 형평을 고려하여 추가 과징금 부과처분의 처분양정이 이루어져야 한다. 다시 말해, 행정청이 전체 위반행위에 대하여 하나의 과징금 부과처분을 할 경우에 산정되었을 정당한 과징금액에서 이미 부과된 과징금액을 뺀 나머지 금액을 한도로 하여서만 추가 과징금 부과처분을 할 수 있다(대판 2021. 2. 4, 2020두48390).

(5) 구제

과징금의 부과·징수에 하자가 있는 경우, 납부의무자는 행정쟁송절차에 따라 다툴 수 있다. 과징금의 부과·징수행위 역시 행정쟁송법상의 처분에 해당한다.

(6) 추정적 과징금제도

과징금과 관련하여 최근에는 의무위반이 있으면 경제적 이득을 취득하였을 것이라는 추정아래 그 추정적 이득금액을 과징금으로 부과하는 제도가 급증하고 있다. 이들 부과금은 경제적 이득을 환수하는 외에 실제의 이득금액을 초과하는 부분에 대하여는 의무위반에 대한 제재도 함께 포함하고 있다. 이와 같은 추정적 과징금제도는 벌금·과태료와 실질적 차이가 없기 때문에 이중처벌의 문제가 발생할 소지가 있다.

판 례

(판례) 제재를 가하는 행정상의 제재금으로서의 기본적 성격에 부당이득환수적 요소로 부가되어 있는 것이라고 할 것이어서 그것이 헌법 제13조 제1항에서 금지하는 국가형벌권 행사로서의 처벌에 해당한다고 할 수 없으므로 구 독점규제및공정거래에관한법률에서 형사처벌과 아울러 과징금의 부과처분을 할 수 있다고 규정하고 있더라도 이중처벌금지원칙에 위반되지 아니한다(대판 2004. 4. 9, 2001두6197).

2. 가산세

(1) 의의

가산세란 세법에 규정하는 의무의 성실한 이행을 확보하기 위하여 그 세법에 따라 산출한 세액에 가산하여 징수하는 금액으로서 본래의 조세채무와는 별개로 부과되는 세금을 말한다(국세기본법 제2조 제4호).

(2) 특징

1) 고의·과실불문

가산세를 부과함에 있어서 납세자의 의무불이행에 대한 고의·과실은 고려되지 않으나, 의무불이행에 정당한 사유가 있는 경우에는 가산세를 부과할 수 없다는 것이 판례의 입장이다.

판 례

(판례) 세법상 가산세는 과세권의 행사 및 조세채권의 실현을 용이하게 하기 위하여 납세자가 정당한 이유 없이 법에 규정된 신고·납세의무 등을 위반한 경우에 법이 정하는 바에 의하여 부과하는 행정상의 제재로서 납세자의 고의·과실은 고려되지 않는 것이고, 다만 납세의무자가 그 의무를 알지 못한 것이 무리라고 하는 사정이 있을 때 등 그 의무해태를 탓할 수 없는 정당한 사유가 있는 경우에는 이를 부과할 수 없다(대판 2003. 9. 5, 2001두403).

2) 정당한 사유

법령의 부지에 따른 오인도 정당한 사유가 될 수 없고, 세무공무원의 잘못된 설명을 믿고 신고납부의무를 불이행한 경우에도 그 곳이 관계법령에 어긋나는 것이 명백한 경우에는 정당한 사유가 될 수 없다는 것이 판례의 입장이다.

판 례

(판례) 납세자의 고의·과실은 고려되지 아니하는 것이고, 법령의 부지 또는 오인은 그 정당한 사유에 해당

한다고 볼 수 없으며, 또한 납세의무자가 세무공무원의 잘못된 설명을 믿고 그 신고납부의무를 이행하지 아니하였다 하더라도 그것이 관계법령에 어긋나는 것임이 명백한 때에는 그러한 사유만으로는 정당한 사유가 있는 경우에 해당한다고 할 수 없다(대판 2002. 4. 12, 2000두5944).

(3) 종류

가산세는 납세자의 세법상의 의무위반에 대한 경제적 제재로서 본래의 조세채무와는 별개로 과하여지는 조세 중의 하나이다. 가산세의 대표적인 예로는 원천징수납부불성실가산세(구 소득세법 제158조), 납세조합불납가산세(구 소득세법 제159조)를 들 수 있다.

판 례

(판례) 세법상 가산세는 과세권의 행사 및 조세채권의 실현을 용이하게 하기 위하여 납세자가 정당한 이유 없이 법에 규정된 신고, 납세 등 각종 의무를 위반한 경우에 개별세법이 정하는 바에 따라 부과되는 행정상의 제재로서 납세자의 고의, 과실은 고려되지 않고, 다만 납세의무자가 그 의무를 알지 못한 것이 무리가 아니었다거나 그 의무의 이행을 당사자에게 기대하는 것이 무리라고 하는 사정이 있을 때 등 그 의무해태를 탓할 수 없는 정당한 사유가 있는 경우에는 이를 부과할 수 없다(대판 2001. 9. 14, 99두3324).

(4) 법적 근거

법률유보의 원칙상 가산세 부과에 법적 근거가 요구된다. 현행법상 가산세 부과의 경우로 과세표준신고의 불이행·불성실신고(소득세법 제181조 제1항), 확정신고자진납부의 불이행·불성실신고(소득세법 제181조 제3항) 등의 경우가 있다.

(5) 부과·징수와 구제

국세기본법·국세징수법·소득세법이 정한 바에 따른다. 위법한 가산세 부과에 대해서는 당연히 다툴 수 있다.

판 례

(판례) 의무위반에 대한 책임의 추궁에 있어서는 의무위반의 정도와 부과되는 제재 사이에 적정한 비례관계가 유지되어야 하므로, 조세의 형식으로 부과되는 금전적 제재인 가산세 역시 의무위반의 정도에 비례하는 결과를 이끌어내는 그러한 비율에 의하여 산출되어야 하고, 그렇지 못한 경우에는 비례의 원칙에 어긋나서 재산권에 대한 침해가 된다(헌재결 2005. 2. 24, 2004헌바26).

3. 납부지연가산세

(1) 2018년 12월 7일 국세기본법 개정법률은 종래에 납세자가 세법에 따른 납부기한까지 세금을 완납하지 아니한 경우에 납부고지 전에 적용되었던 구 국세기본법상 납부

불성실가산세와 납부고지후에 적용되었던 구 국세징수법상 가산금을 일원화하여 납부지연가산세로 통합하였다(국세기본법 제47조의4 제1항).

(2) 납부지연가산세의 법적 성격은 가산세의 법적 성격과 유사하다.

Ⅲ. 제재적 행정처분

1. 의의

행정기본법에서 "제재처분이란 법령등에 따른 의무를 위반하거나 이행하지 아니하였음을 이유로 당사자에게 의무를 부과하거나 권익을 제한하는 처분을 말한다. 다만, 제30조 제1항 각 호에 따른 행정상 강제는 제외한다"고 규정하고 있다(행정기본법 제2조 제5호).

2. 법적 근거

제재처분의 근거가 되는 법률에는 제재처분의 주체, 사유, 유형 및 상한을 명확하게 규정하여야 한다. 이 경우 제재처분의 유형 및 상한을 정할 때에는 해당 위반행위의 특수성 및 유사한 위반행위와의 형평성 등을 종합적으로 고려하여야 한다(동법 제22조 제1항). 반복하여 같은 법규위반행위를 한 경우에는 가중된 제재처분을 하도록 규정하고 있는 경우가 적지 않다(식품위생법 시행규칙 제89조 별표 23).

3. 제재처분의 요건

행정법규 위반에 대하여 가하는 제재조치는 행정목적 달성을 위하여 행정법규위반이라는 객관적 사실에 착안하여 가하는 제재이기에, 반드시 현실적인 행위자가 아니라도 법령상 책임자로 규정된 자에게 부과되고, 위반자의 의무 해태를 탓할 수 없는 정당한 사유가 있는 등의 특별한 사정이 없는 한 위반자에게 고의나 과실이 없다고 하더라도 부과될 수 있다(대판 2003. 9. 2, 2002두5177).

판 례

(판례) 입찰참가자격 제한 처분은 위와 같은 입법 목적을 달성하기 위하여 경쟁의 공정한 집행이나 계약의 적정한 이행을 해칠 염려가 있거나 그 밖에 입찰에 참가시키는 것이 적합하지 아니하다는 객관적 사실 및 평가에 착안하여 가하는 제재이므로 반드시 현실적인 행위자가 아니라도 법령상 책임자로 규정된 자에게 부과될 수 있다. 이는 대리인 등 타인을 사용하여 이익을 얻는 부정당업자는 그로 인한 위험이나 불이익을 감수하는 것이 타당하다는 점에서도 그러하다(대판 2020. 2. 27, 2017두39266).

4. 권리보호

제재적 행정처분이 위법하면 행정기본법에 따라 이의신청을 할 수 있고, 행정쟁송절차·행정상 손해배상제도에 관한 일반원리가 적용된다. 다만, 행정기본법상 처분의 재심사는 허용되지 아니한다(행정기본법 제37조).

5. 제재처분의 제척기간

행정청은 법령등의 위반행위가 종료된 날로부터 5년이 지나면 해당 위반행위에 대하여 제재처분(인허가의 정지·취소·철회, 등록 말소, 영업소 폐쇄와 정지를 갈음하는 과징금 부과를 말한다)을 할 수 없다(동법 제23조 제1항).

Ⅳ. 공급거부

1. 의의

공급거부란 행정법상의 의무를 위반한 자에 대하여 행정상의 급부나 재화의 공급을 거부하는 행위를 말한다. 건축법상의 명령이나 처분에 위반하여 행정청의 시정명령을 받고 이행하지 아니한 건축물에 대한 전기·전화·수도의 공급중지 등이 그 예이다.

2. 법적 근거

공급거부는 국민의 권익에 중대한 영향을 미치는 것이므로 법적 근거를 요함은 물론이다. 공급거부에 관하여 규정하고 있는 대표적인 법률은 구 건축법(제79조)이다. 2005. 11. 8. 개정에 의해 규정삭제되었다.

3. 공급거부의 한계

행정상의 서비스나 재화는 국민의 일상생활에 있어 불가결한 것이기 때문에 행정법상의 의무위반자에 대해 그 공급을 거부하는 것이 어느 범위까지 허용되는지가 문제된다. 일반적으로 말하면 행정상의 수단은 본래 예정되어 있는 목적과 다른 목적을 위하여 강제수단으로 활용될 수 있는가의 문제인데, 법치행정의 원리 그 중에서도 법률유보원칙과의 조화의 관점, 과잉금지원칙의 관점에서 검토되어야 한다. 또한 이 문제는 부당결부금지원칙의 문제가 된다.

4. 구제

공급중단에 대해서는 중단되는 재화나 서비스의 내용에 따라 행정쟁송 또는 민사소송을 제기할 수 있다. 또한 그로 인하여 손해를 받은 경우에는 손해배상의 청구도 가능하다.

판 례

(판례1) 단수처분을 두고 그것이 항고소송의 대상이 되는가에 관하여 원심이 약간의 의문을 가지고 있었음이 판시이유에서 간취된다 하더라도 결론에 있어 항고소송의 대상이 되는 것으로 보고 판단하고 있으니 이 점에 관한 원심의 판단은 결국 원고들의 주장과도 일치하여 원고들 스스로 이를 탓할 수도 없으므로 논지 이유 없다(대판 1979. 12. 28, 79누218).

(판례2) 행정청이 위법 건축물에 대한 시정명령을 하고 나서 위반자가 이를 이행하지 아니하여 전기·전화의 공급자에게 그 위법 건축물에 대한 전기·전화공급을 하지 말아 줄 것을 요청한 행위는 권고적 성격의 행위에 불과한 것으로서 전기·전화공급자나 특정인의 법률상 지위에 직접적인 변동을 가져오는 것은 아니므로 이를 항고소송의 대상이 되는 행정처분이라고 볼 수 없다(대판 1996. 3. 22, 96누433).

V. 위반사실의 공표

1. 의의

위반사실의 공표란 행정법상의 의무위반이나 불이행에 대하여 그 사실을 일반에게 공표함으로써 국민일반에게 경계심을 불러일으킴과 동시에 상대방의 명예·신용의 저하라는 제재에 의하여 의무이행을 확보하려는 제도를 말한다. 행정절차법은 이를 위반사실 등의 공표라 한다(동법 제40조의3).

2. 공표의 법적 성질

공표는 행정의 실효성 확보수단의 하나로써 비권력적 사실행위이지 의사표시를 요소로 하는 법적 행위는 아니다. 그러나 공표의 내용이 그에 따라야만 할 의무를 부과하는 경우처럼 처분의 실질을 담고 있는 경우에는 항고소송의 대상이 될 수 있을 것이다.

판 례

(판례) 병무청장이 병역법 제81조의2 제1항에 따라 병역의무 기피자의 인적사항 등을 인터넷 홈페이지에 게시하는 등의 방법으로 공개한 경우 병무청장의 공개결정을 항고소송의 대상이 되는 행정처분으로 보아야 한다. 그 구체적인 이유는 다음과 같다.

① 병무청장이 하는 병역의무 기피자의 인적사항 등 공개는, 특정인을 병역의무 기피자로 판단하여 그 사

실을 일반 대중에게 공표함으로써 그의 명예를 훼손하고 그에게 수치심을 느끼게 하여 병역의무 이행을 간접적으로 강제하려는 조치로서 병역법에 근거하여 이루어지는 공권력의 행사에 해당한다.
② 병무청장이 하는 병역의무 기피자의 인적사항 등 공개조치에는 특정인을 병역의무 기피자로 판단하여 그에게 불이익을 가한다는 행정결정이 전제되어 있고, 공개라는 사실행위는 행정결정의 집행행위라고 보아야 한다. 병무청장이 그러한 행정결정을 공개 대상자에게 미리 통보하지 않은 것이 적절한지는 본안에서 해당 처분이 적법한가를 판단하는 단계에서 고려할 요소이며, 병무청장이 그러한 행정결정을 공개 대상자에게 미리 통보하지 않았다거나 처분서를 작성·교부하지 않았다는 점만으로 항고소송의 대상적격을 부정하여서는 아니 된다.
③ 병무청 인터넷 홈페이지에 공개 대상자의 인적사항 등이 게시되는 경우 그의 명예가 훼손되므로, 공개 대상자는 자신에 대한 공개결정이 병역법령에서 정한 요건과 절차를 준수한 것인지를 다툴 법률상 이익이 있다. 병무청장이 인터넷 홈페이지 등에 게시하는 사실행위를 함으로써 공개 대상자의 인적사항 등이 이미 공개되었더라도, 재판에서 병무청장의 공개결정이 위법함이 확인되어 취소판결이 선고되는 경우, 병무청장은 취소판결의 기속력에 따라 위법한 결과를 제거하는 조치를 할 의무가 있으므로 공개 대상자의 실효적 권리구제를 위해 병무청장의 공개결정을 행정처분으로 인정할 필요성이 있다. 만약 병무청장의 공개결정을 항고소송의 대상이 되는 처분으로 보지 않는다면 국가배상청구 외에는 침해된 권리 또는 법률상 이익을 구제받을 적절한 방법이 없다.
④ 관할 지방병무청장의 공개 대상자 결정의 경우 상대방에게 통보하는 등 외부에 표시하는 절차가 관계 법령에 규정되어 있지 않아, 행정실무상으로도 상대방에게 통보되지 않는 경우가 많다. 또한 관할 지방병무청장이 위원회의 심의를 거쳐 공개 대상자를 1차로 결정하기는 하지만, 병무청장에게 최종적으로 공개 여부를 결정할 권한이 있으므로, 관할 지방병무청장의 공개 대상자 결정은 병무청장의 최종적인 결정에 앞서 이루어지는 행정기관 내부의 중간적 결정에 불과하다. 가까운 시일 내에 최종적인 결정과 외부적인 표시가 예정된 상황에서, 외부에 표시되지 않은 행정기관 내부의 결정을 항고소송의 대상인 처분으로 보아야 할 필요성은 크지 않다. 관할 지방병무청장이 1차로 공개 대상자 결정을 하고, 그에 따라 병무청장이 같은 내용으로 최종적 공개결정을 하였다면, 공개 대상자는 병무청장의 최종적 공개결정만을 다투는 것으로 충분하고, 관할 지방병무청장의 공개 대상자 결정을 별도로 다툴 소의 이익은 없어진다(대판 2019. 6. 27, 2018두49130).

3. 법적 근거

(1) 법률유보의 문제

공표는 비권력적 사실행위이므로 법적 근거를 요하지 아니한다. 그러나 다수설은 일정한 경우 공표에 의해 상대방의 인격권·프라이버시권 등의 기본권을 침해할 우려가 있다는 점에서 법적 근거를 요한다고 본다.

(2) 실정법

공표를 규정하는 개별 법률에 특별한 정함이 없는 사항에 대하여는 행정절차법 제40조의2가 적용된다. 단행법으로는 국세기본법(제85조의5), 지방세징수법(제11조), 공직자윤리법(제8조의2), 독점규제및공정거래에관한법률(제14조, 제37조) 등이 있다.

4. 절차

① 행정청은 위반사실등의 공표를 하기 전에 사실과 다른 공표로 인하여 당사자의 명예·신용등이 훼손되지 아니하도록 객관적이고 타당한 증거와 근거가 있는지를 확인하여야 한다(행정절차법 제40조의3 제3항). 제3항에 따라 의견제출의 기회를 받은 당사자는 공표 전에 관할 행정청에 서면이나 말 또는 정보통신망을 이용하여 의견을 제출할 수 있다(동법 제40조의3 제4항).

② 위반사실등의 공표는 관보, 공보 또는 인터넷 홈페이지 등을 통하여 한다(동법 제40조의3 제6항). 행정청은 위반사실 등의 공표를 하기 전에 당사자가 공표와 관련된 의무의 이행, 원상회복, 손해배상 등의 조치를 마친 경우에는 위반사실등의 공표를 하지 아니할 수 있다(동법 제40조의3 제7항).

5. 한계

(1) 프라이버시권과의 관계

개인의 인권 내지 사적 비밀의 보호, 법률유보의 원칙 등과 관련하여 명문의 규정이 없이 이루어지는 공표제도의 적법성이 문제되고 있다. 일반론으로 말한다면 개인의 프라이버시는 보호되어야 한다. 그러나 의무자의 의무위반이 중대한 경우까지 개인의 프라이버시가 반드시 보호되어야 한다고 보기는 어렵다. 양자는 조화되어야 한다.

판 례

(판례1) 민주주의 국가에서는 여론의 자유로운 형성과 전달에 의하여 다수의견을 집약시켜 민주적 정치질서를 생성·유지시켜 나가는 것이므로 표현의 자유, 특히 공익사항에 대한 표현의 자유는 중요한 헌법상의 권리로서 최대한 보장을 받아야 하지만, 그에 못지 않게 개인의 명예나 사생활의 자유와 비밀 등 사적 법익도 보호되어야 할 것이므로, 인격권으로서의 개인의 명예의 보호와 표현의 자유의 보장이라는 두 법익이 충돌하였을 때 그 조정을 어떻게 할 것인지는 구체적인 경우에 사회적인 여러 가지 이익을 비교하여 표현의 자유로 얻어지는 이익, 가치와 인격권의 보호에 의하여 달성되는 가치를 형량하여 그 규제의 폭과 방법을 정하여야 한다(대판 1998. 7. 14, 96다17257).

(판례2) 신상공개제도는 헌법 제13조의 이중처벌금지 원칙에 위배되지 않는다. 청소년 성매수자의 일반적 인격권과 사생활의 비밀의 자유가 제한되는 정도가 청소년 성보호라는 공익적 요청에 비해 크다고 할 수 없으므로 결국 법 제20조 제2항 제1호의 신상공개는 해당 범죄인들의 일반적 인격권, 사생활의 비밀의 자유를 과잉금지의 원칙에 위배하여 침해한 것이라 할 수 없다. 신상공개제도로 인하여 기본권 제한상의 차별을 초래하나, 그 입법목적과 이를 달성하려는 수단간에 비례성을 벗어난 차별이라고 보기 어렵고, 달리 평등권을 침해한 것이라고 볼 수 없다(헌재결 2003. 6. 26, 2002헌가14).

(2) 일반적 정보공개청구권

한편 일반국민이 국가에 대하여 행정법상의 의무위반자의 명단의 공개를 청구할 수 있는 권리를 가지는가는 검토를 요한다. 생각건대 원칙적으로 국민은 공공기관의정보공개에관한법률에 의거하여 공표청구권을 갖는다고 하겠으나, 동법상 여러 제한규정으로 인해 그 인정범위는 많이 제한된다고 하겠다.

6. 구제

(1) 행정쟁송

공표행위가 처분에 해당하는 경우에는 취소쟁송으로 공표행위의 취소를 구할 수 있다. 공표행위가 처분에 해당하느냐가 문제된다. ① 권력적 사실행위이기 때문에 처분에 해당한다는 견해, ② 비권력적 사실행위이지만 공권력행사에 준하는 행정작용으로 보아 처분에 해당한다는 견해, ③ 원칙적으로 처분에 해당하지 아니한다는 견해 등으로 견해가 나뉜다. 공표행위가 처음에는 비권력적 사실행위였지만 오늘날 정보화 사회의 진전에 따라 강력한 제재수단으로 변화하였으므로 권력적 사실행위로 보는 것이 옳다.

(2) 국가배상

위법한 공표행위에 의하여 명예·신용 등이 침해된 경우에는 행정상 손해배상청구소송을 제기하여 그 손해의 배상을 청구할 수 있다. 한편 공표의 상대방은 민법 제764조에 근거하여 정정공고를 구할 수도 있을 것이다.

(3) 형사상 책임

만약 위법·부당한 공표가 있게 되면, 관계공무원은 경우에 따라 형사상 책임을 부담하게 되는 경우도 있을 것이다.

제 5 편
행정구제법

제1장

행정구제 총설

Ⅰ. 행정구제의 의의

행정구제란 행정기관의 작용으로 자기의 권리·이익이 침해되었거나 침해될 것이라 주장하는 자가 행정기관이나 법원에 원상회복·손해전보 또는 당해 행정작용의 취소·변경을 청구하거나, 기타 피해구제 또는 예방을 청구하고 이에 대하여 행정기관 또는 법원이 이를 심리하여 권리·이익의 보호에 관한 결정을 내리는 것을 말한다. 행정구제를 행정상 권리구제라고도 한다.

Ⅱ. 행정구제의 유형

1. 사전적 행정구제

사전적 행정구제란 행정작용의 적법·타당성을 기하고 개인의 권리침해를 예방하기 위하여, 행정작용이 행하여지기 전에 행정기관과 국민과의 사이에 진행되는 절차를 말한다. 이에 해당하는 것으로는 행정절차, 청원, 옴브즈만, 고충민원처리 등이 있다.

2. 사후적 행정구제

사후적 행정구제란 위법·부당한 행정작용으로 인하여 권리침해가 행하여진 이후의 구제제도로서 우리나라의 행정구제제도의 중심을 이루고 있다. 사후적 행정구제는 다음 두 가지로 대별된다.

(1) 행정상 손해전보

행정작용으로 인하여 국민에게 가하여진 정신적·경제적 손해를 국가·공공단체가 메워줌으로써 그 손해를 회복시켜 주는 권리구제제도이다. 행정상 손해배상은 공무원의 직무상 불법행위로 인하여 손해를 받은 국민에게 국가·공공단체가 그것을 「배상」하는 제도를 말하며, 손실보상은 공공필요로 인하여 사유재산에 가하여진 적법한 침해에 대하여 국가 또는 공공단체가 그것을 「보상」하는 제도를 말한다.

(2) 행정상 쟁송

행정청의 위법·부당한 행정작용으로 권리·이익을 침해당한 자가, 그 작용의 취소·변경을 요구하고, 권한있는 기관이 이를 심리·판단하는 권리구제제도이다. 행정심판은 행정기관에 대하여 위법 또는 부당한 행정작용의 취소·변경을 요구하고, 행정기관이 이를 심리·판단하는 제도이며, 행정소송은 법원에 대하여 위법한 행정작용의 취소·변경을 요구하고 법원이 이를 심리·판단하는 권리구제제도이다.

Ⅲ. 사전적 구제수단

1. 청원

(1) 청원의 의의

청원이란 국민이 국가나 지방자치단체에 대해 자신의 의견·불만 또는 희망을 개진하거나 시정을 요구하는 것을 말한다. 헌법은 “모든 국민은 법률이 정하는 바에 의하여 국가기관에 문서로 청원할 권리를 가진다”고 규정하여(헌법 제26조 제1항) 기본권의 하나로 인정하고 있으며, 청원에 관한 일반법으로 청원법이 있다.

(2) 청원인

국민은 누구나 모든 국가기관에 대하여 청원할 수 있다. 청원인에는 법인과 외국인을 포함하며, 아무런 이해관계가 없는 자도 청원을 제기할 수 있다.

(3) 청원기관

이 법에 의하여 청원을 제출할 수 있는 기관은 ① 국회·법원·헌법재판소·중앙선거관리위원회, 중앙행정기관(대통령 소속 기관과 국무총리 소속 기관을 포함한다)과 그 소속 기관, ② 지방자치단체와 그 소속 기관, ③ 법령에 따라 행정권한을 가지고 있거나 행정권한을 위임 또는 위탁받은 법인·단체 또는 그 기관이나 개인이다(청원법 제4조).

(4) 청원사항

1) 청원대상

청원은 ① 피해의 구제, ② 공무원의 위법·부당한 행위에 대한 시정이나 징계의 요구, ③ 법률·명령·조례·규칙 등의 제정·개정 또는 폐지, ④ 공공의 제도 또는 시설의 운영, ⑤ 그 밖에 청원기관의 권한에 속하는 사항 중 어느 하나에 해당하는 경우에 할 수 있다(동법 제5조).

2) 청원 처리의 예외

청원은 ① 국가기밀 또는 공무상 비밀에 관한 사항, ② 감사·수사·재판·행정심판·조정·중재 등 다른 법령에 의한 조사·불복 또는 구제절차가 진행 중인 사항, ③ 허위의 사실로 타인으로 하여금 형사처분 또는 징계처분을 받게 하는 사항, ④ 허위의 사실로 국가기관 등의 명예를 실추시키는 사항, ⑤ 사인간의 권리관계 또는 개인의 사생활에 관한 사항, ⑥ 청원인의 성명·주소 등이 불분명하거나 청원내용이 불명확한 사항으로, 이 중 어느 하나에 해당하는 경우에는 처리를 하지 아니할 수 있다(동법 제6조).

3) 반복청원 및 이중청원

청원기관의 장은 동일인이 같은 내용의 청원서를 같은 청원기관에 2건 이상 제출한 반복청원의 경우에는 나중에 제출된 청원서를 반려하거나 종결처리할 수 있고, 종결처리하는 경우 이를 청원인에게 알려야 한다(동법 제16조 제1항). 동일인이 같은 내용의 청원서를 2개 이상의 청원기관에 제출한 경우 소관이 아닌 청원기관의 장은 청원서를 소관 청원기관의 장에게 이송하여야 한다. 이 경우 반복청원의 처리에 관하여는 제1항을 준용한다(동법 제16조 제2항).

(5) 청원의 방식

청원은 청원서에 청원인의 성명(법인인 경우에는 명칭 및 대표자의 성명을 말한다)과 주소 또는 거소를 적고 서명한 문서(「전자문서 및 전자거래 기본법」에 따른 전자문서를 포함한다)로 하여야 한다(동법 제9조).

(6) 청원의 처리

청원기관의 장은 청원심의회의 심의를 거쳐 청원을 처리하여야 한다. 다만, 청원심의회의 심의를 거칠 필요가 없는 사항에 대해서는 심의를 생략할 수 있다. 청원기관의 장은 청원을 접수한 때에는 특별한 사유가 없으면 90일 이내(제13조 제1항에 따른 공개청원의 공개 여부 결정기간 및 같은 조 제2항에 따른 국민의 의견을 듣는 기간을 제외한다)에 처리결과를 청원인(공동청원의 경우 대표자를 말한다)에게 알려야 한다(동법 제21조). 통지된 내용은 아무런 법적 효과를 갖지 않으며, 청원에 대한 심사처리결과의 통지유무는 행정처분이 아니라는 것이 판례의 입장이다.

판 례

(판례) 청원법 제9조 제4항에 의하여 주관관서가 그 심사처리결과를 청원인에게 통지할 의무를 지고 있더라도 청원을 수리한 국가기관은 이를 성실, 공정, 신속히 심사, 처리하여 그 결과를 청원인에게 통지하는 이상의 법률상 의무를 지는 것은 아니라고 할 것이고, 따라서 국가기관이 그 수리한 청원을 받아들여 구체적인 조치를 취할 것인지 여부는 국가기관의 자유재량에 속한다고 할 것일 뿐만 아니라 이로써 청원자의 권리의무, 그밖의 법률관계에는 하등의 영향을 미치는 것이 아니므로 청원에 대한 심사처리결과의 통지유무는 행정소송의 대상이 되는 행정처분이라고 할 수 없다(대판 1990. 5. 25, 90누1458).

2. 옴브즈만

(1) 의의

옴브즈만이란 공공기관의 법령상의 책무를 적정하게 수행하고 있는지 여부를 국민을 대신하여 감시하기 위해서 의회에 의해 그 대리인으로 선출된 자를 말한다. 이는 1809년 스웨덴헌법에 의하여 설치된 것이 기원이고, 우리나라에 있어서는 국민권익위원회·시민고충처리위원회·국가인권위원회·감사원 등이 옴브즈만의 일부기능을 담당하고 있다.

(2) 특징

국회 옴브즈만의 특징으로는 ① 옴브즈만이 국회에 의해 임명되고 직무에 관해 의회에 보고한다는 점, ② 직무에 있어서는 의회로부터 중립적 지위에 있다는 점, ③ 행정처분의 취소권은 인정되지 않고 권고권만 인정된다는 점, ④ 당사자의 신청 없이도 사건조사에 착수할 수 있다는 점, ⑤ 사건처리방법이 신속하며 경제적이라는 점을 들 수 있다.

(3) 설치가능성

옴브즈만의 설치근거는 반드시 법률로서 설치하여야 하는 것은 아니고 지방자치단체의 조례로서 가능하다는 것이 판례의 입장이다.

판 례

(판례) 합의제 행정기관인 옴부즈맨(Ombudsman)을 집행기관의 장인 도지사 소속으로 설치하는 데 있어서는 지방자치법 제107조 제1항의 규정에 따라 당해 지방자치단체의 조례로 정하면 되는 것이지 헌법이나 다른 법령상으로 별도의 설치근거가 있어야 되는 것은 아니다(대판 1997. 4. 11, 96추138).

3. 고충민원처리

(1) 고충민원의 의의

고충민원이란 행정기관등의 위법·부당하거나 소극적인 처분(사실행위 및 부작위를 포함한다) 및 불합리한 행정제도로 인하여 국민의 권리를 침해하거나 국민에게 불편 또는 부담을 주는 사항에 관한 민원(현역장병 및 군 관련 의무복무자의 고충민원을 포함한다)을 말한다(부패방지 및 국민권익위원회의 설치와 운영에 관한 법률 제2조 제5호).

(2) 고충민원처리절차

1) 고충민원의 신청

누구든지(국내에 거주하는 외국인을 포함한다) 위원회 또는 시민고충처리위원회(이하 이 장에서 "권익위원회"라 한다)에 고충민원을 신청할 수 있다. 이 경우 하나의 권익위원회에 대하여 고충민원을 제기한 신청인은 다른 권익위원회에 대하여도 고충민원을 신청할 수 있다(동법 제39조 제1항). 고충민원은 원칙적으로 문서에 의하여야 한다(동법 제39조 제2항).

2) 고충민원의 접수

권익위원회는 고충민원의 신청이 있는 경우에는 다른 법령에 특별한 규정이 있는 경우를 제외하고는 그 접수를 보류하거나 거부할 수 없으며, 접수된 고충민원서류를 부당하게 되돌려 보내서는 아니 된다. 다만, 권익위원회가 고충민원서류를 보류·거부 또는 반려하는 경우에는 지체 없이 그 사유를 신청인에게 통보하여야 한다(동법 제39조 제4항).

3) 고충민원의 조사

권익위원회는 고충민원을 접수한 경우에는 지체 없이 그 내용에 관하여 필요한 조사를 하여야 한다(동법 제41조 제1항). 권익위원회는 조사를 함에 있어서 필요하다고 인정하는 경우에는 ① 관계 행정기관등에 대한 설명요구 또는 관련 자료·서류 등의 제출요구, ② 관계 행정기관등의 직원·신청인·이해관계인이나 참고인의 출석 및 의견진술 등의 요구, ③ 조사사항과 관계있다고 인정되는 장소·시설 등에 대한 실지조사, ④ 감정의 의뢰 등의 조치를 할 수 있다(동법 제42조 제1항).

4) 합의의 권고 및 조정

가. 합의의 권고

권익위원회는 조사 중이거나 조사가 끝난 고충민원에 대한 공정한 해결을 위하여 필요한 조치를 당사자에게 제시하고 합의를 권고할 수 있다(동법 제44조).

나. 조정

권익위원회는 다수인이 관련되거나 사회적 파급효과가 크다고 인정되는 고충민원의 신속하고 공정한 해결을 위하여 필요하다고 인정하는 경우에는 당사자의 신청 또는 직권에 의하여 조정을 할 수 있다(동법 제45조).

5) 시정의 권고 및 의견표명

가. 시정의 권고

권익위원회는 고충민원에 대한 조사결과 처분등이 위법·부당하다고 인정할 만한 상당한 이유가 있는 경우에는 관계 행정기관 등의 장에게 적절한 시정을 권고할 수 있다(동법 제46조 제1항).

나. 의견표명

권익위원회는 고충민원에 대한 조사결과 신청인의 주장이 상당한 이유가 있다고 인정되는 사안에 대하여는 관계 행정기관등의 장에게 의견을 표명할 수 있다(동법 제46조 제2항).

6) 결정의 통지

권익위원회는 고충민원의 결정내용을 지체 없이 신청인 및 관계 행정기관등의 장에게 통지하여야 한다(동법 제49조).

7) 감사의뢰

고충민원의 조사·처리과정에서 관계 행정기관등의 직원이 고의 또는 중대한 과실로 위법·부당하게 업무를 처리한 사실을 발견한 경우 위원회는 감사원 또는 관계 행정기관등의 감독기관에, 시민고충처리위원회는 해당 지방자치단체에 감사를 의뢰할 수 있다(동법 제51조 제1항).

8) 공표

권익위원회는 ① 위원회의 권고 또는 의견표명의 내용, ② 위원회의 권고 또는 의견 따른 관계 행정기관의 장의 처리결과, ③ 권고내용의 불이행사유를 공표할 수 있다. 다만, 다른 법률의 규정에 따라 공표가 제한되거나 개인의 사생활의 비밀이 침해될 우려가 있는 경우에는 그러하지 아니하다(동법 제53조).

제 2 장

행정상 손해전보

제 1 절 개 설

Ⅰ. 행정상 손해전보의 개념

행정상 손해전보란 국가작용에 의해 개인에게 가해진 손해의 전보를 의미한다. 이는 행정상 손해배상과 행정상 손실보상으로 크게 나뉜다.

1. 행정상 손해배상

국가나 지방자치단체가 공무원이 직무를 집행하면서 고의 또는 과실로 법령을 위반하여 타인에게 손해를 입힌 경우 배상하는 것을 의미한다.

2. 행정상 손실보상

적법한 공권력행사에 의한 재산상의 특별한 희생에 대하여 사유재산권의 보장과 전체적인 공평부담의 견지에서 행정주체가 행하는 재산적 보장을 의미한다.

	손해배상	손실보상
의 의	위법한 행정작용으로 인한 손해전보	적법한 공권력행사로 인한 손실전보
이념적 기초	개인주의, 도의적 책임주의	단체주의, 사회적 공평부담 이념
법적 근거	헌법 제29조, 국가배상법(일반법)	헌법 제23조 제3항, 일반법은 존재하지 않음, 개별법으로 존재
책임의 성질	과실책임주의	무과실책임주의
전보책임자	국가 또는 지방자치단체	사업시행자

Ⅱ. 양 제도의 접근·융화

양 제도는 피해자 구제라는 관점에서 질적으로 구별되는 것이 아니고 상대적인 것에 지나지 않으며, 최근 무과실책임이나 국가위험책임이론의 등장으로 손해배상의 범위가 확대되어 손실보상으로의 접근 경향이 있고, 양 제도를 융화시켜 가급적 통일적으로 이해하는 노력이 행해지고 있다.

그 밖에도 양 제도를 엄격하게 구별한 결과 위법·과실의 행정상 손해배상제도와 적법·무과실의 손실보상제도 사이에 존재하는 위법·무과실의 경우에는 권리구제가 불가능하게 되는 문제가 있는데, 이에 대하여 동일 연방대법원의 수용유사침해와 수용적 침해라는 판례이론을 통한 권리구제를 모색하기도 한다.

제 2 절 행정상 손해배상

제1관 개 설

Ⅰ. 개념

1. 의의

행정상 손해배상이란, 공무원의 직무상 불법행위나 또는 공공의 영조물의 설치·관리의 하자로 인하여 국민에게 손해가 발생한 때에 국가나 공공단체가 그 손해를 배상하는 것을 말한다. 행정상 손해배상을 국가배상이라고도 한다.

2. 법적 근거

(1) 헌법

우리나라 헌법 제29조 제1항은 “공무원의 직무상 불법행위로 손해를 받은 국민은 법률이 정하는 바에 의하여 국가 또는 공공단체에 정당한 배상을 청구할 수 있다. 이 경우 공무원 자신의 책임은 면제되지 아니한다”고 규정하여, 공무원의 직무상 불법행위로 인한 손해에 대한 국가배상책임의 헌법적 근거를 두고 있다.

(2) 국가배상법

국가배상법 제2조(배상책임) ① 국가나 지방자치단체는 공무원 또는 공무를 위탁받은 사인이 직무를 집행하면서 고의 또는 과실로 법령을 위반하여 타인에게 손해를 입히거나, 「자동차손해배상 보장법」에 따라 손해배상의 책임이 있을 때에는 이 법에 따라 그 손해를 배상하여야 한다. 다만, 군인·군무원·경찰공무원 또는 예비군대원이 전투·훈련 등 직무 집행과 관련하여 전사·순직하거나 공상을 입은 경우에 본인이나 그 유족이 다른 법령에 따라 재해보상금·유족연금·상이연금 등의 보상을 지급받을 수 있을 때에는 이 법 및 「민법」에 따른 손해배상을 청구할 수 없다.
② 제1항 본문의 경우에 공무원에게 고의 또는 중대한 과실이 있으면 국가나 지방자치단체는 그 공무원에게 구상할 수 있다.

	헌 법	국가배상법
내 용	① 공무원의 위법한 직무집행행위로 인한 국가배상책임만 규정	① 공무원의 위법한 직무집행행위로 인한 국가배상책임 ② 영조물 설치 하자로 인한 국가배상책임도 규정
책 임 자	국가 또는 공공단체 (지방자치단체 + 공공단체)	국가 또는 지방자체단체 (그외 공공단체는 민법으로)
군인 등의 특례	군인, 군무원, 경찰공무원	군인, 군무원, 경찰공무원 + 예비군대원도 명시
구상권 관련조항	없음	국가배상법 제2조 제2항

Ⅱ. 연혁

1. 발전과정

근대국가 초기에는 주권면책론과 위임이론에 따라 공무원의 행위에 대하여 국가가 책임을 지는 제도가 인정되지 않았다. 이러한 국가무책임사상은 정의의 관념과 권리구제측면에서 문제를 드러내며 오늘날에는 국가무책임사상을 극복하고 각국에서 국가배상책임을 인정하고 있다.

2. 각국의 국가배상제도

(1) 프랑스

프랑스의 국가배상책임은 역무과실책임[1]과 위험책임[2]의 이원적 구조를 취하고, 국가활동에 의한 배상책임은 공무원의 개인책임이 아니라 국가의 자기책임으로 파악한다.

(2) 독일

독일의 국가배상책임은 공행정작용으로 인한 국가의 책임은 공무원이 져야 할 행위책임을 국가가 대신 부담하는 대위책임으로 구성되었다. 1982년 국가책임법 제정으로 국가의 자기책임을 규정하고 국가배상청구권을 널리 인정했으나, 동법은 연방헌법재판소에 의해 위헌판결을 받아 다시 대위책임으로 회귀했다.

(3) 영국과 미국

영국과 미국의 경우에는 “왕은 악을 행하지 않는다”는 법리에 따라 국가무책임의 원칙이 지배하였다. 그러나 2차대전 후 영국의 국왕소추법(1947년), 미국의 연방불법행위청구권법(1946)의 제정으로 국가배상책임이 인정되게 되었다.

Ⅲ. 우리 국가배상제도

1. 국가배상법의 제정

우리 국가배상법은 헌법의 규정에 따라 1951년 제정·시행되고 있다. 헌법은 공무원

---

1) 역무과실책임은 1873년 관할재판소의 블랑꼬(Blanco) 판결 이래 확립된 것으로 공무원의 위법행위가 공무원이 속한 기관의 행위로 인정될 수 있는 것을 말한다.

2) 위험책임이란 국가작용이 특별한 위험을 만들어 냄으로써 생긴 손해에 대하여 과실이 없는 경우에도 국가책임을 인정하는 것을 말한다.

의 직무상 불법행위로 인한 국가배상만을 규정하고 있으나, 국가배상법은 행정상 손해배상책임의 유형을 공무원의 직무행위로 인한 손해배상책임과 영조물의 설치·관리의 하자로 인한 손해배상책임으로 나누어 규정하고 있다. 헌법에서는 배상주체를 국가와 공공단체로 규정하고 있는데 반해 국가배상법은 국가와 지방자치단체로 한정하고 있어 지방자치단체 외의 공공단체의 배상책임은 민법에 의하게 된다.

2. 국가배상법의 지위

(1) 일반법의 지위

국가배상법은 국가 또는 지방자치단체의 행정상 손해배상책임에 대한 일반법이다.

(2) 다른 법률과의 관계

1) **국가배상법은** "국가나 지방자치단체의 손해배상 책임에 관하여는 이 법에 규정된 사항 외에는 민법에 따른다. 다만, 민법 외의 법률에 다른 규정이 있을 때에는 그 규정에 따른다"고 규정(동법 제8조)하고 있다. 따라서 ① 민법 이외에 다른 법률에 특별한 규정이 있으면 그 법률이 먼저 적용되고, ② 그러한 특별법이 없으면 국가배상법이 적용되며, ③ 국가배상법에 규정이 없는 사항에 대하여는 민법이 보충적으로 적용된다.

2) 이때 **특별법의 예로는** 무과실책임을 인정하는 원자력손해배상법과 책임의 범위 또는 손해배상을 감경하고 있는 우편법 등을 들 수 있다.

(3) 상호보증주의

국가배상법은 외국인이 피해자인 경우에는 해당 국가와 상호 보증이 있을 때에만 적용한다(동법 제7조). 따라서 우리나라에 주둔하는 미합중국군대의 구성원·고용원 또는 한국증원군대구성원(카투사)의 공무집행중의 행위로 피해를 받은 자도 국가배상법에 따라 대한민국에 대하여 배상을 청구할 수 있다.

판 례

(판례) 대한민국과 아메리카합중국간의 상호방위조약 제4조에 의한 시설과 구역 및 대한민국에서의 합중국 군대의 지위에 관한 협정 제23조 제5항은 공무집행중인 미합중국 군대의 구성원이나 고용원의 작위나 부작위 또는 미합중국 군대가 법률상 책임을 지는 기타의 작위나 부작위 또는 사고로서 대한민국 안에서 대한민국 정부 이외의 제3자에게 손해를 가한 것으로부터 발생하는 청구권은 대한민국이 이를 처리하도록 규정하고 있으므로 위 청구권의 실현을 위한 소송은 대한민국을 상대로 제기하는 것이 원칙이다(대판 1997. 12. 12, 95다29895).

3. 국가배상법의 성격(법적 성질)

(1) 공법설(다수설)

공행정작용으로 인한 손해배상을 규율하는 국가배상법은 사경제작용을 규율하는 민법과는 근본적으로 성격을 달리하므로 공법이라는 견해로 다수설의 입장이다. 이 견해에 따르면 국가배상은 행정소송 중 당사자소송에 의하게 된다.

(2) 사법설(판례)

국가배상법은 공법에 특유한 책임이론이 아니라 일반적 불법행위의 한 종류에 불과한 것으로 민법의 특별법인 사법이라는 견해이다. 이 견해에 따르면 국가배상은 민사소송에 의한다는 것이 판례의 입장이다.

판 례

(판례) 공무원의 직무상 불법행위로 손해를 받은 국민이 국가 또는 공공단체에 배상을 청구하는 경우 국가 또는 공공단체에 대하여 그의 불법행위를 이유로 손해배상을 구함은 국가배상법이 정한바에 따른다 하여도 이 역시 민사상의 손해배상 책임을 특별법인 국가배상법이 정한데 불과하다(대판 1972. 10. 10, 69다701).

제2관 공무원의 직무행위로 인한 손해배상

Ⅰ. 개념

공무원의 직무상 불법행위로 인한 배상책임에 관하여 헌법 제29조 제1항은 "공무원의 직무상 불법행위로 손해를 받은 국민은 법률이 정하는 바에 의하여 국가 또는 공공단체에 정당한 배상을 청구할 수 있다. 이 경우 공무원 자신의 책임은 면제되지 아니한다"고 규정하고 있다.

또한 국가배상법 제2조는 "① 국가나 지방자치단체는 공무원 또는 공무를 위탁받은 사인(이하 "공무원"이라 한다)이 직무를 집행하면서 고의 또는 과실로 법령을 위반하여 타인에게 손해를 입히거나, 「자동차손해배상 보장법」에 따라 손해배상의 책임이 있을 때에는 이 법에 따라 그 손해를 배상하여야 한다. 다만, … ② 제1항 본문의 경우에 공무원이 고의 또는 중대한 과실이 있는 때에는 국가 또는 지방자치단체는 그 공무원에게 구상할 수 있다"고 규정하고 있다.

이러한 국가배상법의 규정을 중심으로 국가의 배상책임이 성립하기 위한 요건을 살펴보기로 한다.

Ⅱ. 배상책임의 요건

우리 헌법은 배상책임의 성립요건을 공무원의 직무상 불법행위로 손해를 받은 국민이라고 규정하고 있으며, 국가배상법은 ① 공무원이, ② 그 직무를 집행하면서, ③ 고의 또는 과실로, ④ 법령에 위반하여, ⑤ 타인에게, ⑥ 손해를 가할 것이라고 규정하고 있다.

1. 공무원

(1) 공무원의 범위

① 여기에서의 공무원이라 함은 국가직공무원 및 지방직공무원의 공무원뿐만 아니라 공무원의 신분을 갖지 않더라도 널리 공무를 위탁받아 실질적으로 그에 종사하는 모든 자를 포함한다. 공무를 수탁받은 사인에 대하여는 그동안 학설과 판례에 의하여 인정되어 왔으나 2009년 법개정을 통해 명문화 되었다.

② 판례에 의하면 집달리(집행관), 시청소차운전수, 예비군, 통장, 조세원천징수의무자, 미군부대에 파견된 군인, 방범대원, 청원경찰, 교통할아버지는 공무원에 포함되나, 의용소방대원·시영버스운전사는 이 범위에서 제외하고 있다.

판 례

(판례1) "집달리는 법률에 정하는바에 의하여 재판의 집행, 서류의 송달 기타 법령에 의한 사무에 종사한다"고 규정하고 집달리법 제2조도 같은 취지를 규정하고 있으므로 위 규정을 종합하면 집달리가 재판의 집행, 서류의 송달 기타 법령에 의한 사무에 종사하는 실질적 의미에 있어서의 국가공무원에 속한다 할 것이다(대판 1966. 7. 26, 66다854).

(판례2) 피고 박영규는 원고 산하 관악구청 소속 청소차량 운전원으로 지방잡급직원 규정에 따른 단순 노무제공만을 행하는 기능직 잡급직원이라 함으로 이는 지방공무원법 제2조 제1항 제7호에 규정된 단순한 노무에 종사하는 별정직 공무원임이 분명하며, 원고 산하 구청관내의 청소를 목적으로 차량을 운행하는 것은 공권력의 행사라 할 것이다. 그러므로 원심판결이 피고 박영규가 원고시의 업무인 청소작업을 하기 위하여 원고 소유 청소차량을 운행하다가 본건 사고를 일으킨 것을 국가배상법 제2조 소정의 공무원의 직무수행상의 행위라고 단정하였음은 정당하다(대판 1980. 9. 24, 80다1051).

(판례3) 국가배상법 제2조에서 말하는 공무원이라 함은 국가공무원법이나 지방공무원법에서 말하는 공무원의 신분을 가진 자에 한하지 아니하고, 향토예비군과 같이 공무를 위탁받아 이것에 종사하고 있는 자도 포함한다고 보는 것이 상당하다(대판 1970. 5. 26, 70다471).

(판례4) 서울특별시 종로구 통, 반설치조례에 의하면 통장은 동장의 추천에 의하여 구청장이 위촉하고 동장의 감독을 받아 주민의 거주·이동상황 파악 등의 임무를 수행하도록 규정되어 있고, 주민등록법 제14조와 같은법 시행령 제7조의2 등에 의하면 주민등록 전입신고를 하여야 할 신고의무자가 전입신고를 할 경우에는 신고서에 관할이장(시에 있어서는 통장)의 확인인을 받아 제출하도록 규정되어 있는 점 등에 비추

어 보면 통장이 전입신고서에 확인인을 찍는 행위는 공무를 위탁받아 실질적으로 공무를 수행하는 것이라고 보아야 하므로, 통장은 그 업무범위 내에서는 국가배상법 제2조 소정의 공무원에 해당한다(대판 1991. 7. 9, 91다5570).

(판례5) 국가배상법 제2조 소정의 '공무원'이라 함은 국가공무원법이나 지방공무원법에 의하여 공무원으로서의 신분을 가진 자에 국한하지 않고, 널리 공무를 위탁받아 실질적으로 공무에 종사하고 있는 일체의 자를 가리키는 것으로서, 공무의 위탁이 일시적이고 한정적인 사항에 관한 활동을 위한 것이어도 달리 볼 것은 아니다. … 지방자치단체가 '교통할아버지 봉사활동 계획'을 수립한 후 관할 동장으로 하여금 '교통할아버지'를 선정하게 하여 어린이 보호, 교통안내, 거리질서 확립 등의 공무를 위탁하여 집행하게 하던 중 '교통할아버지'로 선정된 노인이 위탁받은 업무 범위를 넘어 교차로 중앙에서 교통정리를 하다가 교통사고를 발생시킨 경우, 지방자치단체가 국가배상법 제2조 소정의 배상책임을 부담한다(대판 2001. 1. 5, 98다39060).

(2) 공무원의 특정여부

여기서 말하는 공무원은 특정되어야 하는가에 관하여 특정될 필요가 없다는 것이 오늘날의 일반적인 견해이다. 따라서 다수의 공무원을 거친 사무처리나 다수의 경찰공무원에 의한 최루탄 발사로 인한 사망(고 이한열 사건)의 경우에도 국가배상책임이 성립된다.

판 례

(판례) 국가 소속 전투경찰들이 시위진압을 함에 있어서 합리적이고 상당하다고 인정되는 정도로 가능한 한 최루탄의 사용을 억제하고 또한 최대한 안전하고 평화로운 방법으로 시위진압을 하여 그 시위진압 과정에서 타인의 생명과 신체에 위해를 가하는 사태가 발생하지 아니하도록 하여야 하는 데도, 이를 게을리한 채 합리적이고 상당하다고 인정되는 정도를 넘어 지나치게 과도한 방법으로 시위진압을 한 잘못으로 시위 참가자로 하여금 사망에 이르게 하였다는 이유로 국가의 손해배상 책임을 인정하되, 피해자의 시위에 참가하여 사망에 이르기까지의 행위를 참작하여 30% 과실상계를 한 원심판결을 수긍한 사례(대판 1995. 11. 10, 95다23897).

(3) 주한미군·카투사

한미상호방위조약(제4조) 및 그에 근거한 한미행정협정(제23조 제5항)에 의거, 미합중국 군대의 구성원·고용원 또는 한국증원부대구성원도 여기의 공무원에 준한다. 한미행정협정의 시행에 관한 민사특별법에 의하면, 미군이 직무수행중에 손해를 가한 때에만 국가배상법의 규정에 의하여 배상토록 규정하고 있다.

판 례

(판례1) 한미행정협정 제23조 제5항은 공무집행중인 미합중국 군대의 구성원이나 고용원의 작위나 부작위 또는 미합중국 군대가 법률상 책임을 지는 기타의 작위나 부작위 또는 사고로서 대한민국 안에서 대한민

국 정부 이외의 제3자에게 손해를 가한 것으로부터 발생하는 청구권은 대한민국이 이를 처리하도록 규정하고 있으므로 위 청구권의 실현을 위한 소송은 대한민국을 상대로 제기하는 것이 원칙이다(대판 1997. 12. 12, 95다29895).

(판례2) '대한민국과 아메리카합중국 간의 상호방위조약 제4조에 의한 시설과 구역 및 대한민국에서의 합중국 군대의 지위에 관한 협정'(이하 'SOFA'라 한다) 제23조 제5항은 공무집행 중인 미합중국 군대의 구성원이나 고용원의 작위나 부작위 또는 미합중국 군대가 법률상 책임을 지는 기타의 작위나 부작위 또는 사고로서 대한민국 안에서 대한민국 정부 이외의 제3자에게 손해를 가한 것으로부터 발생하는 청구권은 대한민국이 이를 처리하도록 규정하고 있으므로 위 청구권의 실현을 위한 소송은 대한민국을 상대로 제기하는 것이 원칙이고, 이에 따른 대한민국에 대한 청구권에 대해서는 '대한민국과 아메리카합중국 간의 상호방위조약 제4조에 의한 시설과 구역 및 대한민국에서의 합중국 군대의 지위에 관한 협정의 시행에 관한 민사특별법'(이하 '주한미군민사법'이라 한다) 제2조에 따라 국가배상법이 적용된다.
국가배상법 제2조 제1항 본문은, 전단에서 국가나 지방자치단체는 공무원 또는 공무를 위탁받은 사인이 직무를 집행하면서 고의 또는 과실로 법령을 위반하여 타인에게 손해를 입힌 경우를 규정하는 것 외에 후단에서 자동차손해배상 보장법(이하 '자동차손배법'이라 한다)에 따라 손해배상의 책임이 있을 때에도 이 법에 따라 그 손해를 배상하여야 한다고 규정하고 있는데, SOFA 제23조 제5항 (가)호, 제24조 및 자동차관리법 제2조 제1호, 제70조 및 같은 법 시행령 제2조 제3호 등 관계 규정을 종합하면, SOFA 제23조 제5항 및 주한미군민사법 제2조에 따라 국가배상법이 적용될 경우 미합중국 군대의 공용 차량에 대해서는 국가배상법 제2조 제1항 본문 후단의 자동차손배법에 따른 손해배상책임 규정은 적용되지 않고, 국가배상법 제2조 제1항 본문 전단에 따른 손해배상책임 규정만 적용된다(대판 2023. 6. 29, 2023다205968).

2. 직무를 집행하면서 한 행위

(1) 직무행위의 범위

직무행위의 범위에 대하여 행정작용 중 권력작용만 포함한다는 견해(협의설), 권력작용과 비권력작용만 포함한다는 견해(광의설), 권력작용과 비권력작용 및 사경제작용을 포함한다는 견해로(최광의설) 대립되어 있다. 통설은 광의설이다.

판 례

(판례1) 국가배상법이 정한 손해배상청구의 요건인 '공무원의 직무'에는 국가나 지방자치단체의 권력적 작용뿐만 아니라 비권력적 작용도 포함되지만 단순한 사경제의 주체로서 하는 작용은 포함되지 않는다(대판 2004. 4. 9, 2002다10691).

(판례2) 국가배상청구의 요건인 '공무원의 직무'에는 권력적 작용만이 아니라 비권력적 작용도 포함되며 단지 행정주체가 사경제주체로서 하는 활동만 제외되는 것이며, 국가배상법 제2조 제1항 소정의 '직무를 집행함에 당하여'라 함은 직접 공무원의 직무집행행위이거나 그와 밀접한 관계에 있는 행위를 포함하고, 이를 판단함에 있어서는 행위 자체의 외관을 객관적으로 관찰하여 공무원의 직무행위로 보여질 때에는 비

록 그것이 실질적으로 직무행위에 속하지 않는다 하더라도 그 행위는 공무원이 '직무를 집행함에 당하여' 한 것으로 보아야 할 것이다(대판 2001. 1. 5, 98다39060).

(2) 직무행위의 내용

직무행위의 내용에 대해서는 원칙적으로 제한이 없다. 즉, 직무에는 행정작용이든 입법작용이든 사법작용이든 모두 포함되며, 법적행위이든 사실행위이든 작위이든 부작위이든 모두 포함한다. 직무행위와 관련하여 상세한 고찰을 하면 다음과 같다.

1) 입법작용

국회의원의 입법행위로 피해를 입은 경우 입법작용 역시 직무에 해당하므로 국가배상책임이 인정될 수 있다. 그러나 입법작용으로 인한 국가배상은 위법성의 인정 및 과실요건의 충족이 쉽지 않아 국가배상책임이 인정되기 어렵다.

판 례

(판례) 국회의원의 입법행위는 그 입법 내용이 헌법의 문언에 명백히 위배됨에도 불구하고 국회가 굳이 당해 입법을 한 것과 같은 특수한 경우가 아닌 한 국가배상법 제2조 제1항 소정의 위법행위에 해당한다고 볼 수 없고, 같은 맥락에서 국가가 일정한 사항에 관하여 헌법에 의하여 부과되는 구체적인 입법의무를 부담하고 있음에도 불구하고 그 입법에 필요한 상당한 기간이 경과하도록 고의 또는 과실로 이러한 입법의무를 이행하지 아니하는 등 극히 예외적인 사정이 인정되는 사안에 한정하여 국가배상법 소정의 배상책임이 인정될 수 있으며, 위와 같은 구체적인 입법의무 자체가 인정되지 않는 경우에는 애당초 부작위로 인한 불법행위가 성립할 여지가 없다(대판 2008. 5. 29, 2004다33469).

2) 사법작용

사법작용 역시 직무에 포함되나 사법작용의 특성에 비추어 판결의 위법을 이유로 국가배상책임이 인정되기는 어렵다. 법원 역시 재판을 원인으로 하는 국가배상책임을 부정하여 왔으나 재판에 대한 불복절차 내지 시정절차 자체가 없는 경우에 예외적으로 국가배상을 인정한 바 있다.

판 례

(판례1) 법관이 행하는 재판사무의 특수성과 그 재판과정의 잘못에 대하여는 따로 불복절차에 의하여 시정될 수 있는 제도적 장치가 마련되어 있는 점 등에 비추어 보면, 법관의 재판에 법령의 규정을 따르지 아니한 잘못이 있다 하더라도 이로써 바로 그 재판상 직무행위가 국가배상법 제2조 제1항에서 말하는 위법한 행위로 되어 국가의 손해배상책임이 발생하는 것은 아니고(원칙), 그 국가배상책임이 인정되려면 당해 법관이 위법 또는 부당한 목적을 가지고 재판을 하는 등 법관이 그에게 부여된 권한의 취지에 명백히

어긋나게 이를 행사하였다고 인정할 만한 특별한 사정이 있어야 한다고 해석함이 상당하다(대판 2001. 4. 24, 2000다16114).

(판례2) 재판에 대하여 따로 불복절차 또는 시정절차가 마련되어 있는 경우에는 재판의 결과로 불이익 내지 손해를 입었다고 여기는 사람은 그 절차에 따라 자신의 권리 내지 이익을 회복하도록 함이 법이 예정하는 바이므로, 불복에 의한 시정을 구할 수 없었던 것 자체가 법관이나 다른 공무원의 귀책사유로 인한 것이라거나 그와 같은 시정을 구할 수 없었던 부득이한 사정이 있었다는 등의 특별한 사정이 없는 한, 스스로 그와 같은 시정을 구하지 아니한 결과 권리 내지 이익을 회복하지 못한 사람은 원칙적으로 국가배상에 의한 권리구제를 받을 수 없다고 봄이 상당하다고 하겠으나, 재판에 대하여 불복절차 내지 시정절차 자체가 없는 경우에는 부당한 재판으로 인하여 불이익 내지 손해를 입은 사람은 국가배상 이외의 방법으로는 자신의 권리 내지 이익을 회복할 방법이 없으므로, 이와 같은 경우에는 배상책임의 요건이 충족되는 한 국가배상책임을 인정하지 않을 수 없다.
헌법소원심판을 청구한 자로서는 헌법재판소 재판관이 일자 계산을 정확하게 하여 본안판단을 할 것으로 기대하는 것이 당연하고, 따라서 헌법재판소 재판관의 위법한 직무집행의 결과 잘못된 각하결정을 함으로써 청구인으로 하여금 본안판단을 받을 기회를 상실하게 한 이상, 설령 본안판단을 하였더라도 어차피 청구가 기각되었을 것이라는 사정이 있다고 하더라도 잘못된 판단으로 인하여 헌법소원심판 청구인의 위와 같은 합리적인 기대를 침해한 것이고 이러한 기대는 인격적 이익으로서 보호할 가치가 있다고 할 것이므로 그 침해로 인한 정신상 고통에 대하여는 위자료를 지급할 의무가 있다(대판 2003. 7. 11, 99다24218).

(판례3) 보전재판의 특성상 신속한 절차진행이 중시되고 당사자 일방의 신청에 따라 심문절차 없이 재판이 이루어지는 경우도 많다는 사정을 고려하여 민사집행법에서는 보전재판에 대한 불복 또는 시정을 위한 수단으로서 즉시항고와 효력정지 신청 등 구제절차를 세심하게 마련해 두고 있다. 재판작용에 대한 국가배상책임에 관한 판례는 재판에 대한 불복절차 또는 시정절차가 마련되어 있으면 이를 통한 시정을 구하지 않고서는 원칙적으로 국가배상을 구할 수 없다는 것으로, 보전재판이라고 해서 이와 달리 보아야 할 이유가 없다(대판 2022. 3. 17, 2019다226975).

3) 수사기관의 행위

검사도 국가배상법상 공무원에 해당하므로 국가배상법상 요건이 충족되면 국가배상이 인정될 수 있다. 다만, 검사가 공소제기한 사건에 대해 법원의 무죄판결이 확정된 경우 그러한 사유만으로 바로 국가배상책임이 인정되는 것은 아니라는게 판례의 입장이다.

판 례

(판례) 검사는 수사기관으로서 피의사건을 조사하여 진상을 명백히 하고, 죄를 범하였다고 의심할 만한 상당한 이유가 있는 피의자에게 증거 인멸 및 도주의 염려 등이 있을 때에는 법관으로부터 영장을 발부받아 피의자를 구속할 수 있으며, 나아가 수집·조사된 증거를 종합하여 객관적으로 볼 때, 피의자가 유죄판결을 받을 가능성이 있는 정도의 혐의를 가지게 된 데에 합리적인 이유가 있다고 판단될 때에는 피의자에 대하여 공소를 제기할 수 있으므로 그 후 형사재판 과정에서 범죄사실의 존재를 증명함에 충분한 증거가

없다는 이유로 무죄판결이 확정되었다고 하더라도 그러한 사정만으로 바로 검사의 구속 및 공소제기가 위법하다고 할 수 없고, 그 구속 및 공소제기에 관한 검사의 판단이 그 당시의 자료에 비추어 경험칙이나 논리칙상 도저히 합리성을 긍정할 수 없는 정도에 이른 경우에만 그 위법성을 인정할 수 있다(대판 2002. 2. 22, 2001다23447).

4) 공무원의 부작위

최근에는 공무원의 부작위에 대하여도 재량권의 0으로의 수축이론에 따라 공무원의 부작위의 위법성을 인정함에 따라 국가배상책임을 지울 수 있다. 판례도 국가배상에 있어서 법적 보호이익과 반사적 이익을 구별하여 공무원에게 부과된 직무의무가 공익 뿐 아니라 사익도 보호하는 경우에는 그 의무를 위반하여 개인에게 손해가 발생하면 국가 등이 손해배상책임을 지지만, 공익 일반만을 위하는경우에는 배상책임을 지지 않게 된다.

판 례

(판례1) 공무원의 부작위를 이유로 국가배상책임을 인정하기 위해서는 공무원의 작위로 국가배상책임을 인정하는 경우와 마찬가지로 '공무원이 직무를 집행하면서 고의 또는 과실로 법령을 위반하여 타인에게 손해를 입힌 때'라는 국가배상법 제2조 제1항의 요건이 충족되어야 한다. 여기서 '법령 위반'이란 엄격하게 형식적 의미의 법령에 명시적으로 공무원의 작위의무가 규정되어 있는데도 이를 위반하는 경우만을 의미하는 것은 아니고, 인권존중·권력남용금지·신의성실과 같이 공무원으로서 마땅히 지켜야 할 준칙이나 규범을 지키지 않고 위반한 경우를 포함하여 널리 객관적인 정당성이 없는 행위를 한 경우를 포함한다. 따라서 국민의 생명·신체·재산 등에 관하여 절박하고 중대한 위험상태가 발생하였거나 발생할 우려가 있어서 국민의 생명·신체·재산 등을 보호하는 것을 본래적 사명으로 하는 국가가 초법규적, 일차적으로 그 위험 배제에 나서지 않으면 국민의 생명·신체·재산 등을 보호할 수 없는 경우에는 형식적 의미의 법령에 근거가 없더라도 국가나 관련 공무원에 대하여 그러한 위험을 배제할 작위의무를 인정할 수 있다. 공무원의 부작위를 이유로 국가배상책임을 인정할 것인지가 문제 되는 경우에 관련 공무원에 대하여 작위의무를 명하는 법령 규정이 없다면 공무원의 부작위로 침해된 국민의 법익 또는 국민에게 발생한 손해가 어느 정도 심각하고 절박한 것인지, 관련 공무원이 그와 같은 결과를 예견하여 결과를 회피하기 위한 조치를 취할 가능성이 있는지 등을 종합적으로 고려하여 판단하여야 한다.
다수의 성폭력범죄로 여러 차례 처벌을 받은 뒤 위치추적 전자장치를 부착하고 보호관찰을 받고 있던 갑이 을을 강간하였고, 그로부터 13일 후 병을 강간하려다 살해하였는데, 병의 유족들이 경찰관과 보호관찰관의 위법한 직무수행을 이유로 국가를 상대로 손해배상을 구한 사안에서, 경찰관과 보호관찰관의 직무수행이 객관적 정당성을 결여하지 않아 위법하지 않다고 본 원심판단에 법리오해의 잘못이 있다고 한 사례(대판 2022. 7. 14, 2017다290538).

(판례2) 공무원의 부작위로 인한 국가배상책임을 인정하기 위해서는 공무원의 작위로 인한 국가배상책임을 인정하는 경우와 마찬가지로 '공무원이 직무를 집행하면서 고의 또는 과실로 법령을 위반하여 타인에게 손해를 입힌 때'라는 국가배상법 제2조 제1항의 요건이 충족되어야 한다. 여기서 '법령 위반'이란 엄격

하게 형식적 의미의 법령에 명시적으로 공무원의 작위의무가 규정되어 있는데도 이를 위반하는 경우만을 의미하는 것은 아니고, 인권존중·권력남용금지·신의성실과 같이 공무원으로서 마땅히 지켜야 할 준칙이나 규범을 지키지 않고 위반한 경우를 포함하여 널리 객관적인 정당성이 없는 행위를 한 경우를 포함한다. 국민의 생명·신체·재산 등에 관하여 절박하고 중대한 위험상태가 발생하였거나 발생할 우려가 있어서 국민의 생명·신체·재산 등을 보호하는 것을 본래적 사명으로 하는 국가가 초법규적, 일차적으로 그 위험 배제에 나서지 않으면 국민의 생명·신체·재산 등을 보호할 수 없는 경우에는 형식적 의미의 법령에 근거가 없더라도 국가나 관련 공무원에 대하여 그러한 위험을 배제할 작위의무를 인정할 수 있다. 그러나 그와 같이 절박하고 중대한 위험상태가 발생하였거나 발생할 우려가 없는 경우에는 원칙적으로 공무원이 관련 법령을 준수하여 직무를 수행하였다면 공무원의 부작위를 가지고 '고의 또는 과실로 법령을 위반'하였다고 할 수는 없다. 따라서 공무원의 부작위로 인한 국가배상책임을 인정할 것인지 여부가 문제 되는 경우에 관련 공무원에 대하여 작위의무를 명하는 법령 규정이 없다면 공무원의 부작위로 인하여 침해된 국민의 법익 또는 국민에게 발생한 손해가 어느 정도 심각하고 절박한 것인지, 관련 공무원이 그와 같은 결과를 예견하여 결과를 회피하기 위한 조치를 취할 가능성이 있는지 등을 종합적으로 고려하여 판단하여야 한다. 갑이 하사로 임관하여 해군교육사령부 정보통신학교 등에서 교육을 받고 함선에서 근무하던 중 자살한 사안에서, 갑이 해군교육사령부에서 받은 인성검사에서 '부적응, 관심, 자살예측'이라는 결과가 나왔음에도 자살예방 및 생명존중문화 조성을 위한 법률 및 장병의 자살예방 대책과 관련한 부대관리훈령 등에 따른 자살우려자 식별과 신상파악 등의 조치가 이루어지지 아니한 사정 등을 이유로 국가의 배상책임을 인정한 사례(대판 2020. 5. 28, 2017다211559).

(판례3) 공무원에게 부과된 직무상 의무의 내용이 단순히 공공 일반의 이익을 위한 것이거나 행정기관 내부의 질서를 규율하기 위한 것이 아니고 전적으로 또는 부수적으로 사회구성원 개인의 안전과 이익을 보호하기 위하여 설정된 것이라면, 공무원이 그와 같은 직무상 의무를 위반함으로써 피해자가 입은 손해에 대해서는 상당인과관계가 인정되는 범위에서 국가가 배상책임을 진다. 이때 상당인과관계의 유무는 일반적인 결과 발생의 개연성은 물론 직무상 의무를 부과하는 법령을 비롯한 행동규범의 목적, 가해행위의 양태와 피해의 정도 등을 종합적으로 고려하여 판단하여야 한다(대판 2021. 6. 10, 2017다286874).

(3) 직무행위의 판단기준 – 외형이론

'직무를 집행함에 당하여'란 직무의 범위 내에 속하는 행위이거나 직무수행의 수단으로써 또는 직무수행에 부수하여 행하여지는 행위로서 직무와 밀접한 관련이 있는 경우를 말한다는 것이 다수설이고 판례이다. 국가배상법의 '직무를 집행하면서'(구 '직무를 집행함에 당하여'라는 규정)(국가배상법 제2조 제1항)에 따른 직무행위의 판단기준과 관련해서는 행위자인 공무원의 주관적 의사가 아니라 객관적으로 직무행위로서의 외형을 가지고 있으면 모두 인정할 수 있다(외형이론).

판 례

(판례) 국가배상법 제2조 제1항의 "직무를 집행함에 당하여"라 함은 직접 공무원의 직무집행행위이거나 그

와 밀접한 관계에 있는 행위를 포함하고, 이를 판단함에 있어서는 행위자체의 외관을 객관적으로 관찰하여 공무원의 직무행위로 보여질 때에는 비록 그것이 실질적으로 직무행위가 아니거나 또는 행위자로서는 주관적으로 공무집행의 의사가 없었다고 하더라도 그 행위는 공무원이 "직무를 집행함에 당하여"한 것으로 보아야 할 것이다(대판 1995. 4. 21, 93다14240).

3. 고의·과실로 인한 행위

(1) 고의·과실의 의의

우리나라의 국가배상법은 국가배상의 성립요건으로 고의·과실을 규정하여 손해배상청구권이 과실책임주의에 입각하고 있음을 보여주고 있다. 이러한 점에서 국가배상법 제5조인 영조물의 설치나 관리상의 하자의 경우에 무과실책임으로 배상책임을 지는 경우와 구별된다. 여기에서 말하는 '고의'란 일정한 결과가 발생하리라는 것을 알면서 이를 행하는 심리상태를 말하며, '과실'이란 일정한 결과가 발생한다는 것을 알고 있어야 함에도 불구하고 부주의로 그것을 알지 못하였음을 의미한다.

(2) 고의·과실의 판단기준

고의·과실은 당해 공무원을 기준으로 판단하여야 하며 국가 등이 선임·감독함에 있어 과실이 있는지의 여부는 문제되지 않는다. 이 점에서 민법 제756조상의 사용자의 배상책임과 구별된다.

판 례

(판례) 공무원이 그 직무를 집행함에 당하여 고의 또는 과실로 법령에 위반하여 타인에게 손해를 가하였을 때에 국가나 지방자치단체가 그 손해를 배상하는 것은 민법상의 사용자로서 그 배상책임을 부담하는 것이 아니므로, 민법상 사용자의 면책사유인 피용자의 선임감독에 과실이 없었다는 것으로서는 국가배상법에 의한 손해배상책임을 면할 사유가 될 수 없다(대판 2006. 7. 28, 2004다759).

(3) 과실의 객관화와 입증책임의 완화

최근에는 국가배상법상의 과실관념을 객관화하여 되도록 피해자에 대한 구제의 폭을 넓히려는 추세에 있다. 즉, 권리구제를 용이하게 하기 위하여 과실의 의미를 객관화하고 입증책임을 완화하여, 국가배상책임의 성립을 용이하게 하려는 것이 일반적인 입장이다.

1) 주의의무내용의 고도화

과실을 객관적인 주의의무위반으로 이해하여 주의의무의 내용을 고도화하는 것으로, 이는 과실유무를 공무원을 기준으로 판단하되 해당 공무원 개인의 주의의무를 기준으로 하는 것이 아니라 당해 직무를 담당하는 평균적 공무원의 주의의무를 기준으로 판단한다.

판 례

(판례) 공무원의 직무집행상의 과실이라 함은 공무원이 그 직무를 수행함에 있어 당해직무를 담당하는 평균인이 보통(통상) 갖추어야 할 주의의무를 게을리 한 것을 말한다(대판 1987. 9. 22, 87다카1164).

2) 위법성과 과실의 일원화

위법성과 과실을 일원적으로 파악하여 양자 중 어느 하나가 입증되면 다른 요건은 당연히 인정된다고 보는 견해이다

3) 일응추정이론

피해자측의 입증책임도 완화하여 피해자측에서 공무원의 위법한 직무행위에 의하여 손해가 발생하였음을 입증하면 공무원에게 과실이 있는 것으로 일응추정하고, 피고인 국가측에서 반증에 의해 이를 번복하지 못하는 한 배상책임을 지도록 하는 것이 필요하다고 한다.

(4) 공무원의 잘못된 법령해석의 과실여부

공무원이 법령의 해석·적용과 관련하여 잘못이 있다면 원칙상 과실이 인정된다. 그러나 예외적으로 법령을 해석·적용함에 있어 잘못이 있다하더라도 과실을 인정할 수 없는 경우가 있다.

판 례

1. 원칙 - 과실을 긍정한 판례

(판례1) 법령에 대한 해석이 복잡, 미묘하여 워낙 어렵고, 이에 대한 학설, 판례조차 귀일되어 있지 않는 등의 특별한 사정이 없는 한 일반적으로 공무원이 관계 법규를 알지 못하거나 필요한 지식을 갖추지 못하고 법규의 해석을 그르쳐 행정처분을 하였다면 그가 법률전문가가 아닌 행정직 공무원이라고 하여 과실이 없다고는 할 수 없다(대판 2001. 2. 9, 98다52988).

(판례2) 법령에 대한 해석이 복잡, 미묘하여 워낙 어렵고, 이에 대한 학설, 판례조차 귀일되어 있지 않는 등의 특별한 사정이 없는 한 일반적으로 공무원이 관계법규를 알지 못하거나 필요한 지식을 갖추지 못하고 법규의 해석을 그르쳐 행정처분을 하였다면 그가 법률전문가 아닌 행정직 공무원이라고 하여 과실이 없다고는 할 수 없는바, 서울특별시 중구청장이 미성년자인 남녀의 혼숙행위를 이유로 숙박업 영업허가를 취소하였다면 서울특별시는 국가배상법상의 손해배상 책임이 있다(대판 1981. 8. 25, 80다1598).

2. 예외 - 과실을 부정한 판례

(판례1) 일반적으로 공무원이 직무를 집행함에 있어서 관계법규를 알지 못하거나 필요한 지식을 갖추지 못하여 법규의 해석을 그르쳐 잘못된 행정처분을 하였다면 그가 법률전문가가 아닌 행정직 공무원이라고

하여 과실이 없다고 할 수 없으나, 법령에 대한 해석이 그 문언 자체만으로는 명백하지 아니하여 여러 견해가 있을 수 있는 데다가 이에 대한 선례나 학설, 판례 등도 귀일된 바 없어 의의가 없을 수 없는 경우에 관계 공무원이 그 나름대로 신중을 다하여 합리적인 근거를 찾아 그 중 어느 한 견해를 따라 내린 해석이 후에 대법원이 내린 입장과 같지 않아 결과적으로 잘못된 해석에 돌아가고, 이에 따른 처리가 역시 결과적으로 위법하게 되어 그 법령의 부당집행이라는 결과를 가져오게 되었다고 하더라도 그와 같은 처리방법 이상의 것을 성실한 평균적 공무원에게 기대하기는 어려운 일이고, 따라서 이러한 경우에까지 공무원의 과실을 인정할 수는 없다(대판 1995. 10. 13, 95다32747).

(판례2) 행정입법에 관여한 공무원이 입법 당시의 상황에서 다양한 요소를 고려하여 나름대로 합리적인 근거를 찾아 어느 하나의 견해에 따라 경과규정을 두는 등의 조치 없이 새 법령을 그대로 시행하거나 적용하였다면, 그와 같은 공무원의 판단이 나중에 대법원이 내린 판단과 같지 아니하여 결과적으로 시행령 등이 신뢰보호의 원칙 등에 위배되는 결과가 되었다고 하더라도, 이러한 경우에까지국가배상법 제2조 제1항에서 정한 국가배상책임의 성립요건인 공무원의 과실이 있다고 할 수는 없다.(대판 2013. 4. 26, 2011다14428).

(5) 행정규칙에 따른 처분에 대한 과실여부

구체적인 경우 어느 행정처분을 할 것인가에 관하여 행정청 내부에 일응의 기준을 정해 둔 경우 그 기준에 따른 행정처분을 하였다면 이에 관여한 공무원에게 그 직무상의 과실이 있다고 할 수 없다(대판 2002. 5. 10, 2001다62312)고 하여, 재량의 일탈·남용으로 인하여 직무행위가 위법하다고 하더라도 행정규칙에 따른 처분이라면 공무원의 과실을 인정할 수 없다고 본다.

4. 법령의 위반(위법성)

법령의 위반, 즉 위법성과 관련하여서는 ① 법령의 범위, ② 결과위법과 행위위법, ③ 재량행위, ④ 부작위와 위법, ⑤ 행정절차위반, ⑥ 수익적 행정처분의 위법, ⑦ 위법성의 입증책임에 대하여 규명하여야 한다.

(1) 법령의 범위

국가배상법에서 규정하고 있는 '법령'이란 비교적 넓게 이해되고 있다. 따라서 성문법뿐만 아니라 법 일반원칙을 포함한 불문법 위반의 경우도 이에 포함된다. 따라서 법령위반이란 특히 헌법을 포함한 법우위의 원칙 및 법률유보의 원칙에 저촉됨을 의미하며, 위법과 같은 의미로 본다. 행정규칙위반의 행정행위에 기한 손해발생에 대해서는 행정규칙의 법규성에 관한 논의에 따라 법규성을 인정하는 경우에만 위법성이 인정된다고 본다.

판 례

(판례1) 국가배상책임에 있어 공무원의 가해행위는 법령을 위반한 것이어야 하고, 법령을 위반하였다 함은 엄격한 의미의 법령 위반뿐 아니라 인권존중, 권력남용금지, 신의성실과 같이 공무원으로서 마땅히 지켜야 할 준칙이나 규범을 지키지 않고 위반한 경우를 포함하여 널리 그 행위가 객관적인 정당성을 결여하고 있음을 뜻하는 것이므로, 수사기관이 범죄수사를 하면서 지켜야 할 법규상 또는 조리상의 한계를 위반하였다면 이는 법령을 위반한 경우에 해당한다(대판 2020. 4. 29, 2015다224797).

(판례2) 오동도 관리사무소의 '95재해대책업무세부추진실천계획'은 국민의 신체 및 재산의 안전을 위하여 공무원에게 직무의무를 부과하는 행동규범임이 명백하고, 그 계획이 단순히 훈시규정에 불과하다거나 피고 시 재해대책본부의 '95재해대책업무지침'에 규정한 내용보다 강화된 내용을 담고 있다고 하여 이를 무효라고 볼 수 없으며, 오동도 관리사무소의 당직근무자인 소외 1이 위 계획에 위배하여 차량의 통제를 하지 아니한 과실과 이 사건 사고 사이에는 상당인과관계가 있다고 할 것이니, 같은 취지로 판단한 원심은 정당하고 거기에 국가배상책임의 발생에 관한 법리를 오해한 위법이 없다(대판 1997. 9. 9, 97다12907).

(2) 법령위반의 의미

1) 결과위법설

피해결과에 착안하여 위법성의 유무를 판단하려는 견해로 공무원의 행위로 인하여 국민의 권리가 침해된 이상 그 결과를 정당화할 만한 다른 사유가 없는 한 국가배상책임이 인정된다는 견해이다. 결과위법설에 의하면 국가배상법상의 위법개념과 취소소송에서의 위법은 다른 개념이므로 취소소송의 판결의 기판력은 국가배상청구소송에 미치지 않는다.

2) 행위위법설

가해행위 그 자체에 착안하여 행위가 법규범에 합치하고 있는가의 여부에 따라 위법성의 유무를 판단하려는 견해로 광의와 협의로 나뉜다

① 협의의 행위위법설

국가배상법상의 위법을 행정소송에서와 같이 국가작용 자체의 행위규범의 위반으로 이해하는 견해이다. 이에 따르면 취소소송판결의 기판력은 청구인용판결과 청구기각판결을 불문하고 국가배상소송에 미친다(전부기판력긍정설).

② 광의의 행위위법설

국가배상법상의 위법을 국가작용 자체의 위법뿐만 아니라 공무원의 직무상의 일반적 손해방지의무와의 관계에서의 행위도 위법성의 판단의 대상이라는 견해이다. 이에 따르면 국가배상법상의 위법개념이 취소소송보다 넓어 취소소송의 인용판결의 기판력만이 국가배상청구소송에 미치고 취소소송의 기각판결의 기판력은 국가배상청구소송에 미치지 않는다(일부기판력긍정설).

3) 상대적 위법성설

국가배상법상의 위법의 개념을 행위의 법규에의 위반 외에도 침해행위의 태양, 피침해법익의 성질 등을 고려하여 행위가 객관적으로 정당성을 결여한 경우를 의미한다고 보는 견해이다. 이에 따르면 국가배상법상의 위법개념과 취소소송에서의 범위가 다르므로 취소소송의 판결의 기판력은 국가배상청구소송에 미치지 않는다.

4) 판례

판례는 기본적으로 광의의 행위위법설의 입장이다. 그러나 최근들어 상대적 위법성설을 취하고 있는 판례도 있어 주목을 요한다.

판 례

1. 행위위법설을 취한 판례

(판례1) 국가배상책임은 공무원의 직무집행이 법령에 위반한 것임을 요건으로 하는 것으로서, 공무원의 직무집행이 법령이 정한 요건과 절차에 따라 이루어진 것이라면 특별한 사정이 없는 한 이는 법령에 적합한 것이고 그 과정에서 개인의 권리가 침해되는 일이 생긴다고 하여 그 법령적합성이 곧바로 부정되는 것은 아니다. 경찰관은 수상한 거동 기타 주위의 사정을 합리적으로 판단하여 어떠한 죄를 범하였거나 범하려 하고 있다고 의심할 만한 상당한 이유가 있는 자 또는 이미 행하여진 범죄나 행하여지려고 하는 범죄행위에 관하여 그 사실을 안다고 인정되는 자를 정지시켜 질문할 수 있고, 또 범죄를 실행중이거나 실행 직후인 자는 현행범인으로, 누구임을 물음에 대하여 도망하려 하는 자는 준현행범인으로 각 체포할 수 있으며, 이와 같은 정지 조치나 질문 또는 체포 직무의 수행을 위하여 필요한 경우에는 대상자를 추적할 수도 있으므로, 경찰관이 교통법규 등을 위반하고 도주하는 차량을 순찰차로 추적하는 직무를 집행하는 중에 그 도주차량의 주행에 의하여 제3자가 손해를 입었다고 하더라도 그 추적이 당해 직무 목적을 수행하는 데에 불필요하다거나 또는 도주차량의 도주의 태양 및 도로교통상황 등으로부터 예측되는 피해발생의 구체적 위험성의 유무 및 내용에 비추어 추적의 개시·계속 혹은 추적의 방법이 상당하지 않다는 등의 특별한 사정이 없는 한 그 추적행위를 위법하다고 할 수는 없다(대판 2001. 11. 10, 2000다26807·26814).

(판례2) 공무원의 행위를 원인으로 한 국가배상책임을 인정하기 위하여는 '공무원이 직무를 집행하면서 고의 또는 과실로 법령을 위반하여 타인에게 손해를 입힌 때'라고 하는 국가배상법 제2조 제1항의 요건이 충족되어야 한다. 여기서 '법령을 위반하여'라고 함은 엄격하게 형식적 의미의 법령에 명시적으로 공무원의 행위의무가 정하여져 있음에도 이를 위반하는 경우만을 의미하는 것은 아니고, 인권존중·권력남용금지·신의성실과 같이 공무원으로서 마땅히 지켜야 할 준칙이나 규범을 지키지 아니하고 위반한 경우를 비롯하여 널리 그 행위가 객관적인 정당성을 결여하고 있는 경우도 포함한다. 예술작품이 공공장소에 전시되어 일반대중에게 상당한 인지도를 얻는 등 예술작품의 종류와 성격 등에 따라서는 저작자로서도 자신의 예술작품이 공공장소에 전시·보존될 것이라는 점에 대하여 정당한 이익을 가질 수 있으므로, 저작물의 종류와 성격, 이용의 목적 및 형태, 저작물 설치 장소의 개방성과 공공성의 정도, 국가가 이를 선정하여 설치하게 된 경위, 폐기의 이유와 폐기 결정에 이른 과정 및 폐기 방법 등을 종합적으로 고려하여 볼 때 국가 소속 공무원의 해당 저작물의 폐기 행위가 현저하게 합리성을 잃고 저작자로서의 명예감정 및 사회적 신

용과 명성 등을 침해하는 방식으로 이루어진 경우에는 객관적 정당성을 결여한 행위로서 위법하다(대판 2015. 8. 27, 2012다204587).

2. 상대적 위법성설을 취한 판례

(판례) 행정처분의 담당공무원이 보통 일반의 공무원을 표준으로 하여 볼 때 객관적 주의의무를 결하여 그 행정처분이 객관적 정당성을 상실하였다고 인정될 정도에 이른 경우에 국가배상법 제2조 소정의 국가배상책임의 요건을 충족하였다고 봄이 상당할 것이며, 이 때에 객관적 정당성을 상실하였는지 여부는 피침해이익의 종류 및 성질, 침해행위가 되는 행정처분의 태양 및 그 원인, 행정처분의 발동에 대한 피해자측의 관여의 유무, 정도 및 손해의 정도 등 제반 사정을 종합하여 손해의 전보책임을 국가 또는 지방자치단체에게 부담시켜야 할 실질적인 이유가 있는지 여부에 의하여 판단하여야 한다(대판 2003. 12. 11, 2001다65236).

(3) 재량행위

재량행위를 그르치면 원칙적으로 부당하고 위법에 해당하지 않는다. 그러나 예외적으로 일탈·남용된 경우에는 위법이 된다.

판 례

(판례) 긴급구호권한과 같은 경찰관의 조치권한은 일반적으로 경찰관의 전문적 판단에 기한 합리적인 재량에 위임되어 있는 것이나, 그렇다고 하더라도 구체적 상황하에서 경찰관에게 이러한 조치권한을 부여한 취지와 목적에 비추어 볼 때 그 불행사가 현저하게 불합리하다고 인정되는 경우에는, 이러한 불행사는 법령에 위반하는 행위에 해당하게 되어, 국가배상법상의 다른 요건이 충족되는 한, 국가는 이로 인하여 피해를 입은 자에 대하여 국가배상책임을 지게 된다(대판 1996. 10. 25, 95다45927).

(4) 부작위의 위법성

전통적인 입장에서는 행정청의 부작위에 대하여 위법성을 부인하였으나, 최근에는 기속행위는 물론이고 재량행위의 경우에도 재량권의 0으로의 수축이론을 통해 부작위의 위법성을 긍정한다.

판 례

(판례1) 경찰서 대용감방에 배치된 경찰관 등으로서는 감방 내의 상황을 잘 살펴 수감자들 사이에서 폭력행위 등이 일어나지 않도록 예방하고 나아가 폭력행위 등이 일어난 경우에는 이를 제지하여야 할 의무가 있음에도 불구하고 이러한 주의의무를 게을리 하였다면 국가는 감방 내의 폭력행위로 인한 손해를 배상할 책임이 있다(대판 1993. 9. 28, 93다17546).

(판례2) 구체적인 직무를 수행하는 경찰관으로서는 제반 상황에 대응하여 자신에게 부여된 여러 가지 권한을 적절하게 행사하여 필요한 조치를 취할 수 있는 것이고, 그러한 권한은 일반적으로 경찰관의 전문적 판단에 기한 합리적인 재량에 위임되어 있는 것이나, 경찰관에게 권한을 부여한 취지와 목적에 비추어 볼 때

구체적인 사정에 따라 경찰관이 그 권한을 행사하여 필요한 조치를 취하지 아니하는 것이 현저하게 불합리하다고 인정되는 경우에는 그러한 권한의 불행사는 직무상의 의무를 위반한 것이 되어 위법하게 된다. 윤락녀들이 윤락업소에 감금된 채로 윤락을 강요받으면서 생활하고 있음을 쉽게 알 수 있는 상황이었음에도, 경찰관이 이러한 감금 및 윤락강요행위를 제지하거나 윤락업주들을 체포·수사하는 등 필요한 조치를 취하지 아니하고 오히려 업주들로부터 뇌물을 수수하며 그와 같은 행위를 방치한 것은 경찰관의 직무상 의무에 위반하여 위법하므로 국가는 이로 인한 정신적 고통에 대하여 위자료를 지급할 의무가 있다(대판 2004. 9. 23, 2003다49009).

(판례3) 판결서를 첨부 서면으로 한 등기신청을 접수한 기관으로서는 등기신청에 필요한 서면이 모두 제출되었는지 여부, 그 서면 자체에 요구되는 형식적 사항이 구비되었는지 여부, 특히 확정된 판결서의 당사자 및 주문의 표시가 등기신청의 적법함을 뒷받침하고 있는지 여부 등을 제출된 서면과 등기부의 상호 대조 등의 방법으로 모두 심사한 이상 그 형식적 심사의무를 다하였다고 할 것이고, 위 판결서에 법률이 정한 기재 사항이 흠결되어 있거나 조잡하게 기재되어 있는 등 그 외형과 작성 방법에 비추어 위조된 것이라고 쉽게 의심할 만한 객관적 상황도 존재하지 않는 경우, 등기관이 판결서의 기재 사항 중 신청된 등기의 경료와 직접적으로 관련되어 있는 것도 아니고, 그 기재 방법의 차이로 인하여 판결의 효력에 어떠한 영향도 주지 않는 기재 사항까지 일일이 검토하여 그것이 재판서양식에관한예규 및 일반적인 작성 관행 등에서 벗어난 것인지 여부를 파악한 다음 이를 토대로 그 위조 여부에 관하여 보다 자세한 확인을 하여야 할 주의의무가 있다고는 할 수 없다. 등기신청의 첨부 서면으로 제출한 판결서가 위조된 것으로서 그 기재 사항 및 기재 형식이 일반적인 판결서의 작성 방식과 다르다는 점만을 근거로 판결서의 진정성립에 관하여 자세한 확인절차를 하지 않은 등기관의 직무상의 주의의무위반을 이유로 한 국가배상책임을 부정하였다(대판 2005. 2. 25, 2003다13048).

(판례4) 경찰관이 음주운전 단속시 운전자의 요구에 따라 곧바로 채혈을 실시하지 않은 채 호흡측정기에 의한 음주측정을 하고 1시간 12분이 경과한 후에야 채혈을 하였다는 사정만으로는 위 행위가 법령에 위배된다거나 객관적 정당성을 상실하여 운전자가 음주운전 단속과정에서 받을 수 있는 권익이 현저하게 침해되었다고 단정하기 어렵다(대판 2008. 4. 24, 2006다32132).

(5) 행정절차 위반

절차상 위법한 가해행위로 손해가 발생한 경우에 있어서 절차상 위법과 손해 사이에 상당인과관계가 있는 경우 국가배상책임이 인정된다. 판례는 절차상 위법이 시정된 경우에는 원칙상 정신적 고통이 남아있다고 할 수 없고, 정신적 고통이 남아있다고 볼 특별한 사정이 있는 경우에 한하여 국가배상청구가 가능하다고 본다.

판 례

(판례) 국가나 지방자치단체가 행정절차를 진행하는 과정에서 주민들의 의견제출 등 절차적 권리를 보장하지 않은 위법이 있다고 하더라도 그 후 이를 시정하여 절차를 다시 진행한 경우, 종국적으로 행정처분 단계까지 이르지 않거나 처분을 직권으로 취소하거나 철회한 경우, 행정소송을 통하여 처분이 취소되거나

처분의 무효를 확인하는 판결이 확정된 경우 등에는 주민들이 절차적 권리의 행사를 통하여 환경권이나 재산권 등 사적 이익을 보호하려던 목적이 실질적으로 달성된 것이므로 특별한 사정이 없는 한 절차적 권리 침해로 인한 정신적 고통에 대한 배상은 인정되지 않는다. 다만 이러한 조치로도 주민들의 절차적 권리 침해로 인한 정신적 고통이 여전히 남아 있다고 볼 특별한 사정이 있는 경우에 국가나 지방자치단체는 그 정신적 고통으로 인한 손해를 배상할 책임이 있다. 이때 특별한 사정이 있다는 사실에 대한 주장·증명책임은 이를 청구하는 주민들에게 있고, 특별한 사정이 있는지는 주민들에게 행정절차 참여권을 보장하는 취지, 행정절차 참여권이 침해된 경위와 정도, 해당 행정절차 대상사업의 시행경과 등을 종합적으로 고려해서 판단해야 한다. 국가나 지방자치단체가 행정절차를 진행하는 과정에서 주민들의 의견제출 등 절차적 권리를 보장하지 않은 위법이 있다고 하더라도 그 후 이를 시정하여 절차를 다시 진행한 경우, 종국적으로 행정처분 단계까지 이르지 않거나 처분을 직권으로 취소하거나 철회한 경우, 행정소송을 통하여 처분이 취소되거나 처분의 무효를 확인하는 판결이 확정된 경우 등에는 주민들이 절차적 권리의 행사를 통하여 환경권이나 재산권 등 사적 이익을 보호하려던 목적이 실질적으로 달성된 것이므로 특별한 사정이 없는 한 절차적 권리 침해로 인한 정신적 고통에 대한 배상은 인정되지 않는다. 다만 이러한 조치로도 주민들의 절차적 권리 침해로 인한 정신적 고통이 여전히 남아 있다고 볼 특별한 사정이 있는 경우에 국가나 지방자치단체는 그 정신적 고통으로 인한 손해를 배상할 책임이 있다. 이때 특별한 사정이 있다는 사실에 대한 주장·증명책임은 이를 청구하는 주민들에게 있고, 특별한 사정이 있는지는 주민들에게 행정절차 참여권을 보장하는 취지, 행정절차 참여권이 침해된 경위와 정도, 해당 행정절차 대상사업의 시행경과 등을 종합적으로 고려해서 판단해야 한다(대판 2021. 7. 29, 2015다221668).

(6) 수익적 행정처분의 위법

수익적 행정처분이 신청인에 대한 관계에서 국가배상법 제2조 제1항의 위법성이 있는 것으로 평가되기 위하여는 객관적으로 보아 그 행위로 인하여 신청인이 손해를 입게 될 것임이 분명하다고 할 수 있어 신청인을 위하여도 당해 행정처분을 거부할 것이 요구되는 경우이어야 한다.

판 례

(판례) 수익적 행정처분은 그 성질상 특별한 사정이 없는 한 그 처분이 이루어지는 것이 신청인의 이익에 부합하고, 이에 대한 법규상의 제한은 공공의 이익을 위한 것이어서 그러한 법규상의 제한 사유가 없는 한 원칙적으로 이를 허용할 것이 요청된다고 할 것이므로, 수익적 행정처분이 신청인에 대한 관계에서 국가배상법 제2조 제1항의 위법성이 있는 것으로 평가되기 위하여는 당해 행정처분에 관한 법령의 내용, 그 성질과 법률적 효과, 그로 인하여 신청인이 무익한 비용을 지출할 개연성에 관한 구체적 사정 등을 종합적으로 고려하여 객관적으로 보아 그 행위로 인하여 신청인이 손해를 입게 될 것임이 분명하다고 할 수 있어 신청인을 위하여도 당해 행정처분을 거부할 것이 요구되는 경우이어야 할 것이다(대판 2001. 5. 29, 99다37047).

(7) 입증책임

위법성에 대한 입증책임은 원칙적으로 원고에게 있다는 견해가 통설이다. 입증책임의 분배에 관한 통설인 법률요건분류설에 따라 원고가 손해배상청구권의 발생사실인 위법성을 입증할 책임이 있다할 것이다.

5. 타인에게 손해를 가하였을 것

국가의 배상책임이 성립되기 위해서는 공무원의 직무상 불법행위를 원인으로 하여 '타인에게 손해'를 가해야 한다.

(1) 타인의 범위

이때의 타인에는 가해자인 공무원과 그의 위법한 직무행위에 가담한 자 이외의 모든 사람이 해당하며, 자연인과 법인이 포함된다. 따라서 공무원의 신분을 가진 자도 피해자로서 타인에 해당할 수 있다. 물론 공무원이 자신에게 가해할 때에는 그 공무원은 국가에 대하여 손해배상을 청구할 수 없다. 그러나 일단의 공무원이 상호협력하여 공동의 직무를 집행하는 도중, 그 중 한 공무원의 고의·과실로 타공무원에게 손해를 발생하게 하였을 때에는, 피해자인 공무원은 「타인」에 해당한다.

판 례

(판례) 공무원이 자신의 소유인 승용차를 운전하여 공무를 수행하고 돌아오던 중 동승한 다른 공무원을 사망하게 하는 교통사고를 발생시킨 경우, 이는 외형상 객관적으로 직무와 밀접한 관련이 있는 행위이고, 가해행위를 한 공무원과 동일한 목적을 위한 업무를 수행한 공무원이라 할지라도 그가 가해행위에 관여하지 아니한 이상 국가배상법 제2조 제1항 소정의 '타인'에 해당하므로 국가배상법에 의한 손해배상책임이 인정된다(대판 1998. 11. 19, 97다36873).

(2) 손해의 발생

손해라 함은 법익침해에 의한 불이익을 말하며, 이러한 손해는 재산적 손해이든 비재산적 손해(생명이나 신체의 침해 등)이든, 혹은 적극적 손해이든 소극적 손해(기대이익)이든 불문한다. 다만, 반사적 이익의 침해에 의한 불이익은 여기에 포함되지 않는다.

판 례

(판례1) 공무원이 직무를 수행하면서 그 근거되는 법령의 규정에 따라 구체적으로 의무를 부여받았어도 그것이 국민의 이익과는 관계없이 순전히 행정기관 내부의 질서를 유지하기 위한 것이거나, 또는 국민의 이익과 관련된 것이라도 직접 국민 개개인의 이익을 위한 것이 아니라 전체적으로 공공 일반의 이익을 도모하기 위한 것이라면 그 의무에 위반하여 국민에게 손해를 가하여도 국가 또는 지방자치단체는 배상책임

을 부담하지 아니한다(대판 2001. 10. 23, 99다36280).

(판례2) 갑 등이 토지 위에 건축물을 신축하면서 을 지방자치단체에 건축신고를 하였는데, 을 지방자치단체 소속 공무원이 위 토지가 군사기지 및 군사시설 보호법상 폭발물 관련 제한보호구역으로 지정되어 있었음에도 관할부대장에게 협의요청을 하지 않은 채 건축신고를 수리하였고, 이후 관할부대장이 공사중지 등을 요청하여 을 지방자치단체가 갑에게 건축물 신축을 중지하라는 명령을 내리자, 갑 등이 을 지방자치단체를 상대로 건축신고 수리가 적법하게 이루어진 것으로 믿고 건축물의 신축에 이르렀다가 이를 철거해야 할 의무를 지게 되었다는 이유로 손해배상을 구한 사안에서, 을 지방자치단체 소속 공무원의 과실은 인정되나, 원심 변론종결 시점까지 위 건축물에 관한 사용승인이 반려된 상태가 지속되고 있다는 점만으로 갑 등에게 가까운 장래에 위 건축물의 철거 내지 이를 전제로 하는 손해의 결과가 현실적·확정적으로 발생하였다고 단정하기 어렵다(대판 2020. 10. 15, 2017다278446).

(3) 상당인과관계

가해행위와 손해의 발생 사이에는 상당인과관계가 있을 것이 요구된다. 상당인과관계란, 객관적으로 보아 어떠한 선행 사실로부터 일반적으로 초래되는 후행 사실이 발생하는 범위 내에서만 법률이 요구하는 인과관계를 인정하는 것을 말한다. 다만, 판례는 직무상 의무의 사익보호성을 국가배상에서의 상당인과관계의 판단요소의 하나로 본다.

판 례

(판례1) 인감증명은 인감 자체의 동일성을 증명함과 동시에 거래행위자의 동일성과 거래행위가 행위자의 의사에 의한 것임을 확인하는 자료로서 일반인의 거래상 극히 중요한 기능을 갖고 있으므로, 인감증명사무를 처리하는 공무원으로서는 그것이 타인과의 권리·의무에 관계되는 일에 사용될 것을 예상하여 그 발급된 인감증명으로 인한 부정행위의 발생을 방지할 직무상의 의무가 있고, 따라서 발급된 허위의 인감증명에 의하여 그 인감명의인과 계약을 체결한 자가 그로 인한 손해를 입었다면 위 인감증명의 교부와 그 손해 사이에는 상당인과관계가 있다(대판 2008. 7. 24, 2006다63273).

(판례2) 공무원이 고의 또는 과실로 그에게 부과된 직무상 의무를 위반하였을 경우라고 하더라도 국가는 그러한 직무상의 의무 위반과 피해자가 입은 손해 사이에 상당인과관계가 인정되는 범위 내에서만 배상책임을 지는 것이고, 이 경우 상당인과관계가 인정되기 위하여는 공무원에게 부과된 직무상 의무의 내용이 단순히 공공 일반의 이익을 위한 것이거나 행정기관 내부의 질서를 규율하기 위한 것이 아니고 전적으로 또는 부수적으로 사회구성원 개인의 안전과 이익을 보호하기 위하여 설정된 것이어야 한다(대판 2010. 9. 9, 2008다77795).

Ⅲ. 손해배상책임

이상에서 살핀 바와 같은 배상책임의 성립요건을 갖추면 국가 또는 공공단체는 배상책임을 진다. 배상책임에는 배상책임자, 배상책임의 성질, 공무원 개인의 책임 · 배상책임의 범위 등에 관한 문제가 있다.

1. 배상책임자

공무원의 위법한 직무행위로 인한 손해의 배상책임자는 국가 또는 공공단체이다(헌법 제29조 제1항). 공공단체란 우리나라의 일반적인 견해에 의할 때, 행정목적을 수행하는 국가에 의해 설립된 법인격을 가지는 행정주체로서, 지방자치단체, 공공조합(공법상의 사단법인), 영조물법인 등을 예시하고 있다. 그러나 헌법이 배상책임자를 '국가 또는 공공단체'로 규정하고 있는데 대해, 국가배상법은 배상책임자를 국가와 지방자치단체로 한정하고(동법 제1조, 제2조 제1항, 제5조 제1항 등), 그 밖의 공공단체(공공조합이나 영조물법인 등)의 배상책임은 민법에 맡기고 있어, 지방자치단체 이외의 공공단체를 국가배상법에 의한 배상책임자에서 제외하고 있기 때문에 문제가 된다. 이에 대하여는 합헌설이 다수설이다. 생각건대, 우리나라에서는 공공단체(공법인)의 직원이 공무원신분을 갖고 있지 않고, 지방자치단체 이외의 공공단체도 일반법인 민법에 의해 배상책임을 지고 있기 때문에 국가배상법상의 관련규정을 위헌이라고 단정하기는 어렵다고 본다.

2. 배상책임의 성질

국가배상법상의 국가 등의 배상책임의 성질에 관해서는 견해가 대립하고 있다. 자기책임설, 대위책임설, 중간설, 절충설이 그것이다.

(1) 대위책임설

이 견해에 의하면 국가 등의 배상책임은 피해자 보호를 위하여 국가가 가해 공무원을 대신하여 지는 책임으로 이해한다. 그 논거로서는 공무원의 위법행위는 국가 등의 대리인으로서 수권에 위반하여 행한 행위이므로 국가 등은 그 책임을 지지 않는다는 점, 국가배상법 제2조 제1항은 공무원 자신의 불법행위책임을 전제로 하고 있다는 점 및 국가의 가해 공무원에 대한 구상권이 인정되고 있는 점 등을 주장한다.

(2) 자기책임설

이 견해는 국가의 배상책임은 자기의 행위에 대한 책임을 스스로 지는 것이라고 이해한다. 주요 논거로서는 국가는 공무원을 통해서 행위를 하는 것이므로 그로 인한 효과는 위법·적법을 불문하고 국가에 귀속되어야 한다는 점과, 헌법이나 국가배상법 규정에 '공무원에 대신하여 … '라는 표현이 없다는 점을 제시한다.

(3) 중간설

이 견해는 가해 공무원에 대한 국가의 구상권 존재유무를 기준으로, 공무원의 고의나 중과실로 인한 행위는 국가의 구상권이 인정되므로 대위책임의 성질을 가지나, 경과실로 인한 경우에는 구상권이 인정되지 않으므로 국가 스스로 책임을 지는 자기책임으로 이해한다.

(4) 절충설

공무원의 고의·중과실에 의한 행위에 대한 국가 등의 배상책임은 대위책임과 자기책임의 양면성을 갖지만, 경과실에 의한 행위에 대한 국가 등의 배상책임은 자기책임으로 이해한다. 판례의 입장이다.

판 례

(판례1) 국가배상법 제2조 제1항 본문 및 제2항의 입법 취지는 공무원의 직무상 위법행위로 타인에게 손해를 끼친 경우에는 변제자력이 충분한 국가 등에게 선임감독상 과실 여부에 불구하고 손해배상책임을 부담시켜 국민의 재산권을 보장하되, 공무원이 직무를 수행함에 있어 경과실로 타인에게 손해를 입힌 경우에는 그 직무수행상 통상 예기할 수 있는 흠이 있는 것에 불과하므로, 이러한 공무원의 행위는 여전히 국가 등의 기관의 행위로 보아 그로 인하여 발생한 손해에 대한 배상책임도 전적으로 국가 등에만 귀속시키고 공무원 개인에게는 그로 인한 책임을 부담시키지 아니하여 공무원의 공무집행의 안정성을 확보하고, 반면에 공무원의 위법행위가 고의·중과실에 기한 경우에는 비록 그 행위가 그의 직무와 관련된 것이라고 하더라도 그와 같은 행위는 그 본질에 있어서 기관행위로서의 품격을 상실하여 국가 등에게 그 책임을 귀속시킬 수 없으므로 공무원 개인에게 불법행위로 인한 손해배상책임을 부담시키되, 다만 이러한 경우에도 그 행위의 외관을 객관적으로 관찰하여 공무원의 직무집행으로 보여질 때에는 피해자인 국민을 두텁게 보호하기 위하여 국가 등이 공무원 개인과 중첩적으로 배상책임을 부담하되 국가 등이 배상책임을 지는 경우에는 공무원 개인에게 구상할 수 있도록 함으로써 궁극적으로 그 책임이 공무원 개인에게 귀속되도록 하려는 것이라고 봄이 합당하다(대판 1996. 2. 15, 95다38677).

(판례2) 보통 일반의 공무원을 표준으로 공무원이 직무를 집행하면서 객관적 주의의무를 소홀히 하고 그로 말미암아 그 직무행위가 객관적 정당성을 잃었다고 볼 수 있는 때에 국가배상법 제2조가 정한 국가배상책임이 성립할 수 있다. 공무원의 직무행위가 객관적 정당성을 잃었는지는 행위의 양태와 목적, 피해자의 관여 여부와 정도, 침해된 이익의 종류와 손해의 정도 등 여러 사정을 종합하여 판단하되, 손해의 전보책임을 국가가 부담할 만한 실질적 이유가 있는지도 살펴보아야 한다. 구 국가안전과 공공질서의 수호를 위한 대통령긴급조치는 위헌·무효임이 명백하고 긴급조치 제9호 발령으로 인한 국민의 기본권 침해는 그에 따른 강제수사와 공소제기, 유죄판결의 선고를 통하여 현실화되었다. 이러한 경우 긴급조치 제9호의 발령부터 적용·집행에 이르는 일련의 국가작용은, 전체적으로 보아 공무원이 직무를 집행하면서 객관적 주의의무를 소홀히 하여 그 직무행위가 객관적 정당성을 상실한 것으로서 위법하다고 평가되고, 긴급조치 제9호의 적용·집행으로 강제수사를 받거나 유죄판결을 선고받고 복역함으로써 개별 국민이 입은 손해에 대해서는 국가배상책임이 인정될 수 있다(대판 2022. 8. 30, 2018다212610).

(5) 검토

생각건대, 국가배상의 법관계를 국가의 피해자에 대한 손해배상관계를 내용으로 하는 공법관계로 이해하면, 공무원의 구상책임은 인정하면서 공무원 개인의 민사상의 배상책임을 부인하는 것이 타당하지만, 국가배상에서 고려하여야 할 다양한 요소들을 감안하면 절충설이 타당한 견해라고 본다.

Ⅳ. 공무원의 배상책임과 구상

1. 공무원의 배상책임문제

이 때에 국가 등의 배상책임 이외에 공무원 자신의 배상책임이 인정될 수 있는지의 여부가 문제된다. 이는 헌법 제29조 제1항 단서가 "공무원 자신의 책임은 면제되지 아니한다"라고 규정하고 있고 이의 해석과 관련하여 논의가 있다.

(1) 외부적 책임문제

국가배상법 제6조 (비용부담자 등의 책임) ① 제2조·제3조 및 제5조에 따라 국가나 지방자치단체가 손해를 배상할 책임이 있는 경우에 공무원의 선임·감독 또는 영조물의 설치·관리를 맡은 자와 공무원의 봉급·급여, 그 밖의 비용 또는 영조물의 설치·관리 비용을 부담하는 자가 동일하지 아니하면 그 비용을 부담하는 자도 손해를 배상하여야 한다.

가해자인 공무원이 피해자에게 직접적으로 배상책임을 부담하는가 여부의 문제이다. 즉 피해자는 국가 또는 지방자치단체와 가해 공무원 중 어느 쪽에나 선택적으로 배상을 청구할 수 있는가? 이는 국가배상책임의 성질을 어떻게 이해하는가에 따라 견해가 나뉘고 있다.

1) 긍정설

국가배상책임을 국가의 대위책임으로 본다면, 국가와 가해공무원 모두 배상책임자가 되고 국민은 국가에 대한 배상청구와 가해공무원에 대한 배상청구를 선택적으로 할 수 있으므로 국가의 책임과 별도로 공무원의 책임을 인정하는 것이 논리적이다. 정책적인 견지에서 볼 때 공무원의 피해자에 대한 직접책임을 부인하는 것은 공무원의 책임의식을 박약하게 할 우려가 있다고 한다. 국가권력의 남용에 대한 통제적 측면에서도 실제의 행위자인 공무원의 피해자에 대한 책임을 인정하는 것이 국가권력의 남용에 대한 적절한 제재가 될 수 있다.

2) 부정설

국가배상책임을 자기책임으로 이해하는 경우에는 국민에 대한 배상책임자는 마땅히 국가가 되며 국민은 국가에 대해서만 배상책임을 물을 수 있고 공무원의 피해자에 대한 직접책임을 인정하지 않는 것이 논리적이다. 정책적인 견지에서 공무원의 피해자인 국민에 대한 직접책임을 인정하게 되면 공무원의 직무집행을 위축시키고, 피해자인 국민이 이를 남용하여 소송에 연루된 공무원은 직무수행에 전념할 수 없다. 공무원의 피해자에 대한 책임을 인정하지 않아도 국가는 무제한의 자력을 갖고 있으므로 피해자의 구제는 충분하다.

3) 제한적 긍정설

경과실의 경우에는 공무원의 행위는 공무원 개인의 행위가 아니고 기관행위로서 국가에 귀속되므로 공무원은 일체의 책임을 지지 않고, 고의 또는 중과실의 경우에는 행정기관의 행위로 볼 수 없으므로 이에 대하여는 공무원 개인이 책임을 져야 한다고 본다. 정책적 견지에서 공무원의 책임의식의 확보와 공무의 원활한 수행을 조화시킬 수 있다. 공무원의 개인책임에 관한 법적 근거, 입법정책의 문제 및 법이론적으로 보아 제한적 긍정설이 타당하다.

4) 판례의 입장

판례는 ① 선택적 청구를 전면적으로 긍정하는 입장에서(대판 1972. 10. 10, 69다701), ② 선택적 청구를 전면적으로 부정하는 입장으로 변화되었다(대판 1994. 4. 12, 93다11807). ③ 최근에는 공무원에게 고의 또는 중과실이 있는 경우에는 선택적 청구를 긍정하고 경과실의 경우에는 선택적 청구를 부정하고 있다(대판 1996. 2. 15, 95다38677).

판 례

판례의 변천

(판례1) 공무원의 직무상 불법행위로 손해를 받은 국민은 공무원 자신에 대하여도 직접 그의 불법행위를 이유로 손해배상을 청구할 수 있다(대판 1972. 10. 10, 69다701).

(판례2) 공무원의 직무상 불법행위로 인하여 손해를 받은 사람은 국가 또는 공공단체를 상대로 손해배상을 청구할 수 있고, 이 경우에 공무원에게 고의 또는 중대한 과실이 있는 때에는 국가 또는 공공단체는 그 공무원에게 구상할 수 있을 뿐, 피해자가 공무원 개인을 상대로 손해배상을 청구할 수 없다(대판 1994. 4. 12, 93다11807).

(판례3) 공무원이 직무수행 중 불법행위로 타인에게 손해를 입힌 경우에 국가 등이 국가배상책임을 부담하는 외에 공무원 개인도 고의 또는 중과실이 있는 경우에는 불법행위로 인한 손해배상책임을 진다고 할 것이지만, 공무원에게 경과실뿐인 경우에는 공무원 개인은 손해배상책임을 부담하지 아니한다고 해석하는

것이 헌법 제29조 제1항 본문과 단서 및 국가배상법 제2조의 입법취지에 조화되는 올바른 해석이라고 할 것이다(대판 1996. 2. 15, 95다38677).

(2) 내부적 책임문제(구상금청구소송)

국가배상법 제6조 ② 제1항의 경우에 손해를 배상한 자는 내부관계에서 그 손해를 배상할 책임이 있는 자에게 구상할 수 있다.

1) 공무원에 대한 구상

국가가 피해자에 대한 배상책임을 이행할 때에 공무원이 고의나 중과실로 인해 손해를 야기한 경우에는 공무원에 대해 내부적인 관계에서 구상권을 행사할 수 있다(국가배상법 제2조 제2항). 여기에서 말하는 중과실이란 공무원에게 통상 요구되는 정도의 상당한 주의를 하지 않더라도 약간의 주의를 한다면 손쉽게 위법·유해한 결과를 예견할 수 있는 경우임에도 이를 간과함과 같은 거의 고의에 가까운 현저한 주의를 결여한 상태를 의미한다.

판 례

(판례1) 헌법 제29조 제1항 본문과 단서 및 국가배상법 제2조를 그 입법취지에 조화되도록 해석하면 공무원이 직무 수행중 불법행위로 타인에게 손해를 입힌 경우에 국가나 지방자치단체가 국가배상책임을 부담하는 외에 공무원 개인도 고의 또는 중과실이 있는 경우에는 불법행위로 인한 손해배상책임을 지지만, 공무원에게 경과실이 있을 뿐인 경우에는 공무원 개인은 불법행위로 인한 손해배상책임을 부담하지 아니하고, 여기서 공무원의 중과실이라 함은 공무원에게 통상 요구되는 정도의 상당한 주의를 하지 않더라도 약간의 주의를 한다면 손쉽게 위법·유해한 결과를 예견할 수 있는 경우임에도 만연히 이를 간과함과 같은 거의 고의에 가까운 현저한 주의를 결여한 상태를 의미한다(대판 2003. 12. 26, 2003다13307).

(판례2) 국가나 지방자치단체는 해당 공무원의 직무내용, 불법행위의 상황과 손해발생에 대한 해당 공무원의 기여 정도, 평소 근무태도, 불법행위의 예방이나 손실 분산에 관한 국가 또는 지방자치단체의 배려의 정도 등 제반 사정을 참작하여 손해의 공평한 분담이라는 견지에서 신의칙상 상당하다고 인정되는 한도 내에서 구상권을 행사할 수 있다(대판 2016. 6. 10, 2015다217843).

2) 공무원의 선임·감독자와 비용부담자가 다른 경우의 구상

국가 또는 지방자치단체가 손해를 배상할 책임이 있는 경우에 공무원의 선임감독자와 비용부담자가 다른 때에는 비용부담자도 배상책임을 지나, 다수설에 의하면 궁극적인 배상책임자는 선임감독자이므로, 비용부담자가 배상을 한 경우에 비용부담자는 선임감독자에게 구상할 수 있다(동법 제6조 제2항).

한편 공무원의 경과실로 인한 경우는 구상책임에서 제외된다. 이는 공무원이 직무집행상의 사기를 고려한 정책적 배려에 기인한 것이며, 이러한 구상권유무가 국가배상책임의 성질을 결정하는 기준이 되는 것은 아니라고 본다.

2. 배상책임자

(1) 배상책임자로서 국가와 지방자치단체

국가배상법상 배상책임자는 국가나 지방자치단체이다. 헌법은 국가와 공공단체를 배상책임자로 규정하고 있으나, 국가배상법은 공공단체를 지방자치단체로 한정하고, 지방자치단체 이외의 공공단체에 관한 부분은 민법의 규정에 맡기고 있다.

(2) 사무의 귀속주체로서 배상책임자

국가배상법 제2조 제1항에서 국가나 지방자치단체가 배상책임을 진다고 하는 것은 당해 사무의 귀속주체에 따라서 ① 국가사무의 경우에는 국가가 배상책임을 지고, ② 자치사무의 경우에 당해 지방자치단체가 배상책임을 진다는 것을 뜻한다. 따라서 ③ 기관위임사무의 경우에는 위임기관이 속한 행정주체가 사무의 귀속주체로서 배상책임을 진다.[1)]

판 례

(판례) 자동차운전면허시험 관리업무는 국가행정사무이고 지방자치단체의 장인 서울특별시장은 국가로부터 그 관리업무를 기관위임 받아 국가행정기관인 지위에서 그 업무를 집행하므로, 국가는 면허시험장의 설치 및 보존의 하자로 인한 손해배상책임을 부담한다(대판 1991. 12. 24, 91다34097).

(3) 비용부담자로서 배상책임

1) 공무원의 선임·감독을 맡은 자와 봉급·급여 기타의 비용을 부담하는 자

가. 국가배상법 제6조 제1항의 '비용을 부담하는 자'의 의미

① 학설

Ⓐ 비용부담자란 실질적·궁극적 부담자를 의미한다는 실질적 비용부담자설, Ⓑ 단순히 대외적으로 비용을 부담하는 자를 의미한다는 형식적 비용부담자설, Ⓒ 피해자의 그릇된 피고선택의 위험성의 배제를 위해 실질적 비용부담자와 형식적 비용부담자를 포함한다는 병합설이 있다.

② 판례

대법원은 병합설을 취하고 있는 것으로 보인다.

---

1) 기관위임사무란 법령에 의하여 국가 또는 상급지방자치단체로부터 지방자치단체의 집행기관(지방자치단체장)에세 집행·처리가 위임된 사무를 의미한다.

판 례

(판례) 지방자치단체의 장이 기관위임된 국가행정사무를 처리하는 경우 그에 소요되는 경비의 실질적·궁극적 부담자는 국가라고 하더라도 당해 지방자치단체는 국가로부터 내부적으로 교부된 금원으로 그 사무에 필요한 경비를 대외적으로 지출하는 자이므로, 이러한 경우 지방자치단체는 국가배상법 제6조 제1항 소정의 비용부담자로서 공무원의 불법행위로 인한 위 법에 의한 손해를 배상할 책임이 있다. 감차처분 및 개별운송사업면허처분에 관련된 사무가 천안시장에게 재위임된 국가 행정사무이어서 위 법 제2조에 의한 공무원의 선임, 감독자로서 손해배상책임은 국가에 있다고 하더라도, 위 사무에 소요되는 경비는 피고시가 지출하였을 것이므로, 천안시장이 위 사무를 처리함에 있어서 원고의 주장과 같은 불법행위를 저질렀다면, 천안시는 위 법 제6조 제1항 소정의 비용부담자로서 이로 인한 손해를 배상할 책임이 있다(대판 1994. 12. 9, 94다38137).

나. 손해를 배상할 책임이 있는 최종적 배상책임자

공무원의 선임·감독을 맡은 자와 봉급·급여 기타의 비용을 부담하는 자가 동일하지 아니할 경우에 누가 궁극적인 배상책임자(최종책임자)인가가 문제된다. 이에 관하여는 ① 공무원의 선임·감독을 맡은 자가 궁극적인 배상책임자라는 견해(관리주체설), ② 비용을 부담하는 자가 궁극적인 배상책임자라는 견해(비용부담자주체설)와 ③ 손해발생의 기여도에 응하여 궁극적인 배상책임자를 정하여야 한다는 견해(기여도설)가 있다. 관리주체설이 우리나라의 다수설이며 판례는 관리주체설을 원칙으로 하면서, 다만 관리자와 비용부담자의 지위가 중첩되는 경우에는 기여도설을 취한 것으로 보인다.

판 례

(판례1) 교통신호기의 관리사무는 원고가 안산경찰서장에게 그 권한을 기관위임한 사무로서 피고 소속 경찰공무원들은 원고의 사무를 처리하는 지위에 있으므로, 원고가 그 사무에 관하여 선임·감독자에 해당하고, 그 교통신호기 시설은 지방자치법 제132조 단서의 규정에 따라 원고의 비용으로 설치·관리되고 있으므로, 그 신호기의 설치·관리의 비용을 실질적으로 부담하는 비용부담자의 지위도 아울러 지니고 있는 반면, 피고는 단지 그 소속 경찰공무원에게 봉급만을 지급하고 있을 뿐이므로, 원고와 피고 사이에서 이 사건 손해배상의 궁극적인 책임은 전적으로 원고에게 있다고 봄이 상당하다(대판 2001. 9. 25, 2001다41865).

(판례2) 원래 광역시가 점유·관리하던 일반국도 중 일부 구간의 포장공사를 국가가 대행하여 광역시에 도로의 관리를 이관하기 전에 교통사고가 발생한 경우, 광역시는 그 도로의 점유자 및 관리자, 도로법 제55조, 제56조, 도로법시행령 제30조에 의한 도로관리비용 등의 부담자로서의 책임이 있고, 국가는 그 도로의 점유자 및 관리자, 관리사무귀속자, 포장공사비용 부담자로서의 책임이 있다고 할 것이며, 이와 같이 광역시와 국가 모두가 점유자 및 관리자, 비용부담자로서의 책임을 중첩적으로 지는 경우에는, 광역시와 국가 모두가 국가배상법 제6조 제2항 소정의 궁극적으로(대외적) 손해를 배상할 책임이 있는 자라고 할 것이고, 결국 광역시와 국가의 내부적인 부담부분은, 그 도로의 인계·인수 경위, 사고의 발생 경위, 광역시와 국가의 그 도로에 관한 분담비용 등 제반사정을 종합하여 결정함이 상당하다(대판 1998. 7. 10, 96다42819).

V. 손해배상액

1. 배상의 범위

(1) 원칙

배상은 원칙적으로 정당한 배상을 하여야 한다. 가해행위와 상당한 인과관계가 있는 모든 손해, 즉 재산적·정신적 손해를 배상하여야 한다(동법 제3조 제4항, 제5항).

(2) 공제

타인의 신체를 해하는 때 피해자가 손해를 입은 동시에 이익을 얻은 경우에는 손해배상액에서 그 이익에 상당하는 금액을 빼야 한다. 또한 유족배상과 장해배상 및 장래에 필요한 요양비 등을 한꺼번에 신청하는 경우에는 중간이자를 빼야 한다. 중간이자를 빼는 방식은 대통령령으로 정한다(동법 제3조의2).

(3) 생명·신체에 대한 특례

생명·신체에 대한 국가배상법상의 배상기준은 단순한 기준에 불과하고 구체적인 사안에 따라 배상액 증감이 가능하다는 것이 통설 및 판례의 입장이다.

판 례

(판례) 구 국가배상법 제3조 제1항과 제3항의 손해배상의 기준은 배상심의회의 배상금지급기준을 정함에 있어서의 하나의 기준을 정한 것에 지나지 아니하는 것이고 이로써 배상액의 상한을 제한한 것으로 볼 수 없다 할 것이며 따라서 법원이 국가배상법에 의한 손해배상액을 산정함에 있어서 그 기준에 구애되는 것이 아니라 할 것이니 이 규정은 국가 또는 공공단체에 대한 손해배상청구권을 규정한 구 헌법(1962. 12. 26. 개정헌법) 제26조 에 위반된다고 볼 수 없다(대판 1970. 1. 29, 69다1203).

2. 배상의 청구절차

(1) 임의적 전치주의

이 법에 따른 손해배상의 소송은 배상심의회(이하 "심의회"라 한다)에 배상신청을 하지 아니하고도 제기할 수 있다(동법 제9조).

(2) 배상심의회

1) 성질

배상심의회는 국가배상에 관해 심의·결정하고 이를 신청인에게 송달하는 권한을 가진 합의제 행정관청이다(동법 제10조). 그러나 국가배상심의회의 결정은 행정처분은 아니며, 민법상 화해와 같은 효력만 인정된다.

판 례

(판례) 손해배상의 소송은 배상심의회의 배상금 지급 또는 기각의 결정을 거친후에 한하여 제기할 수 있다는 동법 제9조 본문의 규정에서 말하는 배상심의회의 위 결정을 거치는 것은 위 민사상의 손해배상청구를 하기 전의 전치요건에 불과하다고 할 것이므로 위 배상심의회의 결정은 이를 행정처분이라고 할 수 없어 도시 행정소송의 대상이 아니라고 할 것이다(대판 1981. 2. 10, 80누317).

2) 구성

국가나 지방자치단체에 대한 배상신청사건을 심의하기 위하여 법무부에 본부심의회를 둔다. 다만, 군인이나 군무원이 타인에게 입힌 손해에 대한 배상신청사건을 심의하기 위하여 국방부에 특별심의회를 둔다(동법 제10조).

3) 심의와 결정

지구심의회는 배상신청을 받으면 지체 없이 증인신문·감정·검증 등 증거조사를 한 후 그 심의를 거쳐 4주일 이내에 배상금 지급결정, 기각결정 또는 각하결정을 하여야 한다(동법 제13조). 심의회는 배상결정을 한 때에는 그 결정이 있는 날로부터 1주일 이내에 그 결정정본을 신청인에게 송달하여야 한다(동법 제14조).

4) 재심신청

지구심의회에서 배상신청이 기각(일부기각된 경우를 포함한다) 또는 각하된 신청인은 결정정본이 송달된 날부터 2주일 이내에 그 심의회를 거쳐 본부심의회나 특별심의회에 재심을 신청할 수 있다. 본부심의회와 특별심의회는 신청에 대해 심의를 거쳐 4주일 이내에 다시 배상결정을 하여야 한다(동법 제15조의2).

(3) 손해배상청구권의 양도·압류금지

생명·신체의 침해로 인한 국가배상을 받을 권리는 양도하거나 압류하지 못한다(동법 제4조).

(4) 배상청구권의 소멸시효

손해배상청구권의 소멸시효기간은 원칙적으로 5년이다(국가재정법 제96조). 그러나 민법 제766조 소정의 단기소멸시효가 적용되는 경우에는 피해자나 그 법정대리인이 그 손해 및 가해자를 안 날로부터 3년간 이를 행사하지 아니하면 시효로 인하여 소멸한다(국가배상법 제8조).

판 례

(판례) 국가 산하 수사기관이 '갑이 도일하여 조총련 대남공작조직에서 활동하고 있는 을 및 그의 상부조직과 연계된 후 국내에 잠입하여 간첩활동을 하다가 검거되었다.'는 취지의 수사발표와 보도자료 배포를 한 후, 갑이 국가보안법 위반 혐의로 기소되어 유죄판결을 받고 복역하였으며, 을은 위 수사발표 및 그 후 이루어진 지명수배 때문에 일본에 머물면서 귀국하지 못하다가 10여 년이 지난 후 귀국하여 공항에서 임의동행 형식으로 수사기관에 연행된 다음 불법구금 상태로 이루어진 조사과정에서 국가보안법 위반 혐의에 대해 자백하고 반성문을 제출하여 기소유예 처분을 받았는데, 그 후 갑이 재심에서 무죄판결을 받자, 을이 국가를 상대로 국가배상청구를 한 사안에서, 국가배상책임의 성립 요건으로서 '공권력의 위법한 행사'를 판단할 때에는 국가기관의 직무집행을 전체적으로 판단할 필요가 있는데, 수사발표나 배포된 보도자료의 내용에 비추어 을에 대한 지명수배 조치가 충분히 예상되는 상황이었고, 을은 검거를 우려하여 10여 년간 입국하지 못하였던 점, 을이 입국하자 수사기관에서 바로 임의동행한 것도 지명수배로 인한 것으로서 지명수배 조치가 불법구금을 용이하게 하였다고 볼 수 있는 점, 국가 산하 수사기관이 관련자들에 대한 불법구금, 가혹행위 등 위법하게 증거를 수집하였고 이에 기초하여 수사발표 및 보도자료 배포, 을에 대한 지명수배가 이루어진 점 등을 종합하면, 위 수사발표 및 보도자료 배포, 을에 대한 지명수배는 모두 을에 대한 수사절차의 일환으로서 전체적으로 보아 공무원이 직무를 집행하면서 객관적 주의의무를 소홀히 하여 그 직무행위가 객관적 정당성을 상실한 것으로서 위법하다고 평가할 수 있는데도, 수사발표 및 보도자료 배포, 불법구금에 대해서는 위법하다고 인정한 반면, 을에 대한 지명수배는 위법하지 않다고 본 원심판단에 법리오해의 잘못이 있다.

헌법재판소는 2018. 8. 30. 민법 제166조 제1항, 제766조 제2항 중 '진실·화해를 위한 과거사정리 기본법'(이하 '과거사정리법'이라 한다) 제2조 제1항 제3호의 '민간인 집단 희생사건', 같은 항 제4호의 '중대한 인권침해사건·조작의혹사건'에 적용되는 부분은 헌법에 위반된다는 결정을 선고하였다. 따라서 과거사정리법상 '민간인 집단 희생사건', '중대한 인권침해사건·조작의혹사건'에서 공무원의 위법한 직무집행으로 입은 손해에 대한 국가배상청구권에 대해서는 민법 제766조 제2항에 따른 장기소멸시효가 적용되지 않는다. 재심에서 무죄판결을 받은 갑의 국가보안법 위반 사건에서 갑 등 간첩 일당의 일본 측 대남공작 조직원으로 지목된 을이 자신에 대한 국가 산하 수사기관의 수사발표 및 보도자료 배포, 지명수배, 불법구금이 위법하다며 국가배상청구를 한 사안에서, 갑 등 관련자들에 대한 수사발표 및 보도자료 배포는 국가 산하 수사기관의 수사관들이 위 관련자들에 대한 불법구금, 가혹행위 등을 통해 받아낸 임의성 없는 자백을 기초로 증거를 조작한 사건으로 진실·화해를 위한 과거사정리 기본법(이하 '과거사정리법'이라 한다) 제2조 제1항 제4호의 '중대한 인권침해사건·조작의혹사건'에 해당하고, 여기서 을은 간첩 일당의 일본 측 대남공작 조직원으로 지목되었으므로, 을에 대한 수사발표 및 보도자료 배포, 지명수배, 불법구금은 모두 중대한 인권침해사건·조작의혹사건을 구성하는 일부분이고, 그중 일부 행위만 떼어내어 과거사정리법의 적용을 부정하는 것은 타당하지 않은데도, 불법구금만을 개별적으로 취급하여 중대한 인권침해사건·조작의혹사건에 해당하지 않아 소멸시효가 완성되었다고 본 원심판단에 법리오해의 잘못이 있다.

불법행위 시와 변론종결 시 사이에 장기간의 세월이 지나 위자료를 산정할 때 반드시 참작해야 할 변론종결 시의 통화가치 등에 불법행위 시와 비교하여 상당한 변동이 생긴 때에는 예외적으로 불법행위로 인한 위자료 배상채무의 지연손해금은 그 위자료 산정의 기준시인 사실심 변론종결일로부터 발생한다고 보아야 하고, 이처럼 불법행위로 인한 위자료 배상채무의 지연손해금이 사실심 변론종결일부터 발생한다고 보아야 하는 예외적인 경우에는 불법행위 시부터 지연손해금이 가산되는 원칙적인 경우보다 배상이 지연된 사정을 적절히 참작하여 사실심 변론종결 시의 위자료 원금을 산정할 필요가 있다(대판 2023. 3. 9, 2021다202903).

3. 상호보증주의

외국인이 피해자인 경우에는 상호의 보증이 있는 때에 한하여 「국가배상법」이 적용된다(동법 제7조). 상호보증주의는 실제상의 실익이 거의 없다는 점, 내·외국인의 평등보호라는 세계적인 추세에 반한다는 점 등에 비추어 검토를 요한다.

제3관 영조물의 설치·관리의 하자로 인한 손해배상책임

Ⅰ. 개설

1. 국가배상법 제5조

국가배상법 제5조는 "① 도로·하천, 그 밖의 공공의 영조물의 설치나 관리에 하자가 있기 때문에 타인에게 손해를 발생하게 하였을 때에는 국가나 지방자치단체는 그 손해를 배상하여야 한다. 이 경우에는 제2조 제1항 단서, 제3조 및 제3조의2를 준용한다. ② 제1항을 적용할 때 손해의 원인에 대하여 책임을 질 자가 따로 있으면 국가나 지방자치단체는 그 자에게 구상할 수 있다"고 규정하고 있다.

2. 민법상의 공작물책임과의 비교

본 조항은 민법 제758조의 공작물의 점유자의 배상책임에 해당되나, 민법상의 점유자에게는 면책조항을 두고 있는데 반해, 국가배상은 이러한 ① 면책규정이 없기 때문에 성립요건은 민법의 그것보다 넓으며, 또한 ② 국가·공공단체의 무과실책임을 인정했다는 점에서 차이가 있다.

국가배상법 제5조의 입법취지는 공공의 영조물의 설치·관리 작용이 공행정작용에 속하기 때문에 종래 이러한 공공의 영조물의 설치·관리의 흠으로 인한 손해에 대하여 「민법」 제758조를 적용할 수 있는가의 여부가 명백치 않았으므로 이를 분명히 함과 동시에 「민법」 제758조 제1항의 "공작물"에 포함될 수 없는 것도 그 설치 또는 관리의 흠에 기인하는 손해배상책임을 인정하기 위한 것이다.

Ⅱ. 배상책임의 성립요건

국가 또는 공공단체는 도로, 하천 기타 공공의 영조물의 설치·관리에 하자가 있어서 타인에게 손해를 발생하게 하였을 때에 손해배상의 책임을 진다. 배상책임의 성립요건은 ① 영조물, ② 설치·관리의 하자, ③ 타인에 대해 손해의 발생으로 나눌 수 있다.

1. 영조물

(1) 영조물의 의의

영조물이란 일반적으로 행정주체가 직접적으로 공적 목적을 달성하기 위한 인적·물적 시설의 종합체를 말한다. 그러나 국가배상법 제5조가 규정하고 있는 영조물의 개념은 실제에 있어서 인적·물적 시설의 종합체의 개념으로서 이행되는 것이 아니라 단순히 물적 시설로서의 공물만을 의미하는 것이라는 점과 관련해 볼 때, 민법 제758조에서 규정하고 있는 공작물보다는 넓은 개념이라고 볼 수 있다. 공물의 개념에는 도로나 하천과 같은 공공용물은 물론 행정기관의 청사와 같은 공용물도 포함된다. 다만 국가배상법에서의 영조물은 학문적 의미의 공물을 의미한다고 보는 것이 통설이며 판례이다.

판 례

(판례1) 국가배상법 제5조 제1항의 소정의 '공공의 영조물'이라 함은 국가 또는 지방자치단체에 의하여 특정 공공의 목적에 공여된 유체물 내지 물적 설비를 지칭하며, 특정 공공의 목적에 공여된 물이라 함은 일반 공중의 자유로운 사용에 직접적으로 제공되는 공공용물에 한하지 아니하고, 행정주체 자신의 사용에 직접적으로 제공되는 공용물도 포함하여 국가 또는 지방자치단체가 소유권, 임차권 그 밖의 권한에 기하여 관리하고 있는 경우뿐만 아니라 사실상의 관리를 하고 있는 경우도 포함한다(대판 1995. 1. 24, 94다45302).

(판례2) 국가 또는 지방자치단체라 할지라도 공권력의 행사가 아니고 단순한 사경제의 주체로 활동하였을 경우에는 그 손해배상책임에 국가배상법이 적용될 수 없고 민법상의 사용자책임 등이 인정되는 것이고 국가의 철도운행사업은 국가가 공권력의 행사로서 하는 것이 아니고 사경제적 작용이라 할 것이므로, 이로 인한 사고에 공무원이 간여하였다고 하더라도 국가배상법을 적용할 것이 아니고 일반 민법의 규정에 따라야 하나 … 공공의 영조물인 철도시설물의 설치 또는 관리의 하자로 인한 불법행위를 원인으로 하여 국가에 대하여 손해배상청구를 하는 경우에는 국가배상법이 적용된다(대판 1999. 6. 22, 99다7008).

(2) 영조물의 종류

여기에는 부동산·동산(소방자동차·선박·항공기), 인공공물(도로·상하수도·관공청사·교량·국공립학교 교사(校舍)등)·자연공물·타유공물·동물(경찰견·경찰마), 공공시설 등도 포함된다. 종래에는 자연공물과 관련하여 자연적인 상태 그 자체는 영조물에 포함시키지 아니하고, 하천의 제방 등과 같이 자연공물에 인공으로 부가한 시설이 있으면 그것을 영조물로 보려는 견해가 있었으나, 오늘날에는 자연공물인 하천이 명시되어 있는 점, 자연공물을 자연상태로 방치할 경우 국가에게 배상책임이 없다는 불합리한 결과가 초래되는 점 등을 이유로 자연공물도 본조의 영조물에 포함되는 것으로 이해하고 있다.

2. 설치·관리의 하자

(1) 설치·관리의 하자의 의의

'설치·관리'란 영조물의 설계·축조와 그 후의 유지·수선 및 보관작용을 의미하는데, 이에는 구체적 처분이나 사실행위뿐만 아니라 관리규칙의 제정과 같은 추상적 작용도 포함된다. 그리고 '하자'란 통상적으로 갖추어야 할 안전성을 결여하였음을 의미한다. 따라서 영조물의 설계로부터 발생한 하자와 그 후에 발생된 일체의 하자가 모두 여기에 포함된다. 이러한 하자의 유무는 당해 영조물의 구조, 용법, 장소적 환경 및 이용상황 등의 제반사정을 종합적으로 참작하여 개별적·구체적으로 판단해야 한다.

(2) 하자의 기준

영조물의 설치·관리의 하자가 무엇을 의미하는가에 관하여는 객관설, 주관설, 절충설, 위법·무과실책임설이 대립하고 있다.

1) 객관설

하자의 유무는 객관적으로 보아 안전성을 결여하였는지 여부에 의하여 판단내려야 하므로, 그것이 설치·관리자의 작위 또는 부작위의무의 위반으로 생긴 것인지는 전혀 문제되지 않는다고 보는 견해이다. 그리하여 하자의 유무와 그 하자발생에 있어서의 과실의 유무는 별개의 문제로 보아, 본 조의 배상책임을 일종의 무과실책임으로 파악한다.

2) 주관설(의무위반설)

하자를 관리자의 영조물에 대한 안전성확보의무 내지 사고방지의무위반에 기인하는 물적 위험상태로 파악하는 견해이다. 이 설은 본 조의 배상책임은 순수한 결과책임 또는 절대적 무과실책임이 아니며, 하자 발생에 있어서 어떠한 의미에서든지 주관적 귀책사유가 있어야 한다는 인식에 바탕을 두고 있다.

3) 절충설

하자의 유무를 판단함에 있어서 영조물 자체의 객관적 하자뿐만 아니라 관리자의 안전관리의무위반이라는 주관적 요소도 아울러 고려해야 한다는 견해이다. 즉, 관리자의 주의의무위반에 기인하든 물적 결함에 기인하든 모두 하자에 해당한다는 견해이다.

4) 위법·무과실책임설

국가배상법 제5조에 의한 책임을 교통안전의무를 위반함으로써 발생한 손해에 대한 행정주체의 위법·무과실책임으로 보는 견해이다. 그리하여, 공물의 관리주체로서 국가 및 공공단체 등 행정주체가 지는 책임은, 민법 제758조에 의한 점유자의 책임이 위법·유책의 책임인데 대하여 위법·무책의 책임이다. 교통안전의무는 국가의 법적 의무로서 공무원의 주관적인 과실과는 아무 관계가 없다. 따라서 제5조 제1항의 책임은 행정주체의 교통안전의 법적 의무위반에 대한 행정책임이며 무과실책임이라고 한다.

5) 판례

판례는 객관설적 입장에 서 있는 것도 있고, 주관설(의무위반설)적 입장에 서 있는 것도 있다.

판 례

(판례1) 객관설 입장

국가배상법 제5조 소정의 영조물의 설치·관리상의 하자로 인한 책임은 무과실책임이고 나아가 민법 제758조 소정의 공작물의 점유자의 책임과는 달리 면책사유도 규정되어 있지 않으므로, 국가 또는 지방자치단체는 영조물의 설치·관리상의 하자로 인하여 타인에게 손해를 가한 경우에 그 손해의 방지에 필요한 주의를 해태하지 아니하였다 하여 면책을 주장할 수 없다(대판 1994. 11. 22, 94다32924).

(판례2) 주관설 입장

영조물이 완전무결한 상태에 있지 아니하고 그 기능상 어떠한 결함이 있다는 것만으로 영조물의 설치 또는 관리에 하자가 있다고 할 수 없는 것이고, 위와 같은 안정성의 구비 여부를 판단함에 있어서는 당해 영조물의 용도, 그 설치장소의 현황 및 이용상황 등 제반 사정을 종합적으로 고려하여 설치 관리자가 그 영조물의 위험성에 비례하여 사회통념상 일반적으로 요구되는 정도의 방호조치의무를 다하였는지 여부를 기준으로 삼아야 할 것이며, 객관적으로 보아 시간적·장소적으로 영조물의 기능상 결함으로 인한 손해 발생의 예견가능성과 회피가능성이 없는 경우, 즉 그 영조물의 결함이 영조물의 설치관리자의 관리행위가 미칠 수 없는 상황 아래에 있는 경우에는 영조물의 설치관리상의 하자를 인정할 수 없다(대판 2000. 2. 25, 99다54004).

(판례3) 절충적 입장

국가배상법 제5조 제1항에 정해진 영조물의 설치 또는 관리의 하자라 함은 영조물이 그 용도에 따라 통상 갖추어야 할 안전성을 갖추지 못한 상태에 있음을 말하는 것이며, 다만 영조물이 완전무결한 상태에 있지 아니하고 그 기능상 어떠한 결함이 있다는 것만으로 영조물의 설치 또는 관리에 하자가 있다고 할 수 없고, 위와 같은 안전성의 구비 여부를 판단함에 있어서는 당해 영조물의 용도, 그 설치장소의 현황 및 이용 상황 등 제반 사정을 종합적으로 고려하여 설치·관리자가 그 영조물의 위험성에 비례하여 사회통념상 일반적으로 요구되는 정도의 방호조치의무를 다하였는지 여부를 그 기준으로 삼아야 할 것이며, 만일 객관적으로 보아 시간적·장소적으로 영조물의 기능상 결함으로 인한 손해발생의 예견가능성과 회피가능성이 없는 경우, 즉 그 영조물의 결함이 영조물의 설치·관리자의 관리행위가 미칠 수 없는 상황 아래에 있는 경우임이 입증되는 경우라면 영조물의 설치·관리상의 하자를 인정할 수 없다고 할 것이다(대판 2007. 10. 26, 2005다51235).

6) 검토

생각건대, 주관설이 국가배상법 제5조를 해석함에 있어서, 관리자의 주관적 요소를 포함시킴으로써 영조물로 인한 하자책임을 과실책임의 구조하에 이해하는 것은 동법 제5조의 기반이 되고 있는 무과실책임의 원칙을 무시한 것으로 볼 수 있을 것이다. 객관설은 영조물 자체의 물적 흠결상태의 존재여부에서만 그 하자유무를 찾고 있지만, 국가배상법 제5조가 배상책임의 요건으로 영조물의 설치·관리의 흠이 있음을 요구하고 있기 때문에 순전히 '물적 상태책임'으로만 보기는 어렵다 할 것이다. 또한 국가배상법 제2조가 공무원의 '고의 또는 과실'을 요건으로 하고 있고, 제5조는 단순히 영조물의 설치·관리의 하자를 요건으로 하고 있기 때문에 제5조에 의한 배상책임을 제2조에 의한 배상책임과 마찬가지로 과실책임으로 본다는 것은 법의 명문규정에 반한다고 하지 않을 수 없다. 따라서 영조물의 설치·관리의 하자책임을 「행위책임」으로 보고 그 성질을 위법·무과실책임으로 보는 위법·무과실책임설이 타당하다고 본다.

(3) 하자의 입증책임

하자의 입증책임은 불법행위책임의 일반적 이론에 의해 원고인 피해자에게 있음이 원칙이다. 그러나 하자가 있다는 의미에 관하여 의무위반설에 서는 경우, 설치·관리자에게 손해발생의 예견가능성과 회피가능성이 없었다는 점은 피고가 입증하여야 할 것이다.

판 례

(판례) 고속도로의 관리상 하자가 인정되는 이상 고속도로의 점유관리자는 그 하자가 불가항력에 의한 것이거나 손해의 방지에 필요한 주의를 해태하지 아니하였다는 점을 주장·입증하여야 비로소 그 책임을 면할 수 있다(대판 2008. 3. 13, 2007다29287).

(4) 구체적 고찰

1) 자연공물과 설치·관리의 하자

인공공물은 당해 영조물이 통상 갖추어야 할 안전성이 확보된 상태하에서 제공되는 것이므로 자연공물에 비해 영조물의 하자가 넓게 인정될 수 있다. 그에 비해 자연공물은 자연상태로 공적 목적에 제공되므로 영조물의 하자인정에 한계가 더 엄격하다.

판 례

(판례) 하천 수해와 관련하여 하천관리를 위한 시설의 설치상 하자 유무를 판단함에 있어서는 해당 하천과 관련하여 과거에 발생한 수해의 규모, 발생빈도, 발생원인, 피해의 성질, 강우상황, 유역의 지형 기타 자연적 조건, 토지의 이용상황 기타 사회적 조건, 개수를 요하는 긴급성의 유무 및 그 정도 등 제반 사정을 종합적으로 검토하고, 하천관리에 있어서의 재정적, 기술적 및 사회적 제약하에서 같은 종류 및 규모의 하천관리의 일반수준 및 사회통념에 비추어 시인할 수 있는 안전성을 구비하고 있는지, 그리고 해당 하천관리시설이 설치 당시의 기술수준에 비추어 그 예정한 규모의 홍수에 있어서의 통상의 작용으로부터 예측된 재해를 방지함에 족한 안전성을 갖추고 있는지 여부를 기준으로 한다. 하천의 관리청이 하천법 등 관련규정 또는 그 관련규정에 의한 하천관리계획 등에 따라 개수를 완료한 하천이나 아직 개수 중이라 하더라도 개수를 완료한 부분에 있어서는 관련규정 내지 그 하천관리계획이 정하고 있는 바에 따라 해당 시설이 설치·관리되고 있다면,(당초부터 그 계획이 잘못되었다거나 그 후 이를 시급히 변경시켜야 할 사정이 있었음에도 이를 해태하였다는 등의 특별한 사정이 없는 한) 그 하천관리시설은 용도에 따라 통상 갖추어야 할 안전성을 갖추고 있다고 봄이 상당하다(대판 2007. 10. 25, 2005다62235).

2) 도로의 설치·관리의 하자

도로의 설치·관리의 하자는 도로의 통상의 용법에 따른 이용에 있어서 통상 갖추어야 할 안전성의 유무를 기준으로 한다.

판 례

(판례1) 공작물인 도로의 설치·관리상의 하자는 도로의 위치 등 장소적인 조건, 도로의 구조, 교통량, 사고시에 있어서의 교통 사정 등 도로의 이용 상황과 그 본래의 이용 목적 등 여러 사정과 물적 결함의 위치, 형상 등을 종합적으로 고려하여 사회통념에 따라 구체적으로 판단하여야 한다(대판 2008. 3. 13, 2007다29287·29294).

(판례2) 폭설로 차량 운전자 등이 고속도로에서 장시간 고립된 사안에서, 고속도로의 관리자가 고립구간의 교통정체를 충분히 예견할 수 있었음에도 교통제한 및 운행정지 등 필요한 조치를 충실히 이행하지 아니하였으므로 고속도로의 관리상 하자가 있다. 고속도로의 관리상 하자가 인정되는 이상 고속도로의 점유관리자는 그 하자가 불가항력에 의한 것이거나 손해의 방지에 필요한 주의를 해태하지 아니하였다는 점을 주장·입증하여야 비로소 그 책임을 면할 수 있다(대판 2008. 3. 13, 2007다29287).

(판례3) 가변차로에 설치된 두 개의 신호기에서 서로 모순되는 신호가 들어오는 고장을 예방할 방법이 없음에도 그와 같은 신호기를 설치하여 그와 같은 고장을 발생하게 한 것이라면, 그 고장이 자연재해 등 외부요인에 의한 불가항력에 기인한 것이 아닌 한 그 자체로 설치·관리자의 방호조치의무를 다하지 못한 것으로서 신호등이 그 용도에 따라 통상 갖추어야 할 안전성을 갖추지 못한 상태에 있었다고 할 것이고, 따라서 설령 적정전압보다 낮은 저전압이 원인이 되어 위와 같은 오작동이 발생하였고 그 고장은 현재의 기술수준상 부득이한 것이라고 가정하더라도 그와 같은 사정만으로 손해발생의 예견가능성이나 회피가능성이 없어 영조물의 하자를 인정할 수 없는 경우라고 단정할 수 없다(대판 2001. 7. 27, 2000다56822).

3) 안전성의 정도 판단기준(통상 갖추어야 할 안전성)

영조물의 설치·관리상 요구되는 안전성은 "영조물이 그 용도에 따라 통상 갖추어야 할 안정성" 즉, 완전무결한 상태를 유지할 정도의 고도의 안전성을 말하는 것이 아니라 영조물의 위험성에 비례하여 사회통념상 일반적으로 요구되는 정도의 것을 의미한다.

판 례

(판례) 국가배상법 제5조 제1항에 규정된 '영조물 설치·관리상의 하자'는 공공의 목적에 공여된 영조물이 그 용도에 따라 통상 갖추어야 할 안전성을 갖추지 못한 상태에 있음을 말한다. 그리고 위와 같은 안전성의 구비 여부는 영조물의 설치자 또는 관리자가 그 영조물의 위험성에 비례하여 사회통념상 일반적으로 요구되는 정도의 방호조치의무를 다하였는지를 기준으로 판단하여야 하고, 아울러 그 설치자 또는 관리자의 재정적·인적·물적 제약 등도 고려하여야 한다. 따라서 영조물이 그 설치 및 관리에 있어 완전무결한 상태를 유지할 정도의 고도의 안전성을 갖추지 아니하였다고 하여 하자가 있다고 단정할 수는 없고, 영조물 이용자의 상식적이고 질서 있는 이용 방법을 기대한 상대적인 안전성을 갖추는 것으로 족하다.
갑 등이 원동기장치자전거를 운전하던 중 'ㅏ' 형태의 교차로에서 유턴하기 위해 신호를 기다리게 되었고, 위 교차로 신호등에는 유턴 지시표지 및 그에 관한 보조표지로서 '좌회전 시, 보행신호 시 / 소형 승용, 이륜에 한함'이라는 표지가 설치되어 있었으나, 실제 좌회전 신호 및 좌회전할 수 있는 길은 없었는데, 갑이 위 신호등이 녹색에서 적색으로 변경되어 유턴을 하다가 맞은편 도로에서 직진 및 좌회전 신호에 따라 직진 중이던 차량과 충돌하는 사고가 발생하자, 갑 등이 위 교차로의 도로관리청이자 보조표지의 설치·관리주체인 지방자치단체를 상대로 손해배상을 구한 사안에서, 위 표지에 위 신호등의 신호체계 및 위 교차로의 도로구조와 맞지 않는 부분이 있더라도 거기에 통상 갖추어야 할 안전성이 결여된 설치·관리상의 하자가 있다고 보기 어렵다고 한 사례(대판 2022. 7. 28, 2022다225910).

3. 타인에게 손해가 발생할 것

(1) 타인

영조물의 시설·관리의 하자로 인하여 타인에게 손해가 발생하여야 하며, 그 하자와 손해발생과의 사이에는 상당인과관계가 있어야 한다. 여기서 말하는 타인에는 공무원도 피해자의 범위에 포함되며, 특히 군인 등의 일정한 공무원에 대해서는 국가배상법 제2조의 경우에서와 같이 특례가 인정된다(동법 제5조 제1항 후단, 제2조 제1항 단서).

(2) 손해

손해란 법익침해에 의한 불이익을 의미하며, 재산적·정신적 손해 또는 적극적·소극적 손해 등이 모두 포함된다. 피해자가 손해를 입은 동시에 이익을 얻은 경우에는 손해배상액에서 그 이익에 상당하는 금액을 공제하여야 한다(동법 제5조 제1항 후단).

(3) 상당인과관계

자연현상, 제3자 또는 피해자의 행위가 그 손해의 원인으로서 가세된 경우에도 하자와 손해발생과의 사이에 상당인과관계가 있는 한, 국가 등은 그 한도 내에서 책임을 져야 할 것이다. 다만 불가항력에 의한 손해발생의 경우에는 상당인과관계를 인정할 수 없다. 양자 사이에 상당인과관계가 있음은 원고가 입증하여야 한다.

판 례

(판례) 영조물의 설치 또는 관리상의 하자로 인한 사고라 함은 영조물의 설치 또는 관리상의 하자만이 손해발생의 원인이 되는 경우만을 말하는 것이 아니고, 다른 자연적 사실이나 제3자의 행위 또는 피해자의 행위와 경합하여 손해가 발생하더라도 영조물의 설치 또는 관리상의 하자가 공동원인의 하나가 되는 이상 그 손해는 영조물의 설치 또는 관리상의 하자에 의하여 발생한 것이라고 해석함이 상당하다(대판 1994. 11. 22, 94다32924).

4. 면책사유

(1) 불가항력

폭풍우·폭설·가뭄·지진·낙뢰 등과 같은 천재지변이 원인이 되어, 영조물에 의한 손해가 발생한 경우에는 불가항력으로서 국가 등은 책임을 지지 않는다. 다만, 그 폭우가 과거에 경험해 본 범위 내의 것이라면 국가 등은 그에 대처할 시설을 설치해야 할 의무를 진다고 여겨진다. 그러나 이러한 경우에도 하자가 존재함으로써 손해가 발생·확대되었다면, 국가 등은 그 한도 내에서 책임을 져야 할 것이다.

판 례

(판례1) 100년만의 폭우로 인한 하천의 범람 - 손해배상책임 부정

100년 발생빈도의 강우량을 기준으로 책정된 계획홍수위를 초과하여 600년 또는 1,000년 발생빈도의 강우량에 의한 하천의 범람은 예측가능성 및 회피가능성이 없는 불가항력적인 재해로서 그 영조물의 관리청에게 책임을 물을 수 없다(대판 2003. 10. 23, 2001다48057).

(판례2) 50년만의 최대강우량으로 인해 익사한 사건 - 손해배상책임 긍정

집중호우로 제방도로가 유실되면서 그 곳을 걸어가던 보행자가 강물에 휩쓸려 익사한 경우, 사고 당일의 집중호우가 50년 빈도의 최대강우량에 해당한다는 사실만으로 불가항력에 기인한 것으로 볼 수 없다는 이유로 제방도로의 설치·관리상의 하자를 인정함이 타당하다(대판 2000. 5. 26, 99다53247).

(판례3) 하천제방이 계획홍수위를 넘었으나 하천설치기준이 정한 여유고를 확보하지 못한 사건

계획홍수위를 변경시켜야 할 사정이 생기는 등 특별한 사정이 없는 한, 이미 존재하는 하천의 제방이 계획홍수위를 넘고 있다면 그 하천은 용도에 따라 통상 갖추어야 할 안전성을 갖추고 있다고 보아야 하고, 그와 같은 하천이 그 후 새로운 하천시설을 설치할 때 기준으로 삼기 위하여 제정한 '하천시설기준'이 정한 여유고를 확보하지 못하고 있다는 사정만으로 바로 안전성이 결여된 하자가 있다고 볼 수는 없다(대판 2007. 9. 21, 2005다65678).

(2) 재산적 제약(예산부족)

재산적 제약은 면책사유가 되지 않는다. 대법원 역시 재정사정은 안전성을 요구하는데 대한 정도문제로서의 참작 사유에는 해당할지언정, 안정성을 결정지을 절대적 요건은 되지 못한다고 판시하였다.

판 례

(판례) 영조물 설치의 하자라 함은 영조물의 축조에 불완전한 점이 있어 이 때문에 영조물 자체가 통상 갖추어야 할 안전성을 갖추지 못한 상태에 있음을 말한다고 할 것인바, 그 하자 유무는 객관적 견지에서 본 안전성의 문제이고, 그 설치자의 재정사정이나 영조물의 사용목적에 의한 사정은 안전성을 요구하는 데 대한 정도 문제로서 참작사유에는 해당할지언정, 안전성을 결정지을 절대적 요건에는 해당하지 아니 한다(대판 1967. 2. 21, 66다1723).

Ⅲ. 배상책임

1. 배상책임자(대외적 배상책임)

(1) 원칙

국가배상법 제5조에 의하여 부담하는 배상책임자는 국가 또는 지방자치단체이다.

(2) 영조물의 설치·관리자와 비용부담자가 다른 경우

국가나 지방자치단체가 손해를 배상할 책임이 있는 경우에 공무원의 선임·감독 또는 영조물의 설치·관리를 맡은 자와 공무원의 봉급·급여, 그 밖의 비용 또는 영조물의 설치·관리 비용을 부담하는 자가 동일하지 아니하면 그 비용을 부담하는 자도 손해를 배상하여야 한다(동법 제6조). 이는 손해를 입은 자가 배상책임의 주체를 명확히 알기 어려운 경우 그로 인한 곤란으로부터 피해자를 보호하기 위한 견지에서 만들어진 것이다. 따라서 피해자는 양자에 대하여 선택적으로 손해배상을 청구할 수 있다.

판 례

(판례) 지방자치단체장이 교통신호기를 설치하여 그 관리권한이 도로교통법 제71조의2 제1항의 규정에 의하여 관할 지방경찰청장에게 위임되어 지방자치단체 소속 공무원과 지방경찰청 소속 공무원이 합동근무

하는 교통종합관제센터에서 그 관리업무를 담당하던 중 위 신호기가 고장난 채 방치되어 교통사고가 발생한 경우, 국가배상법 제2조 또는 제5조에 의한 배상책임을 부담하는 것은 지방경찰청장이 소속된 국가가 아니라, 그 권한을 위임한 지방자치단체장이 소속된 지방자치단체라고 할 것이나 국가배상법 제6조 제1항은 같은 법 제2조, 제3조 및 제5조의 규정에 의하여 국가 또는 지방자치단체가 손해를 배상할 책임이 있는 경우에 공무원의 선임·감독 또는 영조물의 설치·관리를 맡은 자와 공무원의 봉급·급여 기타의 비용 또는 영조물의 설치·관리의 비용을 부담하는 자가 동일하지 아니한 경우에는 그 비용을 부담하는 자도 손해를 배상하여야 한다고 규정하고 있으므로 교통신호기를 관리하는 지방경찰청장 산하 경찰관들에 대한 봉급을 부담하는 국가도 국가배상법 제6조 제1항에 의한 배상책임을 부담한다(대판 1999. 6. 25, 99다11120).

(3) 비용부담자의 의의와 범위

비용부담자는 공무원의 봉급·급여 그 밖의 비용 또는 영조물의 설치·관리 비용을 부담하는 자를 말한다(동법 제6조 제1항). 이러한 비용부담자의 의미에 대하여는 ① 대외적으로 비용을 지출하는 자를 뜻한다고 하는 형식적 비용부담자설, ② 궁극적으로 비용을 부담하는 자를 뜻한다고 하는 실질적 비용부담자설, ③ 형식적 비용부담자와 실질적 비용부담자를 전부 포함한다는 병합설이 대립한다. 통설과 판례는 병합설의 입장이다.

판 례

(판례1) 여의도광장의 관리는 광장의 관리에 관한 별도의 법령이나 규정이 없으므로 서울특별시는 여의도광장을 도로법 제2조 제2항 소정의 "도로와 일체가 되어 그 효용을 다하게 하는 시설"로 보고 같은 법의 규정을 적용하여 관리하고 있으며, 그 관리사무 중 일부를 영등포구청장에게 권한위임하고 있어, 여의도광장의 관리청이 본래 서울특별시장이라 하더라도 그 관리사무의 일부가 영등포구청장에게 위임되었다면, 그 위임된 관리사무에 관한 한 여의도광장의 관리청은 영등포구청장이 되고, 같은 법 제56조에 의하면 도로에 관한 비용은 건설부장관이 관리하는 도로 이외의 도로에 관한 것은 관리청이 속하는 지방자치단체의 부담으로 하도록 되어 있어 여의도광장의 관리비용부담자는 그 위임된 관리사무에 관한 한 관리를 위임받은 영등포구청장이 속한 영등포구가 되므로, 영등포구는 여의도광장에서 차량진입으로 일어난 인신사고에 관하여 국가배상법 제6조 소정의 비용부담자로서의 손해배상책임이 있다(대판 1995. 2. 24, 94다57671).

(판례2) 지방자치단체장이 교통신호기를 설치하여 그 관리권한이 도로교통법 제71조의2 제1항의 규정에 의하여 관할 지방경찰청장에게 위임되어 지방자치단체 소속 공무원과 지방경찰청 소속 공무원이 합동근무하는 교통종합관제센터에서 그 관리업무를 담당하던 중 위 신호기가 고장난 채 방치되어 교통사고가 발생한 경우, 국가배상법 제2조 또는 제5조에 의한 배상책임을 부담하는 것은 지방경찰청장이 소속된 국가가 아니라, 그 권한을 위임한 지방자치단체장이 소속된 지방자치단체라고 할 것이나, 한편 국가배상법 제6조 제1항은 같은 법 제2조, 제3조 및 제5조의 규정에 의하여 … 교통신호기를 관리하는 지방경찰청장 산하 경찰관들에 대한 봉급을 부담하는 국가도 국가배상법 제6조 제1항에 의한 배상책임을 부담한다(대판 1999. 6. 25, 99다11120).

2. 구상(대내적 관계)

(1) 영조물의 설치·관리자와 비용부담자가 다른 경우

1) 영조물의 설치·관리자와 비용부담자가 일치하지 않은 경우 피해자에게 손해를 배상한 자는 내부관계에서 손해를 배상할 책임이 있는 자에게 구상할 수 있다.

2) 이 경우 누가 궁극적인 배상책임자인지에 대하여 ① 영조물의 설치·관리자가 궁극적인 배상책임자라고 하는 관리주체설, ② 비용부담자가 궁극적인 배상책임자라는 비용부담자설, ③ 손해발생의 기여도에 따라서 궁극적인 배상책임자를 정하여야 한다는 기여도설이 대립한다. 최근의 판례 중에는 기여도설의 입장에서 판시하기도 하였다.

판 례

(판례) 광역시와 국가 모두가 도로의 점유자 및 관리자, 비용부담자로서의 책임을 중첩적으로 지는 경우에는, 광역시와 국가 모두가 국가배상법 제6조 제2항 소정의 궁극적으로 손해를 배상할 책임이 있는 자라고 할 것이고, 결국 광역시와 국가의 내부적인 부담 부분은, 그 도로의 인계·인수 경위, 사고의 발생 경위, 광역시와 국가의 그 도로에 관한 분담비용 등 제반 사정을 종합하여 결정함이 상당하다(대판 1998. 7. 10, 96다42819).

(2) 손해원인의 책임자에 대한 구상

손해의 원인에 대하여 책임을 질 자가 따로 있는 경우에는 국가나 지방자치단체는 그 자에게 구상할 수 있다(동법 제5조 제2항).

판 례

(판례) 제반 사정에 비추어 갑 회사 등의 시공상 과실과 공사구간의 도로를 설치·관리하는 국가의 영조물 설치·관리상의 하자가 경합하여 침수사고가 발생하였으므로 국가와 갑 회사 등은 을에게 공동불법행위책임을 부담하고, 다만 원고가 영조물 설치·관리상의 하자로 인하여 손해를 배상한 경우, 손해의 원인에 대하여 책임을 질 자가 따로 있으면 그 자에게 구상할 수 있는바, 국가와 갑 회사 등의 내부 구상관계에서 국가에 침수사고 발생에 어떠한 과실이 있다고 보기 어려우므로 국가로서는 갑 회사 등에 배상액 전액을 구상할 수 있다고 본 원심판단을 정당하다고 한 사례(대판 2012. 3. 15, 2011다52727).

3. 배상책임의 범위

국가 등은 영조물의 설치·관리의 하자와 상당인과관계 있는 모든 손해를 배상해야 한다.

4. 배상의 방법

손해는 금전으로 배상한다(동법 제8조).

5. 배상청구권의 양도·압류금지 등

공무원의 직무행위로 인한 경우와 마찬가지로 생명·신체의 침해로 인한 배상청구권은 양도나 압류가 금지되고, 소멸시효도 같다.

Ⅳ. 국가배상법 제2조와 제5조의 경합

국가배상법 제2조는 과실책임이고 제5조는 무과실책임이다. 제2조의 직무행위에 영조물의 관리행위도 포함되는 것으로 볼 수 있어 양자의 책임은 경합할 수 있다. 이 경우 피해자는 양자 중 어느 것에 의해서도 배상을 청구할 수 있지만, 통상 고의·과실을 요하지 않는 제5조의 영조물책임을 주장하는 것이 용이하다.

제 3 절 행정상 손실보상

제1관 개 설

Ⅰ. 행정상 손실보상의 개념

1. 행정상 손실보상의 의의

행정상 손실보상이란 공공필요에 의하여 적법한 공권력의 행사로 개인의 재산에 가하여진 특별한 희생에 대한 전체적인 공평부담의 견지에서 이를 조절하기 위하여 행정주체가 행하는 재산적 보상을 의미한다. 즉, 특정인의 재산이 공공필요를 충족시킬 수 있는 위치에 우연히 있게 되고, 법률은 이 재산권에 대한 특별한 희생을 가할 수 있다고 규정하고 있을 때에 그 재산권을 수용·사용·제한하고 이를 보상하는 것을 의미한다.

2. 행정상 손실보상의 성질

(1) 행정상 손실보상은 공공필요에 의하여 사인에게 발생된 특별한 희생에 대한 손실의 전보이다.

(2) 행정상 손실보상은 적법행위로 인한 손실의 전보인 점에서 행정상 손해배상과 구별된다.

(3) 행정상 손실보상은 재산상의 손실을 전보하는 제도라는 점에서 사람의 생명·신체에 대한 보상을 포함하지 않는다는 점에서 손해배상과 구별된다.

(4) 행정상 손실보상은 특별한 희생에 대한 조절적인 보상인 점에서 일반적인 부담 또는 재산권에 내재하는 사회적 제약과 구별된다.

Ⅱ. 행정상 손실보상의 근거

1. 이론적 근거

손실보상의 이론적 근거에 대하여는 ① 기득권의 불가침을 전제로 기득권침해에 대한 보상이라는 기득권설, ② 보상은 국가의 우월성을 전제로 국가가 은혜적으로 부여하는 것으로 보는 은혜설 등이 있으나, 현재의 통설은 ③ 특정인에게 가해진 특별한 희생에 대한 보상이라는 특별희생설이다.

2. 실정법적 근거

행정상 손실보상에 관한 실정법적 근거로는 헌법 제23조 제3항과 이 조항에 의하여 제정된 각 개별법으로서의 단행법률(예컨대, 공익사업을 위한 토지 등의 취득 및 보상에 관한 법률, 하천법, 소방기본법, 징발법) 등이 있다.

(1) 헌법적 근거

헌법 제23조 제3항은 "공공필요에 의한 재산권의 수용·사용 또는 제한 및 그에 대한 보상은 법률로써 하되 정당한 보상을 지급하여야 한다"고 규정하여 행정상 손실보상의 헌법적 근거를 마련했다.

(2) 개별법적 근거

손실보상에 관한 일반법은 존재하지 않고 공익사업을 위한 토지 등의 취득 및 보상에 관한 법률, 하천법, 소방기본법 등 개별법률에 손실보상에 관한 규정이 존재한다.

(3) 개별법률에 손실보상에 관한 근거규정이 흠결된 경우의 보상

만약 어떤 법률이 공용수용·사용·제한(공용침해) 등의 침해행위에 관해서만 규정하고, 이것에 대한 보상을 규정하지 아니 하였거나 또는 규정하더라도 정당한 보상에 미치지 아니하는 법률로써 재산권을 침해하는 경우에, 국민은 그러한 법률을 제쳐두고 헌법 제23조 제3항을 근거로 하여 직접 정당한 보상을 청구할 수 있느냐가 문제된다. 여기에 대하여 다음과 같은 견해가 있다.

1) 입법방침설

이 설은 손실보상에 관한 헌법규정을 입법자에 대하여 입법의무를 제시한 방침규정으로 보고, 입법자가 손실보상의 의무를 입법화할 때까지는 국가는 손실보상의 의무를 지지 아니한다는 견해이다. 헌법상의 재산권보장의 실효성을 무시한 점, 그리고 어떤 법률이 공공필요에 의한 재산권의 침해만 규정하고 그에 대한 보상을 규정하지 아니했을 때에는 보상을 청구할 권리가 없다는 점에서 비판되고 있다.

2) 위헌무효설

이 설은 보상규정을 두지 아니하고 재산권침해를 규정한 법률이 있다면 이는 재산권을 보장한 헌법규정에 위반하는 법률이며, 이러한 위헌법률에 근거한 재산권침해행위도 역시 위법행위로서 이 경우 국가배상법에 의거한 손해배상청구만이 가능하고 직접 헌법 제23조 제3항에 근거하여 손실보상을 청구할 수는 없다고 한다.

3) 직접효력설

이 설은 헌법 제23조 제3항이 그 자체로서 직접효력이 있으므로 재산권침해만을 규정하고 보상을 규정하지 아니하거나 또는 정당한 보상에 미치지 아니한 법률로써 재산권을 침해당한 경우에는 국민은 헌법규정에 의하여 직접 정당한 보상을 청구할 수 있다고 한다.

4) 수용유사침해설(유추적용설)

이 설은 공용침해에 따르는 보상규정이 없는 경우에는, 헌법 제23조 제1항(재산권보장규정) 및 제11조(평등조항)에 근거하여, 헌법 제23조 제3항 및 관계규정의 유추적용을 통하여 보상을 청구할 수 있다고 한다. 이 견해는 수용유사침해 및 수용적 침해의 법리를 수용하여 문제를 해결한다는 견해로써, 위법·무책 및 비의욕적 공용침해에 대한 보상과 국가배상과는 그 성립요건·범위 등에서 차이가 있음을 이유로 하고 있다.

5) 보상입법부작위위헌설

보상입법부작위위헌설은 공공필요를 위하여 공용제한을 규정하면서 손실보상규정을 두지 않은 경우 그 공용제한규정 자체는 헌법에 위반되는 것은 아니라고 보고, 손실보상을 규정하지 않은 입법부작위가 위헌이라고 보는 견해이다. 이설에 따르면 공용제한을 규정하는 법률이 보상규정을 정하지 않은 경우 손실보상을 규정하지 않은 입법부작위에 대한 헌법소원을 통해 해결하여야 한다고 한다.

6) 판례

대법원은 직접효력설에 입각하기도 하고(대판 1967. 11. 2, 67다1334), 방침규정설에 입각하기도 하고(대판 1976. 10. 12, 76다1443), 최근에는 공용침해로 인한 특별한 손해에 대해 보상규정이 없는 경우 관련법률상의 보상규정을 유추적용하기도 하는(대판 1998. 11. 23, 98다11529) 등 일관되어 있지 않다. 한편, 헌법재판소는 위헌무효설을 취하고 있다. 또한 헌법재판소는 "보상의 구체적 기준과 방법은 헌법재판소가 결정할 것이 아니라 광범위한 입법형성권을 가진 입법자가 입법정책적으로 정할 사항이다(헌재결 1998. 12. 24, 89헌마214·90헌바16·97헌바78)"라고 판시하여 보상규정이 없을 경우 직접손실보상을 청구할 수 없다는 입장이다.

판 례

(판례) 적법한 어업허가를 받고 허가어업에 종사하던 중 공유수면매립사업의 시행으로 피해를 입게되는 어민들이 있는 경우 그 공유수면매립사업의 시행자로서는 위 구 공공용지의취득및손실보상에관한특례법 시행규칙(1991. 10. 28. 건설부령 제493호로 개정되기 전의 것) 제25조의2의 규정을 유추적용하여 위와 같은 어민들에게 손실보상을 하여 줄 의무가 있다(대판 1999. 11. 23, 98다11529).

Ⅲ. 손실보상청구권의 법적 성질

행정상 손실보상청구권의 성질에 관하여 다음과 같은 견해의 대립이 있다.

1. 공권설

행정상 손실보상은 적법한 공권력의 행사로 입게 된 특별한 희생에 대한 보상이기 때문에 공권력발동과 관련된 것으로 보상에 관한 권리·의무의 법률관계는 공법관계이며, 따라서 보상청구권도 공법상의 권리라 한다. 우리나라의 통설이다. 손실보상청구권이 공법상 권리이므로 이것에 관한 소송은 행정소송으로서 당사자소송에 해당되며, 그 중에서도 형식적 당사자소송에 의하게 될 것이다.

2. 사권설

손실보상청구권을 사권의 성질을 가진 것으로 보는 견해로서, 손실보상의 원인행위가 공법적인 것이라 할지라도 그것에 대한 보상은 사법상의 채권·채무관계나 또는 손해배상과 다름이 없다고 한다. 우리나라 대법원도 징발과 그 보상청구권에 관하여 징발이 공권력 행사에 의한 행정처분이라 하여 그 보상청구권까지 공법관계에 속하는 권리라고 할 수 없고, 그 성질은 사법적 성질의 것이라고 판결한 바 있다. 이러한 사권설에 따르면 손실보상의 청구절차는 민사소송에 의한다.

3. 판례

법률에 불복절차에 관한 특별한 규정이 없는 경우에 종전의 판례는 손실보상청구권을 사권으로 보고 그에 관한 소송도 민사소송으로 하여야 한다는 입장이다. 이후 하천법 부칙과 이에 따른 특별조치법에 의한 손실보상청구권을 공법상의 권리로서 행정소송법상 당사자소송의 대상이라고 하여 종전의 입장을 변경하였다. 또한 판례는 공익사업으로 인한 손실보상청구권은 공익사업의 주체가 그 손실을 보상하여 주는 손실보상의 일종으로 공법상의 권리로 보아 이에 관한 소송은 행정소송에 의하여야 한다고 보고 있다.

판 례

(판례1) 구 수산업법(1990. 8. 1. 법률 제4252호로 개정되기 전의 것)에 의한 손실보상청구권이나 손실보상 관련 법령의 유추적용에 의한 손실보상청구권은 사업시행자를 상대로 한 민사소송의 방법에 의하여 행사하여야 한다(대판 2001. 6. 29, 99다56468).

(판례2) 하천구역으로 편입된 토지에 대한 하천법 본칙에 의한 손실보상청구는 행정소송에 의하는 것으로 규정되어 왔거나 해석되어 왔고, 실무상으로도 계속하여 행정소송 사건으로 처리하여 왔다.
그런데 개정 하천법은 그 부칙 제2조 제1항, 특별조치법 제2조에 의한 손실보상청구권은 모두 종전의 하천법 규정 자체에 의하여 하천구역으로 편입되어 국유로 되었으나 그에 대한 보상규정이 없었거나 보상청구권이 시효로 소멸되어 보상을 받지 못한 토지들에 대하여, 국가가 반성적 고려와 국민의 권리구제 차원에서 그 손실을 보상하기 위하여 규정한 것으로서, 그 법적 성질은 하천법 본칙이 원래부터 규정하고 있던 하천구역에의 편입에 의한 손실보상청구권과 하등 다를 바가 없는 것이어서 공법상의 권리임이 분명하므로 그에 관한 쟁송도 행정소송절차에 의하여야 할 것이다.
한편, 개정 하천법 부칙 제2조와 특별조치법 제2조, 제6조의 각 규정들을 종합하면, 위 규정들에 의한 손실보상청구권은 1984. 12. 31. 전에 토지가 하천구역으로 된 경우에는 당연히 발생되는 것이지, 관리청의 보상금지급결정에 의하여 비로소 발생하는 것은 아니므로, 위 규정들에 의한 손실보상금의 지급을 구하거나 손실보상청구권의 확인을 구하는 소송은 행정소송법 제3조 제2호 소정의 당사자소송에 의하여야 할 것이다(대판 2006. 5. 18, 2004다6207).

(판례3) 구 공익사업을 위한 토지 등의 취득 및 보상에 관한 법률 제77조 제2항, 같은 조 제4항, 구 토지보상법 시행규칙은 농업의 손실에 대한 보상(제48조), 축산업의 손실에 대한 평가(제49조), 잠업의 손실에 대한 평가(제50조)에 관하여 규정들에 따른 농업손실보상청구권은 공익사업의 시행 등 적법한 공권력의

행사에 의한 재산상의 특별한 희생에 대하여 전체적인 공평부담의 견지에서 공익사업의 주체가 그 손해를 보상하여 주는 손실보상의 일종으로 공법상의 권리임이 분명하므로 그에 관한 쟁송은 민사소송이 아닌 행정소송절차에 의하여야 할 것이다(대판 2011. 10. 13, 2009다43461).

(판례4) 구 공익사업법 제79조 제2항, 토지보상법 시행규칙 제57조에 따른 사업폐지 등에 대한 보상청구권은 공익사업의 시행 등 적법한 공권력의 행사에 의한 재산상 특별한 희생에 대하여 전체적인 공평부담의 견지에서 공익사업의 주체가 손해를 보상하여 주는 손실보상의 일종으로 공법상 권리임이 분명하므로 그에 관한 쟁송은 민사소송이 아닌 행정소송절차에 의하여야 한다(대판 2012. 10. 11, 2010다23210).

제2관 손실보상의 요건

Ⅰ. 재산권에 대한 공권적 침해

1. 재산권의 의미

(1) 재산권의 의의

재산권이란 소유권은 물론이고 법에 의하여 보호되는 일체의 재산적 가치 있는 권리를 의미하며 물권인지 채권인지를 가리지 않는다. 이러한 재산권에는 사법상의 권리와 공법상의 권리를 포함한다. 다만, 재산권은 현존하는 구체적인 재산가치이기에 지가상승의 기대와 같은 기대이익은 포함되지 않으며, 자연적·문화적 학술가치 또한 원칙적으로 손실보상의 대상이 아니다.

판 례

(판례1) 문화적, 학술적 가치는 특별한 사정이 없는 한 그 토지의 부동산으로서의 경제적, 재산적 가치를 높여 주는 것이 아니므로 토지수용법 제51조 소정의 손실보상의 대상이 될 수 없으므로, 이 사건 토지가 철새 도래지로서 자연 문화적인 학술가치를 지녔다 하더라도 손실보상의 대상이 될 수 없다(대판 1989. 9. 12, 88누11216).

(판례2) 헌법 제23조에서 보장하는 재산권은 사적 유용성 및 그에 대한 원칙적 처분권을 내포하는 재산가치 있는 구체적 권리이므로, 구체적인 권리가 아닌 단순한 이익이나 재화의 획득에 관한 기회 또는 기업활동의 사실적·법적 여건 등은 재산권보장의 대상에 포함되지 아니한다. 감염병예방법 제49조 제1항 제2호에 근거한 집합제한 조치로 인하여 청구인들의 일반음식점 영업이 제한되어 영업이익이 감소되었다 하더라도, 청구인들이 소유하는 영업 시설·장비 등에 대한 구체적인 사용·수익 및 처분권한을 제한받는 것은 아니므로, 보상규정의 부재가 청구인들의 재산권을 제한한다고 볼 수 없다(헌재결 2023. 6. 29, 2020헌마1669).

(2) 공권적 침해

보상청구권이 성립되려면 재산권에 대한 공권적 침해가 있어야 한다. 여기에서 침해라고 함은 재산권에 대한 일체의 훼손을 말한다. 우리 헌법은 이를 재산권의 수용·사용 또는 제한으로 표현하고 있는데, 이들 유형을 포괄하여 보통 공용침해라고 부른다. 이러한 침해는 공권력 주체에 의해 의도된 것이어야 한다. 의도되지 아니한 침해의 보상은 수용적 침해보상의 문제가 된다.

Ⅱ. 공공의 필요

1. 헌법규정

헌법은 공공필요에 의한 재산권의 수용·사용 또는 제한 및 그에 대한 보상은 법률로써 하되 정당한 보상을 지급하여야 한다(동법 제23조 제3항)라고 규정하고 있다. 따라서 공공필요는 수용의 정당화 사유이다. 공공필요성이 있으면 사인을 위한 수용도 인정된다. 우리 판례는 워커힐 사건에서 외국인을 대상으로 하는 관광 및 서비스사업도 공익사업으로 인정한 바 있다.

판 례

(판례1) 워커힐관광, 써비스 제공사업을 한국전쟁에서 전사한 고 워커 장군을 추모하고 외국인을 대상으로 하여 교통부 소관사업으로 행하기로 하는 정부방침 아래 교통부 장관이 토지수용법 제3조 제1항 제3호 소정의 문화시설에 해당하는 공익사업으로 인정하고 스스로 기업자가 되어 본건토지수용의 재결신청을 하여 중앙토지수용 위원회의 재결을 얻어 보상금을 지급한 사실을 인정하였음은 정당하고, 사실관계가 이렇다면 본건 수용재결은 적법유효한 것이다(대판 1971. 10. 22, 71다1716).

(판례2) 헌법재판소는 헌법 제23조 제3항에서 규정하고 있는 '공공필요'의 의미를 "국민의 재산권을 그 의사에 반하여 강제적으로라도 취득해야 할 공익적 필요성"으로 해석하여 왔다. 오늘날 공익사업의 범위가 확대되는 경향에 대응하여 재산권의 존속보장과의 조화를 위해서는, '공공필요'의 요건에 관하여, 공익성은 추상적인 공익 일반 또는 국가의 이익 이상의 중대한 공익을 요구하므로 기본권 일반의 제한사유인 '공공복리'보다 좁게 보는 것이 타당하며, 공익성의 정도를 판단함에 있어서는 공용수용을 허용하고 있는 개별법의 입법목적, 사업내용, 사업이 입법목적에 이바지 하는 정도는 물론, 특히 그 사업이 대중을 상대로 하는 영업인 경우에는 그 사업 시설에 대한 대중의 이용·접근가능성도 아울러 고려하여야 한다(헌재결 2014. 10. 30, 2011헌바129·172(병합)).

2. 판단기준

공공필요는 공공필요 개념의 추상적 해석을 통해서가 아니라 공용침해에 따른 공익과 사익과의 이익형량을 통해서 결정된다고 볼 수 있다. 여기서 이익형량의 기준은 ① 공용침해의 목적물은 공용침해를 통하여 달성하고자 하는 목적에 적합한 것이어야 한다는 적합성의 원칙, ② 공용침해는 그것이 달성하고자 하는 목적을 위해 필요한 경우에, 필요한 한도 내에서만 허용되어야 한다는 필요성의 원칙, ③ 공용침해를 통해 추구하는 공익이 그로 인한 사인의 재산권의 침해와 상당한 균형관계에 있는 수인가능한 것이어야 한다는 상당성의 원칙을 들 수 있다.

Ⅲ. 적법한 침해

1. 법률의 근거

손실보상의 원인으로서 개인의 재산권에 대한 침해는 적법한 것이어야 하며, 적법한 것이라 함은 법률에 근거한 것임을 뜻한다. 재산권을 포함하여 국민의 기본권에 대한 침해에는 법률유보의 원칙이 적용된다(헌법 제23조 제3항, 제37조 제2항). 여기서 법률에 의한 재산권의 공용침해에는 법률에 의한 직접적인 침해, 즉 입법적 침해와 법률에 근거한 행정행위에 의한 침해, 즉 행정적 침해로 구분할 수 있는데, 전자는 예외적인 경우에만 허용된다고 본다.

2. 적법한 재산권의 침해

공용침해에 관한 근거법으로서는 공익사업을 위한 토지등의 취득 및 보상에 관한 법률이 대표적이라고 할 수 있다. 이 같은 법률에 근거하여 적법하게 개인의 재산권을 침해하는 것이, 손실보상의 중요한 요건이 된다. 따라서 공권력이 법령에 위반하여, 즉 위법하게 개인의 재산을 침해한 때에는 국가배상의 원인이 될 뿐, 엄격한 의미의 손실보상의 원인은 되지 않는다고 보아야 한다(헌법 제29조, 국가배상법 제2조 참조). 또한, 침해는 의도된 것이어야 하며 현실적이어야 한다.

판 례

(판례) 공유수면 매립면허의 고시가 있다고 하여 반드시 그 사업이 시행되고 그로 인하여 손실이 발생한다고 할 수 없으므로, 매립면허 고시 이후 매립공사가 실행되어 관행어업권자에게 실질적이고 현실적인 피해가 발생한 경우에만 공유수면매립법에서 정하는 손실보상청구권이 발생하였다고 할 것이다(대판 2010. 12. 9, 2007두6571).

Ⅳ. 특별한 희생

1. 개념

손실보상의 요건이 충족되기 위해서는 타인의 재산권에 대한 공권적 침해로 인하여 '특별한 희생'이 발생하여야 한다. 여기에서 특별한 희생이란 "사회적 제약을 넘어서는 손실"이라 할 수 있다. 즉, 일반인에게는 없고 특정인에 한정된 손실이며, 그 손실을 방치하면 평등의 원칙에 반하는 경우로서 재산권에 일반적으로 내재하는 사회적 제약을 넘어선 손실을 의미한다. 그러나 구체적으로 특별한 희생과 사회적 제약을 어떠한 기준에 의해 구별하느냐는 특히 재산권에 대한 제한과 관련하여 학설상 상당한 논란이 되고 있다.

2. 학설

(1) 형식적 기준설

이는 재산권에 대한 침해가 특정인 또는 특정집단에게 가해짐으로써 일반에게는 예기되지 않는 희생을 과하며, 따라서 평등원칙에 위배되는 재산권의 침해가 되는 경우인가 아닌가에 의해 양자의 구분기준을 찾으려는 입장이다. 이 견해는 특별한 희생을 피침해자가 범국가적인 일반인이냐 그렇지 않으면 특정인 또는 국한된 범위내의 소수인이냐의 표준에 따라 구별하여, 후자만이 특별한 희생으로서 보상원인이 된다고 한다.

(2) 실질적 기준설

이는 침해행위의 성질·정도를 기준으로 하여 특별한 희생인지를 판단하는 학설로서, 보호가치설, 수인한도설, 목적위배설, 사적효용설, 중대성설, 상황구속성설 등이 존재한다.

① 보호가치설

역사·일반적 사상·언어의 관용·법률의 취지 등에 비추어 재산권을 보호할 만한 것과 그렇지 않은 것으로 구분하여 보호할만한 것에 대한 침해만을 그 대상으로 하여 이에 대한 보상을 요하는 것을 공용침해라고 한다. 즉, 재산권을 보호가치 있는 것과 그렇지 아니한 것으로 나누어 보호가치 있는 재산권에 대한 침해를 특별한 희생으로 보아 보상을 요한다고 한다.

② 수인한도설

어떠한 침해행위가 그의 본질과 강도에 비추어 재산권의 본질인 배타적 지배를 침해한 경우 그것을 수인의 한도를 넘어서는 공용침해라고 한다. 즉, 침해의 강도에 비추어 재산권의 본질적인 내용인 배타적 지배를 침해하는 정도이면 수인한도를 넘어선 것으로 보상을 요하며 그 정도에 이르지 아니한 침해는 보상없이 수인해야 한다는 견해이다.

③ 목적 위배설(기능설)

이 설은 재산권을 침해하는 행위가 그 재산권에 대하여 종래부터 인정되었던 목적·용도에 위배되는 성질의 것이면 특별한 희생으로 보아야 하며, 반대로 재산권에 대한 침해·제한행위가 재산권의 본래의 기능에 따라 공공복리에 적합하도록 재산권행사를 규제하는 성질을 가질 때에는 특별한 희생이 아니라고 한다. 예컨대 부동산의 이상거래와 투기를 규제하기 위하여 거래절차·가격을 규제하는 것은 그 부동산의 본래의 기능을 발휘하게 하는 것으로서 보상원인인 특별한 희생이 아니며, 도로건설을 위한 농지수용은 농지의 본래의 기능을 박탈하는 것으로서 보상원인이 된다고 한다.

④ 사적 효용설

이 설은 재산권의 본질을 개인의 이익과 사적 지배 즉 사적 이용에 있다 하고, 이것을 침해하는 것은 보상원인이 된다고 한다. 이는 헌법이 보장하는 사유재산제도의 본질을 사적 효용성에서 구하고, 이것을 침해하는 것이냐 아니냐에 의해 공용침해인지 여부를 구별하고자 하는 입장이다.

⑤ 중대성설

이 설은 독일의 연방행정법원이 기본적으로 취하고 있는 입장인바, 침해의 중대성과 범위에 의해 공용침해와 사회적 제약을 구별하고 있다.

⑥ 상황구속성설

이 설은 주로 토지의 이용제한과 관련하여, 같은 목적물(토지 등)이라 하더라도 그것이 놓여 있는 위치·상황에 따라 사회적 제약에 차이가 있으며, 따라서 보상의 여부를 판단함에 있어서도 차이를 두어야 한다는 것이다. 이 이론은 토지이용제한에 있어서 보상여부를 결정하기 위한 것으로서, 토지는 그것이 놓여 있는 상황에 가장 상응하게 이용되어야 할 구속, 즉 상황적 구속을 받는다는 견해이다.

(3) 절충설(복수 기준설)

사람의 수를 기준으로 하는 형식설과 재산권에 대한 침해의 정도를 기초로 하는 실질설을 합친 견해로서 특별한 희생이냐의 여부는 형식적 및 실질적 기준을 아울러 고려하여 결정해야 한다는 견해로 우리나라의 통설이다.

판 례

(판례) 국립공원구역지정 후 토지를 종래의 목적으로 사용할 수 있는 원칙적인 경우의 토지소유자에게 부과하는 현상태의 유지의무나 변경금지의무는, 토지재산권의 제한을 통하여 실현하고자 하는 공익의 비중과 토지재산권의 침해의 정도를 비교해 볼 때, 토지소유자가 자신의 토지를 원칙적으로 종래 용도대로 사

용할 수 있는 한 재산권의 내용과 한계를 비례의 원칙에 부합하게 합헌적으로 규율한 규정이라고 보아야 한다. 그러나 입법자가, 국립공원구역지정 후 토지를 종래의 목적으로도 사용할 수 없거나 토지를 사적으로 사용할 수 있는 방법이 없이 공원구역내 일부 토지소유자에 대하여 가혹한 부담을 부과하면서 아무런 보상규정을 두지 않은 경우에는 비례의 원칙에 위반되어 당해 토지소유자의 재산권을 과도하게 침해하는 것이라고 할 수 있다(헌재결 2003. 4. 24, 99헌바110 · 2000헌바46).

3. 경계이론과 분리이론

(1) 양 이론의 의미

헌법은 재산권 제한의 유형으로 ① 재산권의 사회적 구속성의 한계를 넘지 않는 '사회적 제약'(헌법 제23조 제1항 및 제2항)과 ② 재산권의 사회적 구속성을 넘는 '공용침해'(헌법 제23조 제3항)를 규정하고 있다. 이와 관련하여 개별법률에 의한 재산권 제한이 이중에서 어디에 해당하는지, 또한 양자의 관계를 어떻게 볼 것인지를 놓고 양 이론이 대립한다.

(2) 경계이론

재산권의 내용과 공용침해는 별개의 제도가 아니며, 양자간에는 정도의 차이가 있을 뿐이며, 내용규정의 경계를 벗어나면 보상의무가 있는 공용침해로 전환한다는 이론을 말한다. 즉, 사회적 제약을 벗어나는 재산권 규제는 보상규정의 유무를 불문하고 보상이 따라야 한다는 논리이다. 따라서 공공필요에 의한 재산권의 제약이 재산권에 내재하는 사회적 제약을 넘는 특별희생이 있는 경우 그에 대하여 보상을 하여야 하는 것으로 본다. 경계이론은 수용유사침해론으로 연결되며 독일연방최고법원과 우리 대법원이 취하는 입장이다.

ㄴ(3) 분리이론

분리이론은 사회적 제약을 정한 재산권의 내용규정과 수용규정은 전혀 별개의 법제도로 보고, 양자는 입법의 형식과 그 목적에 따라 재산권에 대한 제한의 문제를 헌법 제23조 제1항 및 제2항에 의한 재산권의 내용과 한계의 문제(내용규정)와 헌법 제23조 제3항의 공용제한과 손실보상의 문제(수용규정)로 구분한다. 분리이론에 따르면 입법자가 공용침해를 규정한 것이 아니라 재산권의 내용을 규정하는 경우(사회적 제약 분야라 하더라도)라 할지라도 그 규정이 비례원칙에 반하여 일정한 한계를 벗어나 기본권을 침해하면 구제되어야 하되, 다만 보상의 문제를 가져오는 것이 아니라 위헌성의 제거에 초점을 두는 견해로 독일연방헌법재판소와 우리 헌법재판소의 입장이다.

판 례

(판례1) 도시계획법 제21조에 규정된 개발제한구역제도 그 자체는 원칙적으로 합헌적인 규정인데, 다만 개발제한구역의 지정으로 말미암아 일부 토지소유자에게 사회적 제약의 범위를 넘는 가혹한 부담이 발생하는 예외적인 경우에 대하여 보상규정을 두지 않은 것에 위헌성이 있는 것이다(헌재결 1998. 12. 24, 89헌마124, 90헌바16).

(판례2) 개성공단 전면중단 조치는 공익 목적을 위하여 개별적, 구체적으로 형성된 구체적인 재산권의 이용을 제한하는 공용 제한이 아니므로, 이에 대한 정당한 보상이 지급되지 않았다고 하더라도, 그 조치가 헌법 제23조 제3항을 위반하여 개성공단 투자기업인 청구인들의 재산권을 침해한 것으로 볼수 없다(헌재결 2022. 1. 27, 2016헌마364).

(판례3) 도축장 사용정지·제한명령은 구제역과 같은 가축전염병의 발생과 확산을 막기 위한 것이고, 그러한 명령이 내려지면 국가가 도축장 영업권을 강제로 취득하는 것이 아니라 일정기간 동안 도축장을 사용하지 못하게 하는 것에 불과하다. 그러한 목적과 형태에 비추어 볼 때, 도축장 사용정지·제한명령은 공익목적을 위하여 이미 형성된 구체적 재산권을 박탈하거나 제한하는 헌법 제23조 제3항의 수용·사용 또는 제한에 해당하는 것이 아니라 헌법 제23조 제1항의 재산권의 내용과 한계에 해당한다. 따라서 보상금은 도축장 소유자들의 경제적인 부담을 완화하고 도축장 사용정지·제한명령의 준수를 유도하기 위하여 지급하는 것으로서 시혜적인 입법조치에 해당한다(헌재결 2015. 10. 21, 2012헌바367).

(판례4) 수산업법 제34조 제1항, 제2항, 제81조 제1항 제1호 등 관련 규정의 문언·체제·취지 등…을 종합하면, 이 사건 단서 조항에서 허가·신고 어업에 대하여 '국방상 필요하다고 인정하여 국방부장관으로부터 요청이 있을 때'(제3호)에는 '공익사업을 위한 토지 등의 취득 및 보상에 관한 법률 제4조의 공익사업상 필요한 때'(제5호)와 달리 손실보상 없이 이를 제한할 수 있도록 정한 것이 재산권자가 수인하여야 하는 사회적 제약의 한계를 넘어 가혹한 부담을 발생시키는 등 비례의 원칙을 위반하였다고 보기 어려우므로 이 사건 단서 조항이 헌법에 위반된다고 볼 수 없다(대판 2016. 5. 12, 2013다62261).

(4) 검토

사회적 제약을 벗어나는 침해의 경우, 경계이론에 따르면 보상이 주어져야 하고, 분리이론에 따르면 침해행위의 폐지가 문제될 뿐 보상은 문제되지 않는다. 경계이론은 보상을 통한 가치의 보장에 중점을 두고, 분리이론은 위헌적인 침해의 억제를 통한 존속보장에 중점을 두고 있다.

<table>
<tr><th></th><th>경계이론</th><th>분리이론</th></tr>
<tr><td>문제점</td><td colspan="2">특별한 희생의 판단기준으로서 보상규정을 결한 재산권침해행위에 대한 권리구제가 주로 문제된다.</td></tr>
<tr><td>헌법규정</td><td colspan="2">헌법 제23조 제1항과 제2항은 사회적 제약 즉 내용규정이고, 헌법 제23조 제3항은 수용규정에 해당한다.</td></tr>
</table>

의의	재산권의 내용과 공용침해는 별개의 제도가 아니며, 양자간에는 정도의 차이가 있을 뿐이며, 내용규정의 경계를 벗어나면 보상의무가 있는 공용침해로 전환한다는 이론	내용규정과 수용규정은 전혀 별개의 법제도로 보고, 양자는 입법의 형식과 그 목적에 따라 내용규정과 수용규정으로 구분된다고 보는 이론
내용규정과 수용규정의 구별기준	1. 재산권제한의 정도 및 강도에 따라 구별 2. 구별기준 형식적기준설: 특별희생설 실질적기준설: 보호가치설, 수인한도설, 목적위배설, 중대성설 등	1. 입법의 형식과 목적에 따라 구별 2. 구별기준 내용규정: 단순히 일반적 · 추상적으로 재산권의 권리와 의무를 확정하는 규정 수정규정: 공적과제 수행을 위해 의도적으로 개별적·구체적인 재산권을 박탈하는 규정
보상규정의 결여시 문제	1. 재산권 제약정도가 사회적 제약의 한계를 넘지 않은 경우: 특별희생 X, 보상 X 2. 재산권 제약정도가 사회적 제약의 한계를 넘어선 경우: 특별희생 O 보상규정 有 → 손실보상청구 보상규정 無 → 직접효력설/위헌무효설/유추적용설	1. 수용규정인 경우 → 보상규정 필요 2. 내용규정인 경우 → 보상규정 없는 경우 원칙적으로 조절의무 X, 보상 X 예외적으로 비례원칙에 반하는 경우 취소소송(헌법소원)이나 입법자의 후속입법에 따른 권리구제

제3관 손실보상의 기준과 내용

Ⅰ. 손실보상의 기준

1. 헌법규정

헌법에서는 정당한 보상을 규정하고 있는바, 이 때 정당한 보상의 의미와 관련하여 학설이 대립한다.

2. 학설

(1) 완전보상설

손실보상은 침해재산권을 침해 전후를 비교하여 경제적 가치에 있어서 증감이 없도록 완전히 보상하여야 한다는 견해로 다수설의 입장이다. 이는 다시 ① 손실보상의 목적은 공평부담이라는 평등원칙의 실현에 있으므로 재산권침해로 인하여 발생한 부대적 손실을 포함한 손실의 전부를 보상하여야 한다는 손실전부보상설과 ② 손실보상은 피침해재산의 거래가격에 따른 객관적 가치를 완전히 보상하면 되고 부대적 손실(영업손실·이전비용 등)까지 보상할 필요가 없다는 객관적 가치보상설이 대립되고 있다.

(2) 상당보상설

손실보상은 오늘날 복지주의에 따라 재산권의 사회적 구속성을 감안하고 또한 개인과 사회의 이익을 비교형량하여 합리적인 조화를 이룬 보상이어야 한다는 것이 상당보상설이다. 이 견해에 의하면 사회정의의 실현을 위하여 합리적인 이유가 있으면 완전한 보상을 하회하는 보상도 가능하며, 또한 침해행위에 부수하는 손실, 즉 영업상 손실·이전료·원상회복·기타 생활보상 등 완전한 보상을 상회하는 보상도 가능하다고 본다.

(3) 검토

헌법상의 정당한 보상이란 원칙적으로 완전한 보상을 해주어야 하지만 상황에 따라 완전보상을 하회할 수도 있고, 경우에 따라서는 생활보상까지 해주어야 하는 경우도 있을 수 있다는 의미로 이해하여야 할 것이다. 다만, 법원과 헌법재판소는 정당한 보상을 완전보상으로 이해한다. 그러나 개발이익은 완전보상의 범위에 포함되지 아니한다.

판 례

(판례1) 헌법이 규정한 '정당한 보상'이란 이 사건 소원의 발단이 된 소송사건에서와 같이 손실보상의 원인이 되는 재산권의 침해가 기존의 법질서 안에서 개인의 재산권에 대한 개별적인 침해인 경우에는 그 손실보상은 원칙적으로 피수용재산의 객관적인 재산가치를 완전하게 보상하는 것이어야 한다는 완전보상을 뜻하는 것으로서 보상금액 뿐만 아니라 보상의 시기나 방법 등에 있어서도 어떠한 제한을 두어서는 아니된다는 것을 의미한다고 할 것이다.
재산권의 객체가 갖는 객관적 가치란 그 물건의 성질에 정통한 사람들의 자유로운 거래에 의하여 도달할 수 있는 합리적인 매매가능가격 즉 시가에 의하여 산정되는 것이 보통이다(헌재결 1990. 6. 25, 89헌마107).

(판례2) 헌법 제23조 제3항이 규정하는 정당한 보상이란 원칙적으로 피수용재산의 객관적인 재산가치를 완전하게 보상하는 것이어야 한다는 완전보상을 의미한다. 구 토지수용법 제46조 제2항 및 지가공시및토지등의평가에관한법률 제10조 제1항 제1호가 토지수용으로 인한 손실보상액의 산정을 공시지가를 기준으로 하되 개발이익을 배제하고, 공시기준일부터 재결시까지의 시점보정을 인근토지의 가격변동률과 도매물가상승률 등에 의하여 행하도록 규정한 것은 위 각 규정에 의한 기준지가가 대상지역 공고일 당시의 표준지의 객관적 가치를 정당하게 반영하는 것이고, 표준지와 지가산정 대상토지 사이에 가격의 유사성을 인정할 수 있도록 표준지의 선정이 적정하며, 대상지역 공고일 이후 수용시까지의 시가변동을 산출하는 시점보정의 방법이 적정한 것으로 보이므로, 헌법상의 정당보상의 원칙에 위배되는 것이 아니며, 또한 위 헌법조항의 법률유보를 넘어섰다거나 과잉금지의 원칙에 위배되었다고 볼 수 없다(헌재결 1995. 4. 20, 93헌바20).

Ⅱ. 손실보상의 내용

1. 재산권보상

(1) 보상액 산정의 기준과 방법

1) 수용당시의 시가보상기준

보상액의 산정은 협의에 의한 경우에는 협의 성립 당시의 가격을, 재결에 의한 경우에는 수용 또는 사용의 재결 당시의 가격을 기준으로 한다.

2) 공시지가 기준 보상

보상액을 산정할 경우에 해당 공익사업으로 인하여 토지등의 가격이 변동되었을 때에는 이를 고려하지 아니한다(토지보상법 제67조).

3) 개발이익배제의 법칙

개발이익을 배제한 시가보상의 원칙을 정하고 있다. 헌법재판소는 개발이익을 보상액 산정에서 배제하는 것이 헌법상 정당보상의 원칙에 위배되는 것은 아니라고 본다(헌재결 1990. 6. 25, 89헌마107).

판 례

(판례1) 손실보상액 산정의 기준이 되는 지가공시및토지등의평가에관한법률에 의한 공시지가에 당해 수용사업의 시행으로 인한 개발이익이 포함되어 있을 경우 그 공시지가에서 그러한 개발이익을 배제한 다음 이를 기준으로 하여 손실보상액을 평가하고, 반대로 그 공시지가가 당해 수용사업의 시행으로 지가가 동결된 관계로 개발이익을 배제한 자연적 지가상승분도 반영하지 못한 경우에는 그 자연적 지가상승률을 산출하여 이를 기타사항으로 참작하여 손실보상액을 평가하는 것이 정당보상의 원리에 합당하다(대판 1993. 7. 27, 92누11084).

(판례2) 토지수용으로 인한 손실보상액을 산정함에 있어서 당해 공공사업의 시행을 직접목적으로 하는 계획의 승인, 고시로 인한 가격변동은 이를 고려함이 없이 수용재결 당시의 가격을 기준으로 하여 적정가격을 정하여야 하나, 당해 공공사업과는 관계없는 다른 사업의 시행으로 인한 개발이익은 이를 배제하지 아니한 가격으로 평가하여야 한다(대판 1992. 2. 11, 91누7774).

(2) 토지보상

협의나 재결에 의하여 취득하는 토지에 대하여는 「부동산 가격공시 및 감정평가에 관한 법률」에 따른 공시지가를 기준으로 하여 보상하되, 그 공시기준일부터 가격시점까지의 관계법령에 따른 그 토지의 이용계획, 해당 공익사업으로 인한 지가의 영향을 받지 아니하는 지역의 대통령령으로 정하는 지가변동률, 생산자물가상승률과 그 밖에 그 토지의 위치·형상·환경·이용상황 등을 고려하여 평가한 적정가격으로 보상하여야 한다(동법 제70조).

판 례

(판례) 구 도시 및 주거환경정비법상 사업시행인가는 사업시행계획에 따른 대상 토지에서의 개발과 건축을 승인하여 주고, 덧붙여 의제조항에 따라 토지에 대한 수용 권한 부여와 관련한 사업인정의 성격을 가진다. 따라서 어느 특정한 토지를 최초로 사업시행 대상 부지로 삼은 사업시행계획이 당연무효이거나 법원의 확정판결로 취소된다면, 그로 인하여 의제된 사업인정도 효력을 상실한다. 그러나 이와 달리 특정한 토지를 최초로 사업시행 대상 부지로 삼은 최초의 사업시행인가가 효력을 유지하고 있고 그에 따라 의제된 사업인정의 효력 역시 유지되고 있는 경우라면, 특별한 사정이 없는 한 최초의 사업시행인가를 통하여 의제된 사업인정은 변경인가에도 불구하고 그 효력이 계속 유지된다. 사업시행 대상부지 자체에 관하여는 아무런 변경 없이 건축물의 구조와 내용 등 사업시행계획의 내용을 대규모로 변경함으로써 최초 사업시행인가의 주요 내용을 실질적으로 변경하는 인가가 있는 경우에도 최초의 사업시행인가가 유효하게 존속하다가 변경인가 시부터 장래를 향하여 실효될 뿐이고, 사업시행 대상부지에 대한 수용의 필요성은 특별한 사정이 없는 한 변경인가 전후에 걸쳐 아무런 차이가 없다. 공익사업을 위한 토지 등의 취득 및 보상에 관한 법률(이하 '토지보상법'이라 한다) 제24조에 비추어 보더라도, 사업시행변경인가에 따라 사업대상 토지 일부가 제외되는 등의 방식으로 사업내용이 일부 변경됨으로써 종전의 사업대상 토지 중 일부에 대한 수용의 필요성이 없게 된 경우에, 그 부분에 한하여 최초 사업시행인가로 의제된 사업인정 중 일부만이 효력을 상실하게 될 뿐이고(제24조 제1항, 제5항 참조), 변동 없이 수용의 필요성이 계속 유지되는 토지 부분에 대하여는 최초 사업시행인가로 의제된 사업인정의 효력이 그대로 유지됨을 당연한 전제로 하고 있다. 이러한 도시정비법령과 토지보상법령의 체계와 취지에 비추어 보면, 특정한 토지를 사업시행 대상 부지로 삼은 최초의 사업시행인가 고시로 의제된 사업인정이 효력을 유지하고 있다면, 최초의 사업시행인가 고시일을 기준으로 보상금을 산정함이 원칙이다. 만일 이렇게 보지 않고 사업시행변경인가가 있을 때마다 보상금 산정 기준시점이 변경된다고 보게 되면, 최초의 사업시행인가 고시가 있을 때부터 수용의 필요성이 유지되는 토지도 그와 무관한 사정으로 보상금 산정 기준시점이 매번 바뀌게 되어 부당할 뿐 아니라, 사업시행자가 자의적으로 보상금 산정 기준시점을 바꿀 수도 있게 되어 합리적이라고 볼 수 없다(대판 2018. 7. 26, 2017두33978).

(3) 토지 이외의 재산권보상

1) 건축물에 대한 보상

건축물·입목·공작물과 그 밖에 토지에 정착한 물건에 대하여는 이전에 필요한 비용(이하 "이전비"라 한다)으로 보상하여야 한다(동법 제75조 제1항).

2) 농작물에 대한 보상

농작물에 대한 손실은 그 종류와 성장의 정도 등을 종합적으로 고려하여 보상하여야 한다(동법 제75조 제2항).

3) 토지에 속한 흙·돌 등에 대한 보상

토지에 속한 흙·돌·모래 또는 자갈(흙·돌·모래 또는 자갈이 해당 토지와 별도로 취득 또는 사용의 대상이 되는 경우만 해당한다)에 대하여는 거래가격 등을 고려하여 평가한 적정가격으로 보상하여야 한다(동법 제75조 제3항).

4) 분묘에 대한 보상

분묘에 대하여는 이장에 드는 비용 등을 산정하여 보상하여야 한다(동법 제75조 제4항).

5) 권리에 대한 보상

광업권·어업권·양식업권 및 물(용수시설을 포함한다) 등의 사용에 관한 권리에 대하여는 투자비용, 예상 수익 및 거래가격 등을 고려하여 평가한 적정가격으로 보상하여야 한다(동법 제76조).

판 례

(판례) 댐건설 및 주변지역지원 등에 관한 법률 제11조 제1항, 제3항, 공익사업을 위한 토지 등의 취득 및 보상에 관한 법률 제1조, 제61조, 제76조 제1항, 제77조 제1항의 내용을 종합해 볼 때, 물을 사용하여 사업을 영위하는 지위가 독립하여 재산권, 즉 처분권을 내포하는 재산적 가치 있는 구체적인 권리로 평가될 수 있는 경우에는 댐건설법 제11조 제1항, 제3항 및 토지보상법 제76조 제1항에 따라 손실보상의 대상이 되는 '물의 사용에 관한 권리'에 해당한다고 볼 수 있다.
하천법 제5조, 제33조 제1항, 제50조, 부칙 제9조의 규정 내용과 구 하천법 제25조 제1항 제1호, 구 하천법 제33조 제1항 제1호의 개정 경위 등에 비추어 볼 때, 하천법 제50조에 의한 하천수 사용권은 하천법 제33조에 의한 하천의 점용허가에 따라 해당 하천을 점용할 수 있는 권리와 마찬가지로 특허에 의한 공물사용권의 일종으로서, 양도가 가능하고 이에 대한 민사집행법상의 집행 역시 가능한 독립된 재산적 가치가 있는 구체적인 권리라고 보아야 한다. 따라서 하천법 제50조에 의한 하천수 사용권은 공익사업을 위한 토지 등의 취득 및 보상에 관한 법률 제76조 제1항이 손실보상의 대상으로 규정하고 있는 '물의 사용에 관한 권리'에 해당한다(대판 2018. 12. 27, 2014두11601).

(4) 일실손실보상

1) 영업손실보상

영업을 폐업하거나 휴업함에 따른 영업손실에 대하여는 영업이익과 시설의 이전비용 등을 고려하여 보상하여야 한다(동법 제77조 제1항).

판 례

(판례) 손실보상의 대상인지 여부는 토지소유자와 관계인, 일반인이 특정한 지역에서 공익사업이 시행되리라는 점을 알았을 때를 기준으로 판단하여야 하는데, 산업입지법에 따른 산업단지개발사업의 경우 "수용·사용할 토지·건축물 또는 그 밖의 물건이나 권리가 있는 경우에는 그 세부 목록"이 포함된 산업단지개발계획을 수립하여 산업단지를 지정·고시한 때에 토지소유자와 관계인, 일반인이 특정한 지역에서 해당 산업단지개발사업이 시행되리라는 점을 알게 되므로 산업단지 지정 고시일을 손실보상 여부 판단의 기준시점으로 보

아야 하고, 그 후 실시계획 승인 고시를 하면서 지형도면을 고시한 때를 기준으로 판단하여서는 아니 된다(대판 2019. 12. 12, 2019두47629).

2) 농업손실보상

농업의 손실에 대하여는 농지의 단위면적당 소득 등을 고려하여 실제 경작자에게 보상하여야 한다. 다만, 농지소유자가 해당 지역에 거주하는 농민인 경우에는 농지소유자와 실제 경작자가 협의하는 바에 따라 보상할 수 있다(동법 제77조 제2항). 농업의 폐지·이전에 따른 보상은 농업·축산업·잠업별로 보상한다(동법 시행규칙 제48·49·50조).

판 례

(판례) 토지보상법 시행규칙 제48조에서 정한 영농손실액 보상(이하 '영농보상'이라고 한다)은 편입토지 및 지장물에 관한 손실보상과는 별개로 이루어지는 것으로서, 농지가 공익사업시행지구에 편입되어 공익사업의 시행으로 더 이상 영농을 계속할 수 없게 됨에 따라 발생하는 손실에 대하여 같은 시행규칙 제46조에서 정한 폐업보상과 마찬가지로 장래의 2년간 일실소득을 보상함으로써, 농민이 대체 농지를 구입하여 영농을 재개하거나 다른 업종으로 전환하는 것을 보장하기 위한 것이다. 영농보상은 농민이 기존 농업을 폐지한 후 새로운 직업 활동을 개시하기까지의 준비기간 동안에 농민의 생계를 지원하는 간접보상이자 생활보상으로서의 성격을 가진다(대판 2020. 4. 29, 2019두32696).

3) 임금손실보상

휴직하거나 실직하는 근로자의 임금손실에 대하여는 「근로기준법」에 따른 평균임금 등을 고려하여 보상하여야 한다(동법 제77조 제3항).

2. 사업손실보상

(1) 의의

사업손실보상은 공공사업의 시행 또는 완성 후의 시설이 간접적으로 사업지 밖의 타인의 재산권에 가해지는 손실을 의미한다. 간접손실보상이라고도 하는데 이를 ① 생활보상의 내용으로 보는 입장도 있고, ② 생활보상과는 별도로 분리하는 견해도 있다.

(2) 토지보상법상의 사업손실보상

1) 잔여지 보상

동일한 소유자에게 속하는 일단의 토지의 일부가 협의에 의하여 매수되거나 수용됨으로 인하여 잔여지를 종래의 목적에 사용하는 것이 현저히 곤란할 때에는 해당 토지소유자는 사업시행자에게 잔여지를 매수하여 줄 것을 청구할 수 있으며, 사업인정 이후에는 관할 토지수용위원회에 수용을 청구할 수 있다. 이 경우 수용의 청구는 매수에 관한 협의가 성립되지 아니한 경우에만 할 수 있으며, 사업완료일까지 하여야 한다(동법 제74조 제1항).

판 례

(판례) 토지보상법 제73조 제1항 … 특정한 공익사업의 사업시행자가 보상하여야 하는 손실은, 동일한 소유자에게 속하는 일단의 토지 중 일부를 사업시행자가 그 공익사업을 위하여 취득하거나 사용함으로 인하여 잔여지에 발생하는 것임을 전제로 한다. 따라서 이러한 잔여지에 대하여 현실적 이용상황 변경 또는 사용가치 및 교환가치의 하락 등이 발생하였더라도, 그 손실이 토지의 일부가 공익사업에 취득되거나 사용됨으로 인하여 발생하는 것이 아니라면 특별한 사정이 없는 한 토지보상법 제73조 제1항 본문에 따른 잔여지 손실보상 대상에 해당한다고 볼 수 없다(대판 2017. 7. 11, 2017두40860).

2) 필요비용의 보상

사업시행자는 공익사업의 시행으로 인하여 취득하거나 사용하는 토지(잔여지를 포함한다) 외의 토지에 통로·도랑·담장 등의 신설이나 그 밖의 공사가 필요할 때에는 그 비용의 전부 또는 일부를 보상하여야 한다. 다만, 그 토지에 대한 공사의 비용이 그 토지의 가격보다 큰 경우에는 사업시행자는 그 토지를 매수할 수 있다(동법 제79조 제1항).

3) 기능상실에 따른 보상

공익사업이 시행되는 지역 밖에 있는 토지등이 공익사업의 시행으로 인하여 본래의 기능을 다할 수 없게 되는 경우에는 국토교통부령으로 정하는 바에 따라 그 손실을 보상하여야 한다(동법 제79조 제2항).

(3) 명문의 규정이 없는 경우의 보상

사업지 밖에서 발생된 간접사실에 대하여 명문의 규정이 없는 경우, 법원은 ① 공공사업의 시행으로 인하여 그러한 손실이 발생하리라는 것을 쉽게 예견할 수 있고 ② 그 손실의 범위도 구체적으로 특정할 수 있는 경우에는 ③ 관련 규정 등을 유추적용하여 보상할 수 있다고 하고 있다.

판 례

(판례) 공공사업의 시행 결과 공공사업시행지구 밖에서 발생한 간접손실에 관하여 그 피해자와 사업시행자 사이에 협의가 이루어지지 아니하고, 그 보상에 관한 명문의 근거 법령이 없는 경우라고 하더라도 … 공공사업의 시행으로 인하여 그러한 손실이 발생하리라는 것을 쉽게 예견할 수 있고, 그 손실의 범위도 구체적으로 이를 특정할 수 있는 경우에는 그 손실의 보상에 관하여 구 공공용지의취득및손실보상에관한특례법시행규칙의 관련 규정 등을 유추적용할 수 있다(대판 2004. 9. 23, 2004다25581).

3. 생활보상

(1) 개념

1) 의의

① 협의설

현재 당해 지역에서 누리고 있는 생활이익의 상실로서 재산권보장으로 전보되지 않는 손실에 대한 보상을 의미한다. 이 설에 따르면 영업손실보상 등 부대적 손실에 대한 보상은 재산권보상에 포함된다.

② 광의설

공용침해 이전의 생활상태를 회복하기 위한 모든 조치를 강구하는 것으로서 협의의 생활보상 외에 부대적 손실까지 포함하여 생활보상으로 이해하는 입장으로 다수설이다. 이 설에 따르면 영업상 손실의 보상, 소수잔존자보상, 이전료 보상 등은 생활보상에 포함된다.

2) 생활보상과 생활권보상

일반적으로 생활보상과 생활권보상을 구분하지 않으나, 생활보상은 보상의 내용 내지 방법에 관한 것이고, 생활권보상은 보상의 범위 내지 대상에 관한 것으로 구별하는 견해가 있다.

(2) 법적 근거

1) 헌법적 근거

헌법 제23조 제3항은 재산권보상에 관한 근거규정이므로 헌법 제34조 인간다운 생활을 할 권리와 결합하여 생활보상의 근거가 된다고 보는 견해가 다수설이다. 대법원은 헌법 제34조를 근거로 본다. 헌법재판소는 생활보상의 성격인 이주대책에 대해 헌법 제23조 제3항의 보장이 아니라는 결정을 하였다.

판 례

(판례1) 이주자들에 대하여 종전의 생활상태를 원상으로 회복시키면서 동시에 인간다운 생활을 보장하여 주기 위한 이른바 생활보상의 일환으로 국가의 적극적이고 정책적인 배려에 의하여 마련된 제도라 할 것이다(대판 2003. 7. 25, 2001다57778).

(판례2) '생업의 근거를 상실하게 된 자에 대하여 일정 규모의 상업용지 또는 상가분양권 등을 공급하는' 생활대책은 헌법 제23조 제3항에 규정된 정당한 보상에 포함되는 것이라기보다는 생활보상의 일환으로서 국가의 정책적인 배려에 의하여 마련된 제도이므로, 그 실시 여부는 입법자의 입법정책적 재량의 영역에

속한다. 이 사건 법률조항이 공익사업의 시행으로 인하여 농업 등을 계속할 수 없게 되어 이주하는 농민 등에 대한 생활대책 수립의무를 규정하고 있지 않다는 것만으로 재산권을 침해한다고 볼 수 없다(헌재결 2013. 7. 25, 2012헌바71).

2) 법률적 근거

생활보상은 법률적 근거가 있어야 한다. 토지보상법상 소수잔존자보상, 이주대책, 이주정착금의 지급, 주거대책비보상, 이농비 또는 이어비 보상에 관한 규정은 생활보상에 관한 규정이라 할 수 있다.

(3) 생활보상의 내용

현행법상 생활보상은 ① 피보상자에게 직접 지급되는 생활보상금과 ② 그 밖의 피보상자의 생활재건을 위한 생활재건조치로 나뉜다.

1) 생활보상금

생활보상금은 사업자가 피보상자에게 직접 지급하는 보상금이다. 예컨대, ① 공익사업의 시행으로 인하여 주거용 건축물을 제공함에 따라 생활의 근거를 상실하게 된 자에 대한 이주 정착금(동법 제78조 제1항), ② 주거이전에 필요한 비용과 가재도구 등 동산의 운반에 필요한 비용보상(동법 제78조 제6항), ③ 공익사업의 시행으로 인하여 영위하던 농·어업을 계속할 수 없게 되어 다른 지역으로 이주하는 농·어민이 지급받을 보상금이 없거나 그 총액이 국토해양부령이 정하는 금액에 미달하는 경우에 그 금액 또는 그 차액보상(동법 제78조 제7항), ④ 주택도시기금의 우선지원(댐건설·관리 및 주변지역지원 등에 관한 법률 제40조) 등이 있다.

2) 생활재건조치

생활재건조치는 사업자가 피보상자에게 직접 지급하는 보상금이 아니고 보상금이 피보상자의 생활재건을 위하여 가장 유효적절하게 사용될 수 있도록 하는 각종의 조치를 말한다. 예컨대 ① 이주대책(토지보상법 제78조), ② 직업훈련·고용 또는 직업알선(산업입지 및 개발에 관한 법률 제36조 제2항), ③ 댐주변지역정비·지원사업(댐건설·관리 및 주변지역지원 등에 관한 법률 제41조, 제43조) 등이 있다.

판 례

(판례1) 이주대책은 헌법 제23조 제3항에 규정된 정당한 보상에 포함되는 것이라기보다는 이에 부가하여 이주자들에게 종전의 생활상태를 회복시키기 위한 생활보상의 일환으로서 국가의 정책적인 배려에 의하여 마련된 제도라고 볼 것이다(헌재결 2006. 2. 23, 2004헌마19).

(판례2) 구 공익사업을 위한 토지 등의 취득 및 보상에 관한 법률은 공익사업에 필요한 토지 등을 협의 또는 수용에 의하여 취득하거나 사용함에 따른 손실 보상에 관한 사항을 규정함으로써 공익사업의 효율적인 수행을 통하여 공공복리의 증진과 재산권의 적정한 보호를 도모함을 목적으로 하고 있고, 위 법에 의한 이주대책은 공익사업의 시행에 필요한 토지 등을 제공함으로 인하여 생활의 근거를 상실하게 되는 이주대책 대상자들에게 종전 생활상태를 원상으로 회복시키면서 동시에 인간다운 생활을 보장하여 주기 위하여 마련된 제도이다(대판 2011. 6. 23, 2007다63089·63096).

4. 정신적 보상

현행법상 보상대상은 재산권에 한정되고 있어, 정신적 보상에 관한 규정은 없다.

제4관 행정상 손실보상의 유형과 방법

Ⅰ. 손실보상의 유형

1. 현금보상의 원칙

금전은 자유로운 유통이 보장되고, 객관적인 가치의 변동이 적기 때문에, 손실보상은 현금으로 지급함이 원칙이다(토지보상법 제63조 제1항).

2. 현물보상

현물보상이란 수용 또는 사용할 물건에 갈음하여 토지등을 제공하는 보상방법을 말하는바, 예컨대 토지보상법 제63조 제1항 단서는 "토지소유자가 원하는 경우로서 사업시행자가 해당 공익사업의 합리적인 토지이용계획과 사업계획 등을 고려하여 토지로 보상이 가능한 경우에는 그 공익사업의 시행으로 조성한 토지로 보상할 수 있다"고 규정하고 있다. 또한 도시개발사업상의 환지처분(도시개발법 제40조) 역시 대표적인 현물보상이다.

3. 매수보상

매수보상이란 물건에 대한 이용제한으로 인하여 종래의 이용목적에 따라 물건을 사용하기가 곤란하게 된 경우에 상대방에게 그 물건의 매수를 청구하는 권리를 인정하는 것을 말한다. 예컨대 토지보상법 제72조는 "사업인정고시가 된 후 ① 토지를 사용하는 기간이 3년 이상인 경우, ② 토지의 사용으로 인하여 토지의 형질이 변경되는 경우, ③ 사용하려는 토지에 그 토지소유자의 건축물이 있는 경우에는 해당 토지소유자는 사업시행자에게 해당 토지의 매수를 청구하거나 관할 토지수용위원회에 그 토지의 수용을 청구할 수 있다"고 규정하고 있다. 매수보상은 이 외에도 개발제한구역의 지정 및 관리에 관한 특별조치법 제17조 등에서 인정되고 있다.

4. 채권보상

(1) 채권보상의 의의

채권보상이란 일정한 요건하에 채권으로 보상금을 지급하는 것을 말한다. 이러한 채권보상에는 사업시행자가 선택하는 임의적 채권보상과 토지투기를 막기 위하여 행해지는 의무적 채권보상이 있다.

(2) 채권보상의 유형

1) 임의적 채권보상

사업시행자가 국가, 지방자치단체, 그 밖에 대통령령으로 정하는 「공공기관의 운영에 관한 법률」에 따라 지정·고시된 공공기관 및 공공단체인 경우로서 ① 토지소유자나 관계인이 원하는 경우, ② 사업인정을 받은 사업의 경우에는 대통령령으로 정하는 부재부동산 소유자의 토지에 대한 보상금이 대통령령으로 정하는 일정 금액을 초과하는 경우로서 그 초과하는 금액에 대하여 보상하는 경우에는 해당 사업시행자가 발행하는 채권으로 지급할 수 있다(토지보상법 제63조 제7항).

2) 의무적 채권보상

토지투기가 우려되는 지역으로서 대통령령으로 정하는 지역에서 ① 「택지개발촉진법」에 따른 택지개발사업, ② 「산업입지 및 개발에 관한 법률」에 따른 산업단지개발사업, ③ 그 밖에 대규모 개발사업으로서 대통령령으로 정하는 사업 각 호의 어느 하나에 해당하는 공익사업을 시행하는 자 중 대통령령으로 정하는 「공공기관의 운영에 관한 법률」에 따라 지정·고시된 공공기관 및 공공단체는 제7항에도 불구하고 제7항 제2호에 따른 부재부동산 소유자의 토지에 대한 보상금 중 대통령령으로 정하는 1억원 이상의 일정 금액을 초과하는 부분에 대하여는 해당 사업시행자가 발행하는 채권으로 지급하여야 한다(동법 제63조 제8항).

(3) 상환기간

채권으로 지급하는 경우 채권의 상환 기한은 5년을 넘지 아니하는 범위에서 정하여야 한다(동법 제63조 제9항).

Ⅱ. 손실보상의 방법

1. 사전보상

사업시행자는 해당 공익사업을 위한 공사에 착수하기 이전에 토지소유자와 관계인에게 보상액 전액을 지급하여야 한다(동법 제62조).

판 례

(판례) 공익사업의 시행자는 해당 공익사업을 위한 공사에 착수하기 이전에 토지소유자와 관계인에게 보상액 전액을 지급하여야 한다(공익사업을 위한 토지 등의 취득 및 보상에 관한 법률 제62조 본문). 공익사업의 시행자가 토지소유자와 관계인에게 보상액을 지급하지 않고 승낙도 받지 않은 채 공사에 착수함으로써 토지소유자와 관계인이 손해를 입은 경우, 토지소유자와 관계인에 대하여 불법행위가 성립할 수 있고, 사업시행자는 그로 인한 손해를 배상할 책임을 진다.
공익사업의 시행자가 사전보상을 하지 않은 채 공사에 착수함으로써 토지소유자와 관계인이 손해를 입은 경우, 토지소유자와 관계인이 입은 손해는 손실보상청구권이 침해된 데에 따른 손해이므로, 사업시행자가 배상해야 할 손해액은 원칙적으로 손실보상금이다. 다만 그 과정에서 토지소유자와 관계인에게 손실보상금에 해당하는 손해 외에 별도의 손해가 발생하였다면, 사업시행자는 그 손해를 배상할 책임이 있으나, 이와 같은 손해배상책임의 발생과 범위는 이를 주장하는 사람에게 증명책임이 있다(대판 2021. 11. 11, 2018다204022).

2. 개인별보상

손실보상은 토지소유자나 관계인에게 개인별로 하여야 한다. 다만, 개인별로 보상액을 산정할 수 없을 때에는 그러하지 아니하다(동법 제64조).

판 례

(판례) 토지수용법 제45조 제2항은 토지를 수용 또는 사용함으로 인한 보상은 피보상자의 개인별로 산정할 수 없을 때를 제외하고는 피보상자에게 개인별로 하여야 한다고 규정하고 있으므로, 보상은 수용 또는 사용의 대상이 되는 물건별로 하는 것이 아니라 피보상자의 개인별로 행하여지는 것이라고 할 것이므로 피보상자는 수용대상물건 중 일부에 대하여서만 불복이 있는 경우에는 그 부분에 대하여서만 불복의 사유를 주장하여 행정소송을 제기할 수 있다(대판 1994. 8. 26, 94누2718).

3. 일괄보상

사업시행자는 동일한 사업지역에 보상시기를 달리하는 동일인 소유의 토지등이 여러 개 있는 경우 토지소유자나 관계인이 요구할 때에는 한꺼번에 보상금을 지급하도록 하여야 한다(동법 제65조).

제5관 손실보상의 절차와 불복

Ⅰ. 토지보상법상의 절차

1. 당사자간의 협의

(1) 협의의 성립

사업시행자는 토지등에 대한 보상에 관하여 토지소유자 및 관계인과 성실하게 협의하여야 한다(동법 제16조). 협의가 성립되면 공용수용의 절차는 종결되고, 협의의 내용에 따라 수용의 효과가 발생한다.

(2) 협의성립의 확인

사업시행자와 토지소유자 및 관계인 간에 협의가 성립되었을 때에는 사업시행자는 재결 신청기간 이내에 해당 토지소유자 및 관계인의 동의를 받아 관할 토지수용위원회에 협의 성립의 확인을 신청할 수 있다. 확인은 토지보상법에 따른 재결로 보며, 사업시행자, 토지소유자 및 관계인은 그 확인된 협의의 성립이나 내용을 다툴 수 없다(동법 제29조).

판 례

(판례) 공익사업을 위한 토지 등의 취득 및 보상에 관한 법률(이하 '공익사업법'이라고 한다)에 의한 보상합의는 공공기관이 사경제주체로서 행하는 사법상 계약의 실질을 가지는 것으로서, 당사자 간의 합의로 같은 법 소정의 손실보상의 기준에 의하지 아니한 손실보상금을 정할 수 있으며, 이와 같이 같은 법이 정하는 기준에 따르지 아니하고 손실보상액에 관한 합의를 하였다고 하더라도 그 합의가 착오 등을 이유로 적법하게 취소되지 않는 한 유효하다. 따라서 공익사업법에 의한 보상을 하면서 손실보상금에 관한 당사자 간의 합의가 성립하면 그 합의 내용대로 구속력이 있고, 손실보상금에 관한 합의 내용이 공익사업법에서 정하는 손실보상 기준에 맞지 않는다고 하더라도 합의가 적법하게 취소되는 등의 특별한 사정이 없는 한 추가로 공익사업법상 기준에 따른 손실보상금 청구를 할 수는 없다(대판 2013. 8. 22, 2012다3517).

2. 토지수용위원회의 재결

(1) 재결의 신청

협의가 성립되지 아니하거나 협의를 할 수 없을 때에는 사업시행자는 사업인정고시가 된 날부터 1년 이내에 관할 토지수용위원회에 재결을 신청할 수 있다(동법 제28조 제1항).

(2) 재결 신청의 청구

사업인정고시가 된 후 협의가 성립되지 아니하였을 때에는 토지소유자와 관계인은 서면으로 사업시행자에게 재결을 신청할 것을 청구할 수 있다(동법 제30조).

(3) 재결

토지수용위원회의 재결은 서면으로 한다(동법 제34조). 토지수용위원회는 심리를 시작한 날부터 14일 이내에 재결을 하여야 한다. 다만, 특별한 사유가 있을 때에는 14일의 범위에서 한 차례만 연장할 수 있다(동법 제35조). 재결신청에 따라 내려지는 최초의 재결을 수용재결이라 한다.

판 례

(판례) 공익사업법 제30조 제1항에서의 '협의가 성립되지 아니한 때'라 함은 사업시행자가 토지소유자 등과 사이에 공익사업법 제26조 소정의 협의절차는 거쳤으나 그 보상액 등에 관하여 협의가 성립하지 아니한 경우는 물론 토지소유자 등이 손실보상대상에 해당한다고 주장하며 보상을 요구함에도 불구하고 사업시행자가 손실보상대상에 해당하지 아니한다고 보아 보상대상에서 이를 제외하고 협의를 거치지 않아 결국 협의가 성립하지 않은 경우도 포함한다고 보아야 한다(대판 2011. 7. 14, 2011두2309).

3. 이의신청

(1) 재결에 대한 이의신청

① 중앙토지수용위원회의 제34조에 따른 재결(수용재결)에 이의가 있는 자는 중앙토지수용위원회에 이의를 신청할 수 있다(동법 제83조 제1항).

② 지방토지수용위원회의 제34조에 따른 재결에 이의가 있는 자는 해당 지방토지수용위원회를 거쳐 중앙토지수용위원회에 이의를 신청할 수 있다(동법 제83조 제2항).

③ 제1항 및 제2항에 따른 이의의 신청은 재결서의 정본을 받은 날부터 30일 이내에 하여야 한다. 이의신청은 임의절차이다.

(2) 이의신청에 대한 재결

① 중앙토지수용위원회는 제83조에 따른 이의신청을 받은 경우 제34조에 따른 재결이 위법하거나 부당하다고 인정할 때에는 그 재결의 전부 또는 일부를 취소하거나 보상액을 변경할 수 있다(동법 제84조 제1항).

② 제1항에 따라 보상금이 늘어난 경우 사업시행자는 재결의 취소 또는 변경의 재결서 정본을 받은 날부터 30일 이내에 보상금을 받을 자에게 그 늘어난 보상금을 지급하여야 한다(동법 제84조 제2항).

③ 헌법재판소는 이의재결은 행정심판에 대한 재결의 성격과 함께 관할 토지수용위원회가 1차적으로 행한 수용재결을 다시 심의하여 토지수용에 관한 법률관계를 확정하는 재

처분적인 성격도 부수적으로 함께 가지는 것으로 본다(헌재결 2001. 6. 28, 2000헌바77).

4. 행정소송

(1) 행정소송의 제기

사업시행자, 토지소유자 또는 관계인은 제34조에 따른 재결에 불복할 때에는 재결서를 받은 날부터 90일 이내에, 이의신청을 거쳤을 때에는 이의신청에 대한 재결서를 받은 날부터 60일 이내에 각각 행정소송을 제기할 수 있다(동법 제85조 제1항). 이 경우 행정소송법의 제소기간에 관한 규정은 적용되지 않는다는 것이 판례의 입장이다. 행정소송을 제기하기 위해서는 최초의 수용재결절차를 반드시 거쳐야 한다.

판 례

(판례1) 토지수용법이 행정소송의 제소기간에 관하여 일반법인 행정소송법을 배제하고 그보다 짧은 제소기간을 규정함으로써 국민이 착오를 일으켜 제소기간을 놓치는 사례가 있을 수 있으나, 이러한 사태는 특별법에서 일반법과 다른 규정을 두는 경우에 언제나 발생할 가능성이 있는 것이며, 그 이유만으로 그 규정이 헌법에 위반되는 것으로 볼 수 없다(헌재결 1996. 8. 29, 93헌바63·95헌바8).

(판례2) 구 공익사업법 제26조, 제28조, 제30조, 제34조, 제50조, 제61조, 제83조 내지 제85조의 규정 내용 및 입법 취지 등을 종합하여 보면, 공익사업으로 인하여 영업을 폐지하거나 휴업하는 자가 사업시행자로부터 구 공익사업법 제77조 제1항에 따라 영업손실에 대한 보상을 받기 위해서는 구 공익사업법 제34조, 제50조 등에 규정된 재결절차를 거친 다음 그 재결에 대하여 불복이 있는 때에 비로소 구 공익사업법 제83조 내지 제85조에 따라 권리구제를 받을 수 있을 뿐, 이러한 재결절차를 거치지 않은 채 곧바로 사업시행자를 상대로 손실보상을 청구하는 것은 허용되지 않는다(대판 2011. 9. 29, 2009두10963).

(2) 소송의 대상

수용재결의 취소를 구하는 경우 소송의 대상이 원처분(재결신청에 대한 재결)인지, 재결(이의신청에 대한 재결)인지가 문제되는데 현행 토지보상법 제85조의 해석과 관련하여 원처분주의로 보는 것이 통설의 입장이다. 따라서 ① 원처분에 대해서 바로 소송을 제기할 수 있음은 물론이고, ② 원처분에 대한 재결을 거쳐 소송을 제기하는 경우에도 재결이 아닌 원처분을 대상으로 소송을 제기하여야 한다.

판 례

(판례) 공익사업을 위한 토지 등의 취득 및 보상에 관한 법률 제85조 제1항 전문의 문언 내용과 같은 법 제83조, 제85조가 중앙토지수용위원회에 대한 이의신청을 임의적 절차로 규정하고 있는 점, 행정소송법 제19조 단서가 행정심판에 대한 재결은 재결 자체에 고유한 위법이 있음을 이유로 하는 경우에 한하여 취

소소송의 대상으로 삼을 수 있도록 규정하고 있는 점 등을 종합하여 보면, 수용재결에 불복하여 취소소송을 제기하는 때에는 이의신청을 거친 경우에도 수용재결을 한 중앙토지수용위원회 또는 지방토지수용위원회를 피고로 하여 수용재결의 취소를 구하여야 하고, 다만 이의신청에 대한 재결 자체에 고유한 위법이 있음을 이유로 하는 경우에는 그 이의재결을 한 중앙토지수용위원회를 피고로 하여 이의재결의 취소를 구할 수 있다고 보아야 한다(대판 2010. 1. 28, 2008두1504).

(3) 소송의 당사자

동법 제1항에 따라 제기하려는 행정소송이 보상금의 증감에 관한 소송인 경우 그 소송을 제기하는 자가 토지소유자 또는 관계인일 때에는 사업시행자를, 사업시행자일 때에는 토지소유자 또는 관계인을 각각 피고로 한다.

5. 보상금증감소송

(1) 의의

보상금증감소송은 수용재결 중 보상금에 대하여서만 이의가 있는 경우에 보상금의 증액 또는 감액을 청구하는 소송이다. 토지소유자 또는 관계인은 보상금의 증액을 청구하는 소송을 제기하고 사업시행자는 보상액의 감액을 청구하는 소송을 제기한다.

(2) 보상금증감소송의 피고

토지보상법 제85조 제1항에 따라 제기하려는 행정소송이 보상금의 증감에 관한 소송인 경우 그 소송을 제기하는 자가 토지소유자 또는 관계인일 때에는 사업시행자를, 사업시행자일 때에는 토지소유자 또는 관계인을 각각 피고로 한다.

판 례

(판례) 어떤 보상항목이 공익사업을 위한 토지 등의 취득 및 보상에 관한 법령상 손실보상대상에 해당함에도 관할 토지수용위원회가 사실을 오인하거나 법리를 오해함으로써 손실보상대상에 해당하지 않는다고 잘못된 내용의 재결을 한 경우에는, 피보상자는 관할 토지수용위원회를 상대로 그 재결에 대한 취소소송을 제기할 것이 아니라, 사업시행자를 상대로 공익사업을 위한 토지 등의 취득 및 보상에 관한 법률 제85조 제2항에 따른 보상금증감소송을 제기하여야 한다(대판 2019. 11. 28, 2018두227).

(3) 형식적 당사자소송

토지보상법상 보상금증감소송의 경우 처분청인 토지수용위원회를 피고로 하지 않고 대등한 당사자인 토지소유자 또는 관계인과 사업시행자를 원고 또는 피고로 하고 있다는 점에서 형식적 당사자소송에 속한다.

(4) 사업시행자

사업시행자란 재결에 의하여 토지의 소유권 등의 권리를 취득하고 그로 인하여 토지소유자 또는 관계인이 입은 손실을 보상하여야 할 의무를 지는 권리·의무의 주체인 국가·지방자치단체 등을 의미하는 것이므로 행정청은 피고가 아니다.

판 례

(판례) 사업시행자라 함은 재결에 의하여 토지의 소유권 등의 권리를 취득하고 그로 인하여 토지소유자 또는 관계인이 입은 손실을 보상하여야 할 의무를 지는 권리의무의 주체인 국가 또는 지방공공단체 등을 의미하는 것이므로 도시계획법 제23조 등에 의하여 건설부장관이나 시장·군수 등의 행정청이 토지를 수용 또는 사용할 수 있는 공익사업을 시행하는 경우에도, 그 손실보상금의 증감에 관한 행정소송은, 그 행정청이 속하는 권리의무의 주체인 국가나 지방공공단체를 상대로 제기하여야 하는 것이지, 국가나 지방공공단체의 기관에 불과한 행정청을 상대로 제기할 수는 없을 것이다(대판 1993. 5. 25, 92누15772).

(5) 보증금증감소송의 범위

보상금증감소송은 보상금의 증감을 다투는 소송으로, 손실보상의 방법, 보상항목의 인정, 이전이 곤란한 물건의 수용, 보상면적을 다투는 경우 등이 대상이 될 수 있다. 판례는 잔여지 수용청구를 받아들이지 않은 토지수용위원회의 재결에 불복하여 제기하는 소송도 보상금증감소송에 해당한다고 본다.

판 례

(판례1) 구 '공익사업을 위한 토지 등의 취득 및 보상에 관한 법률'(2007. 10. 17. 법률 제8665호로 개정되기 전의 것) 제74조 제1항에 규정되어 있는 잔여지 수용청구권은 손실보상의 일환으로 토지소유자에게 부여되는 권리로서 그 요건을 구비한 때에는 잔여지를 수용하는 토지수용위원회의 재결이 없더라도 그 청구에 의하여 수용의 효과가 발생하는 형성권적 성질을 가지므로, 잔여지 수용청구를 받아들이지 않은 토지수용위원회의 재결에 대하여 토지소유자가 불복하여 제기하는 소송은 위 법 제85조 제2항에 규정되어 있는 '보상금의 증감에 관한 소송'에 해당하여 사업시행자를 피고로 하여야 한다(대판 2010. 8. 19, 2008두822).

(판례1) 하나의 재결에서 피보상자별로 여러 가지의 토지, 물건, 권리 또는 영업(이처럼 손실보상 대상에 해당하는지, 나아가 그 보상금액이 얼마인지를 심리·판단하는 기초 단위를 이하 '보상항목'이라고 한다)의 손실에 관하여 심리·판단이 이루어졌을 때, 피보상자 또는 사업시행자가 반드시 재결 전부에 관하여 불복하여야 하는 것은 아니며, 여러 보상항목들 중 일부에 관해서만 불복하는 경우에는 그 부분에 관해서만 개별적으로 불복의 사유를 주장하여 행정소송을 제기할 수 있다. 이러한 보상금 증감 소송에서 법원의 심판범위는 하나의 재결 내에서 소송당사자가 구체적으로 불복신청을 한 보상항목들로 제한된다(대판 2018. 5. 15, 2017두41221).

(6) 제소기간

수용재결의 경우에는 재결서를 받은 날부터 90일 이내에 이의재결의 경우는 이의신청에 대한 재결서를 받은 날부터 60일 이내에 소송을 제기할 수 있다(동법 제85조 제1항).

(7) 입증책임

판례는 보상금증액청구소송에서 입증책임은 원고에게 있다는 입장이다.

판 례

(판례) 손실보상금 증액청구의 소에 있어서 그 이의재결에서 정한 손실보상금액보다 정당한 손실보상금액이 더 많다는 점에 대한 입증책임은 원고에게 있다고 할 것이고, 위 보상금증액소송은 재결청과 기업자를 공동피고로 하는 필요적 공동소송으로 그 공동피고 사이에 소송의 승패를 합일적으로 확정하여야 하므로 비록 이의재결이 그 감정평가의 위법으로 위법한 경우라도 그 점만으로 위와 같은 입증책임의 소재를 달리 볼 것은 아니라 할 것이다(대판 1997. 11. 28, 96누2255).

Ⅱ. 개별법상의 절차

행정청이 손실을 입은 자와 협의하고, 협의가 성립되지 아니하거나 협의를 할 수 없을 때에는 관할 토지수용위원회에 재결을 신청할 수 있다(하천법 제76조). 재결에 불복하면 행정소송을 제기할 수 있다. 공유수면관리법도 위와 같다.

판 례

(판례) 준용하천의 제외지로 편입됨으로 인하여 손실을 받은 토지소유자는 하천법 제74조가 정하는 바에 따라 하천관리청과 협의를 하고 그 협의가 성립되지 아니하거나 협의를 할 수 없을 때에는 관할 토지수용위원회에 재결을 신청하고 그 재결에 대하여도 불복인 때에는 관할 토지수용위원회를 상대로 재결 자체에 대한 행정소송을 제기하여 그 결과에 따라 손실보상을 받을 수 있다(대판 1995. 6. 16, 94누14100).

제 4 절 손해전보제도의 보완

Ⅰ. 수용유사침해보상

1. 개념

(1) 의의

수용유사침해보상이란 위법한 공용침해로 인해 특별한 희생이 발생했음에도 불구하고 보상규정이 결여된 경우에, 이를 수용행위와 유사한 공용침해로 보아 손실보상을 인정하는 이론이다. 이는 헌법상의 요건이 충족된 적법한 재산권제약은 아니지만, 결과적으로 그 내용과 효과에 있어서 적법한 재산권제약행위와 유사한 특별한 희생이 당사자에게 발생하는 경우에 인정되는 손실보상이론이다.

(2) 구별개념

① 수용유사침해보상은 보상규정을 두지 않아 위법하다는 의미에서 위법한 침해를 요건으로 하지만, 수용침해보상은 적법한 침해를 요건으로 한다.

② 수용유사침해보상은 재산권에 대한 침해를 요건으로 하지만, 희생보상은 생명·신체에 대한 침해를 요건으로 한다.

③ 수용유사침해보상은 위법한 침해를 요건으로 하지만, 수용적 침해보상은 적법한 의도되지 아니한 침해를 요건으로 한다.

2. 요건

수용유사침해보상이 성립하기 위하여는 일반적인 손실보상청구권과 같이 ① 공공의 필요, ② 재산권에 대한 공용침해, ③ 특별한 희생의 요건이 충족되어야 한다. 다만 보상의 법적 근거가 없는 위법한 것이라는 점에서 일반적 손실보상청구권의 요건과 구별된다.

3. 인정여부

(1) 독일

① 독일의 법원은 독일기본법 제14조 제3항에 근거하여 적법한 침해에 대한 보상이 이루어진다면 위법한 침해에 대해서는 당연히 손실보상이 이루어져야 한다는 것을 근거로 동 이론을 성립시켰으며, 그 후 이 이론은 점차 재산권에 대한 위법·유책한 공용침해의 경우로 확대되었다.

② 그러나 연방헌법재판소가 자갈채취사건[1]판결에서 기본법 제14조 제3항에 따른 수용보상은 적법한 수용의 경우에만 적용된다고 판결을 한 후에는 독일의 학설과 판례는 기본법 제14조 제3항이 아닌 관습법으로 인정되어 온 희생보상청구권에 의하여 수용유사 침해의 법리를 인정한다.

(2) 우리나라

학설은 위법한 공용침해에 따른 보상에 관한 입법상 흠결이 있는 경우에 ① 독일의 수용유사침해에 관한 법리를 받아들여 손실보상청구가 가능하다고 보는 견해(유추적용설의 입장), ② 수용유사침해보상에 해당하는 경우에는 손해배상청구만 가능하다는 견해(위헌무효설의 입장), ③ 헌법 제23조 제3항을 근거로 직접 손실보상청구가 가능하다는 견해(직접효력설의 입장) 등이 있다. 우리 대법원은 수용유사침해의 개념은 언급하면서도 그 도입에 대하여는 유보적 입장이다.

판 례

(판례) 수용유사적 침해의 이론은 국가 기타 공권력의 주체가 위법하게 공권력을 행사하여 국민의 재산권을 침해하였고 그 효과가 실제에 있어서 수용과 다름없을 때에는 적법한 수용이 있는 것과 마찬가지로 국민이 그로 인한 손실의 보상을 청구할 수 있다는 내용으로 이해되는데, 과연 우리 법제하에서 그와 같은 이론을 채택할 수 있는 것인가는 별론으로 하더라도 위에서 본 바에 의하여 이 사건에서 피고 대한민국의 이 사건 주식취득이 그러한 공권력의 행사에 의한 수용유사적 침해에 해당한다고 볼 수는 없다(대판 1993. 10. 26, 93다6409).

Ⅱ. 수용적 침해보상

1. 의의

수용적 침해보상은 적법한 행정활동의 의도되지 아니한 부수적 효과로서 사인의 재산권에 대한 손실을 보상해주는 이론이다. 수용적 침해는 당초 법률에 근거하여 적법하게 타인의 재산권에 가해진 침해이며, 상대방은 그 침해를 수인할 의무가 당초부터 있었으나 시간이 흐름에 따라 수인할 수 없을 정도의 침해로 될 때 이에 대한 보상을 인정하려는 법리이다.

1) 자기소유의 토지에서 자갈을 채취해 오던 자가 자갈을 계속하여 채취하고자 허가를 신청하였으나 새로 제정된 수관리법에 의해 허가가 거부되자 수용유사침해법리에 따라 보상을 청구하였다. 이에 법원이 수관리법에 위헌적 소지가 있다고 판단하여 연방헌법재판소에 이송한 사건이다.

2. 연혁

수용적 침해이론 역시 수용유사침해이론과 더불어 독일의 연방최고법원의 판례를 통해 성립·발전하였다. 이러한 수용적 침해는 입법자에 의해서 법률에 미리 보상규정을 마련한다는 것이 불가능한 비의도적·비목적적인 재산권 제약행위에 대한 손실보상 인정논의라고 할 수 있다.

3. 도입논의

학설은 동 이론의 도입여부에 대하여 견해가 대립되나, 아직까지 이를 명시적으로 도입한 판례는 없다.

Ⅲ. 희생보상청구권

1. 의의

희생보상청구권이란 공공복지를 위하여 사인의 비재산적인 법익에 특별한 희생을 가져오는 공법상의 직접적인 침해에 대한 보상청구권을 말한다.

2. 인정여부

일반적인 제도로서 희생보상청구권은 인정되지 않으나, 개별법률에 의하여 희생보상청구권이 인정되는 경우가 있다. 예컨대 ① 예방접종을 받은 자가 그로 인해 질병에 걸리거나 장애인이 된 경우에 보상을 인정하는 감염병예방법(제71조), ② 소방활동에 종사하다가 사망 또는 부상을 입은 경우에 보상을 인정하는 소방기본법(제49조의2) 등을 들 수 있다.

3. 요건

희생보상청구권이 성립되기 위하여는 ① 공공의 필요, ② 공권력행사, ③ 비재산권에 대한 침해, ④ 특별한 희생이 충족되어야 한다.

Ⅳ. 공법상 결과제거청구권

1. 의의

공법상 결과제거청구권이란 고권적 행정작용으로 야기된 위법한 상태로 인하여 법률상 이익을 침해받고 있는 자가 행정청에 대하여 그 위법한 상태를 제거하여 침해가 있기 이전의 원래적 상태로 회복시켜 줄 것을 청구하는 권리를 말한다. 이를 행정상 원상회복청구권 또는 행정상 방해배제청구권이라고도 부른다.

2. 성질

(1) 개인적 공권

공법상 결과제거청구권은 공법상 특별한 제도로서 고권작용의 영역에서 국가나 그 밖의 행정주체의 작용의 결과와 관련된 것이다. 일반적으로 공법상 결과제거청구권을 공행정작용으로 인한 침해의 경우에 발생하는 공권으로 이해한다.

(2) 원상회복청구권

공법상 결과제거청구권은 손해의 배상청구권도 아니고 손실의 보상청구권도 아니다. 공법상 결과제거청구권은 계속되는 위법한 침해의 제거를 통해 원래상태로의 회복을 구하는 원상회복청구권이다.

(3) 물권적 청구권

공법상 결과제거청구권을 물권적 지배권이 침해된 경우에 발생하는 물권적 청구권이라고 보는 견해도 있으나, 공법상 결과제거청구권은 물권적 지배권이 아닌 권리, 예컨대 개인의 명예권이 침해된 경우에도 발생한다고 보는 견해가 다수설의 입장이다.

3. 법적 근거

공법상 결과제거청구권의 실정법적 근거로 ① 헌법상의 법치국가원리·기본권규정(헌법 제10조, 제23조, 제29조 등), ② 민법상의 소유물반환청구권(민법 제213조)과 소유물방해제거·방해예방청구권(민법 제214조)을 유추, ③ 행정소송법상의 관련청구소송의 이송 및 병합(행정소송법 제10조), 취소판결의 기속력(행정소송법 제30조) 등을 들기도 한다.

4. 성립요건

공법상 결과제거청구권이 성립하기 위하여는 ① 행정주체의 공행정작용으로 인한 위법상태가 발생하고, ② 위법상태가 계속 존재하고 있어야 하며, ③ 위법한 공행정작용이 타인의 권리 또는 법률상 이익을 침해하여야 하고, ④ 결과제거가 사실상 가능하고 법적으로 허용되어야 한다.

5. 공법상 결과제거청구권의 내용

공법상 결과제거청구권은 공행정작용의 사실상의 결과를 제거함으로써 종전의 원래 상태로 회복하는 것을 내용으로 한다. 즉, 공법상 결과제거청구권의 내용은 원상회복청구권이다. 다만, 위법한 공행정작용에 의하여 직접적으로 발생한 결과만이 대상이 된다. 따라서 간접적인 결과, 특히 제3자의 개입을 통해서 초래된 결과의 제거는 공법상 결과제거청구권의 내용이 될 수 없다.

6. 청구절차

공법상 결과제거청구권을 공권으로 이해하면 당해 청구절차는 행정소송 중 당사자소송에 의한다. 그러나 사권으로 이해하면 민사소송사항이 된다.

판 례

(판례) 인접 대지 위의 건물의 건축 등으로 토지나 건물 소유자의 객관적으로 인정된 생활이익이 침해되고 그 침해가 사회통념상 일반적인 수인의 한도를 넘는 경우, 소유권에 기하여 건물의 건축 금지 등 방해제거 및 예방을 위한 청구소송을 민사소송으로 다루고 있는 사례(대판 1999. 7. 27, 98다47528).

제 3 장 행정쟁송

제 1 절 개 관

Ⅰ. 행정쟁송의 의의

1. 광의의 행정쟁송

광의의 행정쟁송이란 행정상의 법률관계에 관한 분쟁이나 의문이 있는 경우에 일정한 재정기관에 의한 법적 심판을 총칭한다. 광의의 행정쟁송은 그 심판기관이나(행정청이거나 법원이거나를 불문), 심판절차(정식절차 또는 약식절차 등)를 가리지 아니한다.

2. 협의의 행정쟁송

협의의 행정쟁송이란 광의의 행정쟁송 중에서 특히 일반법원과는 계통을 달리하는 행정부의 기관(일반의 행정청, 또는 사법부에서 분리되어 행정부에 소속되는 특별법원)에 의한 행정상의 법률관계에 관한 분쟁의 심판을 뜻한다.

3. 우리나라의 행정쟁송

(1) 우리나라 헌법은 종래의 대륙법계와는 달리, 행정쟁송의 심판기관으로서의 독립된 행정법원을 인정하지 아니하고, 영미법계의 사법국가의 예에 따라 행정사건도 일반법원에서 관할·심판하도록 하였다(헌법 제107조 제2항).

(2) 다만, 행정상의 분쟁이 가지는 특수성 때문에, 전심절차로서 행정심판을 거치게 하였고(헌법 제107조 제3항, 행정소송법 제18조), 행정소송절차에 있어서는 민사소송절차에 대한 여러 가지의 특례(제소기간, 재판관할, 직권증거조사, 사정판결 등)를 인정하여, 대법원에 행정사건을 전담하는 부를 둘 수 있도록 하였다(헌법 제102조 제1항).

(3) 그리고 법원조직법에서는 행정법원을 행정사건을 전담하는 제1심 법원으로 신설하였다. 행정소송법은 행정심판에 대하여는 이를 필요적 전치절차로 하는 것을 임의적 전치절차로 규정하고 있다(동법 제18조 제1항). 그러나 행정심판의 인정이라든지 행정소송절차의 특례 등이 곧 사법국가주의에 배치되는 것이라고는 할 수 없다.

Ⅱ. 행정쟁송의 기능

1. 국민의 권익구제기능

행정쟁송은 행정작용이 법치주의의 요구에 어긋나게 행하여짐으로써 개인의 권익을 침해한 경우에, 그러한 하자있는 행정작용을 시정(취소 또는 변경)하여 침해된 개인의 권익을 구제하려는 법치주의의 실질적 목적에 봉사하기 위한 수단이라고 할 수 있다.

2. 행정통제기능

행정쟁송은 행정작용의 적법성 및 합목적성에 대한 심리를 통하여 행정통제제도로서의 기능을 수행한다. 법치주의는 행정작용을 법에 종속시킴으로서 합법성과 타당성을 확보하려는 것인데, 이러한 목적을 실현시키기 위한 작용이 곧 행정통제이다.

Ⅲ. 행정쟁송의 종류

1. 행정쟁송의 성질에 의한 구분

(1) 주관적 쟁송과 객관적 쟁송

주관적 쟁송이란 쟁송제기자의 개인적인 권익의 구제를 직접 목적으로 하는 쟁송(행정심판·행정소송 등)을 말한다. 객관적 쟁송이란 법규적용의 객관적인 적법성 또는 공익의 실현을 직접 목적으로 하는 쟁송(민중소송, 기관소송)을 말한다.

(2) 항고쟁송과 당사자쟁송

항고쟁송은 이미 행하여진 행정행위의 위법·부당을 주장함으로써 그의 시정(취소·변경)을 구하는 쟁송인데 대하여, 당사자쟁송은 서로 대립되는 당사자 사이에 법률상의 분쟁이 있는 경우에 그 분쟁의 재결(토지수용의 재결, 연금지급의 결정 등)을 구하는 쟁송이다.

(3) 민중쟁송과 기관쟁송

민중쟁송은 법규의 위법한 적용을 시정하기 위하여 일반 민중 또는 선거인에 대하여 쟁송의 제기를 인정한 경우의 쟁송인 데 대하여, 기관쟁송은 법규적용의 적정성을 확보하기 위하여 공법상의 기관(국가·공공단체 등)이 당사자가 되어 그들 사이의 분쟁을 해결하기 위한 쟁송을 말한다. 이들은 모두 개인의 권익보호를 위한 행정쟁송과는 그 성격을 달리하므로(객관적 소송의 성격을 지님), 법률이 인정하는 경우(지방자치법 제22조)에 한하여 허용된다.

2. 정식쟁송과 약식쟁송

행정쟁송은 절차를 기준으로 하여 정식쟁송과 약식쟁송으로 나눈다. 이는 ① 심판기관이 쟁송당사자와 이해관계 없는 제3자의 지위에 있고, ② 심리절차에 있어서 서로 대립되는 당사자의 변론을 인정하여 그 주장을 다할 수 있도록 하는 것의 두 가지 요건을 갖추고 있는지의 여부에 의한 구분이다. 행정소송은 법원에 의한 행정쟁송으로 이들 두 가지의 요건을 갖춘 정식쟁송이며, 행정심판·이의신청 등과 같이 행정기관에 의한 행정쟁송은 이들의 요건 중 어느 하나라도 갖추지 못한 약식쟁송에 속한다.

3. 시심적 쟁송과 복심적 쟁송

이는 행정작용의 존재를 전제로 하여 제2차적으로 행하여지는 쟁송인지의 여부에 의한 구분인데, 시심적 쟁송이란 법률관계의 형성 또는 존부에 관한 제1차적인 행정작용 그 자체가 쟁송의 형식에 의해 행하여지는 경우의 행정쟁송을 말한다. 복심적 쟁송은 이미 행하여진 행정작용의 하자(위법성·부당성)를 이유로 그 재심사에 의한 시정을 구하는 쟁송을 말한다. 항고쟁송은 복심적 쟁송에 속하며, 당사자쟁송은 시심적 쟁송에 속한다.

4. 행정심판과 행정소송

행정쟁송은 그 심판기관에 따라 행정심판과 행정소송으로 나누어진다. 행정심판이란 행정기관에 의하여 심리·재결되는 행정쟁송을 말하고, 행정소송은 법원에 의하여 심리·판결되는 행정쟁송이다. 이들은 그 절차면에서도 서로 구분되는바, 행정심판은 약식쟁송인 것이 일반적인 데 대하여, 행정소송은 정식쟁송에 속한다.

제 2 절 행정심판

제1관 개 설

Ⅰ. 행정심판의 개념

1. 행정심판의 의의

(1) 실질적 의미의 행정심판

행정청의 위법·부당한 처분으로 인해 권익이 침해된 자가 행정기관에 대해 그 시정을 구하는 일련의 쟁송절차를 말한다. 현행법상으로는 행정심판·이의신청·심사청구·재심청구 여러 가지 용어를 사용하고 있다.

(2) 형식적 의미의 행정심판

형식적 의미의 행정심판은 특정한 실정법제도 아래에서 인식되는 행정심판을 가리키는 것으로서, 행정심판법의 적용을 받는 행정심판만을 의미한다. 이러한 행정심판은 형식적으로는 행정작용이나 실질적으로는 사법작용이라는 특색을 갖는다. 이하에서 행정심판이란 이러한 의미의 행정심판을 뜻한다.

2. 구별개념

(1) 행정기본법상 이의신청

1) 일반적규정

행정기본법은 "행정청의 처분(「행정심판법」 제3조에 따라 같은 법에 따른 행정심판의 대상이 되는 처분을 말한다. 이하 이 조에서 같다)에 이의가 있는 당사자는 처분을 받은 날부터 30일 이내에 해당 행정청에 이의신청을 할 수 있다."고 규정하여 이의신청에 관한 일반적인 규정을 마련하였다(동법 제36조 제1항). 이에 따라 개별법령에 이의신청에 관한 규정이 없더라도 이의신청을 할 수 있게 되었다. 다른 법률에서 이의신청과 이에 준하는 절차에 대하여 정하고 있는 경우에도 그 법률에서 규정하지 아니한 사항에 관하여는 이 조에서 정하는 바에 따른다(동법 제36조 제5항).

2) 이의신청 절차

행정청은 제1항에 따른 이의신청을 받으면 그 신청을 받은 날부터 14일 이내에 그 이의신청에 대한 결과를 신청인에게 통지하여야 한다. 다만, 부득이한 사유로 14일 이내에 통지할 수 없는 경우에는 그 기간을 만료일 다음 날부터 기산하여 10일의 범위에서 한 차례 연장할 수 있으며, 연장 사유를 신청인에게 통지하여야 한다(동법 제36조 제2항).

3) 행정쟁송과의 관계

제1항에 따라 이의신청을 한 경우에도 그 이의신청과 관계없이 「행정심판법」에 따른 행정심판 또는 「행정소송법」에 따른 행정소송을 제기할 수 있다. 이의신청에 대한 결과를 통지받은 후 행정심판 또는 행정소송을 제기하려는 자는 그 결과를 통지받은 날(제2항에 따른 통지기간 내에 결과를 통지받지 못한 경우에는 같은 항에 따른 통지기간이 만료되는 날의 다음 날을 말한다)부터 90일 이내에 행정심판 또는 행정소송을 제기할 수 있다(동법 제36조 제3·4항).

판 례

(판례) 공공기관의 정보공개에 관한 법률 제18조 제1항, 제3항, 제4항, 제20조 제1항, 행정소송법 제20조 제1항의 규정 내용과 그 취지 등을 종합하여 보면, 청구인이 공공기관의 비공개 결정 또는 부분 공개 결정에 대한 이의신청을 하여 공공기관으로부터 이의신청에 대한 결과를 통지받은 후 취소소송을 제기하는 경우 그 제소기간은 이의신청에 대한 결과를 통지받은 날부터 기산한다고 봄이 타당하다(대판 2023. 7. 27, 2022두52980).

4) 적용제외

행정기본법 제36조에 따른 이의신청은 ① 공무원 인사 관계 법령에 따른 징계 등 처분에 관한 사항, ② 「국가인권위원회법」 제30조에 따른 진정에 대한 국가인권위원회의 결정, ③ 「노동위원회법」 제2조의2에 따라 노동위원회의 의결을 거쳐 행하는 사항, ④ 형사, 행형 및 보안처분 관계 법령에 따라 행하는 사항, ⑤ 외국인의 출입국·난민인정·귀화·국적회복에 관한 사항, ⑥ 과태료 부과 및 징수에 관한 사항에 대하여는 이 조를 적용하지 아니한다. 따라서 이 사항에 대한 이의신청은 개별법이 정하는 바에 따른다.

(2) 진정

진정이란 법정의 절차와 형식에 의하지 않고 행정청에 대해 희망을 진술하는 것을 말한다. 진정은 권리행사가 아니기에 법적 구속력이나 효과가 발생하지 않는 사실행위에 불과하다는 점에서 행정심판과 구별된다.

(3) 청원

청원은 국정에 대한 국민의 정치적 의사표시를 보장하기 위한 제도에 불과하다는 점에서 기본적으로 행정쟁송제도인 행정심판과 구별된다. 또한 청원은 원칙적으로 누구나, 어떠한 사항에 대하여도 가능하나, 행정심판은 제기권자, 제기사항 등에 제한이 있다는 점에서 차이가 있다.

(4) 행정소송

행정소송과 행정심판은 모두 행정쟁송인 점에서는 동일하나, 기본적으로 심판기관을 달리한다.

〈행정심판과 행정소송의 구별〉

	행정심판	행정소송
판정기관	상급행정청 소속의 행정심판위원회	법원
대상	위법·부당	위법
목적	자율적 통제 속 행정의 적법성 보장, 부차적으로 국민의 권리구제	타율적 통제 속 국민의 권리구제, 부차적으로 행정의 적법성 보장
성질	① 형식적 의미의 행정 ② 실질적 의미의 사법	① 형식적 의미의 사법 ② 실질적 의미의 사법
종류	취소심판, 무효등확인심판, 의무이행심판	취소소송, 무효등확인소송, 부작위위법확인소송
심판 대상	① 처분에 한정, 재결은 제외 ② 대통령의 처분이나 부작위는 제외	① 처분 + 행정심판재결도 포함 ② 대통령의 처분 부작위도 포함
제기기간	① 취소심판, 거부처분에 대한 의무이행심판: 처분 있음을 안 날로부터 90일, 처분 있은 날로부터 180일 ② 무효등 확인심판, 부작위에 대한 의무이행심판: 기간제한 없음	① 취소소송: 처분이 있음을 안 날로부터 90일, 처분 있은 날로부터 1년 ② 무효등확인소송, 부작위위법확인소송: 기간제한 없음(다만 재결을 전제로 한 경우 기간제한 있음)
임시처분 (가처분)	임시처분인정 (행정심판법 제31조, 2010년 신설)	규정 없음(판례도 부정)
심리와 재결	① 구술심리 또는 서면심리 ② 취소재결, 변경재결, 변경명령재결 ③ 사정재결 - 취소심판과 의무이행심판에 인정	① 구술심리 ② 취소판결 ③ 사정판결 - 취소소송에만 인정되고 부작위위법확인소송에는 인정되지 않음
판결	적극적 변경 가능	소극적 변경으로서 일부취소만 가능(다수설)
기속력 확보수단	시정명령 + 직접처분권 + 간접강제	간접강제

공통점	① 국민의 권리구제수단 ② 개괄주의, 대심구조를 취함 ③ 불고불리의 원칙 적용 ④ 불이익변경금지의 원칙 ⑤ 집행부정지의 원칙 ⑥ 사정재결·사정판결을 인정함 ⑦ 당사자의 쟁송제기(신청)에 의해서만 개시됨

Ⅱ. 행정심판의 존재이유

1. 자율적 행정통제 - 자기통제기능

행정심판은 행정법관계에 관한 법적 분쟁에 대하여 행정기관이 재결청이 되어 심리·판단하는 쟁송절차를 뜻하는 것이므로, 행정작용의 적법·타당 여부에 대한 판단을 행정청 스스로 함으로써 행정의 자기통제기능의 기회를 부여한다.

2. 행정능률의 보장

사법절차에 의한 행정사건에 대한 심판은 심리절차의 공정 및 신중으로 개인의 권리구제에는 충실할 수 있으나, 상당한 시일을 요하기 때문에 행정능률에 배치되는 일이 적지 아니하다. 따라서 오늘날과 같이 신속을 요하는 행정의 수행을 위하여는 사법절차에 앞서 신속·간편한 행정심판을 인정함으로써 행정법관계에 관한 분쟁의 신속한 해결을 도모하는 것이 합리적이다.

3. 사법기능의 보완

행정기관은 전문적·기술적 문제의 처리에 적합하게 조직되어 있으므로, 적어도 행정쟁송의 제1차적인 단계에서라도 전문기관인 행정기관으로 하여금 그에 관한 분쟁을 심판하도록 하는 것이 요청된다. 이는 곧 법원의 능력을 보완하는 동시에, 아울러 법원 및 당사자의 시간·노력을 절약하여 그 부담을 덜어주는 데 의미를 가진다.

4. 소송경제의 확보

사법절차는 법원·소송당사자 기타의 관계인에게 막대한 노력·경비 등을 부담하게 할 뿐만 아니라, 심리에 상당한 장시간을 요하는 것이 보통이다. 이에 반해 행정심판은 경비·시간 등을 크게 절감할 수 있고, 불필요한 행정소송의 제기를 방지할 수 있게 되므로 법원의 소송부담을 줄이게 되어 소송경제의 확보에 기여할 수 있게 된다.

제2관 행정심판의 종류

Ⅰ. 일반적 구분

1. 행정심판법상의 종류

행정심판법은 행정심판의 종류로서 취소심판, 무효등확인심판, 의무이행심판을 규정하고 있다. 이는 주관적 심판 중에서도 항고심판이다.

2. 특별행정심판

행정심판법 외에 개별법률에서 사건의 전문성 등을 고려하여 특별한 행정심판을 규정하고 있는 경우가 있다. 예컨대 특허심판, 조세심판 등이다.

3. 당사자심판

당사자심판이란 공권력행사를 전제하지 않고 행정법관계의 형성 또는 존부에 관한 다툼이 있는 경우 당사자의 신청에 의해 권한 있는 기관이 판정하는 심판이다. 당사자심판은 시심적 쟁송이며, 이에 관하여는 일반법이 없으므로 각 개별법령이 정하는 바에 따른다.

Ⅱ. 행정심판법상의 종류

행정심판법은 행정심판의 종류로 취소심판·무효등확인심판·의무이행심판의 세 가지로 구분하고 있다(동법 제5조).

1. 취소심판

(1) 의의

취소심판이란 행정청의 위법 또는 부당한 처분을 취소하거나 변경하는 행정심판이다(동법 제5조 제1호). 즉 행정청이 위법 또는 부당한 공권력의 행사 또는 그 거부나 그 밖에 이에 준하는 행정작용으로 인하여 권리 또는 이익을 침해당한 자가 그 처분의 취소 또는 변경을 구하는 행정심판이다.

(2) 성질

취소심판의 성질에 대하여는 형성적 쟁송설과 확인적 쟁송설이 대립하나, 취소심판은 행정행위를 취소하거나 법률관계를 발생·변경·소멸시킨다는 점에서 통설은 형성적 쟁송으로 본다.

(3) 특성

취소심판은 ① 심판청구기간의 제한이 있으며, ② 사정재결이 가능하고, ③ 집행부정지 원칙이 인정된다.

2. 무효등확인심판

(1) 의의

무효등확인심판이란 행정청의 처분의 효력 유무 또는 존재 여부를 확인하는 행정심판이다(동법 제5조 제2호). 무효등확인심판에는 무효확인심판, 유효확인심판, 존재확인심판, 부존재확인심판, 실효확인심판이 있다.

(2) 성질 - 준형성적 쟁송설

무효등확인심판의 성질에 대하여는 확인적 쟁송설, 형성적 쟁송설, 준형성적 쟁송설이 대립하나, 확인적 쟁송과 형성적 쟁송의 성질을 모두 가지는 준형성적 쟁송설이 통설이다.

(3) 특성

무효등확인심판은 ① 심판청구기간의 제한을 받지 아니하며, ② 사정재결에 관한 규정이 적용되지 않고, ③ 집행부정지원칙은 명문규정은 없으나 무효등확인심판에도 적용된다.

행정심판법 제44조

① 위원회는 심판청구가 이유가 있다고 인정하는 경우에도 이를 인용하는 것이 공공복리에 크게 위배된다고 인정하면 그 심판청구를 기각하는 재결을 할 수 있다. 이 경우 위원회는 재결의 주문에서 그 처분 또는 부작위가 위법하거나 부당하다는 것을 구체적으로 밝혀야 한다.
② 위원회는 제1항에 따른 재결을 할 때에는 청구인에 대하여 상당한 구제방법을 취하거나 상당한 구제방법을 취할 것을 피청구인에게 명할 수 있다.
③ 제1항과 제2항은 무효등확인심판에는 적용하지 아니한다.

3. 의무이행심판

(1) 의의

의무이행심판이란 당사자의 신청에 대한 행정청의 위법 또는 부당한 거부처분이나 부작위에 대하여 일정한 처분을 하도록 하는 행정심판이다(동법 제5조 제3호). 의무이행심판은 거부처분이나 부작위와 같은 소극적 행정작용으로 인한 국민의 권익침해에 대한 실효적인 구제수단으로 행정쟁송에 없는 쟁송형태이다.

(2) 성질

의무이행심판은 신청에 따른 처분을 하거나 행정청에 대하여 일정한 처분을 하도록 명하는 재결을 구하는 행정심판이기 때문에 이행쟁송의 성질을 가진다.

(3) 특성

① 부작위를 심판대상으로 하는 경우 부작위가 계속되는 한 심판청구기간의 제한을 받지 않고, 거부처분을 심판대상으로 하는 경우에는 심판청구기간의 제한을 받게 된다.

② 사정재결에 관한 규정은 적용된다.

③ 집행정지에 관한 규정이 적용되지 않는다.

④ 의무이행심판은 취소심판의 경우와는 달리 청구기간에 관한 규정이 적용되지 않는다(동법 제27조 7항).

제3관 행정심판의 대상

Ⅰ. 개설

행정심판의 대상이라 함은 행정심판사항, 즉 심판청구의 제기대상으로 삼을 수 있는 사항을 말한다. 행정심판사항을 정하는 입법주의는 각국의 정치적 사정이나 역사적인 여건 등에 따라 다르다고 할 수 있으나, 대체로 개괄주의와 열기주의로 대별할 수 있다.

1. 개괄주의

개괄주의란 법률상 특히 예외가 인정된 사항을 제외하고는 일반적으로 모든 사항에 대하여 행정심판을 인정하는 제도를 말한다. 행정청의 위법 또는 부당한 처분(부작위도 포함)에 대하여 일반적으로 행정심판을 제기할 수 있게 된다. 개괄주의는 국민의 권리구제에 충실한 장점이 있는 제도이나, 남소 또는 행정심판의 한계가 불분명하다는 단점이 있다.

2. 열기주의

열기주의란 법률상 특히 열기한 사항에 대해서만 행정심판을 인정하는 제도를 말한다. 열기주의는 개괄주의의 단점을 제거할 수는 있으나, 국민의 권리구제에 충실하지 못하다는 단점이 있다.

3. 우리나라의 행정심판사항

우리나라 행정심판법은 "행정청의 처분 또는 부작위에 대하여는 다른 법률에 특별한 규정이 있는 경우 외에는 이 법에 따라 행정심판을 청구할 수 있다."(동법 제3조 제1항)라고 규정하고 있다. 이것은 행정심판을 제기할 수 있는 사항을 한정하여 제시하지 아니하고 모든 처분에 대하여 행정심판을 제기할 수 있다는 개괄주의를 채택하고 있다.

Ⅱ. 행정청의 처분 또는 부작위

행정심판의 대상은 '행정청'의 '처분' 또는 '부작위'이다.

1. 행정청

(1) 행정청의 의의

행정청이라 함은 국가 또는 지방자치단체의 의사나 판단을 결정하여 외부에 표시할 수 있는 권한을 가지는 행정기관을 말한다. 학문상 행정관청 또는 행정청이 이에 해당한다. 행정심판법과 관련해서 행정청이란 처분 또는 부작위를 할 수 있는 권한을 가지는 행정기관을 말한다.

(2) 권한위임에 의한 행정청

권한의 위임이라 함은 행정청이 그의 권한의 일부를 다른 행정기관이나 공공단체 또는 사인에게 이전하여 수임자의 권한으로 행사하도록 하는 것을 말한다. 행정심판법은 권한의 위임이나 위탁을 받은 행정기관 및 공공단체나 사인도 행정청임을 명시하고 있는바(동법 제2조 제4호), 권한이 위임 또는 위탁된 경우에는 권한이 수임청 또는 수탁청에게 이양되는 것이므로 수임청 또는 수탁청이 행정청이 되는 것은 당연하다고 하겠다.

(3) 권한을 승계한 행정청

처분이나 부작위가 있은 뒤에 그 처분이나 부작위에 관계되는 권한이 다른 행정청에 승계된 때에는 그 권한을 승계한 행정청이 처분청 또는 부작위청이 된다(행정심판법 제17조 제1항 단서).

2. 처분

(1) 의의

행정심판의 대상은 행정청의 '처분'이다. '처분'이란 행정청이 행하는 구체적 사실에 관한 법집행으로서의 공권력의 행사 또는 그 거부, 그 밖에 이에 준하는 행정작용을 말한다(동법 제2조 제1호).

(2) 처분의 내용

행정심판법상의 규정에 따를 때, 처분이란 구체적 사실에 관한 법집행으로서의 ① 공권력의 행사 ② 공권력행사의 거부(거부처분) ③ 공권력의 행사 또는 그 거부에 준하는 행정작용이라고 말할 수 있다.

1) 공권력의 행사

공권력의 행사는 학문상의 「행정행위」가 중심이 된다. '처분'은 외부에 표시된 행위로 볼 것이므로, 행정기관의 내부적 단계를 벗어나지 못한 행위(결재만 있는 경우)나 행정기관 상호간의 행위는 이에 포함되지 않으며, 또한 알선·권고·주의 등과 같이 법률적 효과를 발생시키지 않는 행위(사실행위·비행정행위)도 이에 포함되지 않는다.

2) 거부처분

공권력행사의 거부, 즉 거부처분은 일정한 행정행위의 신청이 있는 경우에 그 신청에 따르는 행정행위를 할 것을 거부하는 내용의 행정행위를 말한다. 실무상으로는 반려처분, 불허가처분, 불수리처분, 각하처분 등 다양한 형태로 나타난다. 거부처분은 행정청의 부작위와는 달리 소극적 내용이기는 하나 외관상 행정청의 일정한 행정행위가 있는 것이므로 공권력행사로서의 처분적 행정행위와 크게 다를 것이 없다.

판 례

(판례) 국민의 신청에 대한 행정청의 거부처분이 항고소송의 대상이 되는 행정처분이 되기 위하여는, 국민이 행정청에 대하여 그 신청에 따른 행정행위를 해줄 것을 요구할 수 있는 법규상 또는 조리상의 권리가 있어야 하는 바, 도시계획법상 주민이 도시계획 및 그 변경에 대하여 어떤 신청을 할 수 있음에 관한 규정이 없을 뿐만 아니라, 도시계획과 같이 장기성·종합성이 요구되는 행정계획에 있어서는 그 계획이 일단 확정된 후에 어떤 사정의 변동이 있다고 하여 지역주민에게 일일이 그 계획의 변경을 청구할 권리를 인정해 줄 수도 없는 이치이므로 도시계획시설변경신청을 불허한 행위는 항고소송의 대상이 되는 행정처분이라고 볼 수 없다(대판 1984. 10. 23, 84누227).

(3) 이에 준하는 행정작용

공권력의 행사 또는 그 거부에 준하는 행정작용이라 함은 공권력의 행사 또는 거부처분은 아니라 하더라도 행정청의 대외적 작용으로서 개인의 권익에 구체적으로 영향을 미치는 작용이라 할 수 있다. 오늘날 행정수단의 다양화에 따라 엄격한 의미로 볼 때, 공권력의 행사 또는 그 거부로 보기에는 의문이 있으나, 현실적으로 행정구제의 필요성이 인식되는 행정작용을 행정심판대상으로 포함시키기 위하여 인정된 개념이라 할 것이다.

3. 부작위

(1) 의의

행정심판의 대상은 행정청의 처분 또는 '부작위'이다. 행정심판법에서 말하는 '부작위'란 행정청이 당사자의 신청에 대하여 상당한 기간 내에 일정한 처분을 하여야 할 법률상 의무가 있는데도 처분을 하지 아니하는 것을 말한다(동법 제2조 제2호).

(2) 부작위의 성립요건

1) 당사자의 신청

당사자의 신청이란 행정청이 처분을 행할 수 있도록 유발하는 행위를 말한다. 행정청의 부작위가 성립되려면 우선 당사자의 적법한 신청이 있어야 한다. 여기서 말하는 신청은 행정청에 대하여 처분을 구할 법규상·조리상 권리가 있는 자의 신청으로 이해하는 것이 다수설 및 판례의 입장이다.

2) 상당한 기간의 경과

행정심판의 대상인 부작위가 성립되기 위하여는 행정청이 일정한 처분을 하여야 할 상당한 기간이 지나도 아무런 처분을 하지 아니한 상태가 존재하여야 한다. 상당한 기간은 사회통념상 그 신청을 처리하는데 소요될 것으로 판단되는 기간이다. 행정사무는 다양하며 그 행정사무처리에 소요되는 시간도 사무의 성질에 따라 다르므로 이 기간을 일률적으로 정할 수는 없는 일이기 때문에 법령의 취지나 당해 처분의 성질 등을 고려하여 개별적·구체적으로 판단해야만 한다.

3) 처분을 할 법률상 의무의 존재

의무이행심판의 대상인 부작위가 성립되기 위해서는 행정청이 처분을 해야 할 법률상의 의무가 있어야 한다. 처분을 해야 할 법률상 의무가 있다 함은 ① 법령이 일정한 요건을 갖춘 때에는 일정한 처분을 할 것을 명하는 뜻의 명문의 규정이 있는 경우는 물론, ② 법령의 취지나 당해 처분의 성질로 보아 기속행위에 해당하는 경우까지를 포함한다. ③ 재량행위라 할지라도 재량의 0 또는 1로 축소되어 일정한 처분을 하지 않으면 안 되는 경우에는 법률상 의무가 있다고 볼 것이다.

4) 처분을 하지 아니할 것

'처분을 하지 아니한다'라고 함은 신청에 따른 인용처분도 거부처분도 하지 아니하는 경우를 말한다. 즉 처분으로 볼 수 있는 행정작용이 없는 경우를 말한다. 처분이 무효인 경우에도 그 처분은 당초부터 당연히 효력이 없는 것이나 처분이 일단 행해졌고 행위의 외관은 존재하는 것이므로 부작위는 아니다. 법령이 일정한 상태의 행정청의 부작위를 거부처분으로 의제하고 있는 경우(국세기준법 제65조 제5항)에도 법적으로는 거부처분이라는 소극적 처분이 있는 것이 되므로, 행정심판의 대상인 부작위에 해당되지 아니한다.

Ⅲ. 행정심판 제외사항

우리나라 행정심판법은 개괄주의를 채택하여 행정심판의 대상을 널리 인정하고 있으나, 예외적으로 다음의 사항은 행정심판의 대상에서 제외된다.

1. 대통령의 처분·부작위

대통령의 처분 또는 부작위에 대하여는 다른 법률에서 행정심판을 청구할 수 있도록 정한 경우 외에는 행정심판법에 따라 행정심판을 청구할 수 없다(행정심판법 제3조 제2항).

2. 다른 법률에 특별한 규정이 있는 경우

행정심판법 이외의 다른 법률에 특별한 규정이 있어서 그 법률에 의하여 행정심판을 하는 경우에는 행정심판법에 의한 행정심판의 대상에서 제외된다(동법 제3조 제1항). 이를 특별행정심판이라 하는바, 예를 들어 징계처분에 대한 소청의 제기(국가공무원법 제76조 제1항), 조세부과처분에 대한 심판청구(국세기본법 제67조), 특허심판과 그 항고심판(특허법 제97조 이하), 지방토지수용위원회의 재결에 대한 중앙토지수용위원회에의 이의신청(토지보상법 제83조) 등이 이에 해당된다.

3. 행정심판의 재결

행정심판법은 행정심판 재청구를 금지하고 있다. 즉 행정심판의 재결에 대하여는 다시 심판청구를 제기할 수 없다(행정심판법 제51조). 이것은 재심판청구에 의한 재재결과 같은 행위의 반복을 방지하기 위한 것으로 행정심판의 재결에 불복이 있는 경우에는 원처분이나 또는 재결의 위법을 이유로 행정소송을 제기할 수 있을 뿐이다.

제4관 행정심판의 당사자·관계인

Ⅰ. 행정심판의 당사자

행정심판 역시 쟁송이므로, 청구인과 피청구인은 서로 대립하여 구체적 사건을 다툰다. 즉 행정심판법은 심리절차와 관련하여 민사소송 등의 경우와 같이 엄격한 것은 아니나, 청구인과 피청구인의 대립으로 이어지는 당사자주의적 구조(대심구조)를 취함으로써, 행정심판절차의 사법화를 요구하는 헌법 제107조 제3항의 취지를 구체화하였다.

1. 청구인

(1) 의의

청구인이란 행정심판의 대상인 처분 또는 부작위에 불복하여 그것의 취소 또는 변경 등을 구하는 심판청구를 제기하는 자를 말한다. 청구인이 될 수 있는 자는 원칙적으로 자연인 또는 법인이나, 법인이 아닌 사단이나 재단도 대표자나 관리인이 있을 때에는 그 이름으로 청구인이 될 수 있다(행정심판법 제14조).

(2) 청구인적격

청구인적격이란 심판청구인이 되어 재결을 받을 수 있는 법적 자격을 말하는 것으로서 원고적격에 대응하는 개념이다.

1) 취소심판의 청구인적격

가. 법률상 이익의 존재

취소심판은 처분의 취소 또는 변경을 구할 '법률상 이익이 있는 자'가 청구할 수 있다(동법 제13조 제1항). 여기에서 '법률상 이익'이 무엇인가가 문제가 되는바, 통설과 판례는 법률상 이익을 처분의 근거가 된 실정법규의 해석상 청구인이 주장하는 이익이 당해 법규에 의하여 보호되고 있는 것으로 보고 있다.

나. 처분의 소멸

한편 '취소심판청구'에 있어서는 처분의 효과가 기간의 경과, 처분의 집행 그 밖의 사유로 소멸된 뒤에도 그 처분의 취소로 회복되는 법률상 이익이 있는 자는 청구인적격을 가진다(동법 제13조 제1항 제2문). 이러한 청구인적격의 인정은 특별한 경우에 해당하는 것이므로 청구인이 주장·입증하여야 한다.

2) 무효등확인심판의 청구인적격

무효등확인심판은 처분의 효력 유무 또는 존재 여부의 '확인을 구할 법률상 이익'이 있는 자가 청구할 수 있다(동법 제13조 제2항). 여기에서 말하는 '확인을 구할 법률상 이익'이라 함은 계쟁처분의 효력 유무 또는 존재 여부에 관하여 당사자 사이에 다툼이 있어서 재결로 공권적 확정을 하는 것이 청구인의 법적 지위의 불안정상태를 제거하기 위하여 필요한 것을 말한다.

3) 의무이행심판의 청구인적격

의무이행심판은 처분을 신청한 자로서 행정청의 거부처분 또는 부작위에 대하여 일정한 처분을 구할 법률상 이익이 있는 자가 청구인적격을 갖는다(동법 제13조 제3항). 청구인적격이 인정되기 위해서는 일정한 처분의 신청을 한 것만으로 족하지 않고, 법령에 의해 처분의 신청권이 있어야 한다.

4) 행정심판청구인적격상의 문제점

우리나라 행정심판법은 행정심판의 청구인적격을 행정소송(항고소송)의 원고적격과 동일하게 '법률상 이익이 있는 자'에게 인정하고 있다. 이는 행정심판은 행정쟁송과 달리 '위법한 처분' 뿐 아니라 '부당한 처분'에 대해서도 다툴 수 있는데, 부당한 행위로는 법률상 이익이 침해될 수 없다는 점에서 문제된다. 이에 대하여 입법과오설과 입법비과오설의 대립이 있으나 입법비과오설이 다수설이다.

(3) 선정대표자의 선정

여러 명의 청구인이 공동으로 심판청구를 할 때에는 청구인들 중에서 3명 이하의 선정대표자를 선정할 수 있다(동법 제15조 제1항). 청구인들이 선정대표자를 선정하지 아니한 경우에 위원회는 필요하다고 인정하면 청구인들에게 선정대표자를 선정할 것을 권고할 수 있다(동법 제15조 제2항). 선정대표자는 다른 청구인들을 위하여 그 사건에 관한 모든 행위를 할 수 있다. 다만 심판청구를 취하하려면 다른 청구인들의 동의를 받아야 하며, 이 경우 동의받은 사실을 서면으로 소명하여야 한다(동법 제15조 제3항). 청구인들은 선정대표자의 해임·변경을 할 수 있으며, 이를 위원회에 서면으로 알려야 한다(동법 제15조 제5항).

판 례

(판례) 행정심판절차에서 청구인들이 당사자가 아닌 자를 선정대표자로 선정하였더라도 행정심판법 제11조에 위반되어 그 선정행위는 그 효력이 없다(대판 1991. 1. 25, 90누7791).

(4) 청구인의 지위승계

1) 당연승계

청구인이 사망한 경우에는 상속인이나 그 밖에 법령에 따라 심판청구의 대상에 관계되는 권리나 이익을 승계한 자가 청구인의 지위를 승계한다. 또한, 법인인 청구인이 합병에 따라 소멸하였을 때에는 합병 후 존속하는 법인이나 합병에 따라 설립된 법인이 청구인의 지위를 승계한다(동법 제16조 제1항, 제2항).

2) 허가승계(특정승계)

심판청구의 대상과 관계되는 권리나 이익을 양수한 자는 위원회의 허가를 받아 청구인의 지위를 승계할 수 있다(동법 제16조 제5항).

2. 피청구인

(1) 의의

피청구인이란 심판청구를 제기 받은 상대방인 당사자를 말하며, 행정소송의 피고에 대응하는 개념이다.

(2) 피청구인적격

행정심판은 처분을 한 행정청(의무이행심판의 경우에는 청구인의 신청을 받은 행정청)을 피청구인으로 하여 청구하여야 한다. 다만, 심판청구의 대상과 관계되는 권한이 다른 행정청에 승계된 경우에는 권한을 승계한 행정청을 피청구인으로 하여야 한다(동법 제17조). 행정심판의 당사자의 일방을 피청구인으로 인정한 것은 청구인과 피청구인이 상호 공격·방어할 수 있는 당사자주의적 구조(대심주의)에 입각하고 있기 때문이다.

(3) 피청구인의 경정

1) 경정의 절차

청구인이 피청구인을 잘못 지정한 경우에는 위원회는 직권으로 또는 당사자의 신청에 의하여 결정으로써 피청구인을 경정할 수 있다(동법 제17조 제2항). 피청구인을 경정하는 결정을 하면 결정서 정본을 당사자(종전의 피청구인과 새로운 피청구인을 포함한다)에게 송달하여야 한다(동법 제17조 제3항).

2) 경정의 효과

경정결정이 있으면 종전의 피청구인에 대한 심판청구는 취하되고 종전의 피청구인에 대한 행정심판이 청구된 때에 새로운 피청구인에 대한 행정심판이 청구된 것으로 본다(동법 제17조 제4항).

Ⅱ. 관계인

1. 참가인

(1) 의의

참가인이라 함은 행정심판결과에 이해관계가 있는 제3자 또는 행정청이 당해 행정심판에 참가하는 자를 말한다. 이때 이해관계라 함은 법률상의 이해관계를 의미한다.

(2) 신청에 의한 참가

행정심판의 결과에 이해관계가 있는 제3자나 행정청은 해당 심판청구에 대한 위원회나 소위원회의 의결이 있기 전까지 그 사건에 대하여 심판참가를 할 수 있다(동법 제20조 제1항).

(3) 요구에 의한 참가

위원회는 필요하다고 인정하면 그 행정심판 결과에 이해관계가 있는 제3자나 행정청에 그 사건 심판에 참가할 것을 요구할 수 있다. 요구를 받은 제3자나 행정청은 지체 없이 그 사건 심판에 참가할 것인지 여부를 위원회에 통지하여야 한다(동법 제21조).

2. 대리인

(1) 의의

대리인이란 청구인 또는 피청구인에 갈음하여 스스로의 의사결정에 따라 자기명의로 심판청구절차에 관한 행위를 하고, 대리권의 범위 내에서 한 행위의 효과가 본인에게 귀속되는 자를 말한다.

(2) 선임

청구인은 법정대리인 외에 청구인의 배우자, 청구인 또는 배우자의 사촌 이내의 혈족, 청구인이 법인이거나 제14조에 따른 청구인 능력이 있는 법인이 아닌 사단 또는 재단인 경우 그 소속 임직원, 변호사, 다른 법률에 따라 심판청구의 대리를 할 수 있는 자, 그 밖에 행정심판위원회의 허가를 받은 자 등을 대리인으로 선임할 수 있다. 피청구인은 그 소속직원, 변호사, 다른 법률에 따라 심판청구를 대리할 수 있는 자, 행정심판위원회의 허가를 받은 자 등을 대리인으로 선임할 수 있다(동법 제18조).

(3) 신고

대리인의 자격은 서면으로 소명하여야 하며, 대리인이 그 자격을 잃은 때에는 청구인은 그 사실을 서면으로 행정심판위원회에 신고하여야 한다(동법 제19조).

(4) 대리행위 및 효과

대리인은 심판청구의 취하를 제외하고 본인을 위하여 당해 심판청구에 관한 모든 행위를 할 수 있다(동법 제18조 제3항). 그 행위의 효과는 직접 청구인 또는 피청구인에게 귀속된다.

제5관 행정심판기관

Ⅰ. 개설

1. 의의

행정심판기관이란 행정심판의 청구를 수리하여 이를 심리·재결할 수 있는 권한을 가진 행정기관을 말한다. 행정심판기관을 어떻게 설치할 것인가는 행정조직과 행정쟁송제도를 바탕으로 입법정책적으로 결정된다.

2. 행정심판기관

우리나라 현행 「행정심판법」은 2008년 2월 29일 법률 제8871호로 개정되기까지는 행정심판의 객관성과 공정성을 담보하기 위하여 심리·의결기능과 재결기능을 분리시켜, 전자의 기능을 재결청에 소속하는 행정심판위원회에 부여하고, 후자의 기능을 재결청에 부여하여 행정심판기관을 이원화하였다. 그러나 2008년의 개정 「행정심판법」은 재결청을 없애고, 행정심판기관을 행정심판위원회로 일원화하였다.

Ⅱ. 행정심판위원회의 설치

1. 행정심판위원회의 의의

행정심판위원회는 행정심판청구사건을 심의·재결하기 위하여 설치된 합의제 행정청이다.

2. 행정심판위원회의 종류

(1) 당해 행정청 소속 행정심판위원회

① 감사원, 국가정보원장, 그 밖에 대통령령으로 정하는 대통령 소속기관의 장, ② 국회사무총장·법원행정처장·헌법재판소사무처장 및 중앙선거관리위원회사무총장, ③ 국가인권위원회, 그 밖에 지위·성격의 독립성과 특수성 등이 인정되어 대통령령으로 정하는 행정청의 처분 또는 부작위에 대한 행정심판의 청구에 대하여는 그 행정청에 두는 행정심판위원회에서 심리·재결한다(동법 제6조 제1항).

(2) 중앙행정심판위원회

① 제1항에 따른 행정청 외의 국가행정기관의 장 또는 그 소속 행정청, ② 특별시장·광역시장·도지사·특별자치도지사(특별시·광역시·도 또는 특별자치도의 교육감을 포함한다. 이하 "시·도지사"라 한다) 또는 특별시·광역시·도·특별자치도(이하 "시·도"라 한다)의 의회(의장, 위원회의 위원장, 사무처장 등 의회 소속 모든 행정청을 포함한다), ③「지방자치법」에 따른 지방자치단체조합 등 관계 법률에 따라 국가·지방자치단체·공공법인 등이 공동으로 설립한 행정청의 처분 또는 부작위에 대한 심판청구에 대하여는「부패방지 및 국민권익위원회의 설치와 운영에 관한 법률」에 따른 국민권익위원회(이하 "국민권익위원회"라 한다)에 두는 중앙행정심판위원회에서 심리·재결한다(동법 제6조 제2항).

(3) 시·도지사 소속 행정심판위원회

① 시·도 소속 행정청, ② 시·도의 관할구역에 있는 시·군·자치구의 장, 소속 행정청 또는 시·군·자치구의 의회(의장, 위원회의 위원장, 사무국장, 사무과장 등 의회 소속 모든 행정청을 포함한다), ③ 시·도의 관할구역에 있는 둘 이상의 지방자치단체(시·군·자치구를 말한다)·공공법인 등이 공동으로 설립한 행정청의 처분 또는 부작위에 대한 심판청구에 대하여는 시·도지사 소속으로 두는 행정심판위원회에서 심리·재결한다(동법 제6조 제3항).

(4) 직근 상급행정기관 소속 행정심판위원회

대통령령으로 정하는 국가행정기관 소속 특별지방행정기관의 장의 처분 또는 부작위에 대한 심판청구에 대하여는 해당 행정청의 직근 상급행정기관에 두는 행정심판위원회에서 심리·재결한다(동법 제6조 제4항). 이때 직근상급행정기관이란 여러 개의 상급기관이 있는 경우 처분청 또는 부작위청으로부터 가장 가까운 상급행정기관을 의미한다.

(5) 특별행정심판위원회

공정하고 객관적인 행정심판을 담보하기 위하여 개별법에서 특히 제3자적 기관으로 특별행정심판위원회를 설치하는 경우가 있다. 공무원에 대한 징계처분 등 불이익처분에 대한 행정심판(실정법상의 용어는 소청)의 재결청인 소청심사위원회(국가공무원법 제9조, 지방공무원법 제13조), 조세심판의 조세심판원(국세기본법 제67조 제1항) 등이 그 예이다.

Ⅲ. 행정심판위원회의 구성

1. 각급행정심판위원회

(1) 위원의 구성

행정심판위원회(중앙행정심판위원회는 제외한다. 이하 이 조에서 같다)는 위원장 1명을 포함한 30명 이내의 위원으로 구성한다(행정심판법 제7조 제1항).

(2) 위원장

행정심판위원회의 위원장은 그 행정심판위원회가 소속된 행정청이 되며, 위원장이 없거나 부득이한 사유로 직무를 수행할 수 없거나 위원장이 필요하다고 인정하는 경우에는 ① 위원장이 사전에 지명한 위원, ② 지명된 공무원인 위원의 순서에 따라 위원이 위원장의 직무를 대행한다.

(3) 위원의 자격

행정심판위원회의 위원은 해당 행정심판위원회가 소속된 행정청이 ① 변호사 자격을 취득한 후 5년 이상의 실무 경험이 있는 사람, ② 학교에서 조교수 이상으로 재직하거나 재직하였던 사람, ③ 행정기관의 4급 이상 공무원이었거나 고위공무원단에 속하는 공무원이었던 사람, ④ 박사학위를 취득한 후 해당 분야에서 5년 이상 근무한 경험이 있는 사람, ⑤ 그 밖에 행정심판과 관련된 분야의 지식과 경험이 풍부한 사람의 어느 하나에 해당하는 사람 중에서 위촉하거나 그 소속 공무원 중에서 지명한다(동법 제7조 제4항).

(4) 회의

행정심판위원회의 회의는 위원장과 위원장이 회의마다 지정하는 8명의 위원(그중 제4항에 따른 위촉위원은 6명 이상으로 하되, 제3항에 따라 위원장이 공무원이 아닌 경우에는 5명 이상으로 한다)으로 구성한다(동법 제7조 제5항). 행정심판위원회는 구성원 과반수의 출석과 출석위원 과반수의 찬성으로 의결한다(동법 제7조 제6항).

(5) 위원회의 조직과 운영

행정심판위원회의 조직과 운영, 그 밖에 필요한 사항은 국회규칙, 대법원규칙, 헌법재판소규칙, 중앙선거관리위원회규칙 또는 대통령령으로 정한다(동법 제7조 제7항).

2. 중앙행정심판위원회

(1) 위원의 구성

중앙행정심판위원회는 위원장 1명을 포함하여 70명 이내의 위원으로 구성하되, 위원 중 상임위원은 4명 이내로 한다(동법 제8조 제1항).

(2) 중앙위원장

중앙행정심판위원회의 위원장은 국민권익위원회의 부위원장 중 1명이 되며, 위원장이 없거나 부득이한 사유로 직무를 수행할 수 없거나 위원장이 필요하다고 인정하는 경우에는 상임위원(상임으로 재직한 기간이 긴 위원 순서로, 재직기간이 같은 경우에는 연장자 순서로 한다)이 위원장의 직무를 대행한다(동법 제8조 제2항).

(3) 상임위원

중앙행정심판위원회의 상임위원은 임기제공무원으로 임명하되, 3급 이상 공무원 또는 고위공무원단에 속하는 일반직공무원으로 3년 이상 근무한 사람이나 그 밖에 행정심판에 관한 지식과 경험이 풍부한 사람 중에서 중앙행정심판위원회 위원장의 제청으로 국무총리를 거쳐 대통령이 임명한다(동법 제8조 제3항).

(4) 비상임위원

중앙행정심판위원회의 비상임위원은 제7조 제4항 각 호의 어느 하나에 해당하는 사람 중에서 중앙행정심판위원회 위원장의 제청으로 국무총리가 성별을 고려하여 위촉한다(동법 제8조 제4항).

(5) 회의

중앙행정심판위원회의 회의(제6항에 따른 소위원회 회의는 제외한다)는 위원장, 상임위원 및 위원장이 회의마다 지정하는 비상임위원을 포함하여 총 9명으로 구성한다(동법 제8조 제5항). 중앙행정심판위원회는 심판청구사건(이하 "사건"이라 한다) 중 「도로교통법」에 따른 자동차운전면허 행정처분에 관한 사건(소위원회가 중앙행정심판위원회에서 심리·의결하도록 결정한 사건은 제외한다)을 심리·의결하게 하기 위하여 4명의 위원으로 구성하는 소위원회를 둘 수 있다(동법 제8조 제6항).

(6) 의결방식

중앙행정심판위원회 및 소위원회는 구성원 과반수의 출석과 출석위원 과반수의 찬성으로 의결한다(동법 제8조 제7항).

(7) 조직과 운영

중앙행정심판위원회는 위원장이 지정하는 사건을 미리 검토하도록 필요한 경우에는 전문위원회를 둘 수 있다(동법 제8조 제8항). 중앙행정심판위원회, 소위원회 및 전문위원회의 조직과 운영 등에 필요한 사항은 대통령령으로 정한다(동법 제8조 제9항).

Ⅳ. 행정심판위원회 위원

1. 위원의 임기

행정심판위원회가 소속된 행정청에서 지명된 위원은 그 직에 재직하는 동안 재임한다(동법 제9조 제1항). 중앙행정심판위원회 상임위원의 임기는 3년으로 하며, 1차에 한하여 연임할 수 있다(동법 제9조 제2항). 또한 행정심판위원회가 소속하는 행정청과 중앙행정심판위원회의 위원장 제청으로 국무총리가 위촉하는 위원의 임기는 2년으로 하되, 2차에 한하여 연임할 수 있다.

2. 위원 등의 제척·기피·회피

(1) 제척

제척이란 법정사유가 있으면 법률상 당연히 그 사건에 대한 직무집행에서 배제되는 것을 말한다. 위원회의 위원은 다음의 경우에는 그 사건의 심리·의결에서 제척된다.

① 위원 또는 그 배우자나 배우자이었던 사람이 사건의 당사자이거나 사건에 관하여 공동 권리자 또는 의무자인 경우

② 위원이 사건의 당사자와 친족이거나 친족이었던 경우

③ 위원이 사건에 관하여 증언이나 감정을 한 경우

④ 위원이 당사자의 대리인으로서 사건에 관여하거나 관여하였던 경우

⑤ 위원이 사건의 대상이 된 처분 또는 부작위에 관여한 경우

이 경우 제척결정은 위원회의 위원장(이하 "위원장"이라 한다)이 직권으로 또는 당사자의 신청에 의하여 한다(동법 제10조 제1항).

(2) 기피

당사자는 위원에게 공정한 심리·의결을 기대하기 어려운 사정이 있으면 위원장에게 기피신청을 할 수 있다(동법 제10조 제2항).

(3) 회피

위원회의 회의에 참석하는 위원이 제척사유 또는 기피사유에 해당되는 것을 알게 되었을 때에는 스스로 그 사건의 심리·의결에서 회피할 수 있다. 이 경우 회피하고자 하는 위원은 위원장에게 그 사유를 소명하여야 한다(동법 제10조 제7항).

V. 행정심판위원회의 권한

1. 심리권과 심리권에 부수된 권한

행정심판위원회는 심판청구사건을 심리하는 권한을 가진다. 또한 심리와 관련하여 다음의 권한을 가진다.

① 대리인선임허가권(동법 제18조 제1항 제5호)
② 대표자선정권고권(동법 제15조 제2항)
③ 청구인의 지위승계허가권(동법 제16조 제5항)
④ 피청구인경정결정권(동법 제17조 제2항)
⑤ 심판참가허가 및 요구권(동법 제20조, 제21조)
⑥ 청구변경에 대한 허가권(동법 제29조)
⑦ 보정명령권(동법 제32조)
⑧ 관계 행정기관에 대한 자료제출요구권(동법 제35조)
⑨ 증거조사권(동법 제36조) 등

2. 재결권

행정심판위원회는 심판청구사건에 대한 심리를 마치면 그 심판청구에 대하여 재결할 권한을 가진다.

3. 집행정지결정권

행정심판위원회는 처분, 처분의 집행 또는 절차의 속행 때문에 중대한 손해가 생기는 것을 예방할 필요성이 긴급하다고 인정할 때에는 직권으로 또는 당사자의 신청에 의하여 처분의 효력, 처분의 집행 또는 절차의 속행의 전부 또는 일부의 정지(이하 “집행정지”라 한다)를 결정할 수 있다(동법 제30조 제2항).

4. 임시처분권

행정심판위원회는 처분 또는 부작위가 위법·부당하다고 상당히 의심되는 경우로서 처분 또는 부작위 때문에 당사자가 받을 우려가 있는 중대한 불이익이나 당사자에게 생길 급박한 위험을 막기 위하여 임시지위를 정하여야 할 필요가 있는 경우에는 직권으로 또는 당사자의 신청에 의하여 임시처분을 결정할 수 있다(동법 제31조).

5. 직접처분권

행정심판위원회는 피청구인이 재결의 취지에 따른 처분을 하여야 함에도 불구하고 처분을 하지 아니하는 경우에는 당사자가 신청하면 기간을 정하여 서면으로 시정을 명하고 그 기간에 이행하지 아니하면 직접 처분을 할 수 있다. 다만, 그 처분의 성질이나 그 밖의 불가피한 사유로 위원회가 직접 처분을 할 수 없는 경우에는 그러하지 아니하다(동법 제50조 제1항).

6. 간접강제

행정심판위원회는 피청구인이 제49조제2항 또는 제3항에 따른 처분을 하지 아니하면 청구인의 신청에 의하여 결정으로 상당한 기간을 정하고 피청구인이 그 기간 내에 이행하지 아니하는 경우에는 그 지연기간에 따라 일정한 배상을 하도록 명하거나 즉시 배상을 할 것을 명할 수 있다(동법 제50조의2 제1항).

7. 시정조치요청권

중앙행정심판위원회는 심판청구를 심리·재결할 때에 처분 또는 부작위의 근거가 되는 명령 등(대통령령·총리령·부령·훈령·예규·고시·조례·규칙 등을 말한다. 이하 같다)이 법령에 근거가 없거나 상위 법령에 위배되거나 국민에게 과도한 부담을 주는 등 크게 불합리하면 관계 행정기관에 그 명령 등의 개정·폐지 등 적절한 시정조치를 요청할 수 있다(동법 제59조).

Ⅵ. 행정심판위원회의 권한의 승계

1. 승계

당사자의 심판청구 후 위원회가 법령의 개정·폐지 또는 제17조 제5항에 따른 피청구인의 경정 결정에 따라 그 심판청구에 대하여 재결할 권한을 잃게 된 경우에는 해당 위원회는 심판청구서와 관계 서류, 그 밖의 자료를 새로 재결할 권한을 갖게 된 위원회에 보내야 한다(동법 제12조 제1항).

2. 승계 후 조치

송부를 받은 위원회는 지체 없이 그 사실을 행정심판 청구인과 행정심판 피청구인 및 참가인에게 알려야 한다.

제6관 행정심판의 청구

Ⅰ. 개설

행정심판은 ① 청구인적격 있는 자가, ② 행정청의 처분이나 부작위를 대상으로, ③ 청구기간 내에, ④ 행정심판청구의 방식을 갖추어, ⑤ 행정심판위원회 또는 당해 행정청에 청구하여야 한다. 이중 ①과 ②에 대하여는 전술하였으므로 그 외의 요건에 대하여 살펴보면 다음과 같다.

Ⅱ. 행정심판청구기간

1. 기간설정의 대상

심판청구는 소정의 청구기간 내에 제기하여야 한다. 특히 행정심판 중 무효등확인심판과 부작위에 대한 의무이행심판은 청구기간 제한규정의 적용이 배제되므로(동법 제27조 제7항), 청구기간과 관련한 논의는 취소심판청구와 거부처분에 대한 의무이행심판에만 해당하게 된다.

2. 원칙적인 심판청구기간

(1) 기간

① 행정심판청구은 원칙적으로 처분이 있음을 알게 된 날로부터 90일 이내, 처분이 있었던 날로부터 180일 이내에 청구하여야 한다. 다만 정당한 사유가 있는 경우에는 그러하지 아니하다(동법 제27조 제1항, 제3항).

② 전자는 불변기간으로서 직권조사사항이나, 후자는 불변기간이 아니다.

③ 두 기간 중의 어느 하나라도 도과하면 심판청구를 청구하지 못한다. 즉 당해 심판청구는 부적법한 것으로 각하된다.

(2) 처분이 있음을 알게 된 날

① '처분이 있음을 알게 된 날'이란 통지·고지 기타의 방법에 의하여 당해 처분이 있었다는 사실을 현실적으로 안 날을 의미한다(추상적으로 알 수 있었던 날 즉, 도달한 날 등이 아니다).

판 례

(판례) '처분이 있음을 안 날'이라 함은 당사자가 통지, 공고 기타의 방법에 의하여 당해 처분이 있었다는 사실을 현실적으로 안 날을 의미하는바, 특정인에 대한 행정처분을 주소불명 등의 이유로 송달할 수 없어 관보·공보·게시판·일간신문 등에 공고한 경우에는, 공고가 효력을 발생하는 날에 상대방이 그 행정처분이 있음을 알았다고 볼 수는 없고, 상대방이 당해 처분이 있었다는 사실을 현실적으로 안 날에 그 처분이 있음을 알았다고 보아야 한다(대판 2006. 4. 28, 2005두14851).

② 격지자에게 서면으로 처분을 행하는 경우에는 그 서면이 상대방에게 도달한 날, 공시송달의 경우에는 서면이 도달한 것으로 간주되는 날을 말한다.

③ 판례는 불특정 다수인에 대해 고시 또는 공고에 의하여 행정처분을 하는 경우에는 고시일 또는 공고일에 그 행정처분이 있었음을 알았던 것으로 보아 청구기간을 기산하여야 한다고 본다.

판 례

(판례) 통상 고시 또는 공고에 의하여 행정처분을 하는 경우에는 그 처분의 상대방이 불특정 다수인이고 그 처분의 효력이 불특정 다수인에게 일률적으로 적용되는 것이므로, 행정처분에 이해관계를 갖는 자가 고시 또는 공고가 있었다는 사실을 현실적으로 알았는지 여부에 관계없이 고시가 효력을 발생하는 날에 행정처분이 있음을 알았다고 보아야 한다(대판 2007. 6. 14, 2004두619).

(3) 처분이 있었던 날

'처분이 있었던 날'이란 당해 처분이 대외적으로 표시되어 효력을 발생한 날을 말한다. 상대방이 처분이 있었음을 알지 못한 경우에도 당해 처분이 있었던 날로부터 180일이 경과하면 심리청구를 제기할 수 없도록 규정한 것은 행정법관계의 안정성을 확보하기 위함이다.

판 례

(판례) 취소소송의 제소기간 기산점으로 행정소송법 제20조 제1항이 정한 '처분 등이 있음을 안 날'은 유효한 행정처분이 있음을 안 날을, 같은 조 제2항이 정한 '처분 등이 있은 날'은 그 행정처분의 효력이 발생한 날을 각 의미한다. 이러한 법리는 행정심판의 청구기간에 관해서도 마찬가지로 적용된다(대판 2019. 8. 9, 2019두38656).

3. 예외적인 심판청구기간

(1) 90일에 대한 예외

① 청구인이 천재지변·전쟁·사변 그 밖의 불가항력으로 인하여 처분이 있음을 안 날로부터 90일 이내에 심판청구를 할 수 없었을 때에는 그 사유가 소멸한 날로부터 14일 이내에 심판청구를 제기할 수 있다. 다만, 국외에서의 심판청구에 있어서는 그 기간을 30일로 한다(동법 제27조 제2항). 그러나 이 경우에도 정당한 사유가 없는 한 처분이 있은 날로부터 180일을 경과하게 되면 심판청구를 할 수 없다.

② 행정청이 심판청구기간을 90일보다 긴 기간으로 잘못 알린 경우에는 그 잘못 알린 기간 내에 심판청구가 있으면 법정기간 내에 적법하게 제기된 것으로 본다(동법 제27조 제5항).

(2) 180일에 대한 예외

처분이 있은 날로부터 180일이 경과하더라도 그 기간 내에 심판청구를 제기하지 못한 정당한 사유가 있는 경우에는 심판청구를 할 수 있다(동법 제27조 제3항). '정당한 사유'에 해당하는 것이 무엇인지가 문제되는데, 이는 처분이 있은 날로부터 180일 이내에 심판청구를 하지 못함을 정당화할만한 객관적인 사유를 의미하는바, 불가항력의 정도까지는 이르지 못하더라도 당해 심판청구에 상당한 지장이 있다는 것이 객관적으로 명백한 경우를 의미한다고 보는 것이 일반적 견해이다.

(3) 복효적 처분의 심판청구기간

1) 원칙적인 기간

① 복효적 처분에 있어서 제3자가 심판청구를 제기하는 경우에도 원칙적으로 처분이 있음을 알게된 날로부터 90일, 처분이 있은 날로부터 180일 이내에 제기하여야 한다.

② 그런데 처분의 제3자는 통지의 상대방이 아니므로 특별한 사정이 없는 한 처분이 있음을 알 수 없었다고 할 것이므로 제3자가 심판청구를 하는 경우에는 180일 내가 되는 것이 보통이다.

2) 정당한 사유의 문제

행정행위에 있어서 직접 상대방이 아닌 제3자는 처분이 있는 것을 바로 알 수 없는 처지에 있기에 위와 같은 기간 내에 심판청구를 제기하지 못하였다 하더라도, 그 기간 내에 심판청구가 가능하였다는 특별한 사정이 없는 한, 정당한 사유가 있는 때에 해당되어 제3자는 처분이 있은 날로부터 180일이 경과한 뒤에도 심판청구를 할 수 있다.

판 례

(판례1) 개별토지가격합동조사지침 … 에 따른 개별토지가격결정의 경우에 있어서와 같이 그 처분의 통지가 없는 경우에는 그 개별토지가격결정의 대상토지 소유자가 심판청구기간 내에 심판청구가 가능하였다는 특별한 사정이 없는 한 행정심판법 제18조 제3항 단서 소정의 정당한 사유가 있는 때에 해당한다(대판 1995. 8. 25, 94누13121).

(판례2) 행정처분의 상대방이 아닌 제3자가 이해관계인으로서 행정심판을 청구하는 경우에 그가 행정심판법 제18조 제3항 본문의 청구기간 내에 심판청구를 제기하지 아니하였다 하더라도 그 심판청구기간 내에 심판청구가 가능하였다는 특별한 사정이 없는 한 동 조항 단서에서 규정하고 있는 기간을 지키지 못한 정당한 사유가 있는 때에 해당한다고 보아 심판청구기간의 제한을 받지 아니한다고 할 것이다(대판 1991. 5. 28, 90누1359).

(판례3) 행정처분의 상대방이 아닌 제3자는 일반적으로 처분이 있는 것을 바로 알 수 있는 처지에 있지 아니하므로 처분이 있은 날로부터 180일이 경과하더라도 특별한 사유가 없는 한 구 행정심판법 제18조 제3항 단서 소정의 정당한 사유가 있는 것으로 보아 심판청구가 가능하다고 할 것이나, 그 제3자가 어떤 경위로든 행정처분이 있음을 알았거나 쉽게 알 수 있는 등 행정심판법 제18조 제1항 소정의 심판청구기간 내에 심판청구가 가능하였다는 사정이 있는 경우에는 그 때로부터 60일 이내에 행정심판을 청구하여야 한다(대판 1997. 9. 12, 96누14661).

(4) 심판청구기간의 불고지 등의 경우

행정심판법은 불고지·오고지의 효과와 관련하여 행정청에게 위험부담을 지우고 있다.

1) 불고지 시

심판청구기간을 고지하지 아니한 때에는 상대방이 처분이 있음을 알았을지라도 당해 처분이 있은 날로부터 180일 이내에, 행정심판을 청구할 수 있다(동법 제27조 제6항).

2) 오고지 시

심판청구기간을 착오로 법정기간(처분이 있음을 안 날로부터 90일)보다 장기로 잘못 고지한 때에는 그 잘못 고지된 기간 내에 심판청구를 할 수 있다(동법 제27조 제5항).

(5) 특별법상의 청구기간

행정심판법 외에 많은 개별법에서 심판청구기간에 관한 특별규정을 두고 있는 경우가 많다. 예컨대 토지수용재결에 대한 이의신청기간은 재결서 정본을 받은 날로부터 30일 이내로 규정되어 있고(토지보상법 제83조 제3항), 국가공무원법상 소청심사청구기간은 처분을 안 날로부터 30일 이내로 규정되어 있다(국가공무원법 제76조 제1항).

4. 심판청구기간의 계산

심판청구기간을 계산함에 있어서 청구기간의 준수 여부는 심판청구서를 행정심판위원회에 제출하는 경우에는 행정심판위원회에 제출된 때를 기준으로, 심판청구서를 피청구인인 행정청에 제출하는 경우에는 행정청에 제출된 때를 기준으로, 행정청이 고지를 하지 아니하거나 잘못 알려서 청구인이 심판청구서를 다른 행정기관에 제출한 경우에는 당해 행정기관에 제출된 때를 기준으로 하여 판단한다(행정심판법 제23조 제4항).

Ⅲ. 행정심판청구의 방식

1. 서면주의

행정심판의 청구는 일정한 사항을 기재하여 서면(심판청구서)으로 하여야 한다(동법 제28조 제1항). 처분에 대한 심판청구의 경우에는, ① 청구인의 이름과 주소 또는 사무소, ② 피청구인과 위원회, ③ 심판청구의 대상이 되는 처분의 내용, ④ 처분이 있음을 알게 된 날, ⑤ 심판청구의 취지와 이유, ⑥ 피청구인의 행정심판 고지 유무와 그 내용을 기재하여야 한다(동법 제28조 제2항). 또한 부작위에 대한 심판청구의 경우에는 전술한 ①, ②, ⑤ 외에, 당해 부작위의 전제가 되는 신청의 내용과 날짜를 기재하여야 한다(동법 제28조 제3항). 판례는 심판청구의 방식을 엄격한 형식을 요하지 아니하는 서면행위로 본다.

판 례

(판례) 행정심판법 제19조, 제23조의 규정 취지와 행정심판제도의 목적에 비추어 보면 행정소송의 전치요건인 행정심판청구는 엄격한 형식을 요하지 아니하는 서면행위로 해석되므로, … 행정청으로서는 그 서면을 가능한 한 제출자의 이익이 되도록 해석하고 처리하여야 한다.

비록 제목이 '진정서'로 되어 있고, 재결청의 표시, 심판청구의 취지 및 이유, 처분을 한 행정청의 고지의 유무 및 그 내용 등 행정심판법 제19조 제2항 소정의 사항들을 구분하여 기재하고 있지 아니하여 행정심판청구서로서의 형식을 다 갖추고 있다고 볼 수는 없으나, 피청구인인 처분청과 청구인의 이름과 주소가 기재되어 있고, 청구인의 기명이 되어 있으며, 문서의 기재 내용에 의하여 심판청구의 대상이 되는 행정처분의 내용과 심판청구의 취지 및 이유, 처분이 있은 것을 안 날을 알 수 있는 경우, 위 문서에 기재되어 있지 않은 재결청, 처분을 한 행정청의 고지의 유무 등의 내용과 날인 등의 불비한 점은 보정이 가능하므로 위 문서를 행정처분에 대한 행정심판청구로 보는 것이 옳다(대판 2000. 6. 9, 98두2621).

2. 행정심판청구의 제기절차

(1) 행정심판서 제출기관

심판청구서는 피청구인이나 위원회에 제출하여야 한다(동법 제23조 제1항). 따라서 심판청구서를 피청구인인 행정청에 제출하든 행정심판위원회에 직접 제출하든 청구인의 선택에 맡기고 있다.

(2) 심판청구서를 접수한 행정청의 처리

1) 청구내용의 인용

심판청구서를 받은 피청구인은 그 심판청구가 이유 있다고 인정하면 심판청구의 취지에 따라 직권으로 처분을 취소·변경하거나 확인을 하거나 신청에 따른 처분(직권취소 등)을 할 수 있다. 이 경우 이를 서면으로 청구인에게 알려야 한다(동법 제25조 제1항).

2) 위원회에의 송부

피청구인은 심판청구서를 접수하거나 송부받으면, 10일 이내에 그 심판청구서와 답변서를 위원회에 보내야 하는데(동법 제24조 제1항), 심판청구서에 위원회가 표시되지 아니하였거나 잘못 표시된 경우에도 정당한 권한있는 위원회에 보내야 한다(동법 제24조 제5항).

3) 청구인에의 통지

피청구인인 행정청은 위와 같은 심판청구서를 위원회에 송부할 때에는 지체 없이 그 사실을 청구인에게 알려야 한다(동법 제24조 제7항). 이는 청구인으로 하여금 자기가 제출한 심판청구서의 처리상황을 알 수 있도록 함으로써, 주장의 보충 및 증거서류의 제출을 용이하게 하기 위함이다.

(3) 위원회의 처리

위원회는 심판청구서를 받으면 지체 없이 피청구인에게 심판청구서 부본을 보내야 한다(동법 제26조 제1항).

Ⅳ. 심판청구의 변경·취하

1. 심판청구의 변경

(1) 의의

심판청구의 변경이란 심판청구의 계속 중에 청구인이 당초에 청구한 심판사항을 변경하는 것을 말한다. 심판청구의 변경은 심판청구를 제기한 후 새로운 심판청구를 제기할 필요가 있는 경우에 새로운 심판청구를 제기할 필요없이 청구의 변경을 할 수 있도록 하여 청구인의 편의와 심판의 촉진을 도모하기 위하여 인정된다.

(2) 청구변경의 허용범위

청구인은 청구의 기초에 변경이 없는 범위 안에서 청구의 취지 또는 이유를 변경할 수 있다(동법 제29조 제1항). 청구의 변경은 행정심판위원회의 의결이 있기 전까지 할 수 있다. 또한 피청구인인 행정청이 심판이 청구된 후에 그 대상인 처분을 변경한 때에는 청구인은 변경된 처분에 맞추어 청구의 취지 또는 이유를 변경할 수 있다(동법 제29조 제2항).

(3) 청구변경의 요건

청구변경이 인정되기 위하여는 신청구가 심판청구의 일반적 요건을 갖추는 것 이외에 ① 청구의 기초에 변경이 없어야 하며, ② 심판청구가 계속 중이고, 행정심판위원회의 의결 전이어야 하고, ③ 신청구의 심리를 위하여 심판청구를 현저하게 지연시키지 않아야 한다.

(4) 청구변경의 절차

청구의 변경은 서면으로 신청하여야 한다. 이 경우 피청구인과 참가인의 수만큼 청구변경신청서 부본을 함께 제출하여야 한다. 행정심판위원회는 청구변경신청서 부본을 피청구인과 참가인에게 송달하여야 하고, 기간을 정하여 피청구인과 참가인에게 청구변경 신청에 대한 의견을 제출하도록 할 수 있으며, 피청구인과 참가인이 그 기간에 의견을 제출하지 아니하면 의견이 없는 것으로 본다(동법 제29조 제3항 내지 제5항).

(5) 청구변경의 결정

행정심판위원회는 청구변경 신청에 대하여 허가할 것인지 여부를 결정하고, 지체 없이 신청인에게는 결정서 정본을, 당사자 및 참가인에게는 결정서 등본을 송달하여야 한다. 신청인은 송달을 받은 날부터 7일 이내에 위원회에 이의신청을 할 수 있다. 청구의 변경결정이 있으면 처음 행정심판이 청구되었을 때부터 변경된 청구의 취지나 이유로 행정심판이 청구된 것으로 본다(동법 제29조 제6항 내지 제8항).

심판청구의 취하란 청구인이 위원회에 대하여 심판청구를 철회하는 일방적 의사표시를 말한다. 청구인은 심판청구의 취하의 자유에 의하여 위원회의 의결이 있을 때까지 언제든지 서면으로 그의 심판청구를 취하할 수 있다(동법 제42조 제1항, 제2항). 심판청구를 취하하게 되면 심판청구의 계속이 처음부터 없었던 것으로 본다.

V. 행정심판제기의 효과

1. 행정심판위원회에 대한 효과

행정심판이 제기되면 행정심판기관인 행정심판위원회는 이를 심리·의결·재결할 의무를 진다.

2. 처분에 대한 효과

(1) 집행부정지의 원칙

심판청구는 처분의 효력이나 그 집행 또는 절차의 속행에 영향을 주지 아니한다(동법 제30조 제1항). 이를 집행부정지의 원칙이라 한다. 현행 행정심판법은 행정소송법과 마찬가지로 행정의 신속성·실효성 및 남소의 방지 등을 이유로 집행부정지원칙을 취함과 동시에, 예외적으로 일정한 경우에 집행정지를 인정하고 있다.

(2) 집행정지

1) 의의

집행정지라 함은 계쟁처분의 효력이나 집행 또는 절차의 속행을 정지시키는 것을 말한다. 위원회는 처분, 처분의 집행 또는 절차의 속행 때문에 중대한 손해가 생기는 것을 예방할 필요성이 긴급하다고 인정할 때에는 직권으로 또는 당사자의 신청에 의하여 처분의 효력, 처분의 집행 또는 절차의 속행의 전부 또는 일부의 정지(이하 "집행정지"라 한다)를 결정할 수 있다(동법 제30조 제2항).

판 례

(판례) 행정소송법 제23조에 따른 집행정지결정의 시간적 효력 법리는 행정심판위원회가 행정심판법 제30조에 따라 집행정지결정을 한 경우에도 그대로 적용된다. 행정심판위원회가 행정심판 청구 사건의 재결이 있을 때까지 처분의 집행을 정지한다고 결정한 경우에는, 재결서 정본이 청구인에게 송달된 때 재결의 효력이 발생하므로 그때 집행정지결정의 효력이 소멸함과 동시에 처분의 효력이 부활한다(대판 2022. 2. 11, 2021두40720).

2) 집행정지결정의 요건

가. 적극적 요건

① 심판청구의 계속

집행정지는 본안인 심판청구가 계속되어 있을 것을 요건으로 한다.

② 처분의 존재

집행정지의 대상이 되는 처분이 존재하여야 한다.

③ 이익의 존재

집행정지신청의 이익이 있어야 한다. 처분의 집행이 이미 완료된 처분에 대하여는 집행정지를 할 이익이 없으므로 처분의 정지를 구하는 것은 허용되지 않는다.

④ 긴급보전의 필요

집행정지는 중대한 손해가 생기는 것을 예방할 필요성이 긴급하다고 인정할 때에 허용된다.

나. 소극적 요건

집행정지는 공공복리에 중대한 영향을 미칠 우려가 있을 때에는 허용되지 아니한다(동법 제30조 제3항).

3) 집행정지결정의 절차

집행정지는 위원회가 당사자의 신청 또는 직권에 의하여 행정심판위원회의 심리·의결을 거쳐 집행정지를 결정할 수 있다(동법 제30조 제2항). 그러나 위원회의 심리·결정을 기다려서는 회복하기 어려운 손해가 발생할 우려가 있다고 인정될 때에는 위원회의 위원장은 직권으로 심리·결정을 갈음하는 결정을 할 수 있다. 이 경우에 위원장은 지체 없이 위원회에 그 사실을 보고하고 추인을 받아야 하며, 위원회의 추인을 받지 못한 때에는 위원장은 집행정지 또는 집행정지 취소에 관한 결정을 취소하여야 한다(동법 제30조 제6항).

4) 집행정지결정의 효력

집행정지결정은 처분의 효력이나 그 집행, 절차의 속행의 전부 또는 일부를 정지함을 그 내용으로 한다. '처분의 효력정지'란 처분의 내용적 구속력, 공정력, 구성요건적 효력, 존속력, 집행력 등을 잠정적으로 정지시킴으로써 이후부터 처분 자체가 존재하지 아니한 상태에 두는 것을 말한다. 다만 '처분의 효력정지'는 처분의 집행 또는 절차의 속행을 정지함으로써 목적을 달성할 수 있는 경우에는 허용되지 아니한다(동법 제30조 제2항 단서).

5) 집행정지결정의 취소

집행정지결정이 확정된 후 집행정지가 공공복리에 중대한 영향을 미치거나 그 정지사유가 없어진 때에는 위원회는 당사자의 신청 또는 직권에 의하여 집행정지결정을 취소할 수 있다(동법 제30조 제4항).

3. 임시처분

(1) 의의

가. 조문

위원회는 처분 또는 부작위가 위법·부당하다고 상당히 의심되는 경우로서 처분 또는 부작위 때문에 당사자가 받을 우려가 있는 중대한 불이익이나 당사자에게 생길 급박한 위험을 막기 위하여 임시지위를 정하여야 할 필요가 있는 경우에는 직권으로 또는 당사자의 신청에 의하여 임시처분을 결정할 수 있다(동법 제31조 제1항).

나. 입법취지

임시처분제도는 2010. 1. 25. 행정심판법 개정 시 도입된 제도로 종래 행정심판법이 행정청의 거부처분과 부작위에 대하여 행정소송법과 달리 의무이행심판을 인정하면서도 이에 대응되는 가구제(위원회가 적극적으로 임시의 지위를 정하는 가구제)를 인정하고 있지 않아 의무이행심판의 실효성을 제약하고 있다는 문제점이 지적되어 왔는바, 이를 개선하기 위해 도입되었다.

(2) 요건

① 거부처분 또는 부작위가 위법·부당하다고 상당히 의심될 것, ② 행정심판청구가 계속될 것, ③ 거부처분 또는 부작위 때문에 당사자가 받을 우려가 있는 중대한 불이익[1]이나 급박한 위험[2]이 존재할 것, ④ 이를 막기 위해 임시지위를 정해야할 필요 가 있을 것을 요한다. 또한 ⑤ 공공복리에 중대한 영향을 미칠 우려가 없어야 한다.

(3) 임시처분의 보충성

임시처분은 집행정지로 목적을 달성할 수 있는 경우에는 허용되지 아니한다(동법 제31조 제3항).

(4) 임시처분의 결정 및 취소

위원회는 직권 또는 신청에 의하여 임시처분을 결정할 수 있다(동법 제31조 제1항).

위원회는 임시처분을 결정한 후에 임시처분이 공공복리에 중대한 영향을 미치거나 그 정지사유가 없어진 경우에는 직권으로 또는 당사자의 신청에 의하여 임시처분 결정을 취소할 수 있다(동법 제31조 제2항).

---

1) 중대한 불이익이란 사회통념상 당사자가 인내하기가 현저히 곤란한 유무형의 손해를 의미 한다.

2) 급박한 위험이란 중대한 불이익의 발생가능성이 시간적으로 절박하여 재결을 기다릴 여유가 없는 것을 말한다.

4. 심판청구 등의 취하

청구인과 참가인은 심판청구에 대한 의결이 있을 때까지 서면으로 각각 심판청구 또는 참가신청을 취하할 수 있다(동법 제42조).

제7관 행정심판의 심리

Ⅰ. 의의

행정심판의 심리란 재결의 기초가 될 사실관계 및 법률관계를 명백히 하기 위하여 행정심판위원회가 당사자 및 관계인의 주장과 반박을 듣고 증거 기타의 자료를 수집·조사하는 일련의 절차를 말한다. 심판청구사건의 심리는 재결의 공정성을 확보하기 위하여 의결기관으로서의 행정심판위원회의 권한에 속한다.

Ⅱ. 심리의 내용과 범위

1. 심리의 내용

(1) 요건심리

심판청구는 적법한 형식적 요건을 갖춘 청구이어야 한다. 행정심판을 청구하는 데 필요한 형식적인 요건을 충족하고 있는가 여부에 대한 심리가 요건심리이다. 형식적 심리라고도 한다. 위원회는 심판청구가 적법하지 아니하면 그 심판청구를 각하한다(동법 제43조 제1항).

(2) 본안심리

본안심리라 함은 심판청구인의 청구의 당부에 대하여 심리하는 것을 말한다. 이를 실질적 심리라고도 한다. 본안심리의 결과 청구인의 청구가 이유 있으면 인용재결을 하게 되고, 이유 없으면 기각재결하게 된다.

2. 심리의 범위

(1) 불고불리의 원칙

위원회는 심판청구의 대상이 되는 처분 또는 부작위 외의 사항에 대하여는 재결하지 못한다(동법 제47조 제1항).

(2) 불이익변경금지의 원칙

위원회는 심판청구의 대상이 되는 처분보다 청구인에게 불리한 재결을 하지 못한다(동법 제47조 제2항).

(3) 법률문제·사실문제·재량문제

행정심판의 심리에서는 행정소송에서처럼 심판청구의 대상인 처분이나 부작위에 관한 적법·위법의 판단인 법률문제 및 사실문제를 심리할 수 있을뿐만 아니라 행정소송에서와 달리 당·부당의 문제도 심리할 수 있다.

Ⅲ. 심리의 절차

1. 심리절차의 구조

(1) 대심주의

대심주의란 심리에 있어서 당사자 쌍방에게 공격·방어방법을 제출할 수 있는 대등한 기회를 보장하는 제도인데, 이는 일방심리주의에 대립되는 개념이다. 이를 쌍방심리주의라 하고, 무기평등의 원칙이라고도 한다. 행정심판은 청구인이 처분을 한 행정청을 피청구인으로 하여 제기하도록 되어 있으며(동법 제17조 제1항), 원칙으로 당사자가 제출한 공격·방어방법을 바탕으로 심리를 진행하도록 되어 있다.

(2) 직권심리주의

직권심리주의라 함은 심리에 있어서 심판기관이 당사자의 사실의 주장에 근거하지 않거나 그 주장에 구속되지 않고 적극적으로 직권으로 필요한 사실상의 탐지 또는 증거조사를 행하는 소송원칙을 말한다. 행정심판법은 직권탐지를 인정하고 있고(동법 제39조), 위원회에 직권으로 증거조사를 할 수 있도록 하고 있다(동법 제36조 제1항).

(3) 구술심리주의와 서면심리주의

구술심리주의라 함은 심판을 행함에 있어서 공격·방어방법의 제출에 사실상·법률상의 진술·증거조사는 구술로 해야 한다는 원칙을 말하며, 이를 서면으로 해야 한다는 원칙을 서면심리주의라고 말한다. 행정심판의 심리는 구술심리 또는 서면심리로 한다. 다만 당사자가 구술심리를 신청한 때에는 서면심리만으로 결정할 수 있다고 인정하는 경우 외에는 구술심리를 하여야 한다(동법 제40조 제1항).

(4) 비공개심리주의

공개심리주의란 심판을 일반공중이 누구라도 방청할 수 있는 상태에서 행하는 원칙을 말하고, 비공개심리주의란 일반공중이 방청할 수 없는 상태에서 행하는 원칙을 말한다.

행정심판법에 명문의 규정이 없기 때문에 견해가 나뉘나, 서면심리주의·직권심리주의를 취하고 있는 행정심판법의 전체적인 구조로 보아 비공개주의를 원칙으로 한다는 것이 다수설이다.

2. 당사자의 절차적 권리

(1) 위원·직원에 대한 기피신청권

당사자는 행정심판위원회의 위원이나 직원에게 심리·의결의 공정을 기대하기 어려운 사정이 있는 때에는 위원장에게 그 위원 등에 대한 기피신청을 할 수 있다(동법 제10조 제2항).

(2) 보충서면제출권

당사자는 심판청구서·보정서·답변서·참가신청서 등에서 주장한 사실을 보충하고 다른 당사자의 주장을 다시 반박하기 위하여 필요하면 위원회에 보충서면을 제출할 수 있다. 이 경우 다른 당사자의 수만큼 보충서면 부본을 함께 제출하여야 한다(동법 제33조).

(3) 물적 증거제출권

당사자는 심판청구서·보정서·답변서·참가신청서·보충서면 등에 덧붙여 그 주장을 뒷받침하는 증거서류나 증거물을 제출할 수 있다(동법 제34조 제1항).

(4) 증거조사신청권

당사자는 자신의 주장을 뒷받침하기 위하여 필요하다고 인정할 때에는 행정심판위원회에 증거조사를 신청할 수 있다(동법 제36조 제1항).

(5) 구술심리신청권

행정심판의 심리는 구술심리나 서면심리로 한다. 다만, 당사자가 구술심리를 신청한 경우에는 서면심리만으로 결정할 수 있다고 인정되는 경우 외에는 구술심리를 하여야 한다(동법 제40조 제1항).

3. 심판청구의 병합과 분리

(1) 심리의 병합과 분리

행정심판위원회는 필요하다고 인정할 때에는 관련되는 심판청구를 병합하여 심리하거나 병합된 관련청구를 분리하여 심리할 수 있다(동법 제37조). 이는 행정심판법이 심판청구사건에 대하여 심리의 신속성·경제성·능률성을 기하기 위함이다.

(2) 심판청구의 병합

심판청구의 병합이란 두 개 이상의 심판청구를 하나의 심판청구로 결합하는 것을 말한다. 이는 심리의 촉진을 위한 것으로, 병합심리의 필요성 및 관련성은 행정심판위원회가 개별적·구체적으로 결정하게 된다.

(3) 심판청구의 분리

심판청구의 분리란 행정심판위원회가 하나의 심판절차에 병합된 수 개의 심판청구를 별개의 심판절차로 심판하기 위하여 나누는 것을 말한다(동법 제37조 후단). 병합된 관련청구에는 당사자에 의해 병합제기된 관련청구는 물론 행정심판위원회가 직권으로 병합한 관련청구도 포함된다.

4. 처분사유의 추가·변경

항고소송에서의 처분사유의 추가·변경의 법리는 행정심판 단계에서도 적용된다.

판 례

(판례) 행정처분의 취소를 구하는 항고소송에서 처분청은 당초 처분의 근거로 삼은 사유와 기본적 사실관계가 동일성이 있다고 인정되는 한도 내에서만 다른 사유를 추가 또는 변경할 수 있고, 이러한 기본적 사실관계의 동일성 유무는 처분사유를 법률적으로 평가하기 이전의 구체적 사실에 착안하여 그 기초인 사회적 사실관계가 기본적인 점에서 동일한지에 따라 결정되므로, 추가 또는 변경된 사유가 처분 당시에 이미 존재하고 있었다거나 당사자가 그 사실을 알고 있었다고 하여 당초의 처분사유와 동일성이 있다고 할 수 없다. 그리고 이러한 법리는 행정심판 단계에서도 그대로 적용된다(대판 2014. 5. 16, 2013두26118).

제8관 행정심판의 재결

I. 재결의 개념

1. 재결의 의의

재결이란 심판청구사건에 대하여 행정심판위원회가 행하는 최종적인 법적 판단을 하는 행위를 말한다. 즉 심판청구사건에 대한 위원회의 종국적 판단인 의사표시이다.

2. 법적 성질

① 재결은 일반적으로 공법관계의 존부 또는 정부에 대하여 행정심판위원회가 일정한 절차를 거쳐서 공적으로 판단하여 확정하는 행위이므로 준법률행위적 행정행위의 하나인 확인행위로서의 성질을 가지며, 법원의 판결과 성질이 비슷하므로 준사법행위의 성질, 기속행위로서의 성질을 가진다.

② 또한 재결 자체도 하나의 처분이므로, 재결 자체에 고유한 위법이 있는 경우에는 취소소송의 대상이 된다(행정소송법 제19조 단서).

Ⅱ. 재결의 절차

1. 재결기간

재결은 피청구인 또는 위원회가 심판청구서를 받은 날부터 60일 이내에 하여야 한다. 다만, 부득이한 사정이 있는 경우에는 위원장이 직권으로 30일을 연장할 수 있다. 위원장은 재결 기간을 연장할 경우에는 재결 기간이 끝나기 7일 전까지 당사자에게 알려야 한다(행정심판법 제45조).

2. 재결의 방식

재결은 서면으로 한다. 재결서에는 ① 사건번호와 사건명, ② 당사자·대표자 또는 대리인의 이름과 주소, ③ 주문, ④ 청구의 취지, ⑤ 이유, ⑥ 재결한 날짜가 포함되어야 한다(동법 제46조).

3. 재결의 송달과 효력발생

위원회는 지체 없이 당사자에게 재결서의 정본을 송달하여야 한다. 이 경우 중앙행정심판위원회는 재결 결과를 소관 중앙행정기관의 장에게도 알려야 한다. 재결은 청구인에게 송달되었을 때에 그 효력이 생긴다(동법 제48조).

Ⅲ. 재결의 종류

1. 각하재결

각하재결 또는 요건재결이라 함은 심판청구의 제기요건을 충족하지 않은 부적합한 심판청구에 대하여 본안에 대한 심리를 거절하는 내용의 재결을 말한다(동법 제43조 제1항). 예를 들어, 청구인적격이 없는 자가 행정심판청구를 제기한 경우, 심판청구기간을 도과하였음을 이유로 한 각하재결이 그의 전형적인 예이다.

2. 기각재결

기각재결이란 심판청구가 이유 없다고 인정하여 청구를 배척하고 원처분을 지지하는 재결을 말한다(동법 제43조 제2항). 기각재결은 청구인의 심판청구를 배척하고 원처분을 시인하는 데 그칠 뿐, 처분청 등에 대하여 원처분을 유지하여야 할 의무를 지우는 등 원처분의 효력을 강화하는 것은 아니므로, 기각재결이 있은 후에도 처분청은 당해 처분을 직권으로 취소·변경할 수 있다.

3. 사정재결

(1) 의의

사정재결이란 심판청구가 이유 있다고 인정하는 경우에도 이를 인용하는 것이 현저히 공공복리에 적합하지 아니하다고 인정하는 경우에 행정심판위원회의 의결에 의하여 그 심판청구를 기각하는 재결을 말한다(동법 제44조 제1항 전문). 따라서 사정재결도 기각재결의 일종이다.

(2) 인정이유

심판청구가 이유 있다고 인정되는 경우에는 청구인의 권익보호를 위하여 인용재결하는 것이 원칙이지만, 그로 인하여 공공복리가 현저히 침해될 수 있는 경우 공익과 사익의 합리적인 조정을 도모하기 위하여 예외적으로 인정되는 것이 사정재결이다.

(3) 위법·부당의 명시

이 경우 위원회는 재결의 주문에서 그 처분 또는 부작위가 위법하거나 부당하다는 것을 구체적으로 밝혀야 한다(동법 제44조 제1항 후문).

(4) 구제방법 명령

위원회는 사정재결을 할 때에는 청구인에 대하여 상당한 구제방법을 취하거나 상당한 구제방법을 취할 것을 피청구인에게 명할 수 있다(동법 제44조 제2항).

(5) 적용범위

사정재결은 취소심판과 의무이행심판에만 인정되고, 무효등확인심판에는 적용하지 아니한다(동법 제44조 제3항).

4. 인용재결

(1) 취소·변경재결

위원회는 취소심판의 청구가 이유가 있다고 인정하면 처분을 취소 또는 다른 처분으로 변경하거나 처분을 다른 처분으로 변경할 것을 피청구인에게 명한다(동법 제43조 제3항). 여기서의 취소는 전부취소와 일부취소를 모두 포함한다. 변경은 일부취소 뿐만 아니라 적극적 변경, 즉 원처분에 갈음하는 다른 처분으로의 변경을 의미한다(이와 달리 행정소송은 소극적 변경, 일부취소만 가능하다).

(2) 확인재결

위원회는 무효등확인심판의 청구가 이유가 있다고 인정하면 처분의 효력 유무 또는 처분의 존재 여부를 확인한다(동법 제43조 제4항). 확인재결은 처분무효확인재결, 처분유효확인재결, 처분존재확인재결, 처분부존재확인재결, 처분실효확인재결을 포함한다.

(3) 이행재결

1) 처분재결과 처분명령재결

위원회는 의무이행심판의 청구가 이유가 있다고 인정하면 지체 없이 신청에 따른 처분을 하거나(처분재결) 처분을 할 것을 피청구인에게 명한다(처분명령재결)(동법 제43조 제5항). 여기서 신청에 따른 처분이란 반드시 청구인의 신청내용대로의 처분만을 의미하는 것은 아니고, 신청에 대한 거부 또는 기타의 처분도 포함된다.

2) 처분재결과 처분명령재결의 선택

가. 문제

처분명령재결과 처분재결 중 어느 재결형식이 우선되어야 하는지에 대하여 견해가 대립한다. 실무상 대부분 처분명령재결을 하고 있고, 처분재결을 하는 예는 드물다.

나. 학설

① 행정심판위원회가 전적으로 재량을 갖는다는 선택설과 ② 당사자의 신속한 권리구제를 위하여 처분재결을 활용하자는 원칙적 처분재결설 ③ 처분청의 권한존중을 위해 처분명령재결을 활용하자는 원칙적 처분명령재결설이 대립한다.

Ⅳ. 재결의 효력

1. 개설

행정심판법에는 재결의 효력에 대해 기속력과 직접처분에 대한 규정만을 두고 있다(동법 제49조). 그런데 재결 또한 행정행위이므로 행정행위의 특수한 효력인 공정력, 구성요건적 효력, 불가쟁력, 불가변력 등이 발생하고, 취소·변경재결과 처분재결에는 형성력이 발생한다고 보아야 한다.

2. 형성력

(1) 의의

재결의 형성력이란 재결의 확정에 따라 기존의 법률관계에 변동을 가져오는 효과(구속력)로 그 대상이 된 행정처분은 재결 자체에 의하여 당연히 취소되어 소멸하는 효력을 의미한다. 재결의 형성력은 제3자에게도 미치므로(행정소송법 제29조 제1항) 이를 대세적 효력이라고 한다.

(2) 효력

재결에 의하여 취소심판의 청구가 인용되어 원처분의 전부 또는 일부가 취소되거나 변경된 때에는 원처분의 당해 부분에 관한 효력은 처분을 할 때에 소급하여 소멸되고 재결에 의하여 새로이 변경된 내용에 따른 효력이 발생한다. 또한 변경재결에 의하여 원처분이 취소되고 그에 갈음하는 별개의 처분이 행해진 경우 및 의무이행심판에 있어서의 처분재결이 행해진 경우에 구속력 역시 형성력의 성질을 가진다고 볼 수 있다. 다만, 이 경우의 재결의 효력은 그 성질상 소급되지 않는다.

(3) 범위

모든 재결에 형성력이 인정되는 것은 아니다. 재결청이 재결로서 직접 처분의 취소·변경 등을 하지 않고 처분취소명령재결, 처분변경명령재결, 처분명령재결을 한 경우에는, 당해 재결은 형성력을 발생시키는 것이 아니라 기속력을 발생시키게 된다. 또한 기존의 상황에 어떤 변경도 가져오지 않는 각하재결이나 기각재결에서는 형성력이 발생하지 않는다.

판 례

(판례) 행정심판법 제32조 제3항(현행법 제43조 제3항)에 의하면 재결청은 취소심판의 청구가 이유 있다고 인정할 때에는 처분을 취소·변경하거나 처분청에게 취소·변경할 것을 명한다고 규정하고 있으므로, 행정

심판 재결의 내용이 처분청에게 처분의 취소를 명하는 것이 아니라 재결청이 스스로 처분을 취소하는 것일 때에는 그 재결의 형성력에 의하여 당해 처분은 별도의 행정처분을 기다릴 것 없이 당연히 취소되어 소멸되는 것이다(대판 1998. 4. 24, 97누17131).

3. 기속력

(1) 기속력의 의의

재결의 기속력은 피청구인인 행정청과 그 밖의 관계행정청이 그 재결의 취지에 따라 행동해야 하는 의무를 발생시키는 효력을 말한다(행정심판법 제49조 제1항). 재결의 기속력은 인용재결의 경우에만 인정되고, 각하·기각재결의 경우에는 인정되지 않는다. 각하·기각재결은 청구인의 심판청구를 배척하는 데 그칠 뿐, 피청구인인 행정청과 그 밖의 관계행정청에 대하여 원처분을 유지하여야 할 의무를 지우지 않으므로, 처분청은 재결 후에라도 정당한 사유가 있으면 직권으로 원처분을 취소·변경·철회할 수 있다. 재결의 기속력은 당해 처분에 관하여 재결주문 및 그 전제가 된 여건사실의 인정과 판단에만 미치고 이와 직접 관계가 없는 다른 처분에 대하여는 미치지 아니한다.

(2) 기속력의 내용

1) 부작위의무(반복금지효)

처분의 취소·변경재결, 처분의 무효등확인재결이 있는 경우에는 관계행정청은 동일 사실관계 아래에서 동일한 내용의 처분을 반복하여서는 안 된다. 이를 반복금지효라고도 한다. 따라서 처분의 취소·변경재결, 무효등확인재결 등 재결이 있으면 처분청 등 관계행정청은 그 재결에 저촉되는 행위를 할 수 없다.

판 례

(판례) 행정심판법 제37조가 정하고 있는 재결은 당해 처분에 관하여 재결주문 및 그 전제가 된 요건사실의 인정과 판단에 대하여 처분청을 기속하므로, 당해 처분에 관하여 위법한 것으로 재결에서 판단된 사유와 기본적 사실관계에 있어 동일성이 인정되는 사유를 내세워 다시 동일한 내용의 처분을 하는 것은 허용되지 않는다(대판 2003. 4. 25, 2002두3201).

2) 적극적 처분의무(재처분의무)

① 재결에 의하여 취소되거나 무효 또는 부존재로 확인되는 처분이 당사자의 신청을 거부하는 것을 내용으로 하는 경우에는 그 처분을 한 행정청은 재결의 취지에 따라 다시 이전의 신청에 대한 처분을 하여야 한다(동법 제49조 제2항).

② 당사자의 신청을 거부하거나 부작위로 방치한 처분의 이행을 명하는 재결이 있는 경우에는 행정청은 지체 없이 그 재결의 취지에 따라 다시 이전의 신청에 대한 처분을 할 의무를 진다(동법 제49조 제3항). 신청에 따른 처분이 절차의 위법 또는 부당을 이유로 재결로써 취소된 경우에도 행정청은 지체 없이 이전의 신청에 대한 처분을 해야 한다(동법 제49조 제4항).

3) 결과제거의무

행정청은 처분의 취소 또는 무효확인 등의 확인재결이 있게 되면, 결과적으로 위법 또는 부당으로 판정된 처분에 의하여 초래된 상태를 제거하여 원상으로 회복시켜야 할 의무를 진다.

4) 공고·고시·통지의무

법령의 규정에 따라 공고하거나 고시한 처분이 재결로써 취소되거나 변경되면 처분을 한 행정청은 지체 없이 그 처분이 취소 또는 변경되었다는 것을 공고하거나 고시하여야 한다. 또한 법령의 규정에 따라 처분의 상대방 외의 이해관계인에게 통지된 처분이 재결로써 취소되거나 변경되면 처분을 한 행정청은 지체 없이 그 이해관계인에게 그 처분이 취소 또는 변경되었다는 것을 알려야 한다(동법 제49조 제5항, 제6항).

(3) 기속력의 범위

1) 주관적 범위

기속력이 미치는 주관적 범위는 피청구인인 행정청뿐만 아니라 그 밖의 모든 관계행정청이다(동법 제49조 제1항).

2) 객관적 범위

기속력은 재결주문 및 그 전제가 된 요건사실의 인정과 효력의 판단에만 미치고, 재결의 결론과 직접 관계가 없는 간접사실에 대한 판단에는 미치지 아니한다.

판 례

(판례) 재결의 기속력은 재결의 주문 및 그 전제가 된 요건사실의 인정과 판단, 즉 처분 등의 구체적 위법사유에 관한 판단에만 미친다고 할 것이고, 종전 처분이 재결에 의하여 취소되었다 하더라도 종전 처분시와는 다른 사유를 들어서 처분을 하는 것은 기속력에 저촉되지 않는다고 할 것이며, 여기에서 동일 사유인지 다른 사유인지는 종전 처분에 관하여 위법한 것으로 재결에서 판단된 사유와 기본적 사실관계에 있어 동일성이 인정되는 사유인지 여부에 따라 판단되어야 한다(대판 2005. 12. 9, 2003두7705).

3) 시간적 범위

처분의 위법성 판단기준시점은 처분시설이 통설 · 판례의 입장인바 기속력은 처분시까지의 사유를 판단의 대상으로 한다. 따라서 처분시 이후의 새로운 법률관계나 사실관계는 재결의 기속력이 미치지 않는다.

판 례

(판례) 당사자의 신청을 받아들이지 않은 거부처분이 재결에서 취소된 경우에 행정청은 종전 거부처분 또는 재결 후에 발생한 새로운 사유를 내세워 다시 거부처분을 할 수 있다. 그 재결의 취지에 따라 이전의 신청에 대하여 다시 어떠한 처분을 하여야 할지는 처분을 할 때의 법령과 사실을 기준으로 판단하여야 하기 때문이다(대판 2017. 10. 31, 2015두45045).

(4) 기속력의 이행확보 – 시정명령과 직접처분권

위원회는 당해 행정청이 재결의 내용에 따라 처분을 하지 아니하는 때에는 당사자의 신청에 따라 기간을 정하여 서면으로 시정을 명하고, 그 기간 내에 이행하지 아니하는 경우에는 직접 처분을 할 수 있다(동법 제50조 제1항). 행정소송에서는 권력분립원칙상 법원에 의한 직접처분이 허용되지 아니하지만, 행정심판은 행정의 자기통제이므로 행정심판위원회에 의한 직접처분이 가능하다.

(5) 간접강제

행정심판법은 재처분의무의 실효성을 담보하기위하여 간접강제를 두고있다.

① 위원회는 피청구인이 제49조제2항(제49조제4항에서 준용하는 경우를 포함한다) 또는 제3항에 따른 처분을 하지 아니하면 청구인의 신청에 의하여 결정으로 상당한 기간을 정하고 피청구인이 그 기간 내에 이행하지 아니하는 경우에는 그 지연기간에 따라 일정한 배상을 하도록 명하거나 즉시 배상을 할 것을 명할 수 있다(동법 제50조의2 제1항).

② 위원회는 사정의 변경이 있는 경우에는 당사자의 신청에 의하여 제1항에 따른 결정의 내용을 변경할 수 있다(동법 제50조의2 제2항).

④ 청구인은 제1항 또는 제2항에 따른 결정에 불복하는 경우 그 결정에 대하여 행정소송을 제기할 수 있다(동법 제50조의2 제4항).

⑤ 제1항 또는 제2항에 따른 결정의 효력은 피청구인인 행정청이 소속된 국가· 지방자치단체 또는 공공단체에 미치며, 결정서 정본은 제4항에 따른 소송제기와 관계없이 「민사집행법」에 따른 강제집행에 관하여는 집행권원과 같은 효력을 가진다. 이 경우 집행문은 위원장의 명에 따라 위원회가 소속된 행정청 소속 공무원이 부여한다(동법 제50조의2 제5항).

⑥ 간접강제 결정에 기초한 강제집행에 관하여 이 법에 특별한 규정이 없는 사항에

대하여는 「민사집행법」의 규정을 준용한다. 다만, 「민사집행법」 제33조(집행문부여의 소), 제34조(집행문부여 등에 관한 이의신청), 제44조(청구에 관한 이의의 소) 및 제45조(집행문부여에 대한 이의의 소)에서 관할 법원은 피청구인의 소재지를 관할하는 행정법원으로 한다(동법 제50조의2 제4항).

4. 불가쟁력

심판청구에 대한 재결이 있으면 그 재결 및 같은 처분 또는 부작위에 대하여 다시 행정심판을 청구할 수 없다(동법 제51조). 또한 재결 자체에 고유한 위법이 있는 경우에 한하여 행정소송을 제기할 수 있다(행정소송법 제19조 단서). 이 경우에도 제소기간이 경과하면 더 이상 효력을 다툴 수 없게 되는바, 이를 재결의 불가쟁력이라 한다.

5. 불가변력

재결은 쟁송절차에 의한 준사법적 행위인 판단행위이기에 일단 재결을 한 이상 행정심판위원회 스스로 이를 취소·변경할 수 없다. 이를 재결의 불가변력이라 한다.

V. 재결에 대한 불복

1. 재심판청구의 금지

행정심판법은 심판청구에 대한 재결이 있으면 그 재결 및 같은 처분 또는 부작위에 대하여 다시 심판청구를 청구할 수 없으며(행정심판법 제51조), 다만 다른 법률(국세기본법 등)에 행정심판을 인정하는 특별한 규정이 있는 경우에는 그에 따른다.

2. 재결에 대한 행정소송

재결의 취소소송 및 무효등확인소송은 재결 자체에 고유한 위법이 있음을 이유로 하는 경우에만 제기할 수 있다(행정소송법 제19조 단서 및 제38조 참조). 행정소송법은 원처분주의를 택하고 있기 때문에 행정심판의 재결을 거쳐 행정소송을 제기하는 경우에도 행정소송의 대상은 원칙적으로 재결이 아니라 원처분이다.

제9관 전자정보처리조직을 통한 행정심판

Ⅰ. 개설

2010년 개정된 행정심판법은 전자정보처리조직을 통한 행정심판의 근거를 새로이 마련하였다(행정심판법 제52조 내지 제54조).

Ⅱ. 주요내용

1. 전자정보처리조직을 통한 심판청구

(1) 행정심판의 절차를 밟는 자는 심판청구서와 그 밖의 서류를 전자문서화하고 이를 정보통신망을 이용하여 위원회에서 지정·운영하는 전자정보처리조직(행정심판 절차에 필요한 전자문서를 작성·제출·송달할 수 있도록 하는 하드웨어, 소프트웨어, 데이터베이스, 네트워크, 보안요소 등을 결합하여 구축한 정보처리능력을 갖춘 전자적 장치를 말한다. 이하 같다)을 통하여 제출할 수 있다(동법 제52조 제1항).

(2) 위의 제1항에 따라 제출된 전자문서는 이 법에 따라 제출된 것으로 보며, 부본을 제출할 의무는 면제된다(동법 제52조 제2항).

(3) 위의 제1항에 따라 제출된 전자문서는 그 문서를 제출한 사람이 정보통신망을 통하여 전자정보처리조직에서 제공하는 접수번호를 확인하였을 때에 전자정보처리조직에 기록된 내용으로 접수된 것으로 본다(동법 제52조 제3항).

2. 전자서명

(1) 위원회는 전자정보처리조직을 통하여 행정심판 절차를 밟으려는 자에게 본인임을 확인할 수 있는 「전자서명법」 제2조 제2호에 따른 전자서명(서명자의 실지명의를 확인할 수 있는 것을 말한다)이나 그 밖의 인증(이하 이 조에서 “전자서명등”이라 한다)을 요구할 수 있다(동법 제53조 제1항).

(2) 위의 제1항에 따라 전자서명등을 한 자는 이 법에 따른 서명 또는 날인을 한 것으로 본다(동법 제53조 제2항).

3. 전자정보처리조직을 이용한 송달

(1) 피청구인 또는 위원회는 전자정보처리조직을 통하여 행정심판을 청구하거나 심

판참가를 한 자에게 전자정보처리조직과 그와 연계된 정보통신망을 이용하여 재결서나 이 법에 따른 각종 서류를 송달할 수 있다. 다만, 청구인이나 참가인이 동의하지 아니하는 경우에는 그러하지 아니하다(동법 제54조 제1항).

(2) 위의 제1항 본문의 경우 위원회는 송달하여야 하는 재결서 등 서류를 전자정보처리조직에 입력하여 등재한 다음 그 등재 사실을 국회규칙, 대법원규칙, 헌법재판소규칙, 중앙선거관리위원회규칙 또는 대통령령으로 정하는 방법에 따라 전자우편 등으로 알려야 한다(동법 제54조 제2항).

제10관 행정심판의 고지제도

Ⅰ. 개설

1. 의의

고지제도란 행정청이 행정행위를 함에 있어서 상대방에게 당해 행정행위에 관하여 행정심판제기에 필요한 행정심판위원회, 경유절차, 제출기간, 제출절차 등을 미리 알려주는 제도이다(행정심판법 제58조).

2. 법적 성질

행정심판법상의 고지는 일정한 사항을 알려주는 행위이긴 하나, 관념의 통지나 의사의 통지인 준법률행위적 행정행위가 아니라 행정심판법에 규정된 심판청구에 필요한 사항을 구체적으로 알려주는 비권력적인 사실행위이다. 따라서 고지 그 자체로서는 아무런 법적효과를 발생시키지 않으므로 처분이 아니며, 행정쟁송의 대상이 되지 않는다.

Ⅱ. 고지의 종류

1. 직권에 의한 고지

(1) 고지의 대상

구 행정심판법은 '서면에 의한 고지'만을 직권에 의한 고지의 대상으로 규정하였으나(구 행정심판법 제42조 제1항), 현행 행정심판법은 직권에 의한 고지의 대상과 관련하여 아무런 규정을 두고 있지 않다. 따라서 현행 행정심판법하에서는 행정청이 행하는 모든 처분이 고지의 대상이 된다. 여기서의 처분에는 행정심판법상 심판청구의 대상이 될 수 있는 처분뿐만 아니라 다른 법률에 의해 행정심판의 대상이 되는 처분도 포함된다 할 것이다.

(2) 고지의 내용

고지를 해야 할 내용은 ① 해당 처분에 대하여 행정심판을 청구할 수 있는지, ② 행정심판을 청구하는 경우의 심판청구 절차 및 심판청구 기간 등이다(행정심판법 제58조 제1항). 한편, 행정심판법 제58조 제1항은 직권에 의한 고지의 내용에 행정심판위원회를 포함시키지 않고 있으나, 당연히 고지되어야 한다 할 것이다.

(3) 고지의 주체와 상대방

고지의 의무를 지는 주체는 '행정청'이며 고지의 상대방은 '당해 처분의 상대방'이다. '행정청'에는 '법령에 의하여 행정권한의 위임 또는 위탁을 받은 행정기관, 공공단체 및 그 기관 또는 사인이 포함됨'(동법 제2조 제2항)에 유의할 필요가 있다. 고지의 상대방은 당해 "처분의 직접 상대방"이다. 그러나 오늘날 제3자효 행정행위가 날로 늘고 있고 이로 인하여 인인소송, 경업자소송이 자주 제기되는 추세가 있기 때문에 행정청은 당해 처분의 직접 상대방이 아닌 이해관계가 있는 제3자에 대해서도 이해관계인의 요구가 있을 때 고지를 해주어야 한다(동법 제58조 제2항).

(4) 고지의 방법 · 기간

고지의 방법에 관하여서는 행정심판법은 아무런 규정을 두고 있지 않으므로 서면으로도 할 수 있고 구술로도 할 수 있다. 처분을 서면으로 하는 경우에 처분서에 기재하여 고지하는 것이 일반적이다. 고지는 '처분시'에 함이 원칙이라 할 수 있다. 그러나 처분을 할 때 고지하지 못한 경우에도 처분 후 지체 없이 고지하여 추완하면 된다는 것이 통설이다.

2. 청구에 의한 고지

(1) 고지의 대상

고지를 청구할 수 있는 대상은 모든 처분이다. 반드시 서면에 의한 처분에 한하지 않고, 그 고지의 청구권자의 법률상 이익을 침해한 모든 처분이 그에 해당된다고 본다. 다만 처분 이외의 행정작용은 이에 포함되지 아니한다.

(2) 고지의 내용

청구에 의한 고지의 경우 고지해야할 내용은 ① 해당 처분이 행정심판의 대상이 되는 처분인지, ② 행정심판의 대상이 되는 경우 소관 위원회 및 심판청구 기간이다(동법 제58조 제2항).

(3) 고지의 청구권자

법은 단순히 고지를 신청할 수 있는 자는 당해 처분에 대한 '이해관계인'으로만 규정하고 있다. 여기서 말하는 이해관계인은 당해 처분으로 인하여 직접 자기의 법률상 이익을 침해받은 자를 의미한다고 볼 수 있다. 한편, 처분의 상대방으로서 당연히 고지를 받아야 함에도 불구하고 고지를 받지 못한 자도 여기서의 이해관계인에 포함된다.

(4) 고지의 시기·방법

① 고지의 시기에 관하여는 고지의 요구를 받은 때에는 법은 '지체 없이 이를 알려야 한다'고 규정하고 있다. 어느 때가 그에 해당하는가는 사회통념에 의해 결정될 일이다.

② 고지의 방법에 관하여는 제한이 없으므로 서면으로도 할 수 있고 구술로도 할 수 있다. 그러나 '서면으로 알려줄 것을 요구받은 때에는 서면으로 알려야 한다'고 규정하고 있다.

Ⅲ. 불고지 또는 오고지의 효과

1. 불고지의 효과

(1) 제출기관

행정청이 심판청구의 경유 절차를 알리지 아니하여 청구인이 심판청구서를 다른 행정기관에 제출한 때에는 당해 행정기관은 그 심판청구서를 지체 없이 정당한 권한이 있는 행정청에 송부하고 그 사실을 청구인에게 통지하여야 한다(동법 제23조 제2항, 제3항). 이 경우에 심판청구기간을 계산함에 있어서는 최초의 행정기관에 심판청구서가 제출된 때에 심판청구가 제기된 것으로 본다.

(2) 청구기간

원래 심판청구는 처분이 있음을 안 날로부터 90일 이내에 제기해야 하나, 행정청이 심판청구기간을 고지하지 아니한 때에는 그 심판청구기간은 당해 처분이 있은 날로부터 180일이 된다(동법 제27조 제6항). 판례는 개별법률상의 단기의 심판청구기간을 불고지 한 경우에는 행정심판법이 정한 심판청구기간 내에 심판청구가 가능하다고 본다.

판 례

(판례) 도로점용료 상당 부당이득금의 징수 및 이의절차를 규정한 지방자치법에서 이의제출기간을 행정심판법 제18조 제3항 소정기간 보다 짧게 정하였다고 하여도 같은법 제42조 제1항 소정의 고지의무에 관하여 달리 정하고 있지 아니한 이상 도로관리청인 피고가 이 사건 도로점용료 상당 부당이득금의 징수고지서를 발부함에 있어서 원고들에게 이의제출기간 등을 알려주지 아니하였다면 원고들은 지방자치법상의 이의제출기간에 구애됨이 없이 행정심판법 제18조 제6항, 제3항의 규정에 의하여 징수고지처분이 있은 날로부터 180일 이내에 이의를 제출할 수 있다고 보아야 할 것이다(대판 1990. 7. 10, 89누6839).

2. 오고지의 효과

(1) 제출기관

고지를 한 행정청이 심판청구에 있어서의 경유절차를 잘못 알려서 청구인이 그 오고지에 따라서 심판청구서를 다른 행정기관에 잘못 제출한 때에는, 불고지의 경우와 같이 그 심판청구서를 접수한 행정기관은 정당한 권한이 있는 행정청에 송부하고 그 사실을 청구인에게 통지하여야 한다(동법 제23조 제2항, 제3항).

(2) 청구기간

행정청이 고지한 심판청구기간이 법에 정한 심판청구기간보다 긴 때에는 그 고지된 청구기간 내에 심판청구가 있으면, 법정의 청구기간이 경과된 때에도 적법한 기간 내에 심판청구가 있은 것으로 본다(동법 제27조 제5항). 한편 판례는 오고지에 의한 행정심판법 제27조 제5항의 행정소송에의 적용을 부정하였다.

판 례

(판례) 행정청이 법정 심판청구기간보다 긴 기간으로 잘못 알린 경우에 그 잘못 알린 기간 내에 심판청구가 있으면 그 심판청구는 법정 심판청구기간 내에 제기된 것으로 본다는 취지의 행정심판법 제18조 제5항의 규정은 행정심판 제기에 관하여 적용되는 규정이지, 행정소송 제기에도 당연히 적용되는 규정이라고 할 수는 없다(대판 2001. 5. 8, 2000두6916).

제 3 절 행정소송

제1관 개 설

Ⅰ. 행정소송의 개념

1. 행정소송의 의의

행정소송이란 공법관계에 분쟁이 발생한 경우에 당사자의 소송제기에 의하여 법원이 정식의 소송절차에 의하여 행하는 재판이다.

2. 행정소송의 성질

행정소송의 성질에 대하여는 과거 프랑스나 독일은 행정부 내부에 행정법원을 설치하여 행정소송을 담당한 결과 행정작용이냐 사법작용이냐에 대한 견해의 대립이 있었으나 오늘날에는 사법작용으로 보는데 이견이 없다. 우리나라는 헌법 제101조 제1항, 제107조 제2항에 근거하여 이를 사법작용으로 보는데 이론이 없다.

Ⅱ. 행정소송의 기능

1. 권리구제기능

행정소송은 행정작용이 법치행정의 요구에 어긋나게 행하여짐으로써 개인의 권익을 침해한 경우, 당해 하자 있는 행정작용을 취소하거나 변경하여 개인의 권익을 구제하는 데에 그 목적이 있다.

2. 행정통제기능

행정소송은 행정사건에 대한 법적 판단을 통하여 행정의 적법성을 보장함으로써 행정통제의 기능을 수행한다. 즉 위법한 행정행위가 있는 경우에, 그로 인하여 권익을 침해당한 자로 하여금 소송을 제기하여 일정한 절차에 따라 그 적법여부를 심판하고 하자를 시정토록 함이 행정법규의 적용에 있어서 객관적 적정성을 확보할 수 있는 가장 실효적인 방법이 된다.

Ⅲ. 행정소송제도의 유형

1. 대륙법계 국가

대륙법계 국가의 행정소송제도는 일반법원과는 별개의 행정재판소를 행정권 내에 설치하여 이 행정재판소로 하여금 행정사건을 관장케 하는 제도이다.

2. 영미법계 국가

영미법계 국가의 행정소송제도는 일반법원이 형·민사사건과 함께 행정사건의 재판권을 관장하는 제도이다.

3. 우리의 경우

(1) 연혁

1948년 제정된 행정소송법은 ① 행정소송을 일반법원의 통일적 관할하에 둠으로써 영미법계 사법제도를 취하였고, ② 행정소송법이 일반 민사소송에 대한 특례를 규정하였다. 이후 행정소송법은 1984년에 전면 개정되어 행정소송에 대한 일반법이 되었다. 이후 1994년에 사법개혁의 일환으로 일부 개정되기에 이르렀다.

(2) 1984년 행정소송법 주요 개정 내용

1) 행정소송 종류의 법정

행정소송의 종류를 항고소송·당사자소송·민중소송·기관소송으로 대별하고 항고소송을 다시 취소소송·무효등확인소송·부작위위법확인소송으로 구분하였다.

2) 재판관할의 조정

항고소송이나 당사자소송 모두의 1심 관할법원을 고등법원으로 하고 전속관할을 폐지하였다.

3) 당사자적격의 확대

원고적격의 확대, 피고의 승계·경정 및 공동소송의 인정, 소송참가의 범위를 확대하였다.

4) 제소요건의 완화

행정심판전치주의의 완화, 제소기간의 연장, 소의 변경을 처분변경으로 인한 소의 변경으로 인정하였다.

5) 심리절차의 개선

행정심판기록의 제출명령을 채택하는 등 심리절차를 개선하였다.

6) 판결의 실효성 강화

취소판결의 기속력을 강화하고 거부처분취소판결에 대하여 간접강제를 채택하여 판결의 효력을 강화하였다.

(3) 1994년 법개정의 특성

1) 행정법원신설

행정소송의 제1심 관할법원으로 행정법원을 신설하였다.

2) 행정심판의 임의절차화

취소소송은 법령의 규정에 의하여 당해처분에 대한 행정심판을 제기할 수 있는 경우에도 원칙적으로 이를 거치지 아니하고 제기할 수 있게 하였다.

3) 제소기간의 변경

행정심판전치주의의 원칙적 폐지에 따라 취소소송의 제소기간을 처분등이 있음을 안 날로부터 90일 이내에 제기하도록 하였다.

Ⅳ. 행정소송의 한계

1. 개설

행정소송의 한계란 행정소송에 대한 법원의 재판이 어디까지 미치느냐의 문제이다. 행정소송법이 개괄주의를 취하고 있다고 하여 모든 행정사건이 행정소송의 대상이 될 수 있는 것은 아니며 일정한 한계가 있다. 이러한 행정소송의 한계는 사법의 본질에 기한 한계와 권력분립의 원리에서 오는 한계가 있다.

2. 사법의 본질에 기한 한계

행정소송은 구체적인 법률상의 분쟁을 전제로 당사자의 소제기에 의해 법원이 법령을 적용하여 분쟁을 해결하는 판단작용이다. 따라서 사법작용은 구체적인 법률상의 쟁송에 대한 심판을 그 본질적 기능으로 한다. 따라서 행정소송이 되기 위하여는 사건이 구체적인 분쟁이어야 하며, 법적으로 해결하기에 적합하여야 한다.

(1) 구체적 사건성

법률적 쟁송은 당사자 간의 구체적이고 현실적인 권리·의무에 관한 분쟁이 있어야 한다. 따라서 추상적인 법규의 효력이나 해석에 관한 분쟁, 단순한 반사적 이익에 관한 분쟁이나, 민중소송이나 기관소송과 같은 객관적 소송은 구체적인 권리·의무와는 직접 관계가 없는 문제에 관한 것이므로 법률적 쟁송이 아니며, 따라서 특별한 법률의 근거가 있을 때에 한하여 제기할 수 있다.

판 례

(판례1) 행정청의 위법한 처분등의 취소 또는 변경을 구하는 취소소송의 대상이 될 수 있는 것은 구체적인 권리의무에 관한 분쟁이어야 하고 일반적, 추상적인 법령이나 규칙 등은 그 자체로서 국민의 구체적인 권리의무에 직접적 변동을 초래케 하는 것이 아니므로 그 대상이 될 수 없다 할 것이다(대판 1992. 3. 10, 91누12639).

(판례2) 법원이 법률 하위의 법규명령, 규칙, 조례, 행정규칙 등이 위헌·위법인지를 심사하려면 그것이 '재판의 전제'가 되어야 한다. 여기에서 '재판의 전제'란 구체적 사건이 법원에 계속 중이어야 하고, 위헌·위법인지가 문제 된 경우에는 규정의 특정 조항이 해당 소송사건의 재판에 적용되는 것이어야 하며, 그 조항이 위헌·위법인지에 따라 그 사건을 담당하는 법원이 다른 판단을 하게 되는 경우를 말한다. 따라서 법원이 구체적 규범통제를 통해 위헌·위법으로 선언할 심판대상은, 해당 규정의 전부가 불가분적으로 결합되어 있어 일부를 무효로 하는 경우 나머지 부분이 유지될 수 없는 결과를 가져오는 특별한 사정이 없는 한, 원칙적으로 해당 규정 중 재판의 전제성이 인정되는 조항에 한정된다(대판 2019. 6. 13, 2017두33985).

(2) 법적 해결성

비록 당사자 간의 구체적인 분쟁이라 할지라도 그것이 법령의 해석·적용을 통하여 해결하기 적합한 것이 아니면 소송의 대상이 될 수 없다. 예컨대 정치적·사회적·경제적 정책의 당부에 관한 다툼이나, 학문상·예술상·종교상의 논쟁 등은 구체적인 권리의무관계에 관한 쟁송이라 하더라도 법률을 적용하여 해결할 수 있는 분쟁이 아닌 한 행정소송의 대상이 되지 않는다. 또한 재량행위에 있어서 재량의 당부문제는 재량권일탈·남용의 경우를 제외하고, 법률문제가 아니라고 보는 한 재량행위의 당·부당에 관한 다툼은 법률쟁송에 관한 다툼이 아니게 된다.

판 례

(판례) 국가보훈처장 등이 발행한 책자 등에서 독립운동가 등의 활동상을 잘못 기술하였다는 등의 이유로 그 사실관계의 확인을 구하거나, 국가보훈처장의 서훈추천서의 행사, 불행사가 당연무효 또는 위법임의 확인을 구하는 청구는 항고소송의 대상이 되지 않는다(대판 1990. 11. 23, 90누3553).

3. 권력분립의 원리에서 오는 한계

일반 사법법원이 행정소송에 대한 관할권을 가지고 행정사건을 심리·판단하는 경우에 권력분립의 원리로부터 나오는 행정소송의 한계를 어느 정도로 인정할 것인지가 문제된다. 행정소송법에서 규정하고 있는 것 이외의 이른바 법정 외 소송을 인정할 수 있는지가 논의된다.

(1) 의무이행소송

1) 의의

의무이행소송이란 당사자의 일정한 신청행위에 대해 행정청이 거부처분을 행하거나, 당사자의 신청에 대하여 상당한 기간 내에 일정한 처분을 하여야 할 법률상 의무가 있음에도 불구하고 이를 하지 아니하고 있는 경우, 행정청에 대해 일정한 행정행위를 해 줄 것을 청구하는 내용의 행정소송을 말한다. 이러한 의무이행소송에 대하여는 견해가 나뉜다.

2) 부정설

① 법원이 사전에 제1차적 판단권을 행사하는 것은 권력분립원리에 반한다는 점과 ② 행정소송법상 항고소송의 종류는 열거적이라는 이유로 의무이행소송은 인정되지 않는다는 견해이다.

3) 긍정설

① 의무이행소송을 인정함으로써 권리보호가 확대되어 권력분립원리의 참뜻에 맞는다는 점과 ② 행정소송법상 항고소송의 종류는 예시적이라는 이유로 의무이행소송이 허용된다는 견해이다.

4) 제한적 긍정설

① 행정청에게 제1차적 판단권을 행사할 것도 없을 정도로 처분요건이 일의적으로 정하여져 있고, ② 사전에 구제하지 않으면 회복할 수 없는 손해가 발생할 우려가 있으며, ③ 다른 구제방법이 없는 경우에만 인정된다는 견해이다.

5) 검토

의무이행소송에 대하여 학설은 제한적 긍정설이 다수의 입장이나, 판례는 부정적이다.

판 례

(판례) 검사에게 압수물 환부를 이행하라는 청구는 행정청의 부작위에 대하여 일정한 처분을 하도록 하는 의무이행소송으로 현행 행정소송법상 허용되지 아니한다(대판 1995. 3. 10, 94누14018).

(2) 예방적 부작위소송

1) 의의

예방적 부작위소송이란 행정청의 처분에 의하여 사인의 권리·이익이 침해될 우려가 있는 경우에 처분을 발동하지 아니할 것을 명하거나 처분의 권한이 없다는 판결을 구하는 소송이다. 이 같은 예방적 부작위소송에 대하여는 견해가 나뉜다.

2) 인정여부

예방적 부작위소송에 대하여도 의무이행소송과 마찬가지로 ① 부정설, ② 긍정설, ③ 제한적 긍정설로 나뉘며, 판례는 부정설의 입장이다.

판 례

(판례) 행정소송법상 행정청이 일정한 처분을 하지 못하도록 그 부작위를 구하는 청구는 허용되지 않는 부적법한 소송이라 할 것이므로, 피고 국민건강보험공단은 이 사건 고시를 적용하여 요양급여비용을 결정하여서는 아니 된다는 내용의 원고들의 위 피고에 대한 이 사건 청구는 부적법하다 할 것이다(대판 2006. 5. 25, 2003두11988).

(3) 작위의무확인소송

작위의무확인소송이란 행정청에게 일정한 작위의무가 있음을 확인해 줄 것을 청구하는 소송이다. 행정소송법상 행정청의 부작위에 대하여는 부작위위법확인소송만 인정된 결과 판례는 작위의무확인소송에 대하여 부정적이다.

판 례

(판례) 과거의 역사적 사실관계의 존부나 공법상의 구체적인 법률관계가 아닌 사실관계에 관한 것들을 확인의 대상으로 하는 것이거나 행정청의 단순한 부작위를 대상으로 하는 것으로서 항고소송의 대상이 되지 아니하는 것이고, 둘째 부류에 속하는 부분 청구는 작위의무확인 소송으로서 역시 항고소송의 대상이 되지 아니하는 것으로서, 결국 이 사건 소는 모두 행정소송의 요건을 갖추지 못하여 부적법한 것이다(대판 1990. 11. 23, 90누3553).

(4) 적극적 형성소송

적극적 형성소송이란 행정청의 원처분에 갈음하여 새로운 처분을 행하는 적극적 변경을 구하는 소송을 말한다. 이러한 적극적 형성소송이 허용되는 것이냐에 대하여는 권력분립원리의 관점에서 이를 부정하는 것이 종래의 통설이며, 판례 역시 부정적 입장이다.

판 례

(판례) 현행 행정소송법상 행정청으로 하여금 일정한 행정처분을 하도록 명하는 이행판결을 구하는 소송이나 법원으로 하여금 행정청이 일정한 행정처분을 행한 것과 같은 효과가 있는 행정처분을 직접 행하도록 하는 형성판결을 구하는 소송은 허용되지 아니한다(대판 1997. 9. 30, 97누3200).

Ⅴ. 행정소송의 종류

행정소송법은 행정소송의 종류를 크게 항고소송·당사자소송·민중소송·기관소송 네 가지로 구분한다(동법 제3조). 이 중 앞의 두 가지는 국민의 주관적 권익의 보호를 목적으로 하는 주관적 소송이고, 뒤의 두 가지는 개인적 권익과 무관하게 순전히 행정작용의 적법성의 보장에 의해 객관적인 법질서의 유지를 위한 객관적 소송이다.

제2관 항고소송

행정소송법은 행정소송의 종류를 크게 항고소송·당사자소송·민중소송·기관소송의 네 가지로 구분한다. 항고소송은 행정청의 처분등이나 부작위로 인하여 권리·이익을 침해받은 자가 그 처분등이나 부작위의 위법을 다투기 위하여 제기하는 소송이다. 행정소송법은 항고소송을 다시 취소소송·무효등확인소송·부작위위법확인소송의 세 가지로 구분한다(동법 제4조).

제1항 취소소송

Ⅰ. 개설

1. 의의

취소소송은 항고소송의 가장 대표적인 형태로서, 행정청의 위법한 처분등을 취소 또는 변경하는 소송이다(동법 제4조 제1호). 취소소송은 행정청의 처분의 전부 또는 일부의 취소나 변경을 구하는 내용을 원칙으로 하며, 재결의 취소나 변경은 당해 재결 자체에 고유한 위법이 있음을 이유로 하는 경우에만 허용된다.

2. 성질 - 형성소송

취소소송의 성질에 대해 ① 형성소송설, ② 확인소송설, ③ 구제소송설 등이 대립하나, 취소소송은 일단 일정한 법률관계를 성립시킨 처분의 효력을 다툼으로써 당해 처분의 취소·변경을 통하여 그 법률관계를 변경·소멸시킨다는 점에서 형성소송이라 할 것이다. 다수설 및 판례의 입장도 같다.

판 례

(판례) 위법한 행정처분의 취소를 구하는 소는 위법한 처분에 의하여 발생한 위법상태를 배제하여 원상으로 회복시키고 그 처분으로 침해되거나 방해받은 권리와 이익을 보호 구제하고자 하는 소송이다(대판 1990. 3. 23, 89누5386).

3. 소송물

취소소송의 소송물에 대하여는 ① 처분등의 위법성 또는 위법성 일반이라고 보는 견해, ② 위법한 처분등으로 인한 위법상태의 배제로 보는 견해, ③ 처분등의 위법성 및 이를 근거로 처분등의 취소를 구하는 원고의 법적 주장으로 보는 견해로 나뉜다.

통설적 견해는 소송물을 처분등의 위법성 또는 위법성 일반이라고 한다. 이는 하나의 행정행위에 대하여 위법사유가 여러 개 있다 하더라도 소송물을 하나로 보는 것이다. 판례 또한 행정행위의 위법성 일반을 소송물로 보는 입장이다.

판 례

(판례1) 과세처분이란 법률에 규정된 과세요건이 충족됨으로써 객관적, 추상적으로 성립한 조세채권의 내용을 구체적으로 확인하여 확정하는 절차로서, 과세처분취소소송의 소송물은 그 취소원인이 되는 위법성 일반이다(대판 2009. 1. 15, 2006두14926).

(판례2) 취소소송의 소송물은 '처분의 위법성 일반'이라는 것이 대법원의 확립된 견해이다. 취소소송에서 법원은 해당 처분이 헌법, 법률, 그 하위의 법규명령, 법의 일반원칙 등 객관적 법질서를 구성하는 모든 법규범에 위반되는지 여부를 기준으로 처분의 위법성을 판단하여야 하고, 이는 주민소송에서도 마찬가지이다(대판 2019. 10. 17, 2018두104).

4. 취소소송과 무효등확인소송의 관계

(1) 병렬관계 - 별개의 소송

취소소송과 무효등확인소송은 서로 병렬적 관계에 있는 별개의 소송이다. 따라서 행정청의 처분등에 불복하는 자는 제소요건을 갖추고 있는 한 취소소송이든 무효등확인소송이든 자신의 목적을 가장 효과적으로 달성할 수 있는 소송의 종류를 선택할 수 있다. 다만, 이 경우 양자는 서로 양립할 수 없는 청구이기에 주위적·예비적 청구로서만 병합이 가능하고 선택적 청구로서의 병합이나 단순병합은 허용되지 않는다.

판 례

(판례) 행정처분에 대한 무효확인과 취소청구는 서로 양립할 수 없는 청구로서 주위적·예비적 청구로서만 병합이 가능하고 선택적 청구로서의 병합이나 단순 병합은 허용되지 아니한다(대판 1998. 8. 20, 97누6889).

(2) 포섭관계

1) 무효인 처분에 대하여 취소소송을 제기한 경우

원고가 취소소송을 제기하였으나 그 처분에 무효원인인 하자가 있는 경우에 법원은 무효확인판결을 할 수 있느냐가 문제된다. 이 경우 법원은 당해청구를 기각하여서는 아니 되며, 처분을 취소하는 원고승소의 판결, 즉 무효선언을 구하는 취소판결을 하여야 한다. 이는 처분의 취소원인인 하자와 무효원인인 하자가 상대적일뿐만 아니라 취소소송에는 무효확인을 구하는 취지까지 포함되어 있는 것으로 보아야 하기 때문이다. 다만 판례는 무효선언을 구하는 취소판결 역시 취소소송인 이상 취소소송의 제소요건을 구비하여야 한다고 본다(무효등확인소송의 요건과 달리 무효선언을 구하는 취소소송은 제소기간의 준수 등을 요구한다).

판 례

(판례) 행정처분의 당연무효를 선언하는 의미에서 그 취소를 구하는 행정소송을 제기하는 경우에는 전치절차와 그 제소기간의 준수 등 취소소송의 제소요건을 갖추어야 한다(대판 1987. 6. 9, 87누219).

2) 취소할 수 있는 처분에 대하여 무효등확인소송을 제기한 경우

원고가 무효등확인소송을 제기하였으나 그 처분에 취소원인인 하자가 존재하는 경우에 법원은 취소판결을 할 수 있느냐가 문제된다. 이 경우 법원은 석명권을 행사하여 취소의 소로 변경하도록 한 다음 취소판결을 할 수 있다. 물론 취소청구를 인용하려면 먼저 취소소송으로서의 제소요건이 구비되어야 한다.

판 례

(판례) 행정처분의 무효확인을 구하는 청구에는 특별한 사정이 없는 한 그 처분의 취소를 구하는 취지까지도 포함되어 있다고 볼 수는 있으나 위와 같은 경우에 취소청구를 인용하려면 먼저 취소를 구하는 항고소송으로서의 제소요건을 구비한 경우에 한한다(대판 1986. 9. 23, 85누838).

5. 취소소송과 당사자소송의 관계

행정행위의 공정력으로 인해 단순위법있는 행정행위는 취소소송 이외의 소송으로 그 효력을 부인할 수 없다. 따라서 단순위법의 하자가 있는 과징금부과처분은 이를 취소소송을 통해서만 처분의 효력을 소멸시킬 수 있을 뿐이므로 처분이 취소되지 않는 한, 당사자소송을 통하여 부당이득반환을 청구할 수 없다.

판 례

(판례) 행정상대방이 행정청에 이미 납부한 돈이 민법상 부당이득에 해당한다고 주장하면서 그 반환을 청구하는 것은 민사소송절차를 따라야 한다. 그러나 그 돈이 행정처분에 근거하여 납부한 것이라면 행정처분이 취소되거나 당연무효가 아닌 이상 법률상 원인 없는 이득이라고 할 수 없다(대판 2021. 12. 30, 2018다241458).

Ⅱ. 취소소송의 재판관할·이송

1. 취소소송의 재판관할

재판관할이란 여러 다양한 법원 상호간에 어떤 특정 사건을 어느 법원이 담당하여 처리할 것인가 하는 재판권의 범위를 구체적으로 정해 놓은 것을 말한다.

(1) 심급관할

종전의 2심제인 취소소송의 심급관할은 사법개혁으로 1998년 3월 1일부터 제1심법원은 행정법원, 항소심은 고등법원, 상고심은 대법원이 담당하는 3심제를 취하고 있다.

(2) 사물관할

행정법원의 심판권은 판사 3인으로 구성된 합의부에서 행한다(법원조직법 제7조 제3항). 행정법원이 설치되지 아니한 지역에서 지방법원의 본원이 행정사건을 담당하는 경우에도 행정사건은 합의부의 관장사항이다.

(3) 토지관할

1) 보통관할

취소소송의 제1심 관할법원은 피고의 소재지를 관할하는 행정법원으로 한다. 다만, ① 중앙행정기관, 중앙행정기관의 부속기관과 합의제행정기관 또는 그 장, ② 국가의 사무를 위임 또는 위탁받은 공공단체 또는 그 장의 어느 하나에 해당하는 피고에 대하여는 대법원소재지를 관할하는 행정법원에 제기할 수 있다(행정소송법 제9조 제1항, 제2항).

2) 특별관할

토지의 수용 기타 부동산 또는 특정의 장소에 관계되는 처분등에 대한 취소소송은 그 부동산 또는 장소의 소재지를 관할하는 행정법원에 이를 제기할 수 있다(동법 제9조 제3항).

3) 토지관할의 성질

토지관할은 전속관할이 아니기 때문에 민사소송법 제29조 제1항의 합의관할, 제30조의 변론관할 등의 규정이 준용된다.

4) 다른 소송에의 준용

재판관할에 관한 제9조의 규정은 무효등확인소송, 부작위위법확인소송, 당사자소송에 준용된다.

2. 관할법원에의 이송

(1) 의의

법원은 그 관할에 속한 소송에 관하여 현저한 손해 또는 지연을 피하기 위하여 필요가 있는 때에는 직권 또는 당사자의 신청에 의하여 소송의 전부 또는 일부를 다른 관할법원에 이송할 수 있다(민사소송법 제34조 제1항, 행정소송법 제8조 제2항). 이 경우 소제기의 효력은 관할권 있는 법원이 이송받은 때에 발생한다.

(2) 이송결정의 효력

이송결정은 이송을 받은 법원을 기속하며, 이송받은 법원은 다시 사건을 다른 법원에 이송하지 못한다(민사소송법 제38조).

(3) 구체적 검토

1) 심급을 달리하는 법원에 제기한 경우

민사소송법 제34조 제1항은 원고의 중대한 과실없이 행정소송이 심급을 달리하는 법원에 제기된 경우에도 적용된다(행정소송법 제7조). 따라서 행정소송으로 제기할 사항을 민사소송으로 제기한 경우 민사소송의 수소법원은 이를 관할 행정법원으로 이송하여야 한다.

2) 행정소송으로 제기해야 할 사건을 민사소송으로 제기한 경우

대법원은 수소법원(민사법원)이 행정소송에 대한 관할을 가지고 있지 않은 경우 관할법원(행정법원)에 이송해야 한다고 판시한 바 있다. 관할 위반으로 인한 이송은 법원의 직권에 의할 뿐 신청에 의한 이송은 인정되지 않는다.

판 례

(판례1) 원고가 고의 또는 중대한 과실 없이 행정소송으로 제기하여야 할 사건을 민사소송으로 잘못 제기한 경우, 수소법원으로서는 만약 그 행정소송에 대한 관할도 동시에 가지고 있다면 이를 행정소송으로 심리·판단하여야 하고, 그 행정소송에 대한 관할을 가지고 있지 아니하다면(당해 소송이 이미 행정소송으로서의 전심절차 및 제소기간을 도과하였거나 행정소송의 대상이 되는 처분 등이 존재하지도 아니한 상태에 있는 등 행정소송으로서의 소송요건을 결하고 있음이 명백하여 행정소송으로 제기되었더라도 어차피 부적법하게 되는 경우가 아닌 이상) 이를 부적법한 소라고 하여 각하할 것이 아니라 관할 법원에 이송하여야 한다(대판 1997. 5. 30, 95다28960).

(판례2) 원고가 고의 또는 중대한 과실 없이 행정소송으로 제기하여야 할 사건을 민사소송으로 잘못 제기한 경우, 수소법원으로서는 만약 그 행정소송에 대한 관할도 동시에 가지고 있다면 이를 행정소송으로 심리·판단하여야 하고, 그 행정소송에 대한 관할을 가지고 있지 아니하다면 관할법원에 이송하여야 한다. 다만 해당 소송이 이미 행정소송으로서의 전심절차 및 제소기간을 도과하였거나 행정소송의 대상이 되는 처분 등이 존재하지도 아니한 상태에 있는 등 행정소송으로서의 소송요건을 결하고 있음이 명백하여 행정소송으로 제기되었더라도 어차피 부적법하게 되는 경우에는 이송할 것이 아니라 각하하여야 한다(대판 2020. 10. 15, 2020다222382).

(판례3) 하천법 부칙(1984. 12. 31.) 제2조와 '법률 제3782호 하천법 중 개정법률 부칙 제2조의 규정에 의한 보상청구권의 소멸시효가 만료된 하천구역 편입토지 보상에 관한 특별조치법' 제2조, 제6조의 각 규정들을 종합하면, 위 규정들에 의한 손실보상청구권은 1984. 12. 31. 전에 토지가 하천구역으로 된 경우에는 당연히 발생되는 것이지, 관리청의 보상금지급결정에 의하여 비로소 발생하는 것은 아니므로, 위 규정들에 의한 손실보상금의 지급을 구하거나 손실보상청구권의 확인을 구하는 소송은 행정소송법 제3조 제2호 소정의 당사자소송에 의하여야 한다(대판 2006. 5. 18, 2004다6207).

(판례4) 국방전력발전업무훈령 제113조의5 제1항에 의한 연구개발확인서 발급은 개발업체가 '업체투자연구개발' 방식 또는 '정부·업체공동투자연구개발' 방식으로 전력지원체계 연구개발사업을 성공적으로 수행하여 군사용 적합판정을 받고 국방규격이 제·개정된 경우에 사업관리기관이 개발업체에게 해당 품목의 양산과 관련하여 경쟁입찰에 부치지 않고 수의계약의 방식으로 국방조달계약을 체결할 수 있는 지위(경쟁입찰의 예외사유)가 있음을 인정해 주는 '확인적 행정행위'로서 공권력의 행사인 '처분'에 해당하고, 연구개발확인서 발급 거부는 신청에 따른 처분 발급을 거부하는 '거부처분'에 해당한다(대판 2020. 1. 16, 2019다264700).

Ⅲ. 관련청구소송의 이송과 병합

행정소송법 제10조(관련청구소송의 이송 및 병합)

① 취소소송과 다음 각호의 1에 해당하는 소송(이하 "관련청구소송"이라 한다)이 각각 다른 법원에 계속되고 있는 경우에 관련청구소송이 계속된 법원이 상당하다고 인정하는 때에는 당사자의 신청 또는 직권에 의하여 이를 취소소송이 계속된 법원으로 이송할 수 있다.

1. 당해 처분등과 관련되는 손해배상·부당이득반환·원상회복 등 청구소송
2. 당해 처분등과 관련되는 취소소송

② 취소소송에는 사실심의 변론종결시까지 관련청구소송을 병합하거나 피고외의 자를 상대로 한 관련청구소송을 취소소송이 계속된 법원에 병합하여 제기할 수 있다.

1. 관련청구소송의 범위

행정소송법은 ① 당해 처분등과 관련되는 손해배상·부당이득반환·원상회복 등 청구소송, ② 당해 처분등과 관련되는 취소소송을 관련청구소송으로 규정하고 있다(동법 제10조 제1항). 여기서 말하는 관련이란 소송의 목적이 되는 청구의 내용 또는 원인이 법률상 또는 사실상 동일하거나 공통되는 경우, 병합되는 청구가 당해 처분으로 인한 것인 경우 또는 당해 처분의 취소·변경을 선결문제로 하는 경우를 말한다.

판 례

(판례) 행정소송법 제10조 제1항 제1호는 행정소송에 병합될 수 있는 관련청구에 관하여 '당해 처분 등과 관련되는 손해배상·부당이득반환·원상회복 등의 청구'라고 규정함으로써 그 병합요건으로 본래의 행정소송과의 관련성을 요구하고 있는바, 이는 행정소송에서 계쟁 처분의 효력을 장기간 불확정한 상태에 두는 것은 바람직하지 않다는 관점에서 병합될 수 있는 청구의 범위를 한정함으로써 사건의 심리범위가 확대·복잡화되는 것을 방지하여 그 심판의 신속을 도모하려는 취지라 할 것이므로, 손해배상청구 등의 민사소송이 행정소송에 관련청구로 병합되기 위해서는 그 청구의 내용 또는 발생원인이 행정소송의 대상인 처분 등과 법률상 또는 사실상 공통되거나, 그 처분의 효력이나 존부 유무가 선결문제로 되는 등의 관계에 있어야 함이 원칙이다(대판 2000. 10. 27, 99두561).

2. 관련청구소송의 이송

(1) 이송의 의의

사건의 이송이란 어느 법원에 일단 계속된 소송을 그 법원의 재판에 의하여 다른 법원에 이전하는 것을 말한다.

(2) 이송의 요건

1) 각각 다른 법원에의 계속

취소소송과 관련청구소송이 각각 다른 법원에 계속중이어야 한다.

2) 이송이 상당할 것

관련청구소송이면 당연히 이송되는 것이 아니라 관련청구소송이 계속된 법원이 상당

하다고 인정하는 경우에 한하여 이송이 가능하다.

3) 당사자의 신청 또는 직권에 의할 것

관련청구소송의 이송은 당사자의 신청이 있거나 법원의 직권에 의한 이송결정이 있어야 한다.

4) 취소소송이 계속된 법원에 이송할 것

관련 청구소송을 취소소송이 계속된 법원에 이송하여야 한다.

(3) 이송의 절차

관련청구소송의 이송은 당사자의 신청 또는 직권에 의한다. 이 경우의 신청은 원고·피고 외에도 소송에 참가한 제3자나 행정청도 할 수 있다. 이송 재판은 결정에 의하며, 이송결정과 이송신청의 기각결정에 대하여는 즉시항고할 수 있다(민사소송법 제39조).

(4) 이송의 효과

이송결정이 확정되면 당해 관련청구소송은 처음부터 이송을 받은 법원에 계속된 것으로 본다(민사소송법 제40조 제1항).

3. 관련청구의 병합

(1) 의의

청구의 병합이란 하나의 소송절차에서 같은 원고가 같은 피고에 대하여 수개의 청구를 하는 경우와 소송당사자가 다수가 되는 경우를 말한다. 행정소송법은 취소소송에는 사실심의 변론종결시까지 관련청구소송을 병합하거나 피고외의 자를 상대로 한 관련청구소송을 취소소송이 계속된 법원에 병합하여 제기할 수 있다고 규정하여(행정소송법 제10조 제2항) 소의 주관적 병합과 소의 객관적 병합 및 원시적 병합과 추가적 병합을 모두 인정하고 있다.

(2) 병합의 요건

1) 본체인 취소소송의 적법성

관련청구의 병합은 그 청구를 병합할 취소소송을 전제로 하여 그 항고소송에 관련되는 청구를 병합하는 것이므로, 관련청구소송이 병합될 기본인 취소소송이 적법한 것이어야 한다.

2) 관련청구소송이 병합될 것

관련이란 청구의 내용 또는 원인이 법률상 또는 사실상 공통되는 것이거나, 병합되는 청구가 당해 행정처분으로 인한 것인 경우 또는 당해 행정처분의 취소·변경을 선결문제로 하는 경우를 뜻한다.

'관련청구소송'이라 함은 주된 취소소송 등의 대상인 처분등과 관련되는 손해배상·부당이득반환·원상회복 등 청구소송 및 취소소송을 말한다(제10조 제1항). 처분등과 관련되는 손해배상·부당이득반환·원상회복 등 청구란 손해배상청구 등의 청구의 내용 또는 발생원인이 행정소송의 대상인 처분등과 법률상 또는 사실상 공통되거나, 그 처분의 효력이나 존부 유무가 선결문제로 되는 등의 관계에 있는 청구를 말한다.

판 례

(판례) 손해배상청구 등의 민사소송이 행정소송에 관련청구로 병합되기 위한 요건

행정소송법 제10조 제1항 제1호는 행정소송에 병합될 수 있는 관련청구에 관하여 '당해 처분 등과 관련되는 손해배상·부당이득반환·원상회복 등의 청구'라고 규정함으로써 그 병합요건으로 본래의 행정소송과의 관련성을 요구하고 있는바, 이는 행정소송에서 계쟁 처분의 효력을 장기간 불확정한 상태에 두는 것은 바람직하지 않다는 관점에서 병합될 수 있는 청구의 범위를 한정함으로써 사건의 심리범위가 확대·복잡화되는 것을 방지하여 그 심판의 신속을 도모하려는 취지라 할 것이므로, 손해배상청구 등의 민사소송이 행정소송에 관련청구로 병합되기 위해서는 그 청구의 내용 또는 발생원인이 행정소송의 대상인 처분 등과 법률상 또는 사실상 공통되거나, 그 처분의 효력이나 존부 유무가 선결문제로 되는 등의 관계에 있어야 함이 원칙이다.

공공사업의 시행을 위한 토지수용사건에 있어서 심리의 대상으로 되는 적법한 수용에 따른 손실보상청구권과 당해 공공사업과 관련하여 사업인정 전에 사업을 시행하여 타인의 재산권을 침해하게 됨에 따라 발생하게 된 손해배상청구권은 위 각 권리가 적법한 행위에 의하여 발생한 것인가 아닌가의 차이가 날 뿐 그것들이 하나의 동일한 공공사업의 시행과 관련하여 타인의 재산권을 침해한 사실로 인하여 발생하였다는 점에서 위 각 청구의 발생원인은 법률상 또는 사실상 공통된다 할 것이고, 토지수용사건에 이러한 손해배상청구사건을 병합하여 함께 심리·판단함으로써 얻게 되는 당사자의 소송경제와 편의 등의 효용에 비하여 심리범위를 확대·복잡화함으로써 심판의 신속을 해치는 폐단이 통상의 경우보다 크다고 할 수도 없으므로, 이와 같은 경우 토지수용사건에 병합된 손해배상청구는 행정소송법 제10조 제2항, 제1항 제1호, 제44조 제2항에 따른 관련청구로서의 병합요건을 갖춘 것으로 보아야 한다(대판 2000. 10. 27, 99두561).

3) 주된 청구소송이 사실심 계속중일 것

관련청구의 병합은 사실심 변론종결 전에 하여야 한다(동법 제10조 제2항).

(3) 병합의 형태

1) 주관적 병합과 객관적 병합

주관적 병합이란 공동소송이라 표현하기도 하며, 한 소송절차에서 여러 사람의 원고 또는 피고가 관여하는 소송이다(다수당사자소송이라고도 한다). 공동소송은 병합 심리함으로

써 소송경제를 도모하고 판결의 모순을 방지하기 위함이다. 이 외에도 원시적 공동소송과 후발적 공동소송이 존재한다. 객관적 병합이란 원고가 하나의 소송절차에서 여러 개의 청구를 하는 것으로, 동일 당사자 사이의 여러 분쟁을 한 절차로 처리할 수 있어 소송경제와 재판의 통일을 도모할 수 있다.

2) 원시적·추가적 병합

원시적 병합은 원고가 소제기 할 때부터 여러 개의 청구를 병합하는 경우로서 여기에는 단순병합, 선택적 병합, 예비적 병합이 있다. 추가적 병합은 소송계속 중에 새로운 청구를 병합하는 경우로서 여기에는 소의 변경, 반소, 중간확인의 소가 있다.

3) 주위적·예비적 병합

주관적 병합 중 서로 양립할 수 없는 청구를 병합하는 주위적·예비적 병합은 관련청구소송의 특별한 형태에 해당한다. 서로 양립할 수 없는 청구는 주위적·예비적 청구로서 병합이 가능하다.

판 례

(판례1) 행정처분의 무효확인청구와 취소청구는 그 소송의 요건을 달리하는 것이므로 하자있는 특정의 행정처분에 관하여 그 하자가 중대하고 명백한 것이었음을 주장하여 그 처분의 무효확인을 구함과 동시에 그 하자를 취소사유에 해당하는 것이었다고 주장하여 그 처분의 취소를 구하는 청구를 예비적으로 병합할 수 있다 할 것이다(대판 1971. 2. 25, 70누125).

(판례2) 청구의 예비적 병합이란 병합된 수개의 청구 중 주위적 청구(제1차 청구)가 인용되지 않을 것에 대비하여 그 인용을 해제조건으로 예비적 청구(제2차 청구)에 관하여 심판을 구하는 병합형태로서, 이와 같은 예비적 병합의 경우에는 원고가 붙인 순위에 따라 심판하여야 하며 주위적 청구를 배척할 때에는 예비적 청구에 대하여 심판하여야 하나 주위적 청구를 인용할 때에는 다음 순위인 예비적 청구에 대하여 심판할 필요가 없는 것이므로, 주위적 청구를 인용하는 판결은 전부판결로서 이러한 판결에 대하여 피고가 항소하면 제1심에서 심판을 받지 않은 다음 순위의 예비적 청구도 모두 이심되고 항소심이 제1심에서 인용되었던 주위적 청구를 배척할 때에는 다음 순위의 예비적 청구에 관하여 심판을 하여야 하는 것이다(대판 2000. 11. 16, 98다22253).

(4) 관할 법원

관련청구의 병합이 있는 경우, 병합되는 소송의 관할법원은 취소소송이 계속된 법원이다.

Ⅳ. 취소소송의 당사자 등

1. 개설

(1) 당사자의 지위

행정소송에 있어서 당사자라 함은 행정소송에서 자기의 이름으로 국가에 대하여 권리보호를 요구하거나 요구받는 자를 말한다. 따라서 피고의 지위에 있는 행정청은 그 자체 국가·지방자치단체 등의 '기관'으로서 원칙적으로는 피고의 자격을 가지지 않는 것이지만 편의상 피고의 지위가 인정되는 점, 그리고 자기이익을 주장하고 옹호하는 것이 아니라 공익을 위하여 소송에 임하는 점 등의 특수성을 지니고 있다. 한편 원고의 지위는 과거에 있어서보다 점점 확대되는 경향이 있다.

(2) 당사자능력과 당사자적격

1) 당사자능력

당사자능력이라 함은 일반적으로 소송의 당사자(원고·피고·참가인)가 될 수 있는 일반적 능력을 말한다. 행정소송상 당사자능력은 민법 등의 법률에 의해 권리능력이 부여된 자(자연인·법인)뿐만 아니라 대표자 또는 관리인이 있으면 권리능력 없는 사단이나 재단인 경우에도 인정된다(민사소송법 제52조). 그러나 동물은 원칙적으로 당사자능력을 인정할 수 없다.

판 례

(판례) 도롱뇽은 천성산 일원에 서식하고 있는 도롱뇽목 도롱뇽과에 속하는 양서류로서 자연물인 도롱뇽 또는 그를 포함한 자연 그 자체로서는 이 사건을 수행할 당사자능력을 인정할 수 없다고 판단한 것은 정당하고, 위 신청인의 당사자능력에 관한 법리오해 등의 위법이 없다(대결 2006. 6. 2, 2004마1148·1149).

2) 당사자적격

당사자적격이라 함은 특정 소송사건에 있어서 그 청구의 당부를 확정함에 관하여 당사자로서 소송을 수행하고 본안판결을 받기에 적합한 자격을 말한다. 당사자적격은 개개의 소송물과 관련하여 정해지는 것이므로 누가 정당한 당사자인가 하는 문제는 개개의 소송물과의 일정한 관계에서 정해지지 않으면 안 된다.

2. 원고적격

(1) 원고적격의 의의

취소소송에 있어서의 원고적격이란 처분등의 취소를 소구할 수 있는 자격을 의미한다. 본안판결을 받기 위해서는 소장·관할법원 등과 같은 형식적 요건을 갖추어야 함은 물론 소의 이익의 하나로서의 원고적격을 필요로 하는 것이다. 광의의 소의 이익은 ① 대상적격, ② 주관적 측면의 소의 이익인 원고적격, ③ 객관적 측면의 소의 이익인 권리보호의 필요(협의의 소의 이익)로 나뉜다.

(2) 법률상 이익의 주체

1) 규정의 성격

취소소송은 처분등의 취소를 구할 법률상 이익이 있는 자가 제기할 수 있다(행정소송법 제12조 전문). 법률상 이익이 있는 자만이 제기할 수 있다는 것은 취소소송이 주관적 소송임을 뜻한다.

2) 자연인과 법인

법률상 이익이 있는 자에는 권리주체로서의 자연인과 법인이 있다. 법인에는 공법인과 사법인이 있고, 지방자치단체 또한 이에 포함된다. 다만 지방자치단체는 자기의 고유한 권리가 침해되었을 때에만 당사자적격을 갖는다.

판 례

(판례1) 국민권익위원회가 소방청장에게 인사와 관련하여 부당한 지시를 한 사실이 인정된다며 이를 취소할 것을 요구하기로 의결하고 그 내용을 통지하자 소방청장이 국민권익위원회 조치요구의 취소를 구하는 소송을 제기한 사안에서, 처분성이 인정되는 국민권익위원회의 조치요구에 불복하고자 하는 소방청장으로서는 조치요구의 취소를 구하는 항고소송을 제기하는 것이 유효·적절한 수단으로 볼 수 있으므로 소방청장이 예외적으로 당사자능력과 원고적격을 가진다(대판 2018. 8. 1, 2014두35379).

(판례2) 갑이 국민권익위원회에 부패방지 및 국민권익위원회의 설치와 운영에 관한 법률(이하 '국민권익위원회법'이라 한다)에 따른 신고와 신분보장조치를 요구하였고, 국민권익위원회가 갑의 소속기관 장인 을 시·도 선거관리위원회 위원장에게 '갑에 대한 중징계요구를 취소하고 향후 신고로 인한 신분상 불이익처분 및 근무조건상의 차별을 하지 말 것을 요구'하는 내용의 조치요구를 한 사안에서, 국가기관 일방의 조치요구에 불응한 상대방 국가기관에 국민권익위원회법상의 제재규정과 같은 중대한 불이익을 직접적으로 규정한 다른 법령의 사례를 찾아보기 어려운 점, 그럼에도 을이 국민권익위원회의 조치요구를 다툴 별다른 방법이 없는 점 등에 비추어 보면, 처분성이 인정되는 위 조치요구에 불복하고자 하는 을로서는 조치요구의 취소를 구하는 항고소송을 제기하는 것이 유효·적절한 수단이므로 비록 을이 국가기관이더라도 당사자능력 및 원고적격을 가진다고 보는 것이 타당하고, 을이 위 조치요구 후 갑을 파면하였다고 하더라도 조치요구가 곧바로 실효된다고 할 수 없고 을은 여전히 조치요구를 따라야 할 의무를 부담하므로 을에게는 위 조치요구의 취소를 구할 법률상 이익도 있다고 본 원심판단은 정당하다(대판 2013. 7. 25, 2011두1214).

(판례3) 구 건축법(2011. 5. 30. 법률 제10755호로 개정되기 전의 것) 제29조 제1항, 제2항, 제11조 제1항 등의 규정 내용에 의하면, 건축협의의 실질은 지방자치단체 등에 대한 건축허가와 다르지 않으므로, 지방자치단체

등이 건축물을 건축하려는 경우 등에는 미리 건축물의 소재지를 관할하는 허가권자인 지방자치단체의 장과 건축협의를 하지 않으면, 지방자치단체라 하더라도 건축물을 건축할 수 없다. 그리고 구 지방자치법 등 관련 법령을 살펴보아도 지방자치단체의 장이 다른 지방자치단체를 상대로 한 건축협의 취소에 관하여 다툼이 있는 경우에 법적 분쟁을 실효적으로 해결할 구제수단을 찾기도 어렵다. 따라서 건축협의 취소는 상대방이 다른 지방자치단체 등 행정주체라 하더라도 '행정청이 행하는 구체적 사실에 관한 법집행으로서의 공권력 행사'(행정소송법 제2조 제1항 제1호)로서 처분에 해당한다고 볼 수 있고, 지방자치단체인 원고가 이를 다툴 실효적 해결 수단이 없는 이상, 원고는 건축물 소재지 관할 허가권자인 지방자치단체의 장을 상대로 항고소송을 통해 건축협의 취소의 취소를 구할 수 있다(대판 2014. 2. 27, 2012두22980).

3) 상대방과 제3자

법률상 이익이 있는 자에는 처분의 상대방뿐만 아니라 법률상 이익이 침해된 제3자도 포함된다.

판 례

(판례1) 행정처분의 직접 상대방이 아닌 제3자라도 당해 행정처분의 취소를 구할 법률상의 이익이 있는 경우에는 원고적격이 인정된다(대판 1999. 12. 7, 97누12556).

(판례2) 불이익처분의 상대방은 직접 개인적 이익의 침해를 받은 자로서 원고적격이 인정된다. 행정처분의 직접 상대방이 아닌 자라 하더라도 행정처분의 근거 법규 또는 관련 법규에 의하여 개별적·직접적·구체적으로 보호되는 이익이 있는 경우 처분의 취소를 구할 원고적격이 인정된다(대판 2020. 4. 9, 2015다34444).

4) 공동소송(다수인)

수인의 청구 또는 수인에 대한 청구가 처분등의 취소청구와 관련되는 청구인 경우에 한하여 그 수인은 공동소송인이 될 수 있다(동법 제15조). 공동소송인의 제도는 일종의 주관적 병합의 제도이다.

5) 행정심판이 피청구인인 행정청

행정심판에서 기각재결이 있는 경우 사인인 청구인은 당연히 취소소송을 제기할 수 있다. 그러나 인용재결이 있는 경우, 피청구인인 행정청은 재결의 기속력(행정심판법 제49조 제1항)으로 인해 취소소송을 제기할 수 없다는 게 판례의 입장이다.

(3) 법률상 이익의 의미

행정소송법 제12조(원고적격) 취소소송은 처분등의 취소를 구할 법률상 이익이 있는 자가 제기할 수 있다. 처분등의 효과가 기간의 경과, 처분등의 집행 그 밖의 사유로 인하여 소멸된 뒤에도 그 처분등의 취소로 인하여 회복되는 법률상 이익이 있는 자의 경우에는 또한 같다.

1) 법률상 이익에서 "이익"의 의미

가. 학설

① 권리회복설

이 설은 취소소송의 목적·기능을 실체법상의 권리보호에 있다고 보아, 위법한 처분등으로 인하여 권리를 침해당한 자만이 제소할 수 있는 원고적격을 갖는다고 본다.

② 법률상 보호이익설

이 설은 취소소송의 목적·기능을 고유한 의미의 권리의 보호수단으로서가 아니라, 법률이 개인을 위하여 보호하고 있는 이익을 구제하기 위한 수단으로 본다. 이에 의하면 처분의 근거법규 및 관련법규의 목적론적 해석에 따라 보호되는 개별적·직접적·구체적인 이익을 갖는 자만이 소를 제기할 수 있다는 의미이다(다수설·판례).

③ 보호가치이익설

이 설은 취소소송의 목적·기능을 권리 또는 실체법상의 보호법익을 보장하기 위한 수단으로 보지 않고, 법률을 해석·적용하여 구체적인 분쟁을 해결하는 절차로 본다. 따라서 법률상 이익의 유무를 반드시 실정법의 규정에 의하는 것이 아니라, 행정처분으로 인하여 받은 불이익·손실이 사법상 구제의 가치가 있는가의 여부 및 법질서전체의 취지에서 보호가치가 있는 이익 등 실질적으로 보호할 가치가 있는 이익이 주장된 것이냐의 여부에 의하여 원고적격의 유무를 판단해야 한다는 견해이다.

④ 적법성보장설

이 설은 취소소송의 목적·기능을 사인의 권리·이익을 보호·구제하려는 주관적 소송이라기보다는 오히려 행사된 행정청의 처분의 객관적 적법성을 보장하려는 객관적 소송에 가까운 제도로 보아, 원칙적으로 개인적인 이익침해 여부를 불문하지만 민중소송과 구별하기 위하여 처분을 다툼에 있어 가장 적합한 이해관계 있는 자가 법률상 이익이 있는 자에 해당된다는 견해이다.

나. 판례의 입장

판례는 법률상 보호이익설의 입장에 있다. 이때의 법률상 이익은 개별적·직접적·구체적 이익을 말하며, 공익보호의 결과 국민일반이 공통적으로 가지는 일반적·간접적·추상적 이익이 생기는 경우에는 법률상 보호되는 이익이 있다고 할 수 없다. 또한 반사적 이익도 제외된다.

판 례

(판례1) 행정처분에 대한 취소소송에서의 원고적격이 있는지 여부는 당해 처분의 상대방인지 여부에 따라 결정되는 것이 아니라 그 취소를 구할 법률상의 이익이 있는지 여부에 따라 결정되는 것이고, 여기서 말하는 법률상 이익이라 함은 당해 처분의 근거 법률에 의하여 보호되는 직접적이고 구체적인 이익이 있는 경우를 가리키며, 간접적이거나 사실적·경제적 이해관계를 가지는 데 불과한 경우는 포함되지 아니한다(대판 2001. 9. 28, 99두8565).

(판례2) 행정처분의 직접 상대방이 아닌 제3자라 하더라도 당해 행정처분으로 인하여 법률상 보호되는 이익을 침해당한 경우에는 취소소송을 제기하여 그 당부의 판단을 받을 자격이 있다 할 것이나, 여기에서 말하는 법률상 보호되는 이익이라 함은 당해 처분의 근거법규 및 관련법규에 의하여 보호되는 개별적·직접적·구체적 이익이 있는 경우를 말하고, 당해 처분의 근거법규 및 관련법규에 의하여 보호되는 법률상 이익이라 함은 당해 처분의 근거법규(근거법규가 다른 법규를 인용함으로 인하여 근거법규가 된 경우까지를 아울러 포함한다)의 명문규정에 의하여 보호받는 법률상 이익, 당해 처분의 근거법규에 의하여 보호되지는 아니하나 당해 처분의 행정목적을 달성하기 위한 일련의 단계적인 관련처분들의 근거법규에 의하여 명시적으로 보호받는 법률상 이익, 당해 처분의 근거법규 또는 관련법규에서 명시적으로 당해 이익을 보호하는 명문의 규정이 없더라도 근거법규 및 관련법규의 합리적 해석상 그 법규에서 행정청을 제약하는 이유가 순수한 공익의 보호만이 아닌 개별적·직접적·구체적 이익을 보호하는 취지가 포함되어 있다고 해석되는 경우까지를 말한다(대판 2004. 8. 16, 2003두2175).

(판례3) 구 사립학교법(2007. 7. 27. 법률 제8545호로 개정되기 전의 것) 제25조의3은 정식이사 선임에 관하여 상당한 재산을 출연한 자 및 학교 발전에 기여한 자(이하 '상당한 재산출연자 등'이라 한다)의 개별적·구체적인 이익을 보호하려는 취지가 포함되어 있는 것으로 보이고, 상당한 재산출연자 등은 관할청이 정식이사를 선임하는 처분에 관하여 법률상 보호되는 이익을 가진다고 보는 것이 타당하다. 그리고 여기서 상당한 재산출연자 등은 학교법인의 자주성과 설립목적을 대표할 수 있어야 하므로, 그중에서 상당한 재산을 출연한 자는 사립학교법령의 규정들에 비추어 볼 때에 학교법인의 기본재산액의 3분의 1 이상에 해당하는 재산을 출연하거나 기부한 자로 보아야 하고, 그 밖에 재산의 출연 내지 증식을 통하여 학교 발전에 기여한 자는 학교법인의 수익용 기본재산의 10% 이상에 상당하는 금액의 재산을 출연한 자로서 위와 같은 상당한 재산 출연에 견줄 수 있을 정도로 학교법인의 기본재산 형성 내지 운영 재원 마련에 기여하였음이 뚜렷한 자로 해석되어야 한다(대판 2013. 9. 12, 2011두33044).

2) 법률상 이익의 판단 근거규범

가. 학설

이에 대해 ① 처분의 직접근거법령의 규정의 목적과 취지에 한정된다는 견해와 ② 처분의 직접근거법령뿐 아니라 관계법령까지 고려해야 한다는 견해(여기서 관계법령이란 실체법규 외 관련절차법규도 의미한다) ③ 헌법상의 기본권규정까지도 아울러 고려해야 한다는 견해가 대립한다.

나. 판례

대법원은 종래 처분의 근거되는 법률만을 고려하였지만, 오늘날에는 근거법률뿐 아니라 실질적 관련성이 있는 관계법령까지 판단 근거규범으로 본다. 다만 헌법재판소는 "병마개제조업자지정사건"에서 기본권까지 고려한 바 있다.

판 례

(판례1) 행정처분의 직접 상대방이 아닌 제3자라 하더라도 당해 행정처분으로 인하여 법률상 보호되는 이익을 침해당한 경우에는 취소소송을 제기하여 그 당부의 판단을 받을 자격이 있다 할 것이고, 여기에서 말하는 법률상 보호되는 이익이라 함은 당해 처분의 근거 법규 및 관련 법규에 의하여 보호되는 개별적·직접적·구체적 이익이 있는 경우를 말하므로 … 위 폐기물처리시설설치계획입지가 결정·고시된 지역 인근에 거주하는 주민들에게 위 처분의 근거 법규인 환경영향평가법 또는 폐촉법에 의하여 보호되는 법률상 이익이 있으면 위 처분의 효력을 다툴 수 있는 원고적격이 있다(대판 2005. 5. 12, 2004두14229).

(판례2) 담배 일반소매인의 지정기준으로서 일반소매인의 영업소 간에 일정한 거리제한을 두고 있는 것은 담배유통구조의 확립을 통하여 국민의 건강과 관련되고 국가 등의 주요 세원이 되는 담배산업 전반의 건전한 발전 도모 및 국민경제에의 이바지라는 '공익'목적을 달성하고자 함과 동시에 일반소매인 간의 과당경쟁으로 인한 불합리한 경영을 방지함으로써 '일반소매인의 경영상 이익'을 보호하는 데에도 그 목적이 있다고 보이므로, 일반소매인으로 지정되어 영업을 하고 있는 기존업자의 신규 일반소매인에 대한 이익은 단순한 사실상의 반사적 이익이 아니라 법률상 보호되는 이익이라고 해석함이 상당하다(대판 2008. 3. 27, 2007두23811).

(판례3) 행정처분의 직접 상대방이 아닌 제3자라도 당해 처분의 취소를 구할 법률상 이익이 있는 경우에는 행정소송을 제기할 수 있다. 이 사건에서 보건대, 설사 국세청장의 지정행위의 근거규범인 이 사건 조항들이 단지 공익만을 추구할 뿐 청구인 개인의 이익을 보호하려는 것이 아니라는 이유로(관련법규가 사익을 보호하고 있지 않더라도) 청구인에게 취소소송을 제기할 법률상 이익을 부정한다고 하더라도, 청구인의 기본권인 경쟁의 자유가 '바로' 행정청의 지정행위의 취소를 구할 법률상 이익이 된다 할 것이다(헌재결 1998. 4. 30, 97헌마141).

(4) 구체적 검토

1) 불이익처분의 직접상대방의 경우

처분에 의해 국민의 권리의무와 같은 법률상 지위에 영향을 받은 직접 상대방은 원고적격이 인정된다.

판 례

(판례) 항고소송은 처분 등의 취소 또는 무효확인을 구할 법률상 이익이 있는 자가 제기할 수 있고(행정소송법 제12조, 제35조), 불이익처분의 상대방은 직접 개인적 이익의 침해를 받은 자로서 원고적격이 인정된다(대판 2018. 3. 27, 2015두47492).

당해 처분의 근거법률에 의하여 보호되는 직접적이고 구체적인 이익을 말하고 간접적이거나 사실적, 경제적 이해관계를 가지는데 불과한 경우에는 여기에 해당되지 않는다.

판 례

(판례) 구 임대주택법의 임대사업자가 여러 세대의 임대주택에 대해 분양전환승인신청을 하여 외형상 하나의 행정처분으로 그 승인을 받았다고 하더라도 이는 승인된 개개 세대에 대한 처분으로 구성되고 각 세대별로 가분될 수 있으므로 임대주택에 대한 분양전환승인처분 중 일부 세대에 대한 부분만 취소하는 것이 가능하다(대법원 2015. 3. 26. 선고 2012두20304 판결 참조). 따라서 우선 분양전환 대상자인 임차인들이 분양전환승인처분의 취소를 구하는 경우, 특별한 사정이 없는 한 그 취소를 구하는 임차인이 분양전환 받을 세대가 아닌 다른 세대에 대한 부분까지 취소를 구할 법률상 이익(원고적격)은 인정되지 않는다(대판 2020. 7. 23, 2015두48129).

2) 단체에 대한 불이익처분의 경우

가. 원칙 – 부정

단체에 관한 침익적 처분시, 원칙적으로 대표이사가 이를 다투지 않는 한 단체의 구성원의 지위는 간접적·사실적·경제적 이해관계인으로서 원고적격이 부정된다고 봄이 일반적이다.

나. 예외 – 긍정

다만, 대법원은 대한생명보험주식회사사건과 관련하여 예외적으로 인정한 바 있다.

판 례

(판례) 일반적으로 법인의 주주는 당해 법인에 대한 행정처분에 관하여 사실상이나 간접적인 이해관계를 가질 뿐이어서 스스로 그 처분의 취소를 구할 원고적격이 없는 것이 원칙이라고 할 것이지만, 그 처분으로 인하여 궁극적으로 주식이 소각되거나 주주의 법인에 대한 권리가 소멸하는 등 주주의 지위에 중대한 영향을 초래하게 되는데도 그 처분의 성질상 당해 법인이 이를 다툴 것을 기대할 수 없고 달리 주주의 지위를 보전할 구제방법이 없는 경우에는 주주도 그 처분에 관하여 직접적이고 구체적인 법률상 이해관계를 가진다고 보이므로 그 취소를 구할 원고적격이 있다(대판 2004. 12. 23, 2000두2648).

(5) 법률상 이익의 확대화 경향

1) 일반론

취소소송은 처분의 취소를 구할 법률상 이익이 있는 자이면 누구나 제기할 수 있으며, 처분의 직접 상대방에 한하지 않는다. 제3자라도 법률상 이익이 있으면 취소소송을 제기할 수 있으나, 반대로 법률상 이익이 없는 자에게는 원고적격이 인정되지 않는다.

2) 경업자소송

가. 의의

경업자소송이란 여러 영업자가 경쟁관계에 있는 경우에 경쟁관계에 있는 영업자에 대한 처분 또는 부작위를 경쟁관계에 있는 다른 영업자가 다투는 소송으로 즉, 일정한 시장의 새로운 진입을 허용하는 신규면허에 대해 추가적 경쟁을 부담하게 되는 기존업자가 이러한 신규면허에 대해 제기하는 소송을 의미한다.

나. 일반적 – 특허 긍정, 허가 부정

① 일반적으로 기존업자가 특허기업인 경우에는 그 기존업자가 특허로 인하여 받은 이익을 법률상 이익으로 보아 원고적격을 인정하고, 기존업자가 허가를 받아 영업하는 경우에 그 기존업자가 받은 이익은 반사적 이익 내지 사실상 이익에 불과한 것으로 보아 원고적격이 부인되었다.

② 구별기준

대체로 기존업자가 누리는 영업상 이익이 근거법률에 의해 법적으로 독점적으로 보호되는 이익인가에 따라 판단된다.

다. 허가와 특허의 구별이 상대화되면서 판례는 허가와 특허의 구별 없이 처분의 근거가 되는 법률이 해당 업자들 사이의 과당경쟁으로 인한 경영의 불합리를 방지하는 것도 그 목적으로 하고 있는 경우 취소를 구할 원고적격을 인정하고 있다.

판 례

(판례1) 구 오수·분뇨 및 축산폐수의 처리에 관한 법률과 같은 법 시행령상 업종을 분뇨와 축산폐수 수집·운반업 및 정화조청소업으로 하여 분뇨 등 관련 영업허가를 받아 영업을 하고 있는 기존 업자의 이익이 법률상 보호되는 이익이라고 보아, 기존 업자에게 경업자에 대한 영업허가처분의 취소를 구할 원고적격이 있다(대판 2006. 7. 28, 2004두6716).

(판례2) 일반적으로 면허나 인·허가 등의 수익적 행정처분의 근거가 되는 법률이 해당 업자들 사이의 과당경쟁으로 인한 경영의 불합리를 방지하는 것도 그 목적으로 하고 있는 경우, 다른 업자에 대한 면허나 인·허가 등의 수익적 행정처분에 대하여 미리 같은 종류의 면허나 인·허가 등의 수익적 행정처분을 받아 영업을 하고 있는 기존의 업자는 경업자에 대하여 이루어진 면허나 인·허가 등 행정처분의 상대방이 아니라 하더라도 당해 행정처분의 취소를 구할 당사자적격이 있다(대판 2010. 11. 11, 2010두4179).

3) 경원자소송

가. 의의

경원자소송이라 함은 수인의 신청을 받아 일부에 대하여만 인·허가 등의 수익적 행정처분을 할 수 있는 경우에 인·허가 등을 받지 못한 자가 인·허가처분에 대하여 제기하는 항고소송으로 즉, 인·허가 등에 있어서 서로 법규상 또는 성질상 양립할 수 없어 일방에 대한 허가가 타방에 대한 불허가로 귀결될 수밖에 없는 경우, 이러한 경원관계에서 면허 등의 수익적 처분을 받지 못한 자가 다른 경쟁업자에게 발해진 수익적 처분에 대해 제기하는 소송을 의미한다.

나. 판례입장 – 일반적으로 원고적격 긍정

대법원도 경원관계에 있어서 경원자에 대한 인·허가 등 처분의 상대방이 아닌 자가 그 처분의 취소를 구할 당사자적격이 있다고 보았다.

판 례

(판례1) 인·허가 등의 수익적 행정처분을 신청한 여러 사람이 서로 경쟁관계에 있어 일방에 대한 허가 등의 처분이 타방에 대한 불허가 등으로 될 수밖에 없는 때에는 허가 등의 처분을 받지 못한 사람은 처분의 상대방이 아니라 하더라도 당해 처분의 취소를 구할 당사자적격이 있고, 다만 구체적인 경우에 있어서 그 처분이 취소된다 하더라도 허가 등의 처분을 받지 못한 불이익이 회복된다고 볼 수 없을 때에는 당해 처분의 취소를 구할 정당한 이익이 없다(대판 1998. 9. 8, 98두6272).

(판례2) 인·허가 등의 수익적 행정처분을 신청한 수인이 서로 경쟁관계에 있어서 일방에 대한 허가 등의 처분이 타방에 대한 불허가 등으로 귀결될 수밖에 없는 때 허가 등의 처분을 받지 못한 자는 비록 경원자에 대하여 이루어진 허가 등 처분의 상대방이 아니라 하더라도 당해 처분의 취소를 구할 원고 적격이 있다고 할 것이고, 다만 명백한 법적 장애로 인하여 원고 자신의 신청이 인용될 가능성이 처음부터 배제되어 있는 경우에는 당해 처분의 취소를 구할 정당한 이익이 없다고 할 것이다. 원고를 포함하여 법학전문대학원 설치인가 신청을 한 41개 대학들은 2,000명이라는 총 입학정원을 두고 그 설치인가 여부 및 개별 입학정원의 배정에 관하여 서로 경쟁관계에 있고 이 사건 각 처분이 취소될 경우 원고의 신청이 인용될 가능성도 배제할 수 없으므로, 원고가 이 사건 각 처분의 상대방이 아니라도 그 처분의 취소 등을 구할 당사자적격이 있다(대판 2009. 12. 10, 2009두8359).

4) 인인소송(이웃소송)

가. 의의

인인소송이라 함은 제3자에 대한 수익처분에 의하여 불이익을 받은 인근주민이 그 수익처분의 취소를 구하는 소송을 말한다.

나. 판례

① 처분의 직접근거법령에 따른 원고적격 판례

판 례

(판례1) 주거지역 안에서는 도시계획법 제19조 제1항과 개정전 건축법 제32조 제1항에 의하여 공익상 부득이 하다고 인정될 경우를 제외하고는 거주의 안녕과 건전한 생활환경의 보호를 해치는 모든 건축이 금

지되고 있을뿐 아니라 주거지역내에 거주하는 사람이 받는 위와 같은 보호이익은 법률에 의하여 보호되는 이익이라고 할 것이므로 주거지역내에 위 법조 소정 제한면적을 초과한 연탄공장 건축허가처분으로 불이익을 받고 있는 제3거주자는 비록 당해 행정처분의 상대자가 아니라 하더라도 그 행정처분으로 말미암아 위와 같은 법률에 의하여 보호되는 이익을 침해받고 있다면 당해행정 처분의 취소를 소구하여 그 당부의 판단을 받을 법률상의 자격이 있다(대판 1975. 5. 13, 73누96).

(판례2) 행정처분의 상대방이 아닌 제3자도 그 처분으로 인하여 법률상 보호되는 이익을 침해당한 경우에는 그 처분의 취소 또는 변경을 구하는 행정소송을 제기하여 그 당부의 판단을 받을 법률상 자격이 있다. … 행정처분의 상대방이 아닌 제3자는 소원법 제3조 제1항 소정의 제척기간 내에 소원을 제기하지 아니하였다고 하더라도 그 제척기간 내에 소원제기가 가능하였다는 특별한 사정이 없는 한 행정소송법 제2조 제1항 단서 후단에서 규정하고 있는 소원의 재결을 경유하지 아니할 정당한 사유가 있는 때에 해당한다고 보아서 소원절차를 경유함이 없이 직접 행정소송을 제기할 수 있다고 보아야 할 것이다(대판 1983. 7. 12, 83누59).

② 처분의 관련법령(실체법규·절차법규)으로 확대하여 인정한 판례

판 례

(판례1) 담강동화장장설치사건 - 긍정

도시계획법 제12조 제3항의 위임에 따라 제정된 도시계획시설기준에관한규칙 제125조 제1항이 화장장의 구조 및 설치에 관하여는 매장및묘지등에관한법률이 정하는 바에 의한다고 규정하고 있어, 도시계획의 내용이 화장장의 설치에 관한 것일 때에는 도시계획법 제12조 뿐만 아니라 매장및묘지등에관한법률 및 같은 법시행령 (관련 실체법규) 역시 그 근거 법률이 된다고 보아야 할 것이므로, 같은법시행령 제4조 제2호가 공설화장장은 20호 이상의 인가가 밀집한 지역, 학교 또는 공중이 수시 집합하는 시설 또는 장소로부터 1,000m 이상 떨어진 곳에 설치하도록 제한을 가하고, 같은법시행령 제9조가 국민보건상 위해를 끼칠 우려가 있는 지역, 도시계획법 제17조의 규정에 의한 주거지역, 상업지역, 공업지역 및 녹지지역 안의 풍치지구 등에의 공설화장장 설치를 금지함에 의하여 보호되는 부근 주민들의 이익은 위 도시계획결정처분의 근거 법률에 의하여 보호되는 법률상 이익이다(대판 1995. 9. 26, 94누14544).

(판례2) 새만금사건

공유수면매립면허처분과 농지개량사업 시행인가처분의 근거 법규 또는 관련 법규가 되는 구 공유수면매립법, 구 농촌근대화촉진법, 구 환경보전법, 구 환경보전법 시행령, 구 환경정책기본법, 구 환경정책기본법 시행령의 각 관련 규정의 취지는, 공유수면매립과 농지개량사업시행으로 인하여 직접적이고 중대한 환경피해를 입으리라고 예상되는 ① 환경영향평가 대상지역 '안'의 주민들이 전과 비교하여 수인한도를 넘는 환경침해를 받지 아니하고 쾌적한 환경에서 생활할 수 있는 개별적 이익까지도 이를 보호하려는 데에 있다고 할 것이므로, 위 주민들이 공유수면매립면허처분 등과 관련하여 갖고 있는 위와 같은 환경상의 이익은 주민 개개인에 대하여 개별적으로 보호되는 직접적·구체적 이익으로서 그들에 대하여는 특단의 사정이 없는 한 환경상의 이익에 대한 침해 또는 침해우려가 있는 것으로 사실상 추정되어 공유수면매립면허처분 등의 무효확인을 구할 원고적격이 인정된다. 한편, ② 환경영향평가 대상지역 '밖'의 주민이라 할지라도 공유수면매립면허처분 등으로 인하여 그 처분 전과 비교하여 수인한도를 넘는 환경피해를 받거나 받을 우려가 있는 경우에

는, 공유수면매립면허처분 등으로 인하여 환경상 이익에 대한 침해 또는 침해우려가 있다는 것을 입증함으로써 그 처분 등의 무효확인을 구할 원고적격을 인정받을 수 있다(대판 2006. 3. 16, 2006두330).

(판례3) 공장설립승인처분취소사건

행정처분의 근거 법규 또는 관련 법규에 그 처분으로써 이루어지는 행위 등 사업으로 인하여 환경상 침해를 받으리라고 예상되는 영향권의 범위가 구체적으로 규정되어 있는 경우에는, 그 영향권 내의 주민들에 대하여는 당해 처분으로 인하여 직접적이고 중대한 환경피해를 입으리라고 예상할 수 있고, 이와 같은 환경상의 이익은 주민 개개인에 대하여 개별적으로 보호되는 직접적·구체적 이익으로서 그들에 대하여는 특단의 사정이 없는 한 환경상 이익에 대한 침해 또는 침해 우려가 있는 것으로 사실상 추정되어 법률상 보호되는 이익으로 인정됨으로써 원고적격이 인정되며, 그 영향권 밖의 주민들은 당해 처분으로 인하여 그 처분 전과 비교하여 수인한도를 넘는 환경피해를 받거나 받을 우려가 있다는 자신의 환경상 이익에 대한 침해 또는 침해 우려가 있음을 증명하여야만 법률상 보호되는 이익으로 인정되어 원고적격이 인정된다(대판 2010. 4. 15, 2007두16127).

(판례4) 제주도 개발사업승인취소사건

행정처분의 근거 법규 또는 관련 법규에 그 처분으로써 이루어지는 행위 등 사업으로 인하여 ① 환경상 침해를 받으리라고 예상되는 영향권의 범위가 구체적으로 규정되어 있는 경우에는, 그 영향권 내의 주민들에 대하여는 당해 처분으로 인하여 직접적이고 중대한 환경피해를 입으리라고 예상할 수 있고, 이와 같은 환경상의 이익은 주민 개개인에 대하여 개별적으로 보호되는 직접적·구체적 이익으로서 그들에 대하여는 특단의 사정이 없는 한 환경상 이익에 대한 침해 또는 침해 우려가 있는 것으로 사실상 추정되어 법률상 보호되는 이익으로 인정됨으로써 원고적격이 인정되며, 그 영향권 밖의 주민들은 당해 처분으로 인하여 그 처분 전과 비교하여 수인한도를 넘는 환경피해를 받거나 받을 우려가 있다는 자신의 환경상 이익에 대한 침해 또는 침해 우려가 있음을 입증하여야만 법률상 보호되는 이익으로 인정되어 원고적격이 인정된다.

환경상 이익에 대한 침해 또는 침해 우려가 있는 것으로 사실상 추정되어 원고적격이 인정되는 사람에는 환경상 침해를 받으리라고 예상되는 영향권 내의 주민들을 비롯하여 그 영향권 내에서 농작물을 경작하는 등 현실적으로 환경상 이익을 향유하는 사람도 포함된다. 그러나 단지 그 영향권 내의 건물·토지를 소유하거나 환경상 이익을 일시적으로 향유하는 데 그치는 사람은 포함되지 않는다(대판 2009. 9. 24, 2009두2825).

(판례5) 공장설립허가처분취소소송사건

고시된 산업자원부장관의 공장입지기준고시(관련법령에 기준고시) 제5조 제2호에서는, 공장을 설치함으로써 인근 주민 또는 농경지, 기타 당해 지역의 생활 및 자연환경을 현저히 해하게 된다고 판단하는 경우 시장·군수·구청장은 공장의 입지를 제한할 수 있다고 규정하고 있으며, 위와 같은 공장입지기준고시 제5조 제2호는 법규명령으로서의 효력을 가지는 것이므로 환경오염을 일으킬 수 있는 공장 설치와 관련한 인근 주민의 생활환경상 이익은 이 사건 승인처분의 근거 법규에 의해 보호되는 이익으로 볼 수 있다(대판 2007. 6. 1, 2005두11500).

(판례6) 상수원보호구역변경처분으로 침해되는 상수원에서 급수받는 지역주민들이 가지는 상수원의 오염을 막아 양질의 급수를 받을 이익 - 부정

상수원보호구역 설정의 근거가 되는 수도법 제5조 제1항 및 동 시행령 제7조 제1항이 보호하고자 하는 것은 상수원의 확보와 수질보전일 뿐이고, 그 상수원에서 급수를 받고 있는 지역주민들이 가지는 상수원의 오염을 막아 양질의 급수를 받을 이익은 직접적이고 구체적으로는 보호하고 있지 않음이 명백하여 위 지역주민들이 가지는 이익은 상수원의 확보와 수질보호라는 공공의 이익이 달성됨에 따라 반사적으로 얻게 되는 이익에 불과하므로 지역주민들에 불과한 원고들에게는 위 상수원보호구역변경처분의 취소를 구할 법률상의 이익이 없다(대판 1995. 9. 26, 94누14544).

3. 협의의 소의 이익(권리보호의 필요성)

(1) 의의

협의의 소의 이익이라 함은 원고가 소송상 청구에 대하여 본안판결을 구하는 것을 정당화시킬 수 있는 현실적 이익 내지 필요성을 말한다. 소의 이익을 권리보호의 필요성이라고도 한다.

(2) 관계규정

행정소송법 제12조 후문은 "처분등의 효과가 기간의 경과, 처분등의 집행 그 밖의 사유로 인하여 소멸된 뒤에도 그 처분등의 취소로 인하여 회복되는 법률상 이익이 있는 자의 경우에는 또한 같다"고 규정하고 있다. 이와 관련하여 제12조 전문은 원고적격, 후문은 협의의 소의 이익을 규정하고 있다는 견해가 다수설이다. 그러나 후문도 원고적격에 관한 규정이라는 견해도 있으며, 판례는 원고적격과 협의의 소의 이익을 구별하지 않는다.

(3) 협의의 소의 이익에서의 법률상 이익

행정소송법 제12조 후문은 소의 이익으로 법률상 이익을 요구하고 있다. 행정소송법 제12조 후문의 법률상 이익은 취소를 통하여 구제되는 기본적인 법률상 이익뿐만 아니라 부수적 이익도 포함한다고 보는 점에서 원고적격에서의 법률상 이익보다 넓은 개념이라는 것이 다수설이다.

판 례

(판례) 인가·허가 등 수익적 행정처분을 신청한 여러 사람이 서로 경원관계에 있어서 한 사람에 대한 허가 등 처분이 다른 사람에 대한 불허가 등으로 귀결될 수밖에 없을 때 허가 등 처분을 받지 못한 사람은 신청에 대한 거부처분의 직접 상대방으로서 원칙적으로 자신에 대한 거부처분의 취소를 구할 원고적격이 있고, 취소판결이 확정되는 경우 판결의 직접적인 효과로 경원자에 대한 허가 등 처분이 취소되거나 효력이 소멸되는 것은 아니더라도 행정청은 취소판결의 기속력에 따라 판결에서 확인된 위법사유를 배제한 상태에서 취소판결의 원고와 경원자의 각 신청에 관하여 처분요건의 구비 여부와 우열을 다시 심사하여야 할 의무가 있으며, 재심사 결과 경원자에 대한 수익적 처분이 직권취소되고 취소판결의 원고에게 수익적 처분이 이루어질 가능성을 완전히 배제할 수는 없으므로, 특별한 사정이 없는 한 경원관계에서 허가 등 처분을 받지 못한 사람은 자신에 대한 거부처분의 취소를 구할 소의 이익이 있다(대판 2015. 10. 29, 2013두27517).

(4) 구체적 검토(이익보호의 필요의 존부)

1) 계쟁처분이 소송도중 실효한 경우(기간의 도과)

가. 원칙: 소의 이익 부정

판 례

(판례1) 행정처분에 그 효력기간이 정하여져 있는 경우에는 그 기간의 경과로 그 행정처분의 효력은 상실되는 것이므로 그 기간 경과후에는 그 처분이 외형상 잔존함으로 인하여 어떠한 법률상 이익이 침해되고 있다고 볼만한 별다른 사정이 없는 한 그 처분의 취소 또는 무효확인을 구할 법률상 이익이 없다고 할 것이다(대판 1988. 3. 22, 87누1230).

(판례2) 건축허가처분의 취소를 구하는 소에서 건축공사가 이미 완료된 경우

건축공사가 완료된 사건건축허가가 건축법 소정의 이격거리를 두지 아니하고 건축물을 건축하도록 되어 있어 위법하다 하더라도 그 건축허가에 기하여 건축공사가 완료되었다면 그 건축허가를 받은 대지와 접한 대지의 소유자인 원고가 위 건축허가처분의 취소를 받아 이격거리를 확보할 단계는 지났으며 민사소송으로 위 건축물 등의 철거를 구하는 데 있어서도 위 처분의 취소가 필요한 것이 아니므로 원고로서는 위 처분의 취소를 구할 법률상의 이익이 없다(대판 1992. 4. 24, 91누11131).

(판례3) 행정처분의 무효 확인 또는 취소를 구하는 소가 제소 당시에는 소의 이익이 있어 적법하였는데, 소송계속 중 해당 행정처분이 기간의 경과 등으로 그 효과가 소멸한 때에 처분이 취소되어도 원상회복이 불가능하다고 보이는 경우라도, 무효 확인 또는 취소로써 회복할 수 있는 다른 권리나 이익이 남아 있거나 또는 그 행정처분과 동일한 사유로 위법한 처분이 반복될 위험성이 있어 행정처분의 위법성 확인 내지 불분명한 법률문제에 대한 해명이 필요한 경우에는 행정의 적법성 확보와 그에 대한 사법통제, 국민의 권리구제 확대 등의 측면에서 예외적으로 그 처분의 취소를 구할 소의 이익을 인정할 수 있다. 여기에서 '그 행정처분과 동일한 사유로 위법한 처분이 반복될 위험성이 있는 경우'란 불분명한 법률문제에 대한 해명이 필요한 상황에 대한 대표적인 예시일 뿐이며, 반드시 '해당 사건의 동일한 소송 당사자 사이에서' 반복될 위험이 있는 경우만을 의미하는 것은 아니다(대판 2020. 12. 24, 2020두30450).

나. 예외

① 가중적 제재처분의 요건이 법률 및 법규명령에 규정된 경우

판 례

(판례1) 원칙: 소의 이익 긍정

건축사법 제28조 제1항이 건축사 업무정지처분을 연 2회 이상 받고 그 정지기간이 통산하여 12월 이상이 될 경우에는 가중된 제재처분인 건축사사무소 등록취소처분을 받게 되도록 규정하여 건축사에 대한 제재적인 행정처분인 업무정지명령을 보다 무거운 제재처분인 사무소등록취소처분의 기준요건으로 규정하고 있는 이상, 건축사업무정지처분을 받은 건축사로서는 위 처분에서 정한 기간이 도과되었다 하더라도 위 처분을 그대로 방치하여 둠으로써 장래 건축사사무소 등록취소라는 가중된 제재처분을 받게될 우려가 있

는 것이므로 건축사로서의 업무를 행할 수 있는 법률상 지위에 대한 위험이나 불안을 제거하기 위하여 건축사 업무정지처분의 취소를 구할 이익이 있다(대판 1991. 8. 27, 91누3512).

(판례2) 예외: 소의 이익 부정

건축사법 제28조 제1항이 건축사 업무정지처분을 연 2회 이상 받고 그 정지기간이 통산하여 12월 이상이 될 경우에는 가중된 제재처분인 건축사사무소 등록취소처분을 받게 되도록 규정하여 건축사에 대한 제재적인 행정처분인 업무정지명령을 더 무거운 제재처분인 사무소등록취소처분의 기준요건으로 규정하고 있으므로, 건축사 업무정지처분을 받은 건축사로서는 위 처분에서 정한 기간이 경과하였다 하더라도 위 처분을 그대로 방치하여 둠으로써 장래 건축사사무소 등록취소라는 가중된 제재처분을 받을 우려가 있어 건축사로서 업무를 행할 수 있는 법률상 지위에 대한 위험이나 불안을 제거하기 위하여 건축사 업무정지처분의 취소를 구할 이익이 있으나, 업무정지처분을 받은 후 새로운 업무정지처분을 받음이 없이 1년이 경과하여 실제로 가중된 제재처분을 받을 우려가 없어졌다면 위 처분에서 정한 정지기간이 경과한 이상 특별한 사정이 없는 한 그 처분의 취소를 구할 법률상 이익이 없다(대판 2000. 4. 21, 98두10080).

② 가중적 제재처분의 요건이 법규명령형식의 행정규칙으로 규정된 경우

Ⓐ 대통령령인 시행령 예 - [별표] 로 규정된 경우

법규명령에 해당한다고 보고 원칙으로 돌아가 협의의 소익 긍정

판 례

(판례1) 다수의견이 위와 같은 경우 선행처분의 취소를 구할 법률상 이익을 긍정하는 결론에는 찬성하지만, 그 이유에 있어서는 부령인 제재적 처분기준의 법규성을 인정하는 이론적 기초 위에서 그 법률상 이익을 긍정하는 것이 법리적으로는 더욱 합당하다고 생각한다. 상위법령의 위임에 따라 제재적 처분기준을 정한 부령인 시행규칙은 헌법 제95조에서 규정하고 있는 위임명령에 해당하고, 그 내용도 실질적으로 국민의 권리의무에 직접 영향을 미치는 사항에 관한 것이므로, 단순히 행정기관 내부의 사무처리준칙에 지나지 않는 것이 아니라 대외적으로 국민이나 법원을 구속하는 법규명령에 해당한다고 보아야 한다(대판 2006. 6. 22, 2003두1684).

(판례2) 의료법 제53조 제1항은 보건복지부장관으로 하여금 일정한 요건에 해당하는 경우 의료인의 면허자격을 정지시킬 수 있도록 하는 근거 규정을 두고 있고, 한편 같은 법 제52조 제1항 제3호는 보건복지부장관은 의료인이 3회 이상 자격정지처분을 받은 때에는 그 면허를 취소할 수 있다고 규정하고 있는바, 이와 같이 의료법에서 의료인에 대한 제재적인 행정처분으로서 면허자격정지처분과 면허취소처분이라는 2단계 조치를 규정하면서 전자의 제재처분을 보다 무거운 후자의 제재처분의 기준요건으로 규정하고 있는 이상 자격정지처분을 받은 의사로서는 면허자격정지처분에서 정한 기간이 도과되었다 하더라도 그 처분을 그대로 방치하여 둠으로써 장래 의사면허취소라는 가중된 제재처분을 받게 될 우려가 있는 것이어서 의사로서의 업무를 행할 수 있는 법률상 지위에 대한 위험이나 불안을 제거하기 위하여 면허자격정지처분의 취소를 구할 이익이 있다(대판 2005. 3. 25, 2004두14106).

Ⓑ 부령인 시행규칙으로 규정된 경우

ⓐ 종래입장 - 소의 이익 부정

종래 판례는 처분의 전력이 가중요건으로 되어 있는 경우에도 그 가중요건이 행정규칙에 불과한 각종 규칙상의 처분기준에 관한 규정에서 정하고 있는 것인 때에는 그로 인한 불이익은 사실상의 불이익에 지나지 않고 따라서 그 처분의 취소를 구할 소의 이익이 없다고 보았다.

판 례

(판례) 규정형식상 부령인 시행규칙 또는 지방자치단체의 규칙으로 정한 행정처분의 기준은 행정처분 등에 관한 사무처리기준과 처분절차 등 행정청 내의 사무처리준칙을 규정한 것에 불과하므로 행정조직 내부에 있어서의 행정명령의 성격을 지닐 뿐 대외적으로 국민이나 법원을 구속하는 힘이 없고, 그 처분이 위 규칙에 위배되는 것이라 하더라도 위법의 문제는 생기지 아니하고, 또 위 규칙에서 정한 기준에 적합하다 하여 바로 그 처분이 적법한 것이라고도 할 수 없으며, 그 처분의 적법 여부는 위 규칙에 적합한지의 여부에 따라 판단할 것이 아니고 관계 법령의 규정 및 그 취지에 적합한 것인지 여부에 따라 개별적·구체적으로 판단하여야 한다(대판 1995. 10. 17, 94누14148).

ⓑ 최근 전원합의체를 통한 입장 변경

대상판결은 여전히 부령 형식의 제재적 처분기준의 법적성질을 행정규칙으로 보고 있으나, 소의 이익을 인정하였다.

판 례

(판례) 제재적 행정처분이 그 처분에서 정한 제재기간의 경과로 인하여 그 효과가 소멸되었으나, 부령인 시행규칙 또는 지방자치단체의 규칙의 형식으로 정한 처분기준에서 제재적 행정처분을 받은 것을 가중사유나 전제요건으로 삼아 장래의 제재적 행정처분을 하도록 정하고 있는 경우, 제재적 행정처분의 가중사유나 전제요건에 관한 규정이 법령이 아니라 규칙의 형식으로 되어 있다고 하더라도, 그러한 규칙이 법령에 근거를 두고 있는 이상 그 법적 성질이 대외적·일반적 구속력을 갖는 법규명령인지 여부와는 상관없이, 관할 행정청이나 담당공무원은 이를 준수할 의무가 있으므로 이들이 그 규칙에 정해진 바에 따라 행정작용을 할 것이 당연히 예견되고, 그 결과 행정작용의 상대방인 국민으로서는 그 규칙의 영향을 받을 수밖에 없다. 따라서 그러한 규칙이 정한 바에 따라 선행처분을 받은 상대방이 그 처분의 존재로 인하여 장래에 받을 불이익, 즉 후행처분의 위험은 구체적이고 현실적인 것이므로, 상대방에게는 선행처분의 취소소송을 통하여 그 불이익을 제거할 필요가 있다(대판 2006. 6. 22, 2003두1684).

③ 실효한 제재적 처분이 장래에 다시 반복될 위험성이 존재하는 경우 - 소의 이익 긍정

판 례

(판례) 제소 당시에는 권리보호의 이익을 갖추었는데 제소 후 취소 대상 행정처분이 기간의 경과 등으로 그 효과가 소멸한 때, 동일한 소송 당사자 사이에서 동일한 사유로 위법한 처분이 반복될 위험성이 있어 행정처분의 위법성 확인 내지 불분명한 법률문제에 대한 해명이 필요하다고 판단되는 경우, 그리고 선행처분과 후행처분이 단계적인 일련의 절차로 연속하여 행하여져 후행처분이 선행처분의 적법함을 전제로 이루어짐에 따라 선행처분의 하자가 후행처분에 승계된다고 볼 수 있어 이미 소를 제기하여 다투고 있는 선행처분의 위법성을 확인하여 줄 필요가 있는 경우 등에는 행정의 적법성 확보와 그에 대한 사법통제, 국민의 권리구제의 확대 등의 측면에서 여전히 그 처분의 취소를 구할 법률상 이익이 있다(대판 2007. 7. 19, 2006두19297).

2) 원상회복이 불가능한 경우

가. 원칙 – 소의 이익 부정

위법한 행정처분의 취소를 구하는 소는 위법한 처분에 의하여 발생한 위법상태를 배제하여 원상으로 회복시키고 그 처분으로 침해되거나 방해받은 권리와 이익을 보호·구제하고자 하는 소송이므로, 비록 그 위법한 처분을 취소한다 하더라도 원상회복이 불가능한 경우에는 그 취소를 구할 이익이 없다(대판 1996. 11. 29, 96누9768).

판 례

(판례) 갑 도지사가 도에서 설치·운영하는 을 지방의료원을 폐업하겠다는 결정을 발표하고 그에 따라 폐업을 위한 일련의 조치가 이루어진 후 을 지방의료원을 해산한다는 내용의 조례를 공포하고 을 지방의료원의 청산절차가 마쳐진 사안에서, 지방의료원의 설립·통합·해산은 지방자치단체의 조례로 결정할 사항이므로, 도가 설치·운영하는 을 지방의료원의 폐업·해산은 도의 조례로 결정할 사항인 점 등을 종합하면, 갑 도지사의 폐업결정은 행정청이 행하는 구체적 사실에 관한 법집행으로서의 공권력 행사로서 입원환자들과 소속 직원들의 권리·의무에 직접 영향을 미치는 것이므로 항고소송의 대상에 해당하지만, 폐업결정 후 을 지방의료원을 해산한다는 내용의 조례가 제정·시행되었고 조례가 무효라고 볼 사정도 없어 을 지방의료원을 폐업 전의 상태로 되돌리는 원상회복은 불가능하므로 법원이 폐업결정을 취소하더라도 단지 폐업결정이 위법함을 확인하는 의미밖에 없고, 폐업결정의 취소로 회복할 수 있는 다른 권리나 이익이 남아있다고 보기도 어려우므로, 갑 도지사의 폐업결정이 법적으로 권한 없는 자에 의하여 이루어진 것으로서 위법하더라도 취소를 구할 소의 이익을 인정하기 어렵다(대판 2016. 8. 30, 2015두60617).

나. 예외 – 부수적인 이익이 있는 경우 긍정

권리회복은 불가능하다 하더라도 판결의 소급효에 의하여 당해 처분이 소급적으로 취소되게 됨으로써 원고의 법률상 이익에 해당하는 부수적인 이익이 구제될 수 있는 경우에는 소의 이익이 인정된다.

판 례

(판례1) 파면처분취소소송의 사실심변론종결전에 동원고가 허위공문서등작성 죄로 징역 8월에 2년간 집행유예의 형을 선고받아 확정되었다면 원고는 지방공무원법 제61조의 규정에 따라 위 판결이 확정된 날 당연퇴직되어 그 공무원의 신분을 상실하고, 당연퇴직이나 파면이 퇴직급여에 관한 불이익의 점에 있어 동일하다 하더라도 최소한도 이 사건 파면처분이 있은 때부터 위 법규정에 의한 당연퇴직일자까지의 기간에 있어서는 파면처분의 취소를 구하여 그로 인해 박탈당한 이익의 회복을 구할 소의 이익이 있다 할 것이다(대판 1985. 6. 25, 85누39).

(판례2) 일반적으로 공장등록이 취소된 후 그 공장 시설물이 어떠한 경위로든 철거되어 다시 복구 등을 통하여 공장을 운영할 수 없는 상태라면 이는 공장등록의 대상이 되지 아니하므로 외형상 공장등록취소행위가 잔존하고 있다고 하여도 그 처분의 취소를 구할 법률상의 이익이 없다 할 것이나, 위와 같은 경우에도 유효한 공장등록으로 인하여 공장등록에 관한 당해 법률이나 다른 법률에 의하여 보호되는 직접적·구체적 이익이 있다면, 당사자로서는 공장건물의 멸실 여부에 불구하고 그 공장등록취소처분의 취소를 구할 법률상의 이익이 있다(대판 2002. 1. 11, 2000두3306).

(판례3) 직권으로 보건대, 행정처분의 무효 확인 또는 취소를 구하는 소가 제소 당시에는 소의 이익이 있어 적법하였는데, 소송계속 중 해당 행정처분이 기간의 경과 등으로 그 효과가 소멸한 때에 그 처분이 취소되어도 원상회복이 불가능하다고 보이는 경우라 하더라도 무효 확인 또는 취소로써 회복할 수 있는 다른 권리나 이익이 남아 있거나 또는 그 행정처분과 동일한 사유로 위법한 처분이 반복될 위험성이 있어 행정처분의 위법성 확인 내지 불분명한 법률문제에 대한 해명이 필요한 경우에는 행정의 적법성 확보와 그에 대한 사법통제, 국민의 권리구제의 확대 등의 측면에서 예외적으로 그 처분의 취소를 구할 소의 이익을 인정할 수 있다(대법원 2007. 7. 19. 선고 2006두19297 전원합의체 판결, 대법원 2016. 6. 10. 선고 2013두1638 판결 등 참조). 원심판결 이유와 기록에 의하면, 피고는 원심 계속 중 이 사건 처분과 관련하여 행정절차상 하자가 있음을 이유로 2019. 7. 9. 직권으로 이 사건 처분을 취소하였고 이 사건 처분의 취소 대상이었던 원고에 대한 조정반 지정의 효력기간이 경과한 사실을 인정할 수 있지만, 피고는 직권으로 이 사건 처분을 취소한 뒤 다시 이 사건 각 시행령 조항을 근거로 원고에 대한 2018년도 조정반 지정을 취소하였고, 이후 원고가 2019년과 2020년에도 조정반 지정 신청을 하였으나 피고는 여전히 원고가 이 사건 각 시행령 조항에서 정한 조정반 대상에 해당하지 않는다는 이유로 원고가 조정반 지정에서 제외됨을 통지한 사실을 알 수 있다. 따라서 이 사건 각 시행령 조항이 존재하는 한 세무사 자격을 가지고 세무조정 업무를 수행할 수 있는 변호사가 구성원이거나 소속된 법무법인이 조정반 지정 신청을 하더라도 이 사건 처분과 동일한 사유의 처분이 반복될 위험성이 있어 이 사건 처분의 위법성을 확인할 필요가 있으므로 원고가 이 사건 처분의 취소를 구할 소의 이익이 인정된다(대판 2021. 9. 9, 2019두53464).

(판례4) 부당해고 구제명령제도에 관한 근로기준법의 규정 내용과 목적 및 취지, 임금 상당액 구제명령의 의의 및 법적 효과 등을 종합적으로 고려하면, 근로자가 부당해고 구제신청을 하여 해고의 효력을 다투던 중 정년에 이르거나 근로계약기간이 만료하는 등의 사유로 원직에 복직하는 것이 불가능하게 된 경우에도 해고기간 중의 임금 상당액을 지급받을 필요가 있다면 임금 상당액 지급의 구제명령을 받을 이익이 유지되므로 구제신청을 기각한 중앙노동위원회의 재심판정을 다툴 소의 이익이 있다고 보아야 한다(대판 2020. 2. 20, 2019두52386).

3) 보다 실효적인 권리구제절차가 있는 경우

가. 원칙: 소의 이익 부정, 예외: 긍정

당해 취소소송보다 실효적인 권리구제절차가 있는 경우에는 소의 이익이 부정된다(대판 2017. 10. 31, 2015두45045). 그렇지만, 다른 권리구제절차가 있는 경우에도 취소를 구할 현실적 이익이 있는 경우에는 소의 이익이 인정된다.

판 례

(판례1) 거부처분 취소재결의 취소를 구하는 소의 이익(부정)

행정청이 한 처분 등의 취소를 구하는 소송은 처분에 의하여 발생한 위법 상태를 배제하여 원래 상태로 회복시키고 처분으로 침해된 권리나 이익을 구제하고자 하는 것이다. 따라서 해당 처분 등의 취소를 구하는 것보다 실효적이고 직접적인 구제수단이 있음에도 처분 등의 취소를 구하는 것은 특별한 사정이 없는 한 분쟁해결의 유효적절한 수단이라고 할 수 없어 법률상 이익이 있다고 할 수 없다.

그런데 당사자의 신청을 받아들이지 않은 거부처분이 재결에서 취소된 경우에 행정청은 종전 거부처분 또는 재결 후에 발생한 새로운 사유를 내세워 다시 거부처분을 할 수 있다. 그 재결의 취지에 따라 이전의 신청에 대하여 다시 어떠한 처분을 하여야 할지는 처분을 할 때의 법령과 사실을 기준으로 판단하여야 하기 때문이다. 또한 행정청이 재결에 따라 이전의 신청을 받아들이는 후속처분을 하였더라도 후속처분이 위법한 경우에는 재결에 대한 취소소송을 제기하지 않고도 곧바로 후속처분에 대한 항고소송을 제기하여 다툴 수 있다. 나아가 거부처분을 취소하는 재결이 있더라도 그에 따른 후속처분이 있기까지는 제3자의 권리나 이익에 변동이 있다고 볼 수 없고 후속처분 시에 비로소 제3자의 권리나 이익에 변동이 발생하며, 재결에 대한 항고소송을 제기하여 재결을 취소하는 판결이 확정되더라도 그와 별도로 후속처분이 취소되지 않는 이상 후속처분으로 인한 제3자의 권리나 이익에 대한 침해 상태는 여전히 유지된다. 이러한 점들을 종합하면, 거부처분이 재결에서 취소된 경우 재결에 따른 후속처분이 아니라 그 재결의 취소를 구하는 것은 실효적이고 직접적인 권리구제수단이 될 수 없어 분쟁해결의 유효적절한 수단이라고 할 수 없으므로 법률상 이익이 없다(대판 2017. 10. 31, 2015두45045).

(판례2) 지위승계신고수리처분의 무효확인을 구할 소의 이익(긍정)

사업양도·양수에 따른 허가관청의 지위승계신고의 수리는 적법한 사업의 양도·양수가 있었음을 전제로 하는 것이므로 그 수리대상인 사업양도·양수가 존재하지 아니하거나 무효인 때에는 수리를 하였다 하더라도 그 수리는 유효한 대상이 없는 것으로서 당연히 무효라 할 것이고, 사업의 양도행위가 무효라고 주장하는 양도자는 민사쟁송으로 양도·양수행위의 무효를 구함이 없이 막바로 허가관청을 상대로 하여 행정소송으로 위 신고수리처분의 무효확인을 구할 법률상 이익이 있다(대판 2005. 12. 23, 2005두3554).

4) 사정변경 및 목적의 실현

가. 원칙: 소의 이익 부정

판 례

(판례) 사법시험령 제5조, 제6조, 제8조의 각 규정을 종합하여 보면, 사법시험 제1차 시험에 합격하였다고 할지라도 그것은 합격자가 사법시험령 제6조, 제8조 제1항의 각 규정에 의하여 당회의 제2차 시험과 차회의 제2차 시험에 응시할 자격을 부여받을 수 있는 전제요건이 되는 데 불과한 것이고, 그 자체만으로 합격한 자의 법률상의 지위가 달라지게 되는 것이 아니므로, 제1차 시험 불합격 처분 이후에 새로이 실시된 사법시험 제1차 시험에 합격하였을 경우에는 더 이상 위 불합격 처분의 취소를 구할 법률상 이익이 없다(대판 1996. 2. 23, 95누2685).

나. 예외: 소의 이익 긍정

판 례

(판례1) 고등학교졸업이 대학입학자격이나 학력인정으로서의 의미밖에 없다고 할 수 없으므로 고등학교졸업학력검정고시에 합격하였다 하여 고등학교 학생으로서의 신분과 명예가 회복될 수 없는 것이니 퇴학처분을 받은 자로서는 퇴학처분의 위법을 주장하여 그 취소를 구할 소송상의 이익이 있다(대판 1992. 7. 14, 91누4737).

(판례2) 현역병입영통지처분에 따라 현실적으로 입영을 한 경우에는 그 처분의 집행은 종료되지만, 한편, 입영으로 그 처분의 목적이 달성되어 실효되었다는 이유로 다툴 수 없도록 한다면, 병역법상 현역입영대상자로서는 현역병입영통지처분이 위법하다 하더라도 법원에 의하여 그 처분의 집행이 정지되지 아니하는 이상 현실적으로 입영을 할 수밖에 없으므로 현역병입영통지처분에 대하여는 불복을 사실상 원천적으로 봉쇄하는 것이 되고, 또한 현역입영대상자가 입영하여 현역으로 복무하는 과정에서 현역병입영통지처분 외에는 별도의 다른 처분이 없으므로 입영한 이후에는 불복할 아무런 처분마저 없게 되는 결과가 되며, 나아가 입영하여 현역으로 복무하는 자에 대한 병적을 당해 군 참모총장이 관리한다는 것은 입영 및 복무의 근거가 된 현역병입영통지처분이 적법함을 전제로 하는 것으로서 그 처분이 위법한 경우까지를 포함하는 의미는 아니라고 할 것이므로, 현역입영대상자로서는 현실적으로 입영을 하였다고 하더라도, 입영 이후의 법률관계에 영향을 미치고 있는 현역병입영통지처분 등을 한 관할지방병무청장을 상대로 위법을 주장하여 그 취소를 구할 소송상의 이익이 있다(대판 2003. 12. 26, 2003두1875).

4. 피고적격

(1) 행정소송법 규정

취소소송의 피고적격에 대하여 행정소송법 제13조는 "취소소송은 다른 법률에 특별한 규정이 없는 한 그 처분 등을 행한 행정청을 피고로 한다"고 규정하고 있으므로 취소소송의 피고는 "처분등을 행한 행정청"이 됨이 원칙이다.

(2) 원칙: 처분등을 행한 행정청

1) 의의

'행정청'이라 함은 국가 또는 공공단체 등 행정주체의 의사를 외부에 대하여 결정·표시할 수 있는 권한(이른바 처분근거)을 가진 기관을 말한다. 행정조직법상의 관서장이 일반적으로 이에 해당하나, 반드시 조직법상의 그것에 한하지 않으며 예외도 많이 있다(지방의회, 법원장 등). 취소소송의 대상이 되는 처분을 할 수 있는 자는 모두가 여기에서 말하는 행정청에 해당한다.

'처분등을 행한 행정청'이란 원처분을 행한 행정청과 재결을 행한 행정심판위원회를 의미한다(동법 제2조 제1항). 다만 '재결'에 대한 취소소송은 재결 자체에 고유한 위법이 있음을 이유로 하는 경우에만 가능하다는 점을 유의할 필요가 있다(동법 제19조).

(3) 권한의 위임·위탁의 경우: 수임청

행정청의 권한이 위임·위탁된 경우에는 권한 자체가 위임청으로부터 수임청에 이양되어 해당 행정처분은 수임청의 행위가 되므로 그 행위의 효력을 다투는 경우에는 그 수임청이 피고가 됨이 원칙이다. 행정소송법은 법령에 의하여 행정권한의 위임 또는 위탁을 받은 행정기관·공공단체 및 그 기관 또는 사인 등이 행정청에 포함됨을 명시하고 있다(동법 제2조 제2항). 특히 공무수탁사인을 행정청에 포함시키고 있음이 주목된다.

판 례

(판례1) 에스에이치공사가 택지개발사업 시행자인 서울특별시장으로부터 이주대책 수립권한을 포함한 택지개발사업에 따른 권한을 위임 또는 위탁받은 경우, 이주대책 대상자들이 에스에이치공사 명의로 이루어진 이주대책에 관한 처분에 대한 취소소송을 제기함에 있어 정당한 피고는 에스에이치공사가 된다(대판 2007. 8. 23, 2005두3776).

(판례2) 취소소송은 다른 법률에 특별한 규정이 없는 한 처분 등을 행한 행정청을 피고로 한다. 여기서 '행정청'이란 국가 또는 공공단체의 기관으로서 국가나 공공단체의 의견을 결정하여 외부에 표시할 수 있는 권한, 즉 처분 권한을 가진 기관을 말한다. … 감염병예방법 제71조, 제76조 제1항, 동법 시행령 제31조 제3항과 제4항, 제32조 제1항 제20호에 의하면 법령상 보상금 지급에 대한 처분 권한은, 국가사무인 예방접종피해보상에 관한 보건복지부장관의 위임을 받아 보상금 지급 여부를 결정하고, 보상금을 지급함으로써 대외적으로 보상금 지급 여부에 관한 의사를 표시할 수 있는 질병관리본부장에게 있다고 보아야 한다(대판 2019. 4. 3, 2017두52764).

(4) 권한의 대리·내부위임의 경우

1) 원칙 – 본인 또는 위임청

대리기관 또는 내부위임을 받은 기관이 피대리기관 또는 위임관청의 이름으로 권한을 행사한 경우에는 권한의 대리의 경우에는 본인, 내부위임의 경우에는 위임청이 피고가 되는 것이 원칙이다.

판 례

(판례) 행정관청이 특정한 권한을 법률에 따라 다른 행정관청에 이관한 경우와 달리 내부적인 사무처리의 편의를 도모하기 위하여 그의 보조기관 또는 하급행정관청으로 하여금 그의 권한을 사실상 행하도록 하는 내부위임의 경우에는 수임관청이 그 위임된 바에 따라 위임관청의 이름으로 권한을 행사하였다면 그 처분청은 위임관청이므로 그 처분의 취소나 무효확인을 구하는 소송의 피고는 위임관청으로 삼아야 한다(대판 1991. 10. 8, 91누520).

2) 예외

가. 내부위임시 수임청

내부위임에 해당하나 수임기관이 위임청의 명의가 아닌 수임기관 자신의 명의로 처분을 한 경우에는 실제로 처분을 한 수임청을 피고로 하여야 한다. 이는 내부적 사정을 잘 알지 못하는 상대방(국민)을 보호하기 위함이다.

판 례

(판례) 행정처분의 취소 또는 무효확인을 구하는 행정소송은 다른 법률에 특별한 규정이 없는 한 소송의 대상인 행정처분 등을 외부적으로 그의 명의로 행한 행정청을 피고로 하여야 하는 것으로서 그 행정처분을 하게 된 연유가 상급행정청이나 타행정청의 지시나 통보에 의한 것이라 하여 다르지 않다고 할 것이며, 권한의 위임이나 위탁을 받아 수임행정청이 정당한 권한에 기하여 그 명의로 한 처분에 대하여는 말할 것도 없고, 내부위임이나 대리권을 수여받은 데 불과하여 원행정청 명의나 대리관계를 밝히지 아니하고는 그의 명의로 처분 등을 할 권한이 없는 행정청이 권한 없이 그의 명의로 한 처분에 대하여도 처분명의자인 행정청이 피고가 되어야 할 것이다(대법원 1995. 12. 22. 선고 95누14688 판결 참조). 그런데 피고가 자신의 명의로 원고에게 이 사건 보조금 중 1,752,929,000원을 반환할 것을 통지한 사실은 앞서 인정한 바와 같으므로(위 피고 명의의 통지서에 경기도지사의 2015. 2. 6.자 환수 요청 공문이 첨부되어 있기는 하나, 위 공문의 수신인은 피고 및 화성시장으로 되어 있어 이를 원고에 대한 대외적인 행정처분서로 볼 수는 없고, 피고가 원고에게 보조금 반환을 명함에 있어 그 산정 근거로 첨부한 참고자료에 불과한 것으로 보인다), 피고에게 이 사건 보조금 환수에 관한 정당한 권한이 있는지 여부를 불문하고, 위 보조금 환수 처분의 취소를 구하는 항고소송의 피고적격이 피고에게 있음은 마찬가지라 할 것이다(서울고판 2017. 5. 18, 2016누70651).

나. 권한의 대리의 경우

① 대리권을 수여받은 행정청이 대리관계를 표시함이 없이 자신 명의로 처분한 경우 원칙적으로 대리 행정청이 피고가 된다.

② 다만, 처분명의자가 실제로 피대리 행정청을 대리한다는 의사로 행정처분을 하고 그 처분의 상대방도 대리관계를 알고 받아들인 경우에는 예외적으로 피대리 행정청이 피고가 된다.

판 례

(판례) 대리권을 수여받은 데 불과하여 그 자신의 명의로는 행정처분을 할 권한이 없는 행정청의 경우 대리관계를 밝힘이 없이 그 자신의 명의로 행정처분을 하였다면 그에 대하여는 처분명의자인 당해 행정청이 항고소송의 피고가 되어야 하는 것이 원칙이지만, 비록 대리관계를 명시적으로 밝히지는 아니하였다 하더라도 처분명의자가 피대리 행정청 산하의 행정기관으로서 실제로 피대리 행정청으로부터 대리권한을 수여받아 피대리 행정청을 대리한다는 의사로 행정처분을 하였고 처분명의자는 물론 그 상대방도 그 행정처분이 피대리 행정청을 대리하여 한 것임을 알고서 이를 받아들인 예외적인 경우에는 피대리 행정청이 피고가 되어야 한다(대결 2006. 2. 23, 2005부4).

(5) 합의제 행정청의 경우

합의제 행정청이 처분청인 경우에는 합의제 행정청이 피고가 된다. 즉 중앙토지수용위원회, 감사원 등이 피고가 된다. 다만, 노동위원회법은 중앙노동위원회의 처분에 대한 소송의 피고를 중앙노동위원회 위원장으로 규정하고 있다(노동위원회법 제27조).

판 례

(판례) '저작권심의조정위원회 위원장'을 피고로 저작권 등록처분의 무효확인을 구하는 소는 피고적격이 없는 자를 상대로 한 부적법한 것이고, 피고적격에 관하여 석명에 응할 기회를 충분히 제공하였음에도 피고경정을 하지 않은 사정에 비추어, 부적법하여 각하되어야 한다고 한 사례(대판 2009. 7. 9, 2007두16608).

(6) 타법에 특별규정이 있는 경우

법률에 특별한 규정이 있는 경우에는 처분등을 행하지 않은 행정기관도 피고가 된다. 예컨대, 공무원에 대한 징계면직 기타 불이익 처분의 경우 ① 처분청이 대통령인 경우에는 소속장관(국가공무원법 제16조 제2항), ② 처분청이 대법원장인 경우에는 법원행정처장(법원조직법 제70조), ③ 처분청이 국회의장인 경우에는 국회사무총장(국회사무처법 제4조 제3항), ④ 처분청이 헌법재판소장인 경우에는 헌법재판소 사무처장(헌법재판소법 제17조 제5항)이 피고가 된다.

(7) 지방의회와 지방자치단체의 장

1) 조례가 항고소송의 대상이 되는 경우

이때에는 조례를 공포한 지방자치단체의 장이 피고가 된다. 교육·학예에 관한 조례는 시·도교육감이 피고가 된다.

판 례

(판례) 조례가 집행행위의 개입 없이도 그 자체로서 직접 국민의 구체적인 권리의무나 법적 이익에 영향을 미치는 등의 법률상 효과를 발생하는 경우 그 조례는 항고소송의 대상이 되는 행정처분에 해당하고, 이러한 조례에 대한 무효확인소송을 제기함에 있어서 행정소송법 제38조 제1항, 제13조에 의하여 피고적격이 있는 처분 등을 행한 행정청은, 행정주체인 지방자치단체 또는 지방자치단체의 내부적 의결기관으로서 지방자치단체의 의사를 외부에 표시한 권한이 없는 지방의회가 아니라, 구 지방자치법(1994. 3. 16. 법률 제4741호로 개정되기 전의 것) 제19조 제2항, 제92조에 의하여 지방자치단체의 집행기관으로서 조례로서의 효력을 발생시키는 공포권이 있는 지방자치단체의 장이다(대판 1996. 9. 20, 95누8003).

2) 지방의회의원에 대한 징계의결이나 지방의회의장선거의 경우

지방의회의원에 대한 징계의결이나 지방의회의장선거의 처분청은 지방의회이므로 이들 처분에 대한 취소소송의 피고는 지방의회가 된다.

판 례

(판례) 지방자치법 제78조 내지 제81조의 규정에 의거한 지방의회의 의원징계의결은 그로 인해 의원의 권리에 직접 법률효과를 미치는 행정처분의 일종으로서 행정소송의 대상이 되고, 그와 같은 의원징계의결의 당부를 다투는 소송의 관할법원에 관하여는 동법에 특별한 규정이 없으므로 일반법인 행정소송법의 규정에 따라 지방의회의 소재지를 관할하는 고등법원이 그 소송의 제1심 관할법원이 된다(대판 1993. 11. 26, 93누7341).

5. 피고경정

(1) 의의와 취지

피고의 경정이란 소송의 계속 중에 피고로 지정된 자를 다른 자로 변경하는 것을 말한다.

이는 행정조직의 복잡다기화와 빈번한 권한의 변경 등으로 상대방으로써는 누가 정당한 피고임을 알기 어렵다는 점에서 잘못된 피고지정으로 인한 소각하됨으로써(다시 정당한 피고를 지정하기엔 제소기간의 경과 등으로 권리구제를 받을 수 없는 경우) 권리구제의 불측의 손해를 방지하기 위한 것이다. 피고경정에 관한 규정은 무효등확인소송과 부작위위법확인

소송에도 준용된다.

(2) 피고경정의 요건

피고의 경정은 원고의 신청에 의하지 않으면 안 된다. 다만 소의 제기 후에 행정청의 권한변경 또는 행정조직의 변경으로 인하여 피고경정을 하여야 할 경우에는 법원이 직권으로 피고를 경정할 수 있다. 행정소송법은 피고경정이 허용되는 경우로서 제14조에서 ① 피고를 잘못 지정한 때, ② 행정청의 권한변동이 있은 때, ③ 처분청이 없게 된 때 및 ④ 제21조에서 소의 변경이 있은 때를 규정하고 있다.

1) 피고를 잘못 지정한 때

'피고를 잘못 지정한 때'(동법 제14조 제1항)란 당해 취소소송의 피고로 지정된 자가 행정소송법 제13조 또는 타법의 특별규정에 의한 정당한 피고적격을 객관적으로 가지지 않는 경우를 말한다. 피고를 잘못 지정한 것에 고의·과실이 있는가 여부는 불문한다. '잘못 지정'의 여부는 제소시를 기준으로 판단한다. 따라서 제소후의 사정(행정청의 권한의 변동·소의 변경 등)으로 인하여 피고를 경정하는 것은 여기서의 피고경정에는 해당되지 않는다고 본다.

판 례

(판례) 행정소송에서 원고가 처분청이 아닌 행정관청을 피고로 잘못 지정하였다면 법원으로서는 석명권을 행사하여 원고로 하여금 피고를 처분청으로 경정하게 하여 소송을 진행케 하여야 할 것이다(대판 1990. 1. 12, 89누1032).

2) 권한승계 등의 경우

① 처분등이 있은 뒤에 그 처분등에 관계되는 권한이 다른 행정청에 승계된 때에는 이를 승계한 행정청을 피고로 한다(동법 제13조 제1항 단서).

판 례

(판례) 처분 등이 있은 뒤에 그 처분 등에 관계되는 권한이 다른 행정청에 승계된 때에는 이를 승계한 행정청을 피고로 한다고 규정하고 있고, 여기서 '그 처분 등에 관계되는 권한이 다른 행정청에 승계된 때'라고 함은 처분 등이 있은 뒤에 행정기구의 개혁, 행정주체의 합병·분리 등에 의하여 처분청의 당해 권한이 타 행정청에 승계된 경우뿐만 아니라 처분 등의 상대방인 사인의 지위나 주소의 변경 등에 의하여 변경 전의 처분 등에 관한 행정청의 관할이 이전된 경우 등을 말한다(대판 2000. 11. 14, 99두5481).

② 다만, 그 승계가 취소소송 제기 후에 발생한 것이면 법원은 당사자의 신청 또는 직권에 의해 피고를 경정한다. 이 때 종전의 소는 취하된 것으로 보며, 새로운 피고에 대한

소송은 처음에 소를 제기한 때에 제기한 것으로 본다(동법 제14조 제6항).

3) 처분청이 없게 된 때

처분등을 행한 행정청이 없게 된 때에는 그 처분등에 관한 사무가 귀속되는 국가 또는 공공단체를 피고로 한다(행정소송법 제13조 제2항). 다만, 그 승계가 취소소송의 제기 후에 발생한 것이면, 법원은 당사자의 신청 또는 직권에 의해 피고를 경정한다.

4) 소의 변경이 있는 때

소의 변경과 당사자의 변경으로서의 피고경정은 별개의 개념으로 구별되는 것이나, 행정소송법은 소의 변경에 따르는 피고의 경정을 간접적으로 인정하고 있다(동법 제21조 제2항, 제4항).

(3) 피고경정의 절차

1) 원고의 신청 및 직권경정

원고가 피고를 잘못 지정한 경우에 피고의 경정은 원고의 신청에 의하여 행한다(동법 제14조 제1항). 다만, 행정청의 권한변동 또는 행정조직의 변경으로 인한 피고경정의 경우에는 법원이 직권으로 피고를 경정할 수 있다(동법 제14조 제6항).

2) 심리

피고경정의 요건충족 여부에 관하여는 법원이 직권으로 조사한다. 변론을 거칠 것인가 여부는 법원의 재량사항이다(민사소송법 제124조 제1항 단서).

3) 피고경정결정

법원은 피고경정요건을 갖추었느냐를 직권으로 심리하여 피고경정의 요건을 충족하였다고 판단되면 결정의 형식으로써 피고의 경정을 허가하거나 피고경정의 요건이 갖추어지지 않았다고 판단되면 각하결정을 한다(행정소송법 제14조 제1항). 이 결정은 서면으로 하여야 하며, 법원은 결정의 정본을 새로운 피고에게 송달하여야 한다(동조 제2항).

4) 불복

원고의 피고경정에 대한 각하결정과 소의 변경에 따른 피고경정의 허가결정에 대하여는 즉시 항고할 수 있다(동법 제14조, 제21조 제3항). 그러나 이와는 달리 피고경정의 허가결정과 소의 변경에 따른 피고경정신청의 기각결정에 대하여는 불복할 수 없다.

(4) 피고경정의 시기

피고경정은 사실심 구두변론종결시까지만 가능하다는 것이 판례의 입장이다.

판 례

(판례) 행정소송법 제14조에 의한 피고경정은 사실심 변론종결에 이르기까지 허용되는 것으로 해석하여야 할 것이고, 굳이 제1심 단계에서만 허용되는 것으로 해석할 근거는 없다(대결 2006. 2. 23, 2005부4).

(5) 피고경정의 효과

1) 새로운 피고에 대한 신소제기

피고를 경정하는 것에 대한 허가결정이 있을 때에는 신소제기의 효과가 발생하며 원고의 제소기간준수 등의 불이익을 배제하기 위하여 당해 소송을 처음에 소를 제기한 때에 제기된 것으로 본다(동법 제14조 제4항, 제6항).

2) 구소의 취하효과

피고경정의 허가결정이 있을 때에는 민사소송과 달리(민사소송법 제239조 제2항) 종전의 피고에 대한 소송은 각하된 것으로 본다(행정소송법 제14조 제5항).

6. 공동소송

수인의 청구 또는 수인에 대한 청구가 처분등의 취소청구와 관련되는 청구인 경우에 한하여 그 수인은 공동소송인이 될 수 있다(동법 제15조). 이는 관련청구소송에 관해 주관적 병합을 인정한 것이다. 공동소송에 관한 규정은 무효등확인소송, 부작위위법확인소송 및 당사자소송에도 준용된다.

7. 소송참가

(1) 소송참가의 의의

소송참가란 소송의 계속 중에 소송 외의 제3자가 자기의 법률상의 지위를 보호하기 위해 계속 중인 타인 간의 소송에 참가하는 것을 의미한다. 행정소송법은 제3자의 소송참가(동법 제16조)와 행정청의 소송참가(동법 제17조)에 관한 규정을 두고 있다.

(2) 제3자의 소송참가

1) 의의

법원은 소송의 결과에 따라 권리 또는 이익의 침해를 받을 제3자가 있는 경우에는 당사자 또는 제3자의 신청 또는 직권에 의하여 결정으로써 그 제3자를 소송에 참가시킬 수 있다(동법 제16조 제1항).

2) 참가의 요건

가. 타인의 취소소송의 계속

소송이 어느 심급에 있는가는 불문하고, 소가 적법하게 제기되어 계속되고 있어야 한다. 변론종결 후에 참가신청을 한 경우에 법원이 재량으로 변론을 재개하면 참가신청은 변론종결 전에 한 것과 같은 것이 된다.

나. 소송의 결과에 따라 권리 또는 이익의 침해를 받을 제3자

소송의 결과 판결에 의하여 권리 또는 이익을 침해를 받을 것이 요구되는 바, 여기에서 '제3자'라 함은 소송당사자 이외의 자로써, 국가 및 공공단체는 이에 포함되나 행정청은 그 자체로서 당사자능력이 없으므로 이에 포함되지 않는다. 또한 '소송의 결과'란 판결주문에 있어서의 소송물 자체에 관한 판단을 말하며 단순한 이유 등의 판단은 이에 해당하지 않는다. 소송의 결과에 따라 '침해될 권리 또는 이익'이란 '법률상의 이익'을 말하며 반사적 이익이나 사실상의 이익은 이에 포함되지 않는다.

판 례

(판례) 행정소송법 제16조 소정의 제3자의 소송참가가 허용되기 위하여는 당해 소송의 결과에 따라 제3자의 권리 또는 이익이 침해되어야 하고, 이 때의 이익은 법률상 이익을 말하며 단순한 사실상의 이익이나 경제상의 이익은 포함되지 않는데, 원고들이 참가를 구하는 제3자들은 원고들이 속한 관련 지방자치단체들로서 이 사건의 쟁점은 단순히 신설되는 항만을 어떻게 호칭하고 다른 항만과 구별하여 특정할 것인가의 문제에 불과할 뿐이고 그 항만에 부여되는 지리적 명칭에 따라 그 항만의 배후부지가 관련 자치단체의 관할구역에 편입되는 법적 효력이 생긴다거나 관련 자치단체인 참가인들이 그 지리적 명칭으로 인하여 권리관계나 법적 지위에 어떠한 영향을 받는다고 인정되지도 아니하므로 이 사건 소송의 결과에 의하여 위 제3자들의 법률상 이익이 침해된다고 할 수 없고, 따라서 원고들의 이 사건 제3자 소송참가신청은 부적법하다(대판 2008. 5. 29, 2007두23873).

3) 참가의 절차

가. 참가신청 또는 직권

제3자의 소송참가는 소송의 당사자 또는 당해 제3자의 신청 또는 직권에 의한다. 제3자의 소송참가는 직권소송참가(강제참가)가 원칙이나 당사자 및 제3자에게도 참가신청권이 인정된다(동법 제16조 제1항). 참가의 신청에는 민사소송법 제66조가 준용된다(동법 제8조 제2항).

나. 참가의 허부결정

당사자 또는 제3자의 참가신청이 있는 경우에는 법원은 당사자 쪽에서 이의가 없더라도 직권으로 그 요건의 여부를 조사하여 허·부를 결정해야 하고, 직권소송참가의 경우에는 법원은 결정으로써 제3자에게 참가를 명한다(동법 제16조 제1항). 법원이 제3자의 참가

를 허가하거나 명하는 결정을 하고자 할 때에는 미리 당사자 및 제3자의 의견을 들어야 한다(동법 제16조 제2항).

다. 참가인의 지위

제3자를 소송에 참가시키는 법원의 결정이 있게 되면 제3자는 참가인의 지위를 획득하는바, 참가인인 제3자에 대하여는 민사소송법 제67조의 규정이 준용되므로(동법 제16조 제4항), 그 참가인은 필요적 공동소송에 있어서 공동소송인의 지위에 있으나, 당사자에 대하여 독자적인 청구를 하는 것은 아니기 때문에 그 성질은 공동소송적 보조참가인의 지위에 있다는 것이 우리나라의 통설이다.

라. 참가인에 대한 판결의 효력

소송참가인으로서 지위를 취득한 제3자는 실제 소송에 참가하여 소송행위를 하였는지를 불문하고 판결의 효력을 받는다. 따라서 참가인이 된 제3자는 판결확정 후 행정소송법 제31조에 의한 재심의 소를 제기할 수 없다.

(3) 행정청의 소송참가

1) 의의

법원은 다른 행정청을 소송에 참가시킬 필요가 있다고 인정할 때에는 당사자 또는 당해 행정청의 신청 또는 직권에 의하여 결정으로써 그 행정청을 소송에 참가시킬 수 있다(동법 제17조 제1항). 다른 행정청의 소송참가는 다른 행정청의 협력을 요하는 경우에 의미를 갖는다.

2) 요건

가. 타인의 취소소송의 계속

행정청의 소송참가 또한 제3자의 소송참가와 마찬가지로 타인의 취소소송(항고소송)이 계속되고 있어야 한다. 물론 그 소송이 계속 중이기만 하면 어느 심급에 있는가는 불문한다.

나. 다른 행정청일 것

다른 행정청이라고 함은 분쟁의 처분·재결과 관계있는 행정청에 한정된다고 보아야 하고, 피고인 행정청 이외의 행정청은 누구나 그에 해당하는 것은 아니다. 예컨대, 분쟁의 처분 또는 재결에 관하여 피고인 행정청을 지휘·감독하는 상급청, 재결이 행해진 경우의 원처분청 등이 이에 해당한다고 할 수 있다.

다. 법원이 소송에 참가시킬 필요가 있다고 인정할 때

참가시킬 필요가 있다고 인정할 때란 이 제도의 취지에 비추어 보아, 적정한 심리·재판을 실현하기 위하여 참가시킬 필요가 있음을 의미하는 것이다. 참가의 대상이 된 행정청이 다른 행정청에 해당하는 경우에도, 참가의 필요에 대한 판단은 법원의 고유의 권한에 속한다.

판 례

(판례) 법원은 다른 행정청을 소송에 참가시킬 필요가 있다고 인정되는 때에 그 행정청을 소송에 참가시킬 수 있고, 여기에서 참가의 필요성은 관계되는 다른 행정청을 소송에 참가시킴으로써 소송자료 및 증거자료가 풍부하게 되어 그 결과 사건의 적정한 심리와 재판을 하기 위하여 필요한 경우를 가리킨다(대판 2002. 9. 24, 99두1519).

3) 참가의 절차

행정청의 소송참가는 당사자 또는 참가를 원하는 당해 행정청(다른 행정청)의 신청이나 직권에 의한다. 이때 법원은 참가에 관한 결정을 하기에 앞서 당사자 및 당해 행정청의 의견을 들어야 하나 이에 기속되는 것은 아니라고 할 것이다. 행정청의 소송참가는 성질상 피고인 행정청측에서만 참가할 수 있는 것이며 참가의 결정에 대하여는 불복할 수 없다.

4) 참가행정청의 지위

법원의 참가결정이 있게 되면, 그 소송에 참가한 행정청에 대하여는 민사소송법 제76조의 규정이 준용되므로 참가행정청은 보조참가인에 준하는 지위에 선다. 따라서 참가행정청은 일체의 소송행위를 할 수 있으나 피참가행정청의 소송행위와 저촉되는 소송행위는 할 수 없으며, 설사 한다고 하더라도 무효가 된다.

(4) 다른 소송에의 준용

취소소송에 있어서의 소송참가에 관한 규정은 무효등확인소송, 부작위위법확인소송 및 당사자소송에도 준용된다(동법 제38조, 제44조 제1항).

(5) 민사소송법상 보조참가

행정소송 사건에서 민사소송법상 보조참가의 요건을 갖춘 경우 민사소송법상 보조참가가 허용되고 그 성격은 공동소송적 보조참가이다.

판 례

(판례) 행정소송 사건에서 참가인이 한 보조참가가 행정소송법 제16조가 규정한 제3자의 소송참가에 해당하지 않는 경우에도, 판결의 효력이 참가인에게까지 미치는 점 등 행정소송의 성질에 비추어 보면 그 참가는 민사소송법 제78조에 규정된 공동소송적 보조참가이다(대판 2013. 3. 28, 2011두13729).

8. 소송대리인 등

(1) 소송대리인

당사자에 갈음하여 당사자의 이름으로 소송행위를 하거나 소송행위를 받는 자를 소송대리인이라 한다. 행정소송의 소송대리에 관하여 행정소송법에는 아무런 규정이 없으므로 민사소송법의 규정이 일반적으로 적용된다. 따라서 소송대리인의 자격(민사소송법 제87조), 소송대리권의 증명(동법 제89조), 소송대리권의 범위(동법 제90조), 법정대리나 임의대리에 관한 민사소송법상의 규정들이 그대로 적용된다.

(2) 국가를 당사자로 하는 소송

국가를 당사자 또는 참가인으로 하는 행정소송에 있어서는 법무부장관이 국가를 대표하며(국가소송법 제2조), 법무부장관은 법무부의 직원, 검사, 공익법무관을 지정하여 행정소송을 수행하게 할 수 있고(동법 제3조 제1항), 변호사를 소송대리인으로 선임하여 수행하게 할 수도 있다(동법 제3조 제4항).

(3) 지방자치단체를 당사자로 하는 소송

지방자치단체를 당사자 또는 참가인으로 하는 행정소송에 있어서는 지방자치단체의 장이 직접 소송을 수행하거나, 변호사를 소송대리인으로 선임하여 수행하게 할 수 있다.

V. 취소소송의 대상

1. 개설

(1) 행정소송법 규정

취소소송의 대상은 처분등이다(행정소송법 제19조). 행정소송법은 처분등을 "행정청이 행하는 구체적 사실에 관한 법집행으로서의 공권력의 행사 또는 그 거부와 그 밖에 이에 준하는 행정작용(이하 '처분'이라 한다) 및 행정심판에 대한 재결을 말한다"(동법 제2조 제1항 제1호)라고 규정하여 처분등이 처분과 재결로 이루어져 있음을 명시함과 동시에 취소소송사항에 관하여는 개괄주의를 취하고 있음을 밝히고 있다.

(2) 처분의 의의

행정소송법상의 처분개념이 학문적 또는 실체법적 의미의 '행정행위'와 같은 것인가 아닌가 하는 점은 논란의 대상이 되어 왔다.

1) 실체법상 개념설(일원설)

행정소송법상의 처분개념을 학문상 행정행위와 동일한 것으로 보는 견해이다.

2) 쟁송법상 개념설(이원설)

행정쟁송법상의 처분개념을 실체적 행정행위 개념과는 별도로 정립하여야 한다는 견해로 다수설의 입장이다.

3) 판례

판례는 기본적 입장으로 실체법상 개념설을 취해왔으나 처분개념을 전향적으로 확대하고 있다. 행정소송법상 처분을 통상 "행정청이 공권력 주체로서 행하는 구체적 사실에 관한 법집행으로서 국민의 권리의무에 직접적으로 영향을 미치는 행위"로 넓게 정의한다.

판 례

(판례1) 대법원은 종래 지목변경신청반려행위의 처분성을 부정하였으나, 처분개념을 확대하여 행정처분의 대상이 된다고 판례를 변경을 하였다. 구 지적법 제20조, 제38조 제2항의 규정은 토지소유자에게 지목변경신청권과 지목정정신청권을 부여한 것이고, 한편 지목은 토지에 대한 공법상의 규제, 개발부담금의 부과대상, 지방세의 과세대상, 공시지가의 산정, 손실보상가액의 산정 등 토지행정의 기초로서 공법상의 법률관계에 영향을 미치고, 토지소유자는 지목을 토대로 토지의 사용·수익·처분에 일정한 제한을 받게 되는 점 등을 고려하면, 지목은 토지소유권을 제대로 행사하기 위한 전제요건으로서 토지소유자의 실체적 권리관계에 밀접하게 관련되어 있으므로 지적공부 소관청의 지목변경신청 반려행위는 국민의 권리관계에 영향을 미치는 것으로서 항고소송의 대상이 되는 행정처분에 해당한다(대판 2004. 4. 22, 2003두9015).

(판례2) 항고소송의 대상인 '처분'이란 "행정청이 행하는 구체적 사실에 관한 법집행으로서의 공권력의 행사 또는 그 거부와 그 밖에 이에 준하는 행정작용"(행정소송법 제2조 제1항 제1호)을 말한다. 행정청의 행위가 항고소송의 대상이 될 수 있는지는 추상적·일반적으로 결정할 수 없고, 구체적인 경우에 관련 법령의 내용과 취지, 그 행위의 주체·내용·형식·절차, 그 행위와 상대방 등 이해관계인이 입는 불이익 사이의 실질적 견련성, 법치행정의 원리와 그 행위에 관련된 행정청이나 이해관계인의 태도 등을 고려하여 개별적으로 결정하여야 한다. 또한 어떠한 처분에 법령상 근거가 있는지, 행정절차법에서 정한 처분절차를 준수하였는지는 본안에서 당해 처분이 적법한가를 판단하는 단계에서 고려할 요소이지, 소송요건 심사단계에서 고려할 요소가 아니다(대판 2020. 1. 16, 2019다264700).

(판례3) 행정청의 행위가 '처분'에 해당하는지가 불분명한 경우에는 그에 대한 불복방법 선택에 중대한 이해관계를 가지는 상대방의 인식가능성과 예측가능성을 중요하게 고려하여 규범적으로 판단하여야 한다(대판 2022. 9. 7, 2022두42365, 대판 2018. 10. 25, 2016두33537, 대판 2020. 4. 9, 2019두61137).

(판례4) 항고소송의 대상이 되는 행정처분이란 원칙적으로 행정청의 공법상 행위로서 특정 사항에 대하여 법규에 의한 권리 설정 또는 의무 부담을 명하거나 기타 법률상 효과를 발생하게 하는 등으로 일반 국민의 권리의무에 직접 영향을 미치는 행위를 가리키는 것이지만, 어떠한 처분의 근거가 행정규칙에 규정되어 있다고 하더라도, 그 처분이 상대방에게 권리 설정 또는 의무 부담을 명하거나 기타 법적인 효과를 발생하게 하는 등으로 상대방의 권리의무에 직접 영향을 미치는 행위라면, 이 경우에도 항고소송의 대상이 되는 행정처분에 해당한다고 보아야 한다. 한편 행정청의 어떤 행위가 항고소송의 대상이 될 수 있는지는 추상적·일반적으로 결정할 수 없고, 구체적인 경우 행정처분은 행정청이 공권력 주체로서 행하는 구체적 사실에 관한 법집행으로서 국민의 권리의무에 직접적으로 영향을 미치는 행위라는 점을 염두에 두고, 관련 법령의 내용과 취지, 행위의 주체·내용·형식·절차, 그 행위와 상대방 등 이해관계인이 입는 불이익과

의 실질적 견련성, 그리고 법치행정 원리와 당해 행위에 관련한 행정청 및 이해관계인의 태도 등을 참작하여 개별적으로 결정해야 한다(대판 2012. 9. 27, 2010두3541).

(판례5) 수익적 행정처분을 구하는 신청에 대한 거부처분은 당사자의 신청에 대하여 관할 행정청이 이를 거절하는 의사를 대외적으로 명백히 표시함으로써 성립된다. 거부처분이 있은 후 당사자가 다시 신청을 한 경우에는 신청의 제목 여하에 불구하고 그 내용이 새로운 신청을 하는 취지라면 관할 행정청이 이를 다시 거절하는 것은 새로운 거부처분이라고 보아야 한다(대법원 2019. 4. 3. 선고 2017두52764 판결 등 참조). 관계 법령이나 행정청이 사전에 공표한 처분기준에 신청기간을 제한하는 특별한 규정이 없는 이상 재신청을 불허할 법적 근거가 없으며, 설령 신청기간을 제한하는 특별한 규정이 있다 하더라도 재신청이 신청기간을 도과하였는지 여부는 본안에서 재신청에 대한 거부처분이 적법한가를 판단하는 단계에서 고려할 요소이지, 소송요건 심사단계에서 고려할 요소가 아니다.
행정절차법 제26조는 행정청이 처분을 할 때에는 당사자에게 그 처분에 관하여 행정심판 및 행정소송을 제기할 수 있는지 여부, 그 밖에 불복을 할 수 있는지 여부, 청구절차 및 청구기간, 그 밖에 필요한 사항을 알려야 한다고 규정하고 있다. 이 사건에서 피고 공사가 원고에게 2차 결정을 통보하면서 '2차 결정에 대하여 이의가 있는 경우 2차 결정 통보일부터 90일 이내에 행정심판이나 취소소송을 제기할 수 있다.'는 취지의 불복방법 안내를 하였던 점을 보면, 피고 공사 스스로도 2차 결정이 행정절차법과 행정소송법이 적용되는 처분에 해당한다고 인식하고 있었음을 알 수 있고, 그 상대방인 원고로서도 2차 결정이 행정쟁송의 대상인 처분이라고 인식하였을 수밖에 없다고 보인다. 이와 같이 불복방법을 안내한 피고 공사가 이 사건 소가 제기되자 '처분성'이 인정되지 않는다고 본안전항변을 하는 것은 신의성실원칙(행정절차법 제4조)에도 어긋난다(대법원 2020. 4. 9. 선고 2019두61137 판결 참조)(대판 2021. 1. 14, 2020두50324).

(판례6) 갑 주식회사가 조달청과 물품구매계약을 체결하고 국가종합전자조달시스템인 나라장터 종합쇼핑몰 인터넷 홈페이지를 통해 요구받은 제품을 수요기관에 납품하였는데, 조달청이 계약이행내역 점검 결과 일부 제품이 계약 규격과 다르다는 이유로 물품구매계약 추가특수조건 규정에 따라 갑 회사에 대하여 6개월의 나라장터 종합쇼핑몰 거래정지 조치를 한 사안에서, 조달청이 계약상대자에 대하여 나라장터 종합쇼핑몰에서의 거래를 일정기간 정지하는 조치는 전자조달의 이용 및 촉진에 관한 법률, 조달사업에 관한 법률 등에 의하여 보호되는 계약상대자의 직접적이고 구체적인 법률상 이익인 나라장터를 통하여 수요기관의 전자입찰에 참가하거나 나라장터 종합쇼핑몰에서 등록된 물품을 수요기관에 직접 판매할 수 있는 지위를 직접 제한하거나 침해하는 행위에 해당하는 점 등을 종합하면, 위 거래정지 조치는 비록 추가특수조건이라는 사법상 계약에 근거한 것이지만 행정청인 조달청이 행하는 구체적 사실에 관한 법집행으로서의 공권력의 행사로서 그 상대방인 갑 회사의 권리·의무에 직접 영향을 미치므로 항고소송의 대상이 되는 행정처분에 해당하고, 다만 추가특수조건에서 정한 제재조치의 발동요건조차 갖추지 못한 경우에는 위 거래정지 조치가 위법하므로 갑 회사의 행위가 추가특수조건에서 정한 거래정지 조치의 사유에 해당하는지, 추가특수조건의 내용이나 그에 기한 거래정지 조치가 국가를 당사자로 하는 계약에 관한 법령 등을 위반하였거나 평등원칙, 비례원칙, 신뢰보호 원칙 등을 위반하였는지 등에 관하여 나아가 살폈어야 하는데도, 위 거래정지 조치가 사법상 계약에 근거한 의사표시에 불과하고 항고소송의 대상이 되는 행정처분으로 볼 수 없다고 판단하여 소를 각하한 원심판결에 법리를 오해한 잘못이 있다(대판 2018. 11. 29, 2015두52395).

2. 행정소송법상 처분 개념

(1) 행정청

① 처분은 행정청의 행위이다. 행정청이란 국가 또는 지방자치단체의 행정에 관한 의사를 결정하여 외부에 표시할 수 있는 권한을 가지는 행정기관을 말한다. 이 외에도 법령에 의하여 행정권한의 위임 또는 위탁을 받은 행정기관, 공공단체 및 그 기관 또는 사인이 포함된다.

판 례

(판례) 행정소송의 대상이 되는 행정처분이란 행정청 또는 그 소속기관이나 법령에 의하여 행정권한의 위임 또는 위탁을 받은 공공단체 등이 국민의 권리·의무에 관계되는 사항에 관하여 직접 효력을 미치는 공권력의 발동으로서 하는 공법상의 행위를 말하며, 그것이 상대방의 권리를 제한하는 행위라 하더라도 행정청 또는 그 소속기관이나 권한을 위임받은 공공단체 등의 행위가 아닌 한 이를 행정처분이라고 할 수 없다.
한국마사회가 조교사 또는 기수의 면허를 부여하거나 취소하는 것은 경마를 독점적으로 개최할 수 있는 지위에서 우수한 능력을 갖추었다고 인정되는 사람에게 경마에서의 일정한 기능과 역할을 수행할 수 있는 자격을 부여하거나 이를 박탈하는 것에 지나지 아니하므로, 이는 국가 기타 행정기관으로부터 위탁받은 행정권한의 행사가 아니라 일반 사법상의 법률관계에서 이루어지는 단체 내부에서의 징계 내지 제재처분이다(대판 2008. 1. 31, 2005두8269).

② 행정청은 단독제행정청과 토지수용위원회·각급노동위원회와 같은 합의제행정청이 있다. 이 중 합의제행정청인 예컨대, 토지수용위원회가 행한 재결, 지방노동위원회가 노동쟁의에 대하여 행한 중재회부결정은 처분이 된다.

③ 입법기관이나 사법기관도 행정에 관한 의사를 결정하여 대외적으로 표시할 수 있는 한 행정청에 속한다.

판 례

(처분성 긍정한 판례)

1. 지방의회의의원징계의결(대판 1993. 11. 26, 93누7341)
2. 지방의회의장에 대한 불신임의결(대판 1994. 10. 11, 94두7341)
3. 지방의회의 의장선거(대판 1995. 1. 12, 94누2602)

(처분성 부정한 판례)

1. 서울특별시 지하철 공사 임직원 징계(대판 1989. 9. 12, 89누2103)
2. 조세원천징수의무자의 원천징수행위(대판 1995. 2. 28, 94두36)

(2) 구체적 법집행행위

1) 의의

처분은 행정청이 행하는 구체적 사실에 관한 법집행행위이다. 일반적이고 '구체적'인 일반처분은 처분에 해당하나, 일반적이고 '추상적' 규율인 행정입법은 원칙적으로 처분이 아니다.

2) 행정입법

일반적·추상적 규율로서의 행정입법은 직접 취소소송의 대상이 아니다. 그러나 법령 등 행정입법도 집행행위의 개입없이 행정주체와 사인 간의 관계를 규율하는 개별적·구체적 행위를 규율할 때에는 처분이 된다. 조례도 처분이 되는 것은 이 까닭이다.

가. 원칙 – 처분성 부정

1. 행정청의 정부투자기관에 대한 예산편성지침통보(대판 1993. 9. 14, 93누9163)
2. 교육부장관의 대학입시기본계획 내의 내신성적산정지침(대판 1994. 9. 10, 94두33)

나. 예외 – 처분성 긍정

1. 처분적 법령
- BBK특검법헌법소원(헌재결 2008. 1. 10, 2007헌마1468)

2. 처분적 조례
- 부천시담배자동판매기설치금지조례에 대한 헌법소원(헌재결 1995. 4. 20, 92헌마264)
- 두밀분교폐지에 대한 경기도 교육조례(대판 1996. 9. 20, 95누8003)
- 청소년보호법에 따른 청소년유해매체물 결정·고시(대판 2007. 6. 14, 2004두619)

3) 행정계획 등

행정계획 등 일반처분도 마찬가지이다. 그것이 일반적·추상적 행위인 한 처분은 아니지만 특정 개인의 권리·이익을 규제하는 개별적·구체적 행위일 때에는 처분이 된다. 도시계획결정, 택지개발예정지구의 지정 등이 처분이 되는 것은 이 이유이다. 일반적·추상적 행위인가 개별적·구체적 행위인가는 행위의 형식에 의해서가 아니라 실질에 의하여 판단된다.

판 례

(처분성 긍정한 판례)

1. 도시계획결정·도시관리계획결정(대판 1982. 3. 9, 80누105)
2. 구 도시계획법상 도시계획입안을 요구할 수 있는 권리 인정(대판 2004. 4. 28, 2003두1806)
3. 구 도시개발법상 관리처분계획(대판 1996. 2. 15, 94다31235)

(처분성 부정한 판례)

1. 구 도시계획법 소정의 도시기본계획(대판 1998. 11. 27, 96누13927)
2. 도시계획시설결정취소를 요구할 권리 부정(헌재결 2002. 5. 30, 2000헌바58)

(3) 사인의 권리·의무에 직접 관계되는 행위

취소소송의 대상이 되는 처분은 사인의 권리·의무에 직접 관계가 있는 행위이다. 따라서

① 행정청의 내부행위는 처분이 아니다. 공정거래위원회의 고발조치(대판 1995. 5. 12, 94누13794), 상급행정기관의 하급행정기관에 대한 승인 · 동의 · 지시등(대판 1997. 9. 26, 97누8540)이 처분이 아니다.

② 행정청이 여러 단계를 거쳐 행정결정을 행하는 경우 그 중간단계행위는 처분이 아니다. 그러나 중간단계행위라도 그것이 사인의 권리·의무에 직접 영향을 줄 경우에는 처분이 된다. 토지수용절차의 한 단계인 사업인정이 처분인 것은 그 이유이다.

③ 종래 대법원은 건축물대장 · 토지대장 등에 일정한 사항을 기재하거나 기재된 사항을 변경하는 행위는 국민의 권리관계에 변동을 가져오는 것이 아니므로 처분이 아니라고 하였다(대판 1965. 11. 9, 65누86). 대법원이 헌법재판소의 결정에 따라 지목변경 신청거부의 처분성을 인정하는 판례변경(대판 2004. 4. 22, 2003두9015)한 후, 건축물대장의 기재사항 중 건축물 용도변경 신청을 반려한 행위(대판 2009. 1. 30, 2007두7277), 신축건물에 대한 건축물대장 작성신청을 반려한 행위(대판 2009. 2. 12, 2007두17359), 건축물대장을 직권말소한 행위(대판 2010. 5. 27, 2008두22655) 등에 대하여 처분성을 인정하였다.

④ 단순한 관념의 통지도 처분이 아니다. 당연퇴직(대판 1995. 11. 14, 95누2036)의 인사발령이 처분에서 제외되는 것도 그 이유이다.

⑤ 그 밖에 법령의 해석에 관한 질의회신, 권고적 성격의 행위, 행정지도·안내 등이 처분에 해당하지 아니한다.

(4) 공권력의 행사행위

취소소송의 대상이 되는 처분은 구체적 사실에 관한 법집행으로서의 공권력의 행사행위이다. 행정청의 공권력행사행위란 행정청이 공권력의 소지자인 행정주체의 기관의 지위에 서서 구체적 사실에 대한 법의 집행으로서 하는 권력적 활동을 말한다.

1) 권력적 사실행위

① 행정청이 공권력의 행사로서 하는 사실행위도 포함한다. 즉 권력적 사실행위는

"수인하명"이라는 처분과 비법적 사실행위(물리적 행위)가 결합된 것으로 볼 수 있으며, 전자는 취소소송의 대상이 된다고 볼 수 있다.

판 례

(판례) 교도소장이 수형자 갑을 '접견내용 녹음·녹화 및 접견 시 교도관 참여대상자'로 지정한 사안에서, 위 지정행위는 수형자의 구체적 권리의무에 직접적 변동을 가져오는 행정청의 공법상 행위로서 항고소송의 대상이 되는 '처분'에 해당한다고 본 원심판단을 정당한 것으로 수긍한 사례(대판 2014. 2. 13, 2013두20899).

② 다만, 권력적 사실행위는 그것이 개인의 권익을 침해하는 것인 때에도 비교적 단기간 내에 목적을 달성하고 종료되기 때문에 행정소송으로 다툴 실익이 없는 것이 보통이다. 수인하명과 같은 법적 행위와 결합되어 있지 않은 순수한 사실행위(공공시설의 설치·명예훼손적 발언) 같은 것은 이행소송의 대상이며 취소소송의 대상이 되지 아니한다.

2) 권고등 비권력적 행위

권고등 비권력적 사실행위는 원칙상 처분성이 부정된다. 또한, 행정청의 행위일지라도 우월한 공권력의 행사로서의 성질을 가지지 않는 사법행위나 행정사법행위 및 공법상 계약·공법상 합동행위 등은 처분이 아니다. 행정지도처럼 사인의 권리의무에 아무런 직접적인 법적 효과를 발생하지 아니하는 행위도 여기서 말하는 취소소송의 대상이 되지 아니하는 것은 물론이다.

판 례

(판례) 무단 용도변경을 이유로 단전조치된 건물의 소유자로부터 새로이 전기공급신청을 받은 한국전력공사가 관할 구청장에게 전기공급의 적법 여부를 조회한 데 대하여, 관할 구청장이 한국전력공사에 대하여 건축법 제69조 제2항, 제3항의 규정에 의하여 위 건물에 대한 전기공급이 불가하다는 내용의 회신을 하였다면, 그 회신은 권고적 성격의 행위에 불과한 것으로서 한국전력공사나 특정인의 법률상 지위에 직접적인 변동을 가져오는 것은 아니므로 항고소송의 대상이 되는 행정처분이라고 볼 수 없다(대판 1995. 11. 21, 95누9099).

3) 사실행위인 단순한 관념의 통지, 내부행위 역시 처분이 아니다.

(5) 거부행위

1) 의의

거부행위란 개인이 행정청에 대하여 일정한 처분을 신청한 경우에 그 신청에 따르는 내용의 행위를 거부하는 것을 말한다(실무적으로는 반려처분, 불허가처분, 불수리처분, 각하처분 등의 여러 형태로 나타난다). 거부행위는 신청을 받아들이지 아니하였다는 점에서 부작위와 같으나, 적극적으로 거부의사를 표시하였다는 점에서 부작위와 구별된다.

2) 거부행위가 처분성을 갖기 위한 요건

가. 신청한 행위가 공권력 행사에 해당할 것

행정청의 거부행위가 처분성을 갖기 위해서는 우선 그 신청한 행위가 공권력의 행사 또는 이에 준하는 행정작용이어야 한다. 따라서 잡종재산의 매각·임대요청의 거부는 국가의 사경제적 행위에 대한 요청거부로서 처분성이 인정되지 않는다.

판 례

(판례) 구 건축법(2005. 11. 8. 법률 제7696호로 개정되기 전의 것, 이하 '구 건축법'이라 한다) 제29조 제2항, 구 건축물대장의 기재 및 관리 등에 관한 규칙(2007. 1. 16. 건설교통부령 제547호로 전문 개정되기 전의 것, 이하 '구 건축물대장규칙'이라 한다) 제1조, 제5조 제1항, 제2항, 제3항의 각 규정에 의하면, 구 건축법 제18조의 규정에 의한 사용승인(다른 법령에 의하여 사용승인으로 의제되는 준공검사·준공인가 등을 포함한다)을 신청하는 자 또는 구 건축법 제18조의 규정에 의한 사용승인을 얻어야 하는 자 외의 자는 건축물대장의 작성 신청권을 가지고 있고, 한편 건축물대장은 건축물에 대한 공법상의 규제, 지방세의 과세대상, 손실보상가액의 산정 등 건축행정의 기초자료로서 공법상의 법률관계에 영향을 미칠 뿐만 아니라, 건축물에 관한 소유권보존등기 또는 소유권이전등기를 신청하려면 이를 등기소에 제출하여야 하는 점 등을 종합해 보면, 건축물대장의 작성은 건축물의 소유권을 제대로 행사하기 위한 전제요건으로서 건축물 소유자의 실체적 권리관계에 밀접하게 관련되어 있으므로 건축물대장 소관청의 작성신청 반려행위는 국민의 권리관계에 영향을 미치는 것으로서 항고소송의 대상이 되는 행정처분에 해당한다(대판 2009. 2. 12, 2007두17359).

나. 거부행위가 신청인의 법률관계에 영향을 미치는 거부일 것

거부행위는 국민의 권리·의무에 직접적으로 어떠한 변동을 미치는 것이어야 한다. 따라서 지적공부 등 각종 장부에 대한 등재행위는 행정청의 사무처리의 편의와 사실증명의 자료로 삼기 위한 것이므로 신청인의 권리·의무에 아무런 영향을 미치는 것이 아니어서 처분성이 인정되지 않는다.

판 례

(판례) 국민의 적극적 행위 신청에 대하여 행정청이 그 신청에 따른 행위를 하지 않겠다고 거부한 행위가 항고소송의 대상이 되는 행정처분에 해당하는 것이라고 하려면, 그 신청한 행위가 ① 공권력의 행사 또는 이에 준하는 행정작용이어야 하고, ② 그 거부행위가 신청인의 법률관계에 어떤 변동을 일으키는 것이어야 하며, ③ 그 국민에게 그 행위발동을 요구할 법규상 또는 조리상의 신청권이 있어야 하는바, 여기에서 '신청인의 법률관계에 어떤 변동을 일으키는 것'이라는 의미는 신청인의 실체상의 권리관계에 직접적인 변

동을 일으키는 것은 물론, 그렇지 않다 하더라도 신청인이 실체상의 권리자로서 권리를 행사함에 중대한 지장을 초래하는 것도 포함한다(대판 2007. 10. 11, 2007두1316).

다. 국민에게 신청에 대한 법규상 혹은 조리상의 신청권이 있을 것

판례는 거부행위가 처분성을 갖기 위해서는 일관되게 신청인인 국민에게 법규상 혹은 조리상의 신청권이 있을 것을 요한다.[1)]

판 례

(판례) 산림법령에는 채석허가처분을 한 처분청이 산림을 복구한 자에 대하여 복구설계서승인 및 복구준공통보를 한 경우 그 취소신청과 관련하여 아무런 규정을 두고 있지 않고, 원래 행정처분을 한 처분청은 그 처분에 하자가 있는 경우에는 원칙적으로 별도의 법적 근거가 없더라도 스스로 이를 직권으로 취소할 수 있지만, 그와 같이 직권취소를 할 수 있다는 사정만으로 이해관계인에게 처분청에 대하여 그 취소를 요구할 신청권이 부여된 것으로 볼 수는 없으므로, 처분청이 위와 같이 법규상 또는 조리상의 신청권이 없이 한 이해관계인의 복구준공통보 등의 취소신청을 거부하더라도, 그 거부행위는 항고소송의 대상이 되는 처분에 해당하지 않는다(대판 2006. 6. 30, 2004두701).

판 례

(처분성 긍정한 판례)

1. 대학교원이 임용권자가 임용기간이 만료된 조교수에 대하여 재임용을 거부하는 취지로 한 임용기간만료의 통지(대판 2004. 4. 22, 2000두7735)
2. 대학교원의 신규채용에 있어서 유일한 면접심사대상자로 선정된 임용지원자에 대한 교원신규채용 중단조치(대판 2004. 6. 11, 2001두7053)
3. 검사임용신청에 대한 거부(대판 1991. 2. 12, 90누5925)
4. 사회단체등록신청반려(대판 1989. 12. 26, 87누308)
5. 3급 승진대상자로 결정되고 임용권자가 그 사실을 대내외에 공표까지 한 경우, 3급 승진임용신청을 할 조리상의 권리(대판 2008. 4. 10, 2007두18611)
6. 구속적 행정계획내의 주민 중 이해관계가 있는 주민의 도시시설계획의 임반 내지 변경을 요구할 수 있는 법규상 또는 조리상 신청권(대판 2015. 3. 26, 2014두42742)

---

1) 이에 대하여 '법규상 또는 조리상의 신청권'은 대상적격의 요건이 아닌 본안요건(소의 요건이 아닌 이유유무)이라는 견해와 원고적격의 요건이라는 비판견해가 대립하고 있다. 판례는 대상적격으로 요구되는 신청권은 "구체적 사건에서 신청인이 누구인지를 고려하지 않고(개별적 구체적 신청권이 아닌) 관계법규의 해석에 의하여 '일반국민'에게 그러한 신청권을 인정하고 있는가를 살펴 '추상적'으로 결정되는 것이고 신청인이 그 신청에 따른 단순한 응답을 받을 권리를 넘어서 신청의 인용이라는 만족적 결과를 얻을 권리를 의미하는 것은 아니다(대판 1996. 6. 11, 95누12460)."라고 판시하여 대상적격에서 일관되게 추상적 권리로서 신청권을 요구한다.

(처분성 부정한 판례)

1. 교육공무원 상 특별채용대상자로서의 자격을 갖춘 임용지원자의 특별채용신청거부(대판 2005. 4. 15, 2004두11626)
2. 서울특별시의 "철거민에 대한 시영아파트 특별분양개선지침"의 법적 성질 및 시영아파트에 대한 분양불허 의사표시(대판 1993. 5. 11, 93누2247)
3. 도시계획시설변경신청을 불허한 행위(대판 1984. 10. 23, 84누227)
4. 이미 불가쟁력이 발생한 급여지급결정의 전제가 되는 재직기간의 정정 또는 재산정을 구할 신청권(대판 2017. 2. 9, 2014두43264)

(6) 별도의 권리구제수단이 있는 경우

법률에 의하여 행정소송 이외 별도의 불복절차가 마련되어 있는 경우에는 그에 따라 구제되면 되기 때문에 행정소송을 인정할 필요가 없고, 따라서 처분성이 부정된다. 예컨대 검사의 불기소처분에 대하여는 검찰청법에 의한 항고와 재항고 및 형사소송법에 의한 준기소절차에 의해서만 불복할 수 있다.

판 례

(처분성 긍정한 판례)

1. 정부 간 항공노선의 개설에 관한 잠정협정 및 비밀양해각서와 건설교통부 내부지침에 의한 항공노선에 대한 운수권배분처분(대판 2004. 11. 26, 2003두10251)
2. 구 남녀차별금지 및 구제에 관한 법률상 국가인권위원회의 성희롱 결정 및 시정조치권고(대판 2005. 7. 8, 2005두487)
3. 친일반민족행위자재산조사위원회의 재산조사개시결정(대판 2009. 10. 15, 2009두6513)

(처분성 부정한 판례)

1. 형사소송절차상의 통고처분(대판 1980. 10. 14, 80누380)
2. 비송사건절차법에 따른 과태료부과처분(대판 1995. 7. 28, 95누2623)
3. 건축법상 이행강제금 부과처분(대판 2000. 9. 22, 2000두5722)

(7) 그 밖에 이에 준하는 행정작용

취소소송의 대상이 되는 그 밖에 이에 준하는 행정작용으로 거론되는 것은 ① 권력적 사실행위, ② 구속적 행정계획, ③ 처분적 법령, ④ 행정입법 등이지만 아직 이에 대하여는 논란이 있다.

3. 재결

(1) 재결의 의의

재결이란 행정심판에 대한 결정을 말한다. 행정심판이란 행정심판법에 의한 행정심판에 한정되지 아니하며 널리 행정기관이 재결청이 되는 행정쟁송, 즉 위법·부당한 처분으로 인하여 권익을 침해당한 자가 행정기관에 대하여 그 시정을 구하는 행정쟁송절차를 모두 포함하여 일컫는다.

(2) 행정소송법상 원처분주의

1) 원처분주의

원처분주의란 원처분과 재결 어느 것에 대하여도 소를 제기할 수 있으나, 원처분의 위법은 원처분 취소소송에서만 주장할 수 있고 재결취소의 소송에서는 원처분의 위법이 아닌 재결 자체의 고유한 위법에 대하여서만 주장할 수 있도록 하는 제도를 말한다.

2) 재결주의

재결주의란 원처분에 대하여는 소송을 제기할 수 없고 재결에 대하여서만 소송을 제기할 수 있도록 하되 재결 자체의 위법뿐만 아니라 원처분의 위법도 재결취소소송에서 주장할 수 있게 하는 제도를 말한다.

3) 현행 행정소송법 규정 – 원처분주의

우리 행정소송법 제19조는 "취소소송은 처분등을 대상으로 한다. 다만, 재결취소소송의 경우에는 재결 자체에 고유한 위법이 있음을 이유로 하는 경우에 한한다"고 하여 원처분주의를 취하고 있다.

(3) 원처분주의 하에서 재결이 항고소송의 대상이 되는 경우

1) 재결 자체에 위법이 있는 경우

원처분주의 하에서 재결에 대한 항고소송을 하기 위해서는 원칙적으로 재결 자체에 고유한 위법이 있음을 이유로 하는 경우에 한하는바, 재결 자체의 고유한 위법이란 원처분에는 없고 재결에만 있는 흠을 말한다. 즉, 재결 자체에 주체·내용·형식·절차상에 위법이 있는 것을 의미한다.

판 례

(판례) 행정소송법 제19조에서 말하는 '재결 자체에 고유한 위법'이란 원처분에는 없고 재결에만 있는 재결청의 권한 또는 구성의 위법, 재결의 절차나 형식의 위법, 내용의 위법 등을 뜻하고, 그 중 내용의 위법에는 위법·부당하게 인용재결을 한 경우가 해당한다(대판 1997. 9. 12, 96누14661).

2) 구체적 검토

가. 인용재결

① 인용재결 중 복효적행정행위에 대한 형성재결의 경우

형성적 재결의 경우에는 복효적행정행위(1차적 행정처분)에 대한 행정심판청구에 있어서 그 청구를 인용하는 재결로 인해 비로소 권익을 침해받게 되는 자(1차적 처분의 상대방이었던 자)는 인용재결의 고유한 하자를 주장하는 것으로 재결에 대한 취소소송(즉 동법 제19조 단서의 취소소송)으로 보는 것이 다수설과 판례의 입장이다.

판 례

(판례) 이른바 복효적 행정행위, 특히 제3자효를 수반하는 행정행위에 대한 행정심판청구에 있어서 그 청구를 인용하는 내용의 재결로 인하여 비로소 권리이익을 침해받게 되는 자는 그 인용재결에 대하여 다툴 필요가 있고, 그 인용재결은 원처분과 내용을 달리하는 것이므로 그 인용재결의 취소를 구하는 것은 원처분에는 없는 재결에 고유한 하자를 주장하는 셈이어서 당연히 항고소송의 대상이 된다.
행정청이 골프장 사업계획승인을 얻은 자의 사업시설 착공계획서를 수리한 것에 대하여 인근 주민들이 그 수리처분의 취소를 구하는 행정심판을 청구하자 재결청이 그 청구를 인용하여 수리처분을 취소하는 형성적 재결을 한 경우, 그 수리처분 취소 심판청구는 행정심판의 대상이 되지 아니하여 부적법 각하하여야 함에도 위 재결은 그 청구를 인용하여 수리처분을 취소하였으므로 재결 자체에 고유한 하자가 있다고 보았다(대판 2001. 5. 29, 99두10292).

② 명령적 재결의 경우

명령적 재결의 경우에는 재결과 재결에 따른 행정청의 처분이 있게 되므로 어느 것을 다투어야 하는지에 대하여는 견해의 대립이 있다. 판례는 양자 모두가 소의 대상이 된다는 견해이다.

판 례

(판례) 행정심판법 제37조 제1항의 규정에 의하면 재결은 행정청을 기속하는 효력을 가지므로 재결청이 취소심판의 청구가 이유 있다고 인정하여 처분청에게 처분의 취소를 명하면 처분청으로서는 그 재결의 취지에 따라 처분을 취소하여야 하지만, 그렇다고 하여 그 재결의 취지에 따른 취소처분이 위법할 경우 그 취소처분의 상대방이 이를 항고소송으로 다툴 수 없는 것은 아니다(대판 1993. 9. 28, 92누15093).

③ 일부 인용재결이나 수정재결의 경우

일부 인용재결이나 수정재결의 경우에 원처분주의의 원칙상 재결이 소송의 대상이 되지 아니하고 재결에 의하여 일부 취소되고 남은 원처분이나 수정된 원처분이 소송의 대상이 되는 것이 원칙이다.

판 례

(판례) 항고소송은 원칙적으로 당해 처분을 대상으로 하나, 당해 처분에 대한 재결 자체에 고유한 주체, 절차, 형식 또는 내용상의 위법이 있는 경우에 한하여 그 재결을 대상으로 할 수 있다고 해석되므로, 징계혐의자에 대한 감봉 1월의 징계처분(원처분)을 견책으로 변경한 소청결정 중 그를 견책에 처한 조치(수정재결)는 재량권의 남용 또는 일탈로서 위법하다는 사유는 소청결정 자체에 고유한 위법을 주장하는 것으로 볼 수 없어 소청결정의 취소사유가 될 수 없다(대판 1993. 8. 24, 93누5673).

3) 각하·기각재결

원처분이 그대로 유지되는 각하·기각재결에 대하여는 원처분주의의 원칙상 원처분을 상대로 소를 제기하여야 한다. 그러나 사정재결에 대하여는 원처분을 취소하더라도 현저히 공공복리에 부적합한 것이 아니라는 등의 이유로 재결취소의 소를 제기할 수 있다.

(4) 원처분주의에 대한 예외 – 예외적 재결주의

1) 감사원의 변상판정

감사원법은 회계관계직원 등에 대한 감사원의 변상판정에 대하여 감사원에 재심의를 청구할 수 있게 하고(동법 제36조 제1항), 감사원의 재심의판정에 대하여 감사원을 당사자로 하여 행정소송을 제기할 수 있도록 함으로써(동법 제40조 제2항) 원처분인 변상판정이 아니라 재심의판정을 취소소송의 대상으로 하도록 규정하고 있다.

판 례

(판례) 감사원의 변상판정처분에 대하여서는 행정소송을 제기할 수 없고, 재결에 해당하는 재심의 판정에 대하여서만 감사원을 피고로 하여 행정소송을 제기할 수 있다(대판 1984. 4. 10, 84누91).

2) 노동위원회의 처분

노동위원회법은 지방노동위원회 또는 특별노동위원회의 처분에 대하여 중앙노동위원회에 재심을 신청할 수 있게 하고(동법 제26조), 중앙노동위원회의 재심처분에 대하여 중앙노동위원회위원장을 피고로 하여 취소소송을 제기할 수 있도록 함으로써(동법 제27조 제1항) 원처분인 지방노동위원회 또는 특별노동위원회의 처분이 아니라 중앙노동위원회의 재심처분을 취소소송의 대상으로 하도록 규정하고 있다.

판 례

(판례) 노동위원회법 제19조의2 제1항의 규정은 행정처분의 성질을 가지는 지방노동위원회의 처분에 대하여 중앙노동위원장을 상대로 행정소송을 제기할 경우의 전치요건에 관한 규정이라 할 것이므로 당사자가 지방노동위원회의 처분에 대하여 불복하기 위하여는 처분 송달일로부터 10일 이내에 중앙노동위원회에 재심을 신청하고 중앙노동위원회의 재심판정서 송달일로부터 15일 이내에 중앙노동위원장을 피고로 하여 재심판정취소의 소를 제기하여야 할 것이다(대판 1995. 9. 15, 95누6724).

3) 중앙토지수용위원회의 이의재결에 대한 불복(원처분주의)

구「토지수용법」은 중앙토지수용위원회의 이의신청에 대한 재결에 대한 불복으로 행정소송을 인정하여 재결주의를 채택하였다. 그러나 현행「토지보상법」은 재결주의를 포기하고 원처분주의를 취하고 있다.

판 례

(판례) 공익사업을 위한 토지 등의 취득 및 보상에 관한 법률 제85조 제1항 전문의 문언 내용과 같은 법 제83조, 제85조가 중앙토지수용위원회에 대한 이의신청을 임의적 절차로 규정하고 있는 점, 행정소송법 제19조 단서가 행정심판에 대한 재결은 재결 자체에 고유한 위법이 있음을 이유로 하는 경우에 한하여 취소소송의 대상으로 삼을 수 있도록 규정하고 있는 점 등을 종합하여 보면, 수용재결에 불복하여 취소소송을 제기하는 때에는 이의신청을 거친 경우에도 수용재결을 한 중앙토지수용위원회 또는 지방토지수용위원회를 피고로 하여 수용재결의 취소를 구하여야 하고, 다만 이의신청에 대한 재결 자체에 고유한 위법이 있음을 이유로 하는 경우에는 그 이의재결을 한 중앙토지수용위원회를 피고로 하여 이의재결의 취소를 구할 수 있다고 보아야 한다(대판 2010. 1. 28, 2008두1504).

4) 교원징계재심위원회의 결정에 대한 불복(원처분주의)

교원의 지위 향상 및 교육활동 보호를 위한 특별법 각급학교 교원(사립학교 교원 포함)은 징계처분 그 밖에 그 의사에 반하는 불리한 처분에 대하여 교육부의 교원소청심사위원회에 소청을 신청할 수 있고(동법 제9조 제1항), 소청심사위원회의 결정에 대해서 교원은 항고소송을 제기할 수 있다(동법 제10조 제4항).

사립학교교원에 대한 사립학교장의 징계처분은 처분이 아니기 때문에 교원소청심사위원회의 결정은 행정심판의 재결이 아니며 행정처분으로서 항고소송의 대상이 된다.

이에 반하여 국공립학교교원에 불리한 처분에 대한 교원소청심사위원회의 결정은 행정심판의 재결이고, 판례는 교원소청심사위원회의 결정에 대한 불복에는 원처분주의가 적용되는 것으로 본다.

판 례

(판례) 국·공립학교 교원에 대한 징계처분의 경우에는 원 징계처분 자체가 행정처분이므로 그에 대하여 위원회에 소청심사를 청구하고 위원회의 결정이 있은 후 그에 불복하는 행정소송이 제기되더라도 그 심판대상은 교육감 등에 의한 원 징계처분이 되는 것이 원칙이다. 다만 위원회의 심사절차에 위법사유가 있다는 등 고유의 위법이 있는 경우에 한하여 위원회의 결정이 소송에서의 심판대상이 된다. 반면, 사립학교 교원에 대한 징계처분의 경우에는 학교법인 등의 징계처분은 행정처분성이 없는 것이고 그에 대한 소청심사청구에 따라 위원회가 한 결정이 행정처분이고 교원이나 학교법인 등은 그 결정에 대하여 행정소송으로 다투는 구조가 되므로, 행정소송에서의 심판대상은 학교법인 등의 원 징계처분이 아니라 위원회의 결정이 되고, 따라서 피고도 행정청인 위원회가 되는 것이며, 법원이 위원회의 결정을 취소한 판결이 확정된다고 하더라도 위원회가 다시 그 소청심사청구사건을 재심사하게 될 뿐 학교법인 등이 곧바로 위 판결의 취지에 따라 재징계 등을 하여야 할 의무를 부담하는 것은 아니다(대판 2013. 7. 25, 2012두12297).

5) 특허심판원의 심결에 대한 불복(재결주의)

특허출원에 대한 심사관의 거절결정에 대하여 특허심판원에 심판청구를 한 후 소송을 제기하는 경우 특허심판원의 심결을 소송대상으로 하여 특허법원에 심결취소를 요구하는 소를 제기하여야 한다(특허법 제186조, 제189조).

Ⅵ. 취소소송의 제기

1. 개설

(1) 의의

취소소송의 제기란 원고가 피고를 상대방으로 하여 계쟁사건에 관한 심리와 판결을 요구하는 행위 또는 절차를 말한다. 유효한 취소소송이 제기되기 위하여는 소송요건을 갖추어야 한다. 소송요건을 갖추지 않은 소는 부적법한 것으로 각하된다. 소송요건의 충족여부는 법원의 직권조사사항이다.

(2) 취소소송의 소송요건

취소소송의 요건으로는 ① 원고적격과 소의 이익을 가진 자가, ② 피고적격을 가진 행정청을 피고로, ③ 위법한 처분등을 대상으로, ④ 제소기간 내에, ⑤ 소장에 의하여, ⑥ 필요적 전심절차가 있는 경우에는 이를 거쳐, ⑦ 관할법원에 제기하여야 한다. 이러한 소송요건 중 ①, ②, ③, ⑦에 대하여는 상술하였으므로, ④, ⑤, ⑥의 요건에 대하여만 살펴보기로 한다.

2. 제소기간

(1) 의의

제소기간이란 처분의 상대방 등이 취소소송을 제기할 수 있는 시간적 간격을 말한다. 제소기간은 행정행위의 불가쟁력과 관련하여 의미를 가지며, 하자승계논의의 전제가 된다.

(2) 안 날로부터 90일

1) 행정심판을 거치지 않은 경우

취소소송은 처분등이 있음을 안 날로부터 90일 이내에 제기하여야 한다(행정소송법 제20조 제1항). 처분등이 있음을 안 날이란 통지·공고 기타의 방법에 의하여 고지받아 당해 처분이 있었다는 사실을 현실적으로 안 날을 의미하며, 구체적으로 그 행정처분의 위법 여부를 판단한 날을 가리키는 것은 아니다.

판 례

(판례1) 통상 고시 또는 공고에 의하여 행정처분을 하는 경우에는 그 처분의 상대방이 불특정 다수인이고 그 처분의 효력이 불특정 다수인에게 일률적으로 적용되는 것이므로, 그 행정처분에 이해관계를 갖는 자가 고시 또는 공고가 있었다는 사실을 현실적으로 알았는지 여부에 관계없이 고시가 효력을 발생하는 날 행정처분이 있음을 알았다고 보아야 한다(대판 2007. 6. 14, 2004두619).

(판례2) 지방보훈청장이 허혈성심장질환이 있는 갑에게 재심 서면판정 신체검사를 실시한 다음 종전과 동일하게 전(공)상군경 7급 국가유공자로 판정하는 '고엽제후유증전환 재심신체검사 무변동처분' 통보서를 송달하자 갑이 위 처분의 취소를 구한 사안에서, 위 처분이 갑에게 고지되어 처분이 있다는 사실을 현실적으로 알았을 때 행정소송법 제20조 제1항에서 정한 제소기간이 진행한다고 보아야 함에도, 갑이 통보서를 송달받기 전에 자신의 의무기록에 관한 정보공개를 청구하여 위 처분을 하는 내용의 통보서를 비롯한 일체의 서류를 교부받은 날부터 제소기간을 기산하여 위 소는 90일이 지난 후 제기한 것으로서 부적법하다고 본 원심판결에 법리를 오해한 위법이 있다(대판 2014. 9. 25, 2014두8254).

(판례3) 상대방 있는 행정처분은 특별한 규정이 없는 한 의사표시에 관한 일반법리에 따라 상대방에게 고지되어야 효력이 발생하고, 상대방 있는 행정처분이 상대방에게 고지되지 아니한 경우에는 상대방이 다른 경로를 통해 행정처분의 내용을 알게 되었다고 하더라도 행정처분의 효력이 발생한다고 볼 수 없다.
취소소송의 제소기간 기산점으로 행정소송법 제20조 제1항이 정한 '처분 등이 있음을 안 날'은 유효한 행정처분이 있음을 안 날을, 같은 조 제2항이 정한 '처분 등이 있은 날'은 그 행정처분의 효력이 발생한 날을 각 의미한다. 이러한 법리는 행정심판의 청구기간에 관해서도 마찬가지로 적용된다.
구 공무원연금법(2018. 3. 20. 법률 제15523호로 전부 개정되기 전의 것, 이하 같다) 제80조에 의하면, 급여에 관한 결정 등에 관하여 이의가 있는 자는 급여에 관한 결정 등이 있었던 날부터 180일, 그 사실을 안 날부터 90일 이내에 '공무원연금급여 재심위원회'에 심사를 청구할 수 있을 뿐이고(제1항, 제2항), 행정심판법에 따른 행정심판을 청구할 수는 없다(제4항). 이와 같은 공무원연금급여 재심위원회에 대한 심사청구 제도의 입법 취지와 심사청구기간, 행정심판법에 따른 일반행정심판의 적용 배제, 구 공무원연금법 제80조 제3항의 위임에 따라 구 공무원연금법 시행령(2018. 9. 18. 대통령령 제29181호로 전부 개정되기 전의 것) 제84조 내지 제95조의2에서 정한 공무원연금급여 재심위원회의 조직, 운영, 심사절차에 관한 사항 등을 종합하면, 구 공무원연금법상 공무원연금급여 재심위원회에 대한 심사청구 제도는 사안의 전문성과 특수성을 살리기 위하여 특히 필요하여 행정심판법에 따른 일반행정심판을 갈음하는 특별한 행정불복절차(행정심판법 제4조 제1항), 즉 특별행정심판에 해당한다(대판 2019. 8. 9, 2019두38656).

2) 행정심판을 거친 경우

행정소송법 제18조 제1항 단서에 규정된 경우와 그 밖에 행정심판청구를 할 수 있는 경우 또는 행정청이 행정심판청구를 할 수 있다고 잘못 알린 경우에 행정심판청구가 있은 때의 제소기간 역시 90일이다. 이 때의 기간은 재결서의 정본을 송달받은 날부터 기산한다(동법 제20조 제1항 단서).

판 례

(판례) 행정소송법 제20조 제1항에 의하면 취소소송은 원칙적으로 처분 등이 있음을 안 날부터 90일 이내에 제기하여야 하나, 행정청이 행정심판청구를 할 수 있다고 잘못 알려 행정심판의 청구를 한 경우에는 그 제소기간은 행정심판 재결서의 정본을 송달받은 날부터 기산하여야 한다(대판 2006. 9. 8, 2004두947).

(3) 있은 날로부터 1년

1) 행정심판을 거치지 않은 경우

취소소송은 처분등이 있는 날부터 1년을 경과하면 이를 제기하지 못한다. 처분등이 있은 날이란 상대방 있는 행정행위의 경우에는 특별한 규정이 없는 한 의사표시의 일반적 법리에 따라 그 행정처분이 상대방에게 도달되어 효력을 발생한 날을 의미한다(도달주의).

판 례

(판례) 행정심판을 제기하지 아니하거나 그 재결을 거치지 아니하는 사건에 대한 제소기간을 규정한 행정소송법 제20조 제2항에서 “처분이 있은 날”이라 함은 상대방이 있는 행정처분의 경우는 특별한 규정이 없는 한 의사표시의 일반적 법리에 따라 그 행정처분이 상대방에게 고지되어 효력이 발생한 날을 말한다고 할 것이다(대판 1990. 7. 13, 90누2284).

2) 행정심판을 거친 경우

행정소송법 제18조 제1항 단서에 규정된 경우와 그 밖에 행정심판청구를 할 수 있는 경우 또는 행정청이 행정심판청구를 할 수 있다고 잘못 알린 경우에 행정심판 청구가 있은 때의 제소기간은 재결이 있는 날부터 역시 1년이다(동법 제20조 제2항).

3) 정당한 사유가 있는 경우

정당한 사유가 있는 경우에는 1년의 기간이 경과하여도 제소할 수 있다(동법 제20조 제2항). 여기서 정당한 사유란 불확정개념으로서 그 존부는 사안에 따라 개별적·구체적으로 판단하여야 하나 민사소송법 제173조의 '당사자가 그 책임을 질 수 없는 사유'나 행정심판법 제27조 제2항의 '천재, 지변, 사변 그밖에 불가항력적인 사유'보다 넓다할 것이다.

판 례

(판례) 행정소송법 제20조 제2항 소정의 "정당한 사유"란 불확정 개념으로서 그 존부는 사안에 따라 개별적, 구체적으로 판단하여야 하나 민사소송법 제160조의 "당사자가 그 책임을 질 수 없는 사유"나 행정심판법 제18조 제2항 소정의 "천재, 지변, 전쟁, 사변 그 밖에 불가항력적인 사유"보다는 넓은 개념이라고 풀이되므로, 제소기간도과의 원인 등 여러 사정을 종합하여 지연된 제소를 허용하는 것이 사회통념상 상당하다고 할 수 있는가에 의하여 판단하여야 한다(대판 1991. 6. 28, 90누6521).

4) 안 날과 있은 날의 관계

처분이 있음을 안 날과 처분이 있은 날 중 어느 하나만의 기간만이라도 경과하면, 제소기간은 종료한다.

(4) 제소기간에 관한 특수문제

1) 복효적 처분의 경우

복효적 처분에 있어서 처분의 상대방이 아닌 제3자는 일반적으로 처분이 있는 것을 바로 알 수 있는 처지에 있지 아니하므로, 특별한 사정이 없는 한 처분이 있은 날로부터 1년 이내에 제소하지 못할 정당한 사유가 있는 것으로 볼 것이다.

판 례

(판례) 행정처분의 상대방이 아닌 제3자는 일반적으로 처분이 있는 것을 바로 알 수 있는 처지에 있지 아니하므로 처분이 있은 날로부터 180일이 경과하더라도 특별한 사유가 없는 한 구 행정심판법 제18조 제3항 단서 소정의 정당한 사유가 있는 것으로 보아 심판청구가 가능하다고 할 것이나, 그 제3자가 어떤 경위로든 행정처분이 있음을 알았거나 쉽게 알 수 있는 등 행정심판법 제18조 제1항 소정의 심판청구기간 내에 심판청구가 가능하였다는 사정이 있는 경우에는 그 때로부터 60일 이내에 행정심판을 청구하여야 한다(대판 1997. 9. 12, 96누14661).

2) 소의 변경 등과 제소기간

원고가 피고를 잘못 지정하여 법원이 원고의 신청에 의하여 결정으로 피고경정허가를 하는 경우, 무효등확인소송이나 부작위위법확인소송을 취소소송으로 변경하거나 당사자소송을 취소소송으로 변경하는 경우(소종류변경)에는 전소의 제기당시를 기준으로 제소기간 준수 여부를 판단한다.

판 례

(판례) 행정소송법 제8조 제2항은 "행정소송에 관하여 이 법에 특별한 규정이 없는 사항에 대하여는 법원조직법과 민사소송법 및 민사집행법의 규정을 준용한다."라고 규정하고 있고, 민사소송법 제40조 제1항은 "이송결정이 확정된 때에는 소송은 처음부터 이송받은 법원에 계속된 것으로 본다."라고 규정하고 있다. 한편 행정소송법 제21조 제1항, 제4항, 제37조, 제42조, 제14조 제4항은 행정소송 사이의 소 변경이 있는 경우 처음 소를 제기한 때에 변경된 청구에 관한 소송이 제기된 것으로 보도록 규정하고 있다. 이러한 규정 내용 및 취지 등에 비추어 보면, 원고가 행정소송법상 항고소송으로 제기해야 할 사건을 민사소송으로 잘못 제기한 경우에 수소법원이 그 항고소송에 대한 관할을 가지고 있지 아니하여 관할법원에 이송하는 결정을 하였고, 그 이송결정이 확정된 후 원고가 항고소송으로 소 변경을 하였다면, 그 항고소송에 대한 제소기간의 준수 여부는 원칙적으로 처음에 소를 제기한 때를 기준으로 판단하여야 한다(대판 2022. 11. 17, 2021두44425).

3) 청구취지의 추가·변경의 경우

청구취지의 추가·변경의 경우 제소기간의 준수여부는 그 청구취지의 추가·변경이 있는 때를 기준으로 개별적으로 판단하여야 한다.

판 례

(판례) 취소소송은 처분 등이 있음을 안 날부터 90일 이내에 제기하여야 하고, 처분 등이 있은 날부터 1년을 경과하면 제기하지 못하며(행정소송법 제20조 제1항, 제2항), 청구취지를 변경하여 구 소가 취하되고 새로운 소가 제기된 것으로 변경되었을 때에 새로운 소에 대한 제소기간의 준수 등은 원칙적으로 소의 변경이 있은 때를 기준으로 하여야 한다(대판 2004. 11. 25, 2004두7023).

4) 불고지·오고지의 경우

행정소송법에는 행정소송의 제기에 필요한 사항의 고지의무 및 불고지·오고지의 효과에 관한 규정이 없다. 입법의 불비이다.

판 례

(판례) 행정소송법 제20조 제1항, 제3항에서 말하는 "취소소송은 처분 등이 있음을 안 날부터 90일 이내에 제기하여야 한다."는 제소기간은 불변기간이고, 다만 당사자가 책임질 수 없는 사유로 인하여 이를 준수할 수 없었던 경우에는 같은 법 제8조에 의하여 준용되는 민사소송법 제160조 제1항에 의하여 그 사유가 없어진 후 2주일 내에 해태된 제소행위를 추완할 수 있다고 할 것이며, 여기서 당사자가 책임질 수 없는 사유란 당사자가 그 소송행위를 하기 위하여 일반적으로 하여야 할 주의를 다하였음에도 불구하고 그 기간

을 준수할 수 없었던 사유를 말한다.
행정청이 법정 심판청구기간보다 긴 기간으로 잘못 알린 경우에 그 잘못 알린 기간 내에 심판청구가 있으면 그 심판청구는 법정 심판청구기간 내에 제기된 것으로 본다는 취지의 행정심판법 제18조 제5항의 규정은 행정심판 제기에 관하여 적용되는 규정이지, 행정소송 제기에도 당연히 적용되는 규정이라고 할 수는 없다.
행정심판과 행정소송은 그 성질, 불복사유, 제기기간, 판단기관 등에서 본질적인 차이점이 있고, 임의적 전치주의는 당사자가 행정심판과 행정소송의 유·불리를 스스로 판단하여 행정심판을 거칠지 여부를 선택할 수 있도록 한 취지에 불과하므로 어느 쟁송 형태를 취한 이상 그 쟁송에는 그에 관련된 법률 규정만이 적용될 것이지 두 쟁송 형태에 관련된 규정을 통틀어 당사자에게 유리한 규정만이 적용된다고 할 수는 없으며, 행정처분시나 그 이후 행정청으로부터 행정심판 제기기간에 관하여 법정 심판청구기간보다 긴 기간으로 잘못 통지받은 경우에 보호할 신뢰 이익은 그 통지받은 기간 내에 행정심판을 제기한 경우에 한하는 것이지 행정소송을 제기한 경우에까지 확대된다고 할 수 없으므로, 당사자가 행정처분시나 그 이후 행정청으로부터 행정심판 제기기간에 관하여 법정 심판청구기간보다 긴 기간으로 잘못 통지받아 행정소송법상 법정 제소기간을 도과하였다고 하더라도, 그것이 당사자가 책임질 수 없는 사유로 인한 것이라고 할 수는 없다(대판 2001. 5. 8, 2000두6916).

(5) 제소기간 규정의 준용

취소소송의 제소기간 규정은 행정소송 중 부작위위법확인소송에만 준용한다(동법 제38조). 무효등확인소송은 제소기간의 적용을 받지 않는다.

3. 소장

(1) 민사소송법 준용

취소소송은 일정한 형식의 소장을 갖추어 제기하여야 한다. 제소의 방식에 관하여 행정소송법에는 특별한 규정이 없으므로 민사소송법의 규정이 준용된다(동법 제8조 제2항).

(2) 소장의 기재사항

소의 제기는 소장을 법원에 제출함으로써 행하며(민사소송법 제248조), 소장에는 당사자, 법정대리인, 청구의 취지와 원인을 기재하여야 한다(동법 제249조 제1항).

4. 전심절차

(1) 원칙적 임의적 전치주의

행정소송법은 취소소송은 법령의 규정에 의하여 당해 처분에 대한 행정심판을 제기할 수 있는 경우에도 이를 거치지 아니하고 제기할 수 있다고 규정하여(동법 제18조 제1항), 행정심판임의주의를 채택하고 있다.

(2) 예외적 필요적 전치주의

1) 필요적 행정심판전치

행정소송법 제18조 제1항 단서조항은 "다른 법률에 당해 처분에 대한 행정심판의 재결을 거치지 아니하면 취소소송을 제기할 수 없다는 규정이 있는 때에는 그러하지 아니하다"라고 하여 예외적으로 필요적 전치주의를 채택하고 있다.

2) 필요적 전치를 취한 법률

현행법상 필요적 전치를 취한 법률로는 국가공무원법(제16조 제1항), 지방공무원법(제20조의2), 국세기본법(제56조 제2항), 관세법(제120조 제2항), 도로교통법(제142조) 등을 들 수 있다.

3) 성질

필요적 행정심판전치가 적용되는 경우에 있어서 그 요건을 구비하였는가의 여부는 소송요건으로서 당사자의 주장의 유무에 불구하고 법원의 직권조사사항이다. 그리고 필요적 행정심판전치의 구비 여부는 사실심 변론종결시를 기준으로 한다.

판 례

(판례) 전심절차를 거친 여부는 행정소송제기의 소송요건으로서 직권조사 사항이라 할 것이므로 이를 거치지 않았음을 원고 소송대리인이 시인하였다고 할지라도 그 사실만으로 전심절차를 거친 여부를 단정할 수는 없다 할 것이다(대판 1986. 4. 8, 82누242).

4) 필요적 행정심판전치의 충족여부(요건)

가. 행정심판의 적법성

다른 법률이 예외적으로 필요적 전치를 채택하고 있어서 당해 처분에 대한 행정심판의 재결을 거치는 경우, 그 행정심판은 적법한 것이어야 한다.

판 례

(판례) 행정처분의 취소를 구하는 항고소송의 전심절차인 행정심판청구가 기간도과로 인하여 부적법한 경우에는 행정소송 역시 전치의 요건을 충족치 못한 것이 되어 부적법 각하를 면치 못하는 것이고, 이 점은 행정청이 행정심판의 제기기간을 도과한 부적법한 심판에 대하여 그 부적법을 간과한 채 실질적 재결을 하였다 하더라도 달라지는 것이 아니다(대판 1991. 6. 25, 90누8091).

나. 행정심판과 행정소송의 관련성

① 인적관련성

행정심판의 청구인과 취소소송의 원고가 반드시 동일인일 필요는 없다. 따라서 수인이 공동으로 취소소송을 제기하는 경우에는 그 중 1인이 행정심판을 거치면 족하다.

판 례

(판례) 동일한 행정처분에 의하여 여러 사람이 동일한 의무를 부담하는 경우 그 중 한 사람이 적법한 행정심판을 제기하여 행정처분청으로 하여금 그 행정처분을 시정할 수 있는 기회를 가지게 한 이상 나머지 사람은 행정심판을 거치지 아니하더라도 행정소송을 제기할 수 있다(대판 1988. 2. 23, 87누704).

② 사물관련성

행정심판의 대상인 처분과 행정소송의 대상인 처분은 원칙적으로 동일하여야 한다.

③ 주장사유의 공통성

행정심판에서의 청구인의 주장사유와 행정소송에서의 원고의 주장사유는 전혀 별개의 것이 아닌 한 반드시 일치하여야 하는 것은 아니다. 따라서 전심절차에서 주장하지 아니한 사항도 행정소송에서 주장할 수 있다.

판 례

(판례) 항고소송에 있어서 원고는 전심절차에서 주장하지 아니한 공격방어방법을 소송절차에서 주장할 수 있고 법원은 이를 심리하여 행정처분의 적법 여부를 판단할 수 있는 것이므로, 원고가 전심절차에서 주장하지 아니한 처분의 위법사유를 소송절차에서 새롭게 주장하였다고 하여 다시 그 처분에 대하여 별도의 전심절차를 거쳐야 하는 것은 아니다(대판 1996. 6. 14, 96누754).

다. 전치요건의 충족시기

행정심판의 재결이 있기 전에 제기된 행정소송은 위법하나, 소가 각하되지 않는 동안에 재결이 있게 되면 그 하자는 치유된다.

판 례

(판례) 전심절차를 밟지 아니한 채 증여세부과처분취소소송을 제기하였다면 제소당시로 보면 전치요건을 구비하지 못한 위법이 있다 할 것이지만, 소송계속 중 심사청구 및 심판청구를 하여 각 기각결정을 받았다면 원심변론종결일 당시에는 위와 같은 전치요건흠결의 하자는 치유되었다고 볼 것이다(대판 1987. 4. 28, 86누29).

5) 적용범위

행정소송법은 취소소송에 대해 예외적으로 행정심판전치주의를 채택하고(동법 제18조 제1항), 부작위위법확인소송에 이를 준용하고 있다(제38조 제2항). 그러나 항고소송 중 무효등확인소송과 당사자소송에는 행정심판전치주의가 적용되지 않는다.

6) 필요적 전치주의의 예외

필요적 행정심판전치의 예외로 행정소송법은 ① 행정심판은 제기하되 재결을 거치지 아니하고 소송을 제기할 수 있는 경우와 ② 행정심판제기조차 하지 않고 소송을 제기할 수 있는 경우를 나누어 규정하고 있다.

가. 심판제기는 하되 재결을 요하지 않는 경우

① 행정심판청구가 있은 날로부터 60일이 지나도 재결이 없는 때, ② 처분의 집행 또는 절차의 속행으로 생길 중대한 손해를 예방하여야 할 긴급한 필요가 있는 때, ③ 법령의 규정에 의한 행정심판기관이 의결 또는 재결을 하지 못할 사유가 있는 때, ④ 그 밖의 정당한 사유가 있는 때에는 재결을 거치지 않고 행정소송을 제기할 수 있다(동법 제18조 제2항).

나. 심판제기조차 할 필요가 없는 경우

① 동종사건에 관하여 이미 행정심판의 기각재결이 있은 때, ② 서로 내용상 관련되는 처분 또는 같은 목적을 위하여 단계적으로 진행되는 처분 중 어느 하나가 이미 행정심판의 재결을 거친 때, ③ 행정청이 사실심의 변론종결 후 소송의 대상인 처분을 변경하여 당해 변경된 처분에 관하여 소를 제기하는 때, ④ 처분을 행한 행정청이 행정심판을 거칠 필요가 없다고 잘못 알린 때에는 행정심판의 제기 없이도 행정소송을 제기할 수 있다(동법 제18조 제3항).

판 례

(판례1) 구 행정소송법 제18조 제3항 제1호에서 행정심판의 제기 없이도 행정소송을 제기할 수 있는 경우로 규정하고 있는 '동종사건에 관하여 이미 행정심판의 기각재결이 있은 때'에 있어서의 '동종사건'이라 함은 당해 사건은 물론 당해 사건과 기본적인 점에서 동질성이 인정되는 사건을 가리키는 것이다(대판 2000. 6. 9, 98두2621).

(판례2) 이 사건 가산금 징수처분은 이 사건 부당이득금 부과처분과 별개의 행정처분이라고 볼 수 있다 할지라도, 이 사건 부당이득금 부과처분의 내용이 구체적으로 확정된 후에 비로소 발생되는 징수권의 행사이므로, 서로 내용상 관련되는 처분 또는 같은 목적을 위하여 단계적으로 진행되는 처분 중 어느 하나가 이미 행정심판의 재결을 거친 때에는 행정심판을 제기함이 없이 취소소송을 제기할 수 있다는 행정소송법 제18조 제3항 제2호의 규정 취지에 비추어 보면, 비록 원고가 이 사건 가산금 징수처분에 대하여 이 사건 부당이득금 부과처분과 달리 피고가 안내한 전심절차를 모두 밟지 않았다 하더라도 이 사건 부당이득금 부과처분에 대하여 위와 같은 전심절차를 거친 이상 이 사건 부당이득금 부과처분과 함께 행정소송으로 이를 다툴 수 있다 할 것이다(대판 2006. 9. 8, 2004두947).

5. 소의 변경

(1) 의의

소의 변경이란 소송 중에 소송의 대상인 청구를 변경하는 것을 말하며, 청구의 변경이라고도 한다. 소의 변경은 원고가 행정소송의 종류를 잘 알지 못하여 잘못된 소송수단을 선택한 것에 대하여 수정하거나 행정청의 처분 변경에 대응할 수 있는 기회를 부여하기 위한 것이다.

행정소송법은 소의 변경과 관련하여 ① 소의 종류의 변경과 ② 처분변경으로 인한 소의 변경을 규정하고 있다. 그런데 민사소송법이 청구의 변경만을 허용하고 있는 점을 고려하면 행정소송법의 규정은 민사소송법의 특례가 된다. 따라서 ③ 민사소송법(제262조·제263조)에 따른 청구의 변경도 가능하다(행정소송법 제8조 제2항).

(2) 소의 종류의 변경

가. 의의

법원은 취소소송을 당해 처분등에 관계되는 사무가 귀속하는 국가 또는 공공단체에 대한 당사자소송 또는 취소소송외의 항고소송으로 변경하는 것이 상당하다고 인정할 때에는 청구의 기초에 변경이 없는 한 사실심의 변론종결시까지 원고의 신청에 의하여 결정으로써 소의 변경을 허가할 수 있다(동법 제21조 제1항). 소의 종류의 변경은 교환적 변경의 경우에 한하며 추가적 변경은 허용되지 아니한다.

나. 요건

① 취소소송이 계속되고 있어야 한다.

② 취소소송을 취소소송외의 항고소송 또는 당해 처분등에 관계되는 사무가 귀속하는 국가 또는 공공단체에 대한 당사자소송으로 변경하는 것이어야 한다.

③ 청구의 기초에 변경이 없어야 한다. 즉, 취소소송에 의하여 구제받으려고 하는 원고의 법률상 이익의 동일성이 유지되고 있어야 한다.

④ 소의 종류의 변경에 상당한 이유가 있어야 한다.

⑤ 사실심 변론종결시까지 원고의 신청이 있어야 한다.

다. 절차 및 효과

법원이 소의 변경을 허가하는 경우 피고를 달리하게 될 때에는 새로이 피고로 될 자의 의견을 들어야 한다. 법원의 허가결정에 대하여는 즉시항고할 수 있다(동법 제21조 제2·3항).

법원은 허가결정의 정본을 새로운 피고에게 송달하여야 한다. 허가결정이 있으면 새로운 피고에 대한 소송은 처음에 소를 제기한 때에 제기된 것으로 보며, 종전의 피고에 대한 소송은 취하된 것으로 본다(동법 제21조 제4항).

소의 종류의 변경에 관한 제21조의 규정은 무효등확인소송이나 부작위위법확인소송을 취소소송 또는 당사자소송으로 변경하는 경우에 준용한다(행정소송법 제37조).

(3) 처분변경으로 인한 소의 변경

가. 의의

처분변경으로 인한 소의 변경이란 행정소송이 제기된 후 행정청이 당해 소송의 대상인 처분을 변경한 때에 원고가 법원의 허가를 받아 소를 변경하는 것을 말한다. 행정소송법은 "법원은 행정청이 소송의 대상인 처분을 소가 제기된 후 변경한 때에는 원고의 신청에 의하여 결정으로써 청구의 취지 또는 원인의 변경을 허가할 수 있다"고 규정하여 이를 인정하고 있다(동법 제22조 제1항). 처분변경에는 처분내용의 동일성이 없는 다른 처분으로 변경하는 실질적 변경과 구 처분의 동일성이 있는 다른 처분으로 변경하는 형식적 변경을 포함한다.

나. 요건

①당해 소송의 대상인 처분이 소가 제기된 후 행정청에 의하여 변경되어야 한다. 이 경우 변경은 소극적·적극적 변경을 불문하고, 처분청에 의한 변경뿐만 아니라 감독청에 의한 변경도 포함한다.

②원고는 처분의 변경이 있음을 안 날로부터 60일 이내에 신청하여야 한다(동법 제22조 제2항).

③ 구 소가 계속중이고 사실심 변론종결 전이어야 하며, 변경되는 신 소가 적법하여야 한다. 다만, 별도의 전심절차는 거칠 필요가 없다(동법 제22조 제3항).

다. 효과

허가결정이 있으면 신 소는 처음에 소를 제기한 때에 제기하는 것으로 보며, 구 소는 취하된 것으로 본다(동법 제21조 제4항 참조). 처분변경으로 인한 소의 변경은 무효등확인소송과 당사자소송에 준용된다. 그러나 부작위위법확인소송은 처분이 존재하지 아니하므로 처분변경으로 인한 소의 변경도 인정되지 아니한다.

(4) 민사소송법에 의한 청구의 변경

행정소송법의 소 변경에 관한 특칙은 민사소송법상의 청구변경을 배척하는 취지가 아니므로 원고는 민사소송법 제262조에 의한 청구의 변경을 할 수 있다. 취소소송을 취소소송으로 변경하는 경우, 당사자소송을 당사자소송으로 변경하는 경우 등과 같이 소송의 종류의 변경에 이르지 않는 소의 변경이 여기서의 소의 변경의 대상이다.

민사소송법에 의한 청구의 변경은 행정소송법에 규정된 소의 변경에 해당하는 것이 아니어서 피고경정(행정소송법 제14조 제4항 참조)이 준용될 수 없으므로, 처음에 소를 제기한 때에 제소된 것으로 볼 수 없고, 청구변경을 신청한 때에 소를 제기한 것으로 보아야 한다.

Ⅶ. 취소소송제기의 효과

1. 주관적 효과

소의 제기에 의해 소송은 법원에 계속되며, 법원은 이를 심리하여 판결할 의무를 진다. 소송계속은 피고에게 소장의 부본이 송달된 때로부터 시작하여, 소의 각하, 판결의 확정, 소의 취하 등으로 종료된다. 소송계속 중에는 중복제소가 금지되고, 관련청구소송의 이송(동법 제10조 제1항), 소송참가(동법 제16조), 처분등의 집행정지결정(동법 제23조) 등이 가능하다.

2. 객관적 효과

취소소송의 제기는 계쟁처분등에 원칙적으로 영향을 미치지 않는다. 우리 행정소송법은 집행부정지를 원칙으로 하고 예외적으로 집행정지를 인정한다(동법 제23조).

Ⅷ. 취소소송의 심리

1. 의의

소송의 심리란 판결을 하기 위하여 그 판단의 기초가 되는 소송자료를 수집하는 절차를 말한다. 행정소송의 심리는 민사소송의 심리절차에 준하여 변론주의가 그 기본이 되지만, 행정소송법은 행정소송의 특수성에 비추어 보충적으로 직권탐지주의를 가미하고 있다.

2. 심리의 내용

(1) 요건심리

요건심리는 당해 소송이 소송요건을 갖춘 적법한 것인지의 여부를 심리하는 것을 말한다. 요건심리의 결과 요건을 갖추지 못한 경우에는 보정을 명하고, 보정할 수 없으면 각하의 소송판결을 하게 된다.

(2) 본안심리

요건심리의 결과 당해 소송이 소송요건을 갖춘 적법한 것인 때에는 본안심리를 하게 된다. 본안심리는 원고의 청구가 이유 있는가의 여부, 즉 계쟁처분에 위법성이 있는가의 여부를 심리하는 것을 말한다.

3. 심리의 범위

(1) 불고불리의 원칙과 그 예외

행정소송에도 민사소송과 마찬가지로 불고불리의 원칙이 적용되므로, 법원은 소송제기 없이 재판할 수 없고 소제기가 있는 사건에 대하여도 당사자의 청구의 범위를 넘어서 심리·판결할 수 없다. 다만, 행정소송법은 제26조에서 법원은 당사자가 주장하지 아니한 사실에 대하여도 판단할 수 있다고 하여 불고불리의 원칙에 대한 예외를 인정하고 있다.

(2) 법률문제와 사실문제 및 재량

법원의 심리권은 소송물의 실체면·절차면 및 법률문제·사실문제의 모든 점에 미친다. 재량행위에 대해서는 원칙적으로 심리의 대상으로 삼을 수 없으나 재량권의 일탈·남용은 심리대상이 될 수 있다. 행정소송법도 행정청의 재량에 속하는 처분이라도 재량권의 한계를 넘거나 그 남용이 있는 때에 법원은 이를 취소할 수 있다(동법 제27조)라고 규정하여 이를 명백히 하고 있다.

4. 심리의 절차

(1) 심리의 일반원칙

행정소송의 심리에 있어서도 공개심리주의, 쌍방심리주의, 구술심리주의, 변론주의, 직권진행주의 등의 일반원칙이 적용된다.

(2) 행정소송심리의 특수한 절차

1) 직권심리주의

행정소송의 심리에 있어서 변론주의가 원칙적으로 적용된다. 그러나 동시에 행정소송법은 행정소송의 공익성에 비추어 행정소송의 심리에 있어서 “법원은 필요하다고 인정할 때에는 직권으로 증거조사를 할 수 있고, 당사자가 주장하지 아니한 사실에 대하여도 판단할 수 있다”라고 하여 변론주의에 대한 특례를 규정하고 있다(동법 제26조).

2) 행정심판기록제출명령

행정소송법은 “법원은 당사자의 신청이 있는 때에는 결정으로써 재결을 행한 행정청에 대하여 행정심판에 관한 기록의 제출을 명할 수 있다"(동법 제25조 제1항)라고 하여 행정심판기록제출명령을 규정하고 있다. 여기서 행정심판기록이란 당해 행정심판에 관한 기록전체를 가리킨다.

5. 주장책임과 입증책임

(1) 주장책임

주요사실은 당사자가 변론에서 주장하지 않으면 판결의 기초로 삼을 수 없다. 그리하여 변론주의 하에서 당사자가 자기에게 유리한 주요사실을 주장하지 않음으로써 그 사실이 없는 것으로 취급되어 불이익을 받게 되는 것을 주장책임이라 한다.

판 례

(판례) 행정소송에 있어서 특단의 사정이 있는 경우를 제외하면 당해 행정처분의 적법성에 관하여는 당해 처분청이 이를 주장·입증하여야 할 것이나 행정소송에 있어서 직권주의가 가미되어 있다고 하여도 여전히 변론주의를 기본 구조로 하는 이상 행정처분의 위법을 들어 그 취소를 청구함에 있어서는 직권조사사항을 제외하고는 그 취소를 구하는 자가 위법사유에 해당하는 구체적인 사실을 먼저 주장하여야 한다(대판 2000. 3. 23, 98두2768).

(2) 입증책임

1) 의의

주장 사실에 대하여 소송에 나타난 모든 증거자료에 의하여도 진위·존부 그 어느 것으로 판단할 수 없을 경우에 법원은 이것을 어느 당사자에게 불리하게 가정하여 판단하지 않는 한 재판을 할 수 없게 되는데, 이러한 가정을 할 때 당사자의 일방이 받는 불이익을 입증책임이라 한다.

2) 입증책임의 분배

어느 당사자에게 불이익하게 그 사실의 존부를 가정하느냐를 정하는 것을 입증책임의 분배라고 한다. 이에 대하여 행정소송법에는 명문의 규정이 없어 학설이 나뉜다.

가. 원고책임설

처분은 공정력이 있어 적법성의 추정을 받으므로 처분의 위법사유에 관한 입증책임은 원고에게 있다는 견해이다.

나. 피고책임설

처분은 법치행정원리의 적용을 받으므로 처분의 적법성을 담보할 책임이 있는 피고 행정청이 처분의 적법사유에 관하여 입증책임이 있다는 견해이다.

다. 행정법독자분배설

행정소송과 민사소송의 목적과 성질의 차이, 행위규범과 재판규범의 차이 등을 이유로 독자적으로 정하여야 한다는 견해이다. 이 견해는 침익적 처분에 대한 입증책임은 피고가, 수익적처분과 재량권의 일탈·남용여부에 대한 입증책임은 원고가 부담하게 된다.

라. 법률요건분배설

취소소송에서도 민사소송법상의 일반원칙에 따라 입증책임을 분배하여야 한다는 견해로, 당사자는 자기에게 유리한 모든 요건사실의 존재에 대한 입증책임을 지게 된다. 이에 따라 취소소송에서는 ① 행정청의 권한행사규정의 경우에는 권한행사를 주장하는 자가 요건사실에 대한 입증책임을 지고(적극적 처분의 경우 행정청, 소극적 처분의 경우 원고), ② 행정청의 권한불행사규정의 경우에는 권한불행사를 주장하는 자가 요건사실에 대한 입증책임을 진다고 본다(적극적 처분의 경우 원고, 소극적 처분의 경우 행정청). 다수설과 판례의 입장이다.

판 례

(판례1) 민사소송법의 규정이 준용되는 행정소송에 있어서 입증책임은 원칙적으로 민사소송의 일반원칙에 따라 당사자간에 분배되고 항고소송의 경우에는 그 특성에 따라 당해 처분의 적법을 주장하는 피고에게 그 적법사유에 대한 입증책임이 있다 할 것인바 피고가 주장하는 당해 처분의 적법성이 합리적으로 수긍할 수 있는 일응의 입증이 있는 경우에는 그 처분은 정당하다 할 것이며 이와 상반되는 주장과 입증은 그 상대방인 원고에게 그 책임이 돌아간다고 할 것이다(대판 1984. 7. 24, 84누124).

(판례2) 민사소송법 규정이 준용되는 행정소송에서의 증명책임은 원칙적으로 민사소송 일반원칙에 따라 당사자 간에 분배되고, 항고소송의 경우에는 그 특성에 따라 처분의 적법성을 주장하는 피고에게 그 적법사유에 대한 증명책임이 있다. 피고가 주장하는 일정한 처분의 적법성에 관하여 합리적으로 수긍할 수 있는 일응의 증명이 있는 경우에는 그 처분은 정당하다고 할 것이며, 이와 상반되는 주장과 증명은 그 상대방인 원고에게 그 책임이 돌아간다(대판 2016. 5. 27, 2013두1126).

6. 위법판단의 기준시

행정소송에 있어서 법원은 행정처분의 위법성을 어느 시점의 법규와 사실을 기준으로 판단할 것인가에 대하여 처분시설과 판결시설이 있는데, 처분시설이 다수설 및 판례의 입장이다.

판 례

(판례) 항고소송에 있어서 행정처분의 위법 여부를 판단하는 기준 시점에 대하여 판결시가 아니라 처분시

라고 하는 의미는 행정처분이 있을 때의 법령과 사실상태를 기준으로 하여 위법 여부를 판단할 것이며 처분 후 법령의 개폐나 사실상태의 변동에 영향을 받지 않는다는 뜻이고 처분 당시 존재하였던 자료나 행정청에 제출되었던 자료만으로 위법 여부를 판단한다는 의미는 아니므로, 처분 당시의 사실상태 등에 대한 입증은 사실심 변론종결 당시까지 할 수 있고, 법원은 행정처분 당시 행정청이 알고 있었던 자료뿐만 아니라 사실심 변론종결 당시까지 제출된 모든 자료를 종합하여 처분 당시 존재하였던 객관적 사실을 확정하고 그 사실에 기초하여 처분의 위법 여부를 판단할 수 있다(대판 1993. 5. 27, 92누19033).

7. 소송중 처분사유의 추가·변경

(1) **처분사유라** 함은 처분의 적법성을 유지하기 위하여 처분청에 이해 주장되는 처분의 사실적·법적 근거를 말한다. 실무상 징계처분과 제재처분의 경우 징계사유와 제재사유만을 처분사유로 보고, 재량고려사항은 처분사유로 보지 않는다. 이에 반하여 거부처분에서는 재량고려사유를 처분사유로 본다.

(2) **원고의** 방어권 보장을 위해서는 처분사유의 추가·변경을 인정하지 않는 것이 타당하다. 반면에, 분쟁의 일회적 해결 및 소송경제를 위해서는 처분사유의 추가변경을 가능한 한 넓게 인정하는 것이 타당하다.

(3) **허용범위와** 관련하여 판례는 일반 항고소송의 경우 기본적 사실관계의 동일성이 유지되는 한도 내에서 처분사유의 추가·변경을 인정하고 있다.

판 례

(판례1) 경정거부처분 취소소송의 소송물은 정당한 세액의 객관적 존부이다. 과세관청으로서는 소송 도중이라도 사실심 변론종결 시까지는 해당 처분에서 인정한 과세표준 또는 세액의 정당성을 뒷받침할 수 있는 새로운 자료를 제출하거나 처분의 동일성이 유지되는 범위에서 그 사유를 교환·변경할 수 있고, 반드시 처분 당시의 자료만으로 처분의 적법 여부를 판단하여야 하거나 당초의 처분사유만을 주장할 수 있는 것은 아니다(대판 2022. 2. 10, 2019두50946).

(판례2) 행정처분의 취소를 구하는 항고소송에서 처분청은 당초 처분의 근거로 삼은 사유와 기본적 사실관계가 동일성이 있다고 인정되는 한도 내에서만 다른 사유를 추가 또는 변경할 수 있고, 이러한 기본적 사실관계의 동일성 유무는 처분사유를 법률적으로 평가하기 이전의 구체적 사실에 착안하여 그 기초인 사회적 사실관계가 기본적인 점에서 동일한지 여부에 따라 결정되므로, 추가 또는 변경된 사유가 처분 당시에 이미 존재하고 있었다거나 당사자가 그 사실을 알고 있었다고 하여 당초의 처분사유와 동일성이 있다고 할 수 없다(대법원 2011. 11. 24. 선고 2009두19021 판결 등 참조). 처분청이 처분 당시에 적시한 구체적 사실을 변경하지 아니하는 범위 내에서 단지 그 처분의 근거 법령만을 추가·변경하는 것에 불과한 경우에는 새로운 처분사유의 추가라고 볼 수 없으므로 행정청이 처분 당시에 적시한 구체적 사실에 대하여 처분 후에 추가·변경한 법령을 적용하여 그 처분의 적법 여부를 판단할 수 있다(대법원 1987. 12. 8. 선고 87누632 판결 등 참조). 그러나 처분의 근거 법령을 변경하는 것이 종전 처분과 동일성을 인정할 수 없는

별개의 처분을 하는 것과 다름없는 경우에는 허용될 수 없다(대법원 2011. 5. 26. 선고 2010두28106 판결 등 참조). 컨테이너를 설치하여 사무실 등으로 사용하는 갑 등에게 관할 시장이 건축법 제2조 제1항 제2호의 건축물에 해당함에도 같은 법 제11조의 따른 건축허가를 받지 않고 건축하였다는 이유로 원상복구명령 및 계고처분을 하였다가 이에 대한 취소소송에서 같은 법 제20조 제3항 위반을 처분사유로 추가한 사안에서, 당초 처분사유인 '건축법 제11조 위반'과 추가한 추가사유인 '건축법 제20조 제3항 위반'은 위반행위의 내용이 다르고 위법상태를 해소하기 위하여 거쳐야 하는 절차, 건축기준 및 허용가능성이 달라지므로 그 기초인 사회적 사실관계가 동일하다고 볼 수 없어 처분사유의 추가·변경이 허용되지 않는다(대판 2021. 7. 29, 2021두34756).

(4) 사실심 변론종결시까지만 허용된다.

판 례

(판례) 행정청은 기본적 사실관계의 동일성이 있다고 인정되는 한도 내에서만 다른 처분사유를 추가, 변경할 수 있다고 할 것이나 이는 사실심 변론종결시까지만 허용된다(대판 1999. 8. 20, 98두17043).

Ⅸ. 취소소송의 가구제

1. 가구제의 의의

취소소송에 있어서 가구제는 본안판결의 실효성을 확보하기 위하여 분쟁 있는 행정작용이나 공법상의 권리관계에 관하여 잠정적인 효력관계나 지위를 정함으로써 본안판결이 확정될 때까지 잠정적으로 권리구제를 도모하는 것을 말한다. 가구제제도로는 집행정지와 가처분을 들 수 있다.

2. 집행정지

(1) 집행부정지원칙

행정소송법은 "취소소송의 제기는 처분등의 효력이나 그 집행 또는 절차의 속행에 영향을 주지 아니 한다"라고 규정하여 집행부정지원칙을 채택하고 있다(동법 제23조 제1항).

(2) 집행정지의 의의

집행정지란 집행부정지원칙의 예외로서, 처분의 집행 등으로 인하여 나중에 본안승소판결을 받더라도 회복하기 어려운 손해가 생길 염려가 있는 경우 당사자의 권리·이익을 보전하기 위하여 법원이 당사자의 신청 또는 직권에 의하여 취소소송의 제기에 따른 부수적 조치로서 처분등의 효력이나 집행 또는 절차의 속행의 전부 또는 일부를 잠정적으로 정지하는 재판을 말한다(동법 제23조 제2항).

(3) 집행정지의 요건

1) 적법한 본안소송이 법원에 계속 중일 것(적극적 요건)

집행정지는 민사소송법상의 가처분과는 달리 본안소송이 법원에 계속되어 있을 것을 요건으로 한다(동법 제23조 제2항). 본안소송의 제기와 동시에 집행정지를 신청하는 것은 허용된다. 또한 본안소송은 적법한 것이어야 한다. 왜냐하면 본안소송이 명백하게 부적법한 것이면 집행정지의 신청도 부적법하게 되기 때문이다.

판 례

(판례) 집행정지는 행정처분의 집행부정지원칙의 예외로서 인정되는 것이고 또 본안에서 원고가 승소할 수 있는 가능성을 전제로 한 권리보호수단이라는 점에 비추어 보면 집행정지사건 자체에 의하여도 신청인의 본안청구가 적법한 것이어야 한다는 것을 집행정지의 요건에 포함시켜야 한다(대결 1999. 11. 26, 99부3).

2) 처분등이 존재할 것

처분등이 존재하여야 한다. 따라서 처분의 효력이 발생하기 이전이거나 처분이 그의 목적을 달성하여 소멸한 후에는 집행정지의 문제가 제기될 수 없다. 또한 집행정지는 본안소송이 부작위위법확인소송과 당사자소송의 경우에는 허용되지 않는다. 거부처분의 경우에 집행정지가 인정될 것이냐에 대하여 학설은 나뉘나, 판례는 부정한다.

판 례

(판례) 신청에 대한 거부처분의 효력을 정지하더라도 거부처분이 없었던 것과 같은 상태 즉 거부처분이 있기 전의 신청시의 상태로 되돌아가는 데에 불과하고 행정청에게 신청에 따른 처분을 하여야 할 의무가 생기는 것이 아니므로, 거부처분의 효력정지는 그 거부처분으로 인하여 신청인에게 생길 손해를 방지하는 데에 아무런 소용이 없어 그 효력정지를 구할 이익이 없다(대결 1992. 2. 13, 91두47).

3) 회복하기 어려운 손해를 예방하기 위한 것일 것

처분등이나 그 집행 또는 절차의 속행으로 인하여 회복하기 어려운 손해가 발생할 우려가 있어야 한다. 회복하기 어려운 손해란 사회통념상 원상회복이 불가능한 손해, 즉 주로 금전으로는 보상할 수 없는 손해 등을 말한다.

판 례

(판례) 국토해양부 등에서 발표한 '4대강 살리기 마스터플랜'에 따른 '한강 살리기 사업' 구간 인근에 거주하는 주민들이 각 공구별 사업실시계획승인처분에 대한 효력정지를 신청한 사안에서, 위 사업구간에 편입되는 팔당지역 농지 대부분이 국가 소유의 하천부지이고, 유기농업에 종사하는 주민들 대부분은 국가로부터 하천점용허가를 받아 경작을 해온 점, 위 점용허가의 부관에 따라 허가를 한 행정청은 공익상 또는 법령이 정하는 것에 따르거나 하천정비사업을 시행하는 경우 허가변경·취소 등을 할 수 있는 점 등에 비추어, 주민들 중 환경영향평가대상지역 및 근접 지역에 거주하거나 소유권 기타 권리를 가지고 있는 사람들이 위 사업으로 인하여 토지 소유권 기타 권리를 수용당하고 이로 인하여 정착지를 떠나 타지로 이주를 해야 하며 더 이상 농사를 지을 수 없게 되고 팔당지역의 유기농업이 사실상 해체될 위기에 처하게 된다고 하더라도, 그러한 손해는 행정소송법 제23조 제2항에서 정하고 있는 효력정지 요건인 금전으로 보상할 수 없거나 사회관념상 금전보상으로는 참고 견디기 어렵거나 현저히 곤란한 경우의 유·무형 손해에 해당하지 않는다고 본 원심판단을 수긍한 사례(대결 2011. 4. 21, 2010무111).

판 례

(긍정한 판례)

1. 현역병입영처분의 효력이 정지되지 아니하면 다시 현역병으로 복무하지 않을 수 없는 경우(대결 1992. 4. 29, 92두7)
2. 상고심에서 계속 중인 형사피고인을 안양교도소로부터 진주교도소로 이송하는 경우(대결 1992. 8. 7, 92두30)
3. 과징금납부명령으로 인해 사업자가 중대한 경영상의 위기를 맞게 될 것으로 보이는 경우(대결 2001. 10. 10, 2001무29)
4. 약제 및 치료재료의 산정기준 등에 관한 보건복지부 고시 집행정지(대결 2004. 5. 12, 2003무41)

(부정한 판례)

1. 과세처분의 납부로 인하여 입은 손해(대결 1998. 8. 23, 99무15)
2. 면허취소처분의 집행으로 인하여 면허취소된 택시의 운행수입의 감소에 따라 택시 운송업자가 입게 될 손해(대결 1993. 3. 30, 93두4)
3. 유흥접객영업허가의 취소처분으로 5,000여 만원의 시설비를 회수하지 못하게 된다면 생계까지 위협받게 되는 결과가 초래될 수 있다는 등이 있는 경우(대결 1991. 3. 2, 91두1)
4. 항정신병 치료제의 요양급여에 관한 보건복지부 고시 집행정지(대결 2003. 10. 9, 2003무23)
5. 기간통신사업 사업폐지 승인처분 효력정지(대결 2012. 2. 1, 2012무2)

4) 긴급한 필요가 있을 것

긴급한 필요란 집행정지의 필요성이 절박하다는 것, 즉 회복하기 어려운 손해의 발생이 절박하여 판결을 기다릴 여유가 없음을 의미한다. 그리고 회복하기 어려운 손해와 긴급한 필요는 각각 별개로 판단할 것이 아니라 합일적·포괄적으로 판단하여야 한다.

판 례

(판례) '처분 등이나 그 집행 또는 절차의 속행으로 인하여 생길 회복하기 어려운 손해를 예방하기 위하여 긴급한 필요'가 있는지 여부는 처분의 성질과 태양 및 내용, 처분상대방이 입는 손해의 성질·내용 및 정도, 원상회복·금전배상의 방법 및 난이 등은 물론 본안청구의 승소가능성의 정도 등을 종합적으로 고려하여 구체적·개별적으로 판단하여야 한다(대결 2010. 5. 14, 2010무48).

5) 공공복리에 중대한 영향이 없을 것(소극적 요건)

행정소송법은 "집행정지는 공공복리에 중대한 영향을 미칠 우려가 있을 때에는 허용되지 아니한다"라고 규정하여(동법 제23조 제3항) 공공복리에 중대한 영향을 미칠 우려가 없을 것을 집행정지의 소극적 요건으로 규정하고 있다.

판 례

(판례) 집행정지의 또 다른 요건으로 규정하고 있는 '공공복리에 중대한 영향을 미칠 우려'가 없을 것이라고 할 때의 '공공복리'는 그 처분의 집행과 관련된 구체적이고도 개별적인 공익을 말하는 것으로서 이러한 집행정지의 소극적 요건에 대한 주장·소명책임은 행정청에게 있다(대결 1999. 12. 20, 99무42).

6) 본안청구가 이유 없음이 명백하지 않을 것

본안청구가 이유 없음이 명백하지 아니할 것이 집행정지의 또 하나의 소극적 요건이냐에 대하여 학설은 나뉘고, 판례는 집행정지의 요건에 포함시키는 입장이다.

판 례

(판례) 행정처분의 효력정지나 집행정지를 구하는 신청사건에서 행정처분 자체의 적법 여부는 궁극적으로 본안재판에서 심리를 거쳐 판단할 성질의 것이므로 원칙적으로는 판단할 것이 아니고 그 행정처분의 효력이나 집행을 정지할 것인가에 대한 행정소송법 제23조 제2항, 제3항에 정해진 요건의 존부만이 판단의 대상이 된다고 할 것이지만, 효력정지나 집행정지는 신청인이 본안소송에서 승소판결을 받을 때까지 그 지위를 보호함과 동시에 후에 받을 승소판결을 무의미하게 하는 것을 방지하려는 것이어서 본안소송에서 처분의 취소가능성이 없음에도 처분의 효력이나 집행의 정지를 인정한다는 것은 제도의 취지에 반하므로 효력정지나 집행정지사건 자체에 의하여도 신청인의 본안청구가 이유 없음이 명백하지 않아야 한다는 것도 효력정지나 집행정지의 요건에 포함시켜야 한다(대결 1997. 4. 28, 96두75).

(4) 입증책임

판례는 집행정지의 적극적 요건에 대한 입증책임은 원칙적으로 신청인측에 있고, 집행정지의 소극적 요건(위 5)와 6)의 요건)에 대한 입증책임은 행정청에게 있다는 입장이다.

판 례

(판례) 행정소송법 제23조 제2항에서 행정청의 처분에 대한 집행정지의 요건으로 들고 있는 '회복하기 어려운 손해'라고 하는 것은 원상회복 또는 금전배상이 불가능한 손해는 물론 종국적으로 금전배상이 가능하다고 하더라도 그 손해의 성질이나 태양 등에 비추어 사회통념상 그러한 금전배상만으로는 전보되지 아니할 것으로 인정되는 현저한 손해를 가리키는 것으로서 이러한 집행정지의 적극적 요건에 관한 주장·소명책임은 원칙적으로 신청인측에 있다. 한편, 행정소송법 제23조 제3항에서 집행정지의 요건으로 규정하고 있는 '공공복리에 중대한 영향을 미칠 우려'가 없을 것이라고 할 때의 '공공복리'는 그 처분의 집행과 관련된 구체적이고도 개별적인 공익을 말하는 것으로서 이러한 집행정지의 소극적 요건에 대한 주장·소명책임은 행정청에게 있다(대결 1999. 12. 20, 99무42).

(5) 집행정지의 내용

집행정지는 처분의 효력정지, 처분의 집행정지 및 절차의 속행정지라고 하는 소극적 형성을 그 내용으로 한다. ① 처분의 효력정지는 처분등의 효력 그 자체를 존속하지 않는 상태에 두는 것이고, ② 처분의 집행정지는 처분등의 집행력을 박탈하여 그 내용의 실현을 정지시키는 것이며, ③ 절차의 속행정지는 처분등이 유효함을 전제로 법률관계를 진전시키는 다른 행위가 이루어질 경우 그 전제가 되는 처분등의 효력을 박탈하여 후속 법률관계의 진전을 정지시키는 것이다.

(6) 집행정지의 절차

1) 당사자의 신청 또는 직권

집행정지결정은 당사자의 신청 또는 법원의 직권에 의하여 행하여진다. 이 경우 행정처분에 대한 집행정지신청을 구함에 있어서도 이를 구할 법률상 이익이 있어야 한다.

판 례

(판례) 경쟁 항공회사에 대한 국제항공노선면허처분으로 인하여 노선의 점유율이 감소됨으로써 경쟁력과 대내외적 신뢰도가 상대적으로 감소되고 연계노선망개발이나 타항공사와의 전략적 제휴의 기회를 얻지 못하게 되는 손해가 위 면허처분의 효력정지를 구할 법률상 이익이 될 수 없다(대결 2000. 10. 10, 2000무17).

2) 관할법원

집행정지결정의 관할 법원은 본안이 계속되고 있는 법원이다(동법 제23조 제2항). 항소심과 상고심에서도 가능하다.

3) 절차의 진행

집행정지신청서가 법원에 접수되면 재판장은 그 신청서의 형식적 적법여부를 심사하여야 한다. 또한 집행정지신청이 있으면 서면심리를 하거나 변론을 열어 심리할 수 있다. 한편, 집행정지의 결정을 신청함에 있어서는 그 이유에 대한 소명이 있어야 한다(동법 제23조 제4항).

4) 절차의 종결

집행정지의 절차는 법원의 결정과 신청취하에 의하여 종결된다. 집행정지사건에 있어서의 재판의 형식은 언제나 결정이다(동법 제23조 제2항).

(7) 집행정지결정의 효력

1) 형성력

집행정지결정이 고시되면 처분의 효력정지, 처분의 집행정지 및 절차의 속행정지의 종별에 따라 처분의 효력 그 자체의 전부 또는 일부가 존속하지 않은 법률 상태에 놓이게 하는 형성력을 발생한다. 집행정지결정은 제3자에 대하여도 효력이 있다(동법 제29조 제2항).

2) 기속력

집행정지결정은 당해 사건에 관하여 당사자인 행정청과 그 밖의 관계행정청을 기속한다(동법 제23조 제6항). 따라서 행정청은 동일 내용으로 새로운 처분을 하거나 또는 이에 관련된 처분을 할 수 없다. 이에 위반한 처분은 무효이다.

3) 시간적 효력

집행정지결정의 효력은 결정의 주문에 정해진 시기까지 존속한다. 주문에 특별한 정함이 없는 때에는 본안판결이 확정될 때까지 존속한다.

판 례

(판례1) 행정소송법 제23조에 정해져 있는 처분에 대한 집행정지는 행정처분의 집행으로 인하여 회복하기 어려운 손해를 예방하기 위하여 긴급한 필요가 있고 달리 공공복리에 중대한 영향을 미치지 아니할 것을 요건으로 하여 본안판결이 있을 때까지 당해 행정처분의 집행을 잠정적으로 정지함으로써 위와 같은 손해를 예방하고자 함에 그 취지가 있고, 그 집행정지의 효력 또한 당해 결정의 주문에 표시된 시기까지 존속하다가 그 시기의 도래와 동시에 당연히 소멸한다(대판 2003. 7. 11, 2002다48023).

(판례2) 행정소송법 제23조에 따른 집행정지결정의 효력은 결정 주문에서 정한 종기까지 존속하고, 그 종기가 도래하면 당연히 소멸한다. 따라서 효력기간이 정해져 있는 제재적 행정처분에 대한 취소소송에서 법원이 본안소송의 판결 선고 시까지 집행정지결정을 하면, 처분에서 정해 둔 효력기간(집행정지결정 당시 이미 일부 집행되었다면 그 나머지 기간)은 판결 선고 시까지 진행하지 않다가 판결이 선고되면 그때 집행정지결정의 효력이 소멸함과 동시에 처분의 효력이 당연히 부활하여 처분에서 정한 효력기간이 다시 진행한다. 이는 처분에서 효력기간의 시기와 종기를 정해 두었는데, 그 시기와 종기가 집행정지기간 중에

모두 경과한 경우에도 특별한 사정이 없는 한 마찬가지이다. 이러한 법리는 행정심판위원회가 행정심판법 제30조에 따라 집행정지결정을 한 경우에도 그대로 적용된다. 행정심판위원회가 행정심판 청구 사건의 재결이 있을 때까지 처분의 집행을 정지한다고 결정한 경우에는, 재결서 정본이 청구인에게 송달된 때 재결의 효력이 발생하므로 그때 집행정지결정의 효력이 소멸함과 동시에 처분의 효력이 부활한다(대판 2022. 2. 11, 2021두40720).

(8) 집행정지결정에 대한 불복

집행정지의 결정 또는 기각의 결정에 대하여는 즉시항고 할 수 있다. 이 경우 집행정지의 결정에 대한 즉시항고에는 결정의 집행을 정지하는 효력이 없다(동법 제23조 제5항).

(9) 집행정지결정의 취소

집행정지의 결정이 확정된 후 집행정지가 공공복리에 중대한 영향을 미치거나 그 정지사유가 없어진 때에는 당사자의 신청 또는 직권에 의하여 결정으로써 집행정지의 결정을 취소할 수 있다(동법 제24조 제1항).

판 례

(판례) 행정소송법 제24조 제1항에서 규정하고 있는 집행정지 결정의 취소사유는 특별한 사정이 없는 한 집행정지 결정이 확정된 이후에 발생한 것이어야 하고, 그 중 '집행정지가 공공복리에 중대한 영향을 미치는 때'라 함은 일반적·추상적인 공익에 대한 침해의 가능성이 아니라 당해 집행정지 결정과 관련된 구체적·개별적인 공익에 중대한 해를 입힐 개연성을 말하는 것이다.
이 사건 집행정지결정이 확정된 이후에 비로소 발생한 사유가 아님이 분명하므로 특별한 사정이 없는 한 이를 이 사건 집행정지결정의 취소사유로 삼을 수 없다 할 것이고 … 집행정지결정으로 인하여 이 사건 극장 건립이 중단됨으로써 지역경제에 좋지 않은 영향을 미치게 된다고 하더라도 이는 간접적·반사적인 이해관계에 불과할 뿐 이 사건 집행정지결정과 관련된 구체적·개별적인 공익에 중대한 해를 입힐 개연성이 있는 경우에 해당한다고 보기 어렵다(대결 2005. 7. 15, 2005무16).

3. 가처분제도

(1) 가처분의 의의

가처분이란 금전 이외의 특정한 급부를 목적으로 하는 청구권의 집행보전을 도모하거나 다툼이 있는 권리관계에 관하여 잠정적으로 임시의 지위를 정하는 것을 목적으로 하는 가구제제도이다.[1)]

---

1) 민사집행법 제300조(가처분의 목적)
① 다툼의 대상에 관한 가처분은 현상이 바뀌면 당사자가 권리를 실행하지 못하거나 이를 실행하는 것이 매우 곤란할 염려가 있을 경우에 한다.

(2) 가처분의 가능성

1) 문제

현행 행정소송법은 일본의 입법례와 달리 가처분에 관한 규정을 두고 있지 않아, 항고소송에 대한 집행정지규정(행정소송법 제23조)이 존재함에도 불구하고 행정소송법 제8조 제2항에 따라 민사집행법상의 가처분규정을 행정소송에도 준용하여 인정할 수 있는 지가 문제된다.

2) 학설과 판례의 입장

민사집행법상의 가처분에 관한 규정이 준용될 수 있는가에 대하여는 소극설, 적극설 및 절충설이 대립되어 있고, 판례는 소극설의 입장에서 민사집행법상의 가처분으로써 행정행위의 금지를 구하는 것은 허용될 수 없다고 한다.

판 례

(판례) 한편 이러한 항고소송의 대상이 되는 행정처분의 효력이나 집행 혹은 절차속행 등의 정지를 구하는 신청은 행정소송법상 집행정지신청의 방법으로서만 가능할 뿐 민사소송법상 가처분의 방법으로는 허용될 수 없다(대결 2009. 11. 2, 2009마596).

X. 취소소송의 판결

1. 판결의 의의

판결이란 법원이 원칙적으로 변론을 거쳐서 법정의 방식으로 소송의 목적인 구체적 쟁송을 해결하기 위하여 법적 판단을 선언하는 재판의 일종을 말한다.

2. 판결의 종류

행정소송의 판결은 종국판결과 중간판결, 소송판결과 본안판결, 전부판결과 일부판결, 기각판결과 인용판결로 나누어지며, 기각판결의 일종으로서 사정판결이 인정된다는 점이 특색이다.

---

② 가처분은 다툼이 있는 권리관계에 대하여 임시의 지위를 정하기 위하여도 할 수 있다. 이 경우 가처분은 특히 계속하는 권리관계에 끼칠 현저한 손해를 피하거나 급박한 위험을 막기 위하여, 또는 그 밖의 필요한 이유가 있을 경우에 하여야 한다.

3. 종국판결의 내용

(1) 소송판결

소송판결은 소송의 적부에 대한 판결로서, 요건심리의 결과 소송요건을 갖추지 못한 경우에 당해 소송을 부적법한 것으로 각하하는 판결이다.

(2) 기각판결

기각판결은 원고의 청구가 이유 없다고 인정되는 경우에 이를 배척하는 내용의 판결이다. 계쟁처분 등이 적법하거나 부당에 그치는 경우가 이에 해당한다.

(3) 인용판결

1) 의의

본안심리의 결과 원고의 청구가 이유 있다고 인정되어 인용하는 판결을 의미한다. 성질상 취소소송에서의 인용판결은 형성판결이 된다. 판결의 주문은 그 내용이 특정되어야 하고, 그 주문 자체에 의하여 특정될 수 있어야 한다.

2) 종류

인용판결은 청구의 내용에 따라 처분 또는 재결의 취소판결, 무효선언의 의미의 취소판결 기타 위법확인판결, 처분 또는 재결의 변경판결 등이 포함된다.

3) 일부위법과 취소

청구의 일부에 위법이 있는 경우 판례는 국세사건에서 외형상 하나의 행정처분이라 하더라도 가분성이 있거나 그 처분대상의 일부가 특정될 수 있다면 그 일부만의 취소가 가능하다고 보았다.

판 례

(판례1) 과세처분취소소송에 있어 처분의 적법 여부는 정당한 세액을 초과하느냐의 여부에 따라 판단되는 것으로서, 당사자는 사실심 변론종결시까지 객관적인 조세채무액을 뒷받침하는 주장과 자료를 제출할 수 있고, 이러한 자료에 의하여 적법하게 부과될 정당한 세액이 산출되는 때에는 그 정당한 세액을 초과하는 부분만 취소하여야 할 것이고 그 전부를 취소할 것이 아니라고 할 것이다(대판 2001. 6. 12, 99두8930).

(판례2) 외형상 하나의 행정처분이라 하더라도 가분성이 있거나 그 처분대상의 일부가 특정될 수 있다면 일부만의 취소도 가능하고 그 일부의 취소는 당해 취소부분에 관하여 효력이 생긴다.
임대사업자가 여러 세대의 임대주택에 대해 분양전환 승인신청을 하여 외형상 하나의 행정처분으로 그 승인을 받았다고 하더라도 이는 승인된 개개 세대에 대한 처분으로 구성되고 각 세대별로 가분될 수 있으므로 이 사건 처분 중 일부만의 취소도 가능하다(대판 2015. 3. 26, 2012두20304).

(4) 사정판결

1) 의의

행정소송에 있어 심리의 결과 계쟁처분이 위법하면 이를 취소함이 원칙이다. 그러나 원고의 청구가 이유 있다고 인정하는 경우에도 처분등을 취소하는 것이 현저히 공공복리에 적합하지 아니하다고 인정하는 때에는 법원은 원고의 청구를 기각할 수 있는바(동법 제28조 제1항), 이를 사정판결이라 한다.

2) 성격

사정판결은 공익과 사익이 충돌할 때 이익형량의 원칙에 입각하여 공익보호가 보다 중대하다고 판단되는 경우에 공익을 사익에 우선시키는 제도이다. 따라서 사정판결은 법률적합성원칙의 예외현상이다.

3) 요건

사정판결을 하기 위하여는 ① 처분이 위법하여야 하며, ② 처분을 취소하는 것이 현저히 공공복리에 적합하지 아니하다고 인정되어야 한다.

판 례

(판례) 행정처분이 위법한 경우에는 이를 취소하는 것이 원칙이나, 예외적으로 그 위법한 처분을 취소·변경하는 것이 도리어 현저히 공공복리에 적합하지 아니하는 경우에는 그 취소를 허용하지 아니하는 사정판결을 할 수 있다. 이러한 사정판결은 당사자의 명백한 주장이 없는 경우에도 기록에 나타난 여러 사정을 기초로 직권으로 할 수 있는 것이나, 그 요건인 현저히 공공복리에 적합하지 아니한지 여부는 위법한 행정처분을 취소·변경하여야 할 필요와 그 취소·변경으로 인하여 발생할 수 있는 공공복리에 반하는 사태 등을 비교·교량하여 판단하여야 한다(대판 2006. 9. 22, 2005두2506).

4) 판단시기

사정판결의 필요성은 처분의 위법성 판단과는 달리 판결시를 기준으로 판단하여야 한다. 왜냐하면 사정판결은 처분시부터 위법하였으나 사후의 변화된 사정을 고려하는 제도이기 때문이다.

5) 효과

사정판결은 위법하나 공공복리상 행하는 판결로 청구기각판결의 일종이므로 원고의 청구는 배척된다. 하지만 사정판결을 하는 경우 법원은 판결의 주문에서 그 처분등이 위법함을 명시하여야 한다(동법 제28조 제1항 단서). 소송비용은 피고가 부담하여야 한다. 사정판결은 청구에 이유가 있음에도 불구하고 원고를 패소시키는 것이기 때문이다.

6) 원고의 보호

사정판결을 함에 있어서는 미리 원고가 그로 인하여 입게 될 손해의 정도와 배상방법 그 밖의 사정을 조사하여야 한다(동법 제28조 제2항). 또한 원고는 피고인 행정청이 속하는 국가 또는 공공단체를 상대로 손해배상, 재해시설의 설치 그 밖에 적당한 구제방법의 청구를 당해 취소소송등이 계속된 법원에 병합하여 제기할 수 있다(동법 제28조 제3항).

7) 적용범위

사정판결은 취소소송에서만 인정되고, 무효등확인소송과 부작위위법확인소송에는 준용되지 않는다.

판 례

(판례) 당연무효의 행정처분을 소송목적물로 하는 행정소송에서는 존치시킬 효력이 있는 행정행위가 없기 때문에 행정소송법 제28조 소정의 사정판결을 할 수 없다(대판 1996. 3. 22, 95누5509).

4. 판결의 효력

(1) 불가변력

판결이 일단 확정되면 법원 자신도 스스로 이를 취소·변경할 수 없는 기속을 받게 되는 것을 의미한다.

(2) 불가쟁력

불가쟁력이란 당사자(법원의 판결에 불복할 수 있는 자)가 취소소송의 판결을 더 이상 다툴 수 없게 되는 경우의 구속력을 의미한다.

(3) 기속력

1) 의의

기속력이란 소송당사자인 행정청과 관계행정청으로 하여금 판결의 취지에 따라 행동할 실체법적 의무를 지는 효력을 말한다. 기속력은 인용판결이 확정된 경우에만 인정되고 기각판결에는 인정되지 않는다. 따라서 취소소송의 기각판결이 있은 후에도 당해 처분을 직권으로 취소할 수 있다.

2) 성질

기속력의 성질에 관하여는 ① 기판력의 일종으로 보는 기판력설과 ② 취소판결의 실효성을 담보하기 위하여 실정법이 부여한 특수한 효력으로 보는 특수효력설로 견해가 나뉘나, 특수효력설이 다수설이다.

판 례

(판례) 행정소송법 제30조 제1항은 “처분 등을 취소하는 확정판결은 그 사건에 관하여 당사자인 행정청과 그 밖의 관계행정청을 기속한다.”라고 규정하고 있다. 이러한 취소 확정판결의 ‘기속력’은 취소 청구가 인용된 판결에서 인정되는 것으로서 당사자인 행정청과 그 밖의 관계행정청에게 확정판결의 취지에 따라 행동하여야 할 의무를 지우는 작용을 한다. 이에 비하여 행정소송법 제8조 제2항에 의하여 행정소송에 준용되는 민사소송법 제216조, 제218조가 규정하고 있는 ‘기판력’이란 기판력 있는 전소 판결의 소송물과 동일한 후소를 허용하지 않음과 동시에, 후소의 소송물이 전소의 소송물과 동일하지는 않더라도 전소의 소송물에 관한 판단이 후소의 선결문제가 되거나 모순관계에 있을 때에는 후소에서 전소 판결의 판단과 다른 주장을 하는 것을 허용하지 않는 작용을 한다(대판 2016. 3. 24, 2015두48235).

3) 내용

가. 반복금지효

청구인용판결이 확정되면 행정청은 동일한 사실관계 아래서 동일한 당사자에 대하여 동일한 내용의 처분등을 반복하여서는 안 되는 반복금지효가 발생한다. 따라서 처분시점 이후에 생긴 새로운 사유나 사실관계를 들어 동일한 내용의 처분을 하는 것은 무방하다.

판 례

(판례) 행정소송법 제30조 제1항에 의하면, 어떠한 행정처분을 위법하다는 이유로 취소하는 판결이 확정된 경우에는 당사자인 행정청과 그밖의 관계행정청은 동일한 사실관계 아래에서 동일당사자에 대하여 사실심변론종결 이전의 사유를 내세워 다시 확정판결에 저촉되는 새로운 행정처분을 할 수 없다고 해석된다(대판 1989. 2. 28, 88누6177).

나. 거부처분취소에 따른 재처분의무

판결에 의하여 취소되는 처분이 당사자의 신청을 거부하는 것을 내용으로 하는 경우에는 그 처분을 행한 행정청은 판결의 취지에 따라 다시 이전의 신청에 대한 처분을 하여야 한다(동법 제30조 제2항). 따라서 당사자는 다시 신청을 할 필요가 없다. 다만, 이 경우 반드시 원고가 신청한 내용대로 재처분을 하여야 하는 것은 아니며, 당초의 거부처분과 다른 이유로 거부처분을 하는 것은 가능하다.

판 례

(판례1) 행정소송법 제30조 제2항의 규정에 의하면 행정청의 거부처분을 취소하는 판결이 확정된 경우에는 그 처분을 행한 행정청이 판결의 취지에 따라 이전의 신청에 대하여 재처분할 의무가 있다고 할 것이나, 그 취소사유가 행정처분의 절차, 방법의 위법으로 인한 것이라면 그 처분 행정청은 그 확정판결의 취

지에 따라 그 위법사유를 보완하여 다시 종전의 신청에 대한 거부처분을 할 수 있고, 그러한 처분도 위 조항에 규정된 재처분에 해당한다(대판 2005. 1. 14, 2003두13045).

(판례2) 행정소송법 제30조에 의하면, 처분 등을 취소하는 확정판결은 그 사건에 관하여 당사자인 행정청과 그 밖의 관계행정청을 기속하고(제1항), 판결에 의하여 취소되는 처분이 당사자의 신청을 거부하는 것을 내용으로 하는 경우에는 그 처분을 행한 행정청은 판결의 취지에 따라 다시 이전의 신청에 대한 처분을 하여야 한다(제2항). 따라서 어떤 행정처분을 위법하다고 판단하여 취소하는 판결이 확정되면 행정청은 취소판결의 기속력에 따라 그 판결에서 확인된 위법사유를 배제한 상태에서 다시 처분을 하거나 그 밖에 위법한 결과를 제거하는 조치를 할 의무가 있다(대법원 2015. 10. 29. 선고 2013두27517 판결 등 참조). 취소 확정판결의 기속력의 범위에 관한 법리 및 도시관리계획의 입안·결정에 관하여 행정청에 부여된 재량을 고려하면, 주민 등의 도시관리계획 입안 제안을 거부한 처분을 이익형량에 하자가 있어 위법하다고 판단하여 취소하는 판결이 확정되었더라도 행정청에 그 입안 제안을 그대로 수용하는 내용의 도시관리계획을 수립할 의무가 있다고는 볼 수 없고, 행정청이 다시 새로운 이익형량을 하여 적극적으로 도시관리계획을 수립하였다면 취소판결의 기속력에 따른 재처분의무를 이행한 것이라고 보아야 한다. 다만 취소판결의 기속력 위배 여부와 계획재량의 한계 일탈 여부는 별개의 문제이므로, 행정청이 적극적으로 수립한 도시관리계획의 내용이 취소판결의 기속력에 위배되지는 않는다고 하더라도 계획재량의 한계를 일탈한 것인지의 여부는 별도로 심리·판단하여야 한다(대판 2020. 6. 25, 2019두56135).

(판례3) 행정소송법 제30조 제2항의 규정에 의하면 행정청의 거부처분을 취소하는 판결이 확정된 때에는 그 처분을 행한 행정청이 판결의 취지에 따라 이전의 신청에 대하여 재처분할 의무가 있으나, 이 때 확정판결의 당사자인 처분 행정청은 그 확정판결에서 적시된 위법사유를 보완하여 새로운 처분을 할 수 있다. 행정처분의 적법 여부는 그 행정처분이 행하여 진 때의 법령과 사실을 기준으로 하여 판단하는 것이므로 거부처분 후에 법령이 개정·시행된 경우에는 개정된 법령 및 허가기준을 새로운 사유로 들어 다시 이전의 신청에 대한 거부처분을 할 수 있으며 그러한 처분도 행정소송법 제30조 제2항에 규정된 재처분에 해당된다. 건축불허가처분을 취소하는 판결이 확정된 후 국토이용관리법시행령이 준농림지역 안에서의 행위제한에 관하여 지방자치단체의 조례로써 일정 지역에서 숙박업을 영위하기 위한 시설의 설치를 제한할 수 있도록 개정된 경우, 당해 지방자치 단체장이 위 처분 후에 개정된 신법령에서 정한 사유를 들어 새로운 거부처분을 한 것이 행정소송법 제30조 제2항 소정의 확정판결의 취지에 따라 이전의 신청에 대한 처분을 한 경우에 해당한다(대결 1998. 1. 7, 97두22).

다. 절차위법을 이유로 취소된 경우의 재처분의무

신청에 따른 처분이 절차의 위법을 이유로 취소되는 경우에 관계 행정청은 적법한 절차에 따라 이전의 신청에 대한 처분을 하여야 한다(동법 제30조 제3항). 그러나 실체적 내용에 위법이 있음을 이유로 처분이 취소되는 경우에는 재처분의무가 없다. 이 때에도 기속력이 취소사유로 된 절차나 형식의 위법에 한해 미치므로 행정청은 적법한 절차나 형식을 갖추어(위법사유를 보완하여, 예를 들어 거치지 않은 절차를 거쳤다면) 다시 새로운 동일한 내용의 처분을 할 수 있다.

판 례

(판례) 절차상 또는 형식상 하자로 인하여 무효인 행정처분이 있은 후 행정청이 관계 법령에서 정한 절차 또는 형식을 갖추어 다시 동일한 행정처분을 하였다면 당해 행정처분은 종전의 무효인 행정처분과 관계없이 새로운 행정처분이라고 보아야 한다(대법원 2007. 12. 27. 선고 2006두3933 판결, 대법원 2010. 4. 29. 선고 2009두16879 판결 등 참조). 이 사건 처분은 새로운 국방·군사시설사업 실시계획 승인처분으로서의 요건을 갖춘 새로운 처분일 뿐, 종전처분과 동일성을 유지하되 종전처분의 내용을 일부 수정하거나 새로운 사항을 추가하는 것에 불과한 종전처분의 변경처분이 아니므로, 비록 종전처분에 하자가 있더라도 이 사건 처분이 관계 법령에 규정된 절차를 거쳐 그 요건을 구비한 이상 적법하다(대판 2014. 3. 13, 2012두1006).

라. 결과제거의무(위법상태제거의무)

취소소송의 인용판결이 있게 되면 행정청은 위법처분으로 인해 야기된 상태를 제거하여야 할 의무를 부담하며, 이에 대응하여 원고는 결과제거청구권을 갖는다.

판 례

(판례) 어떤 행정처분을 위법하다고 판단하여 취소하는 판결이 확정되면 행정청은 취소판결의 기속력에 따라 그 판결에서 확인된 위법사유를 배제한 상태에서 다시 처분을 하거나 그 밖에 위법한 결과를 제거하는 조치를 할 의무가 있다(행정소송법 제30조). 그리고 행정처분이 불복기간의 경과로 인하여 확정될 경우 그 확정력은, 처분으로 인하여 법률상 이익을 침해받은 자가 해당 처분이나 재결의 효력을 더 이상 다툴 수 없다는 의미일 뿐, 더 나아가 판결에 있어서와 같은 기판력이 인정되는 것은 아니어서 처분의 기초가 된 사실관계나 법률적 판단이 확정되고 당사자들이나 법원이 이에 기속되어 모순되는 주장이나 판단을 할 수 없게 되는 것은 아니다(대판 2019. 10. 17, 2018두104).

4) 효력범위

가. 주관적 범위

기속력은 당사자인 행정청과 그 밖의 관계행정청을 기속한다(동법 제30조 제1항). 여기서 관계 행정청이란 처분청과 같은 조직에 속하는 행정청에 한하지 아니하고, 다른 조직에 속하는 행정청이라도 취소된 처분과 관계하고 있는 한 이를 모두 포함한다.

나. 객관적 범위

기속력은 판결주문 및 그 전제가 된 요건사실의 인정과 효력의 판단에 미치고 판결의 결론과 직접 관계없는 방론이나 간접사실의 판단에는 미치지 아니한다.

판 례

(판례) 재결의 기속력은 재결의 주문 및 그 전제가 된 요건사실의 인정과 판단, 즉 처분 등의 구체적 위법사유에 관한 판단에만 미친다고 할 것이고, 종전 처분이 재결에 의하여 취소되었다 하더라도 종전 처분시

와는 다른 사유를 들어서 처분을 하는 것은 기속력에 저촉되지 않는다고 할 것이며, 여기에서 동일 사유인지 다른 사유인지는 종전 처분에 관하여 위법한 것으로 재결에서 판단된 사유와 기본적 사실관계에 있어 동일성이 인정되는 사유인지 여부에 따라 판단되어야 한다. 새로운 처분의 처분사유와 종전 처분에 관하여 위법한 것으로 재결에서 판단된 사유가 기본적 사실관계에 있어 동일성이 없으므로 새로운 처분이 종전 처분에 대한 재결의 기속력에 저촉되지 않는다(대판 2005. 12. 9, 2003두7705).

다. 시간적 범위

처분의 위법 여부의 판단시점은 처분시이기 때문에 기속력은 처분 당시까지 존재하던 사유에 대하여만 미치고 그 이후에 생긴 사유에는 미치지 아니한다. 따라서 취소된 처분 후 새로운 처분사유가 생긴 경우에는 행정청은 동일한 내용의 처분을 다시 할 수 있다.

판 례

(판례1) 행정소송법 제30조 제2항의 규정에 의하면 행정청의 거부처분을 취소하는 판결이 확정된 때에는 그 처분을 행한 행정청이 판결의 취지에 따라 이전의 신청에 대하여 재처분할 의무가 있으나, 이 때 확정판결의 당사자인 처분 행정청은 그 확정판결에서 적시된 위법사유를 보완하여 새로운 처분을 할 수 있다(대결 1998. 1. 7, 97두22).

(판례2) 행정소송법 제30조 제2항에 의하면, 행정청의 거부처분을 취소하는 판결이 확정된 경우에는 처분을 행한 행정청이 판결의 취지에 따라 이전 신청에 대하여 재처분을 할 의무가 있다. 행정처분의 적법 여부는 행정처분이 행하여진 때의 법령과 사실을 기준으로 판단하는 것이므로 확정판결의 당사자인 처분 행정청은 종전 처분 후에 발생한 새로운 사유를 내세워 다시 거부처분을 할 수 있고, 그러한 처분도 위 조항에 규정된 재처분에 해당한다. 여기에서 '새로운 사유'인지는 종전 처분에 관하여 위법한 것으로 판결에서 판단된 사유와 기본적 사실관계의 동일성이 인정되는 사유인지에 따라 판단되어야 하고, 기본적 사실관계의 동일성 유무는 처분사유를 법률적으로 평가하기 이전의 구체적인 사실에 착안하여 그 기초인 사회적 사실관계가 기본적인 점에서 동일한지에 따라 결정되며, 추가 또는 변경된 사유가 처분 당시에 그 사유를 명기하지 않았을 뿐 이미 존재하고 있었고 당사자도 그 사실을 알고 있었다고 하여 당초 처분사유와 동일성이 있는 것이라고 할 수는 없다.
고양시장이 갑 주식회사의 공동주택 건립을 위한 주택건설사업계획승인 신청에 대하여 미디어밸리 조성을 위한 시가화예정 지역이라는 이유로 거부하자, 갑 회사가 거부처분의 취소를 구하는 소송을 제기하여 승소판결을 받았고 위 판결이 그대로 확정되었는데, 이후 고양시장이 해당 토지 일대가 개발행위허가 제한지역으로 지정되었다는 이유로 다시 거부하는 처분을 한 사안에서, 재거부처분은 행정소송법 제30조 제2항에서 정한 재처분에 해당하고 종전 거부처분을 취소한 확정판결의 기속력에 반하는 것은 아니다(대판 2011. 10. 27, 2011두14401).

5) 기속력 위반의 효과

기속력에 위반하여 행한 행정청의 행위는 당연무효가 된다.

판 례

(판례) 어떠한 행정처분에 위법한 하자가 있다는 이유로 그 취소를 소구한 행정소송에서 그 행정처분을 취소하는 판결이 선고되어 확정된 경우에 처분행정청이 그 행정소송의 사실심 변론종결이전의 사유를 내세워 다시 확정판결에 저촉되는 행정처분을 하는 것은 확정판결의 기판력에 저촉되어 허용될 수 없는 것이고, 이와 같은 행정처분은 그 하자가 명백하고 중대한 경우에 해당되어 당연무효라 할 것이다(대판 1982. 5. 11, 80누104).

(4) 형성력

1) 의의

판결의 형성력이란 형성판결의 확정으로 판결의 취지에 따라 행정상의 법률상태의 형성의 효과를 가져오는 효력으로서 취소판결에 의하여 처분의 효력이 소급적으로 소멸하는 것이 대표적인 예이다.

2) 내용

가. 형성효

행정처분을 취소한다는 확정판결이 있으면 그 취소판결의 형성력에 의하여 당해 행정처분의 취소나 취소통지 등의 별도의 절차를 요하지 아니하고 당연히 취소의 효과가 발생한다.

판 례

(판례) 행정처분을 취소한다는 확정판결이 있으면 그 취소판결의 형성력에 의하여 당해 행정처분의 취소나 취소통지 등의 별도의 절차를 요하지 아니하고 당연히 취소의 효과가 발생한다고 할 것이고 별도로 취소의 절차를 취할 필요는 없을 것이다. 따라서 이 사건 보상대상 토지에 관한 종전의 1987. 4. 1. 자 이의재결이 위법하다 하여 이를 취소하는 확정판결이 있었음에도 동 재결의 취소절차를 취하지 아니하고 한 이 사건 이의재결이 위법하다는 논지는 이유 없다(대판 1991. 10. 11, 90누5443).

나. 소급효

취소판결의 취소의 효과는 처분시에 소급하는데 이를 취소판결의 소급효라 한다. 따라서 취소판결 후에 취소된 처분을 대상으로 하는 정지처분은 당연히 무효이다. 그러나 벌칙이 문제되는 경우, 벌칙과 관련된 부분은 원칙적으로 소급하지 않는다할 것이다.

판 례

(판례) 과세처분을 취소하는 판결이 확정되면 그 과세처분은 처분시에 소급하여 소멸하는 것이므로 과세처분을 취소하는 판결이 확정된 뒤에는 그 과세처분을 갱정하는 이른바 갱정처분을 할 수 없는 것이다. 원

심이 확정한 바와 같이 원판시 이 사건 과세처분이 법원의 확정판결에 의하여 취소된 뒤에 과세관청에서 그 과세처분을 갱정하는 갱정처분을 한 것이라면 이는 존재하지 아니하는 과세처분을 갱정한 것으로서 그 하자가 중대하고 명백한 당연무효의 처분이라고 보아야 할 것이다(대판 1989. 5. 9, 88다카16096).

다. 제3자효(대세효)

형성력은 소송당사자인 원고와 피고 행정청 사이에 발생할뿐만 아니라 제3자에게도 미친다(동법 제29조 제1항)고 규정하여 형성력은 제3자에 대해서도 발생한다. 따라서 제3자와의 관계에도 처분의 효력은 소멸한다. 이를 취소판결의 제3자효라고도 한다. 취소판결의 제3자효에 관한 규정은 무효등확인소송과 부작위위법확인소송에도 준용된다(동법 제38조).

판 례

(판례) 행정처분을 취소하는 확정판결이 제3자에 대하여도 효력이 있다고 하더라도 일반적으로 판결의 효력은 주문에 포함한 것에 한하여 미치는 것이니 그 취소판결 자체의 효력으로써 그 행정처분을 기초로 하여 새로 형성된 제3자의 권리까지 당연히 그 행정처분 전의 상태로 환원되는 것이라고는 할 수 없고, 단지 취소판결의 존재와 취소판결에 의하여 형성되는 법률관계를 소송당사자가 아니었던 제3자라 할지라도 이를 용인하지 않으면 아니된다는 것을 의미하는 것에 불과하다 할 것이며, 따라서 취소판결의 확정으로 인하여 당해 행정처분을 기초로 새로 형성된 제3자의 권리관계에 변동을 초래하는 경우가 있다 하더라도 이는 취소판결 자체의 형성력에 기한 것이 아니라 취소판결의 위와 같은 의미에서의 제3자에 대한 효력의 반사적 효과로서 그 취소판결이 제3자의 권리관계에 대하여 그 변동을 초래할 수 있는 새로운 법률요건이 되는 까닭이라 할 것이다. 그러므로 이 사건에 있어서 위 환지계획변경처분을 취소하는 판결이 확정됨으로써 이 사건 토지들에 대한 원고들 명의의 소유권이전등기가 그 원인없는 것으로 환원되는 결과가 초래되었다 하더라도 동 소유권이전등기는 위 취소판결 자체의 효력에 의하여 당연히 말소되는 것이 아니라 소외 이석구가 위 취소판결의 존재를 법률요건으로 주장하여 원고들에게 그 말소를 구하는 소송을 제기하여 승소의 확정판결을 얻어야 비로소 말소될 수 있는 것이다(대판 1986. 8. 19, 83다카2022).

(5) 기판력

1) 의의

기판력이란 일단 재판이 확정되면 소송당사자는 동일한 소송물에 대하여 다시 소를 제기할 수 없고, 법원은 일사부재리의 원칙에 따라 확정판결과 내용적으로 모순되는 판단을 하지 못하는 효력을 말한다. 이를 실질적 확정력이라고도 한다.

2) 취지

기판력은 분쟁의 반복과 모순된 재판을 방지하고, 법적 안정성을 위하여 인정된 것이다. 기판력에 관하여 행정소송법상의 명문의 규정은 없으나, 재판의 본질적 효력으로서 행정소송에도 당연히 인정되는 효력이다.

판 례

(판례) 확정판결의 기판력은 확정판결의 주문에 포함된 법률적 판단과 동일한 사항이 소송상 문제가 되었을 때 당사자는 이에 저촉되는 주장을 할 수 없고 법원도 이에 저촉되는 판단을 할 수 없는 기속력을 의미하고, 확정판결의 내용대로 실체적 권리관계를 변경하는 실체법적 효력을 갖는 것은 아니다(대판 2020. 5. 14, 2019다261381).

3) 범위

가. 주관적 범위

기판력은 당해 소송의 당사자 및 당사자와 동일시할 수 있는 승계인에게만 미치고, 제3자에게는 미치지 않는다. 다만, 취소소송에 있어서는 편의상 권리주체인 국가, 공공단체가 아닌 처분행정청을 피고로 하기 때문에, 그 판결의 기판력은 피고인 처분행정청이 속하는 국가나 공공단체에 미친다고 보아야 한다.

나. 객관적 범위

기판력은 판결주문 중에 표시된 소송물에 관한 판단에 대해서만 발생하는 것이 원칙이다. 그러므로 판결이유 중에서 설시된 사실인정, 선결적 법률관계, 항변 등에는 기판력이 미치지 않음이 원칙이다.

판 례

(판례1) 기판력의 객관적 범위는 그 판결의 주문에 포함된 것 즉 소송물로 주장된 법률관계의 존부에 관한 판단의 결론 그 자체에만 미치는 것이고 판결이유에 설시된 그 전제가 되는 법률관계의 존부에까지 미치는 것은 아니다(대판 1987. 6. 9, 86다카2756).

(판례2) 소송판결의 기판력은 그 판결에서 확정한 소송요건의 흠결에 관하여 미치며(대법원 1996. 11. 15. 선고 96다31406 판결, 대법원 1997. 12. 9. 선고 97다25521 판결 등 참조), 확정된 종국판결의 사실심 변론종결 이전에 발생하고 제출할 수 있었던 사유에 기인한 주장이나 항변은 확정판결의 기판력에 의하여 차단되므로 당사자가 그와 같은 사유를 원인으로 확정판결의 내용에 반하는 주장을 새로이 하는 것은 허용되지 아니한다(대법원 1988. 9. 27. 선고 88다3116 판결 등 참조). 위 법리에 비추어 앞서 본 사실을 살펴보면, 종전 소송과 이 사건 소송은 당사자가 서로 동일하고, 종전 소송의 청구취지와 이 사건 소송의 주위적 청구취지도 '원고의 2005. 4. 7. 자 왼쪽 눈에 관한 상이 추가인정 신청에 대한 피고의 부작위가 위법함을 확인한다'는 것으로서 서로 동일할 뿐 아니라, 원고가 이 사건 소송에서 피고의 위법한 부작위의 원인으로 주장하는 '2006. 7. 6. 자 행정심판 취소 재결에 의하여 이 사건 거부처분이 취소되었다'는 사정은 이미 종전 소송의 변론종결 이전에 발생한 사정으로서 당시 위 소송에서 현출되었음에도 위와 같은 이유로 각하 판결이 선고되었고, 이에 대하여 원고 스스로 항소하지 않아 소 각하 판결이 그대로 확정된 이상, 위 소송에서 판단이 이루어진 '소송요건의 흠결', 즉 '원고의 이 사건 신청에 대한 피고의 부작위가 존재하지

않는다'는 점에 관하여 종전 소송 확정판결의 기판력은 이 사건 소송에 미친다고 할 것이므로, 원고가 이 사건 거부처분이 취소되었다는 동일한 사유를 원인으로 하여 종전 소송 확정판결의 내용에 반하는 주장을 새로이 하는 것은 허용되지 아니한다고 보아야 한다(대판 2015. 10. 29, 2015두44288).

다. 시간적 범위

기판력은 사실심 변론종결시를 기점으로 발생한다. 즉 당사자는 사실심 변론종결시까지 소송자료를 제출할 수 있고 종국판결도 그 때까지 제출한 자료를 기초로 하여 행하는 것이므로 그 시점을 기점으로 기판력이 발생한다.

〈 기판력과 기속력의 구별 〉

	기판력	기속력
의의	형식적 확정력이 발생된 법원의 판결에 대해서 법원은 동일한 소송물 범위 내에서 종전의 판단과 모순 저촉된 판단을 할 수 없으며, 소송당사자도 그에 반하는 주장을 하지 못한다.	소송당사자인 행정청과 관계행정청으로 하여금 판결의 취지에 따라 행동할 실체법적 의무를 지는 효력
근거	법적안정성	법적안정성과 법률적합성 담보
성질	소송법상 구속력	실체법상 구속력(특수효력설이 다수설)
범위	① 주관적 범위: 소송당사자 및 그 승계인 ② 객관적 범위: 판결주문에 표시된 계쟁처분의 위법 또는 적법성 일반 ③ 시간적 범위: 사실심 변론종결시까지	① 주관적 범위: 당사자인 행정청과 관계행정청 ② 객관적 범위: 판결주문과 판결이유 중에 설시된 개개의 위법사유 ③ 시간적 범위: 처분시
인정범위	인용 및 기각판결에도 모두 인정	인용판결시 인정
내용	소속당사자도 법원도 판결내용의 모순 · 저촉되는 판단을 할 수 없다.	반복금지효, 재처분의무, 결과제거의무(통설)
위반효과	재심청구사유	무효(통설 · 판례)

4) 취소소송의 기판력과 무효확인소송

취소소송 기각판결의 기판력은 무효확인소송에도 미친다. 따라서 후에 무효확인소송에 있어서 법원은 취소소송의 기각판결의 기판력에 구속된다.

판 례

(판례) 청구인은 이 사건 과세처분에 관하여 취소청구소송을 제기하였으나 원고청구기각판결이 선고되어 확정되었고, 과세처분취소청구를 기각한 판결의 기판력은 동일한 과세처분에 대하여 제기한 무효확인청구소송에도 미치는 것이며, 전소의 기판력 있는 법률효과가 후소의 선결문제로 되는 때에는 후소는 선결문

제로서 전소의 기판력을 받게 되어 전소판결 내용에 어긋나는 판단을 할 수 없는 것인바, 청구인은 이 사건 심판청구의 당해사건에서 이 사건 과세처분이 무효임을 이유로 그 후행처분인 압류처분이 무효라는 주장을 하고 있으므로 이 사건 과세처분이 무효인지 여부는 당해사건에 있어서의 선결문제이고, 따라서 이 사건 과세처분에 관한 전소인 앞의 원고청구기각판결의 기판력이 이 사건에도 미치게 되어 청구인은 당해사건에서 이 사건 과세처분이 무효임을 주장할 수 없다(헌재결 1998. 3. 26, 97헌바13).

5) 취소소송판결의 기판력과 국가배상청구소송

취소소송의 기판력이 후소인 국가배상청구소송에서 어떠한 영향을 미치느냐에 대하여는 견해가 나뉜다.

가. 기판력 긍정설

취소소송에서의 위법과 국가배상청구소송에서의 위법이 동일하다는 견해는 후소인 국가배상청구소송에 기판력이 미친다고 한다.

나. 기판력 부정설

취소소송에서의 기판력과 국가배상청구소송에서의 위법성의 개념을 달리 보는 입장은 기판력을 부정한다.

다. 제한적 긍정설

청구인용판결의 기판력은 국가배상청구소송에 미치지만 청구기각판결의 기판력은 국가배상청구소송에 미치지 않는다고 한다.

라. 검토

판례는 기본적으로 국가배상청구의 위법성과 관련하여 행위위법설의 입장에서 제한적 긍정설에 따르고 있다. 따라서 국가배상법상의 위법개념이 취소소송에서의 위법보다 넓어 취소소송의 인용판결의 기판력만이 국가배상청구소송에 미치고, 취소소송의 기각판결의 기판력은 국가배상청구소송에 미치지 않게 된다.

(6) 집행력(간접강제)

1) 의의

집행력이란 이행판결에서 명령된 이행의무를 강제집행절차에 의하여 실현할 수 있는 효력을 말한다. 따라서 형성판결인 취소판결에는 집행력이 인정되지 않는다. 다만, 행정소송법은 거부처분취소판결의 확정시에 행정청에 부과되는 재처분의무의 이행을 확보하기 위하여 간접강제제도를 도입하고 있다.

2) 간접강제

가. 의의

판결에 의하여 취소되는 처분이 당사자의 신청을 거부하는 것을 내용으로 하는 경우에는 그 처분을 행한 행정청은 판결의 취지에 따라 다시 이전의 신청에 대한 처분을 하여야 한다(동법 제30조 제2항). 행정청이 제30조 제2항의 규정에 의한 처분을 하지 아니하는 때에는 제1심수소법원은 당사자의 신청에 의하여 결정으로써 상당한 기간을 정하고 행정청이 그 기간내에 이행하지 아니하는 때에는 그 지연기간에 따라 일정한 배상을 할 것을 명하거나 즉시 손해배상을 할 것을 명할 수 있다(동법 제34조 제1항). 이러한 배상명령제도를 간접강제라 한다.

나. 적용범위

행정소송법은 거부처분취소판결에 따른 재처분의무에 대한 간접강제를 규정하고, 이를 부작위위법확인판결의 경우에 준용하고 있다(동법 제38조 제2항). 그러나 무효등확인소송과 관련하여 명문규정이 없어 인정여부에 대하여 학설은 나뉘나, 판례는 소극적이다.

판 례

(판례) 행정소송법 제38조 제1항이 무효확인 판결에 관하여 취소판결에 관한 규정을 준용함에 있어서 같은 법 제30조 제2항을 준용한다고 규정하면서도 같은 법 제34조는 이를 준용한다는 규정을 두지 않고 있으므로, 행정처분에 대하여 무효확인 판결이 내려진 경우에는 그 행정처분이 거부처분인 경우에도 행정청에 판결의 취지에 따른 재처분의무가 인정될 뿐 그에 대하여 간접강제까지 허용되는 것은 아니라고 할 것이다(대결 1998. 12. 24, 98무37).

XI. 판결 이외의 취소소송의 종료

1. 소의 취하

소의 취하란 제기한 소의 전부 또는 일부를 철회한다는 원고의 법원에 대한 의사표시를 말한다. 소의 취하는 취소소송의 종료사유가 된다.

2. 재판상 화해

(1) 의의

재판상 화해란 당사자 쌍방이 소송의 대상인 법률관계에 관한 주장을 서로 양보하여 소송을 종료시키는 합의를 말한다. 당사자 쌍방의 화해의 진술이 있는 때에는 그 내용을 조서에 기재하면 화해조서는 확정판결과 같은 효력이 있다(민사소송법 제220조).

(2) 허용여부

행정소송에서의(취소소송에서의) 재판상 화해를 통한 소송의 종료가 인정될 수 있느냐에 대하여 학설은 나뉘며, 다수설은 부정하는 입장이다. 이는 행정소송에서는 기판력이 제3자에게 확장되므로(대세효) 당사자의 자유로운 의사에 의하여 법률관계를 확정하게 해서는 안 되기 때문이다.

3. 청구의 포기·인낙

(1) 의의

청구의 포기란 원고가 자기의 소송상 청구가 이유 없음을 자인하는 법원에 대한 일방적 의사표시를 말하며, 청구의 인낙이란 피고가 원고의 소송상 청구가 이유 있음을 자인하는 법원에 대한 일방적 의사표시를 말한다.

(2) 허용여부

민사소송법상의 청구의 포기와 인낙에 관한 규정이 행정소송에 준용될 수 있느냐에 대하여는 부정설과 제한적 긍정설로 나뉘며, 다수설은 부정하는 입장이다.

4. 당사자의 소멸

원고가 사망하거나 소송물을 승계할 자가 없는 경우에는 소송은 종료된다. 그러나 행정청이 없게 된 때에는 그 처분등에 관한 사무가 귀속되는 국가 또는 공공단체가 피고가 되므로(행정소송법 제13조 제2항) 소송은 종료되지 아니한다.

XII. 취소소송의 불복

1. 항소와 상고

행정법원의 제1심 판결에 대하여 고등법원에 항소할 수 있고, 항소심의 종국판결에 대하여는 대법원에 상고 할 수 있다.

2. 항고·재항고·즉시항고

행정법원의 결정·명령에 대하여 고등법원에 항고할 수 있고, 고등법원의 결정·명령에 대하여 재항고 할 수 있다. 또한 법률에 특별한 규정이 있는 경우에는 민사소송법에 따라 즉시항고 할 수 있다.

3. 재심

(1) 재심의 유형

확정된 종국판결에 일정사유가 있어서 판결법원에 대하여 그 판결의 취소와 사전의 재심사를 구하는 것을 재심이라 한다. 재심에는 당사자가 제기하는 일반적인 재심과 제3자가 제기하는 재심으로 구분된다.

(2) 제3자의 재심청구

1) 현행규정

행정소송법은 "처분등을 취소하는 판결에 의하여 권리 또는 이익의 침해를 받은 제3자는 자기에게 책임없는 사유로 소송에 참가하지 못함으로써 판결의 결과에 영향을 미칠 공격 또는 방어방법을 제출하지 못한 때에는 이를 이유로 확정된 종국판결에 대하여 재심의 청구를 할 수 있다"고 규정하여(동법 제31조 제1항) 제3자의 재심청구를 인정하고 있다.

2) 재심청구의 요건

가. 재심의 전제조건

재심은 처분등을 취소하는 종국판결의 확정을 전제로 한다.

나. 당사자

재심청구의 원고는 처분등을 취소하는 판결에 의해 권리 또는 이익의 침해를 받은 제3자이다.

다. 재심사유

재심사유는 자기에게 책임없는 사유로 소송에 참가하지 못한 경우이며, 판결이 결과에 영향을 미칠 공격 또는 방어방법을 제출하지 못하였을 것을 요한다(동법 제31조 제1항).

3) 재심청구기간

확정판결이 있음을 안 날로부터 30일 이내, 판결이 확정된 날로부터 1년 이내에 제기하여야 한다. 이 기간은 불변기간이다(동법 제31조 제2항, 제3항).

4. 소송비용

행정소송의 비용은 민사소송법상의 일반원칙에 따라 패소자가 부담하고, 일부패소의 경우에는 각 당사자가 분담하는 것이 원칙이다. 다만, 취소청구가 사정판결에 의하여 기각되거나, 행정청이 처분등을 취소 또는 변경함으로 인하여 기각 또는 각하된 경우에는 승소자인 피고가 소송비용을 부담한다.

제2항 무효등확인소송

Ⅰ. 의의 및 성질

1. 의의

무효등확인소송이란 행정청의 처분등의 효력 유무 또는 존재 여부를 확인하는 소송을 말한다(동법 제4조 제2호). 무효등확인소송에는 처분등의 유효확인소송, 처분등의 무효확인소송, 처분등의 존재확인소송, 처분등의 부존재확인소송 및 처분등의 실효확인소송이 포함된다.

2. 성질

무효등확인소송은 실질적으로 확인소송이라고 할 수 있으나, 형식적으로는 처분등의 효력 유무를 직접 소송의 대상으로 한다는 점에서 항고소송적 성질을 갖는다. 따라서 무효등확인소송은 준항고소송의 성질을 갖는다고 보는 것이 다수설이며, 판례의 입장이다.

판 례

(판례) 행정처분의 무효확인판결은 비록 형식상은 확인판결이라 하여도 그 확인판결의 효력은 그 취소판결의 경우와 같이 소송의 당사자는 물론 제3자에게도 미친다(대판 1982. 7. 27, 82다173).

Ⅱ. 재판관할

무효등확인소송에 관한 재판관할은 취소소송에 관한 규정이 준용된다(동법 제38조 제1항). 무효등확인소송이 관할권 없는 법원에 잘못 제기된 경우 수소법원은 정당한 관할법원에 이송하여야 한다. 관련청구소송의 이송 및 병합도 취소소송에 관한 규정이 준용된다(동법 제38조 제1항).

Ⅲ. 당사자 및 참가인

1. 원고적격

(1) 현행규정

행정소송법은 "무효등확인소송은 처분등의 효력 유무 또는 존재 여부의 확인을 구할 법률상 이익이 있는 자가 제기할 수 있다"고 규정하고 있다(동법 제35조).

(2) 협의의 소익

이러한 행정소송법 제35조의 법률상 이익에 대하여 즉시확정이익을 요구하는지(무효등확인소송의 보충성을 요구하는지)와 관련하여 ① 취소소송과 동일한 의미로 이해하여 즉시확정이익을 요구하지 않는다는 법적 보호이익설과 ② 민사소송에서의 확인의 이익, 즉 즉시 확정의 이익 내지 확인소송의 보충성을 요구하는 것으로 보는 즉시확정이익설로 나뉜다. 판례는 종래 행정소송법 제35조의 법률상 이익을 보충적으로 허용될 수 있다는 입장(즉시확정이익을 요구하는 입장)을 취하였으나, 즉시확정이익을 요구함 없이 무효확인을 구할 법률상 이익으로 선회한 취지의 판결을 하였다.

판 례

(종전 판례) 행정처분에 대한 무효확인의 소에 있어서 확인의 이익은 그 대상인 법률관계에 관하여 당사자 사이에 분쟁이 있고, 그로 인하여 원고의 권리 또는 법률상의 지위에 불안·위험이 있어 판결로써 그 법률관계의 존부를 확정하는 것이 위 불안·위험을 제거하는 데 필요하고도 적절한 경우에 인정되는 것(보충성을 요구)이므로, 과세처분과 압류 및 공매처분이 무효라 하더라도 직접 민사소송으로 체납처분에 의하여 충당된 세액에 대하여 부당이득으로 반환을 구하거나 공매처분에 의하여 제3자 앞으로 경료된 소유권이전등기에 대하여 말소를 구할 수 있는 경우에는 위 과세처분과 압류 및 공매처분에 대하여 소송으로 무효확인을 구하는 것은 분쟁해결에 직접적이고 유효·적절한 방법이라 할 수 없어 소의 이익이 없다고 할 것이고, 이러한 법리는 행정처분에 대한 무효선언을 구하는 의미에서 처분취소를 구하는 소에서도 마찬가지라 할 것이다(대판 2006. 5. 12, 2004두14717).

(변경된 판례) 행정소송법 제38조 제1항에서는 처분 등을 취소하는 확정판결의 기속력 및 행정청의 재처분 의무에 관한 행정소송법 제30조를 무효확인소송에도 준용하고 있으므로 무효확인판결 자체만으로도 실효성을 확보할 수 있다. 그리고 무효확인소송의 보충성을 규정하고 있는 외국의 일부 입법례와는 달리 우리나라 행정소송법에는 명문의 규정이 없어 이로 인한 명시적 제한이 존재하지 않는다. 이와 같은 사정을 비롯하여 행정에 대한 사법통제, 권익구제의 확대와 같은 행정소송의 기능 등을 종합하여 보면, 행정처분의 근거 법률에 의하여 보호되는 직접적이고 구체적인 이익이 있는 경우에는 행정소송법 제35조에 규정된 '무효확인을 구할 법률상 이익'이 있다고 보아야 하고, 이와 별도로 무효확인소송의 보충성이 요구되는 것은 아니므로 행정처분의 무효를 전제로 한 이행소송 등과 같은 직접적인 구제수단이 있는지 여부를 따질 필요가 없다고 해석함이 상당하다(대판 2008. 3. 20, 2007두6342).

2. 피고적격

무효등확인소송의 피고적격에 관하여는 취소소송의 피고적격에 관한 규정이 준용되므로(동법 제38조) 당해 처분등을 행한 행정청이 무효등확인소송의 피고가 된다.

3. 당사자변경·소송참가·소송대리인 등

피고경정(동법 제14조), 공동소송(동법 제15조), 제3자의 소송참가(동법 제16조), 행정청의 소송참가(동법 제17조) 등 취소소송의 당사자에 관한 규정이 무효등확인소송에 준용된다(동법 제38조 제1항).

Ⅳ. 소송의 대상

무효등확인소송의 대상은 취소소송의 경우와 마찬가지로 외관상의 처분등이다.

Ⅴ. 소송의 제기

1. 행정심판전치의 문제

무효등확인소송에는 필요적 전치주의의 적용이 없다(동법 제38조 제1항). 개별법률에서 예외적 행정심판전치주의를 규정하고 있는 경우에도 무효등확인소송을 제기하는 경우에는 그 적용을 받지 아니한다.

2. 제소기간

무효등확인소송에는 제소기간의 제한이 없다(동법 제38조 제1항). 다만 무효선언을 구하는 취소소송인 경우에는 취소소송의 제소기간을 준수하여야 한다.

판 례

(판례) 행정처분이 위법하다는 이유로 그 취소 또는 변경을 구하는 행정소송법 제1조 전단 소정의 항고소송에 있어서는 같은 법 제2조 소정 소원전치주의가 적용되는 것이므로 행정청인 세무서장의 국세부과처분이 위법 또는 부당하고 하여 그 취소를 구하는 소송에서는 먼저 당시 시행되던 국세심사 청구법에서 규정한 재조사 심사 및 재심사의 불복방법을 거쳐야 하고 동 과세처분의 당연무효를 선언하는 의미에서의 취소를 구하는 경우도 그것이 외견상 존재하는 행정처분에 관하여 권한있는 기관에 의한 취소를 구하고 있는 점에서 하나의 항고소송인 이상 위와 같은 전심절차를 거치지 아니하는 한 결국 그 제소요건을 구비하지 못한 부적법한 소이다(대판 1976. 2. 24, 75누128).

3. 소의 변경

소의 변경에 관한 행정소송법 제21조의 규정은 무효등확인소송을 취소소송이나 부작위위법확인소송 또는 당사자소송으로 변경하는 경우에 준용된다(동법 제37조). 또한 처분변경으로 인한 소의 변경에 관한 동법 제22조의 규정도 무효등확인소송에 준용된다(동법 제38조 제1항).

4. 집행정지

집행정지에 관한 행정소송법 제23조는 무효등확인소송에도 준용된다(동법 제38조). 집행부정지를 원칙으로 한다.

Ⅵ. 심리

1. 입증책임의 분배

무효등확인소송에서 입증책임의 분배에 대하여 ① 취소소송과 마찬가지로 피고인 행정청이 당해 처분 등의 유효요건에 대하여 입증책임을 진다는 견해와, ② 하자의 중대·명백성은 극히 예외적이라는 것을 이유로 취소소송의 경우와 달리 원고가 입증책임을 진다는 견해로 나뉜다. 판례는 무효원인에 대하여는 원고에게 그 처분의 하자에 대한 입증책임이 있다고 본다.

판 례

(판례) 행정처분의 당연무효를 구하는 소송에 있어서 그 무효를 구하는 사람에게 그 행정처분에 존재하는 하자가 중대하고 명백하다는 것을 주장 입증할 책임이 있다(대판 1984. 2. 28, 82누154).

2. 위법판단의 기준시

무효등확인소송도 취소소송과 마찬가지로 처분시를 기준으로 처분의 무효등을 판단하여야 한다.

Ⅶ. 판결

1. 판결의 종류

무효등확인소송에 있어서 판결의 종류는 취소소송에 있어서 판결의 종류와 같다. 다만, 무효등확인소송에 있어서는 사정판결에 관한 규정이 준용되고 있지 않다. 다수설과 판례 역시 사정판결에 부정적 입장이다.

판 례

(판례) 계쟁중인 행정처분이 무효인 경우에는 존치시킬 효력이 있는 행정행위가 없기 때문에 구 행정소송법(1951. 8. 24. 법률 제213호) 제12조 소정의 사정판결을 할 수 없다(대판 1987. 3. 10, 84누158).

2. 판결의 효력

무효등확인소송의 판결에도 취소소송의 판결과 마찬가지로 기속력이 발생한다(동법 제38조 제1항). 형성력 중 제3자효도 준용되며, 기판력 또한 발생한다.

3. 간접강제 문제

행정소송법 제38조 제1항에는 거부처분취소판결의 간접강제에 관한 제34조의 준용규정이 없어 다툼이 있다. 판례는 부정적 입장이다.

판 례

(판례) 행정소송법 제38조 제1항이 무효확인 판결에 관하여 취소판결에 관한 규정을 준용함에 있어서 같은 법 제30조 제2항을 준용한다고 규정하면서도 같은 법 제34조는 이를 준용한다는 규정을 두지 않고 있으므로, 행정처분에 대하여 무효확인 판결이 내려진 경우에는 그 행정처분이 거부처분인 경우에도 행정청에 판결의 취지에 따른 재처분의무가 인정될 뿐 그에 대하여 간접강제까지 허용되는 것은 아니라고 할 것이다(대결 1988. 12. 24, 98무37).

Ⅷ. 불복 등

제3자에 의한 재심청구에 관한 행정소송법 제31조, 소송비용에 관한 행정소송법 제33조의 규정은 무효등확인소송에도 준용된다(동법 제38조 제1항).

제3항 부작위위법확인소송

Ⅰ. 의의 및 성질

1. 의의

부작위위법확인소송이란 행정청의 부작위가 위법하다는 것을 확인하는 소송을 말한다(동법 제4조 제3호). 부작위위법확인이 아닌 작위의무확인청구는 현행법상 인정되고 있지 않다.

판 례

(판례) 국가보훈처장 등에게, 독립운동가들에 대한 서훈추천권의 행사가 적정하지 아니하였으니 이를 바로잡아 다시 추천하고, 잘못 기술된 독립운동가의 활동상을 고쳐 독립운동사 등의 책자를 다시 편찬, 보급하고, 독립기념관 전시관의 해설문, 전시물 중 잘못된 부분을 고쳐 다시 전시 및 배치할 의무가 있음의 확인을 구하는 청구는 작위의무확인소송으로서 항고소송의 대상이 되지 아니한다(대판 1990. 11. 23, 90누3553).

2. 성질

부작위위법확인소송은 주관적 소송으로서 부작위위법의 확인을 구하는 확인의 소이며, 그 판결은 확인판결에 속한다. 부작위위법확인소송의 소송물은 '부작위의 위법성'이다.

Ⅱ. 재판관할

부작위위법확인소송의 제1심관할법원은 취소소송과 마찬가지로 원칙적으로 피고의 소재지를 관할하는 행정법원이다(동법 제38조 제2항). 부작위위법확인소송이 관할권 없는 법원에 잘못 제기된 경우 수소법원은 정당한 관할법원에 이송해야 하고, 관련청구소송의 이송도 취소소송에 관한 규정이 준용된다(동법 제38조 제2항).

Ⅲ. 당사자 및 참가인

1. 원고적격

부작위위법확인소송은 처분의 신청을 한 자로서 부작위의 위법의 확인을 구할 법률상

이익이 있는 자만이 제기할 수 있다(동법 제36조). 부작위의 직접상대방이 아닌 제3자라 하더라도 부작위의 위법을 확인받을 법률상 이익이 있는 자에게는 원고적격이 인정된다.

판 례

(판례) 행정소송법상 취소소송이나 부작위위법확인소송에 있어서는 당해 행정처분 또는 부작위의 직접상대방이 아닌 제3자라 하더라도 그 처분의 취소 또는 부작위위법확인을 받을 법률상의 이익이 있는 경우에는 원고적격이 인정된다(대판 1989. 5. 23, 88누8135).

2. 피고적격

부작위위법확인소송의 부작위 행정청, 즉 당사자의 신청에 대하여 상당한 기간내에 일정한 처분을 하여야 할 의무가 있음에도 불구하고 이를 하지 아니하는 행정청이 피고가 된다(동법 제38조 제2항).

Ⅳ. 소송의 대상

1. 부작위

부작위위법확인소송의 대상은 행정청의 부작위이다. 부작위란 행정청이 당사자의 신청에 대하여 상당한 기간내에 일정한 처분을 하여야 할 법률상 의무가 있음에도 불구하고 이를 하지 아니하는 것을 말한다(동법 제2조 제1항 제2호).

2. 부작위의 요건

(1) 당사자의 신청이 있을 것

부작위가 성립하기 위하여는 당사자의 신청이 있어야 한다. 여기서 당사자의 신청의 이해에 대하여는 ① 당사자의 신청을 행정청에 대하여 일정한 처분을 구할 법규상·조리상의 권리가 있는 자의 신청으로 이해하는 견해와 ② 행정청에 의무만 있으면 되는 것이지 신청인에게 반드시 권리가 있어야 하는 것이 아니라는 견해로 나뉜다. ①의 견해가 다수설이자 판례의 입장이다.

판 례

(판례1) 부작위위법확인의 소에 있어 당사자가 행정청에 대하여 어떠한 행정행위를 하여 줄 것을 요구할 수 있는 법규상 또는 조리상 권리를 갖고 있지 아니한 경우에는 원고적격이 없거나 항고소송의 대상인 위

법한 부작위가 있다고 볼 수 없어 그 부작위위법확인의 소는 부적법하다(대판 1999. 12. 7, 97누17568).

(판례2) 부작위위법확인소송의 대상인 '부작위'란 '행정청이 당사자의 신청에 대하여 상당한 기간 내에 일정한 처분을 하여야 할 법률상 의무가 있음에도 불구하고 이를 하지 아니하는 것'을 말한다. 여기에서 '처분'이란 행정소송법상 항고소송의 대상이 되는 처분을 의미하는 것으로서, 행정소송법 제2조의 처분의 개념 정의에는 해당한다고 하더라도 그 처분의 근거 법률에서 행정소송 이외의 다른 절차에 의하여 불복할 것을 예정하고 있는 처분은 항고소송의 대상이 될 수 없다. 검사의 불기소결정에 대해서는 검찰청법에 의한 항고와 재항고, 형사소송법에 의한 재정신청에 의해서만 불복할 수 있는 것이므로, 이에 대해서는 행정소송법상 항고소송을 제기할 수 없다(대판 2018. 9. 28, 2017두47465).

(2) 상당한 기간이 경과하였을 것

부작위가 성립하기 위하여는 행정청이 상당한 기간내에 처분을 하지 아니하여야 한다. 상당한 기간이란 당해 처분의 성질·내용·동종사안에 대한 종래의 처리경험, 기타 법령의 규정 등을 종합적으로 참작하여 처분을 하는데 필요한 것으로 인정되는 기간을 말한다.

(3) 처분을 하여야 할 법률상 의무가 있을 것

부작위가 성립하기 위하여는 행정청에 일정한 처분을 하여야 할 법률상 의무가 있어야 한다. 법률상 의무에는 명문의 규정에 의하여 인정되는 경우뿐만 아니라 법령의 해석상 인정되는 경우도 포함한다.

판 례

(판례1) 검사의 임용 여부는 임용권자의 자유재량에 속하는 사항이나, 임용권자가 동일한 검사신규임용의 기회에 원고를 비롯한 다수의 검사 지원자들로부터 임용 신청을 받아 전형을 거쳐 자체에서 정한 임용기준에 따라 이들 일부만을 선정하여 검사로 임용하는 경우에 있어서 법령상 검사임용 신청 및 그 처리의 제도에 관한 명문 규정이 없다고 하여도 조리상 임용권자는 임용신청자들에게 전형의 결과인 임용 여부의 응답을 해줄 의무가 있다고 할 것이며, 응답할 것인지 여부 조차도 임용권자의 편의재량사항이라고는 할 수 없다(대판 1991. 2. 12, 90누5825).

(판례2) 입법부작위에 대한 행정소송의 적법여부에 관하여 대법원은 "행정소송은 구체적 사건에 대한 법률상 분쟁을 법에 의하여 해결함으로써 법적 안정을 기하자는 것이므로 부작위위법확인소송의 대상이 될 수 있는 것은 구체적 권리의무에 관한 분쟁이어야 하고, 추상적인 법령에 관하여 제정의 여부 등은 그 자체로서 국민의 구체적인 권리의무에 직접적 변동을 초래하는 것이 아니어서 행정소송의 대상이 될 수 없다"고 판시하고 있으므로, 피청구인 보건복지부장관에 대한 청구 중 위 시행규칙에 대한 입법부작위 부분은 다른 구제절차가 없는 경우에 해당한다(헌재결 1998. 7. 16, 96헌마246).

(4) 행정청이 아무런 처분도 하지 않았을 것

부작위가 성립하기 위하여는 행정청이 아무런 처분도 하지 않았어야 한다. 행정청이 인용처분을 하거나 거부처분을 하였다면 부작위의 문제는 생기지 않는다. 거부처분이 있었다면 취소소송을 제기하여야 한다.

판 례

(판례1) 부작위위법확인소송은 처분의 신청을 한 자로서 부작위의 위법확인을 구할 법률상 이익이 있는 자만이 제기할 수 있다 할 것이며 이를 통하여 구하는 행정청의 응답행위는 행정소송법 제2조 제1항 제1호 소정의 처분에 관한 것이라야 하므로 당사자가 행정청에 대하여 어떠한 행정행위를 하여 줄 것을 신청하지 아니하였거나 신청을 하였더라도 당사자가 행정청에 대하여 그러한 행정행위를 하여 줄 것을 요구할 수 있는 법규상 또는 조리상 권리를 갖고 있지 아니하든지 또는 행정청이 당사자의 신청에 대하여 거부처분을 한 경우에는 원고적격이 없거나 항고소송의 대상인 위법한 부작위가 있다고 볼 수 없어 그 부작위위법확인의 소는 부적법하다(대판 1993. 4. 23, 92누17099).

(판례2) 행정청이 행한 공사중지명령의 상대방은 그 명령 이후에 그 원인사유가 소멸하였음을 들어 행정청에게 공사중지명령의 철회를 요구할 수 있는 조리상의 신청권이 있다 할 것이고, 상대방으로부터 그 신청을 받은 행정청으로서는 상당한 기간 내에 그 신청을 인용하는 적극적 처분을 하거나 각하 또는 기각하는 등의 소극적 처분을 하여야 할 법률상의 응답의무가 있다고 할 것이며, 행정청이 상대방의 신청에 대하여 아무런 적극적 또는 소극적 처분을 하지 않고 있는 이상 행정청의 부작위는 그 자체로 위법하다고 할 것이고, 구체적으로 그 신청이 인용될 수 있는지 여부는 소극적 처분에 대한 항고소송의 본안에서 판단하여야 할 사항이라고 할 것이다(대판 2005. 4. 14, 2003두7590).

V. 소송의 제기

1. 행정심판전치

부작위위법확인소송에는 행정심판전치에 관한 규정의 적용이 있다. 따라서 개별법률에서 행정심판전치주의를 규정하고 있는 경우에는 의무이행심판을 거쳐 부작위위법확인소송을 제기하여야 한다(동법 제38조 제2항).

2. 제소기간

원칙적으로 행정청의 부작위가 계속되는 한, 행정심판을 거치지 아니하고 부작위위법확인소송을 제기하는 경우에는 부작위위법확인소송에는 제소기간의 제한이 없다. 다만 행정심판을 거쳐 부작위위법확인소송을 제기하는 경우에는 당해 부작위에 대한 행정심판의 재결서의 정본을 송달받은 날로부터 90일, 재결이 있는 날로부터 1년 이내에 제기하여야 한다(동법 제38조 제2항).

판 례

(판례) 부작위위법확인의 소는 부작위상태가 계속되는 한 그 위법의 확인을 구할 이익이 있다고 보아야 하므로 원칙적으로 제소기간의 제한을 받지 않는다. 그러나 행정소송법 제38조 제2항이 제소기간을 규정한 같은 법 제20조를 부작위위법확인소송에 준용하고 있는 점에 비추어 보면, 행정심판 등 전심절차를 거친 경우에는 행정소송법 제20조가 정한 제소기간 내에 부작위위법확인의 소를 제기하여야 한다(대판 2009. 7. 23, 2008두10560).

3. 청구의 병합

관련 청구소송의 병합에 관한 규정이 부작위위법확인소송에도 준용된다(동법 제38조 제2항).

4. 소의 변경

소의 변경에 관한 행정소송법 제21조의 규정은 부작위위법확인소송을 취소소송이나 무효등확인소송 또는 당사자소송으로 변경하는 경우에 준용된다(동법 제37조).

5. 집행정지

집행정지제도에 관한 행정소송법 제23조와 제24조의 규정은 부작위위법확인소송에는 준용되지 아니한다.

Ⅵ. 소송의 심리

1. 심리의 범위

부작위위법확인소송의 심리권의 범위에 관하여는 ① 심리의 범위는 부작위의 위법 여부에 한정된다는 절차적 심리설, ② 심리의 범위는 부작위의 위법 여부뿐만 아니라 신청의 실체적 내용이 이유 있는가도 심리하여 그에 대한 적정한 처리방향에 관한 법률적 판단을 하여야 한다는 실체적 심리설로 대립한다. 판례는 절차적 심리설의 입장이다.

판 례

(판례) 부작위위법확인의 소는 행정청이 국민의 법규상 또는 조리상의 권리에 기한 신청에 대하여 상당한 기간 내에 그 신청을 인용하는 적극적 처분을 하거나 또는 각하 내지 기각하는 등의 소극적 처분을 하여

야 할 법률상의 응답의무가 있음에도 불구하고 이를 하지 아니하는 경우 판결시를 기준으로 그 부작위의 위법함을 확인함으로써 행정청의 응답을 신속하게 하여 부작위 내지 무응답이라고 하는 소극적인 위법상태를 제거하는 것을 목적으로 하는 것이고, 나아가 당해 판결의 구속력에 의하여 행정청에게 처분등을 하게 하고, 다시 당해 처분등에 대하여 불복이 있는 때에는 그 처분등을 다투게 함으로써 최종적으로는 국민의 권리이익을 보호하려는 제도이다(대판 1992. 7. 28, 91누7361).

2. 행정심판기록제출명령과 직권심리주의

행정심판에서의 행정심판기록의 제출명령(동법 제25조), 및 직권심리주의(동법 제26조)에 관한 규정이 부작위위법확인소송에도 준용된다(동법 제38조 제2항).

3. 입증책임의 분배

부작위위법확인소송에서 ① 원고가 일정한 처분을 신청한 것과 원고에게 신청권이 있다는 사실 및 상당한 기간이 경과하였다는 것에 대하여는 원고가 지며, ② 원고의 처분 신청 후 상당한 기간을 경과한 것에 대하여 이를 정당화할 특별한 사유가 있었다는 것의 입증책임은 피고인 행정청이 진다.

4. 위법판단의 기준시

부작위위법확인소송은 취소소송이나 무효등확인소송과 달리 위법성판단의 기준시점을 판결시로 보아야 한다. 이는 부작위위법확인소송은 이미 이루어진 처분을 다투는 것이 아니고 다투는 시기에 행정청에 법률상의 의무가 있음을 다투는 것이기 때문이다.

Ⅶ. 판결

1. 판결의 종류

부작위위법확인소송의 판결의 종류는 취소소송과 같다. 다만 부작위위법확인소송에서는 사정판결에 관한 규정은 준용되지 아니한다.

2. 판결의 효력

부작위위법확인소송에서 판결의 효력은 형성력이 생기지 않는 점만 제외하면 취소소송과 같다. 즉 제3자효(동법 제29조), 기속력(동법 제30조), 간접강제(동법 제34조)의 규정이 준용된다(동법 제38조 제2항).

부작위위법확인판결의 기속력은 행정청의 판결의 취지에 따른 재처분의무이다. 그런데, 부작위위법확인소송에서 인용판결의 기속력으로서의 재처분의무는 행정청의 응답의무(응답의무설)인가 아니면 신청에 따른 특정한 내용의 처분의무인가(특정처분의무설)에 관하여 견해가 대립하고 있다.

판 례

(판례) 행정청의 거부처분을 취소하는 판결이 확정된 경우에는 그 처분을 행한 행정청이 판결의 취지에 따라 이전의 신청에 대하여 재처분할 의무가 있다고 할 것이나, 그 취소사유가 행정처분의 절차, 방법의 위법으로 인한 것이라면 그 처분 행정청은 그 확정판결의 취지에 따라 그 위법사유를 보완하여 다시 종전의 신청에 대한 거부처분을 할 수 있고, 그러한 처분도 위 조항에 규정된 재처분에 해당한다(대판 2005. 1. 14, 2003두13045).

Ⅷ. 불복

부작위위법확인소송의 불복도 취소소송의 불복과 동일하다. 행정소송법은 부작위위법확인소송에도 제3자에 의한 재심청구를 준용한다(동법 제38조 제2항).

제3관 당사자소송

Ⅰ. 의의 및 종류

1. 의의

당사자소송은 행정청의 처분등을 원인으로 하는 법률관계에 관한 소송 그 밖에 공법상의 법률관계에 관한 소송으로서 그 법률관계의 한쪽 당사자를 피고로 하는 소송이다(동법 제3조 제2호). 당사자소송은 공법상의 법률관계를 대상으로 하는 점에서 사법상의 법률관계를 소송의 대상으로 하는 민사소송과 구별된다. 당사자소송에서는 공권력행사·불행사 그 자체가 소송물이 아니며, 다만 그러한 행사로 인해 형성되는 공법상 법률관계 그 자체가 소송물이다.

2. 종류

(1) 실질적 당사자소송

1) 의의

실질적 당사자소송은 공법상의 법률관계에 관한 소송으로서 그 법률관계의 한쪽의 당사자를 피고로 하는 소송을 말한다. 당사자소송에서는 공권력행사·불행사 그 자체가 소송물이 아니며, 다만 그러한 행사로 인해 형성되는 법률관계 그 자체가 소송물인 것이다.

2) 구체적 예

가. 공법상 신분·지위등의 확인소송

판례는 ① 공무원이나 공립학교 학생 신분의 확인을 구하는 소송(대판 1998. 10. 23, 98두12932), ② 서울특별시 무용단원의 해촉을 다투는 소송(대판 1995. 12. 22, 95누4636), ③ 공중보건의사 채용계약 해지에 관한 소송(대판 1996. 5. 31, 95누10617), ④ 시립합창단원에 대한 재위촉 거부를 다투는 소송(대판 2001. 12. 11, 2001두7794) 등을 실질적 당사자소송으로 보고 있다.

나. 공법상 금전급부소송

판례는 ① 광주민주화운동관련자 보상등에 관한 법률에 의거한 손실보상청구소송(대판 1992. 12. 24, 92누3335), ② 석탄가격안정지원금 지급청구소송(대판 1997. 5. 30, 95다28960), ③ 석탄산업법 소정의 재해위로금지급청구소송(대판 1999. 1. 26, 98두12598), ④ 미지급퇴직연금의 지급청구소송(대판 2004. 7. 8, 2004두244) 등을 실질적 당사자소송으로 본다.

다. 처분등으로 형성된 법률관계를 다투는 소송

실질적 당사자 소송으로 ① 조세채무부존재확인소송(대판 200. 9. 8, 99두2765), ② 조세반환청구소송(대판 1995. 4. 28, 94다55019), ③ 부당이득반환청구소송(대결 1991. 2. 6, 90프2)등을 들 수 있으나 판례는 ②와 ③은 소송물이 사법상의 권리임을 이유로 민사소송으로 다루고 있다.

라. 공법상 계약에 관한 소송

행정주체 상호간 또는 행정주체와 사인 간의 공법상 계약에 관한 소송은 당사자소송이다. 판례는 지방전문직공무원에 대한 해지통고무효확인(대판 1993. 9. 14, 92누4611) 및 서울시립무용단원 해촉의 무효확인(대판 1995. 12. 22, 95누4636) 소송을 당사자소송의 대상이라 하였다.

(2) 형식적 당사자소송

1) 의의

형식적 당사자소송이란 행정청의 처분등을 원인으로 하는 법률관계에 관한 소송으로서 그 법률관계의 한쪽 당사자를 피고로 하여 제기하는 소송을 말한다. 이러한 형식적 당사자소송을 ① 실질적으로 행정청의 처분등을 다투는 것이므로 항고소송의 일종으로 보는 견해도 있으나, ② 행정청의 처분등에 대한 불복이 아니라 처분등의 결과로서 생긴 법률관계를 다투기에 당사자소송이라 할 것이다. 판례도 당사자소송으로 본다.

2) 실정법상의 예

형식적 당사자소송의 예로는 토지보상법상 "제1항에 따라 제기하려는 행정소송이 보상금의 증감에 관한 소송인 경우 그 소송을 제기하는 자가 토지소유자 또는 관계인일 때에는 사업시행자를, 사업시행자일 때에는 토지소유자 또는 관계인을 각각 피고로 한다"(동법 제85조 제2항)는 토지보상법상의 보상금증감소송을 들 수 있다. 그 외에도 특허법(제191조), 실용신안법(제33조), 디자인보호법(제171조)에서도 볼 수 있다.

3) 일반적 인정여부

형식적 당사자소송이 우리의 법제상 명문의 규정이 없는 경우에도 행정소송법 제3조 제2호만으로 일반적으로 인정될 수 있는가의 여부에 대하여 학설이 나뉘나, 부정설이 다수설이다.

Ⅱ. 재판관할

당사자소송의 재판관할에 대하여는 취소소송에 관한 규정이 준용된다. 다만, 국가 또는 공공단체가 피고인 경우에는 관계행정청의 소재지를 피고의 소재지로 본다(행정소송법 제40조).

Ⅲ. 당사자 및 참가인

1. 원고적격

당사자소송은 대등한 당사자 사이의 소송이므로 항고소송에 있어서와 같은 원고적격에 관한 제한은 없다. 따라서 민사소송법상의 원고적격에 관한 규정이 준용되는바, 권리보호의 이익이 있는 자가 원고가 된다(동법 제8조 제2항).

판 례

(판례) 관계 법령의 해석상 급부를 받을 권리가 법령의 규정에 의하여 직접 발생하는 것이 아니라 급부를 받으려고 하는 자의 신청에 따라 관할 행정청이 지급결정을 함으로써 구체적인 권리가 발생하는 경우에는, 급부를 받으려고 하는 자는 우선 관계 법령에 따라 행정청에 급부지급을 신청하여 행정청이 이를 거부하거나 일부 금액만 인정하는 지급결정을 하는 경우 그 결정을 대상으로 항고소송을 제기하고, 취소·무효확인판결의 기속력에 따른 재처분을 통하여 구체적인 권리를 인정받은 다음 비로소 공법상 당사자소송으로 급부의 지급을 구하여야 하고, 구체적인 권리가 발생하지 않은 상태에서 곧바로 행정청이 속한 국가나 지방자치단체 등을 상대로 한 당사자소송이나 민사소송으로 급부의 지급을 소구하는 것은 허용되지 않는다(대판 2020. 10. 15, 2020다222382).

2. 피고적격

당사자소송은 국가·공공단체 그 밖의 권리주체를 피고로 한다(동법 제39조).

판 례

(판례1) 납세의무부존재확인의 소는 공법상의 법률관계 그 자체를 다투는 소송으로서 당사자소송이라 할 것이므로 행정소송법 제3조 제2호, 제39조에 의하여 그 법률관계의 한쪽 당사자인 국가·공공단체 그 밖의 권리주체가 피고적격을 가진다(대판 2000. 9. 8, 99두2765).

(판례2) 행정소송법 제39조는, "당사자소송은 국가·공공단체 그 밖의 권리주체를 피고로 한다."라고 규정하고 있다. 이것은 당사자소송의 경우 항고소송과 달리 '행정청'이 아닌 '권리주체'에게 피고적격이 있음을 규정하는 것일 뿐, 피고적격이 인정되는 권리주체를 행정주체로 한정한다는 취지가 아니므로, 이 규정을 들어 사인을 피고로 하는 당사자소송을 제기할 수 없다고 볼 것은 아니다(대판 2019. 9. 9, 2016다262550).

3. 소송참가 등

공동소송(동법 제15조), 제3자의 소송참가(동법 제16조), 행정청의 소송참가(동법 제17조) 등 취소소송의 당사자에 관한 규정이 당사자소송에 준용된다(동법 제44조 제1항).

Ⅳ. 소송의 대상

당사자소송의 대상은 행정청의 처분등을 원인으로 하는 법률관계 그 밖에 공법상의 법률관계이다.

V. 소송의 제기

1. 제소기간

당사자소송에는 취소소송의 제소기간에 관한 규정이 준용되지 아니한다. 그러나 당사자소송에 관하여 법령에 제소기간이 정하여져 있는 경우(토지보상법 제85조)에는 그 기간은 불변기간이다.

2. 소의 변경

소의 변경(행정소송법 제21조)에 관한 규정은 당사자소송을 항고소송으로 변경하는 경우에도 준용된다(동법 제42조). 또한 처분변경으로 인한 소의 변경에 관한 제22조 제1항의 규정 및 피고의 변경에 관한 제14조의 규정도 당사자소송에 준용된다.

3. 청구의 병합

행정소송법 제10조의 규정은 당사자소송과 관련 청구소송이 각각 다른 법원에 계속되고 있는 경우의 이송과 이들 소송의 병합의 경우에 준용된다.

4. 집행정지

당사자소송에는 집행정지에 관한 규정이 준용되지 아니한다. 그러나 민사집행법상의 가처분규정이 적용된다할 것이다. 따라서 행정처분과 관련 없는 공법상 금전채권에 대한 가처분 등이 가능하다는 것이 판례의 입장이기도 하다.

판 례

(판례) 행정소송법 제8조 제2항에 의하면 행정소송에도 민사소송법의 규정이 일반적으로 준용되므로 법원으로서는 공법상 당사자소송에서 재산권의 청구를 인용하는 판결을 하는 경우 가집행선고를 할 수 있다(대판 2000. 11. 28, 99두3416).

VI. 소송의 심리

1. 직권심리주의 등

취소소송에서의 행정심판기록 제출명령(동법 제25조), 직권심리주의(동법 제26조)에 관한 규정이 당사자소송에 준용된다(동법 제44조 제1항).

2. 입증책임

당사자소송은 민사소송과 유사하므로 민사소송에서와 마찬가지로 법률요건분류설에 따라 분배하여야 한다는 것이 다수설의 입장이다.

Ⅶ. 판결

1. 판결의 종류

판결의 종류는 기본적으로 취소소송의 경우와 같다. 다만, 사정판결에 관한 규정은 준용되지 않는다.

2. 판결의 효력

당사자소송의 확정판결은 기속력을 갖는다. 따라서 당사자인 행정청과 관계행정청을 기속한다(동법 제44조 제1항). 그러나 취소판결에서 인정되는 효력 중 취소판결의 제3자효(동법 제29조), 재처분의무(동법 제30조 제2항, 제3항), 간접강제(동법 제34조) 등은 당사자소송에는 적용이 없다.

3. 가집행선고의 제한

국가를 상대로 하는 당사자소송의 경우에는 가집행선고를 할 수 없다(동법 제43조). 한편, 당사자소송의 경우 행정소송법상의 집행정지에 관한 규정이 준용되지 않으므로 민사집행법상 가처분에 관한 규정이 준용된다.

판 례

(판례) 도시 및 주거환경정비법(이하 '도시정비법'이라 한다)상 행정주체인 주택재건축정비사업조합을 상대로 관리처분계획안에 대한 조합 총회결의의 효력을 다투는 소송은 행정처분에 이르는 절차적 요건의 존부나 효력 유무에 관한 소송으로서 소송결과에 따라 행정처분의 위법 여부에 직접 영향을 미치는 공법상 법률관계에 관한 것이므로, 이는 행정소송법상 당사자소송에 해당한다. 그리고 이러한 당사자소송에 대하여는 행정소송법 제23조 제2항의 집행정지에 관한 규정이 준용되지 아니하므로(행정소송법 제44조 제1항 참조), 이를 본안으로 하는 가처분에 대하여는 행정소송법 제8조 제2항에 따라 민사집행법상 가처분에 관한 규정이 준용되어야 한다(대결 2015. 8. 21, 2015무26).

Ⅷ. 불복

당사자소송의 불복은 취소소송의 불복과 같다.

제4관 객관적 소송

Ⅰ. 의의

객관적 소송이란 행정의 적법성 보장을 목적으로 하는 소송을 말한다. 이러한 객관적 소송은 특별히 법이 인정하는 경우에만 소의 제기가 가능하다.

Ⅱ. 종류

1. 민중소송

(1) 의의

민중소송은 국가 또는 공공단체의 기관이 법률에 위반되는 행위를 한 때에 자기의 법률상 이익과 관계없이 그 시정을 구하기 위하여 제기하는 소송이다(동법 제3조 제3호).

(2) 성질

민중소송은 사인의 개인적인 권리·이익을 직접 보호함을 목적으로 하는 것이 아니라 객관적인 행정의 적법성 확보 및 일반공공의 이익의 보호를 목적으로 하는 소송이다. 민중소송은 법률에 특별한 규정이 있는 경우에 법률이 정한 자에 한하여 인정되는 특수한 소송이다.

판 례

(판례) 행정소송법 제45조는 민중소송 및 기관소송은 법률이 정한 경우에 법률이 정한 자에 한하여 제기할 수 있다고 규정하고 있고, 이 사건과 같이 행정청이 주민의 여론을 조사한 행위에 대하여는 법상 소로서 그 시정을 구할 수 있는 아무런 규정이 없으며, 소론이 드는 행정소송법 제46조는 법률에서 민중소송을 허용하고 있는 경우에 그 재판절차를 규정한 것에 불과하므로, 원심이 같은 이유로 이 사건 소를 각하한 것은 정당하고 그 과정에 법률의 해석을 잘못한 위법이 없으므로, 이를 다투는 논지는 받아들일 수 없다(대판 1996. 1. 23, 95누12736).

(3) 구체적 예

민중소송의 예로는 ① 공직선거법상 선거소송과 당선소송, ② 국민투표법상 국민투표 무효소송, ③ 지방자치법상 주민소송, ④ 주민투표법상 주민투표소송을 들 수 있다.

판 례

(판례) 공직선거법 제222조와 제224조에서 규정하고 있는 선거소송은 집합적 행위로서의 선거에 관한 쟁송으로서 선거라는 일련의 과정에서 선거에 관한 규정을 위반한 사실이 있고, 그로써 선거의 결과에 영향을 미쳤다고 인정하는 때에 선거의 전부나 일부를 무효로 하는 소송이다. 이는 선거를 적법하게 시행하고 그 결과를 적정하게 결정하도록 함을 목적으로 하므로, 행정소송법 제3조 제3호에서 규정한 민중소송 즉 국가 또는 공공단체의 기관이 법률을 위반한 행위를 한 때에 직접 자기의 법률상 이익과 관계없이 그 시정을 구하기 위하여 제기하는 소송에 해당한다(대판 2016. 11. 24, 2016수64).

2. 기관소송

(1) 의의

기관소송은 국가 또는 공공단체의 기관 상호간에 있어서의 권한의 존부 또는 그 행사에 관한 다툼이 있을 때에 이에 대하여 제기하는 소송이다. 다만 헌법재판소법 제2조의 규정에 의하여 헌법재판소의 관장사항으로 되는 소송은 제외한다(동법 제3조 제4호).

(2) 권한쟁의심판과의 구별

① 형식에 있어 기관소송은 행정소송이나 권한쟁의심판은 헌법재판이고, ② 대상에 있어 기관소송은 공법상의 법인 내부에서의 법적 분쟁을 대상으로 하나 권한쟁의심판은 공법상의 법인 상호간의 외부적인 분쟁을 대상으로 한다.

(3) 성질

기관소송은 주관적인 권리·이익의 보호를 직접목적으로 하는 것이 아니라 객관적인 행정의 적법성 확보 및 일반공공의 이익의 보호를 목적으로 하는 객관적 소송이다.

(4) 제소권자

기관소송은 법률이 정한 경우에 법률이 정한 자에 한하여 제기할 수 있다(동법 제45조).

(5) 대상

기관소송의 대상은 국가기관 또는 공공단체의 기관 간의 권한의 존재 여부 및 권한의 행사에 관한 다툼이다.

(6) 구체적 예

① 지방의회 재의결에 대해 단체장이 제소하는 경우

지방자치법 제120조 제3항에 따라 단체장이 대법원에 제기하는 소송은 기관소송이다.

② 감독청의 재의요구명령에 따라 지방의회의결에 대해 단체장이 제소하는 경우

지방자치법 제192조 제4항에 따라 단체장이 위법하게 재의결된 사항에 대해 대법원에 제기하는 소는 기관소송이라는 것이 다수설이다.

③ 감독청의 제소지시에 따라 지방의회의결에 대해 단체장이 제소하는 경우

지방자치법 제192조 제5항과 제6항에 따라 지방의회의결에 대해 단체장이 제소하는 경우의 소도 기관소송이라는 것이 다수설이다.

④ 교육위원회와 시·도의회의 월권을 이유로 교육감이 대법원에 제소하는 경우

지방교육자치에 관한 법률 제28조 제3항에 따라 교육위원회와 시·도의회의 월권을 이유로 교육감이 대법원에 제기하는 소송도 기관소송이라는게 지배적인 견해이다.

Ⅲ. 준용규정

객관적 소송인 민중소송 또는 기관소송에 대하여는 ① 처분등의 취소를 구하는 소송에는 그 성질에 반하지 아니하는 한 취소소송에 관한 규정을 준용하고, ② 처분등의 효력 유무 또는 존재 여부나 부작위의 위법의 확인을 구하는 소송에는 그 성질에 반하지 아니하는 한 각각 무효등확인소송 또는 부작위위법확인소송에 관한 규정을 준용하며, ①과 ②에 규정된 소송외의 소송에는 그 성질에 반하지 아니하는 한 당사자소송에 관한 규정을 준용한다(행정소송법 제46조).

제5관 행정구제수단으로서의 헌법소원

Ⅰ. 의의

헌법소원심판제도는 공권력의 행사 또는 불행사로 인하여 헌법상 보장된 기본권을 침해받은 자가 헌법재판소에 그 권리의 구제를 위하여 헌법소원심판을 청구하고, 이에 대해 헌법재판소가 심판을 통하여 국민의 기본권을 구제하고 헌법질서를 수호하고 유지하는 제도이다.

Ⅱ. 법적근거

헌법재판소법 제68조 제1항은 "공권력의 행사 또는 불행사로 인하여 헌법상 보장된 기본권을 침해받은 자는 법원의 재판을 제외하고는 헌법재판소에 헌법소원심판을 청구할 수 있다"라고 정하고 있다.

판 례

(판례) 헌법소원심판의 대상이 되는 것은 헌법에 위반된 "공권력의 행사 또는 불행사"이다. 여기서 공권력이란 입법권·행정권·사법권을 행사하는 모든 국가기관·공공단체 등의 고권적 작용이라 할 수 있다(헌재결 2001. 3. 21, 99헌마139).

Ⅲ. 헌법소원심판의 종류

1. 권리구제형 헌법소원(헌법재판소법 제68조 제1항의 헌법소원)

권리구제형 헌법소원이라 함은 공권력의 행사 또는 불행사로 말미암아 헌법상 보장된 기본권을 침해당한 자가 청구하는 헌법소원을 의미한다. 본래적 의미의 헌법소원이다.

판 례

(판례1) 이 사건 예비인가 거부결정은 ○○대학원 설치인가 이전에 청구인들의 법적 지위에 영향을 주는 것으로 항고소송의 대상이 되는 행정처분에 해당한다고 할 것인데, 학교법인 명지학원은 위 결정에 대한 행정소송을 제기하지 아니하였고 청구인 국민학원은 이 사건 예비인가 거부결정의 취소를 구하는 행정소송을 제기하였다가 2008. 8. 29. 교육과학기술부장관의 ○○대학원 설치에 관한 본인가결정이 내려지자 그 청구취지를 '○○대학원 설치인가 거부처분의 취소'를 구하는 것으로 교환적으로 변경하여 현재 소송 계속 중이다. 결국 학교법인 국민학원과 학교법인 명지학원의 이 사건 예비인가 거부결정에 관한 헌법소원 심판 청구는 행정소송에 의한 권리구제절차를 모두 거치지 아니한 것으로 보충성 원칙에 반하여 부적법하다(헌재결 2009. 2. 26, 2008헌마370).

(판례2) 청구인(국립 강원대학교)은 이 사건 모집정지에 대하여 행정소송을 제기하지 아니한 채 바로 헌법소원심판을 청구하였으므로 보충성 요건을 갖추었는지 여부가 문제되지만, 법인화되지 않은 ○○대학은 영조물에 불과하고, 그 총장은 ○○대학의 대표자일 뿐이어서 행정소송의 당사자능력이 인정되지 않는다는 것이 법원의 확립된 판례이므로(대법원 2010. 3. 11. 선고 2009두23129 판결; 대법원 2007. 9. 20. 선고 2005두6935 판결 등 참조), 설사 청구인이 이 사건 모집정지에 대하여 행정소송을 제기한다고 할지라도 부적법 각하될 가능성이 많아 행정소송에 의하여 권리 구제를 받을 가능성이 없는 경우에 해당되고, 따라서 보충성의 예외를 인정함이 상당하다(헌재 1995. 12. 28. 91헌마80 등 참조)(헌재결 2015. 12. 23, 2014헌마1149).

2. 위헌심사형 헌법소원(동법 제68조 제2항의 헌법소원)

위헌심사형 헌법소원이라 함은 위헌법률심판의 제청신청이 법원에 의하여 기각된 경우에 제청신청을 한 당사자가 청구하는 헌법소원을 말한다. 이는 세계에서 유례를 찾기 힘든 헌법재판절차이다.

이하에서는 권리구제형 헌법소원에 대하여 살펴보기로 한다.

Ⅳ. 헌법소원의 요건

권리구제형 헌법소원심판을 청구하기 위해서는 실체적 요건으로서 ① 청구인능력이 인정되어야 하고, ② 공권력의 행사 또는 불행사가 있어야하고, ③ 헌법상 보장된 기본권의 침해주장이 있어야 하고, ④ 청구인적격으로서 기본권침해의 자기관련성·현재성·직접성이 인정되어야 하며, ⑤ 다른 법률에 구제절차가 있는 경우에는 그 절차를 모두 마친 후이어야 하고(보충성의 원칙), ⑥ 권리보호의 필요성이 있어야 한다.

형식적 요건으로서는 ① 청구기간을 준수하고, ② 변호사 강제주의에 따라 변호사를 대리인으로 선임하여야 한다.

1. 청구인능력

헌법소원심판은 침해된 기본권의 구제를 위하여 청구하는 것이므로 기본권의 주체가 될 수 있는 자, 즉 기본권향유능력이 있으면 누구든지 헌법소원심판을 청구할 수 있다. 이때의 국민 중에는 자연인만이 아니라 법인도 포함되며, 권리능력 없는 사단도 일정한 범위 안에서 헌법소원심판을 청구할 수 있다.

판 례

(판례) 단체는 원칙적으로 단체 자신의 기본권을 직접 침해당한 경우에만 그의 이름으로 헌법소원심판을 청구할 수 있을 뿐이고 그 구성원을 위하여 또는 구성원을 대신하여 헌법소원심판을 청구할 수 없다(헌재결 1995. 7. 21, 92헌마177).

2. 공권력의 행사 또는 불행사

공권력의 행사 또는 불행사라 함은 공권력주체에 의한 작위·부작위로서 그로 인해 국민의 권리·의무내지 법적 지위에 직접적인 영향을 가져오는 행위이어야 한다. 공권력의 불행사와 관련하여서는 입법부작위와 검사의 불기소처분이 문제된다.

판 례

(판례1) 헌법에서 기본권보장을 위해 법령에 명시적인 입법위임을 하였음에도 입법자가 장기간 이를 방치하고 있거나, 헌법해석상 특정인에게 구체적인 기본권이 생겨 이를 보장하기 위한 국가의 행위의무 내지 보호의무가 발생하였음이 명백함에도 입법자가 전혀 아무런 입법조치를 취하고 있지 않는 경우에는 헌법소원의 대상이 된다(헌재결 1989. 3. 17, 88헌마1).

(판례2) 군정법령에 근거한 사설 철도주식의 수용자에 대하여 보상에 관한 법률을 제정해야 할 입법자의 헌법상 명시된 입법의무가 발생했는데도 30년이 지나도록 계속되는 입법자의 부작위는 입법재량의 한계를 넘는 입법의무의 불이행으로서 보상청구권이 확정된 자의 헌법상 재산권을 침해하는 것이므로 위헌이다(헌재결 1994. 12. 29, 89헌마2).

3. 헌법상 보장된 기본권의 침해주장

헌법소원은 공권력의 행사 또는 불행사로 말미암아 헌법상 보장된 자신의 기본권이 침해되었다고 주장하는 모든 국민이 청구할 수 있다.

4. 기본권침해의 자기관련성·직접성·현재성

(1) 자기관련성

자기관련성이 인정되기 위해서는 원칙적으로 공권력작용의 직접상대방이어야 한다. 다만 예외적으로 제3자라도 공권력작용으로 인해 직접적이고 법적인 이해관계를 가지고 있으면 예외적으로 자기관련성이 인정된다.

(2) 직접성

기본권침해는 그 침해를 야기한 공권력행사 그 자체로 인해 바로 청구인에게 발생되는 침해이어야 한다. 다만, ① 집행행위를 대상으로 한 구제절차가 없거나 구제절차가 있다 하더라도 권리구제의 기대가능성이 없는 경우, ② 형벌조항과 같이 법령의 집행행위를 기다렸다가 그 집행행위에 대한 권리구제절차를 밟을 것을 국민에게 요구할 수 없는 경우, ③ 집행기관이 재량의 여지없이 일정한 집행행위를 하여야 할 경우에는 예외적으로 직접성을 인정한다.

판 례

(판례) 법률에 대하여 바로 헌법소원을 제기하려면 우선 청구인 스스로가 당해 규정에 관련되어야 할 뿐 아니라 당해 규정에 의해 현재 권리침해를 받아야 하나, 다른 집행행위를 통해서가 아니라 직접 당해 법률에 의해 권리침해를 받아야 한다는 것을 요건으로 한다(헌재결 1989. 7. 21, 89헌마12).

(3) 현재성

헌법소원심판청구는 청구인의 기본권이 현재로서 침해되고 있음을 그 요건으로 한다. 다만, ① 장래 불이익을 입게 될 수도 있다는 것을 현재의 시점에서 충분히 예측할 수 있는 경우, ② 기본권의 침해행위가 이미 종료되었지만 침해행위의 반복위험이 있고 헌법적으로 긴요한 사항이어서 심판이익이 인정되는 경우에도 현재성의 예외를 인정한다.

5. 보충성

헌법소원의 보충성이라 함은, 헌법소원은 기본권침해를 제거할 수 있는 다른 수단이 없거나 헌법재판소에 제소하지 아니하고서도 동일한 결과를 얻을 수 있는 법적 절차나 방법이 달리 없을 때에 한하여, 예외적으로 인정되는 최후적 기본권보장수단성을 말한다. 헌법재판소법 제68조 제1항 단서는 "다른 법률에 구제절차가 있는 경우에는 그 절차를 모두 거친 후에 청구할 수 있다"고 하여 보충성의 원칙을 규정하고 있다.

6. 권리보호이익

헌법소원심판제도는 국민의 기본권을 구제하는 기능을 가지므로 헌법재판소에 헌법소원심판을 청구하려면 권리보호이익이 있어야 한다. 침해된 기본권이 없으면 권리보호이익은 없다. 헌법재판소의 판례도 이를 인정하고 있다.

판 례

(판례) 권리보호이익 내지 소의 이익은 국가적·공익적 입장에서는 무익한 소송제도의 이용을 통제하는 원리이고, 당사자의 입장에서는 소송제도를 이용할 정당한 이익 또는 필요성을 말하는 것으로, '이익 없으면 소 없다'라는 법언이 지적 하듯이 소송제도에 필연적으로 내재하는 요청이다(헌재결 2001. 9. 27, 2001헌마152).

7. 청구기간 준수

헌법소원은 사유가 있음을 안 날부터 90일 이내에, 그 사유가 있은 날부터 1년 이내에 청구해야 한다. 다만 다른 법률에 의한 구제절차를 거친 경우에는 그 최종결정을 통지받은 날로부터 30일 이내에 청구하여야 한다.

8. 변호사 강제주의

헌법소원심판절차에 있어서 당사자인 사인은 변호사를 대리인으로 선임하지 아니하면 심판청구를 하지 못한다.

V. 결정

1. 의의

헌법재판소는 헌법소원심판에서 심리를 마치면 선고를 하는데, 이 선고를 결정으로 한다. 헌법소원심판절차에서는 헌법재판의 다른 심판절차와 달리 지정재판부와 재판부가 각기 자기에게 부여된 권한을 행사하는데, 지정재판부에서나 재판부에서나 공히 그 종국적 의사표시는 결정이라는 단일의 재판형식으로 한다.

2. 종류

헌법소원심판에서 헌법재판소가 행하는 결정에는 청구를 배척하는 각하결정과 기각결정이 있고, 심판절차를 종료하는 심판절차종료선언결정과 청구를 인용하는 인용결정이 있다. 헌법소원심판에 관여한 재판관은 결정서에 의견을 표시하여야 한다.

판례 색인

대법원 판례

대법원 결정

하급법원 판례

헌법재판소 결정

저자소개

장 교 식(張校湜)

현재 건국대학교 법학전문대학원 교수로 재직 중이다. 주요 연구분야는 행정법 기본이론, 행정절차법, 지방자치법, 부동산공법 등이며 한국입법정책학회 회장을 역임하였다.

[저자 약력]

건국대학교 법과대학(법학사)과 대학원졸업(법학석사·법학박사)
일본 메이조(名城)대학과 도쿄(東京)대학에서 행정법 연구

현) 건국대학교 법학전문대학원 교수
현) 한국행정법학회 부회장
현) 한국토지공법학회 부회장
현) 한국교통법학회 부회장
현) 한국원자력위원회 공적심사위원
전) 한국입법정책학회 회장
전) 한국공법학회 부회장
전) 건국대학교 법학연구소 소장
전) 건국대학교 일우헌 관장

[저서와 논문]

지방자치법주해(공저, 2004)
행정구제법(공저, 2006)
개인정보보호법(공저, 2008)
사회복지법제(공저, 2013)
법학개론 제10판(공저, 2023)
행정법총론 초판(단독, 2024)
도시재생에서 사회적 가치의 실천에 관한 소고(논문, 2024)
지방자치단체 민간위탁법제의 법적 쟁점에 관한 소고(논문, 2023)
국토계획법의 규율내용에 관한 법적 검토(논문, 2023)
특정건축물 정리에 관한 특별조치법의 개선방안에 관한 소고(논문, 2023)
행정청문절차에서 제도개선에 관한 소고(논문, 2022)
재건축조합과 시공자의 분쟁해결방안에 관한 연구(논문, 2022)
도시재생에 따른 도시재생지원센터와 주민협의체의 개선방안 연구(논문, 2022)
공공사업 토지보상금 지급방식에 관한 연구(논문, 2021)
혁신도시개발사업에서의 개발부담금 부과에 대한 법적 검토(논문, 2021) 외 다수

행정법총론 제2판

초판발행 2024년 3월 25일
제2판발행 2025년 2월 28일

지은이 장교식
펴낸이 박노일
총괄기획 최준규
편 집 이상민
펴낸곳 피앤씨미디어
경기도 고양시 일산동구 강송로 153 310-1501
등록 제396-2012-000203호

전 화 070)7550-3758 팩 스 02)6280-3758
홈페이지 www.pncmedia.co.kr 이메일 pnc@pncmedia.co.kr

ISBN 979-11-5730-979-5 93360

※ 무단복사 및 전재를 금합니다. 파본 및 낙장본은 교환하여 드립니다.

정 가 35,000원